S0-BYL-597

Neu

Ulrich Mell

Neue Schöpfung

Eine traditionsgeschichtliche und exegetische Studie zu einem soteriologischen Grundsatz paulinischer Theologie

Walter de Gruyter · Berlin · New York
1989

Beiheft zur Zeitschrift für die neutestamentliche Wissenschaft
und die Kunde der älteren Kirche

Herausgegeben von Erich Gräßer

56

Gedruckt auf säurefreiem Papier
(alterungsbeständig — pH 7, neutral)

CIP-Titelaufnahme der Deutschen Bibliothek

Mell, Ulrich:
Neue Schöpfung: eine traditionsgeschichtliche und exegetische Studie zu einem soteriologischen Grundsatz paulinischer Theologie / Ulrich Mell. — Berlin ; New York : de Gruyter, 1989
(Beiheft zur Zeitschrift für die neutestamentliche Wissenschaft und die Kunde der älteren Kirche ; 56)
Zugl.: Kiel, Univ., Diss., 1988
ISBN 3-11-011831-9
NE: Zeitschrift für die neutestamentliche Wissenschaft und die Kunde der älteren Kirche / Beiheft

ISSN: 0171-6441

Printed in Germany.
Druck: Werner Hildebrand, Berlin 65
Bindearbeiten: Lüderitz & Bauer, Berlin 61

VORWORT

Die vorliegende Untersuchung wurde im Februar 1988 unter dem gleichnamigen Titel von der Theologischen Fakultät der Christian-Albrechts-Universität in Kiel als Dissertation angenommen. Für den Druck habe ich sie geringfügig überarbeitet.

Anläßlich der Publikation gilt mein Dank vor allem meinem verehrten Doktorvater, Herrn Prof. Dr. Jürgen Becker, der meine Arbeit mit stetem Interesse und weiterführender Kritik begleitet und seinem Assistenten am Institut für Neutestamentliche Wissenschaft und Judaistik genügend Zeit zur Ausarbeitung derselben eingeräumt hat.

Zu danken habe ich auch Herrn Prof. Dr. Ulrich Luck für das Erstellen des Koreferates und besonders Herrn Prof. Dr. Erich Gräßer für die Aufnahme der Studie in die Reihe der Beihefte zur ZNW.

Schließlich danke ich Frau Hertha Meyer für ihre Hilfe bei der Manuskripterstellung des Dissertationsexemplars sowie Frau cand. theol. Luise Müller-Busse und Herrn Pastor Arend de Vries für ihre Unterstützung beim Korrekturlesen.

Kiel, im Dezember 1988 U. M.

INHALTSVERZEICHNIS

Vorwort V

Abkürzungsverzeichnis XV

EINFÜHRUNG 1

HAUPTTEIL A
ZUR TRADITIONSGESCHICHTE DES BEGRIFFES "NEUE SCHÖPFUNG"

1 DIE NEUSCHÖPFUNGSVORSTELLUNG
IM SPIEGEL DER FORSCHUNG 9

1.1 Die Ausgangslage zum Ende des Ersten Weltkrieges 11

1.2 "Neue Schöpfung" - ein rabbinischer Schulbegriff? 15

1.3 "Neue Schöpfung" - eine Metapher
aus der jüdischen Proselytentheologie? 22

1.4 "Neue Schöpfung" - göttliche Vorausverwirklichung
endzeitlicher Neuschöpfung
in der eschatologischen Heilsgemeinde? 24

1.5 "Neue Schöpfung" - apokalyptischer Fachbegriff
kosmologisch-jenseitiger Zukunftsspekulation? 29

2 METHODISCHE VORÜBERLEGUNGEN
ZUR TRADITIONSGESCHICHTLICHEN ARBEITSWEISE 33

3 ZUR NEUSCHÖPFUNGSVORSTELLUNG
IM ALTEN TESTAMENT (HEBRÄISCHER TEXT) 47

3.1 Die Verheißung eines neuen Exodus
in der Prophetie Deuterojesajas 48

3.1.1 Bemerkungen zur Textkritik von Dtjes 43,16-21
einschließlich einer Übersetzung 48

3.1.2 Textanalytische und literarkritische Bemerkungen zu Dtjes 43,16-21 49

3.1.3 Formgeschichtliche Bemerkungen und Interpretation 51

3.1.4 Zur Theologie Deuterojesajas 54

3.2 Die kosmologisch-endzeitliche Neuinterpretation Deuterojesajas in der schriftgelehrten Prophetie 56

3.2.1 Zur Abgrenzung von Trjes 65,16b-23 einschließlich einer Übersetzung 56

3.2.2 Textanalytische und literarkritische Bemerkungen zu Trjes 65,16b-23 59

3.2.3 Auslegung von Trjes 65,17-19 61

3.2.4 Zur Interpretation von Trjes 66,22 64

3.3 Zusammenfassung 66

4 ZUR NEUSCHÖPFUNGSVORSTELLUNG IM SCHRIFTTUM DER QUMRANGEMEINDE 69

4.1 Einführung in die Schriften der Qumrangemeinde 70

4.2 Analyse von Heilsaussagen der "Gemeindelieder" von Qumran auf das Neuschöpfungsmotiv 74

4.2.1 Bemerkungen zum Liedteil 1QH 3,19-23b einschließlich einer Übersetzung 77

4.2.2 Bemerkungen zum Aufbau von 1QH 3,19-23b mitsamt einer Interpretation der Schöpfungsterminologie ... 79

4.2.3 Einführung in 1QH 11,9aß-14a mit anschließender Übersetzung 87

4.2.4 Zur Interpretation der Erneuerungsterminologie in 1QH 11,9aß-14a 89

4.2.5 Einführung in 1QH 15,13-17a mitsamt einer Übersetzung 91

4.2.6 Zur Interpretation der Erhöhungsaussage in 1QH 15,13b-17a 92

4.3 Zum priesterlichen Selbstverständnis der Qumrangemeinde 94

4.4 Zur Neuschöpfungsaussage in den Qumrantexten 97

4.4.1 Einführung in den Schöpfungshymnus von 1QH 13,1(?)ff einschließlich einer Übersetzung von 1QH 13,11-12a 97

4.4.2 Zur Interpretation der Neuschöpfungsaussage in 1QH 13,11b.12a 98

4.4.3 Einführung in 1QS 4,23b-26 mitsamt einer Übersetzung 100

4.4.4 Zur Interpretation der Neuschöpfungsaussage in 1QS 4,25b 102

4.5 Die Hoffnung auf einen endzeitlichen Tempelneubau 104

4.5.1 Einführung in 11QTemple 29,7b-10 einschließlich einer Übersetzung 104

4.5.2 Zur Interpretation des Ausdrucks "Tag der (neuen) Schöpfung" (11QTemple 29,9) 106

4.6 Zusammenfassung 110

5 ZUR NEUSCHÖPFUNGSVORSTELLUNG IM APOKALYPTISCHEN SCHRIFTTUM 113

5.1 Zum Wesen apokalyptischer Belehrung 113

5.2 Die apokalyptische Vision von einem "neuen Himmel und einer neuen Erde" 119

5.2.1 Einführung in die Zehnwochenapokalypse inklusive einer Übersetzung von äthHen 91,15f 119

5.2.2 Das "Erscheinen des neuen Himmels" (äthHen 91,16) 123

5.2.3 Einführung in die Johannes-Apokalypse unter besonderer Berücksichtigung der Aussagen über das Weltgericht (Apk 20,11ff) 126

5.2.4 Das Heilsbild von einem "neuen Himmel und einer neuen Erde" (Apk 21,1f) 129

5.2.5 Einführung in die pseudo-philonische Schrift Liber Antiquitatum Biblicarum einschließlich einer Übersetzung von LibAnt 3,10 135

5.2.6 Der "neue Himmel und die neue Erde" als Wohnung der Gerechten (LibAnt 3,10) 137

5.3 2Petr 3,13: eine Apologie der prophetischen Verheißung 139

5.4 Zum Vorkommen und zur Entwicklung des Begriffes "neue Schöpfung" 146

5.4.1 Einführung in das "Astronomische Buch" (äthHen 72-82,20) mitsamt einer Übersetzung von äthHen 72,1 146

5.4.2 Gottes "neues Werk" als endzeitlich-eschatologische Grenze der Schöpfungsordnung (äthHen 72,1) 149

5.4.3 Einführung in das Jub mitsamt einer Übersetzung von Jub 1,29 152

5.4.4 Der "Tag der (neuen) Schöpfung" (Jub 1,29) 154

5.4.5 Der Begriff "neue Schöpfung" als Terminus technicus in Jub 4,26 158

5.5 Die Rede von der "Erneuerung" der Schöpfung 160

5.5.1 4Esr 7,75 160
5.5.2 syrBar 32,6 und 57,2 164
5.5.3 LibAnt 32,17 und 16,3 167

5.6 Gott, der "Erneuerer der Welt" (ApkAbr 17,14) 169

5.7 Das Hoffnungswissen der "neuen Welt" (syrBar 44,12) 171

5.8 Zusammenfassung 172

6 ZUR NEUSCHÖPFUNGSVORSTELLUNG IM SCHRIFTTUM DES TANNAITISCHEN JUDENTUMS 179

6.1 Vom methodischen Umgang mit rabbinischen Texten 179

6.2 Zum Gebrauch der Wendung בריה חדשה im rabbinischen Schrifttum 182

6.3 Der Neuschöpfungsgedanke als Vergleich 183
6.3.1 Yev 48b 183
6.3.2 PesK 61b 187
6.3.3 Pes 8,8 188

6.4 Die endzeitliche Erneuerung der Welt 191
6.4.1 Palästinische Targume zu Dtn 32,1 191
6.4.2 Midraschim 193
6.4.3 Das Trauerkaddisch 195

6.5 Zum rabbinischen Ausdruck עולם חדש (MekhEx 16,25) 197

6.6 Zusammenfassung 199

6.7 Die Erwartung der endzeitlichen Erneuerung der Welt im Rahmen der Theologie des frühen Rabbinats 200

7 ZUR NEUSCHÖPFUNGSVORSTELLUNG IM SCHRIFTTUM DER HELLENISTISCHEN DIASPORASYNAGOGE 205

7.1 Zur Notwendigkeit einer Unterscheidung von hellenistischen Diasporajudentum und palästinischem Judentum 205

7.2 Die Verdrängung der futurisch-kosmischen Eschatologie zugunsten einer individualistisch geprägten Jenseitshoffnung (slHen) 208

7.3 Zur Neuschöpfungsterminologie in den Büchern der LXX 213
7.3.1 Die Wiedergabe von Texten des MT-Kanons 214

7.3.2 Die Weisheit als nomistisches Erneuerungsprinzip der Welt 216

7.4 Der Erneuerungsgedanke im ethischen Universalismus des jüdischen Religionsphilosophen Philo von Alexandria 218

7.5 Zum paganen Sprachgebrauch von "neuer Schöpfung" 221

7.6 Die Proselytenkonversion als Vorgang individueller Erlösung zur eschatologischen Heilsexistenz 226

7.6.1 Die Texte mit Erneuerungsterminologie aus JosAs, vorgestellt unter Berücksichtigung ihres Kontextes 230

7.6.2 Analyse der Erneuerungsterminologie von JosAs in Korrelation zum Gesamteindruck der Erzählung 234

7.6.3 Formgeschichtliche Analyse und Interpretation des Segenswortes Josephs über Aseneth (JosAs 8,9) 238

7.6.4 Formgeschichtliche Analyse und Interpretation von JosAs 15,2-6 241

7.6.5 Neubelebung als Erlösung zum ewigen Leben - ein Stück systematischer Theologie von JosAs 244

7.6.6 Zusammenfassung zu JosAs 248

7.7 Zusammenfassung 250

8 ZUSAMMENFASSUNG DER ERGEBNISSE ZUR TRADITIONSGESCHICHTE DER NEUSCHÖPFUNGSVORSTELLUNG IM FRÜHJUDENTUM 253

HAUPTTEIL B
BEDEUTUNG UND FUNKTION DES BEGRIFFES "NEUE SCHÖPFUNG" IN DER PAULINISCHEN THEOLOGIE

1 EINLEITUNG 259

2 GAL 6,11-18: DAS KREUZESEVANGELIUM IM STREITE JUDENCHRISTLICHER THEOLOGIE 261

2.1 Textanalytische Bemerkungen 263

2.2 Einleitende Erörterungen 267

2.3 Bemerkungen zum textkritischen Probelm von Gal 6,13 271

2.4 Übersetzung von Gal 6,11-18 275

2.5 Zur Struktur paulinischer Argumentation 277

2.6 Das paulinische Kreuzesevangelium 285

2.6.1 Die gegnerische Christus-Verkündigung 285

2.6.2 Das "paulinische" Evangelium in der Dialektik von Eschatologie und Geschichte 293

2.6.2.1 Der gekreuzigte Kyrios als eschatologisches Heilsereignis 294

2.6.2.2 Gal 6,15: eine vorpaulinisch-urchristliche Formel soteriologischer Neuorientierung 298

2.6.2.3 "Neue Schöpfung" - die Annullierung des soteriologischen Privilegs der Synagoge 303

2.6.2.4 "Neue Schöpfung" - das neue soteriologische Grundgesetz der Welt 316

2.6.2.5 Die Zukunft der Verheißung an Israel - das geschichtliche Problem der "neuen Schöpfung" 318

2.7 Zusammenfassung 322

3 2KOR 5,14-17: STELLVERTRETUNG UND ESCHATOLOGISCHE URGESCHICHTE 327

3.1 Bemerkungen zu Thema und Gliederung der Apologie des apostolischen Amtes (2Kor 2,14-6,13; 7,2-4) 331

3.2 Einführung in die Gliederung und das Argumentationsziel von 2Kor 5,12-6,2 334

3.3 Zum Vorgang der Interpretation bei Paulus 342

3.4 Übersetzung von 2Kor 5,14-17 348

3.5 Bemerkungen zur Grammatik, zur Übersetzung und zum Aufbau von 2Kor 5,14-17 349

3.6 Stellvertretung als Heilserfahrung 355

3.6.1 Die Liebe von Christus 357

3.6.2 Die Liebe zu Christus 361

3.6.3 Zusammenfassung 362

3.7 Der Mensch unter dem Evangelium 363

3.7.1 Die neue Zeit 364

3.7.2 Die eschatologische Existenz des Menschen 367

3.7.3 Eine mögliche, aber ausgeschlossene Christuserkenntnis 372

3.8 Zur Auseinandersetzung zwischen Paulus und seinen Kontrahenten in Korinth 381

3.9 Zusammenfassung 385

SCHLUSS 389

1 Zusammenfassung 389

2 Zur theologischen Qualität von "neuer Schöpfung" 394

Literaturverzeichnis 399

Register 429

1 Stellenregister (in Auswahl) 429

2 Personenregister (in Auswahl) 435

ABKÜRZUNGSVERZEICHNIS

Die Literaturangaben in den Anmerkungen zum Text sind durchgehend nach dem Schema Verfasser - Stichwort aus dem Titel der Schrift bzw. Abbreviatur - Seitenangabe(n) - gestaltet. Die Kommentare werden dabei mit der jeweiligen Abkürzung für die biblische Schrift(-en) genannt. Im Literaturverzeichnis erscheint die Abbreviatur bzw. wird das Titel-Stichwort hervorgehoben und erleichtert auf diese Weise das Auffinden der Literatur.

Die in dieser Studie verwandten Abkürzungen allgemeiner Art sowie diejenigen für die biblischen, außerkanonischen, rabbinischen und außerrabbinischen Schriften folgen dem Internationalen Abkürzungsverzeichnis für Theologie und Grenzgebiete, hg. v. SCHWERTNER, Siegfried (IATG = Abkürzungsverzeichnis zur TRE), Berlin, New York 1976.

Darüber hinaus finden folgende Abkürzungen Verwendung:

Akk. - Akkusativ
Aor. - Aorist
bes. - besonders
cons. - consecutivum
const. - constuctus
det. - determiniert
Fem. - Femininum
fin. - finitum
Fut. - Futur
Hi. - Hi-fil
Hitp. - Hitpa'el
Imp. - Imperativ
Impf. - Imperfekt
Inf. - Infinitiv
insbes. - insbesondere
insges. - insgesamt
Kol. - Kolumne
Mask. - Maskulinum
Ni. - Nif'al
Opt. - Optativ
Pass. - Passiv
par(r) - Synoptische Parallelstelle(n)
Part. - Partizip
Perf. - Perfekt
Pers. - Person
Pi. - Pi'el
Po. - Po'al
sc. - scilicet
Tg. - Targum

EINFÜHRUNG

In seinem Kommentar zum Zweiten Brief des Paulus an die Gemeinde in Korinth führt Hans Windisch bei seiner Besprechung von 2Kor 5,16f aus, daß in V.17 "das Gewaltigste (stehe), was P.(aulus) über das Werk Christi sagen kann"[1]. An dieser Stelle heißt es:

> "Deshalb, wenn jemand in Christus, (dann) neue Schöpfung;
> das Alte ist vergangen, siehe: Neues ist geworden."

Dieser hier aus dem Griechischen wörtlich übersetzte Vers[2] lautet für denjenigen, der mit dem Text der Luther-Bibel vertraut ist[3]:

> "Darum: Ist jemand in Christus, so ist er eine neue Kreatur;
> das Alte ist vergangen, siehe, Neues ist geworden."

Und in der Tat: diese kurze Sentenz darf wohl zu den bekanntesten Paulus-Zitaten im Kontext kirchlicher Verkündigung und christlicher Theologie gerechnet werden, veranschaulicht sie doch auf eine kurze und eindrückliche Weise die Neuheitserfahrung des christlichen Glaubens. Sie erscheint am Ende von sonntäglichen Predigten, um als autoritatives Paulus-Wort der zum Gottesdienst versammelten Gemeinde das ihr in Christus zugute geschehene Heil zuzusprechen. Sie begegnet zudem überall dort, wo der "neue Mensch" zum Thema theologischen Nachdenkens wird, wo über das neue Sein des Christen, das durch den Glauben an Christus dem Menschen geschenkt ist, reflektiert wird.

Wie kaum eine andere Aussage löst dabei das Motiv der "neuen Schöpfung" unter biblisch Vorgebildeten positive Assoziationen aus: es stellen sich Hoffnungsbilder von einem gelungenen Leben im Einklang mit Natur und Umwelt ein, von einem neuen Himmel und einer neuen Erde ohne Leid und Tod (vgl. nur Apk 21,1ff). Da nun Paulus aber im oben zitierten Vers 2Kor 5,17 die Neuschöpfungs**hoffnung** mit der **diesseitigen** Existenz des Menschen verknüpft, mithin auf das neue Gegenwartsgeschehen des Christusevangeliums bezieht, entsteht eine Verständnisunsicherheit, die von einem unmittelbaren Staunen

---

1 2Kor 184.

2 Zum Problem einer adäquaten Übersetzung von 2Kor 5,17 s.u. die Besprechung in Hauptteil B 3.4.

3 Zitiert nach der revidierten Lutherbibel von 1985.

über den Zuspruch dieser "enthusiastischen" Heilsaussage[4] oder von einem Bekennerhaften: "so steht es geschrieben" nur unzureichend überdeckt wird. Zurück bleibt eine Defiziterfahrung, die besondere Intention der paulinischen Neuschöpfungsaussage nicht hinreichend wahrgenommen zu haben.

Als außerordentlicher eschatologischer Heilsbegriff paulinischer Theologie übt die Rede von der "neuen Schöpfung" denn auch auf die moderne Paulus-Exegese einen eigentümlich spekulativen Reiz aus. Ja, es läßt sich sagen, daß es in neuerer Zeit zu einer inflationären Verwendung des paulinischen "neue Schöpfung" im Zusammenhang der Paulus-Interpretation gekommen ist. Soweit erkennbar, kommt dem Thema in drei Argumentationszusammenhängen eine wichtige Schnittstellen-Funktion zu. Es sind dies Überlegungen zum hermeneutischen Ansatz (1) paulinischer Theologie, zur Eschatologie (2) und zur Rechtfertigungslehre (3) des Paulus.

1. Aufgrund der Tatsache, daß Paulus nicht von einem **"neuen Menschen"**, καινὸς ἄνθρωπος (Eph 2,15; 4,24; vgl. Kol 3,9f), "sondern von der neuen Schöpfung spricht und damit den Menschen meint"[5], wird angenommen, daß das kosmologische καινὴ - κτίσις - Motiv "in besonderer Weise eine anthropologische Verengung der paulinischen Theologie falsifiziere"[6]. Bekanntlich hat Rudolf Bultmann aus der Anschauung des Paulus von der Geschichte gefolgert, daß für Paulus **"die Vorstellung vom ... Heil am Individuum orientiert"** sei[7]. Unter Berufung auf u.a. 2Kor 5,17 stellte er fest: "Indem Paulus Geschichte und Eschatologie vom Menschen aus interpretiert, ist die Geschichte des Volkes Israel und die Geschichte der Welt seinem Blick entschwunden, und dafür ist etwas anderes entdeckt worden: **Die Geschichtlichkeit des menschlichen Seins**"[8]. Entsprechend seinem hermeneutischen Programm einer existenzialen Interpretation biblischer Texte entschied sich Bultmann dafür, die paulinische Theologie prononciert als theologische Anthropologie darzustellen[9].

---

4 Vgl. die Bezeichnung von 2Kor 5,17 als "Jubelruf", so z.B. Cullmann, Heil 236.
5 Friedrich, Ökologie 56.
6 Baumgarten, Apokalyptik 163.
7 Bultmann, Geschichte 48.
8 Ebd. 49.
9 Theologie 191ff.

Gegen dieses Programm einer, wie er es nannte, "idealistischen Tradition"[10] protestierte im Namen der paulinischen Theologie Ernst Käsemann. Er wies darauf hin, daß über der von Rudolf Bultmann bevorzugten individualistischen Auslegungskategorie des menschlichen Selbstverständnisses der kosmologische Horizont des paulinischen Rechtfertigungsevangeliums nicht verlorengehen dürfe[11]. Das Evangelium des Kyrios Christus sei für Paulus Bestandteil eines apokalyptischen Geschehens, in dem Gottes Herrlichkeit und Macht über die Welt offenbar werde, auf daß Gott in Zukunft alles in allem sei (vgl. 1Kor 15,28). Rechtfertigung des Menschen ist für Paulus Herrschaftswechsel und heißt nach Käsemann: "In unserm Leibe bemächtigt sich der zum Kosmokrator bestimmte Herr unserer ungeteilten Existenz und jenes Stückes Welt, das wir selber sind"[12]. Christen erlangen Anteil am Leib Christi und werden "der neuen Schöpfung, der in Christusherrschaft verwandelten Welt, zugeordnet"[13]. In genauer Entgegensetzung zu Bultmann formulierte darum Käsemann: "Die paulinische Anthropologie ist deshalb die Tiefendimension der paulinischen Kosmologie und Eschatologie"[14].

Und so lautet die in der ntl. Exegese seither diskutierte schlagwortartige Alternative um den hermeneutischen Schlüssel paulinischer Theologie: "neue Kreatur" oder "neue Schöpfung", "existenziale Geschichtlichkeit" oder "kosmologische Universalität", aber auch gegeneinander kritisch: "anthropozentrische Verengung" oder "kosmologisch-mythologisches Weltbild". Der Begriff καινὴ κτίσις steht in dieser Auseinandersetzung am Schnittpunkt der Frage, ob die Anthropologie oder die Kosmologie der Cantus firmus paulinischer Theologie sei[15].

2. Gehört das kosmologische Neuschöpfungsmotiv zum Standardrepertoire einer **futurischen** Eschatologie, wie sie sich in der Schau eines neuen Himmels und einer neuen Erde konkretisiert (Apk 21,1), so wird angenommen, daß die radikal **präsentische** Fassung der Neuschöpfungsvorstellung bei Paulus zeige, daß seine Eschatologie von einer Prolepsestruktur geprägt sei[16]. Wenn sich für Paulus in der Rechtfertigung des Gottlosen (Röm 4,5) Gottes endzeitliche

10 Anthropologie 28.29 u.ö.
11 Ebd. 28ff.
12 Art. Geist RGG³ II Sp.1275.
13 Käsemann, Anthropologie 43.
14 Art. Geist RGG³ II Sp.1275.
15 Vgl. Becker, Erwägungen 594.
16 Vgl. Stuhlmacher, Evangelium 82: "**apokalyptische Prolepse**".

Schöpfermacht einer creatio ex nihilo ereignet (Röm 4,17), so spricht er davon, daß Gott der Schöpfer in der Erlösung seines Geschöpfes eine Neugestaltung der gesamten Welt vorwegnehme[17]. "Die ins neue Sein Gerufenen", so Peter Stuhlmacher, "sind Repräsentanten einer neuen Welt, die alle Geschöpfe umschließen wird"[18]. Röm 8,18-27 stütze die These, daß individuelle Neuschöpfung und kosmologische Neuschöpfung aufeinander eng bezogen seien[19].

Das Besondere der paulinischen Neuschöpfungsaussage wird also darin gesehen, daß sie die für den glaubenden Menschen bestehende eschatologische Spannung zwischen Erfüllung und Erwartung mit einer antizipatorischen Dynamik unterlege. Zwischen dem Endheil und dem momentanen Heil des Christen bestehe zwar eine quantitative, nicht aber eine qualitative Differenz. Unterhalb des eschatologischen Vorbehaltes, daß eine Auferstehung der Glaubenden in Christus noch aussteht (1Kor 15,23; 2Kor 4,14; 5,7), definiere "neue Schöpfung" das eschatologische "neue Leben in Christus". Ist der Mensch in der Taufe der zum Tod führenden Sündenmacht dieser Welt gestorben (vgl. Röm 6,4), um ein neues Leben mit einer ewigen Heilsperspektive zu führen (vgl. Röm 6,23; 1Kor 15,22), so steht dies in grundsätzlicher Analogie zur endzeitlichen Befreiung der Welt von ihrer Vergänglichkeit in der ewigen Herrlichkeit ihres Schöpfers. Mit der Rechtfertigung des einzelnen Menschen beginnt die Vollendung der Welt. Die christliche Gemeinde ist bereits "die in Gottes Herrschaft zurückgeholte Welt"[20]. In ihrem neuen Gehorsam gegenüber ihrem neuen Herrn (vgl. Röm 14,7f) beginnt sie in der Geschichte "**leibhafte Doxologie**" zu Gott ihrem Schöpfer "**zu üben, eine Doxologie, welche die Welt zeichenhaft und stellvertretend ihrem Schöpfer neu zuzuerkennen beginnt**"[21].

3. Als ontologische Aussage wird angenommen, daß das über Christen ausgerufene "neue Schöpfung" belege, daß die paulinische Rechtfertigungslehre **nicht** einseitig **imputativ-forensisch,** sondern **effektiv** ausgerichtet sei. Mit der Rechtfertigung werde eine qualitativ neue Existenz des Menschen begründet (vgl. Röm 6,4)[22]. Rechtfertigung durch den Glauben propter Chri-

---

17 Vgl. Friedrich, Ökologie 55.
18 Stuhlmacher, Erwägungen 29.
19 Vgl. Schrage, Stellung 127f; Stuhlmacher, Gerechtigkeit Gottes 139.
20 Käsemann, Gottesgerechtigkeit 193.
21 Stuhlmacher, Erwägungen 27.
22 Vgl. Schneider, Neuschöpfung 87f: "Paulus redet von der religiös-sittlichen Neuschöpfung des Menschen".

stum sei für Paulus nicht in erster Linie ein worthaftes Geschehen, in dem die fremde Gerechtigkeit Christi dem gottlosen Menschen zugesprochen wird. Vielmehr sei Rechtfertigung ein Akt des Schöpfers, der mit seiner in Christus geoffenbarten Gerechtigkeit sein Recht in der Welt als seiner Schöpfung durchsetzt und dem gottlosen Menschen mit seiner Rechtfertigung an dieser eschatologischen Heilsmacht teilgibt[23]. In der Rechtfertigung begründet der Schöpfer seinem Geschöpf ein neues Dasein, in der Taufe wird der Mensch neu geboren[24].

In dieser Interpretation paulinischer Rechtfertigungslehre, in der man vom "neuen Sein" des Menschen spricht, läßt sich eine sakramentstheologische von einer pneumatologischen Variante unterscheiden: Es entsteht nämlich das Problem, daß die theologische Aussage und die Erfahrung menschlicher Realität zueinander im Widerspruch stehen. "Ist es nicht vermessen", fragt Martin Hengel, "den, der mit Furcht und Zittern glaubt, eine göttliche Neuschöpfung zu nennen?"[25]. Um die Lücke zwischen Anspruch und Wirklichkeit der postulierten Neuschöpfung des Menschen zu schließen, wird die Neuschöpfungsaussage in die sakramentale Dialektik von Verborgenheit und Offenbartheit eingebunden[26]: In Christus, d.h. in dem Gottes Wirken offenstehenden Heilsbereich von Glaube und Taufe, sei für den Menschen eine neue Schöpfung verborgen und doch real Wirklichkeit geworden. In eine ähnliche Dialektik verfällt, wer anerkennt, daß nach 1Kor 10,1ff die Taufe keinen Charakter indelebilis, sondern den Geist als Angeld verleiht (vgl. 1Kor 12,13; 2Kor 1,22; 5,5)[27]. "Neue Schöpfung" wird dann gewissermaßen als paulinischer Ersatz für die johanneische Anschauung von der Wiedergeburt aus dem Geist interpretiert (Joh 3,3ff): Der Geist Gottes als Bestimmung der neuen Kreatur bleibt doch immer menschlicher Erkenntnis verborgen (Joh 3,8).

"Neue Schöpfung" bei Paulus, so kristallisiert sich anhand dieser drei Themenkomplexe heraus, enthält ein entscheidenes Moment zur adäquaten Wahrnehmung und Interpretation paulinischer Theologie. Als Paradigma, das wichtige Probleme paulinischer Theologie zur Sprache bringen kann, motiviert es zur exegetischen Rückfrage. Da sich in der Diskussion um die paulinische

23 Vgl. Stuhlmacher, Gerechtigkeit Gottes 236.257; ders., Erwägungen 29.
24 Vgl. Schlier, Lehre 119.
25 Kreuzestod 71.
26 Vgl. Schlier, Gal 174; Hengel, Kreuzestod 72.
27 Vgl. Becker, Wirklichkeit 66-72; ders., Erwählung 88.

Neuschöpfungsaussage Auslegungsmodelle mit weitgehenden dogmatischen Prämissen und Ausführungen anbieten, ist es geboten, dem Kontext des Begriffes eine intensive Untersuchung widerfahren zu lassen. Hauptteil B dieser Studie versucht darum, die Bedeutung des paulinischen "neue Schöpfung" zu klären, indem der theologische Zusammenhang aufgedeckt wird, in welchem der Terminus steht. Der Ausdruck, der nur an zwei Stellen im Corpus Paulinum[28] vorkommt (Gal 6,15; 2Kor 5,17), erscheint jedesmal in theologisch dichter Argumentation. Im Postskript des Gal (6,11ff) artikuliert Paulus thesenartig seine theologische Position zum Thema (Christus-)Evangelium und (Beschneidungs-)Gesetz. In 2Kor 5,12ff verteidigt Paulus die Integrität seines Apostelamtes mit dem Hinweis auf die soteriologische Mitte des Evangeliums, die Erkenntnis der Liebe Christi. Eine Interpretation dieser beiden inhaltsreichen Textpassagen wird erkennen lassen, welche spezifische Bedeutung und Funktion der Begriff "neue Schöpfung" für die paulinische Theologie besitzt[29].

An beiden Textstellen erscheint der Terminus "neue Schöpfung" in der paulinischen Argumentation als formal-technischer Begriff. Er besitzt den Charakter eines theologischen Schlagwortes, dessen sich Paulus Pars pro toto bedient. Aufgrund dieser Beobachtung versucht zuvor Hauptteil A dieser Untersuchung, die religionsgeschichtlichen Vorgaben zum Begriff καινὴ κτίσις sowie zur Neuschöpfungsvorstellung im Frühjudentum zu klären.

Diese zweiteilige Vorgehensweise ist nicht neu[30]. Die letzte eingehende Monographie zum Thema[31] hat Gerhard Schneider 1959 angefertigt[32]. Seine Ergebnisse hat er in geraffter Form in einem Aufsatz[33] und einer kurzen

28 In dieser Untersuchung finden nur die zweifelsfrei echten Paulinen Berücksichtigung, als da wären: 1Thess, Gal, 1 + 2 Kor, Phil, Phlm und Röm.

29 Der hier eingeschlagene methodische Weg von der (Kon-)Textinterpretation hin zum Verstehen paulinischer Theologie möchte u.a. prüfen, ob überhaupt, und wenn ja, in welcher Weise die vielzitierten Kardinalstellen zum Thema, z.B. Röm 6,2ff und Röm 8,18ff - und eventuell andere Textstellen - dem Neuschöpfungsthema im Sinne Pauli zugeordnet werden können. Zur Vorsicht mahnt, daß Paulus an den hier erwähnten Stellen die **Neuschöpfungsbegrifflichkeit nicht** verwendet.

30 Vgl. zuletzt Baumgarten, Apokalyptik 163ff.

31 Die Abhandlung von Aymer, Understanding, geht nicht über konsensfähige Prolegomena zum Thema hinaus.

32 ΚΑΙΝΗ ΚΤΙΣΙΣ. Die Idee der Neuschöpfung beim Apostel Paulus und ihr religionsgeschichtlicher Hintergrund, Trier (Diss. masch.). Davor schon Wolfgang Schweitzer, Gotteskindschaft, Wiedergeburt und Erneuerung im Neuen Testament und in seiner Umwelt (Diss. masch.), Tübingen 1944.

33 Idee.

Schrift[34] veröffentlicht. In der Zwischenzeit sind weiterführende Überlegungen angestellt worden, die die paulinische Neuschöpfungsaussage im engen Kontext frühjüdischer Theologie verständlich machen wollen[35]. Sie stehen im Zusammenhang der fortschreitenden Erforschung des Judentums ntl. Zeit, die die Voraussetzungen urchristlicher Theologie transparent zu machen versucht[36]. Da die Interdependenzen und Differenzen zwischen frühjüdischer und urchristlicher Theologie in zunehmenden Maße in dogmatisch unvorbelasteter Weise betrachtet werden können, ist es an der Zeit, der paulinischen Neuschöpfungsaussage eine erneute Analyse widerfahren zu lassen.

34 Neuschöpfung.

35 Kuhn, Enderwartung 50, schlägt vor, Paulus im Zusammenhang der besonderen Eschatologie der Qumrangemeinde zu interpretieren; Stuhlmacher, Erwägungen 20, verweist darüber hinaus auf die Konversionstheologie des Diasporajudentums.

36 Vgl. nur die neueren kritischen Textausgaben frühjüdischer Literatur, die Untersuchungen zur Theologie der Qumrangemeinde sowie die interdisziplinären begriffsgeschichtlichen Arbeiten der letzten Jahre.

HAUPTTEIL A
ZUR TRADITIONSGESCHICHTE DES BEGRIFFES "NEUE SCHÖPFUNG"

1 DIE NEUSCHÖPFUNGSVORSTELLUNG IM SPIEGEL DER FORSCHUNG

In der Apostolos-Ausgabe ntl. Schriften[1] des christl. Grammatikers Euthalios findet sich nach dem Prolog zum Corpus Paulinum ein Zitatenverzeichnis, das kanonische (LXX) und außerkanonische Schriftbezüge in den Paulus zugeschriebenen Schriften nachweisen möchte[2]. In diesem Zitatenverzeichnis wird der Satz Gal 6,15 als Auszug eines Μωϋσέως ἀποκρύφου angegeben[3]. Da das Zitat sich nicht in der - allerdings nur fragmentarisch - erhaltenen Apokalypse AssMos finden läßt[4], in altkirchlichen Zeugnissen aber eine beträchtliche Anzahl Mose zugeschriebener Schriften erwähnt werden[5], die bis heute unbekannt geblieben sind, trägt die Weisheit des Euthalios leider für diese Untersuchung direkt nichts aus[6].

Die Anmerkung des Euthalios (ca. 4.Jh.n.Chr.[7]) mag aber als ein wichtiger Hinweis dafür gelten, daß schon in der Alten Kirche für Gal 6,15 - und damit implizit auch für die paulinische Formulierung "neue Schöpfung" (2Kor 5,17a; Gal 6,15) - die Möglichkeit einer Anknüpfung an jüd. - außerkanoni-

---

1 Sie umfaßt die Apg, die Paulus kirchlicherseits zugeschrieben und die Katholischen Briefe, vgl. Kraft, Art. Euthalios, LThK 3, Sp.1206; zur Überlieferung der Euthalios-Ausgabe s. Bardenhewer, Geschichte III 283f.

2 S. von Soden, Schriften I 660.

3 MPG 85, Sp.737, zitiert nach der Ausgabe von L.A. Zacagni, Rom 1698.

4 Vgl. schon Georgius Syncellus (9.Jh.n.Chr.), Ἐκλογὴ χρονογραφίας I 48, der eine Apokalypse des Mose als Quelle vermutet (vgl. Burton, Gal 356f, Anm.*).

5 Zum Beispiel AKonst. VI 16,3; weitere altkirchliche Belege bei Brandenburger, Einleitung JSHRZ V 60; vgl. auch Clemen, Einleitung APAT II 311; Schürer, Geschichte III 302f.

6 Die Meinung Schürers, Geschichte III 302, (ebenso Lietzmann, Gal 45), daß Euthalios wohl eine christliche Überarbeitung der AssMos vorgelegen habe, in welche die Stelle Gal 6,15 aufgenommen war, bleibt nur eine, wenn auch naheliegende Vermutung. Dasselbe gilt für die Annahme von Oepke, Gal 204, daß Gal 6,15 in der Alten Kirche "mit einem jüdischen Wort über בריה חדשה kombiniert wurde".

7 Wann Euthalios genau gelebt hat, ist nicht sicher festzustellen. Da das von späterer Hand an den Prolog zu den paulinischen Briefen in die Euthalios-Ausgabe eingefügte "Martyrium Pauli" die Jahreszahlen 396 und 458 enthält und das Werk des Isagogikers schon im 5.Jh. ins Armenische, zu Beginn des 6. Jh.'s ins Syrische übersetzt wurde, läßt sich ein Zeitansatz ins 4.Jh. vertreten, so Bardenhewer, Schriften III 284f.

sche Schriften diskutiert wurde[8]. Es erweist sich somit, daß eine traditionsgeschichtliche Fragestellung als Beitrag zur angemessenen Auslegung von Gal 6,15 respektive 2Kor 5,17 schon in der vorkritischen Paulus-Exegese der Alten Kirche beheimatet ist.

In der zeitgenössischen Paulus-Interpretation erfolgt deshalb eine Besprechung dieser beiden paulinischen Worte nicht ohne den Hinweis, daß Paulus mit seiner Neuschöpfungsbegrifflichkeit eine atl.-frühjüdische Tradition aktualisiere[9]. Allerdings gehen die Meinungen darüber (z.T.) weit auseinander, an welcher Stelle des "Traditionsstromes" der judenchristliche Theologe Paulus seine Weisheit schöpft. Bei der traditionsgeschichtlichen Ableitung von "neuer Schöpfung" aus dem Frühjudentum konkurrieren unilineare mit multifaktoriellen Konzepten[10].

Da von alters her die Methode der Traditionsgeschichte als ein angemessener Weg zum Verständnis der paulinischen Neuschöpfungsaussage empfohlen wird, legt es sich für den nun folgenden forschungsgeschichtlichen Abriß zur Neuschöpfungsvorstellung bei Paulus nahe, die verschiedenen traditionsgeschichtlichen Beurteilungen der Neuschöpfungsthematik bei Paulus vorzustellen. Dabei können vier in der neueren exegetischen Diskussion wirksam gewordene traditionsgeschichtliche Ableitungsmodelle zum Begriff "neue Schöpfung" bei Paulus unterschieden werden. Als geschichtlicher Ausgangspunkt wird der besonders für die deutsche Theologie so bedeutende Einschnitt zum Ende des Ersten Weltkrieges gewählt. Soweit erkennbar, hat die ausländische Literatur vor diesem Datum keine nennenswerten Lösungsvorschläge beigebracht.

---

8 Zum Problem, ob Gal 6,15 als Zitat einer jüd. Schrift denkbar ist, s.u. die Auslegung in Abschnitt B 2.2.2.

9 Vgl. nur Plummer, 2Kor 180; Lietzmann, Gal 45; Bultmann, 2Kor 158f; Burton, Gal 356; Mußner, Gal 415; Windisch, 2Kor 190; Becker, Gal 83; Betz, Gal 319, Anm. 79; dazu Stuhlmacher, Erwägungen 10ff; Schneider, Idee 258ff; pauschal Lindeskog, Studien 239; unklar Oepke, Gal 204, der Gal 6,15 "für ein Wort paulinischer Originalprägung" hält, andererseits aber "inhaltliche Übereinstimmung" mit dem rabbinischen Ausdruck בריה חדשה festzustellen meint. Einen Bezug zu außerjüdischen Vorstellungen, etwa aus der Religion Zarathustras, der Stoa oder gnostischem Denken hat Schneider mit guten Gründen abgewiesen, vgl. ders., ΚΑΙΝΗ ΚΤΙΣΙΣ 62ff.110ff.116ff; ders., Idee 262f; ders., Neuschöpfung 51-63.

10 Stuhlmachers multifaktorielles Modell z.B. gipfelt in der Aussage, man müsse "Paulus aus einer zwischen apokalyptisch-essenischer und hellenistisch-jüdischer Denkweise vermittelnden Zwischenposition heraus zu begreifen suchen" (Erwägungen 20).

1.1 Die Ausgangslage zum Ende des Ersten Weltkrieges

Als im Jahre 1918 Adolf von Harnack seinen Aufsatz "Die Terminologie der Wiedergeburt und verwandter Erlebnisse in der ältesten Kirche" veröffentlichte, verband er damit die Absicht, "eine Übersicht über die mannigfaltigen und verzweigten Zeugnisse"[1] der Wiedergeburts- und Erneuerungsterminologie im Urchristentum zu geben. Mit seiner Belegsammlung versuchte von Harnack der "religionsgeschichtlichen Schule" zu zeigen, daß die "jugendliche Religion"[2] des Urchristentums "nicht der Exponent einer alten Kultweisheit sei"[3], daß also keineswegs "hinter den ntlichen und nachapostolischen Schriftstellern eine Mysterienreligion"[4] liege. Vielmehr habe "das gewaltige, einfache Erlebnis" der Erneuerungserfahrung "durch den Glauben und in ihm"[5] in der urchristlichen "Geistesreligion"[6] eine "Konsumptions- und Assimilationskraft"[7] sondergleichen freigesetzt, die "das Stärkste und Eindruckvollste"[8], was LXX und jüd.-hell. bzw. hell. Verständnis boten, in freier Wahl gebrauchte, "um sich selbst als geschichtliches und innerliches Erlebnis zum Ausdruck zu bringen"[9].

Das von Adolf von Harnack vorgetragene theologische Programm, historische Forschung als Zugang zu den Wurzeln des Christentums zu propagieren, die in der Kraft des einfachen religiösen Erlebnisses liegen, gerät jedoch bei der Analyse des paulinischen "Gedanke(ns) der 'Neuschöpfung'"[10] in Schwierigkeiten. Zu Gal 6,15; 2Kor 5,17 äußert von Harnack zunächst die traditionsgeschichtliche Vermutung, daß Paulus mit der Wendung "neue Schöpfung", sehr wahrscheinlich, ... das den jüdischen Lesern geläufige Wort vorgeschwebt hat, daß, wer zur Erkenntnis des wahren Gottes gelangt ist, eine καινὴ κτίσις (בריה חדשה) ist"[11]. Unmittelbar darauf fährt von Harnack jedoch fort: "Allein seine (sc. des Paulus) Leser kannten zum größten Teil den Ausdruck in diesem Sinne nicht und mußten an eine Neuschöpfung realistischer Art denken"[12]. Mit diesen beiden Bemerkungen hat von Harnack das überliefe-

1 Terminologie 97.
2 Ebd. 143.
3 Ebd. 142.
4 Ebd. 142f.
5 Ebd. 97.
6 Ebd. 141.
7 Ebd. 142.
8 Ebd. 142.
9 Ebd. 142.
10 Ebd. 107.
11 Ebd. 107.
12 Ebd. 107.

rungsgeschichtliche Problem angesprochen, wie sich bei der Neuschöpfungsvorstellung das Verhältnis von vorpaulinischer Tradition und ihrer paulinischen Aktualisierung darstellen läßt. Da seine Ausführungen aus forschungsgeschichtlichen wie methodischen Gründen von Belang sind, werden sie hier an den Anfang gestellt. Sie sollen im folgenden dazu dienen, einen Aufgabenkatalog für einen Forschungsüberblick zur Traditionsgeschichte von "neuer Schöpfung" in der neueren Paulus-Exegese zu entwickeln. Vier Gesichtspunkte können dabei genannt werden:

1. Gegen Ende des Ersten Weltkrieges resumiert Adolf von Harnack die seit langer Zeit in der Forschung unbestrittene Auffassung, daß die Wendung "neue Schöpfung" nicht originär paulinisch sei, sondern aus der rabbinischen Konversionstheologie stamme[13]. -

Im folgenden Forschungsüberblick ist deshalb die exegetische Forschung nach ihren Vorschlägen zur traditionsgeschichtlichen Ableitung von "neuer Schöpfung" zu differenzieren und nach ihrer Begründung zu befragen.

2. Instruktiv belegen Adolf von Harnacks Ausführungen, welchen Einfluß die Heranziehung eines traditionsgeschichtlichen Ergebnisses auf die Exegese paulinischer Texte gewinnt. Hatte von Harnack über die traditionsgeschichtliche Ortung des Begriffes "neue Schöpfung" im Rabbinat den paulinischen Neuschöpfungsgedanken als die sprachliche Qualifizierung desjenigen Menschen bestimmt, der im Glauben die neue Erkenntnis wahrer Religion erfährt, so gewinnt er bei der Exegese von 2Kor 5,17; Gal 6,15 die Auffassung, daß Paulus sich an diesen Stellen seinen Lesern nicht adäquat genug artikuliert habe. Des Apostels für hell. Ohren mißverständliche rabbinische Formulierung habe bewirkt, so von Harnack, daß "Neuschöpfung" in den paulinischen Gemeinden im mysterienhaften Sinne einer Wiedergeburt realistisch als "Sein in Christus" (vgl. 2Kor 5,17a) verstanden wurde. -

Bei dem folgenden Forschungsüberblick ist deshalb festzustellen, welche Bedeutung das traditionsgeschichtliche Ergebnis für die Exegese der paulinischen Neuschöpfungsvorstellung besitzt.

---

13 Vgl. Dalman, Worte 1898[1], 146: "Ähnlich wie Paulus ..., kann auch die jüdische Litteratur sagen, dass Gott jemand zu einer neuen Kreatur schafft"; vgl. Wettstein, Novum Testamentum II 191, der bis auf Polybius IV, 2 nur rabbinische Belege beibringt; ähnlich Schöttgen, Horae I 704f.

3. Adolf von Harnacks Zuordnung der Wendung "neue Schöpfung" unter Abschnitt 5 seines Aufsatzes zu semantisch fremden Ausdrücken wie παλιγγενεσία, (ἀνα-) γεννᾶσθαι, υἱοί / τέκνα/ σπέρμα τοῦ θεοῦ dokumentiert eine systematisch-exegetische Weichenstellung, die der Neuschöpfungsmetaphorik ihr Eigenrecht nimmt[14]. Die Summierung der Neuschöpfungsbegrifflichkeit unter die Wiedergeburtsthematik erlaubt ihr nur ein Schattendasein: Paul Billerbeck z.B. wird in seinem 1924 erschienenen Kommentar zum NT die rabbinischen Neuschöpfungsbelege in erster Linie bei Joh 3,3, dem Gedanken der "Geburt von oben" (γεννηθῆναι ἄνωθεν), aufführen[15].-

Für den Forschungsüberblick hat dies zur Folge, daß er sich nur mit denjenigen Arbeiten beschäftigen wird, die ausdrücklich die Neuschöpfungsterminologie von der Wiedergeburtsthematik trennen[16].

---

14 Vgl. auch die Bemerkung von von Harnack, Terminologie 107, daß der rabbinisch-paulinische Neuschöpfungsgedanke wahrer religiöser Erkenntnis "nur eine kurze Geschichte gehabt (habe). Denn er trat bald fast ganz hinter (den) der 'Wiedergeburt' zurück". - Das von von Harnack initiierte Programm, Wiedergeburts- und Erneuerungsterminologie im weitestgehenden Sinn im NT und seiner Umwelt zu analysieren, wird von Schweitzer in seiner Dissertation "Gotteskindschaft, Wiedergeburt und Erneuerung im Neuen Testament und in seiner Umwelt" aufgenommen und von ihm durch exegetische Untersuchungen vertieft. Schweitzer versucht analytisch, die einzelnen Vorstellungsgruppen im NT "schärfer als bisher voneinander zu scheiden" (Gotteskindschaft 11), um dann in einem zweiten, synthetischen Arbeitsgang "die Frage nach der Einheit der n.t.-lichen Botschaft von der Wiedergeburt und Erneuerung" (ebd. 13) über die Verkündigung Jesu zu beantworten. Obwohl von Schweitzer in Hinsicht auf die methodische Fragestellung Fortschritte erzielt werden (vgl. ebd. 11-13), wird das NT von ihm unhistorisch als systematisch-theologisches autoritatives Kompendium christlicher Wahrheit auf die Frage "Was ist Wiedergeburt?" hin untersucht. Schweitzers z.T. unvollständigen Ergebnisse zur Paulus-Exegese (z.B. fehlt eine Besprechung von Gal 6,15) werden darum in dieser Untersuchung nur kurz konsultiert.

15 Billerbeck, Kommentar II 420-423; vgl. Lightfoot, Horae 983f. Diese Vorgehensweise hat eine lange Tradition. In der Alten Kirche interpretierte schon Justin der Märtyrer Joh 3,3 - ἄνωθεν nach γεννηθῇ summierte er bezeichnenderweise zu ἀναγεννηθῆτε - in seiner Apologie (ca. 150/155 n.Chr.) auf die christliche Taufe mit Wasser und sagte (Apol 61,1; MPG 6, Sp.420): " Ὃν τρόπον δὲ καὶ ἀνεθήκαμεν ἑαυτοὺς τῷ θεῷ, **καινοποιηθέντες** δια τοῦ Χριστοῦ ἐξηγησόμεθα ." Damit ordnet er die johanneische Formulierung der "Geburt von oben" der Neuschöpfungsthematik zu.

16 Vernachlässigt werden auch die zahlreichen systematisch-theologischen Arbeiten zur Wiedergeburts- bzw. Erneuerungsthematik, die sich nur am Rande mit der religionsgeschichtlichen Fragestellung beschäftigen, in erster Linie aber von einem dogmatisch vorgegebenen Begriff des "neuen Lebens" die ntl. bzw. paulinische Lehre unter einem griffigen Einheitsbegriff darstellen möchten. Als solche Versuche seien hier

4. Wenn Adolf von Harnack als Vertreter der "liberalen Theologie" mit den Mitteln historischer Forschung über das Problem von "Originalität und Abhängigkeit in der ältesten Entwicklung der christlichen Religion"[17] mit Vertretern der "religionsgeschichtlichen Schule" um das "Wesen des Christentums" streitet, dann beeinflußt sein leitendes Interesse in entscheidender Weise die Interpretation paulinischer Theologie. In der Auseinandersetzung um das Verständnis der Neuschöpfungsthematik bei Paulus möchte von Harnack sein traditionsgeschichtliches Ergebnis zu "neuer Schöpfung" für seine eigene - und seiner Meinung auch des Paulus - Definition des Christentums als naiv-ursprüngliche Gotteserkenntnis verbuchen. Im gleichen Atemzug muß er jedoch zugestehen, daß schon die Leser des Paulus, die Gemeinde in Korinth, und erst recht natürlich die Exegeten der "religionsgeschichtlichen Schule" Paulus falsch verstehen, wenn sie "Neuschöpfung" bei Paulus realistisch im Sinne der hell. Mysterienreligion als Seinswandel auslegen[18]. -

Daß weder Paulus sich mißverständlich ausgedrückt hat, noch Adolf von Harnack oder Vertreter der "religionsgeschichtlichen Schule" hinsichtlich der traditionsgeschichtlichen Ableitung zu "neuer Schöpfung" bei Paulus im Recht sind, möchte diese Untersuchung u.a. zeigen[19]. Für den Forschungsüberblick ergibt sich aber aus der obengenannten Kontroverse als letzte Aufgabenstellung, nach Möglichkeit zu prüfen, inwiefern die exegetische Analyse von "Neuschöpfung" bei Paulus von einer theologiegeschichtlichen Auseinandersetzung beeinflußt ist.

Unter diesen vier Aspekten gilt es nun, die Ergebnisse und die offenen Probleme der Erforschung der Neuschöpfungsvorstellung bei Paulus zu betrachten.

---

stellvertretend für viele genannt: P. Gennrich, Die Lehre von der Wiedergeburt, die christliche Zentrallehre in dogmengeschichtlicher und religionsgeschichtlicher Beleuchtung, und E. Sommerlath, Der Ursprung des neuen Lebens nach Paulus.

17 von Harnack, Terminologie 97.

18 Vgl. z.B. Weiß, Urchristentum 406, zu 2Kor 5,17; Gal 6,15: "Aber wir glauben nicht fehl zu gehen, wenn wir in diesen Paradoxieen die Sprache jener hellenistischen mysterienhaften Wiedergeburtslehre nachklingen hören"; vgl. Reitzenstein, Mysterienreligionen 373. Auch Bultmann, der in erster Linie von der "religionsgeschichtlichen Schule" beeinflußt wurde, wird in 2Kor 5,17 gleichfalls den Gedanken, jedoch nicht die Terminologie der Wiedergeburt nach Art der Mysterien finden (Theologie 145).

19 Ein Ergebnis kann sogleich gegeben werden: da keine überzeugenden Belege zur Neuschöpfungsterminologie aus dem hell. Mysterienkult-Denken beigebracht werden können, findet die traditionsgeschichtliche Ableitung von "neuer Schöpfung" bei Paulus in dieser Hinsicht **keine** Verfechter mehr.

1.2 "Neue Schöpfung" - ein rabbinischer Schulbegriff?

Die von Adolf von Harnack rezipierte These, nach der die Wendung "neue Schöpfung" wahrscheinlich von Paulus aus dem Rabbinat übernommen sei, wird in der Folgezeit insbesondere von Paul Billerbeck (1924)[1], Erik Sjöberg (1950)[2] und Heinz Schwantes (1962)[3] vertreten[4]. Während Sjöberg die eigentliche traditionsgeschichtliche Arbeit leistet, indem er das Belegmaterial von Billerbeck[5] auswertet[6], vollzieht Schwantes[7], auf seinen Ergebnissen aufbauend, die bei Sjöberg noch fehlende Interpretation von "neuer Schöpfung" bei Paulus als Aufnahme des "rabbinische(n) Schulbegriff(s)"[8] בריה חדשה . Gleiches hatte auch schon Billerbeck angedeutet[9].

---

1 Kommentar II 421: "Die Vorstellung von einer Neuschöpfung des Menschen, von einer Umwandlung des Menschen zu einer 'neuen Kreatur' ... ist der alten Synagoge nicht fremd gewesen"; vgl. ebd. III 519.

2 Wiedergeburt 62: "Der rabbinische Neuschöpfungsgedanke kann durch das paulinische Wort 'Das Alte ist vergangen, etwas Neues ist gekommen' treffend ausgedrückt werden."

3 Schöpfung 27: "Paulus hat diesen Begriff (sc. "neue Schöpfung") nicht selbst geprägt, sondern ihn der rabbinischen Schulsprache entnommen."

4 S. auch Moore, Judaism I 533, der aufgrund der rabbinischen Neuschöpfungsaussagen hinsichtlich des Großen Versöhnungstages (vgl. yRHSh IV, 8: PesK ed. Buber 155b; LevR 29; PesR 40) meint, daß Paulus "the same figure" verwendet; derselben Ansicht auch Schweitzer, Gotteskindschaft 265: "Die Verbindung der jüdischen Lehre vom Versöhnungstag mit dem Gedanken der neuen Kreatur" zwingt als "wörtlich zutreffende Analogie" "zu der Folgerung, daß Paulus den Begriff 'neue Kreatur' einer solchen Vorstellung entnommen haben muß". Vgl. auch Lietzmann, Gal 45; Bultmann, 2Kor 158f; Behm, Art. καινός ThWNT III 451, Anm. 13.

5 Kommentar II 421-423; III 519.840-847.

6 Schon Schweitzer, Gotteskindschaft 60-80, hatte versucht, die Belege aus den Apokryphen und Pseudepigraphen, wie die aus Talmud und Midrasch chronologisch und systematisch zu ordnen. Er unterscheidet zwischen kultischer und kultloser Erneuerung bei den Rabbinen und der Bezeichnung des Proselyten als neuen Menschen und kommt zu dem Ergebnis, daß, obwohl der Begriff בריה חדשה erst bei den Amoräern auftaucht (3.Jh.n.Chr.), der Terminus schon sehr viel älter sei, da Ähnlichkeit mit dem aus der Schule Hillels stammenden Vergleich, daß das Tamidopfer die Israeliten zu einjährigen Kindern verändert (PesK 61b), bestehe (vgl. ebd. 80 mit 66). Bestimmte Anzeichen sprechen nach Schweitzer dafür, "daß es sich um eine bestimmte (sc. rabbinische) Schulmeinung handelt" (ebd. 80), die göttliche Sündenvergebung als Möglichkeit des Neuanfangs für den Umkehrwilligen deutet (ebd. 66).

7 Schöpfung 26-31.

8 Ebd. 28.

9 Vgl. Kommentar III 519, zu 2Kor 5,17: "... ein Ausdruck, der vom Apostel nicht erst geprägt, sondern aus der Schulsprache übernommen worden ist".

Für Erik Sjöberg erbrachte die Durchsicht des rabbinischen Quellenmaterials[10] die Erkenntnis, daß der rabbinische Begriff der Neuschöpfung in sehr unterschiedlichen Zusammenhängen gebräuchlich ist: a) um die Veränderung einer natürlichen Anlage des Menschen anzuzeigen, b) bei Errettung aus leiblicher Not oder Gefahr, c) bei der Sündenvergebung von Umkehrwilligen im allgemeinen, wie speziell auch für die Sündenvergebung am Versöhnungstag und schließlich d) für die endzeitliche Auferstehung der Gerechten. "Bei aller Verschiedenheit der konkreten Anwendung" ist aber für Sjöberg das Gemeinsame des rabbinischen Neuschöpfungsgedankens, daß er "**die Veränderung der ganzen Lebenssituation des Menschen**"[11] beschreibt, unabhängig davon, ob die Veränderung den Menschen selbst oder nur seine äußere Situation betrifft[12].

Heinz Schwantes bringt dementsprechend bei seiner Interpretation den "formelhaften Gebrauch"[13] der rabbinischen Neuschöpfungsvorstellung in Anschlag und sieht bei dem paulinischen καινὴ κτίσις den "Schöpfungssinn (κτίσις) ... verblaßt"[14], dagegen das Moment der "**Neuheit** (καινή)" dominieren[15]. Dies bestätige seiner Meinung nach Paulus indirekt in 2Kor 5,17b, da er hier mit der Antithese τὰ ἀρχαῖα - καινά den Korinthern eine eigene Umschreibung und Interpretation von καινὴ κτίσις an die Hand gebe[16]. In Anknüpfung an das Rabbinat geht es nach Schwantes Paulus darum, "die **Neuartigkeit der christlichen Situation betont herauszustellen**"[17]. Paraphrasierend läßt sich 2Kor 5,17 deshalb seiner Ansicht nach etwa so wiedergeben: "... damit, wenn jemand das Auferstehungsleben Christi als sein eigenes lebt, dann für ihn Geltung hat, was man (im Judentum) gewöhnlich als 'neue Schöpfung' bezeichnet"[18].

Die Plausibilität dieser traditionsgeschichtlichen Herkunftsbestimmung von "neuer Schöpfung" aus dem Rabbinat liegt einerseits in dem Aufweis einer terminologischen Nähe und andererseits in der mit Paulus kongruenten

---

10 Wiedergeburt 53-62.

11 Ebd. 62.

12 Mit dieser Bemerkung setzt sich Sjöberg, Wiedergeburt 62f, mit der von Billerbeck, Kommentar II 421, vorgeschlagenen Aufteilung der rabbinischen Neuschöpfungsbelege in a) Veränderung des Menschen und b) Veränderung seiner äußeren Situation bzw. seiner Stellung zu Gott auseinananander. Seiner Meinung nach lassen sich die Texte nach diesem Schema nicht unterscheiden.

13 Schöpfung 28.

14 Ebd. 28.

15 Ebd. 28.

16 Ebd. 30.

17 Ebd. 28; vgl. 26-28.

18 Ebd. 30.

anthropologischen Verwendung. In traditionsgeschichtlicher Hinsicht wird die These einer **direkten Übernahme** von "neuer Schöpfung" aus dem Rabbinat vertreten. Die historische Ableitung erscheint glaubhaft, da dem ehemaligen Pharisäer Paulus (Phil 3,5) aus der Zeit seiner Ausbildung und Tätigkeit als rabbinischer Schriftgelehrter der Begriff geläufig sein könnte. Die Schwierigkeiten dieser traditionsgeschichtlichen These liegen in dem Nachweis der Übereinstimmung von vorpaulinisch-rabbinischer Verwendung und paulinisch-christlichem Gebrauch (1-3) sowie bei der methodischen Heranziehung rabbinischer Belege für den historischen Beweis **vorpaulinisch** geprägter Begrifflichkeit (4)[19]. Insbesondere sind also vier Probleme virulent:

1. Kann das Wort בריה sowohl den Akt der "Schöpfung" als auch das Ergebnis, das Geschaffene bzw. das "Geschöpf", bezeichnen, so liegt in der im Rabbinat gebräuchlichen Wendung בריה חדשה **durchgehend** die letzte Bedeutung vor: "Der Mensch wird ein anderer als vorher, 'ein neues Geschöpf'"[20]. Unter der Annahme, daß בריה חדשה das hebräische Äquivalent für den griechischen Begriff καινὴ κτίσις sei[21], bedarf der bei Paulus schillerne Gebrauch von καινὴ κτίσις zwischen Nomen actionis ("Neuschöpfung") - eindeutig in Gal 6,15 als Gegenbegriff zu περιτομή und ἀκροβυστία - und nomen rei actae ("ein neues Geschöpf") oder Nomen actionis[22] in 2 Kor 5,17 einer Erläuterung.

2. Auffällig ist, daß der rabbinische Schulbegriff בריה חדשה nur in zweiter Linie im eschatologischen Sinn gebraucht wird, z.B. in Hinsicht auf die endzeitliche Auferstehung (TanchB נח § 12)[23]. Von daher stellt sich mit Recht die Frage, ob überhaupt eine genuine Beziehung zum eschatologischen Neuschöpfungsgedanken bei den rabbinischen Belegen vorliegt[24]. Bei Paulus

---

19 Die meisten Einwände, die die Evidenz dieser These in Frage stellen, sind schon von Sjöberg bei seiner traditionsgeschichtlichen Arbeit verhandelt (Wiedergeburt 62ff), aber nur z.T. in der Literatur bedacht worden.

20 Sjöberg, Wiedergeburt 62; ebenso Vögtle, Zukunft 177.

21 So Schwantes, Schöpfung 28, Anm. 16.

22 Vgl. Bauer, Wörterbuch Sp.901.

23 Vgl. die umständlichen Versuche von Sjöberg, Wiedergeburt 56.65-68 (rezipiert von Kuhn, Enderwartung 77, Anm. 1), die rabbinischen Neuschöpfungsbelege mit eschatologischem Verständnis zu erweitern (PesK 155 b; LevR 29 (Schluß); LevR 30 1. Hälfte).

24 Kuhn, Enderwartung 77: "Die angeführten rabbinischen Neuschöpfungsaussagen stehen, ..., mit den eschatologischen offenbar von Haus aus in keinem Zusammenhang, sie sind vielmehr im allgemeinen streng von ihnen zu unterscheiden"; vgl. auch Schweitzer, Gotteskindschaft 51f. Anders Sjöberg, Wiedergeburt 67, Anm.1, der hypothetisch fragt, "ob dieser allgemeinere Gebrauch des Neuschöpfungsgedanken sich doch nicht

zumal ist die Neuschöpfungsaussage nicht als alternierendes Prinzip eines Neuanfangs, sondern in eindeutig (präsentisch-)eschatologischem Sinn gebraucht: "Das Alte **ist** vergangen, siehe: Neues **ist** geworden" (2Kor 5,17b). Albrecht Oepke z.B. entscheidet sich aus diesem Grund, Gal 6,15 "für ein Wort paulinischer Originalprägung" zu halten, da eine "eschatologisch bedingte Neuschöpfung mit sittlicher Auswirkung innerhalb dieses Aions ... dem Juden eine unvollziehbare Vorstellung"[25] ist. Heinz Schwantes jedoch meint, Paulus habe den rabbinischen Begriff einfach "radikalisiert"[26], denn "das Judentum hat unter 'neuer Schöpfung' nicht das radikal Neue verstanden, sondern oft nur den neuen Anfang auf dem Boden der alten Situation"[27]. Mit dem Stichwort der "Radikalisierung" aber verdeckt Schwantes das fundamentale Problem, ob eine präsentisch-eschatologische Aussage göttlicher Heilsfülle, wie sie bei Paulus vorliegt, überhaupt als Steigerung und Intensivierung partieller und wiederholbarer Neuheitserfahrung, wie im Rabbinat, entstehen kann. Oder ob nicht vielmehr die umgekehrte Annahme wahrscheinlicher ist, daß eine eschatologische Aussage ihrer enthusiastischen Dynamik beschnitten und zu der immergültigen Möglichkeit eines Neuanfanges domestiziert wurde.

3. Die Beobachtung einer fluktuierenden Verwendung des rabbinischen Schulbegriffes בריה חדשה einerseits als Bild, andererseits als direkte wörtliche Applikation[28], spricht gegen eine direkte Ableitung aus dem rabbinischen Judentum. Im Unterschied dazu sind die paulinischen Neuschöpfungsaussagen nämlich **nie** im bildhaften Sinn gemeint.

4. Schließlich ist die Frage zu stellen: Sind die rabbinischen Belege überhaupt tragfähig für den Erweis eines vorpaulinischen Ursprungs der Neuschöpfungsformulierung? Schon Erik Sjöberg hatte festgestellt, daß "die rabbinischen Aussagen, wo der Ausdruck בריה חדשה vorkommt, ... alle amoräische Aussagen (sind), von denen **keine älter als das 3. Jahrhundert ist**"[29]. Für eine historisch rekonstruierende Exegese stellt sich damit das grundsätzliche Problem, inwiefern die rabbinischen, eindeutig **nachpaulini-**

---

letzten Endes aus dem eschatologischen Neuschöpfungsgedanken entwickelt hat".

25 Gal 204.

26 Schöpfung 28, Anm.18; 30, Anm.25.

27 Ebd. 28, Anm.18; vgl. Sjöberg, Wiedergeburt 62ff.

28 S. Sjöberg, Wiedergeburt 63-65, bes. 64.

29 Wiedergeburt 69 (Hervorhebung U. M.), vgl. Kuhn, Enderwartung 50, Anm. 2; Baumgarten, Apokalyptik 165, Anm.52; Schweitzer, Gotteskindschaft 80.

schen Belege zur Deutung eines **paulinischen** Ausdrucks herangezogen werden können[30]. Die Zuflucht zur Annahme einer ungebrochenen historischen Kontinuität zwischen dem amoräischen Rabbinat und dem pharisäisch-rabbinischen Judentum vor der Zerstörung des Zweiten Tempels zu nehmen, wie sie von Erik Sjöberg[31] und Wolfgang Schweitzer[32] propagiert wird, muß denn als reines Postulat entschieden abgelehnt werden[33].

Bedenkt man diese kritischen Erwägungen, so ist der Schluß unausweichlich, daß sich die These vom rabbinischen Ursprung des paulinischen Begriffes aus methodischen wie sachlichen Gründen nicht halten läßt. Weder gelingt es ihren Verfechtern einwandfrei vorpaulinisches Belegmaterial nachzuweisen,

---

30 Charakteristisch für den inkonsequenten Umgang mit rabbinischen Belegen zur Neuschöpfung bei Paulus s. Wolter, Rechtfertigung 67f, der die rabbinischen Neuschöpfungsaussagen als "entfernte Analogie" (ebd. 68) u.a. zur Erklärung des paulinischen Sprachgebrauchs für heranziehungswürdig hält, in einer Anmerkung jedoch zugesteht (ebd. 68, Anm.148), daß sie "nur von begrenztem Wert (sind), weil der term. techn. בריה חדשה nicht vor dem 3.Jh.n.Chr. nachzuweisen ist".

31 Sjöberg, Wiedergeburt 69, erkennt zwar die historischen Beweisschwierigkeiten dieser rabbinischen Neuschöpfungsbelege, aber behauptet: "Aber die Vorstellung von einer Neuschöpfung war schon längst im Judentum heimisch". Er versucht deshalb, über das AT den eschatologischen (Jes 51,6; 65,17; 66,22) und den nichteschatologischen Gebrauch des rabbinischen Neuschöpfungsgedankens über die Regel von der Gleichheit mit dem Kinde (Yev 48b [R. Jose b. Chalafta T 3] par. TrGer 2 [R. Jehuda T 3]) als alte jüd. Tradition zu erweisen.

32 Schweitzer, Gotteskindschaft 80, vermutet, daß der Begriff בריה חדשה "schon sehr viel älter ist und schon in n.t.-licher Zeit auf den Einzelnen bezogen wurde". Da nach SDtn § 30 zu 3,29 (anonym) Neuschöpfung als Sündenvergebung zu identifizieren sei, Sündenvergebung am Versöhnungstag aufgrund der zehntägigen Umkehr zwischen Neujahrstag und Versöhnungstag geschieht (PesR 40 [R. Isaak A 3] und bei den Rabbinen "der Neujahrstag als ein Tag der Erinnerung an die Schöpfung der Welt aufgefasst wurde", kann dies "der Grund dafür sein, daß man den Menschen als 'ב' ח ansehen konnte" (ebd. 65). Allein, auch diese Vermutungskette basiert auf **nachpaulinischen** Belegen, so daß für Schweitzer letztendlich nur der Vergleich der Israeliten mit einem einjährigen Kind (PesK 61b [Schule Hillel T 1]) als einziger vorpaulinischer Beleg argumentationsfähig bleibt (ebd. 66).

33 Vgl. Müller, Judentum 89ff, der u.a. das Datierungsproblem rabbinischer Quellen anspricht und sich gegen die Propagierung eines Traditionskontinuums zwischen amoräischem Rabbinat und pharisäisch-schriftgelehrter Theologie vor 70 n.Chr. wendet.

noch wird die Beschränkung auf rabbinische Neuschöpfungsbelege einsichtig[34], noch wird die Übernahme des rabbinischen Schulbegriffes in die paulinische Argumentation verständlich.

Der formelhafte Gebrauch von בריה חדשה ist im Rabbinat auf die Signifikation der religiösen Neuheitserfahrung eingeschränkt: eine neue Situation ist angefangen, die Vergangenheit ist abgeschlossen. Der von Heinz Schwantes vorgetragene Einwand "wieso denn Paulus, um einen so simplen Tatbestand auszudrücken, nicht einfach καινότης schreibt?"[35] besteht zu Recht und läßt sich nicht mit dem Hinweis auf die "polemische Situation"[36] des Gal gegen eine "Gruppe jüdischer Gesetzeseiferer"[37], denen dieses Schlagwort[38] geläufig sein könnte, entkräften. Ein zum Chiffre-Zeichen entleerter Begriff "Neuschöpfung" wäre für die Argumentation von Paulus im Gal untauglich, denn Paulus ist bemüht, gerade aus diesem Begriff inhaltlich-normative Aussagen (Gal 6,16: κανών) für die Bestimmung seines Evangeliums zu gewinnen[39].

Fragt man, weshalb trotz aller z.T. bekannten methodischen Bedenken die traditionsgeschichtliche Ableitung von "neuer Schöpfung" aus dem Rabbinat weitgehende Akzeptanz besaß und noch weiterhin besitzt, so kann eine Beobachtung von Peter Stuhlmacher[40] weiterhelfen, daß in der mit dem Namen von Rudolf Bultmann verbundenen existentialen Interpretation biblischer Texte der "neue Anfang" zum theologisch begründeten Existential menschlichen Seins hervorgehoben wurde. Bultmann machte bei Paulus die

---

34 Schon Sjöberg, Wiedergeburt 74, stellte unmißverständlich fest, daß in Jub 4,26 wahrscheinlich auch in 1,29 "der Ausdruck 'die neue Schöpfung' noch deutlicher als in I Hen 72,1 als ein fester Terminus gebraucht" wird, so daß "schon um 100 v.Chr. ... also nicht nur die Vorstellung von der eschatologischen Neuschöpfung, sondern auch der Ausdruck 'die neue Schöpfung' - mit eschatologischem Inhalt - im Judentum wohl bekannt" war. Die Frage legt sich nahe, ob die Nichtbeachtung von Belegen aus der apokalyptischen Literatur der in der religionsgeschichtlichen Erforschung des NT wirksam gewordenen Theorie vom "normativen Judentum" pharisäisch-rabbinischer Prägung zuzuschreiben ist, vgl. dazu Nissen, Gott 16-41; Müller, Judentum 75-101, bes. 100.

35 Schöpfung 28.

36 Ebd. 29.

37 Ebd. 28.

38 Vgl. ebd. 29.

39 Vgl. Stuhlmacher, Erwägungen 8, Anm. 21, der gegen Schwantes, Schöpfung 31, auf einer dezidiert schöpfungstheologischen Interpretation von "neuer Schöpfung" bei Paulus besteht: Dies wird im Prinzip aber auch von Schwantes zugestanden.

40 Erwägungen 25: "Bultmanns und seiner Schüler Interpretation des Paulus mit lutherischen Interpretationskategorien bedeutet de facto, daß hier Interpretamente verwendet werden, welche strukturell denen des Rabbinats sehr nahe ... stehen".

Entdeckung, daß dieser sich von dem apokalyptischen Welt- und Geschichtsdenken abwendet und Eschatologie vom Menschen her interpretiert[41]. Sein Programm, Eschatologie in der "**Geschichtlichkeit des menschlichen Seins**"[42] zu denken, führte Bultmann zur Kategorie der Geschichte als anthropologischer Grundkonstante, in der der Mensch durch den Ruf Gottes sein Wesen gewinnen oder verlieren kann[43]. Die Entscheidung in der je neuen Situation bestimmt über das eigentliche Leben des Menschen. Da die Freiheit von der Vergangenheit zur freien Selbstbestimmung des Menschen führt, besitzt die vom Rabbinat entwickelte Konzeption des "neuen Anfangs" aufgrund göttlicher Vergebung der vergangenen Sünden für diese theologische Anthropologie eine besondere Anziehungskraft.

Die Aufarbeitung des rabbinischen Belegmaterials, so stellt man denn auch fest, beansprucht in der neueren Exegese ihren (pflichtgemäßen) Platz, jedoch werden Folgerungen für das Verständnis von "neuer Schöpfung" bei Paulus nicht gezogen. So sicher die rabbinischen Belege in einen Gesamtüberblick zur jüd. Neuschöpfungstradition gehören, um so deutlicher wird, daß sie den Endpunkt einer Entwicklung nach Paulus markieren[44]. Ein Indiz dafür scheint die Abnahme der "eschatologische(n) Spannung"[45] in einem "praktisch-ethisch orientierte(n) rabbinische(n) Judentum"[46] zu sein, das die Erfahrung selbstzerstörerischer Spekulation innerjüdischer Kreise zum Anlaß einer "theologische(n) Kritik am Geistenthusiasmus der Apokalyptik"[47] nimmt.

---

41 Geschichte 46ff.

42 Ebd. 49.

43 Seinem existentialtheologischen Ansatz entsprechend wird Bultmann deshalb als die Pointe paulinischer Neuschöpfungsaussage herausstreichen, daß nach Paulus die apostolische Verkündigung selbst "der Anbruch der neuen Schöpfung" sei (Probleme 309; vgl. ders., 2Kor 155).

44 Die von Vögtle, Zukunft 182f, gestellte Frage, ob die "strikt anthropologische Verwendung des term. techn. בריה חדשה " (Stuhlmacher, Erwägungen 16) "seitens der Rabbinen eine gewisse Vorbereitung, einen gewissen Anstoß für die freilich völlig vom Christusereignis her ansetzende 'kritische' Neuinterpretation des Apostels darstellt", ist diametral entgegengesetzt zu formulieren. Es ist zu fragen, ob nicht vielmehr das eschatologisch-enthusiastische paulinische Christentum für das rabbinische Judentum Anlaß war, eine kritische Reduktion des jüd. eschatologischen Neuschöpfungsgedankens durchzuführen.

45 Stuhlmacher, Erwägungen 15.

46 Schneider, Neuschöpfung 46.

47 Stuhlmacher, Erwägungen 16.

Aus diesen gesamten Beobachtungen heraus wird die traditionsgeschichtliche These einer Ableitung von "neuer Schöpfung" aus dem Rabbinat in dieser Arbeit auf die Frage eingeschränkt, ob sich von den frühjüdischen Belegen im tannaitischen Judentum eine traditionsgeschichtliche "Brücke" zu Paulus schlagen läßt.

1.3 "Neue Schöpfung" - eine Metapher aus der jüdischen Proselytentheologie?

Im Rahmen des rabbinischen Neuschöpfungsdenkens stößt man auch auf die halakhische Regel, die von Paul Billerbeck[1] mit: "Der Proselyt gleicht einem eben geborenen Kinde" wiedergegeben wird (Yev 48b; TrGerim 2). Dieser, zur religiös-juristischen Bewältigung der Proselytenthematik angestellte rabbinische Vergleich[2] gerät für William David Davies (1948)[3], Joachim Jeremias[4] (1958) und in jüngster Zeit auch für Michael Wolter[5] (1978) zur Ausgangsbasis für die traditionsgeschichtliche Aufarbeitung von "neuer Schöpfung" bei Paulus. Da eine direkte Bezeichnung des einzelnen Proselyten als בריה חדשה im Rabbinat **nicht** vorliegt[6], wird auf das metaphorisch-bildhafte Verständnis des Konversionsvorganges eines Heiden zum Judentum als Vorstellung einer individuellen Neuschöpfung zurückgegriffen[7].

Neben den rabbinischen Belegen wird dabei zugleich in zunehmender Weise auf die Theologie der jüd.-hell. Diasporasynagoge verwiesen[8]. In der jüd.-hell. Schrift JosAs werden die entscheidenden Belege markiert, die die These, daß die Proselytentheologie des Frühjudentums der traditionsgeschichtliche Aus-

---

1 Kommentar II 423.

2 Vgl. Sjöberg, Wiedergeburt 45-50, 53-55.

3 Paul 119.

4 Kindertaufe 43.

5 Rechtfertigung 67f im Zusammenhang mit 77.

6 Eindeutig falsch Wolter, Rechtfertigung 68, zu GenR 84 (32,1); MShir 1,3; dazu Sjöberg, Wiedergeburt 53f, bes. 55: "Es wird in der rabbinischen Literatur niemals ausdrücklich gesagt, dass der Proselyt selbst ein neues Geschöpf ist."

7 Davies, Paul 119: "For our purpose we note particularly that the metaphor is used to describe a proselyte to Judaism"; vgl. Wolter, Rechtfertigung 68.

8 Vgl. Schweitzer, Gotteskindschaft 114-123; Schneider, KAINH KTIΣIΣ 86-88; ders., Idee 261; ders., Neuschöpfung 41-43; Jeremias, Kindertaufe 39.43; Wolter, Rechtfertigung 68.77.

gangspunkt für den individuell-anthropologischen Sprachgebrauch von "neuer Schöpfung" bei Paulus sei, stützen sollen[9]. Und in der Tat: Christoph Burchards Untersuchungen zum theologischen Verständnis von JosAs gipfeln in der Feststellung, daß in der Gestalt der sich zum Judentum bekehrenden ägyptischen Priestertochter Aseneth "das gottgewollte Urbild und damit die theologische Rechtfertigung der Proselyten"[10] in einer Schrift der Diasporasynagoge vorliegt. Die im Zusammenhang der Konversion Aseneths begegnende Terminologie (ἀνακαινίζω, ἀναπλάσσω, ἀναζῳοποιέω: 8,9; 15,5; vgl. 27,10) lege den Schluß nahe, daß die Eingliederung in das Gottesvolk eine "höchst realistische ... Neuschöpfungsanschauung"[11] dokumentiere. Der seinsverändernde, wirklichkeitsnah vorgestellte Erneuerungsvorgang des übertretenden Heiden wird durch Begabung mit göttlichem Geist ausgelöst (JosAs 19,11). Die "Belebung" des Heiden zur Teilnahme am eschatologischen Heil ist von der Zusage getragen, daß der Name Aseneths in das himmlische Buch des Lebens eingetragen ist (JosAs 15,4).

Für die Suche nach einer traditionsgeschichtlichen Herkunftsbestimmung von "neuer Schöpfung" bei Paulus besitzt diese Herleitung aus der jüd. Proselytenterminologie den herausragenden Vorteil, am Beispiel hell.-jüd. Diasporaschrifttums (JosAs) den anthropologisch-individuellen Gebrauch der Neuschöpfungsvorstellung (vgl. 2Kor 5,17) mit eindeutig **präsentisch-eschatologischer** Akzentuierung nachzuweisen. Die Folgerung liegt nahe, daß der Diasporajude Paulus, der als Angehöriger urchristlicher Kreise erfolgreich Mission im Umfeld des hell. Judentums unter den "Gottesfürchtigen" treibt und der in besonderer Weise die Geisterfahrung des Anfangs (Gal 3,2f; vgl. Röm 7,6) zur Begründung der Konsequenzen des Evangeliums von Christus in den Mittelpunkt stellen kann, seine theologischen Anleihen bei der jüd. Bekehrungstheologie macht. Die Schwierigkeiten der Herkunftsbestimmung von "neuer Schöpfung" aus der jüd. Konversionstheologie liegen jedoch in der unterschiedlichen Terminologie: in der rabbinischen Kasuistik ist der Vergleich eines Proselyten mit einem **neugeborenen Kind** gebräuchlich, im hell. Judentum hingegen spricht man von der Konversion als **Erhöhungs**geschehen (Vorsilbe: ἀνά -). Die zu beobachtende terminologische Differenz zu Paulus jedoch soll Anlaß sein, erneut die mit der Proselytenbekehrung im Judentum verbunde-

---

9 Stuhlmacher, Erwägungen 17: "höchst ergiebig"; Wolter, Rechtfertigung 68: "traditionsgeschichtlich sehr viel näher".

10 Untersuchungen 117.

11 Stuhlmacher, Erwägungen 18.

nen Vorstellungsgehalte zu exegesieren. Wenn sich hier die traditionsgeschichtlichen Wurzeln für den paulinischen Begriff eruieren lassen sollten, so ist genau zu prüfen, wie es bei Paulus zum Begriff καινὴ κτίσις gekommen ist.

1.4 "Neue Schöpfung" - göttliche Vorausverwirklichung endzeitlicher Neuschöpfung in der eschatologischen Heilsgemeinde?

Als im Jahre 1950 Karl Georg Kuhn einer durch den drei Jahre zuvor gemachten Fund der Qumrantexte gespannten Öffentlichkeit eine erste Auswertung der neugefundenen Handschriften für das Verständnis des NT an die Hand gab[1], kam er auch auf den das Qumranschrifttum kennzeichenden anthropologischen Dualismus zwischen dem jüd. Menschen einerseits und dem Angehörigen der Qumrangemeinde andererseits zu sprechen[2]. Kuhn äußerte dabei die Vermutung, ob etwa der aus dem AT bekannte Gegensatz צדיקים - רשעים in dem Qumranschrifttum auf das Verhältnis von Israel und der Qumrangemeinde übertragen wird, die Qumrangemeinde sich also im Bewußtsein weiß, die alleinige von Gott auserwählte wahre eschatologische Heilsgemeinde zu sein.

In diesem Zusammenhang deutet Karl Georg Kuhn Hodajot-Stellen, die von der Möglichkeit sprechen, daß der (jüd.) Mensch sein Ausgeliefertsein an die gottfeindliche Welt der Finsternis überwinden kann (1QH 3,20f; 1QH 4,30f), auf den Eintritt in die Qumrangemeinde. In dieser Gemeinschaft wird der (jüd.) Mensch von seinem Ungehorsam gegenüber dem göttlichen Lebenswillen erlöst und ihm von Gott der zum wahren Thoragehorsam nötige Geist (neu) gebildet (1QH 4,30f). Ja, Kuhn meint, es sei "gewissermaßen von einer Neuschöpfung, nämlich der Z u g e h ö r i g k e i t z u d e r G e m e i n d e"[3] die Rede, wenn der Qumranbeter Gott preist (1QH 3,20f): "und ich weiß, daß eine Hoffnung ist für den, den Du gebildet hast (יצר) heraus aus dem Staub zur ewigen Gemeinschaft (סוד עולם)"[4].

Diese Anregung Karl Georg Kuhns, in den Hodajot die Überwindung des Unheilstatus des Menschen durch den Eintritt in die eschatologische Heils-

---

1 Der Aufsatztitel lautet: "Die in Palästina gefundenen hebräischen Texte und das Neue Testament".
2 Ebd. 197-209.
3 Ebd. 201, Anm. 7.
4 Übersetzung zitiert nach Kuhn, a.a.O. 201.

gemeinde als göttliche Neuschöpfung des Menschen ausgedrückt zu finden, nahm sofort Erik Sjöberg[5] auf. Er prüfte die Plausibilität von Kuhns Exegese und strich dabei die eminent wichtige Bedeutung der Qumranaussagen als religionsgeschichtliche Parallele für die Exegese des NT heraus[6]. Das paulinische "neue Schöpfung" wäre dann zu verstehen als das urchristliche Privilegzeichen der von Gott auserwählten Glieder der endzeitlichen Ekklesia, die im Streit mit jüd. Gruppenbildungen um die wahre eschatologische Heilsgemeinde ihre Auserwähltheit über das Ereignis personaler Seinsneuschöpfung einschließlich der Geistverleihung zum rechten Thoragehorsam (vgl. Ez 36, 26f) beanspruche[7]. Läßt Sjöberg die von Kuhn angeschnittene Frage, ob der Neuschöpfungsgedanke in den Qumrantexten tatsächlich zu finden ist, zunächst noch offen[8] und neigt der Auffassung zu, daß sich die Schöpfungsaussagen in den Hodajot auf die ursprüngliche Schöpfung des Menschen, die creatio originalis, beziehen müssen, so ändert er seine Meinung mit der Edition der wichtigen Qumrantexte[9]. 1956 veröffentlicht Sjöberg eine Ergänzung zu seinem ersten Aufsatz mit dem Titel "Neuschöpfung in den Toten-Meer-Rollen", in dem er die von Kuhn vorgeschlagene Deutung von 1QH 3,20f; 11,13 auf den Gedanken der Neuschöpfung beim Eintritt in die Qumransekte rückhaltlos übernimmt: Durch Verleihung von Erkenntnis und Geist wird die Schwachheit des natürlichen Menschen durch göttliche Gnade aufgehoben, indem die menschliche Natur gänzlich verändert wird[10].

Vier Jahre später, 1959, erweitert Gerhard Schneider in seiner breit angelegten Dissertation[11] diese Meinung zu der beachtlichen These, daß für die Qumrangemeinde die neue Schöpfung der Endzeit, wie sie in 1QS 4,25 für die

---

5 Wiedergeburt 78-81.

6 Nach Sjöberg, Wiedergeburt 80, hätten wir in dem Qumranschrifttum, sollte sich K.G. Kuhns Vermutung bewahrheiten lassen, "eine sehr interessante Parallele zu der neutestamentlichen Auffassung: durch den Eintritt in eine eschatologische Gemeinde ... findet eine Neuschöpfung des Menschen statt".

7 Vgl. Jervell, Imago 187: "Nicht die synagogale, sondern die christliche Gemeinde ist das gottebenbildliche Volk. Denn die christliche Gemeinde ist die neue Schöpfung."

8 Ebd. 80, vgl. auch 79.

9 Sukenik, אוצר המגילות הגנוזות, Jerusalem 1954.

10 Vgl. Sjöberg, Neuschöpfung 135f.

11 ΚΑΙΝΗ ΚΤΙΣΙΣ. Die Idee der Neuschöpfung beim Apostel Paulus und ihr religionsgeschichtlicher Hintergrund.

Zukunft erst noch erwartet wird, proleptisch in der Gemeinschaft bereits angebrochen sei[12]. Damit verhilft Schneider der Meinung zum Durchbruch, daß in der jüd. Eschatologie der Gedanke der Prolepse vorhanden sei. Die Qumrantexte gelten von nun an als "tragfähigstes Zeugnis"[13] dafür, daß Neuschöpfung "keine bloß zukünftige kosmologische Erwartung, sondern ... zugleich im Umkreis des Bundes vorausverwirklicht" ist, wie Peter Stuhlmacher[14] zusammenfassend bemerken kann.

In einer mit großer exegetischer Sorgfalt durchgeführten Arbeit "Enderwartung und eschatologisches Heil" (1960-63; publiziert 1966), die ausschließlich der Untersuchung von Gemeindeliedern von Qumran gewidmet ist, versucht Heinz-Wolfgang Kuhn der auf Karl Georg Kuhn zurückgehenden Vermutung einer Prolepse-Vorstellung in der Eschatologie der Qumrangemeinde eine exegetisch fundierte, argumentative Basis zu geben. Sein besonderes Augenmerk gilt der "besonderen Eschatologie"[15] der Gemeindelieder und der Auswirkung für das Verständnis von "Eschatologie und Gegenwart in der Verkündigung Jesu"[16]. H.-W. Kuhns leitende Absicht ist es, an den Gemeindeliedern zu erweisen, "daß neben der Beibehaltung der üblichen futurischen Enderwartung das Bewußtsein vorhanden war, daß in der Gemeinde das eschatologischen Heil schon in die Gegenwart hineinreicht"[17]. Bezogen auf den Topus der Neuschöpfung heißt das, daß neben der das ganze Judentum verbindenden rein futurischen Hoffnung eschatologischer Erneuerung der Welt in der Qumrangemeinde "entgegen aller jüdischen Eschatologie"[18] "der Anschluß an die Qumrangemeinde die Teilhabe an der neuen Welt, die von einem Endakt er-

---

12 Vgl. ΚΑΙΝΗ ΚΤΙΣΙΣ 84f; ders., Idee 260f; ders., Neuschöpfung 41.

13 Vögtle, Zukunft 178.

14 Erwägungen 13.

15 Enderwartung 176.179 u.ö.

16 Enderwartung 189; während die Auswirkung der "besonderen Eschatologie" der Qumranlieder als religionsgeschichtliche Parallele für das Verständnis der jesuanischen eschatologischen Basileia-Verkündigung in einem Anhang (ebd. 189-204; bes. 201f) eigens ausgewertet werden, beschränkt sich H.-W. Kuhn bei Folgerungen für die paulinische Theologie auf einen kurzen Ausblick (ebd. 204) bzw. Bemerkung (ebd. 50), obwohl, wie H.-W. Kuhn selbst zugesteht, die urchristliche Gemeinde als Gemeinde, die sich die Gegenwart des Eschatons zuschreibt, **"in diesem Punkt** der Qumrangemeinde näher (-steht) als der Verkündigung Jesu" (ebd. 204).

17 Enderwartung 11.

18 Ebd. 181.

hofft wird, **sicher** verbürgt (ist), weil sie hier schon an **diesem** Ort, nämlich in der Gemeinde, begonnen hat sich zu verwirklichen"[19]. "Der eigentümliche Satz in 1QH 3,20f., der die ganze Spannung zwischen Zukunft und Gegenwart enthält", sei nach H.-W. Kuhn deshalb folgendermaßen zu verstehen: "'es gibt eine **Hoffnung** (diese Gewißheit besteht, und zwar) für den, den du (mit dem Eintritt in die Gemeinde bereits **neu-)geschaffen hast**'"[20].

Der für die jüd. und christl. Eschatologie beachtliche Befund einer Antizipation eschatologisch-endzeitlicher Akte über die Zugehörigkeit zur (Qumran-) Gemeinde als von Gott auserwählten eschatologischen Heilsgemeinde[21] bedeutet für die paulinische Rede von "neuer Schöpfung" eine grundlegende Vorgabe, ja Analogie ersten Ranges. Sieht man einmal davon ab, daß im Unterschied zur Qumrangemeinde, in der die Heilsgegenwart Gottes mit Hilfe der Tempelsymbolik zum Ausdruck gebracht wird, im Urchristentum das gegenwärtig-eschatologische Heil ausschließlich christologisch begründet wird, so könnte das Phänomen der präsentisch-eschatologischen Rede von "neuer Schöpfung" bei Paulus in seiner ekklesiologisch-anthropologischen Beschränkung durch die Qumrantexte verständlich werden. Es würde nämlich über den Vorgang Klarheit geschaffen werden, wie ein in apokalyptischen Schriften gebräuchliches Motiv einer kosmologischen Endzeiterwartung[22] bei Paulus auf das individuelle Gemeindeglied bezogen erscheint (vgl. 2Kor 5,17). Dieser Prozeß wäre über das Ineinander von futurischer Enderwartung und eschatologisch-gegenwärtigem Heil in der von eschatologischem Jubel erfüllten[23] endzeitlichen Heilsgemeinde erklärbar. Die Gemeindeglieder antizipieren in naher Erwartung kommender Welterneuerung ihre eigene Personenneuschöpfung als Aufhebung geschöpflich fehlerhaften Seins über die göttliche Reinigung von vergangener Sünde (vgl. 1QH 3,21; 2Kor 5,21).

---

19 Ebd. 179.

20 Ebd. 179.

21 Neben dem Heil der "endzeitlichen Neuschöpfung" auch das der "Auferstehung", der "Gemeinschaft mit den Engeln", der "Errettung vor dem endzeitlichen Mächtigwerden des Totenreiches" und der proleptisch-eschatologisch verstandenen "Versetzung in den Himmel", vgl. H.-W. Kuhn, Enderwartung 84.114.185.

22 H.-W. Kuhn, Enderwartung 50, Anm.2, verweist auf äthHen 72,1; Jub 1,29; 4,26, die expressis verbis von einer "neuen Schöpfung" zu sprechen scheinen; vgl. dazu 1QS 4,25; 1QH 13,11f.

23 Vgl. die von einigen Exegeten zu 2Kor 5,17b beobachtete hymnische Stimmung, beispielsweise Windisch, 2Kor 189: "...in jubelndem Siegeston und überfliegendem Optimismus" oder Bachmann, 2Kor 262: "...zu voller triumphierender (ἰδού !) Höhe".

Die Problematik einer Heranziehung der Neuschöpfungsprolepse der Qumrangemeinde für das Verständnis der paulinischen Neuschöpfungsbegrifflichkeit liegt - unter der Voraussetzung, daß sich proleptisches Denken als Novum jüd. Eschatologie in den, wie Jörg Baumgarten sie nennt, "dunklen Stellen" der Hodajot[24] verifizieren läßt - schlicht in dem exegetischen Erweis ihres Vorhandenseins. Man mache sich klar, daß in diesen Qumranliedern, anders als bei Paulus, keineswegs der Qumranangehörige als "neue(s) Geschöpf/Schöpfung" bezeichnet wird. Vielmehr schließen Karl Georg und Heinz-Wolfgang Kuhn von einer verbal formulierten Schöpfungsaussage als perfektischer Heilsaussage (1QH 3,21: יצרתה) auf eine beim Eintritt in die Qumrangemeinde erfahrene göttliche Neuschöpfung, die als präsentische Heilserfahrung mit der in Qumran bekannten endzeitlichen Erneuerungshoffnung (1QS 4,25; vgl. 1QH 13,11f) in Zusammenhang stehen soll. Diese gewagte exegetische Rekonstruktion antizipierter Neuschöpfungshoffnung bedarf einer Überprüfung ihrer Evidenz an den Texten unter Einbeziehung der Frage, welche Bedeutung der Vorgang des Eintritts in die Qumrangemeinde für die Gemeinschaft besitzt.

Würde sich die Neuschöpfungsprolepse im qumranischen Schrifttum nachweisen lassen, so wäre für die Interpretation von "neuer Schöpfung" bei Paulus wiederum zu fragen, ob ein Antizipationsmodell in seiner Aussage intendiert ist. Soweit aber sichtbar, verwendet Paulus **weder** Erneuerungs-, **noch** Schöpfungsterminologie im Zusammenhang seiner **futurischen** Endzeithoffnung. Obgleich Paulus das Antizipationsmodell geläufig ist (vgl. 2Kor 1,22; 5,5), setzt sich dieser exegetische Versuch dem Verdacht aus, ein schon bei der paulinischen Neuschöpfungsthematik fragliches Antizipationskonzept ins Frühjudentum zurückzuprojizieren[25].

Vergegenwärtigt man sich schließlich die theologische Situation am Anfang der 60er Jahre, so wird verständlich, warum ein Antizipationsmodell in der damaligen (deutschen) Exegese ein hohes Maß an Attraktivität besaß. Als Beispiel soll hier nur auf die sich auf den Philosophen Ernst Bloch berufende "Theologie der Hoffnung" hingewiesen werden. Gilt schon Blochs "Prinzip Hoff-

---

24 Apokalyptik 165.
25 So die Kritik von Müller in der Rezension von H.-W. Kuhn, Enderwartung, in BZ NF 12, 304-306.

nung"[26] als "Lehre der Hoffnung und ontologischer Antizipation"[27] so hebt Jürgen Moltmann bei seinem Versuch, die Eschatologie zur Mitte des theologischen Denkens zu machen, hervor, daß die christliche Hoffnung "selber ständig ein antizipatorisches Denken" provoziert und produziert, "weil sie Zuversicht hat, daß das Beste und die Gerechtigkeit Gottes kommt"[28].

1.5 "Neue Schöpfung" - apokalyptischer Fachbegriff kosmologisch-jenseitiger Zukunftsspekulation?

Wer sich in grundsätzlicher Weise um die Verständlichkeit von Anliegen und Wesen jüd.-urchristlicher Apokalyptik bemüht, wird in dem Motiv einer "neuen Schöpfung", eines "neuen Himmels und einer neuen Erde", einen Grundzug apokalyptischen Denkens par excellence sehen, der im Rahmen des Zwei-Äonen-Dualismus am besten geeignet erscheint, die strikte Jenseitsorientierung apokalyptisch-kosmologischer Glaubenshoffnung vorzuführen[1]. An ihm läßt sich zeigen, wie die apokalyptische Sehnsucht nach einem "neuen Äon" von rein transzendenter Art ist, wenn Gottes Eingreifen der bestehenden Welt-Zeit ein definitives Ende setzt, um dann in einer radikal "neuen Welt" den Zustand endgültigen Heiles für die Gerechten zu etablieren.

Seit Paul Billerbeck zu Apk 21,1 das Material aus den jüd. Pseudepigraphen und dem Rabbinat zusammentrug[2], wurde die Vorstellung einer endzeitlich-kosmologischen Neuschöpfung auch terminologisch der Apokalyptik zugewiesen. So trägt Erik Sjöberg bei der Analyse apokalyptischen Schrifttums mit engerem Bezug auf Jub 4,26 vor: "Hier wird der Ausdruck 'die neue Schöpfung' noch deutlicher als in I Hen 72,1 als ein fester Terminus gebraucht. Schon um 100 v.Chr. war also nicht nur die Vorstellung von der eschatologischen Neuschöpfung, sondern auch der Ausdruck 'die neue Schöpfung' - mit eschatologischem Inhalt - im Judentum wohl bekannt"[3]. Das Urteil, der pau-

---

26 Vgl. dort Bloch zum subjektiven Vorgang des Staunens 353f.
27 Jameson, Ontologie 437; s. auch die Untersuchung von Kugelmann, Antizipation, zur Bedeutung und Funktion des Antizipationsbegriffs in Theologie und Philosophie; zu Bloch-Moltmann ebd. 252ff.
28 Theologie der Hoffnung 334.

1 Vgl. nur Vielhauer, Einleitung 412f; Schreiner, Bewegung 224f.
2 Kommentar III 840-847.
3 Wiedergeburt 74.

linische Ausdruck "neue Schöpfung" sei eindeutig ein von der jüd. Apokalyptik geprägter Begriff, findet dementsprechend allgemein Zustimmung[4]. Als religionsgeschichtliches Vergleichsmaterial werden Stellen aus der älteren (Jub 1,29; 4,26; 5,12; 19,25; äthHen 72,1) und jüngeren (4Esr 7,75; syrBar 32,6; 44,12; 57,2) apokalyptischen Literatur, aber auch aus Qumran (1QS 4,25; 1QH 13,11f) genannt[5].

Liegt für die traditionsgeschichtliche Frage nach der Herkunftsbestimmung von Vorstellung und Begrifflichkeit von "neuer Schöpfung" bei Paulus hier eine eindeutige Zuweisung vor, so wird die Relation von vorpaulinischer Tradition und paulinischer Aktualisierung bzw. Interpretation in der Forschung konträr bestimmt. Die ganze Problematik dieser traditionsgeschichtlichen Interpretation von "neuer Schöpfung" erschließt sich demjenigen, der die eklatante Differenz zwischen dem vorpaulinisch-apokalyptischen und dem paulinischen Gebrauch der Neuschöpfungsvorstellung beobachtet und als direkte Übernahme aus der Apokalyptik zu beantworten versucht[6]. Läßt sich, zugespitzt formuliert, sagen, daß die Gemeinsamkeit von Apokalyptik und Paulus in der Betonung der eschatologischen Dimension göttlichen Neuschöpfungshandelns besteht, so liegt der auffällige Unterschied zwischen beiden darin, daß für Paulus das Neuschöpfungsheil **gegenwärtig** und für den **Menschen** gilt, während für die Apokalyptik Neuschöpfung eine **futurische** und **kosmologische** Größe ist.

Bei der Deutung dieses Antagonismus durch eine interpretative Bestimmung des Traditionsgefälles zwischen der Apokalyptik und Paulus hat sich in der Forschung folgende Alternative in den Vordergrund geschoben: Entweder versteht man die Rezeption des apokalyptischen Begriffs durch Paulus als Aus-

---

4 Vgl. nur Schneider, Neuschöpfung 35f.39; ders., Idee 260; Stuhlmacher, Erwägungen 10; Windisch, 2Kor 189f; Vögtle, Zukunft 180; Becker, Gal 83; Baumgarten, Apokalyptik 164-166; dagegen Wolter, Rechtfertigung 77.

5 Vgl. Stuhlmacher, Erwägungen 12; Baumgarten, Apokalyptik 164. Unverständlich bleibt, wie Stuhlmacher, Erwägungen 12, aufgrund der beiden Belegstellen (1QS 4,25; 1QH 13,11f) die Behauptung aufstellen kann, daß sich "die weitaus gewichtigsten Belege ... in den Qumrantexten" finden lassen, eine, wie Baumgarten, Apokalyptik 164, zu Recht urteilt, "nicht zu rechtfertigende Behauptung".

6 Die von Baumgarten, Apokalyptik 165, gemachte Feststellung, daß man "mit der in solchen Fragen erreichbaren Wahrscheinlichkeit ... sagen (kann), daß Paulus das Motiv (sc. der Neuschöpfung) am ehesten aus der Apokalyptik - direkt oder indirekt - übernommen hat", bildet für diese Arbeit den Ausgangspunkt der religionsgeschichtlichen Rückfrage, um mit den Mitteln literaturwissenschaftlich-historischer Exegese zu einer befriedigenden Antwort zu gelangen.

druck seiner durch das Christusevangelium am Individuum ausgerichteten Theologie, in radikaler Diskontinuität zur Apokalyptik das kosmologische Zukunftsheil auf die Soteriologie des Menschen einzugrenzen[7], oder man versucht im Gegenschlag dazu, Paulus betontermaßen von der apokalyptischen Tradition her zu interpretieren, und meint, daß Paulus eine individualistische Soteriologie mit der Ortientierung an einer kosmologisch-universal denkenden Schöpfungstheologie korrigiere[8]. Vorpaulinisch-frühjüdische Traditionsstufen besitzen bei letzter Argumentation die Funktion, die Verknüpfung des apokalyptisch-kosmologischen Neuschöpfungsmotivs mit der Anthropologie aufzuzeigen - in der Qumranliteratur als Eintritt in die eschatologische Heilsgemeinde, in der Literatur der hell. Diasporasynagoge als Übertritt zum Judentum[9] -, um so der Gefahr zu entgehen, Paulus analogielos interpretieren zu müssen[10].

Die gegensätzliche Relationsbestimmung von apokalyptischer Tradition und paulinischer Interpretation beim Motiv "neue Schöpfung" ist dabei Ausdruck der die (deutsche) Paulus-Exegese bis heute bewegenden Kontroverse zwischen Ernst Käsemann und Rudolf Bultmann um den hermeneutischen Schlüssel zum Verständnis paulinischer Theologie. Anhand von Beobachtungen zur Rezeption von Begriffen und Motiven der frühjüdischen bzw. urchristlichen Apokalyptik in der paulinischen Literatur werden Aufschlüsse für die Frage erwartet, ob für Paulus die Kosmologie oder die Anthropologie "cantus firmus" seiner Theologie sei[11]. Damit aber wird die traditionsgeschichtliche Rückfrage nach "neuer Schöpfung" bei Paulus von vornherein auf ein Prokrustesbett gesteckt,

---

7 Vgl. Bultmann, Geschichte 48; Vögtle, Zukunft 182; Becker, Gal 83; Baumgarten, Apokalyptik 169.241.

8 Vgl. insbesondere Stuhlmacher, Erwägungen 20, in der Weiterführung von Käsemann, vgl. ders., Thema 128: "Im Gehorsam der Christen erweist sich aber die Kirche als die neue Schöpfung, die dahin zurückgekehrt ist, wovon Adam fiel".

9 Vgl. Schneider, Idee 260f; ders., Neuschöpfung 39-43; Stuhlmacher, Erwägungen 20f; Wolter, Rechtfertigung 66ff.

10 Das Ergebnis der Arbeit von Aymer, Understanding 164, zur Neuschöpfungsthematik bei Paulus: "From the time of the death and resurrection of Christ that new creation is **partially** present, but its **fullness** will be realized at the Parousia" (Hervorhebung U. M.; vgl. Bruce, Gal 273), stellt insofern einen Rückschritt dar, weil es die eindeutig eschatologische Formulierung von 2Kor 5,17; Gal 6,15 auf eine Partikularität reduziert, die der eschatologischen Aussage gerade fremd ist.

11 Becker, Erwägungen 608; zur Formulierung dieser schlagwortartigen Alternative des Verständnisses paulinischer Theologie vgl. Baumgarten, Apokalyptik 1-3.240.

da von ihr als "Musterbeispiel" apokalyptischer Eschatologie her Aufklärung über den systematisch-theologischen Ansatz paulinischer Theologie erwartet wird[12].

Da auch von systematisch-theologischer Seite (Jürgen Moltmann[13], Wolfhart Pannenberg-Kreis[14]) ein Interesse am Wahrheitsgehalt apokalyptischen Denkens für die christliche Theologie besteht, bleibt eine sorgfältige Analyse der Funktionsbestimmung der Neuschöpfungshoffnung im jeweiligen Kontext frühjüdisch-apokalyptischer Schriften ein wichtiges Vorhaben neutestamentlicher Exegese. Zum einen, um an einem markanten Exempel die kosmologische Eschatologie der frühjüdischen Apokalyptik zu erläutern, und zum anderen, um - aufbauend auf diesen traditionsgeschichtlichen Ergebnissen - erneut die Frage zu beantworten, ob, und, wenn ja, auf welche Weise Paulus im Rückgriff auf den Neuschöpfungsgedanken der Apokalyptik dem Christusevangelium zur Sprache verhilft. Dabei ist genau zu prüfen, ob Paulus Motiv und Begrifflichkeit **direkt** aus der jüd. Apokalyptik übernommen hat oder ob Zwischenglieder in der vorpaulinisch-urchristlichen Theologie anzunehmen sind[15].

---

12 Vgl. Baumgarten, Apokalyptik 163, der meint, daß "über kaum ein Motiv ... sich die Forschung so einig (sei) wie über die Deutung des Motivs der καινὴ κτίσις, insofern dieses in besonderer Weise eine anthropolgische Verengung der paulinischen Theologie falsifiziere" bzw. als "eines der herausragendsten Argumente für eine kosmisch-universale Weltsicht und Schöpfungstheologie bei Paulus" gelte.

13 Vgl. Theologie der Hoffnung 124.

14 S. die Autoren bei Offenbarung als Geschichte: Rolf Rendtorff, Trutz Rendtorff, Ulrich Wilckens.

15 Obsolet ist, mangels Quellen, die Frage nach einem "eventuellen Sitz des Motivs in der vorpaulinischen urchristlichen Apokalyptik", so mit Recht Baumgarten, Apokalyptik 165.

2 METHODISCHE VORÜBERLEGUNGEN ZUR TRADITIONSGESCHICHTLICHEN ARBEITSWEISE

Versucht man, die im vorangehenden forschungsgeschichtlichen Abriß vorgestellten Thesen zur traditionsgeschichtlichen Ableitung der paulinischen Neuschöpfungs-Begrifflichkeit kritisch zu sichten, so kommt man nicht umhin, einige grundsätzliche Überlegungen zur Methodik traditionsgeschichtlicher Arbeit zu formulieren. Dies ist gerade auch darum erforderlich, wenn man sich nicht - resignierend vor der Vielfalt der Forschungshypothesen - auf eine letztlich nichtssagende Belegstellensammlung frühjüdischer Texte, die der Erläuterung der traditionsgeschichtlichen Problematik von "neuer Schöpfung" bei Paulus dienen soll, zurückziehen möchte. Es muß einleuchten, daß auf der Basis eines methodisch sicheren Vorgehens in einer neuen Untersuchung zum Thema eine Verifikation der einzelnen oben dargestellten Ableitungsmodelle zu wagen bzw. eine neue, im ganzen und in Einzelheiten korrigierte traditionsgeschichtliche Verhältnisbestimmung vorzustellen ist.

Steht im Mittelpunkt der traditionsgeschichtlichen Erforschung die Frage, in welchem Verhältnis Vorkommen und Gebrauch der Neuschöpfungsvorstellung im vorpaulinisch-frühjüdischen Schrifttum zu dem bei Paulus steht, so sind zunächst (1) die bei einer religionsgeschichtlichen Analyse grundsätzlich vorstellbaren Möglichkeiten einer traditionsgeschichtlichen Bezugnahme zu erörtern. Dabei wird vorweg festgestellt, welche Bedingungen für ein bestimmtes Abhängigkeitsverhältnis erfüllt sein müssen und auf welche Vorgehensweise der vergleichenden Analyse von Texten besonders geachtet werden muß. Um das z.T. ins Uferlose wuchernde Belegstellenmaterial an alttestamentlichen, frühjüdischen, hellenistischen und urchristlichen Textstellen zur Neuschöpfungsvorstellung bei Paulus zu bewältigen, bedarf es (2) formaler Kriterien, die den Gesichtspunkt benennen, unter dem die schriftliche Überlieferung hinsichtlich des Neuschöpfungsthemas auszuwerten ist. Diese Darlegungen münden dann (3) in die Sachfrage ein, welche inhaltlichen Vorgaben für die traditionsgeschichtliche Rückfrage zum Neuschöpfungsbegriff bei Paulus einer historisch rekonstruierenden Exegese an die Hand gegeben sind. Schließlich ist (4) der Modus traditionsgeschichtlicher Exegese zu skizzieren, um die Systematik dieser Untersuchung und die ihr zugrundeliegenden hermeneutischen Prämissen verständlich zu machen.

1. Beginnt man mit der Frage, welche grundsätzlichen Möglichkeiten der Bezugnahme zu einer ihm vorgehenden Überlieferung für Paulus denkbar sind, so sind vier Modelle einer traditionsgeschichtlichen Relation im Rahmen verschriftlicher Überlieferung in Betracht zu ziehen. Diese vier Möglichkeiten der traditionsgeschichtlichen Ableitung (a-d), bezogen auf den Begriff bzw. die Vorstellung "neue Schöpfung", stellen in ihrer Schematisierung gewiß eine Vereinfachung des überlieferungsgeschichtlichen Tatbestandes dar. Grundsätzlich sind geschichtliche Wirkungsprozesse geistiger Inhalte äußerst komplexer Natur. Hinsichtlich der Ausprägung eines Vorstellungsgehaltes ist geschichtliche Entwicklung nur als ein ständig offenes System von Tradition und ihrer Aktualisierung, von Aufnahme, Umprägung, Verschmelzung bzw. Neuprägung vorzustellen. Jedoch können die vier Ableitungsmodelle als Ausgangsbasis für das nachvollziehende Verstehen der überlieferungsgeschichtlichen Entwicklung dienen. Angestrebt wird eine methodische Offenheit für alle Grundbeziehungen bzw. auch für Kombinationen derselben oder weitergehende Nuancierungen im Detail.

a) Die erste Möglichkeit einer überlieferungsgeschichtlichen Beziehung wäre, daß der Ausdruck "neue Schöpfung" in vorpaulinischer Literatur einen festgeprägten Terminus technicus darstellt, der einen klar bestimmbaren Vorstellungsgehalt umreißt. Mithin wäre Paulus bei der Benutzung des Begriffes direkt von einem geistigen Inhalt abhängig, wie er sich in der Literatur schriftlich erhalten hat. Es ließe sich - bei aller Freiheit, die Paulus bei der Überführung des traditionellen Ausdruckes in für ihn neue und wichtige Zusammenhänge zugestanden werden muß - exakt durch die gewonnenen außerpaulinischen Parallelen feststellen, welcher Sinn dem Ausdruck "neue Schöpfung" zugewiesen werden muß, nämlich derjenige, der bereits durch die Exegese der Tradition erhoben wurde. Entscheidend für den Nachweis dieser Art traditionsgeschichtlicher Abhängigkeit[1] ist neben der synonymen Verwendung des Begriffes die Analyse seines Kontextes.

---

1 Die Formulierung "traditionsgeschichtliche Abhängigkeit" läßt offen, ob es sich um eine **direkte** literarische Abhängigkeit oder nur um eine Begriffs- bzw. Motivrezeption handelt. Eine entscheidende Klärung kann im Einzelfall allein der Kontextvergleich erbringen.

Finden sich auch hier Übereinstimmungen von Paulus mit der Tradition, erhärtet sich die Abhängigkeitsvermutung.

b) Die zweite Möglichkeit eines Beziehungsverhältnisses von Paulus zur Tradition bestünde in dem Nachweis, daß in dem überlieferten und veröffentlichten antiken Schrifttum der Ausdruck "neue Schöpfung" nicht zu finden ist, sondern sich als eine neue, originär paulinische Formulierung erweist. Paulus hätte demnach in diesem Fall keine Möglichkeit gesehen, das Neue seiner Verkündigung mit Hilfe traditioneller Sprachmuster auszusagen.

Neben diesen beiden Extremmöglichkeiten eines traditionsgeschichtlichen Ergebnisses - grob: der Ausdruck "neue Schöpfung" ist **vorpaulinisch** oder **paulinisch** - sind noch zwei weitere Relationen denkbar, auf welche Weise Paulus von der Sprachwelt und den Vorstellungsgehalten der Überlieferung abhängig sein könnte.

c) Zwar wäre der Begriff "neue Schöpfung" nicht als Terminus technicus für einen fest umrissenen Sachverhalt in der Tradition entwickelt, und doch könnte die Sache - in diesem Fall die Rede von einer "neuen Schöpfung" - als Vorstellungsinhalt bereits präformiert sein. Der Begriff "neue Schöpfung" würde am Ende der Entwicklung eines Vorstellungsgehaltes stehen und in ordnender und treffend kurzer Weise eine Zusammenfassung bieten, sozusagen einen latenten Sinngehalt "auf den Begriff bringen". In diesem Fall müßte der Ausdruck "neue Schöpfung" als paulinisch, besser: als seine eigenständige Aufarbeitung der ihm bekannten Tradition gelten, der Sache nach aber würde Paulus einen schon näher feststehenden geistigen Inhalt übernehmen und ließe ihn in dem neuen Argumentationszusammenhang seiner Theologie sprachfähig werden.

d) Schließlich könnte als letzte Möglichkeit einer traditionsgeschichtlichen Relation denkbar sein, daß Paulus in radikaler Umprägung der ihm vorliegenden Tradition zur Kennzeichnung des spezifisch Neuen seiner Evangeliumsverkündigung Begriff und/oder Vorstellung einer "neuen Schöpfung" aus ihrem angestammten Kontext nimmt, um kontradiktorisch zur gesamten Tradition zu formulieren. Gerade hier wird es wichtig sein, einen Kontextvergleich zwischen Paulus und der vorpaulinischen Tradition anzustellen.

Mit diesen hier vorgestellten vier traditionsgeschichtlichen Ableitungsmodellen ist es möglich, methodisch genau zu bestimmen, in welcher zulässigen Weise der paulinische Begriff "neue Schöpfung" über seine religionsgeschichtlichen Parallelen im Frühjudentum ausgelegt werden darf.

2. Da schlechterdings nicht alle Belegstellen aus dem religionsgeschichtlichen Bereich des Frühjudentums wie des Hellenismus, die auch nur entfernt eine gewisse Ähnlichkeit mit der Neuschöpfungsthematik besitzen - z.B. Weltuntergangsprognosen, Weltverwandlungsszenarien, Wiedergeburtsaussagen und Vollendungsbegriffe - zur traditionsgeschichtlichen Rückfrage nach "neuer Schöpfung" bei Paulus herangezogen werden können, muß eine sachgemessene Kontur der Neuschöpfungsaussage die traditionsgeschichtliche Untersuchung leiten. Um ein uferloses Sammeln von religionsgeschichtlichem Vergleichsmaterial unter dem Stichwort wie "menschliche Neuheitserfahrung" bzw. "kosmische Neuheitsvorstellungen" zu vermeiden, müssen bei Paulus selbst die Vorgaben genommen werden.

Dieser Forderung liegt eine wichtige methodische Einsicht zugrunde, die schon Jörg Baumgarten bei der Heranziehung von religionsgeschichtlichem Vergleichsmaterial zur Paulus-Exegese gemacht hat. Er moniert nämlich bei der Auslegung apokalyptischer Überlieferungen bei Paulus, daß "die paulinisch-apokalyptischen Begriffsfelder entsprechend spätisraelitischen Vorstellungskomplexen systematisierend" aufgefüllt würden[2]. Mit diesem religionsgeschichtlichen Ergänzungsprinzip aber werden, so beklagt Baumgarten zu Recht, die Grenzen paulinischer Aussagen von der ntl. Exegese überschritten. Wo Paulus mit einem "apokalyptischen Splitter"[3] wie dem Ausdruck "neue Schöpfung" Vorstellungen "nur anvisiert oder skizziert bzw. als Abbreviatur verwendet"[4], wird durch die Eintragung religionsgeschichtlichen Materials die beschränkte paulinische Intention unsachgemäß aufgeweitet. Die Paulus-Exegese läuft so Gefahr, mit einer traditionsgeschichtlichen Interpretation Paulus fremde Inhalte "unterzuschieben"[5].

---

2 Apokalyptik 4.

3 Baumgarten, Apokalyptik 4.

4 Ebd. 4.

5 Als Beispiel für eine unzulässige religionsgeschichtliche Auffüllung des Neuschöpfungsbegriffes bei Paulus s. Windisch, 2Kor 189, zu 2Kor 5, 17: "Wie zum Überfluß die erläuternde 'Glosse' 17b noch verdeutlicht, ist ... damit das Werk Christi in den erhabensten Rahmen eingespannt, den der jüdisch-urchristlichen Z w e i ä o n e n l e h r e". Leider erfüllt auch Baumgarten mit seiner Exegese die von ihm selbst aufgestellten methodischen Prämissen nicht. Der von ihm bei Paulus beobachteten "Zurückhaltung bei der 'Ausfüllung' des Motivs" steht die von 2Kor 5,17b gewonnene Auslegung entgegen, daß Paulus sich "mit der Anspielung auf Deutero- bzw. Tritojesaja ... in ein weites Traditionsfeld (stelle), das von der Antithese 'Altes-Neues' ... über die Zwei-Äonen-Lehre, die Neuschöpfungsvorstellungen der spätisraelitischen Apokalyptik bis hin zur Vorstellung von einem neuen Himmel und einer neuen Erde ... reicht" (Apokalyptik 164). Mit seiner summarisch gehal-

Um eben dieser Gefahr zu entgehen, wird zur Leitlinie der traditionsgeschichtlichen Arbeit das **semantische Gefüge** des Neuschöpfungsbegriffes καινὴ κτίσις bei Paulus erklärt. Für die konkrete Vorgehensweise bedeutet dies, die Derivate von καινός[6] und seiner hebräischen bzw. aramäischen Synonyma, insbesondere חדש und חדת, anstelle oder in Verbindung mit den Derivaten von κτίζω bzw. ποιέω und πλάσσω bzw. ברא, עשה und יצר in der frühjüdischen Literatur aufzusuchen[7].

Mit dieser methodischen Beschränkung auf die semantische Vorgabe ist eine entscheidende Reduktion des religionsgeschichtlichen Vergleichsmaterials verbunden[8]. Der paulinische Begriff "neue Schöpfung" begrenzt als Ausgangspunkt der traditionsgeschichtlichen Arbeit das zu untersuchende Neuschöpfungsmotiv im Frühjudentum. Damit soll verhindert werden, daß über Erkennt-

---

tenen Beschreibung verdeckt Baumgarten gerade die entscheidende traditionsgeschichtliche Frage, welche Vorstellungen denn in zulässiger Weise mit dem Neuschöpfungsbegriff bei Paulus verbunden werden dürfen.

6 Als da sind: καινίζω, καινότης, καινόω, καινοποιέω, ἐγκαινίζω, ἀνακαινίζω, ἀνακαινόω, ἀνακαίνωσις.

7 Vgl. Dos Santos, Index 30, 59, 84, 162.

8 Gegen Stuhlmacher, Erwägungen 10-20 (vgl. ders., Phlm 38), der so weit geht, daß er auch bei semantisch fremden Begriffen wie z.B. δευτέρα γένεσις bei Philo von Alexandria (VitMos II 60; Quaest in Ex II 46) einen Bezug zur Neuschöpfungsvorstellung findet (Erwägungen 17); vgl. auch Foerster, Art. κτίζω ThWNT III 1020, Anm. 144. Gegen Becker, Gal 83 (vgl. Bousset, Religion 281), der als religionsgeschichtliche Parallele auch Mt 19, 28: παλιγγενεσία , heranziehen möchte. Gegen Schrage, ApkEL JSHRZ V,3 274, Anm.k, der zur universalen Neuschöpfungsvorstellung auch Belege für den Weltuntergang (syrBar 4,1; 31,5; äthHen 83,3f; Jub 23,18; ApkZeph 12,5-7 bzw. 18,3) hinzuziehen möchte. - Die Belegstellenverminderung aufgrund der Semantik betrifft besonders frühjüdisch-apokalyptische Belege, die die Erlösung der Schöpfung (4Esr 13,26: liberabit) bzw. ihr Ende (4Esr 4,25) sowie die Aufhebung der Sünde am Ende der Zeiten (äthHen 92,5; 100,5; vgl. 107,1) thematisieren, dazu Stellen, die von der endzeitlichen Verwandlung der Welt sprechen (äthHen 45,4f; 4Esr 6,16: commutari; syrBar 49,3). Sie gehören allein von ihrer semantischen Verschiedenheit her nicht zur Traditionsgeschichte der Neuschöpfungsvorstellung, so Baumgarten, Apokalyptik 164. Gerade bei der Vorstellung von der endzeitlichen Verwandlung der Welt, deren Entstehung auf eine schriftgelehrte Exegese der Apokalyptik von Ps 101,27c LXX (ἀλλαγήσονται) zurückgeht, läßt sich zeigen, daß dieses kosmologische Motiv von Paulus ohne Bezug zur Neuschöpfungsthematik aufgegriffen wird (1Kor 15,51f: ἀλλαγησόμεθα ; Phil 3,21: μετασχηματίσει). Ja, Paulus kritisch-reduktive Interpretation des apokalyptisch-kosmologischen Endzeittopos beschränkt die endzeitliche Verwandlung auf die Leiber der Gemeindeglieder (1Kor 15,51f: 1.Pers. plur.; Phil 3,21: τὸ σῶμα ... ἡμῶν), wie es der soteriologischen und ekklesiologischen Ausrichtung seiner Theologie entspricht.

nisse zum Neuschöpfungsthema im Frühjudentum sachfremde Ergebnisse in die paulinische Konzeption eingetragen werden[9].

3. Nachdem der formale Ansatz zur Traditionsgeschichte von "neuer Schöpfung" geklärt ist, muß nun eine nähere inhaltliche Bestimmung erfolgen. Auch hier wird man dem Grundsatz treu bleiben, daß inhaltliche Kriterien zur traditionsgeschichtlichen Rückfrage exklusiv von Paulus her zu gewinnen sind. Von 2Kor 5,17b her ist dabei auf zwei Merkmale zu achten:

a) Neben der Frage, ob in dem frühjüdischen Schrifttum der Begriff einer "neuen Schöpfung" fixiert ist, muß gleichfalls darauf geachtet werden, ob in diesen Schriften auf die **deuterojesajanische Neuschöpfungsprophetie** Bezug genommen wird. Diese Fragestellung ergibt sich nämlich von dem einzigen "Kommentar" des Paulus zum Ausdruck καινὴ κτίσις in 2Kor 5,17b, wo er schreibt[10]:

τὰ ἀρχαῖα παρῆλθεν, ἰδοὺ γέγονεν καινά.

Mit dieser, zu V.14a im Grunde genommen überflüssigen Tautologie[11] bzw. "erläuternde(n) Glosse"[12] stellt Paulus einen unübersehbaren Bezug

---

9 Diese Vorgehensweise ist zugegebenermaßen nicht ohne Risiko. Der Vorwurf eines hermeneutischen Zirkelschlusses - man identifiziert in der frühjüdischen Tradition vor Paulus eine Aussage, die bereits schon vorher durch eine Exegese der Paulus-Stelle festgelegt wurde - die Tradition erläutert nicht den paulinischen Text, sondern Paulus gewissermaßen die Tradition - muß an seine eventuellen Verfechter mit der Frage zurückgegeben werden, wie sich denn auf andere Weise, als eben von Paulus aus, eine methodisch abgesicherte Arbeitshypothese "Neuschöpfung" finden läßt, die gerade nicht von einem entscheidenden Vorurteil des Exegeten belastet ist.

10 In der ntl. Textüberlieferung wird 2Kor 5,17b durch den aus Apk 21,5 stammenden Zusatz τὰ πάντα modifiziert (Windisch, 2Kor 189; vgl. Hahn, "Siehe" 249), und zwar von einer Reihe von Hss. in der Stellung τὰ πάντα καινά (wichtigste Textzeugen die Minuskeln 6, 33, 81, 614, 630, 1241, 1881, 2495) oder καινὰ τὰ πάντα (wichtigste Textzeugen die Majuskeln D [2.Korrektor!], P, Ψ und die Minuskeln 104, 326, 2464). Die von Nestle-Aland[26] bevorzugte Lesart ist durch P[46] (2./3. Jh.), die alexandrinische Textform (א, B) und durch die wichtigen Hss. D (ursprüngliche Lesart!), F, G, 048, 365, 629, 1175, 1739 ausgesprochen gut bezeugt. Es ist methodisch bedenklich, wenn Stuhlmacher, Erwägungen 22, textkritisch sekundäre Harmonisierungen mit apokalyptisch-kosmologischer Eschatologie zur Paulus-Interpretation herangezogen wissen will (s. die Kritik von Baumgarten, Apokalyptik 166f, Anm. 61). Man könnte mit Hengel, Kreuzestod 72, erwägen, ob nicht Marcion (ca. 150 n. Chr.) wegen seines theologischen Dualismus für diese unpaulinische Textemendation verantwortlich zu machen ist (vgl. dazu von Harnack, Marcion 100*).

11 Vgl. Plummer, 2Kor 180; wo Neues geschaffen wird, ist das Alte selbstverständlich beendet, eben "veraltet".

12 Windisch, 2Kor 189.

zu **Dtjes 43, 18.19a** her[13], wo es heißt[14]:

V.18 : Μὴ μνημονεύετε τὰ πρῶτα
καὶ **τὰ ἀρχαῖα** μὴ συλλογίζεσθε.
19a: **ἰδοὺ** ποιῶ **καινὰ** ἃ νῦν ἀνατελεῖ,
καὶ γνώσεσθε αὐτά.

Paulus verändert in seiner Anspielung den deuterojesajanischen Text an zwei Stellen, weil er die prophetische Gegenwartsdeutung durch das Christusgeschehen erfüllt sieht (παρῆλθεν, γέγονεν[15]).

Instrumentalisiert man die paulinische Bezugnahme auf Deuterojesaja für die traditionsgeschichtliche Aufgabe, so bedeutet das, da der Terminus καινὴ κτίσις im MT- und LXX-Kanon atl. Schriften nicht vorhanden ist, daß der überlieferungsgeschichtliche Anknüpfungspunkt des Begriffes in der atl. Prophetie Deuterojesajas zu sehen ist[16]. In der diachronen Traditionsgeschichte muß versucht werden, aus der zur Verfügung stehenden Literatur des Frühjudentums die Entwicklung des Neuschöpfungsmotivs von Deuterojesaja an nachzuzeichnen. Eine Entwicklung, die schon in den zu Dtjes späteren Schriften des AT einsetzt, um sich dann im Schrifttum des Frühjudentums einschließlich des NT fortzusetzen. Es müßte sich dabei zeigen lassen, wann und wo es auf diesem Weg zur begrifflichen Ausprägung des Neuschöpfungsmotivs als Abstraktum "neue Schöpfung" gekommen ist. In dem so erhobenen "lebendigen Traditionsstrom" ist sodann der Standort des Paulus näher zu bestimmen.

---

13 Inhalt und Reihenfolge der Worte τὰ ἀρχαῖα, ἰδού und καινά lassen im AT nur Dtjes 43,18f in Frage kommen. Zweifel sind unangebracht, gegen Plummer, 2Kor 180. Unzutreffend ist es, einen wörtlichen Bezug zu Trjes 65,17 anzunehmen (so Windisch, 2Kor 189; Stuhlmacher, Erwägungen 10; Dinkler, Verkündigung 176; Baumgarten, Apokalyptik 164), denn dort heißt es (LXX): καὶ οὐ μὴ μνησθῶσι(ν) τῶν προτέρων.

14 Hervorgehoben sind die von Paulus in 2Kor 5,17b zitierten Worte.

15 Statt μὴ συλλογίζεσθε setzt Paulus παρῆλθεν, statt ποιῶ γέγονεν.

16 Die Annahme, daß als Wurzelboden für den Begriff καινὴ κτίσις deuterojesajanische Traditionen in Betracht kommen, weist in die richtige Richtung (vgl. Stuhlmacher, Erwägungen 10; Baumgarten, Apokalyptik 165). Damit sind mögliche Anknüpfungspunkte der paulinischen Formulierung an das AT, wie z.B. die prophetische Verheißung eines "neuen Bundes" ברית חדשה (Jer 31,31; LXX 38,31: διαθήκη καινή, die Eschotologisierung der kultischen Bitte (Ps 51[50],12) um ein "neues Herz und einen neuen Geist" (Ez 11,19; 18,31; 36,26: לב חדש [bzw. אחד] ורוח חדשה, LXX: καρδία ἑτέρα [bzw. καινὴ] καὶ πνεῦμα καινόν) ausgeschlossen, anders, Schneider, ΚΑΙΝΗ ΚΤΙΣΙΣ 38ff; ders., Idee 258; ders., Neuschöpfung 25ff. Man beachte, daß Paulus vielmehr in 2Kor 3,3.6 in prononcierter Weise im Rahmen seiner Gesetzeskritik auf Ez 11,19; 36,26 und Jer 31(38),31 zu sprechen kommt (s. Liebers, Gesetz Kap. II.1).

b) Als zweites inhaltliches Merkmal für die traditionsgeschichtliche Rückfrage gewinnt man aus 2Kor 5,17b die **eschatologische Fassung** der Neuschöpfungsaussage. Der Gegensatz τὰ ἀρχαῖα - καινά beinhaltet die Antonymität der Worte "alt" und "neu" in prinzipiell gemeinter Unbestimmtheit. Die plurale Formulierung spricht die Opposition von Totalitäten an. Das Adjektiv καινός weist dabei auf den Charakter der grundlegenden Neuheit im Sinne einer kategorischen Unvereinbarkeit und Wesensverschiedenheit mit dem Alten hin. Somit markiert die Antithese von "alt" und "neu" ein unüberbrückbares totaliter-aliter. Das Neue unterscheidet sich qualitativ vom Alten, es überbietet das Vorhandene um eine neue Dimension. Die Darlegung des Beginns eines ganz anderen Geschehens bzw. Zustands ist aber nicht anders denn als eine eschatologische Aussage zu bezeichnen.

Für eschatologische Aussagen im NT gilt, daß der Mensch an dem Geschehen eschatologischer Fülle nicht beteiligt ist. Dies gilt auch für die Neuschöpfung. Gott allein ist Initiator derselben[17]. Deshalb läßt sich das zweite Merkmal dahingehend präzisieren, daß in der vergleichenden Analyse nur Aussagen der Tradition in Frage kommen sollen, die von Gottes eschatologischem Schaffen sprechen. Auch diese Festlegung bedeutet eine Reduktion der in Betracht kommenden Stellen[18].

---

17 Vgl. Foerster, Art. κτίζω ThWNT III 1027, Z.21.

18 Die Belegstellenverminderung betrifft 1. uneschatologische Neuschöpfungsaussagen wie z.B. die von Bultmann, 2Kor 159, Anm. 162, zu 2Kor 5,17 angeführte Parallele aus IgnTrall 8,1: Ὑμεῖς ... ἀνακτίσασθε ἑαυτους ἐν πίστει . - 2. In Jub 19,25 scheint das Segenswort Abrahams über die Nachkommen Jakobs: "Sie werden es sein zu gründen den Himmel und zu festigen die Erde und alle Lichter zu erneuern, die am Firmament sind" (vgl. den Bezug zur Heilsverheißung in Dtjes 51,16), auf eine aktive Rolle Israels bei Gottes futurisch-eschatologischer Neuschöpfung (vgl. Jub 1,29) hinzuweisen (so Schneider, ΚΑΙΝΗ ΚΤΙΣΙΣ 72). Zu beachten aber ist, daß hier nur im ankündigenden Futur die eschatologische Relevanz eines täglichen Thoragehorsams einschließlich einer Praktizierung des schöpfungsgemäßen 364-Tage-Kalenders reflektiert wird; vgl. Berger, Jub JSHRZ II,3 z.St., der Tg1Chr 4,23 (8.Jh.n.Chr.) wiedergibt, sowie den rabbinischen Ausspruch Shab 118a (R. Simeon b. Jochai T3). - 3. Die Belegstellenverminderung betrifft sodann die typologische Deutung der Sintflutgeschichte. Sie ist in der Hauptsache uneschatologischer Typos des Weltunterganges, so Schweitzer, Gotteskindschaft 50, zu äthHen 10,16f; Jub 5,12. Charles, Jubilees 44f (ebenso Kuhn, Enderwartung 77), versucht in seinem Kommentar zu Jub 5,12 hingegen, die dort berichtete anthropologische Neuschöpfungsaussage, die im Anschluß an die Sintflutgeschichte erzählt wird, eschatologisch im Sinne der Typologie endzeitlich-eschatologischer Neuschöpfung auszulegen. Dagegen Berger,

Mit diesen beiden inhaltlichen "Standbeinen" traditionsgeschichtlicher Arbeit zum Neuschöpfungsthema, nämlich Anspielungen auf Deuterojesajas Neuschöpfungsprophetie und Aussagen über Gottes eschatologisches Neuschaffen in der frühjüdischen Literatur aufzusuchen, die zusammen mit dem formalen Kriterium der Semantik des Begriffes einen standsicheren "dreibeinigen Schemel" geben, ist der Aufarbeitung des Traditionsmaterials ein methodisches Fundament gegeben. Um dennoch mit dieser von Paulus gewonnenen traditionsgeschichtlichen Sicht nichts Entscheidendes zur Neuschöpfungsthematik im Frühjudentum zu übersehen, werden die Hinweise und Thesen der weit vorangetriebenen exegetischen Forschung zum Thema (s.o. Kap. 1) aufgenommen, um sie dann kritisch durch die Exegese der ihnen zugrundeliegenden Texte zu verifizieren.

4. Für die im Rahmen der traditionsgeschichtlichen Analyse zu leistende exegetische Arbeit an den Belegstellen empfiehlt sich der bewährte Weg der

Jub JSHRZ II,3 z.St., der auf Josephus, Ant I 75 hinweist, wo ein uneschatologisches Verständnis des Berichtes vorliegt. Entscheidend aber ist der unmittelbar anschließende Vers Jub 5,13, aus dem zu entnehmen ist, daß die "neue" und ewige Natur des Menschen es nicht vermochte, daß der Mensch auf dem Weg des göttlichen Willens wandelt, und darum er aufgrund seiner Sünde dem zukünftigen Gericht Gottes verfallen wird. Der Bericht von der Schaffung der "neuen und gerechten Natur" nach der Sintflut reflektiert also auf eine Entlastung Gottes als Urheber und Verantwortlicher für die unheilvolle Gegenwartssituation der Sünde, vgl. Foerster, Art. κτίζω ThWNT III 1022, Z.5f. - 4. Eine uneschatologische Aussage liegt gleichfalls in der Angabe der midraschähnlichen Darstellung und Deutung von Gen 6,1-4 in äthHen 106,1-107,3 vor (vgl. Jub 5,13 im Zusammenhang von 5,1ff), wenn dort in 106,13 steht: "der Herr wird neue Dinge auf Erden schaffen" (so Uhlig, äthHen JSHRZ V,6 nach der äth. Übersetzung). Henoch antwortet an dieser Stelle auf die Frage des Methusalem nach der Bedeutung des engelgleichen Aussehens von Noah, die seinen Vater Lamech in Erschrecken versetzt hatte. Mit seiner, den Bericht einleitenden, summarischen Erneuerungsaussage spielt Henoch auf das von Gott initiierte wunderbare Geschehen der Sintflut einschließlich der Rettung des gerechten Noah und seiner Familie an (vgl. Num 16,30: בריאה יברא für das wunderhafte Öffnen des Erdschoßes als Handeln Jahwes). - 5. Inwiefern der Verfasser von 2Petr 3,5-7 mit dem Sintflutgericht an eine totale Vernichtung der Welt und eine anschließende Neuschöpfung von Himmel und Erde denkt, so Schrage, 2Petr 148; Berger, Jub JSHRZ II,3 zu Jub 5,12, muß vom Text her unbeantwortet bleiben. Bei seiner Parallelisierung von Urzeit und Endzeit geht es dem Verfasser des 2Petr darum, schöpfungstheologisch Gottes Macht zu beweisen. Im Strafgericht der Sintflut ist für ihn das endzeitliche Strafgericht, illustriert von ihm mit der mythologischen Vorstellung vom Weltenbrand (2Petr 3,7.10.12), antitypisch vorgebildet.

exegetischen Wissenschaft, wie er von Anton Vögtle kurz und sachgerecht zusammengefaßt wurde: "Die einzelnen in Betracht kommenden Belegstellen sind zunächst für sich genommen zu analysieren und unter Berücksichtigung ihres unmittelbaren Kontextes wie ihres Gesamtkontextes (der betreffenden Schrift oder Schriftengruppe), ihrer literarischen Art und ihres historischen Ortes auf ihre Aussageintention zu prüfen"[19]. Nachdem der betreffende Text mit Hilfe textkritischer Ausgaben nach Möglichkeit in dem ursprünglichen Wortlaut seiner Originalsprache (hebräisch, aramäisch, griechisch, lateinisch) bzw. in einer Übersetzung, die der Vorlage am nächsten kommt, wiederhergestellt ist, gilt es, seine Aussage mit Hilfe textanalytischer (Textaufbau, Gliederung, Abgrenzung, Kontextbezug) und formgeschichtlicher Einsichten (Formanalyse, Gattungszugehörigkeit, Sitz im Leben) zu bestimmen, um dann die so erhobene(n) Einzelaussage(n) im Zusammenhang der Theologie der Schrift bzw. Schriftengruppe rückbindend zu interpretieren.

Um in den traditionsgeschichtlich relevanten Vorgängen der Aufnahme einer Tradition und ihrer Veränderung, ihrer Kritik oder/und Auflösung Aufschluß über historische Beziehungen zu erhalten, soll bei jeder Schrift bzw. Schriftengruppe einführend kurz den Fragen nach Zeit und Abfassungszweck Aufmerksamkeit zugewendet werden, indem die konsensfähigen Ergebnisse der sog. Einleitungswissenschaft vorgestellt werden. Da die Möglichkeit besteht, daß eine Einzeltradition erst später literarisch in dem Gesamtentwurf einer Schrift fixiert wird, ist es für die entscheidende Frage nach **vor-** bzw. **nebenpaulinischer** Traditionsbildung zuträglich, nur Schriften zu berücksichtigen, deren Abfassungszeit mit guten Gründen für das 1.Jh.n.Chr. angenommen werden darf[20]. Ausnahmen von der Regel sind da vorgesehen, wo die Besprechung

---

19 Zukunft 36.

20 Vernachlässigt wird deshalb z.B. die ApkEl (2. Hälfte des 3.Jh.'s n.Chr., so Schrage, Einleitung JSHRZ V,3 225). Das gleiche gilt für die von Berger, Jub JSHRZ II,3, zu Jub 5,12 angeführte Parallelstelle aus der ApkPetr. Berger bezieht sich auf die franz. Übersetzung der von Grébaut in der ROC 12/15 aus der Sammlung von d'Abadie veröffentlichten Hs. Nr. 51, die einige Traktate der Literatur des Corpus Clementinum in äth. Übersetzung enthält. Die von Grébaut veröffentlichte Hs. (ROC 12 S. 139ff; 15,198ff.307ff.425ff) enthält beträchtliche Teile der Apk Petr (vgl. Duensing, Traktat 66-76; Maurer, ApkPetr 472-483), jedoch der von Berger angeführte Vers: "der gewaschen hat die alte Welt, die veraltet war, und mit dem Wasser der Sintflut die Welt erneuert hat" (ROC 15, S. 319 franz., äth. 310) gehört nicht zum eigentlichen Text der ApkPetr (vgl. Duensing, Traktat 74f). Die ApkPetr ist im Äthiopischen von einer Rahmenhandlung umgeben, die Anfang und Ende markiert, zuerst die Situation Mk 13,3ff, zum Abschluß die Verklärungsszene Mk 9,2ff. Aufgrund dessen, daß die Entstehung der ApkPetr in die erste Hälfte

einer Schriftstelle im besonderen Interesse der Forschung liegt, z.B. die des 2Petr, und dort, wo der Vorgang der Tradierung eine exakte Datierung nicht zuläßt, so z.B. bei dem rabbinischen Schriftenmaterial, das bis zur dritten Generation der Tannaiten konsultiert wird (bis 160 n.Chr.). Grundsätzlich ausgeklammert werden Schriften, die eindeutig **nachpaulinischen** Ursprungs sind, wie z.B. die Deuteropaulinen (vgl. Eph 2,14-18; 4,23f; Kol 3,9-11)[21]. Summa summarum folgt aus diesen methodischen Prämissen zur traditionsgeschichtlichen Arbeitsweise, daß diese Untersuchung es sich **keineswegs** zum Ziel setzt, einen erschöpfenden Überblick über die mannigfaltigen Variationen des Neuschöpfungsthemas im AT, Frühjudentum, NT, Urchristentum und der Alten Kirche zu geben[22]. Die traditionsgeschichtliche Rückfrage besitzt ihre Funktion einzig darin, aus traditionsgeschichtlicher Perspektive einen Beitrag zur angemessenen Exegese des bei Paulus erscheinenden Begriffs "neue Schöpfung" zu liefern.

Bezüglich der ordnenden Präsentation der Einzelbelege wird nach dem Grundsatz verfahren, die Belegstellen hinsichtlich einer aus formalen Gründen abgrenzbaren Schriftengruppe (Qumran, Apokalyptik, Diasporajudentum usw.) zu sortieren. Das hat den Vorteil, von dem Topos der Neuschöpfungsvorstellung Schlüsse auf die besondere theologische Provenienz einer Schriftengruppe zu ziehen. Wo es sich ergibt, daß sprachliche Ähnlichkeiten eine Zuordnung zu einem die Schriftengruppen übergreifenden Muster einer Traditionsvariation zulassen, wird darauf besonders hingewiesen. Das Hauptaugenmerk der vergleichenden traditionsgeschichtlichen Analyse richtet sich nämlich auf die Feststellung der Weiterentwicklung der Überlieferung, um die Diachronie der Neuschöpfungsüberlieferung in ihren einzelnen Stadien und Variationen zu skizzieren[23].

---

des 1.Jh.n.Chr. (Maurer, ApkPetr 469; Vielhauer, Geschichte 508), die Pseudo-Clementinen in ihrer Gesamtheit aber aufs 7./8.Jh.n.Chr. (Maurer, ApkPetr 468) zu datieren sind, wird sie hier nicht berücksichtigt.

21 Aus forschungsgeschichtlichem Grund wird in dieser Arbeit nur auf die Heranziehung von Belegstellen aus den Oracula Sibyllina verzichtet. Hier fehlen Einzeluntersuchungen, die die komplizierten Entstehungsverhältnisse der jüd. Sibylle erklären bzw. eine Scheidung von heidnischen, jüd. und christl. Elementen ermöglichen.

22 Zur nachpaulinischen Behandlung des Neuschöpfungsthemas in der Urchristenheit/Alten Kirche vgl. neben den Kommentaren zu Kol 3,9-11; Eph 4,24 von Harnack, Mission 259ff, und Richardson, Israel 26ff.

23 Ähnliche methodische Vorüberlegungen auch bei Schweitzer, Gotteskindschaft 11f, der neben der analytischen Aufgabe, "die einzelnen Vorstellungsgruppen ... schärfer als bisher voneinander zu scheiden", die

Abschließend ist über die dieser traditionsgeschichtlichen Arbeit zugrundeliegenden hermeneutischen Prämissen zweierlei zu bemerken:

1. Bereits die Anlage der Untersuchung, die Neuschöpfungsvorstellung in Texten, angefangen mit dem AT über das Frühjudentum bis ins NT zu Paulus zu verfolgen, macht offenkundig, daß die Annahme eines konsequenten überlieferungsgeschichtlichen Modells gewagt wird. Bei der Neuschöpfungsvorstellung läßt sich schon inneralttestamentlich zeigen, daß Israels schriftgelehrten Prophetie (Trjes) eine vorgängige Tradition (Dtjes) zu einer neuen Heilsperspektive uminterpretiert. Dieser lebendige Aktualisierungsprozeß von Tradition setzt sich im Frühjudentum in konservativer Weise fort. Da seit dem Wirken von Esra (Ende des 6. Jh.'s v.Chr.) zunächst in der Thora und dann später auch in der prophetischen Überlieferung die Offenbarung Jahwes als Selbsterschließung an sein Volk Israel verbindlich für vergangene wie zukünftige Geschichte vom Judentum erkannt und im Kanonisierungsprozeß der einzelnen Bücher anerkannt wurde, findet die Daseinserschließung jüd. Glaubens über einen als schriftgelehrt zu bezeichnenden Rückbezug auf atl. Texte und Motive statt. Der Prozeß kontinuierlicher Weiterinterpretation läßt sich als Metamorphose kanonischer Tradition beschreiben. Dabei darf die Annahme einer Traditionsweitergabe im Frühjudentum sicher nicht harmonistisch die "Überlieferungsbrüche" unter dem Postulat eines "Traditionskontinuums" verstecken. Der lebendige "Traditionsstrom" muß vielmehr als ein nach vorne offenes System unterschiedlicher Problembearbeitungen israelitischen Glaubensverständnisses verstanden werden, in das neue geschichtstheologische und/oder wissenschaftlich-weisheitliche Erkenntnisse einfließen und eine Antwort des Glaubens für seine jeweilige Gegenwart vorantreiben. Bei aller Vielfalt der Bearbeitungen des Neuschöpfungsthemas im Frühjudentum läßt sich als ihre theologische Mitte bestimmen, daß die Einzeltexte Dokumente des Bemühens Israels sind, Zeugnis für die Offenbarung Gottes sein[24]. Jüd. Texte zeichnet aus, daß sie aus **"Lebensvorgängen"**[25] israelitischen Glaubens erwachsen sind. Sie wollen der Offenbarung als Selbsterschließung Gottes in der Geschichte dienen. Für die Schriften des NT ist dabei in Jesus Christus diese Selbsterschließung Gottes zu ihrem endgültigen Ziel gelangt. Um dieses Christusereignis in seiner eschatologischen Bedeutung auszusagen, nimmt das NT am Überlieferungsprozeß des Frühjudentums teil, nicht ohne in einem kri-

---

Aufgabe seiner Arbeit darin sieht, "verschiedene Entwicklungsreihen" aufzuzeigen".

24 Vgl. Gese, Tradition 91.

25 Ebd. 94.

tischen Auswahlprozeß das Überkommene am Maß einer Hermeneutik Jesu Christi zu messen.

2. Eine Traditionsgeschichte zur biblischen Rede von einer "neuen Schöpfung" wird sodann herausstellen, daß die gemeinsame religiöse Sprache eine Verbindung des Judentums sui generis und ein eminent einheitsstiftendes Phänomen ist. Die Feststellung scheint für die ntl. Wissenschaft selbstverständlich, daß ntl. Autoren sich atl. Texte und somit atl. Begriffe, Aussagen und Vorstellungsgehalte bedienen, um das Christusereignis zur Sprache zu bringen. Die Beobachtung jedoch, daß auch in der sog. intertestamentarischen Zeit das Frühjudentum, selbst wenn es verschiedene Sprachsysteme verwendet, doch die biblische Sprache bevorzugt, wird ein Ergebnis dieser traditionsgeschichtlichen Arbeit sein. Es zeigt, wie gering der Einfluß konkurrierender Erneuerungsvorstellungen außerbiblischer Art (z.B. die von der Stoa propagierte ἐκπύρωσις - Lehre periodisch wiederkehrender Welterneuerung) auf die Entwicklung der frühjüdisch-urchristlichen Neuschöpfungsvorstellung ist. Auch das fremden, paganen Einflüssen offenstehende hell. Judentum der Diaspora bildet durch seine Bemühung um eine Wahrung der Identität des Judentums einen hermeneutischen "Filter", der Fremdeinwirkungen, die von dem kulturell-religiösen Umwälzungsprozeß des Hellenismus ausgehen (Stoa; hell. Popularphilosophie; Mysterienreligiosität), am Maß jüd. Glaubensverständnisses absorbiert. Ähnliches darf für das Urchristentum und palästinische Judentum behauptet werden.

Schließlich: Das Vorhandensein einer gemeinsamen religiösen Sprachwelt geht über die analytische Feststellung hinaus, daß Sprache ein verbales Zeichensystem zur Mitteilung verschiedener Inhalte ist, und weist darüber hinaus auf den engen Zusammenhang von Sprache und Daseinsauslegung des Menschen. Eine Untersuchung zur Neuschöpfungsvorstellung ist darum immer zugleich eine Einführung in das Verstehen jüd.-atl. und jüd.-urchristlicher Glaubensexistenz. Die Sachgemäßheit der biblischen Sprachwelt liegt dabei in dem Anspruch jüd. Glaubens, daß das Heil für den Menschen wesensmäßig nicht objektivierbar, nicht als Tatsache empirisch beschreibbar, sondern "ein in ein Sprachgeschehen eingegangenes und zu verkündigendes Heil"[26] ist, das dem Menschen immer neu zugesagt werden muß. Der Akt des hörenden Vernehmens auf die biblische Sprache möchte deswegen auch der erste und wichtigste Grundsatz dieser traditionsgeschichtlichen Arbeit sein.

26 Gunneweg, Scriptura 197.

3 ZUR NEUSCHÖPFUNGSVORSTELLUNG IM ALTEN TESTAMENT (HEBRÄISCHER TEXT)

Da Paulus im Zusammenhang seines Gebrauches von "neuer Schöpfung" in 2Kor 5,17b auf Dtjes 43,19 rekurriert, der Begriff einer "neuen Schöpfung" sich dort aber, wie im gesamten AT, nicht findet, ist mit der traditionsgeschichtlichen Untersuchung zunächst im AT, speziell bei Dtjes, einzusetzen, um die Beziehung der atl. Neuschöpfungsaussagen zu denen im Frühjudentum bis hin zu Paulus nachvollziehen zu können.

Überblickt man zunächst die atl. Belege für "neu"[1], so fällt gegenüber dem häufigen Vorkommen dieser Vokabel in den modernen Sprachen der geringe Bestand im AT auf[2]. Die Erfahrung des Neuen ist für den Hebräer wesentlich konzentriert auf die Produkte handwerklicher Tätigkeit[3]. Wiederholt begegnet die Neuheitsaussage allerdings in prophetischen Texten der Exilszeit bzw. der früh-nachexilischen Zeit (Dtjes 5 x; Trjes 5 x; Jer 4 x; Ez 5 x). Für letzteren, theologischen Sprachgebrauch von "neu" in der Prophetie hat Claus Westermann festgestellt: "Nur in der Zeit des Exils wurde in Israel von einem Neuen in der Geschichte Gottes mit Israel gesprochen, an keiner anderen Stelle in der gesamten Geschichte"[4]. Da sich bei Deuterojesaja auch vermehrt Schöpfungsterminologie findet (ברא 16 x; יצר 17 x; vgl. עשה ca. 27 x), liegt die Vermutung nahe, daß seine Prophetie den historischen Entstehungspunkt der theologischen Neuschöpfungsvorstellung markiert[5].

---

1 Das Verb חדש ist 9 x im Pi., 1 x im Hitp. und das Adjektiv חדש 53 x belegt, s. Westermann, Art. חדש ThHAT 1, Sp.525.

2 Vgl. Westermann, a.a.O. Sp.526.

3 Vgl. Dtn 20,5, 22,8; Jos 9,13; Ri 15,13; 16,11f; 1Sam 6,7 = 1Chr 13,7; 2Sam 6,3; 21,16; 1Kön 11,29f; 2Kön 2,20; 2Chr 15,8; 24,4.12; Jes 41,15; 61,4; Jer 26,10; 36,10; Hi 32,19.

4 A.a.O. Sp.526.

5 Gegen North, Art. חדש ThWAT II Sp.771f, der aus einer singulären, textkritisch äußerst umstrittenen Jer-Stelle (31,22: ... כי ברא יהוה חדשה בארץ ; 38,22 LXX: ὅτι ἔκτισεν κύριος σωτηρίαν εἰς καταφύτευσιν καινήν ...) - neben Dtjes 43,19 die einzige Stelle im AT, wo חדש als Abstraktum begegnet - den Begriff des Neuen als theologischen Wert für Israel entdecken möchte.

3.1 Die Verheißung eines neuen Exodus in der Prophetie Deuterojesajas

3.1.1 Bemerkungen zur Textkritik von Dtjes 43,16-21 einschließlich einer Übersetzung

Das textkritische Hauptproblem dieses Abschnittes[1] liegt in V.19bß in der Variante נתיבות ("Pfade") der Jesaja-Rolle aus Qumran (1QJs[a])[2] für נהרות ("Ströme"), so MT und LXX. Entweder verbesserte der Schreiber der Qumranhandschrift ausgehend von דרך במדבר in V.19bα über die Parallele V.16a נהרות in נתיבות [3], oder es glich umgekehrt MT an die nachfolgende Wortphrase נהרות בישימן in V.20bß an. Eine Entscheidung zugunsten von "Pfaden" (נתיבות) aus der Qumrantextüberlieferung wird hier aufgrund des gleichlautenden deuterojesajanischen Sprachgebrauchs in 42,16, nämlich der Parallelisierung von דרך mit נתיבות (plur.!), gefällt[4]. Eine Übersetzung von Dtjes 43,16-21 lautet somit folgendermaßen:

V.16a	I	"So spricht Jahwe,
	a	der einen Weg durchs Meer gibt
b	a'	und durch starke Wasser einen Pfad;
17a	b	der ausziehen läßt Wagen und Roß,
	b'	Streitmacht und Gewaltige zusammen[5].
b	c	Sie liegen, stehen nicht (mehr) auf,
	c'	sie sind erloschen, wie ein Docht verglommen:
18	IIa	'Gedenket nicht des Früheren
	a'	und des Vergangenen achtet nicht!
19a	b	Siehe, ich mache (עשה) Neues (חדשה)[6],
	b'	jetzt sproßt es: erkennt ihr es (noch) nicht?
b	IIIa	Ja, ich will durch die Wüste einen Weg legen,
	a'	durch die Einöde Pfade.

1 Zur Entscheidung weiterer textkritischer Varianten s. Elliger, Dtjes 1, 342f.

2 Der Endkonsonant ist unleserlich. Nach Burrows, Dead Sea Scrolls I 161; Orlinsky, Studies 161, ist ein Mem eindeutig zu erkennen, nach Trever, Isaiah 43,19 S. 16, und zuletzt Kutscher, Language 267, aber "the reading is definitely נתיבות ".

3 So van der Kooij, Textzeugen 99, der für diese "kontextuelle Harmonisation" durch den Verfasser der Qumranhandschrift plädiert.

4 Gegen Elliger, Dtjes 1, 342; mit Kiesow, Exodustexte 68, zur Begründung vgl. Stuhlmueller, Redemption 68, Anm. 217.

5 Der Atnach gehört versetzt, so daß יחדו zu V.17a gehört, s. die BHS.

6 Die Übersetzung "ein Neues" (Elliger, Dtjes 1, 342) ist unzutreffend, da der Hebräer Abstrakta äußerlich durch Femininformen darstellen kann (Gesenius-Kautzsch, Grammatik § 122p.q).

20a b Mich wird ehren das Wild des Feldes,
b' Schakale und Strauße.
b c Denn ich habe gegeben in die Wüste Wasser,
c' und Ströme in die Einöde,
d um zu tränken mein Volk, meinen Erwählten,
21 d' ein Volk, das ich mir gebildet habe,
e mein Lob sollen sie rühmen.'"

3.1.2 Textanalytische und literarkritische Bemerkungen zu Dtjes 43,16-21

Aus formalen Gründen bilden die V.16-21 eine Einheit: Die vorangehenden V.14f heben sich durch die Gottestitel zum Jahwe-Namen (Erlöser, Heiliger 2x, Schöpfer, König)[7] ab, während V.16.17a zwei längere partizipiale Appositionen als Erweiterung zur neueinsetzenden Botenformel (V.16a) bieten. Von der in den V.22ff folgenden Gerichtsrede Jahwes an Jakob/ Israel setzt sich diese Heilsverkündigung thematisch ab.

Das dreistrophige Heilswort[8] zeichnet sich durch einen kunstvoll komponierten Aufbau aus: Die doppelte Gottesprädikation in der erweiterten Botenformel (V.16.17a), die Jahwe als Initiator des wunderhaften Schilfmeergeschehens, der Rettung des Volkes und der Vernichtung der Feinde vorstellt (מי und ים דרך Dtjes 51,10; vgl. Ps 77,20; רכב וסוס Ps 20,8; 76,7; עזוז Ps 24,8[9]), wird in der zweiten Strophe (V.18.19a) zunächst von der inhaltlich rückbezogenen Doppelung ראשונת וקדמניות (beachte die chiastische Stellung!) aufgegriffen. Die beiden Gottesappositionen, die zwar auf ein zurückliegendes, einmaliges Gotteshandeln Bezug nehmen, in der Konstruktion als determiniertes Partizip jedoch aktualisierende Funktion besitzen[10], werden sodann von V.19a, der Disjunktion הנה mit dem Part. von עשה , aufgenommen. Erneut wird ein aktuelles Gegenwartshandeln Jahwes ausgesagt. Der resultativen Aussage von V.17bα in finiten Verbalsätzen (Impf. von שכב und קום , vgl. individuell Ps 41,9; Hi 14,12: insges. Ex 14,30b: מות)

7 S. auch die Inklusion V.14a.15; zur Abgrenzung vgl. Kiesow, Exodustexte 67.

8 Vgl. Kiesow, Exodustexte 68ff, der eine leicht veränderte Aufteilung vorschlägt (V.16f; 18f; 20f); zur eingehenden syntaktisch-stilistischen Analyse vgl. ebd. 68-70.

9 Die Wendung נתן ב in metaphorischem Sinn Dtjes 41,19; 43,20; 46,13; einmalig ist עז bei Dtjes, auch die Substantiva von V.17a sind sonst innerhalb Dtjes 40-55 nicht mehr zu finden. Elliger, Dtjes 1, 344.347, vermutet deshalb Zitation für V.16f.

10 Merendino, Erste 332: "Jahwe stellt sich vor als der, der wie damals so auch heute bereit ist, zu erretten und zu vernichten".

entsprechen schließlich in Strophe II die beiden im Imperfekt stehenden Verben von V.19aß צמח und ידע. Sie umgreifen das in der Gegenwart zu beobachtende Heil.

Die überlange dritte Strophe (V.19b-21) geht zuerst (V.19b.20a) wieder auf den Ausgangspunkt des Heilswortes, die doppelte Gottesprädikation (V.16.17a), ein und führt die Heilsankündigung nun inhaltlich aus. Die Entfaltung des Heils geschieht im Entsprechungsschema. Wie der (erste) Exodus wunderhaft durch das (Schilf-)Meer, so wird der neue Exodus wunderhaft durch die Wüste führen: Gott wird einen Weg durch die Wüste bahnen (V.19b). Folgerichtig muß V.20a auf die zweite Gottesprädikation (V.17a) bezogen werden. Die Besonderheit von V.17a liegt in der Aussage, daß Jahwe selbst es war, der die seinem Heilswillen für Israel widerstreitende Macht Ägypten ausziehen ließ. Traditionell wäre Jahwes Initiative mit dem Auszug Israels verbunden (vgl. יצא Hi. Ex 14,11). Dementsprechend ist die Aussage von V.20a folgendermaßen zu bestimmen: Wie die antigöttliche Streitmacht "Ägypten" beim ersten Exodus durch ihre totale Niederlage den Sieger, Jahwe, ehren mußte (vgl. Ex 15,6; Ps 76,11), so werden beim neuen Exodus die unreinen[11] Wüstentiere (vgl. Jes 13,21f; 34,18), das "Wild der lebensfeindlichen Wüste", Gottes machtvolles Eintreten für das Lebensrecht seines Volkes verherrlichen müssen.

In V.20b fällt nach dem begründenden כי der Wechsel des Tempus (Perf.) auf, obwohl es doch um die Ankündigung ein und derselben Handlung (vgl. V.19b) geht. Gleichfalls wird die Redeform der Anrede (2.Pers. plur. V.18.19a) zur Nennung des Volkes in der 3. Pers. plur. (V.20b) verlassen[12]. Überraschend ist auch der inhaltliche Neueinsatz: das Neue, das Jahwe vollbringt, ist nun zusätzlich die Bewässerung der Wüste für die Lebenserhaltung seines Volkes. Formal liegt in V.20b Wortwiederholung als Mischanschluß an V.16.19b vor[13]. Sachlich ist der כי-Satz in Jes 35,6 (vgl. Dtjes 41,18; 48,20f) zu finden, wo auf die Wüstenquellen des ersten Exodus (Ex 17,1ff; Num 20,2ff) angespielt wird. V.20b verbindet also als sekundärer Zusatz auch das Wunder des zur Wüstenwanderung nötigen Wassers mit diesem, formal und inhaltlich von der dop-

11 Beachte: der Strauß ist ein unreines Tier Lev 11,16; Dtn 14,15. Zur Etymologie von תן und בנות יענה s. Elliger, Dtjes 1, 356.

12 Vgl. Kiesow, Exodustexte 67.

13 נתן s. V.16aß; מדבר s. V.19bα; מי s. V.16bα; בישימן s. V.19bß.

pelten Gottesprädikation beherrschten Heilswort[14]. V.21a schließlich zeigt explizierenden Charakter. Er formuliert den Jahwe-Titel יצר (vgl. Dtjes 43,1; 45,11) verbal aus und bildet eine Doppelung zu V.20bß. So ergibt sich als ursprüngliches Prophetenwort:

V.16a:	I	So spricht Jahwe,
	a	der einen Weg durchs Meer gibt
b	a'	und durch starke Wasser einen Pfad;
17a	b	der ausziehen läßt Wagen und Roß,
	b'	Streitmacht und Gewaltige zusammen.
b	c	Sie liegen, stehen nicht mehr auf,
	c'	sie sind erloschen, wie ein Docht verglommen:
18a	IIa	"Gedenket nicht des Früheren
b		und des Vergangenen achtet nicht!
19a	b	Siehe, ich mache Neues!
	b'	jetzt sproßt es: erkennt ihr es (noch) nicht?
b	IIIa	Ja, ich will durch die Wüste einen Weg legen,
	a'	durch die Einöde Pfade.
20a	b	Mich wird ehren das Wild des Feldes,
21b	b'	Schakale und Strauße sollen mein Lob rühmen."

3.1.3 Formgeschichtliche Bemerkungen und Interpretation

Das dreiteilige, ab Strophe II in direkter Anrede formulierte Heilswort in der Ich-Rede Jahwes kündigt gegenwärtig schon sichtbares Heil (Impf. V.19aß) an. Seine Struktur ist I. Einleitung: Die Vorstellung Jahwes in zwei längeren Gottesprädikationen (vgl. Dtjes 42,5; 45,18) als Gott der Heilstat des Exodus (V.16.17a) mit anschließender Konstatierung des totalen Sieges (V.17b); II. ein Mahnwort (V.18), dieser, Israel als Gottesvolk begründenden Ur-Heilsvergan-

14 Literarkritische Operationen an diesem Heilswort haben Vorbilder: Volz, Jes II 43, erklärt V.20bß für eine sekundäre Dublette zu V.19bß, Fohrer, Jes 67, Anm. 59, streicht V.21b als Zusatz im Anschluß an Dtjes 42, 8.10. Weiter geht Duhm, Jes 327, der aufgrund auftretender Doppelungen V.20b.21 als "vermeintliche Verbesserung" abtrennt, am weitesten Merendino, Erste 334-336, der V.17 als nachträgliches Interpretament "mit offenem Bezug zur alten Exodustradition" (334) und V.19b.20a als "breitere Schilderungen" eines Interpolators (335) ausscheidet. Die hier vorgestellte literarkritische Analyse beruht auf einem textkritischen Urteil (V.19bß), woraufhin eine einheitliche Komposition des Heilswortes entdeckt wird - die Mitte des Heilswortes bildet die doppelte Gottesprädikation - und ein Teil (V.20b.21a) aufgrund des Kriteriums der Doppelung und der inhaltlichen Spannung gestrichen wird.

genheit nicht mehr zu gedenken, verbunden mit einer Heilsansage (V.19a: Nominalsatz), expliziert schließlich in III. (V.19b.20a.21b: Verbalsatz) als neuer Exodus der Exulanten durch die Wüste.

Eine nähere Gattungsbestimmung dieses Prophetenwortes ist umstritten, will man sich nicht im Sinne Hermann Gunkels mit der Gattung 'Verheißung' begnügen[15]. Die Form eines Heilsorakels liegt nicht vor, da u.a. eine Selbstprädikation der Gottheit als auch die Fürchte-dich-nicht-Formel fehlt. Mit Joachim Begrich in diesem Text eine der "Nachahmungen des Heilsorakels, welches auf das Volksklagelied antwortet"[16], zu sehen, ist problematisch, da - Dtjes 43,18 kaum eine Entsprechung der einleitenden Mahnung zur Furchtlosigkeit im Heilsorakel sein kann[17]. Claus Westermanns Vorschlag, eine literarische Gattung der prophetischen "Heilsankündigung" (vgl. Dtjes 41,17-20; 42,14-17) als gottesdienstliche Antwort auf die Volksklage anzunehmen, scheitert an den V. 16-18, die keine "angedeutete Klage"[18] erkennen lassen. Die beiden letztgenannten Vorschläge zur Gattungsbestimmung sind sich aber darüber einig, daß ein Bezug zur kultischen Volksklage (vgl. Trjes 63,11-14) vorliegt.

Ist dies richtig gesehen[19], so führen drei Beobachtungen zur Situationsklärung des Heilswortes, das eine kerygmatische Neubildung[20] Deuterojesajas zu sein scheint: 1. Dtjes 43,16-21 "ist kein Trostwort, keine Antwort auf irgendwelche Bitten oder Klagen, sondern wiederum ein frei und souverän von Jahwe ausgesprochenes Wort, durch das die von der Gefangenschaft befreiten Israeliten aufgrund ihrer neuen Heilserfahrung zur lobpreisenden Kultgemeinde erhoben werden."[21] 2. Das Prophetenwort ist von einer antithetischen Makrostruktur gekennzeichnet: Zwei Weisen gottesdienstlicher Jahwefeier stehen sich gegenüber, das "Klagelied" und das "Danklied". Während das

15 Vgl. Gunkel, Literatur 35; Elliger, Dtjes 1, 344.
16 Studien 14.
17 So die Kritik von Elliger, Dtjes 1, 343, an Begrich, a.a.O. 21.
18 So die Kritik von Elliger, a.a.O. 343, an Westermann, Jes 104.
19 Nach Merendino, Erste 343, greift Deuterojesaja als Sprecher der göttlichen Heilszusage auf die Institution des Gottesbescheids im Jahwekrieg zurück (vgl. Ex 13,3). Durch seinen Hinweis wird allerdings nur Teil II, die Heilszusage als Neukonstituierung der israelitischen Kultgemeinde, verständlich.
20 Vgl. Kiesow, Exodustexte 76; Melugin, Formation 111, der auf eine nähere Gattungsanalyse verzichtet, da ein "Überwiegen des Individuellen" in Dtjes 43,16-21 festzustellen ist.
21 Merendino, Erste 344.

Mahnwort (V.18) auf den kultischen Akt des Gedenkens (זכר und בין Hitp.)[22] vergangener Heilstaten Jahwes[23] durch die jüd. Gemeinde anspielt (s. 1Chr 16 die teilweise Zitation von Ps 105; vgl. 1QS 1,18b-22a) und kategorisch diese Weise der "Gotteserinnerung" (2 x אל + 2.Pers. plur.) untersagt, fordert die anschließende Heilsansage (V.19b.20a.21b) zum kultischen Lobpreisen (ספר) Jahwes, zur תהלה [24] mit den Wüstentieren auf. 3. Die Frage in V.19aß läßt Züge einer Disputation mit den Hörern erkennen. Umstritten ist die Analyse der Gegenwart, vom Propheten als ein neuer Schöpfungsakt Jahwes (עשה + צמח) beurteilt.

Dieses prophetische Jahwe-Wort, das wahrscheinlich im Wortgottesdienst der Exilsgemeinde gesprochen wurde, worauf die hymnisch-bekenntnishafte Jahweprädikation am Anfang hinweist, besitzt eine besondere Pointe: Der Prophet fordert die Kultgemeinde Israels auf, die "Volksklage" als erinnernde Vergegenwärtigung vergangener Heilszeit mit der abschließenden Bitte um ein erneutes Eingreifen Jahwes für sein Volk einzustellen. Diese Bitte ist irrelevant, weil Gott schon zugunsten seines exilierten Volkes in der Gegenwart heilbringend handelt. Die Exilsgemeinde möge sich, so der Prophet, vielmehr als neue Kultgemeinde, deren Befreiung bereits angefangen hat, im "Danklied" (Urform: Ex 15,21) versammeln[25]. Dies ist gewiß ein gewagtes Pro-

---

22 Gegen Merendino, Erste 344; בין Hitp. vom "Achtgeben" auf die Taten Jahwes Ps 107,43; זכר bes. im Dtn bezogen auf die Herausführung aus Ägypten 5,15; 15,15; 16,3.12; 24,18.22, in Dtn 32,7 gewissermaßen als Lehre aus der Vergangenheit für das Heute formuliert; vgl. in Ps 77; 105 das preisende Gedenken der Großtaten Gottes, bei Ez tadelnd eingeklagt (23,19.27; vgl. Neh 9,17), in Trjes 63,11-14 im Klagelied angesprochen.

23 Eine Zusammenfassung der Diskussion um das Verständnis von V.18a bei Elliger, Dtjes 1, 350ff. Die Deutung auf das Schilfmeerereignis mit Schoors, Saviour 95, gegen Kiesow, Exodustexte 72f, der aus einer textimmanenten Auslegung hinausgeht und "die Leiden des Volkes, konkret Jerusalems Untergang und die Deportation" mit dem "Früheren" gemeint sieht.

24 Anspielung auf einen kultischen Vorgang der תהלה in Texten wie Ps 22,26; 33,1-3; 51,17f; 65,2ff.; 66,2; 100,1-4; 102,22f; 147,1; 149,1; Trjes 60,6f; ספר als Verkündigung der Heilstaten Gottes, vgl. Ps 9,2.15; 26,7; 40,6; 44,2 u.ö.

25 Ähnlich Schoors, Saviour 96; gegen Elliger, Dtjes 1, 353, der den Sinn von V.18 ganz allgemein versteht: "Laßt die Vergangenheit auf sich beruhen und richtet euren Sinn auf die Zukunft, die ich jetzt verkündige!" Diese Auslegung dürfte wohl eher dem modernen Mißverständnis der gewollten Suspension von vergangener Geschichte nahekommen, als eine Interpretation deuterojesajanischer Verkündigung sein, die "immer wieder mit der Berufung auf Vergangenes argumentiert" (Kiesow, Exodustexte 72); vgl. Dtjes 41,22; 43,9; 45,21; 46,10; 48,3.

phetenwort, das eine wahrhaft prophetische Gegenwartsanalyse vorträgt, vielleicht bezogen auf das siegreiche Vordringen des Perserkönigs Kyros gegen die Neubabylonier (vgl. Dtjes 45,1), die Israel ins Exil führten.

3.1.4 Zur Theologie Deuterojesajas

"Singet Jahwe ein neues Lied, sein Lob (תהלתו) vom Ende der Erde" (Dtjes 42,10a), so lautet der erste Vers des neuen Dankliedes, in das der unbekannte Exilsprophet die Exilsgemeinde auffordert, mit ihm einzustimmen. Seine prophetische Antwort auf die Krise des babylonischen Exils liegt in der Ankündigung vom Ende des göttlichen Gerichtes (40,2) und einem neuen Heilshandeln Jahwes in der Gegenwart. Bereits jetzt möge sich die Gemeinde im Lobpreis Jahwes, ihres Erlösers (43,14), neu konstituieren.

Als Teil der prophetischen Verkündigung von der Heilswende führt Dtjes 43,16-21 wie kein anderes Prophetenwort in die Mitte deuterojesajanischer Verkündigung und Theologie. Da die heilsgeschichtlichen Traditionen Israels, die Landnahme, die David-Erwählung (vgl. 55,3-5), die Ziontradition durch das Exil annulliert wurden, greift der Prophet weiter zurück. Indem er das wunderhafte Exodusgeschehen als Schöpfungsakt des Volkes Israels (Dtjes 43,1.7.15; 44,2.21) durch Jahwe, den Schöpfer der Welt (42,5; 45,18), auslegt[26], geschichtlich-einmaliges Erwählungshandeln als urzeitlich-immergültigen Schöpfungsakt eines Volkes versteht, gewinnt er für die Kategorie des neuen Heils den Typos[27]: Die Erlösung, der neue Exodus der Exulanten durch die Wüste, wird als geschichtliche Heilstat göttlicher Schöpfungsakt sein (עשה und צמח Dtjes 43,19a; vgl. 42,9; 43,2; 45,8; 48,7) und den ("alten") Exodus qualitativ überbieten (Dtjes 40,3f; 42,15f; 43,19b; 48,21; 49,10f; 52,12; 55,12). Die Rückkehr der Exulanten, der neue Exodus, ist das von Gott geschaffene neue Heil (חדש sing.!).

Dem durch das Schicksal des Exils entstandenen Zweifel der Exilsgemeinde an der Macht ihres Gottes, Geschichte zu bestimmen (Dtjes 40,27), ja an Jahwe als Gott selbst, begegnet Deuterojesaja mit einem im höchsten Maße aktualisierten Schöpfungsglauben. Als Theologe greift er auf das im AT, besonders in den Psalmen (vgl. Ps 136), durchgängig soteriologische Verständnis der Schöpfung zurück und spricht Israel die Gottesmacht des Welt-Schöpfers für

---

26 Vgl. Rendtorff, Stellung 12.
27 Vgl. von Rad, Theologie II 258.

seine heilvolle Zukunft zu. Dabei parallelisiert Deuterojesaja grundsätzlich Jahwes Geschichtshandeln mit seinem Schöpfungshandeln (Dtjes 45,7), ja behauptet, geschichtliches Ereignis sei göttlicher Schöpfungsakt (48,7: ברא). Sein theologischer Entwurf greift aus zur nicht mehr zu überbietenden Einheit von Jahwe als dem Herrn der Welt/Schöpfung und dem Herrn der Geschichte. Die Universalität der Theologie Deuterojesajas, wonach am Anfang und am Ende alles dessen, was ist und geschieht, einzig und allein Jahwe steht (Dtjes 44,6: אני ראשון ואני אחרון ; vgl. 41,4; 48,12), daß Jahwe im gesamten Zeitverlauf derselbe bleibt (43,13: אני הוא [28]; 46,4), darf als das wahrhaft Neue seiner Theologie gelten[29].

In souveräner Art teilt Deuterojesaja von seinem Standort aus den Raum des Geschichtlichen ganz allgemein in das Frühere (Dtjes 41,22: ראשונת ; 43,9; 46,9) und das Künftige (41,22: באות ; vgl. 44,7) ein. Über den schöpfungstheologischen Rückgriff auf Jahwe als Welt-Lenker und -Gestalter, der durch seinen Willensentscheid Geschichte setzt (vgl. 40,14; 44,6ff), wird alles "Frühere" der Geschichte, in Heil wie Unheil, zum Weissagungsbeweis göttlicher Macht. Als Herr der Geschichte hat er es kundgetan (Hi. נגד 41,22f; 42,9; 43,9; 46,10; 48,3), und es ist eingetroffen (בוא 42,9; 48,3; 43,9: אמת). Israel muß es - auch unter Schmerzen - bezeugen (43,8-13; 44,8; 48,6a) und ist damit gezwungen einzusehen, daß Gottes Geschichte weitergeht.

Alles Neue (חדשות **plur.!** Dtjes 42,9; 48,6) der zukünftigen Heilsgeschichte Jahwes mit Israel nach dem vermeintlichen Ende von Geschichte im babylonischen Exil, nach dem irrtümlichen Ende Gottes in seiner Niederlage, alles neue Heil, und sei es der Siegeszug eines Jahwe-fremden Perserkönigs mit Namen Kyros, den der Prophet Israel zum Heil ankündigt (42,6f; 44,28; 45,5 usw.), ist in Jahwes Ratschluß als Schöpfer der Geschichte verborgen (48,6b) und wird in der prophetischen Verkündigung offenbar (48,6b.7).

Deuterojesajas Heilsprophetie am vermeintlichen Ende von Geschichte dringt mit großer reflektorischer Kraft zu einer geschlossenen Geschichtstheologie vor. Deuterojesaja bewältigt das Exil, indem er es als Hiatus der Geschichte erkennt, die Früheres vom Künftigen und Neuen unterteilt. Aber die gesamte Geschichte, Altes wie Neues, bleibt Gottes eine Geschichte, weil sie aus der Macht des Schöpfers und Weltlenkers Jahwe lebt. Über dieser Einheit von

---

28 Zur Übersetzung: "Ich bin derselbe" s. Gesenius/Kautzsch, Grammatik § 135a.

29 S. dazu Steck, Deuterojesaja 292f.

Früherem und Neuem als "Schöpfungsgeschichte" ist nichts Drittes mehr zu denken. In ihrer geschichtstheologischen Totalität markiert Deuterojesajas Theologie das Ende der klassischen Prophetie einer fortschreitenden variablen Deutung der Geschichte Gottes mit seinem Volk. Sie ist insofern als **eschatologische Geschichtsdeutung** zu bezeichnen, als sie Anfang und Ende von Geschichte in der Einheit Gottes konvergieren läßt. Eine eschatologische Weltvollendung hat Deuterojesajas prophetische Heilskündigung nie anvisiert[30]. Sie bleibt auf das partikulare, nationale Heil Israels beschränkt, wie es in der Theophanie von Jahwe als König gipfelt, der mit den befreiten Exulanten zum Zionsthron heimkehrt (Dtjes 52,7-10). Man könnte erwägen, ob die Theologie Deuterojesajas als Anfang der - noch national ausgerichteten - Eschatologie anzusprechen ist.

3.2 Die kosmologisch-endzeitliche Neuinterpretation Deuterojesajas in der schriftgelehrten Prophetie[1]

3.2.1 Zur Abgrenzung von Trjes 65,16b-23 einschließlich einer Übersetzung

Bei seiner literarkritischen Analyse von Kap.65 des Jesajabuches trägt Karl Pauritsch vor, daß "die Verse 2-23 ... eine kerygmatische Einheit (seien), in welche entsprechend einer theologischen Gesamtkonzeption bestimmte vorliterarische Spruchfragmente einbezogen und zu einer rhetorischen Einheit verwoben wurden"[2]. Das Ziel dieser Redaktion liegt seiner Ansicht nach in den V.17-23. Anders als Karl Elliger, der drei Prophetenworte anhand der Botenformeln in V.8 und 13 erhält[3], vermeidet Pauritsch durch eine adressatenorientierte Gliederung inhaltliche Überschneidungen: "V. 2-10 wird von den Hörern in der 3. Pers. Pl. gesprochen, V. 11-16 sind sie direkt angeredet, V.

30 Gegen Kraus, Schöpfung 160ff; vgl. dazu Michel, Art. Deuterojesaja TRE 8,519.

1 Stichwort von Donner, Geschichte 2, 438.

2 Gemeinde 173, vgl. 171ff.

3 Einheit 33ff; vgl. Fohrer, Jes 3,256.

17-23 handelt von ihnen wiederum in der 3. Pers. Pl."[4]. Erweitert man letztere Einheit aus inhaltlichem Grund um V.16b[5], so ist das Prophetenwort V.16b-23 als eine Einheit zu besprechen (s.u.).

Zunächst aber sind noch einige Anmerkungen zur Redaktion von Trjes 65 nachzutragen. Um die Makroeinheit V.2-23 hat sich nach Karl Pauritsch in den Versen 1 und 24 eine redaktionelle Klammer gelegt, deren Absicht es ist, den neuen Hörern bzw. Lesern des Buches mit Kap.65 "ein aktuelles Deutewort auf die unbeantwortet gebliebenen Bitten des (unmittelbar U. M.) vorausgehenden Volksklageliedes 63,7-64,11 zu geben"[6]: die Zusicherung künftigen Heiles über Gottes Sein als gratia praeveniens. V.25 ist dabei als ein späterer, mit der Beteuerungsformel an die vorangegangene Rede sekundär angeschlossener Zusatz zu beurteilen, der eine zusammenfassende Aufnahme von Jes 11,6-9, das Mythologem vom endzeitlichen Frieden mit der Natur, enthält[7].

Eine Übersetzung von Trjes 65,16b-23 sieht folgendermaßen aus:

V.16b: Ia "Denn die früheren Drangsale werden vergessen sein[8],
a' und sie werden verborgen sein vor meinen Augen.

17a IIa Denn siehe, ich werde einen neuen Himmel und
eine neue Erde[9] schaffen (בורא)[10],
b b dann werdet ihr nicht an das Frühere denken
b' und (es) kommt euch nicht in den Sinn.

---

4 Gemeinde 173.

5 Das Adjektiv הראשנות kehrt in V.17b wieder.

6 Pauritsch, Gemeinde 173; die Redaktion benutzt für V.1 Jes 55,6 und 58,2.9a und konzipiert V.24 deutlich als Steigerung zu V.1. Dabei wiederholt V.24a den Sprachgebrauch von V.12aß, vgl. im Einzelnen Pauritsch, a.a.O. 175-177.

7 Mit Volz, Jes II 287f; Westermann, Jes 326; Pauritsch, a.a.O. 173.185f; Sehmsdorf, Studien I 522f; anders Duhm, Jes 108.481. Der Nominalsatz "aber die Schlange ernährt sich vom Staub" (V.25aß) ist vor allem metri causa mit Duhm, Jes 481; Fohrer, Jes 3,270, Anm. 69; vgl. Elliger, Einheit 33; anders Sehmsdorf, a.a.O. 522, als Glosse zu streichen.

8 Sogenanntes Perfect propheticum nach כי (vgl. Gesenius/Kautzsch, Grammatik § 106 n), das ein Zukünftiges in prophetischer Gewißheit als Vergangenes ausdrückt.

9 Mit Köhler/Baumgartner, Lexikon 147; zu frei Gesenius, Handwörterbuch[18] 172: "eine neue Welt"; andere Übersetzung von Volz, Jes II 278; Westermann, Jes 322: "ich schaffe neu den Himmel und die Erde". Das Argument, V.18b sei von seiner parallelen Konstruktion her für die prädikative Stellung von חדש ins Feld zu führen, ist problematisch, da von ברא hier ein doppelter Akkusativ abhängig ist (vgl. Gesenius/Kautzsch, Grammatik § 117 ii). Der Nominalsatz in V.17a dagegen ist mit zwei Objektsakkusativen konstruiert, die jeweils aus einem Substantiv mit nachgestelltem attributivem Adjektiv bestehen (s. Gesenius/Kautzsch, Grammatik §§ 117a; 140a; 141b; vgl. Ex 34,10).

10 Die Einführung des Subjekts durch הנני mit Partizip zur Ankündigung künftiger Handlungen (sog. futurum instans) ist futurisch zu über-

18a c Sondern freut euch und jubelt[11] immerdar [über][12] das, was ich schaffen werde (בורא).
b IIIa Denn siehe, ich werde Jerusalem zum Jubel schaffen (בורא) und ihr Volk zur Freude.
19a b Dann werde ich über Jerusalem jubeln,
b' und ich werde mich freuen über mein Volk.
b c Und in ihr wird man keinen Laut des Weinens und keinen Laut des Geschreis hören.
20a IVa Es wird dort[13] nicht mehr ein Kind von wenigen Tagen geben
a' oder einen Greis, der seine Tage nicht vollendet hätte.
b b Denn der Jüngste wird als Hundertjähriger sterben
b' und der es Verfehlende[14] wird als verflucht gelten.
21a Va Dann werden sie Häuser bauen und (sie) bewohnen
b a' und sie werden Weinberge pflanzen und (ihre) Früchte genießen.
22a b Sie werden nicht bauen und ein anderer wird (es) bewohnen,
b' sie werden nicht pflanzen und ein anderer wird (es) genießen.
b VIa Denn wie die Tage des Baumes werden die Tage meines Volkes sein
b und ihrer Hände Werk werden meine Erwählten verzehren.
23a b' Sie werden sich nicht umsonst mühen,
a' Und (ihre Kinder) werden sie nicht zeugen für den Schrecken.
b c Denn der Same der Gesegneten Jahwes werden sie sein
c' und ihre Sprößlinge werden bei ihnen sein."

---

setzen (Gesenius/Kautzsch, Grammatik § 116p) und bestimmt mit V.18b die streng futurische Übersetzung des gesamten Prophetenwortes.

11 Die Imperative des MT sind nicht unbegreiflich, so Duhm, Jes 479, vgl. dieselbe Meinung Odeberg, Trito-Isaiah 283, mit Verweis auf Trjes 60,15; 61,10 und brauchen nicht in die 3.Pers. plur. konjiziert werden (mit Volz, Jes II 279; Pauritsch, Gemeinde 183f; Westermann, Jes 323; s. Gesenius/Kautzsch, Grammatik § 110c). 1QIs^{a} und LXX lesen Substantive.

12 Ergänze על vor אשר (Westermann, Jes 323).

13 Lies שם (Westermann, Jes 323).

14 Die zweite Wortfolge בן מאה שנה in V.20b ist mit Duhm, Jes 480, zu streichen.

3.2.2 Textanalytische und literarkritische Bemerkungen zu Trjes 65,16b-23

Wie das gesamte Kap. 65 hindurch, so setzt sich auch der Sprecher dieses Prophetenwortes mit dem Ich Gottes gleich. Eine kurze Aufbauskizze mag die gedankliche Formierung des Stückes illustrieren[15]:

V.16b-19: Verheißung: Ich schaffe eine neue Welt und ein neues Jerusalem.
Vergangenes Leid wird in Freude verwandelt.
Aufruf zur Vorfreude.

V.20 : 1. Erläuterung (= E 1):
Vorzeitige Sterblichkeit wird aufhören.

V.21.22a: 2. Erläuterung (= E 2):
Die Früchte der Arbeit werden genossen.

V.22b.23: Zusammenfassung[16]:
E 1 (V.22bα.23aß) und E 2 (V.22bß.23aα)
und Abschlußsummarium (V.23b): Realisierung der Segensverheißung des Volkes (vgl. Gen 12,2).

Die bei der Gliederung zu machende Beobachtung einer interpretierenden, das neue Heil veranschaulichenden Stufe (V.20ff)[17] der "Grundverheißung" der V.17-19 läßt sich auch mit formalen Beobachtungen kontrollieren: Es fällt auf, daß V.17a.18b gleichlautend mit כי הנני בורא beginnen[18]. Während V.17a universal auf die Welt als Ganzes schaut, blickt V.18b lokal auf Jerusalem. Als verbindendes Element beider Einheiten, gleich einem Cantus firmus, fungiert das Verb ברא (V.17a.18a.b). Der Appell, sich in der Zeit vor der Realisierung des neuen Heils zu freuen (V.18a: גלה , שיש), findet in V.18b seine Fortsetzung: Gott wird die Stadt Jerusalem zu lauter Jubel (גילה) schaffen und ihre Einwohnerschaft zur Freude (משוש)[19]. V.19a führt das Thema Freude weiter aus, das V.19b in negativer Formulierung abschließend noch einmal wiederholt. Somit ergibt sich also für die V.17-19 ein "sehr geschlossener Zusammenhang"[20].

Probleme bereitet einzig V.16b. Mit dem "Schlüsselwort" הראשנות greift er auf V.17bα vor und fixiert damit das Thema. Das doppelte כי , das sich nicht auf Vorangehendes beziehen läßt und nicht kausal gemeint ist[21], gibt dem

---

15 Vgl. die ähnliche Gliederung von Sehmsdorf, Studien I 519.
16 S. das Stichwort יום in V.20a.22bα je zweimal.
17 Ähnlich Westermann, Jes 323.
18 Bei der Übersetzung (s.o.) als Untereinheit II und III markiert.
19 Siehe Trjes 60,15; 62,5.
20 Sehmsdorf, Studien I 519, für V.16b-19.
21 Vgl. Westermann, Jes 323.

Versteil den Charakter eines Proömiums[22]. Gegenüber der anthropologischen Formulierung von V.17bα bleibt er schwer verständlich. Stellt man V.16b als schwierigen Punkt der Interpretation zunächst zurück und geht der Frage nach, wer denn als Verfasser der erweiternden Schilderungen des neuen Heils (V.20ff) anzusehen ist, so ist der Analyse von Eberhard Sehmsdorf Aufmerksamkeit zu schenken, der aufgrund sprachstatistischer Argumente und Sprachparallelen eine "dtr. Redaktionsstufe"[23] zu erkennen meint, einen nachexilischen Tradentenkreis tritojesajanischer Prophetie, der von dtr. Diktion geprägt ist[24]. Dieser hängt an das Prophetenwort V.17-19 seine dtn-dtr-inspirierten Vorstellungen vom endzeitlichen Segensglück für die Jahwetreuen an (V.20-23a). Auch V.16b wird dieser Redaktion zuzuweisen sein[25], während V.23b als Abschluß der Sentenz Trjes 61,9 erfüllend aufnimmt.

---

21 Vgl. Westermann, Jes 323.

22 Eine literarkritische Umstellung von V.18a vor V.16b, wie Westermann, Jes 323, sie vorschlägt, löst nichts, denn erneut stellt sich die Frage, wo dann der Gegensatz zu כי אם im Vorhergehenden zu sehen ist.

23 Studien I 529. Anders Donner, Abrogationsfall 87, der in Trjes 56,1-7 eine "Berufung auf das (dtn) Gemeindegesetz" als Heiliger Schrift erkennt und daraus schließt, das dtn Beziehungen in Tritojesaja grundsätzlich "nicht das Werk nachinterpretierender Redaktoren", sondern ursprünglich für Tritojesaja als Autor anzunehmen sind. Die Frage bleibt, ob Donner seine These aufgrund weiterer angekündigter Untersuchungen auch auf Tritojesaja-Texte mit dtn-dtr Bezugnahmen erweitern würde.

24 Näheres s. Sehmsdorf, a.a.O. 525-528. Erkennt man Trjes 65,22a als negatives Duplikat zu V.21a, so sind als Hauptgründe für vermutete dtr Diktion der übrigen Versteile folgende zu nennen: In V.20aß weist die Wendung מלא את ימין auf Ex 23,26; Jer 25,34. Die Aussagen vom Häuserbau und Weinbergpflanzen (V.21) gleichen Dtn 28,30.39.51; Jos 24,13. Eine Sachparallele zu V.22b α ist in Dtn 11,21 zu sehen. Bei der Wendung מעשה ידיהם aus V.22bß ist Dtn 2,7; 14,29; 16,15; 24,19; 28,12; 30,9 zu vergleichen. In V.23a α weist die Wortbildung לא ייגעו לריק zusammen mit dem Vorkommen des Substantivs יגיע auf Quellen dtr Sprachgebrauchs (Dtn 28,33; Jos 24,13; Jer 3,24; 20,5; Hag 1,11 (?); Ps 78,46; neben Trjes 62,8). V.23aß.bß ist mit Dtn 28,11.18.32.41.50.53ff in Beziehung zu sehen.

25 Vgl. Pauritsch, Gemeinde 182, der Trjes 65,16b als Überleitung bezeichnet; das Verb שכח Ni. zusammen mit צרה plur. nur Dtn 31,21 (vgl. 31,17); die Wendung סתר מעיני im übertragenen Sinn bereits Hos 13,14, vgl. aber Dtn 29,28: הנסתרת.

3.2.3 Auslegung von Trjes 65,17-19

Die als ursprüngliche Einheit isolierten Verse Trjes 65,17-19 berühren sich vom Vokabular her aufs engste mit der Sprache Deuterojesajas[26], ja V.17-19 stellt eine enge Verbindung zu der Einheit Dtjes 43,16-21 her, indem es auf den, von der Ankündigung eines neuen Exodus inhaltlich unabhängigen Mittelteil Dtjes 43,18f anspielt[27]. Da Trjes 65,17-19 auch einige tritojesajanische Eigenheiten enthält[28], ist die Annahme unabweisbar, daß ein unbekannter Verfasser bzw. Verfasserkreis diese Verheißung in bewußter Aufnahme und Nachahmung deuterojesajanischer Neuschöpfungsprophetie als begründete Weiterinterpretation derselben verstehen möchte. In der Form ahmt der Prophetenschüler (-kreis) "Tritojesaja" den prophetischen Aufruf zur Freude nach[29].

Nun ist die Beobachtung literarischer Bezugnahme von Tritojesaja zu ihm schriftlich vorgegebener Tradition nicht neu. Schon Bernhard Duhm sah in Tritojesaja "ein schwerflüssiges, mühsam arbeitendes Talent, ein(en) Poet(en) am Schreibtisch"[30], und Walter Zimmerli zeigte, wie Tritojesaja konkret gemeinte Äußerungen Deuterojesajas zu einer bestimmten, unverwechselbaren Situation aus ihrem Zusammenhang löst und zu "konventionellere(n) Aussagen

---

26 Das Adjektiv ראשון in der Form Fem. plur. findet sich nur noch Dtjes 41,22; 42,9; 43,9.18; 46,9; 48,3. Auch das Verb ברא im Sinne des Neuschaffens erinnert an Deuterojesaja (16 x). Wie sonst nur noch Dtjes 40,28; 42,5; 43,1.15; 45,7.18 wird es neben Trjes 57,19 nur noch hier (3 x) als Partizip mit Gott als Subjekt verwendet. Schließlich gebraucht Deuterojesaja das Adjektiv חדש häufig.

27 Indizien sind der gemeinsame Wortgebrauch: Trjes 65,17b zitiert Dtjes 43,18a als Verheißung, versteht jedoch unter dem "Früheren" im Gegensatz zu Deuterojesaja die früheren Nöte. Die Disjunktion הנני und Part. findet sich in Jes 40-66 nur 43,19; 65,17; 66,12, ja, הנני und ein Verb des Schaffens ist nur 43,19 und 65,17f belegt. חדש als Objekt eines Verbums des Schaffens ist gleichfalls nur an den beiden Stellen bezeugt.

28 Tritojesaja gebraucht stets שיש mit משוש parallel (61,10; 66,10). Bei משוש scheint es sich um ein "Lieblingswort" Tritojesajas zu handeln (60,15; 62,5; 65,18; 66,10; vgl. Elliger, Einheit 52). Vom "freudigen Volk" (V.18b) ist auch in der Verheißung Trjes 60,15 die Rede, vom Jubel Jahwes über Jerusalem (V.19a) in Trjes 62,5 (Sehmsdorf, Studien I 521). Zu עמי (V.19) vgl. Trjes 57,14; 58,1; 63,8; 65,10.22. לא עוד (V.20a) darf als ein typischer Ausdruck Tritojesajas gelten (vgl. 60,18f; 62,4; Odeberg, Trito-Isaiah 283), לא ישמע עוד erscheint noch Trjes 60,18. Zu קול בכי vgl. Trjes 66,6, zu זעקה 57,13. Zur Neuschöpfung Jerusalems vgl. das Anliegen in Trjes 60,2ff; 62,1ff.

29 Als Formparallelen vgl. Jes 14,29; 25,9f; 49,13; 54,1; (61,10); 66,10ff: Jo 2,21.23; Sach 2,14; 9,9; Lk 6,23 par(Q).

30 Israels Propheten 361f.

der frommen Rede", zu "Formel(n) der religiösen Sprache" werden ließ[31]. Es ist deshalb nur konsequent, wenn Diethelm Michel Tritojesaja die Bezeichnung "Prophet" aberkennen möchte, da für Tritojesaja seiner Meinung nach die Tradition schon "so fest geronnen (sei), daß sie nicht (prophetisch U. M.) uminterpretiert, sondern nur interpretiert werden kann"[32]. Vielmehr beginne mit Tritojesaja eine neue Epoche jüd. Literaturgeschichte: "die schriftgelehrte Auslegung"[33]. Berücksichtigt man jedoch bei Tritojesaja neben dem Vorgang der Aufnahme von vorgegebener Tradition auch seine Fähigkeit zu Variation, ja Abwandlung derselben, wie auch die Existenz eines eigenen Sprachstils, so ist mit Herbert Donner bei Tritojesaja von "schriftgelehrter Prophetie" zu sprechen[34].

Und in der Tat: im Vergleich mit Dtjes 43,16ff erweist sich Trjes 65,17-19 als eine prinzipielle zeitlose geschichtstheologische Neubearbeitung, der das Kennzeichen prophetischer Rede, die Situationsgebundenheit und -unmittelbarkeit fehlt. Dies läßt sich in drei Punkten zeigen:

1. Hielt Deuterojesaja die aus dem Bereich des Handwerklichen stammende Erfahrung des "Neuen" zur Markierung der von Gott geschaffenen geschichtlichen Heilszukunft des Volkes für ausreichend aussagekräftig, so qualifiziert Tritojesaja die Kategorie des "Neuen" **kosmologisch: Gott wird eine neue Welt schaffen** (V.17a). Im Rahmen der deuterojesajanischen eschatologischen Theologie von der Identität Gottes (Dtjes 44,6; vgl. 41,4; 48,12) entwickelt Tritojesaja die Korrespondenz von der Ur-Schöpfung von Himmel und Erde (Gen 1,1 u.ö.) mit der Weltneuschöpfung am Ende. Damit verläßt Tritojesaja die nationale Soteriologie Deuterojesajas ("neuer Exodus") zugunsten einer Vorordnung der universalen Soteriologie. Gleichberechtigt, doch erst im zweiten Atemzug redet er vom nationalen Endheil, Jerusalems Aufbau und der Neuschöpfung seines Volkes (V.18b.19).

2. Die "neue Welt" bedeutet für Tritojesaja die Weltvollendung[35]. Denn anders als Deuterojesaja, der für ein Ende der klagenden Erinnerung früherer Heilstaten Jahwes zugunsten eines Dankliedes über bereits eintreffendes Heil eintritt, bezieht Tritojesaja den Ausdruck הראשׁנות in seine von der Endfülle her denkende Perspektive ein: angesichts absoluter Weltvollendung am Telos

31 Sprache 223.225.
32 Eigenart 230.
33 Ebd. 230.
34 Vgl. Geschichte 2, 437f; Abrogationsfall 95.
35 Kraus, Schöpfung 166ff.

der Welt verblaßt alle frühere Welt-Geschichte zu etwas Vorletztem. Diesem Denken-vom-Ende-her[36] entspricht es, daß Tritojesaja Gegenwart nicht wie Deuterojesaja als dynamische Bewegung göttlicher Kreativität (Dtjes 43,19: "schon sproßt es ..."), sondern als quasi stillstehende Zeit andauernden Appells zur Vorfreude (V.18a: עדי עד) auf die große Endzeitwende versteht. Bei Tritojesaja wird nicht die Gegenwart prophetisch mit der Zukunft Gottes verbunden, sondern es treten die Zeiten auseinander: die Zeit eschatologischen Endheils und die Zeit davor.

3. Der Neueinsatz Tritojesajas wird schließlich in der Qualifizierung der "neuen Welt" sichtbar. Die eschatologische Freude im wunderbar verwandelten Jerusalem wird nicht positivistisch postuliert, sondern sie ist Freude, die zum Mitfreuen einlädt, so daß selbst Gott von ihr "zum Lachen" über sein Volk angesteckt wird (V.19a).

Versucht man, diese Konzeption einer endzeitlich-eschatologischen Kosmologie in der früh-nachexilischen Zeit (ca. 520ff v.Chr.) zu verorten, so dürfte sie sich als Antwort auf die sich mehrenden Sehnsüchte nach einer Manifestation göttlicher Macht (vgl. 3 x ברא in V.17f) in der Enttäuschung über Deuterojesajas Voraussage einer Theophanie denken lassen. Die frustrierte "Parusieerwartung" bewirkt eine Universalisierung des auf die Endzeit verschobenen Heils ohne Verlust der Naherwartung. Bezeichnenderweise fungiert der Name für die Stadt Jerusalem als Einheitsbegriff für das Volk Israel (V.18b.19a: s. Trjes 62,1.6; 64,9: 66,10; vgl. 60,14; 62,12b), deren Einwohner in Trauer und Wehklagen über die beklagenswerten Zustände sind[37]. Tritojesajas eschatologische Endzeithoffnung wirkt als beruhigender Reflex auf die ungestüme, den Umbruch als schon beginnend ankündigende Prophetie Deuterojesajas. Mit seiner betonten Anlehnung an Deuterojesajas Tradition behält er die prophetische Überzeugung, daß Jahwes Wort sich in der Geschichte verifizieren wird (vgl. Dtjes 55,10f), wenn auch anders, als es sich der Prophet Deuterojesaja noch vorstellen konnte: In einer **kosmologischen Weltvollendung** am Ende der Geschichte.

---

36 Vgl. Westerman, Jes 324: "Vor den Augen Gottes sind die früheren Nöte verborgen, das heißt: Gott, der sie einmal heraufführte, will nun, daß sie zu Ende sind."

37 Vgl. Trjes 60,18; 61,1ff; Hag 1,5-11; zur frühen nachexilischen Situation vgl. Metzger, Grundriß 152.

3.2.4 Zur Interpretation von Trjes 66,22

Karl Pauritsch hat Trjes 65,17ff, dieses Stück deuterojesajanischer Traditionsaktualisierung, ein "eschatologische(s) Drama" genannt, das "nach neuen apokalyptischen Denkformen dargestellt worden ist"[38]. Und auch Claus Westermann neigt bei Trjes 65,17ff zu der Annahme, "daß eine (ursprüngliche U. M.) Heilsankündigung für Jerusalem und Juda durch V.17a am Anfang und V.25 am Ende zu einer apokalyptischen Schilderung abgewandelt wurde"[39]. Mit diesen Äußerungen wird das Problem angeschnitten, ob die Rede von der kosmologischen Neuschöpfung in Trjes 65,17a hyperbolische, poetische Redeweise sei oder realiter vorgestellt wird[40].

Zur Klärung dieser Frage ist es von Bedeutung, daß im Trjes-Buch selbst, am Ende (Trjes 66,22) von einer Schlußredaktion des Buches Tritojesaja (66,18-22)[41], Trjes 65,17a leicht verändert wiederholt wird. Es heißt dort:

> "'Denn wie der neue Himmel und die neue Erde,
> die ich machen werde (עשה), vor meinem Angesicht
> bestehen werden' (עמד),
> spricht Jahwe, 'so wird bestehen euer Same und euer Name.'"

---

38 Gemeinde 183.

39 Jes 324; zur Kritik dieser literarkritischen Vermutung s. Sehmsdorf, Studien I 518-525.

40 Westermanns Kommentar zu dieser Stelle ist eigentümlich inkonsequent (Jes 324): Einmal redet er davon, daß V.17a eine wunderbare Wandlung/ Erneuerung der Welt aussage, ein andermal hält er ihn für einen "grundlegende(n) Satz" der späteren Apokalyptik, versteht die Aussage der Neuschöpfung also als reale Vernichtung der ersten Welt. Dann weist er auf den Abstand von V.17a zu V.18b hin, einen "auffälligen Widerspruch", wenn die Erneuerung von Himmel und Erde angekündigt, dann aber nur das neue Heil für Jerusalem dargestellt wird. Damit ist Westermann wieder bei einer realistischen Ausdeutung von V.17a, etwas, was er zuvor abgelehnt hatte, angelangt.

41 Bei V.23f handelt es sich um Zusätze zu Trjes, die aus der direkten Anrede (V.18-22) herausfallen, aber mit Stichworten an das Vorhergehende angeschlossen sind (לפני ... יהוה und zweifaches חדש V.22f), vgl. Duhm, Jes 489; anders Volz, Jes II 299f. Dabei ist zu erwägen, ob V.23 nicht zugleich einen Bezug zu Dtjes 40,5 herstellt und so eine Klammer um das Buch Dt-Trjes legen möchte. Interessant ist der von Sehmsdorf, Studien II 562ff, vorgetragene Versuch einer Lösung der umstrittenen Endredaktion des Schlußabschnittes des Jes-Buches (66,17-24) über die Parallelen Ez 38f; Jo 4; Zeph 3; Sach 14 als "eschatologische Systematik" (ebd. 568). In dieser Konzeption trägt V.22 das Motiv "Zusage des Fortbestandes" und zu den זרע , denen die Verheißung gilt, gehören die das Gericht überstehenden Heiden (vgl. V.18) genauso wie die das Gericht überstehenden Juden.

Der Redaktor wendet sich an die Jerusalemer Gemeinde und verheißt ihr einen Neuaufbau, nämlich die eschatologische Sammlung der Israeliten aus den nahen und entfernten Völkern der Erde. Dieser "neuen Gemeinde" sagt er ewigen Bestand zu. Mit Trjes 66,22 spielt er auf 65,17a an, verwendet aber statt ברא das bei Deuterojesaja gebräuchliche Verb עשה (s. 43,19). Im Hintergrund der Aussage steht Dtjes 48,13[42], die Überzeugung, daß Gott, der Schöpfer von Himmel und Erde, aus seiner Macht heraus die Existenz Israels garantiert (vgl. 48,19b[43]). In einem partizipial konstruierten Vergleichssatz aus Vorder- und Nachsatz mit Bekräftigungsformel in der Mitte folgert der Redaktor des Trjes-Buches in typisch rabbinisch-schriftgelehrter Hermeneutik (Qal wa-chomer a majore ad minor; vgl. S Dtn 11,21 § 47 [anonym]; Tanch B בארשית § 20 [R. Jose b. Chalafta T 3][44]; ὥσπερ - οὕτος bei Paulus, z.B. Röm 5) in Trjes 66,22 aus der Unvergänglichkeit der neuen Welt die Unvergänglichkeit des Heilsvolkes. Implizit setzt er voraus, daß mit der "neuen Welt" die "alte" Welt vernichtet wird, denn nur so stellt sich das Problem der Bedrohtheit der eschatologischen Heilsgemeinde[45]. Der Vergleichssatz Trjes 66,22 erläutert somit das Verhältnis von apokalyptischer Spekulation frommer Phantasie ("Was geschieht mit Israel, wenn die Erde vernichtet wird?") zur schriftgelehrten Prophetie (Trjes 65,17). Erst nach Tritojesaja (= 65,17) bemächtigt sich fromme Schriftgelehrsamkeit bei der Endredaktion des (Dt-)Trjes durch Kombination zweier Jes-Schriftstellen (48,13 und 65,17) eines nun gänzlich isolierten (vgl. 66,22 mit 65,17) Theologumenons prophetischer Zukunftsansage.

Daß die Sammlung Trjes 56-66 schließlich in die Hand einer apokalyptischen Redaktion gelangte, ist nicht zuletzt auf das Geschichtsbild[46] zurückzuführen, wie es exemplarisch in Kap. 65 durchscheint: die verfahrene Gegenwartssituation des Volkes Israel (V.2), welche unter dem vollständigen Gericht Jahwes steht (V.2-7), läßt nur über die unverrechenbare Güte Gottes den "Knechten Jahwes" eine Heilszukunft offen (V.8-10). In der Geschichte selbst

---

42 Jes 48,13 lautet: "Hat doch meine Hand die Erde gegründet und meine Rechte den Himmel ausgespannt: Rufe ich ihnen zu, so bestehen sie (יעמדו) miteinander."

43 שם in bezug auf Israel im Rahmen der "Namenstheologie" Dtjes 43,1b.7; 44,5; 45,3f; 48,1a gegenüber Trjes 65,15. זרע auf Israel bezogen Dtjes 43,5; 45,25; 48,19; 54,3 gegenüber 61,9; 65,9 bei Tritojesaja.

44 Zit. bei Billerbeck, Kommentar III 846f.

45 Vgl. SER 17 (anonym; Billerbeck, Kommentar III 847); Midr. Ps 46 § 2 (anonym; Billerbeck, a.a.O. III 845).

46 Ein Geschichtsbild, das später eine Koalition aller antihellenistischen Gruppen ermöglichte, wie Steck, Israel 205f, zeigt.

wird das Schwert die Vernichtung der Gottlosen bewirken (V.11-16a = doppelter Ausgang der Geschichte; vgl. äthHen 91,12 [10 WA]), während den Jahwetreuen die Endperspektive eines eschatologisch-endzeitlichen Heilszustandes bleibt (V.16a-19), wie sie fromme Phantasie in dtn-dtr Ausmalung (V.20ff.25) sich ausschmücken kann.

3.3 Zusammenfassung

Zum ersten Mal in der israelitischen Literatur kommt in der exilischen Prophetie Deuterojesajas die Rede auf den Akt göttlichen Neu-Schaffens (Dtjes 43,19a: עשה). Deuterojesaja verwendet in seiner nationalen Eschatologie die aus dem Erfahrungsbereich des Handwerklichen stammende Kategorie des Neuen (חדש sing.), um seiner bei den Exulanten umstrittenen prophetischen Ansage eines neuen Exodus (Dtjes 43,19b.20a) argumentativen Raum zu schaffen: In Jahwe, Israels Schöpfer im ersten Exodus (vgl. 43,19f mit 43,15), liegt die Schöpfermacht einer neuen, heilvollen Zukunftsgeschichte für sein Volk nach dem Gericht bereit. Als Herr der Welt/Schöpfung ist Jahwe alleiniger Herr der Geschichte und führt alle neue Zukunft (חדש plur. 42,9; 48,6 und באות 41,22; vgl. 44,7 gegenüber ראשנות 41,22; 43,9; 46,9) nach dem Hiatus der Geschichte, dem Exil, in Souveränität herbei. In der Theologie von der Identität Gottes liegt die Hoffnungskraft deuterojesjanischer Heilsprophetie.

In der früh-nachexilischen Situation der enttäuschten "Parusieerwartung" Jahwes erfährt die Heilsprophetie eines "neuen Exodus" von "Tritojesaja" als einem schriftgelehrten Propheten (-kreis), der das geschriebene Gotteswort für die Geschichte bewahren möchte, eine Neuinterpretation: Gott wird einen neuen Himmel und eine neue Erde schaffen (ברא: Trjes 65,17a). Von seinem endzeitlich-eschatologischen Denkansatz her ordnet Tritojesaja die universale der nationalen Soteriologie vor (vgl. 65,17a mit 18b) und spricht hyperbolisch von einer absoluten Weltvollendung/Welterneuerung. Bei Tritojesajas Wort fehlt die Situationsbezogenheit und die prophetische Verbindung von Gottes Zukunft mit der Gegenwart der Hörer. Stattdessen qualifiziert Tritojesaja alle Zeit bis zur Endzeit als Zeit der Vorfreude auf die endzeitlich-eschatologische

Wende. Tritojesaja stellt damit eine entscheidende Marke auf dem Weg zur Transzendentalisierung des Heils im Geschichtsdualismus der apokalyptischen Bewegung dar.

Noch bei der Endreaktion des Jes-Buches beginnt eine apokalyptische Redaktion (Trjes 66,18-22) mit der schriftgelehrten Auslegung des jetzt vollkommen isolierten Endzeit-Topos einer Weltneuschöpfung (66,22). In schriftgelehrter Hermeneutik folgert man durch Kombination von Trjes 65,17a mit Dtjes 48,13 die Unvergänglichkeit der eschatologischen Heilsgemeinde. Implizit wird ein realistisches Verständnis der Welterneuerung als Vernichtung der alten und Schöpfung einer "neuen Welt" vertreten. So beginnt noch im hebräischen AT selbst die Auslegungsgeschichte der (deuterojesajanischen) Neuschöpfungshoffnung, die es nun im folgenden in der Literatur des Frühjudentums weiter zu verfolgen gilt.

4 ZUR NEUSCHÖPFUNGSVORSTELLUNG IM SCHRIFTTUM DER QUMRAN-GEMEINDE

Nach einer Bemerkung Peter Stuhlmachers befinden sich "die weitaus gewichtigsten Belege" der jüd. Neuschöpfungsvorstellung in den Qumrantexten[1]. Ein Blick in die von Karl Georg Kuhn herausgegebene Konkordanz zu den bis dato (1960 bzw. 1963/64) veröffentlichten nicht-biblischen hebräischen Texten von Qumran zeigt, daß in 1QH 13,11f und 1QS 4,25 das Stichwort "neuschaffen" erscheint[2]. Die Aussage Stuhlmachers ist angesichts der geringen Menge der Belege darum "eine nicht zu rechtfertigende Behauptung"[3]. Sie wäre als Qualitätsaussage jedoch dann berechtigt, wenn sich bestätigen ließe, was Heinz-Wolfgang Kuhn an der in 1QH 3,20; 11,12; 15,15 auftretenden Schöpfungs- und Erneuerungsterminologie herausgearbeitet hat. Er vertritt nämlich die Ansicht, daß in dem besonderen Typ jüd. Eschatologie, den die Hodajot der Qumrangemeinde repräsentieren, die endzeitliche Neuschöpfungshoffnung von dem einzelnen Mitglied der Endzeitgemeinde des "neuen Bundes" antizipiert wird[4]. Das bei Paulus auftretende Phänomen, wie das aus der Apokalyptik bekannte Neuschöpfungsmotiv als fester Bestandteil der futurischen Eschatologie zu einer gegenwärtigen Heilsaussage transformiert wird, wäre in dieser Variation jüd. Eschatologie bereits präformiert. Die Neuschöpfungsaussage bei Paulus könnte mithin im Analogieverfahren zu der qumranischen Eschatologie interpretiert werden.

Da auch im Zusammenhang der Neuschöpfungsaussagen des apokalyptischen Schrifttums, zu Jub 1,29 auf eine weitere Qumranschrift, 11QTemple 29,9f, aufmerksam gemacht wird[5], soll die Behandlung von Qumrantexten an den Anfang der traditionsgeschichtlichen Untersuchung zur Neuschöpfungsvorstellung im Frühjudentum gestellt werden. Die reiche Mannigfaltigkeit der Qumranfunde ermöglichen der Forschung, einen konkreten Einblick in das theo-

---

1 Erwägungen 12.

2 Zu Verb und Adjektiv חדש s. Konkordanz 67f, in Verbindung mit den Verben עשה und ברא vgl. ebd. 36.170f. Die von Kuhn hg. Nachträge enthalten keine weiteren Hinweise (s. dort 184.193.216).

3 Baumgarten, Apokalyptik 164.

4 Vgl. Enderwartung 185.

5 S. Berger im Kommentar z.St., Jub JSHRZ II,3 320.

logische Selbstverständnis einer jüd. Gruppenbildung zur ntl. Zeit zu nehmen, in der "ein apokalyptisches Geschichtsverständnis lebendig war und ihre Existenz als Gemeinschaft bestimmte"[6]. Die Qumrantexte könnten danach paradigmatisch zeigen, wie nach einer noch im hebräischen Kanon atl. Schriften bewahrten kosmologischen Rezeptionsstufe (Trjes 65,17; 66,22) der deuterojesajanischen Neuschöpfungsaussage (Dtjes 43,19) nun im Frühjudentum die Neuschöpfungshoffnung als gegenwärtiges Heil für das Individuum aktualisiert wird.

4.1 Einführung in die Schriften der Qumrangemeinde

Die Texte von Qumran, die seit 1947 bis 1956 an der Nordwestecke des Toten Meeres in 11 Felsenhöhlen in unmittelbarer Nähe einer verlassenen antiken Gemeinschaftssiedlung (Chirbet Qumran) entdeckt wurden, haben seit ihrer schrittweisen Publizierung der ntl. Exegese wichtiges religionsgeschichtliches Material an die Hand gegeben[1]. Wurde in einer anfänglichen Entdeckerfreude über die in Qumran gefundenen Sachparallelen zur Verkündigung Johannes des Täufers und Jesus sowie zur urchristlichen Theologie, die Urchristenheit mit den in den Qumrantexten ans Licht tretenden Essenern in Verbindung gebracht, so werden heute deutlicher die Unterschiede markiert. Eine direkte Abhängigkeit von einzelnen ntl. Auffassungen von den entsprechenden qumran-essenischen wird nicht mehr angenommen. Deshalb sind die gefundenen Qumrantexte nicht weniger wertvoll, geben sie doch partikulär Aufschluß über das religiöse Milieu eines apokalyptisch-messianisch orientierten Zeitalters, dem auch die Schriften des NT entstammen[2].

Bei den reichen Textfunden bzw. fragmentarisch erhaltenen Schriften von Qumran in hebräischer, aramäischer und griechischer Sprache handelt es sich einerseits um Bibelhandschriften von kanonischen (z.B. 1QIs[a]) und apokryphen Büchern (z.B. Sir in 2Q 18) des AT, sowie um Targume (z.B. TgHi). Andererseits wurden Abschriften bisher schon bekannter (wie auch unbekannter, z.B. 4QHen

---

6 Cross, Bibliothek 185.

1 Vgl. nur Dúpont-Sommer, Schriften 398ff; Cross, Bibliothek 180ff; Maier/Schubert, Qumran-Essener 106ff.

2 Vgl. Maier/Schubert, a.a.O. 107.

Giants) pseudepigraphischer jüd. Literatur (z.B. 4QJub; 4QPrNab) und Handschriften gefunden, die der eigenen literarischen Produktion jener Gruppe von Essenern entstammen, die in der Gemeinschaftssiedlung am Fuße des judäischen Gebirges lebte. Zu diesen gruppenspezifischen Schriften gehören Kommentare (Pescharim) zu einzelnen atl. Büchern (z.B. 1QpHab) sowie erzählende Midraschim (z.B. 1QGenAp), Schriften eschatologischen Inhalts (z.B. 1QM), poetische Hymnen (1QH), Segenssprüche (1QSb), Gemeindevorschriften (z.B. 1QS) und anderes mehr.

Ist zu vermuten, daß die in Qumran entdeckten jüd.-pseudepigraphischen Werke "dem Einflußgebiet der Qumrangruppe"[3] zugehören, so ist jedoch ein Maßstab für Schriften genuin qumranischer Herkunft allein von den "großen" Qumranschriften zu gewinnen. Die Inhalte der Schriften CD; 1QS (einschließlich 1QSa; 1QSb); 1QM; 1QpHab; 1QGenAp und 1QH gelten als repräsentativ für das Gedankengut der Qumrangemeinde. Dieses Kriterium zur Abgrenzung von Texten rein qumranischen Inhalts ist insofern von Bedeutung, da die Edierung des Qumranschrifttums bis heute noch nicht einmal zur Hälfte erfolgt ist[4] und die Zuordnung weiterer Einzelschriften bzw. Einzelteile von Schriften zur Qumrangemeinde umstritten ist. Als Beispiel mag die Diskussion um die Einordnung der Tempelrolle (11QTemple) als Werk der Qumrangemeinde gelten, was allerdings ihr Herausgeber Yigael Yadin klar bejaht hat[5]. Für diese Untersuchung zur Neuschöpfungsvorstellung in der Qumranliteratur ergibt sich daraus, daß die Texte genuin qumranischer Provenienz nicht eindeutig bestimmbar und abgrenzbar sind. Insofern besitzt diese Untersuchung an den "großen" Qumranwerken nur exemplarischen Charakter und kann nur vorläufiger Art sein.

Werden im folgenden Hauptschriften aus Qumran konsultiert, die bereits von einer Konkordanz erfaßt wurden[6], so handelt es sich um Schriften, die einem Zeitraum von ca. 200 Jahren, gerechnet von der Entstehung der Qumrangemeinde um 153/2 v.Chr. bis zur Zerstörung der Qumransiedlung im Jahre 68 n.Chr., zugehören[7]. So weit reicht zeitlich ungefähr die Gesamtgeschichte der Qumrangemeinde.

---

3 So Rost, Einleitung 98. Er zählt u.a. Jub, äthHen und TestXII zu dieser Gruppe, vgl. ebd. 98-110.

4 Vgl. Stegemann, Bedeutung 496.

5 S. מגילת המקדש 1,1ff; anders: Stegemann, Bedeutung 516; vgl. Maier, Tempelrolle 10f.

6 S. Kuhn, Konkordanz; ders., Nachträge; zu 1QGenAp s. Lignée, Concordance; zur Tempelrolle Yadin, מגילת המקדש 2,275ff.

7 Zur Datierung der einzelnen Hss. s.u. die Einzeltextbesprechung.

Ihrem Ursprung und Wesen nach ist die Qumrangemeinde ein Produkt des palästinischen Judentums im 2.Jh.v.Chr.[8]. Allgemeine Voraussetzung für ihre Entstehung war der Hellenisierungsprozeß, der zu Beginn des 2.Jh.v.Chr. von der Jerusalemer Priesteraristokratie in wachsendem Maße gefördert wurde. Seinen Höhepunkt erreichte dieser Hellenisierungsvorgang, als im Jahre 167 v.Chr. der Jahwekult im Jerusalemer Tempel durch die Verehrung des olympischen Zeus ersetzt wurde. Für die "Altgläubigen", die Chassidim, mußte dieser Vorgang als schändlichste Gotteslästerung durch das Volk und seine höchsten Repräsentanten erscheinen, der den Gottesbund zu einem nicht mehr aufzuhaltenden Ende führt. Nur jenseits des Alten, in einem "neuen Bund", konnte für die Jahwetreuen die Kontinuität der Heilsgeschichte gesichert werden. Die Greuel im Zentralheiligtum dürften als die von den Propheten angekündigte schreckliche Endzeit gegolten haben, die nun einen "neuen Bund" Gottes mit den übriggebliebenen Treuen zu ihrer Rettung erforderte.

Die Chassidim sammeln sich in kleinen Gruppen, um sich von verderblichen Einflüssen fernzuhalten und um ein Gott wohlgefälliges Leben nach der Schrift zu führen. Die Makkabäeraufstände, die sich für die Wiederherstellung der vom Gesetz vorgeschriebenen Verehrung Jahwes im Tempel einsetzen, dürften von diesen Kreisen maßgeblich unterstützt worden sein. Im Jahre 164 v.Chr. wird der rechtmäßige Jahwe-Gottesdienst wieder aufgenommen und der Jerusalemer Tempel neu geweiht. Doch Gruppen von Chassidim bleiben, verteilt über Palästina, bestehen.

Eine Spaltung der Chassidim in die Gruppierung der Qumran-Essener und die der Pharisäer entsteht an der Person eines Hohenpriesters, eines Mannes, der in den Qumrantexten meistens mit "Lehrer der Gerechtigkeit" bezeichnet wird. Der Abstammung nach ist der Sadoqide, als Hoherpriester amtiert er vor der Amtszeit des Makkabäers Jonathan, der von 153-143 v.Chr. dieses Amt innehat. Von diesem wird er gewaltsam von seinem Hohenpriesteramt abgesetzt und muß aus Jerusalem fliehen. Rückhalt findet der vertriebene Hoherpriester in der Gruppe der Qumran-Essener. Als rechtmäßiger Amtsinhaber des Hohenpriesteramtes verlangt er von ihnen, den verunreinigten Kult in Jerusalem zu boykottieren. Doch nur ein Teil der "Frommen" folgt seinem Anspruch, den wahren Gottesbund als rechtmäßiger Hoherpriester zu repräsentieren. Eine andere Gruppe, als deren Sprecher der von den Qumrantexten als

---

8 Zur Entstehung der Qumrangemeinde ist auf Stegemann, Entstehung 198-252, vgl. auch Lichtenberger, Menschenbild 16f, zu verweisen.

"Lügenmann" titulierte fungiert, lehnt diese Forderungen ab und pflegt weiter die Teilnahme am Jerusalemer Kult. Von da an trennen sich die Wege dieser beiden Gruppen.

Das apokalyptisch-weisheitliche Denken, das die Qumran-Essener mit den Chassidim teilen, wird von dieser Zeit an von einer priesterlichen Theologie überformt. Zu der ehemaligen Laienbewegung stoßen levitische Priester und gestalten die Gemeinde von Qumran zu einer priesterlichen Gemeinschaft. Ja, die Gemeinde selbst übernimmt ersatzweise die Funktion des Jerusalemer Tempels als Sühneinstitut, solange, bis der verunreinigte Zionkult in rechtmäßiger Weise wiederhergestellt ist. Von den zum Tempeldienst gehörigen Riten werden Tauchbäder und kultische Mahlzeiten, strikt reglementiert, weitergeführt. "Ohne Brandopferaltar und außerhalb des Jerusalemer Tempels" sind aber "keine Opfer möglich; an ihre Stelle" treten "in der Qumrangemeinde Lobpreis und vollkommener Wandel"[9]. Diese tempelorientierte "Lehrer-Gemeinde" findet für eine Zwischenzeit, bis nach ihrer Überzeugung der legitime Kult in Jerusalem wieder aufgenommen werden kann, ihr Zentrum am Toten Meer, an der Stelle des heutigen Chirbet Qumran.

9 Lichtenberger, a.a.O. 16.

4.2 Analyse von Heilsaussagen der "Gemeindelieder" von Qumran auf das Neuschöpfungsmotiv

Seit der Untersuchung von Günter Morawe[1] zu den Liedern der Hodajot-Rolle[2] (1QH^{a}; Datierung zur Zeitenwende[3]) von Qumran teilt man einen Großteil von ihnen unter formgeschichtlichen Gesichtspunkten[4] prinzipiell[5] in die beiden Gattungen der sog. "Lehrerlieder" und der sog. "Gemeindelieder" ein[6]. Diese Gattungsdifferenzierung hat sich durch weitere Arbeiten von Gert Jeremias[7], Jürgen Becker[8] und Heinz-Wolfgang Kuhn[9] allgemein durchgesetzt[10]. War die Anzahl der Lieder sowie ihre Abgrenzung und Umfangsbe-

---

1 Aufbau 11ff.

2 Der Name "Hodajot" lehnt sich an die Einleitungsformel der meisten der Lieder (אודכה אדוני) an.

3 1QH^{a} bezeichnet die große Hs. aus Höhle 1, die von Sukenik/Avigad veröffentlicht wurde. 1QH^{b} ist als 1QH 35,1 in DJD I 136f, publiziert. Strugnell nennt in RB 63, 64, noch eine weitere Anzahl von Paralleltexten aus 4Q. Im folgenden ist grundsätzlich mit 1QH die große Hs. gemeint. Ihr hebräischer Text wird nach Lohse, Texte 109ff, zitiert. Nach Communis opinio stammt diese Hs. aus herodianischer Zeit (vgl. Lichtenberger, Menschenbild 28; Literatur ebd. 28, Anm. 87), und es waren an ihr insgesamt drei Schreiber tätig, vgl. Lichtenberger, a.a.O. 28.

4 Die Gattung der "Lehrerlieder" ist kenntlich an einem Notbericht, der unaustauschbar persönlich-individuelle Züge trägt, und an dem Motiv eines "Offenbarungsmittlers" (Kuhn, Enderwartung 22). In ihrer Zuordnung herrscht weitgehend Übereinstimmung zwischen Jeremias, Lehrer 171; Becker, Heil 53, und Kuhn, Enderwartung 23. Die "Gemeindelieder" dagegen sind "ohne individuell gestaltenden Autor in der Qumrangemeinde entstanden" (Grözinger, Einleitung 15). Sie enthalten fast alle zwei markante Gattungselemente: zum einen ein sog. "soteriologisches Bekenntnis" (Kuhn, Enderwartung 24) des Beters über "ein vorausgegangenes Heilshandeln Gottes ... am Qumranfrommen" (ebd. 24) und zum anderen eine **"Niedrigkeitsdoxologie"** (ebd. 27), in der die kreatürliche Nichtigkeit des Menschen hervorgehoben und Gottes Gerechtigkeit und Allmacht gegenübergestellt wird. Nach Kuhn formulieren beide Gattungselemente **"das Zentrale des den Liedern zugrunde liegenden essenischen Glaubens"** (a.a.O. 24).

5 Nach Lichtenberger, Menschenbild 163; vgl. Kuhn, Enderwartung 33, findet sich in 1QH 1,1(?)-20; 13,1(?)-14 zusätzlich die Gattung des Schöpfungspsalms. Nach Kuhn, a.a.O. 24, handelt es sich bei dem Lied 1QH 2,20-30 um die Gattung "berichtendes Loblied des einzelnen".

6 Morawe, Aufbau 8f, spricht noch von "Danklieder(n)" und "hymnischen Bekenntnislieder(n)". Seit der Arbeit von Kuhn, Enderwartung, ist die von ihm vorgeschlagene Terminologie allgemein akzeptiert.

7 Lehrer 167ff.

8 Heil 50ff.

9 Enderwartung 21ff. Kuhn rechnet anders als Morawe, Aufbau 8, und Becker, Heil 55, das Lied 1QH 3,19-36 zu den "Gemeindeliedern".

10 Vgl. Grözinger, Einleitung 15; Lichtenberger, Menschenbild 29f.

stimmung durch die Erstveröffentlichung der Hodajot-Rolle von Elazar Sukenik / N. Avigad[11] dadurch belastet, daß z.T. die bei dem Öffnungsvorgang der verklebten Rolle entstandenen Fragmente nicht an ihren richtigen Ort gestellt waren und die Reihenfolge der Kol. nicht der ursprünglichen Ordnung entsprach, so ist dieses Problem durch die Arbeit von Hartmut Stegemann[12] überzeugend gelöst. Bis eine Edition der Hodajot-Rolle seine Rekonstruktion allgemein zugänglich macht und eine formgeschichtliche Gesamtanalyse vorliegt, die den neuen Textbestand von 1QH[a] einschließlich der Paralleltexte aus 4Q berücksichtigt, kann eine Behandlung der Hodajot-Lieder von Qumran nur den Charakter der Vorläufigkeit tragen.

Diese Einschränkung hinsichtlich der Validität der Ergebnisse belastet die folgende Betrachtung jedoch nicht entscheidend, da sich die Interpretation nur auf ein einziges Motiv der "Gemeindelieder" konzentriert. Das Neuschöpfungsmotiv soll nämlich Heinz-Wolfgang Kuhn zufolge in drei "Gemeindeliedern" (1QH 15,1[?]-26[?]; 3,19-36; 11,3-14)[13] vorhanden sein, und zwar in 1QH 15 17; 3,21 und 11,14[14]. Es findet sich jedesmal in einem besonderen Gattungselement der "Gemeindelieder", das von Kuhn als "soteriologisches Bekenntnis"[15] bezeichnet wird: 1QH 15,12aß-26(?); 3,20bß-23bα; 11,7aß-14. Anhand der Einleitungsformel (ואני ידעתי כי[א] 15,12b; 11,7b; ואדעה כיא 3,20bß) ist es leicht zu erkennen. Die folgende Untersuchung bezieht sich deshalb in der Hauptsache auf dieses formgeschichtlich abgrenzbare Gattungselement der "Gemeindelieder".

Da Heinz-Wolfgang Kuhn bei der Fragestellung seiner Untersuchung, ob neben der futurischen Enderwartung in der Gemeinde von Qumran auch "das Bewußtsein vorhanden war, daß ... das eschatologische Heil schon in die Gegenwart hineinreicht"[16], zu dem eingehend begründeten Ergebnis kommt,

---

11 אוצר המגילות הגנוזות.

12 Rekonstruktion. Nach Stegemann ergeben sich 24 Kol. der Hodajot-Rolle; die Zitate beziehen sich in dieser Untersuchung noch auf die Zählung der Edition Sukenik/Avigad.

13 Reihenfolge der Stellenangaben nach Stegemann, Rekonstruktion; vgl. Kuhn, Enderwartung 16. "Die Fragezeichen bedeuten ..., daß hier nur die erste bzw. die letzte erhaltene Zeile der Kolumne angegeben ist, weil der Anfang bzw. der Schluß des Liedes nicht mehr sicher festzustellen ist", so Kuhn, a.a.O. 25.

14 Vgl. auch seinen Exkurs "Neuschöpfung im palästinischen Judentum" (Enderwartung 75-78).

15 Enderwartung 24.

16 Ebd. 11.

daß zu dem eschatologisch-gegenwärtigen Heilsbesitz des Qumranfrommen die "Neuschöpfung" zu rechnen sei, ist in Besonderheit der Dialog mit ihm zu führen. Der Schwerpunkt seiner sorgfältig angelegten Untersuchung liegt in der Einzelexegese von vollständig und nahezu vollständig erhaltenen "Gemeindeliedern" (1QH 3,19-36; 11,3-14; 11,15ff; 15). Da Kuhn sich mit dem gegenwärtigen Heilsbesitz des Qumranfrommen beschäftigt, interessiert er sich besonders für die in den "soteriologischen Bekenntnissen" auftauchenden Aussagen im hebräischen Perf., von ihm als "Heilsperfekta"[17] bezeichnet. Im Rahmen formgeschichtlicher Arbeit versucht Kuhn des Weiteren zu zeigen, daß es in den "soteriologischen Bekenntnissen" "fast ausschließlich um das mit dem **Eintritt in die Gemeinde** geschehende Heil"[18] geht. "Bei aller Vorsicht gegen übereilte Hypothesen" wirft er die Frage auf, ob "die Lieder ihren 'Sitz im Leben' nicht im Zusammenhang mit dem Eintritt in die Gemeinde bzw. dem jährlichen Bundeserneuerungsfest (1QS 1,11-3,12) haben"[19].

Auf den formgeschichtlichen Ergebnissen bauen die folgenden Abschnitte bei Heinz-Wolfgang Kuhn auf, die eine systematische Darstellung der "besonderen Eschatologie"[20] der Qumrangemeinde geben wollen. Der Sinn dieser Eschatologie liegt nach Kuhn in dem besonderen Ineinander von Gegenwart und Zukunft: die futurische Eschatologie wird nicht aufgegeben[21], für das einzelne Gemeindeglied bedeutet aber schon der Eintritt in die Qumrangemeinde Teilhabe an der neuen Welt Gottes[22]. "Entgegen aller jüdischen Eschatologie" entstand in der Qumrangemeinde die "Vorstellung eines Nebeneinanders bzw. Ineinanders von Enderwartung und eschatologisch-gegenwärtigem Heil"[23]. Sind die Apokalyptik und das priesterliche Selbstverständnis die "zwei Grundpfeiler der theologischen Struktur der Qumrangemeinde"[24], so ist die Vorstellung erklärbar: Für den Apokalyptiker ist das Heil zukünftig, die Gegenwart aber heilsleer. Für den priesterlich denkenden Qumranfrommen ist aber durch "die Übertragung des Tempelbegriffes auf die Gemeinde" in der Qumrangemeinschaft Gottes Heilsgegenwart[25] präsent. Kuhn faßt zusammen: "Entsprechend

17 Ebd 20. Die "Heilsperfekta" werden auch in dieser Untersuchung bei der Übersetzung der Texte hervorgehoben.
18 Kuhn, Enderwartung 31.
19 Ebd. 31; vgl.K. G. Kuhn, Art. Qumran RGG³ V Sp.746.
20 Kuhn, Enderwartung. 176ff.
21 Ebd. 176.
22 Ebd. 179.
23 Ebd. 181.
24 Ebd. 182.
25 Ebd. 182.

dem hebräischen Raum- und Zeitverständnis ist also auf Grund der 'Tempelsymbolik' die Gemeinde der Ort, wo die strenge Scheidung zwischen Erde und Himmel, zwischen Jetztzeit und eschatologischer Heilszeit nicht zutrifft. So kann gesagt werden, daß der Fromme in den Himmel versetzt ist (1QH 3,20), in der Gemeinschaft mit den Engeln vor Gott steht (passim) und ihm schon die eschatologischen Heilsgüter zum Besitz gegeben sind (1QS 11,5ff.). Und so ist er auch schon von den Toten auferstanden (1QH 11,12), ist neu geschaffen (1QH 3,21; 11,13f.; 15,16f.), und überhaupt ist das eschatologische Heil gegenwärtig"[26].

Das Resultat der Arbeit von Heinz-Wolfgang Kuhn ist, daß "wir also für das Miteinander von Zukunft und Gegenwart des Eschatons bei Jesus nun eine Parallele in den Texten vom Toten Meer besitzen"[27]. Dementsprechend bildet ein Anhang: "Eschatologie und Gegenwart in der Verkündigung Jesu", den Schluß der Veröffentlichung[28]. Die Frage stellt sich, ob sich diese Sachparallele hinsichtlich des Neuschöpfungsmotivs auch auf die paulinische Eschatologie erweitern läßt.

4.2.1 Bemerkungen zum Liedteil 1QH 3,19-23bα einschließlich einer Übersetzung

Allseits anerkannt ist, daß sich die Lieder der Hodajot-Rolle im weitesten Sinne den atl. "Dankliedern des Einzelnen" zuordnen lassen. Die Rezitation des Gotteslobes entwickelt sich aufgrund der Trennung der Qumrangemeinde vom Jerusalemer Tempelkult zu einem besonders ausgestalteten Mittelpunkt ihres kultischen Lebens. Das Lobopfer der Lippen ersetzt das blutige Dankopfer[29]. Im Zusammenhang eines synthetischen Weltbildes prägt die Loblieder der Qumrangemeinde eine inkurvierende Struktur. An Gott gerichtet reflektieren sie in Lob und Dank die von Gott geschenkte Heilssituation des Qumranbeters. Sie richten sich nicht belehrend an Außenstehende, sondern eignen sich meditierend Gottes Herrlichkeit an, wie der Beter sie als Heil in der Qumrangemeinde erfährt[30].

26 Ebd. 185.
27 Ebd. 204.
28 Ebd. 189ff.
29 Vgl. Klinzing, Umdeutung 93ff.
30 Vgl. Becker, Heil 126ff.

Dieser meditative, doxologische Charakter der Hodajot bedeutet für ihre Auslegung, die bei der atl. Psalmenexegese bewährte strukturelle Analyse des äußeren[31] und inneren Gliederungsprinzips hebräischer Poesie zu beachten. Um Sinneinheiten zu erkennen, richtet die Stilanalyse ihr Augenmerk auf den Parallelismus membrorum. Da die Qumrangemeinde an die Psalmentradition der nachexilischen Tempelsänger anknüpft, sind auch formale Merkmale wie Wiederaufnahme bzw. Anklänge von Wortfolgen, die grammatische Satzstruktur, der Wechsel des Redestils, die Stellung der Verben usw. bedeutsam, da sie Hinweise auf die mitunter schwierig zu erhebene Aussagestruktur eines Dankliedes enthalten.

Aus diesen methodischen Vorbemerkungen zur Psalmenexegese ergeben sich für die Frage der Abgrenzung des "soteriologischen Bekenntnisses" in dem fast vollständig erhaltenen "Gemeindelied" 1QH 3,19-36 folgende Feststellungen: Nach hinten läßt sich dieses Gattungselement formal - in 1QH 3,23bß wechselt der Er- zum Ich-Stil - und inhaltlich von der sich anschließenden Elendsbetrachtung (1QH 3,23bß-25) abteilen. An die Elendsbetrachtung schließt wiederum zum Ende des Hymnus eine kleine Apokalypse an (3,26-36)[32]. Nach vorne ist eine Abgrenzung des "soteriologischen Bekenntnisses" weitaus schwieriger. Sicher markiert die Einleitungsformel (ואדעה כיא) den Beginn des "soteriologischen Bekenntnisses" (3,20bß-23bα). Der Ausdruck לסוד עולם in Z.21a korrespondiert aber formal mit dem Terminus לרום עולם in Z.20a. Dadurch ist eine Inklusion zum Anfang hin geschaffen[33]. Diese Beobachtung weist darauf hin, daß das "soteriologische Bekenntnis" im Zusammenhang der Einleitung des Hymnus (3,19-20bα) verstanden werden will[34]. Eine Übersetzung der Einheit 1QH 3,19-23bα sieht folgendermaßen aus[35]:

Z.19a: "Ich will dich preisen, Herr,

b I. a denn (כי) du hast mein Leben aus der Unterwelt **gerettet** (פדיתה)

20a a' und du hast mich aus dem höllischen Totenbereich / auf eine ewige Höhe (לרום עולם) **heraufgeführt** (העליתני),

31 Zum Metrum vgl. Kuhn, Enderwartung 18ff; insbesondere zu 1QH 3,19-23 ebd. 44, Anm. 4.

32 Vgl. ebd. 40-42.

33 Kittel, Hymns 65.

34 Vgl. Morawe, Aufbau 110; Kuhn, Enderwartung 44f: "Bei den zitierten Zeilen (sc. 1QH 3,19-23) handelt es sich um die erweiterte Einleitung des Liedes, die in Zl. 10 ... in ein soteriologisches Bekenntnis übergeht."

35 Hebräischer Text nach Lohse, Texte 122f. Die sog. "Heilsperfekta" sind hervorgehoben. Die Übersetzung lehnt sich weitgehend an Kuhn, Enderwartung 44, an. Zum Aufbau vgl. Kittel, Hymns 57.

b b so kann ich mich (nun) auf einer grenzenlosen Ebene bewegen (ואתהלכה).
b' und (ich) kann wissen (ואדעה), daß es eine Hoffnung gibt für den,
21a a" welchen / du aus dem Staub für die ewige Gemeinschaft (לסוד עולם) **geschaffen** hast (יצרתה).
b II.1a Damit hast du den verkehrten Geist von großem Verbrechen **gereinigt** (טהרתה),
22a b auf daß er mit / der Heerschar der Heiligen Aufstellung beziehe
b' und er in die Gemeinschaft der Gemeinde der Himmelssöhne eintrete.
b 2c So hast du dem Menschen ein ewiges Los zusammen
23a mit den Geistern / der Erkenntnis **geworfen** (ותפל),
d auf daß er deinen Namen in gemeinsamen Jubel[36] preise
b d' und er erzähle deine Wundertaten vor allen Geschöpfen."

4.2.2 Bemerkungen zum Aufbau von 1QH 3,19-23bα mitsamt einer Interpretation der Schöpfungsterminologie

Nach dem üblichen Aufgesang (Z.19a) folgt der Korpus des Hymnus (Z.19bff), eingeleitet mit begründendem כי . Durch den Anklang von לסוד עולם (Z.21a) an לרום עולם (Z.20a) wird durch Inversion ein Teil I (Z.19-21a) begrenzt[37]. Gleichzeitig wird das Thema des Psalms markiert: **Heil** wird als **Gemeinschaft** erfahren. Im einzelnen geht der Psalmist dabei folgendermaßen vor: Z.19b.20a bilden einen ersten synonymen Parallelismus, dessen einzelne Glieder chiastisch zueinander in Beziehung stehen. Mit zwei "Heilsperfekta" (פדיתי ; העליתני) gibt der Parallelismus eine hymnische Doppelbegründung zum Lob. Dem Psalmenbeter geht es um den "Preis Gottes" für das ihm geschenkte "Heil", daß er als "Aufstieg" erfahren hat. Es schließt sich ein weiterer synonymer Parallelismus an (Z.20b α ß), der dadurch, daß er mit Impf. cons.

36 Lohse, Texte 123, ergänzt ein נ zu רנה.

37 Vgl. Kittel, Hymns 66f, der in eine einleitende Strophe (Z.19-21a) und eine Strophe A (Z.21b-23) unterteilt, und dazu folgende Gründe anführt: " לסוד עולם, and the long line which it completes, provide a coda structurally for the opening statements. The lines that follow are built around infinitive clauses." "All personal references are absent in the section labeled Stanza A, in contrast to the opening lines". "And ... the most common length of an introductory stanza is four lines (two bicola) or four lines with a coda".

konstruiert ist[38], den engen Anschluß an das Vorhergehende wahrt. Gegenüber dem ersten Doppelglied wechselt der Stil vom Du = Gott zum Ich = der Beter. Nachdem also beschrieben ist, was Gott getan hat, wird nun ausgedrückt, welches neue Sein dem Beter eignet. Dieser zweite Parallelismus will als Konsequenz des Heils verstanden werden. Der Beter gibt die "Hoffnung"[39] und den "grenzenlosen Wandel" als eschatologisches Heilsgut an. Ein abschließender Satz mit "Heilsperfektum" (Z.21a: יצרתה) bringt die Heilserfahrung nochmals auf verdichtete Weise zur Geltung: von **vergänglichem "Staub"** ist der Beter in die **"ewige Gemeinschaft"** gelangt.

Ein Teil II (Z.21bff) übernimmt nun die Aufgabe, das im Vorhergehenden angezeigten Thema "Heil als Gemeinschaft" zu explizieren. Im Prinzip sagt er nichts Neues, sondern entfaltet die Heilserfahrung des Beters. Strukturell betrachtet, handelt es sich um eine zweiteilige Konstruktion (Z.21b-22a; Z.22b-23bα). Von den Verben טהרתה und ותפל sind je zwei Infinitive abhängig; beide Infinitive laufen je Glied zueinander parallel. Der Stil wechselt dabei je Dreier-Glied von dem Du = Gott (Z.21b.22b) zum Er = der Beter (Infinitivsätze). Die gesamte Konstruktion läßt so eine gewisse Symmetrie erkennen[40]. Setzt man die strukturellen Beobachtungen in inhaltliche Aussagen um, so ergibt sich: Das "Heilsperfektum" טהרתה (Z.21bα) schildert das Gotteshandeln, welches das neue Heil ermöglicht hat, nämlich die "Reinigung" des Beters von seinem "verkehrten Geist". Die ekklesiologische Heilskomponente wird von den Infinitivsätzen zur Sprache gebracht, indem der Psalmbeter in ihnen besingt, daß er in der Gemeinschaft mit den Engeln Gottes Heilshandeln vor allen Geschöpfen bekennt. Im prädestinatianischen Sinne verankert Z.23a das eschatologische "Gemeinschafts-Heil" des Beters.

Schwierigkeiten bringt nun bei der deutschen Übersetzung des Hymnus die Wiedergabe der Tempora mit sich. Dazu nur Folgendes: Heinz-Wolfgang Kuhn legt besonderen Wert auf die richtige Übersetzung der sog. "Heilsperfekta", denn sie geben Auskunft über den Heilsbesitz der Qumrangemeinde. Grundsätzlich kann das schwierige grammatische Problem der hebräischen Tempora mit Kuhn[41] dahingehend beschrieben werden, daß das Perf. "zur Wiedergabe einer selbstgewichtigen, absoluten, die Faktizität eines Gesche-

38 Die Imperfekta ואתהלכה und ואדעה sind am besten modal zu übersetzen, so Kuhn, Enderwartung 53.

39 Dazu Kuhn, Enderwartung 34.

40 Vgl. Kittel, Hymns 62.

41 Kuhn, Enderwartung 20f.21, Anm. 3, stützt sich besonders auf die Ergebnisse von Michel, Tempora.

hens betonenden Handlung" dient, das Impf. "dagegen eine relative Handlung, d.h. eine Handlung als Folge, Zweck, iteratives, modales oder substantielles Geschehen"[42] kennzeichnet. Ein Impf. cons. drückt eine besonders enge Folge der Handlungen aus[43].

Für die Wiedergabe der verbalen Schöpfungsaussage in Z.21a ergibt sich dadurch Folgendes: Das Perf. יצרתה und das folgende Perf. טהרתה "drücken die Faktizität aus, d.h., daß etwas einmalig, ein für alle Mal geschieht, geschah oder geschehen wird"[44]. Das zweite Perf., das aus seiner normalen Satzstellung am Anfang des Satzes (vgl. Z.19b.22a) verdrängt ist, zeigt durch seine invertierte Stellung einen engen Zusammenhang mit der vorhergehenden Aussage an. Das Perf. טהרתה übernimmt grammatisch die Funktion, das Perf. יצרתה zu explizieren[45]. Es hängt in seiner Zeitstufe von יצרתה ab. Ist ein futurisches Verständnis vom Zusammenhang her nicht möglich, so wird der Faktizität am besten eine präteritale Übersetzung gerecht[46].

Heinz-Wolfgang Kuhn hat nun gezeigt, daß in diesem Lied die präsentisch-eschatologischen Vorstellungen im Zusammenhang mit dem priesterlichen Selbstverständnis der Qumrangemeinde stehen[47]. Dieses zeichnet sich durch ein eigentümliches Raum- und Zeitdenken aus. Das priesterliche **Zeit**-Denken läßt sich am "soteriologischen Bekenntnis" erläutern, das überwiegend von dem Leitgedanken der "**Gemeinschaft mit den Engeln**"[48] (Z.21bß-23b α) beherrscht ist. Führt die frühjüdische Eschatologie den Begriff des "Loses" im Zusammenhang der **künftigen** Hoffnung für die Gerechten (vgl. Weish 5,5[49]), so preist sich der Qumranfromme in Z.23 im **Besitz** dieses eschatologischen Heils: Er hat mit den Engeln Anteil am "ewigen Los". In der priesterlichen Gemeinschaft der Qumrangemeinde erfüllt sich seine Vorherbestimmung zum eschatologischen Heil[50].

In der Einleitung des Hymnus beschreibt der Beter seine soteriologische Statusveränderung mithilfe von **räumlichen** Vorstellungen, die Ähnlichkeiten

---

42 Kuhn, Enderwartung 20f.
43 Vgl. ebd. 21.
44 Ebd. 45.
45 Vgl. ebd. 45.
46 Vgl. ebd. 45.
47 Vgl. ebd. 61; dazu 45ff.
48 Ebd. 45.
49 Weitere Belegstellen bei Kuhn, Enderwartung 47.
50 Vgl. ebd. 75. Die von Kuhn, a.a.O. 46f, aufgestellte Alternative, den Gedanken des "Loses mit den Engeln" entweder prädestinatianisch oder präsentisch-eschatologisch (so Kuhn) verstehen zu wollen, ist aufgrund des Verbs נפל "werfen" nicht zwingend (vgl. 1QS 4,26).

mit Motiven atl. Psalmensprache besitzen[51]. Der Lobpreis über die Errettung vom Tode konkretisiert sich im Aufstiegsmotiv (עלה). Gemeint ist nicht die Rückkehr vom Tod in das irdische Leben, sondern die rettende Versetzung vom Todesbereich in den Bereich "ewiger Höhe"[52]. Vom Versetztsein in den Himmel wird nicht bildlich, sondern realistisch[53] geredet: der Qumranfromme bejubelt seinen Übergang in die schon gegenwärtig erfahrbare eschatologische Heilswelt. Der folgende Parallelismus, dessen Verben im Impf. am besten modal zu übersetzen sind: "ich kann nun wandeln / ich kann nun wissen", gibt die Folge aus der geschehenen Rettung an. Erstens, daß in der Qumrangemeinde der ethisch reine Wandel nach Gottes Willen geschieht (vgl. 1QS 3,9[54]) und zweitens, daß der Qumranfromme grundsätzlich das eschatologische Zukunftsheil sein eigen nennt.

Eine gewisse Scharnierfunktion zwischen den Aussagekomplexen über den soteriologischen Statuswandel des Beters und dem Thema der Gemeinschaft mit den Engeln nimmt Z.21a.bα ein. Einerseits stellt der Beter seine Heilserfahrung in der Qumrangemeinde in einen schöpfungstheologischen Zusammenhang und andererseits spricht er im rechtfertigungstheologischen Sinne davon, daß sein "verkehrter Geist" von "großem Verbrechen gereinigt" wurde. Heinz-Wolfgang Kuhn, dessen exegetische Absicht es ist, herauszustellen, daß in diesem Lied das eschatologische Heil tatsächlich auf das gegenwärtige Sein des Qumranfrommen bezogen wird, kommt hier zu folgender These: "Daß die Heilszeit als schon gegenwärtig vorgestellt ist, kommt auch durch יצרתה in 3,21, das **nur** (Hervorhebung U.M.) als **'Neuschöpfung'** verstanden werden kann, zum Ausdruck"[55]. Z.21bα erläutere die Neuschöpfung als **"Reinigung von Sünde"**[56] des Qumranangehörigen.

Die Meinung, daß das Verb יצרתה den Sinn von "Neuschöpfung" hat, vertrat zuerst Karl Georg Kuhn mit der allerdings vorsichtigen Bemerkung: "Es ist zu beachten, daß hier mit dem Wort יצר nicht von der Schöpfung des Menschen die Rede ist, sondern gewissermaßen von einer Neuschöpfung, nämlich der Zugehörigkeit zu der Gemeinde"[57]. Demgegenüber hielt es Erik Sjöberg[58] zu-

51 Dazu Kuhn, Enderwartung 53ff.
52 Vgl. ebd. 52ff.
53 Vgl. ebd. 57.
54 Vgl. Klinzing, Umdeutung 98ff.
55 Enderwartung 48.
56 Ebd. 50.
57 Texte 201, Anm. 7.
58 Wiedergeburt 78ff.

nächst noch für möglich, daß die "erste" Schöpfung des Menschen gemeint sei. Er entschied sich aber nach der vollständigen Veröffentlichung der Hodajot-Rolle (1954) auf Grund der parallelen Stelle 1QH 11,12 "dahin, dass die von K u h n vorgeschlagene Deutung ... die einzig mögliche ist"[59]. Sjöberg präzisiert: "Es handelt sich also um die Neuschöpfung beim Eintritt in die Sekte"[60], "eine Neuschöpfung des Menschen, die eine wirkliche Veränderung, nicht nur seiner Situation, sondern seiner eigenen Natur bewirkt"[61]. Seine Begründung lautet wie folgt: Nach der pessimistischen Anschauung der Qumrangemeinde vom natürlichen Menschen durch die Betonung der fleischlichen Art des Menschen, kann der Mensch, da er voller Sünde ist, vor Gott nicht gerecht sein. "Aus dieser schwachen und sündigen Existenz wird der Mensch durch den Eintritt in die Sekte und die dadurch geschehene Neuschöpfung erlöst"[62]. Auch Gerhard Schneider[63] schließt sich dieser Exegese an: "Da diese Gemeinde sich als die des Neuen Bundes versteht, ist sie der Ansicht, daß in ihr bereits die neue Schöpfung der Endzeit angebrochen sei. Wenn die Gemeinde dennoch eine Neuschöpfung in der Zukunft erwartet (vgl. 1QS IV,25), so steht dieses Futurum nicht im Widerspruch zu der präsenten neuen Schöpfung, die die Gemeinde als heiliger Rest darstellt"[64].

Heinz-Wolfgang Kuhn nimmt die Argumentation von Sjöberg/Schneider auf und versucht, die These der Neuschöpfung in 1QH 3,21 durch strenge Orientierung an der Syntax von Z.21a.bα zu verifizieren. Da das folgende טהרתה aufgrund der Inversion die vorhergehende Aussage expliziert, ist der Sinn also: "Gott hat den Qumran-Frommen neugeschaffen, eben dadurch, daß er den verkehrten Geist von Sünde gereinigt hat ... Gegenüber der ersten Schöpfung des Menschen ist hier von einer neuen die Rede"[65]. Für dieses soteriologische Ver-Verständnis der Stelle führt Kuhn insbesondere folgende Gründe an:

1. Da im hebräischen Text von 1QH 3,21 **kein** Adverb "neu" zu lesen ist, das das "Schaffen Gottes" eindeutig als **Neu**-Schöpfung identifiziert, führt

---

59 Neuschöpfung 132.
60 Ebd. 133.
61 Ebd. 136.
62 Ebd. 135.
63 Vgl. ΚΑΙΝΗ ΚΤΙΣΙΣ 82ff; Idee 261; Neuschöpfung 39ff.
64 Neuschöpfung 41.
65 Enderwartung 48.

Kuhn Parallelen aus der späten rabbinischen Literatur an[66], wo "man ein 'von neuem' oder 'wiederum' o.ä. zu ergänzen (hat), wenn der Gedanke der Neuschöpfung nicht durch ein Nomen (בריה חדשה), sondern verbal ausgedrückt wird"[67].

2. Sodann weist Kuhn auf den atl. Sprachgebrauch hin, daß bei einer Form von ברא das Adverb "neu" zu ergänzen ist: z.B. Ps 102,19: עם נברא "ein (neu) geschaffenes Volk"[68].

3. Das Verständnis von מעפר in Z.21a sei nach Kuhn dahingehend zu bestimmen, daß es "sich auf die irdische Seinsweise des Menschen" bezieht, wie die Parallelstelle 1QH 15,16f erläutert, "wo es heißt, daß Gott die eschatologische Herrlichkeit des Menschen 'weg vom Fleisch' (מבשר) aufrichtet"[69]. Weil die atl. Gattung des berichtenden Lobliedes auch das Motiv der "Errettung vom Tode" führt (vgl. Z.19f), liegt es nach Kuhn noch näher, daß עפר den "Aufenthaltsort der Toten" meint[70] (vgl. 1QH 11,12). Der Satz Z.21a bringe dementsprechend die "**Aufhebung** der bisherigen menschlichen Existenzweise" als eschatologische Neuschöpfung des Qumranfrommen zum Ausdruck[71].

4. Inhaltlich wird nach Kuhn durch Z.21b die angebliche "Neuschöpfung" als "**Reinigung von Sünde**" interpretiert[72]. Kuhn sieht sich "an die schon tannaitisch bezeugte Verbindung des nicht-eschatologischen Neuschöpfungsgedanken mit der Sündenvergebung erinnert" (SDtn § 30 zu 3,29 [anonym]; MTeh 18 § 6 [R. Simon A 3]; ferner: Yev 48b [R. Jose b. Chalafta T 3]; PesK 61b [Schule Hillel T 1])[73].

---

66 GenR 39 (R. Joses b. Zimra A 1), Kuhn, Enderwartung 76; MShir 1,3 § 3 (anonym), Billerbeck, Kommentar II 54; MShir 8,5 (R. Berekhja A 5), Billerbeck, Kommentar II 422.

67 Enderwartung 48, Anm. 3.

68 Enderwartung 48, Anm. 3; vgl. Köhler/Baumgartner, Lexikon und Gesenius, Handwörterbuch[17.18] unter ברא.

69 Kuhn, Enderwartung 49; die Schwierigkeit עפר durch בשר auszulegen, umgeht Kuhn mit dem Hinweis, daß in den "Gemeindeliedern" der Hodajot-Rolle בשר wie עפר die irdische Seinsweise des Menschen bezeichnen kann (vgl. 1QH 10,23; 13,13; 15,12; 17,25; בשר unmittelbar neben עפר nur 15,21).

70 Kuhn, Enderwartung 49. Nach Kuhn, a.a.O. 49f, ist das Verständnis von עפר als Bezeichnung des Stoffes, woraus der Mensch geschaffen ist, auszuschließen.

71 Ebd. 49, vgl. 50.

72 Ebd. 50.

73 Ebd. 50f. Übersetzungen bei Kuhn, Enderwartung 51, und Billerbeck, Kommentar I 773f.

5. Schließlich: Das "Ziel der Neuschöpfung" wird in Z.21a mit לסוד עולם als eine eschatologische Größe gekennzeichnet[74], so daß mit Gerhard Schneider zu interpretieren sei: "Diese Gemeinde ... ist der Ansicht, daß in ihr bereits die Neue Schöpfung der Endzeit angebrochen ist"[75].

Betrachtet man nun kritisch die einzelnen Argumente zur Interpretation von 1QH 3,21 als Neuschöpfung, so ergeben sich folgende Überlegungen:

ad 1: Es ist problematisch, die Interpretation von 1QH 3,21 als verbale Umschreibung der **eschatologischen** Neuschöpfung mit Hilfe der späten rabbinischen Literatur zu stützen, denn diese bezieht sich in der Hauptsache auf die **uneschatologische** Situation, die entsteht, wenn ein Mensch geheilt, aus Todesgefahr befreit, ihm die Sünden vergeben werden oder er zum Judentum übertritt und für ihn in seinem Leben ein neuer Anfang gemacht werden kann[76].

ad 2: Ist es richtig, daß das Verb ברא im AT die Übersetzung im Sinne von "neuschaffen" verlangen kann, so muß doch beachtet werden, daß in 1QH 3,21 יצר steht. Dieses Verb, das im AT mit "gestalten, bilden, schaffen"[77] zu übersetzen ist, wird **nirgends** im Sinne von "neuschaffen, neuformen" ausgelegt[78].

ad 3: Die von Heinz-Wolfgang Kuhn gegebene Auslegung von Z.21a setzt voraus, daß das Ende des Relativsatzes eindeutig zu bestimmen ist. Jürgen Becker aber übersetzt: "... daß es eine Hoffnung gibt für den, den du aus dem Staub geschaffen hast, auf eine ewige Gemeinschaft"[79]. Schließt man sich dennoch Kuhns Übersetzungsvorschlag an, so erheben sich Bedenken gegen seine Deutung von עפר: In 1QH 13,15 wird der Mensch als ein מבנה עפר, als ein "Gebäude von Staub", in dem ein רוח נעדה, "verkehrter Geist", von seiner Geburt an (Z.14) herrscht,

---

74 Vgl. Kuhn, Enderwartung 52.

75 Idee 261.

76 Vgl. Sjöberg, Wiedergeburt 62.65ff; s.u. Hauptteil A 6.

77 Vgl. Köhler/Baumgartner, Lexikon 147, und Gesenius, Handwörterbuch^{17} 313.

78 Vgl. Otzen, Art. יצר ThWAT III, Sp. 830-839.

79 Heil 147. Nach Becker also läßt sich die Hoffnung des Beters als Hoffnung auf eine ewige Gemeinschaft bestimmen, der Relativsatz mit der Partikel אשר, die von der Präposition ל regiert wird, erklärt also nur die individuelle "Schöpfung" des Qumranfrommen aus Staub. Grammatisch ist diese Übersetzung möglich, denn es ist nicht sicher, wo der Relativsatz enden soll. Sie ist jedoch die schwierigere, muß sie doch den Relativsatz als Einschub werten, der die nähere inhaltliche Erläuterung des eschatologischen Heilsgutes der "Hoffnung" als Hoffnung auf die ewige Gemeinschaft unterbricht.

bestimmt (vgl. 1QH 11,12). Der Mensch ist für die Hodajot ein יצר העפר (1QH 18,31; vgl. den atl. Hintergrund Gen. 2,7; 3,19; Ps 103,14). Aus Staub gemacht, ist er von dieser Schöpfungswirklichkeit bestimmt und hat keine andere Zukunft als wieder zu Staub zu werden (1QH 12,26f). Daraus folgt für die Interpretation von 1QH 3,21a.bα, daß der Qumranfromme sich als nichtiges "Gebäude aus Staub" in der eschatologischen Heilsgemeinde von Qumran von seinem "verkehrten Geist gereinigt" weiß. In der Qumrangemeinde ist man überzeugt, daß die Verheißungen des "neuen Bundes" zur Erfüllung gekommen sind (Jer 31,31ff; vgl. bes. V.34: כי אסלח לעונם ולחטאתם; Ez 11,19: רוח חדשה ; vgl. 18,31; 36,26). Z.21a faßt also abbreviaturartig den Statuswandel des Qumranfrommen vom "nichtigen" Geschöpf[80] zum "reinen" Geschöpf zusammen.

ad 4: Hatte Kuhn erkannt, daß sich פשע in Z.21bα "auf das 'gebrochene' Verhältnis zu Gott vor dem Eintritt in die Gemeinde" bezieht (vgl. 1QH 7,30; 11,10; 17,18)[81], so liegt in seiner Interpretation von Neuschöpfung als Sündenvergebung eine Ungenauigkeit. Der Qumranfromme preist in Z.21bα nicht seine Vergebung von **Sünden** (plur.), sondern seine Erlösung von seinem **Sünderstatus.** Von daher legt sich eine Analogie zum rabbinischen Gedanken der "Sündenvergebung als Neuschöpfung" nicht nahe.

Schließlich: Über das von Kuhn Gesagte hinaus ist kritisch anzufragen, warum die angebliche Neuschöpfungsaussage in 1QH 3,21a nicht in Entsprechung zu der kosmischen Neuschöpfungsaussage in 1QH 13,11f (ברא חדשה); 1QS 4,25 (עשה חדשה) formuliert wurde.

Als Ergebnis kann festgestellt werden: Versucht man die kritischen Gegengründe auf einen gemeinsamen Nenner zu bringen, so kommt man zu dem Schluß, daß eine Analyse des Liedteiles 1QH 3,19-23bα nicht eindeutig das Theologumenon der "Neuschöpfung" erweisen kann. Die Auslegung von Heinz-Wolfgang Kuhn basiert auf dem nicht mit Notwendigkeit zu erweisenden Ver-

---

80 Vgl. Lichtenberger, Menschenbild 80f, daß das alleinige Vorkommen von עפר zur Bezeichnung der Niedrigkeit verwendet wird, vgl. 1QH 12,26f: der Mensch, aus Staub gemacht, wird als nichtiges Sein wieder zu Staub werden.

81 Enderwartung 50, Anm. 3.

ständnis dieser Stelle im Sinne von "Neuschöpfung". Schon Erich Gräßer hielt die Exegese von Kuhn "für eine Überinterpretation, die den Verdacht erweckt, es werde vom NT her interpretiert"[82].

Versucht man nun nach diesem kritischen Durchgang eine eigene Interpretation des Liedteiles, so ist 1QH 3,19ff zusammenfassend zu paraphrasieren: Der Qumranfromme preist Gott für das Heil, das er seit seinem Eintritt in die Gemeinde besitzt. Gott verdankt er die Rettung seines Lebens aus der "Unterwelt". Aus dem Todesbereich ist er in die Höhe des Himmels versetzt (Z.19f). Die Folge von Gottes eschatologischem Heilshandeln ist für den Qumranfrommen die Möglichkeit eines ethisch vollkommenen Wandels. Zugleich ist er der endzeitlich-eschatologischen Hoffnung gewiß (Z.20). An dem eschatologischen Heil ist der Qumranfromme in der "ewigen" Gemeinschaft von Qumran beteiligt: in ihr wird der von Gott aus Staub geschaffene (jüd.) Mensch von seinem Sünderstatus befreit. Durch die Wiederherstellung seiner gereinigten Geschöpflichkeit gelangt er in der Qumrangemeinde zur Gemeinschaft mit den Himmelsengeln. Damit erfüllt Gott die Prädestination der Engel und des Menschen zur himmlischen Gemeinschaft. Der wahre Gottesdienst geschieht zusammen mit den Engeln im Preis des göttlichen Namens vor den Geschöpfen. Wahrer Gottesdienst ist Lobpreis des Schöpfers durch sein kultisch reines Geschöpf.

4.2.3 Einführung in 1QH 11,9aß-14a mit anschließender Übersetzung

Das "Gemeindelied" 1QH 11,3-14 ist fast vollständig erhalten. Nach einer Einleitung (Z.3) beginnt der Hauptteil (Z.3ff), der in Z.5-7 ein Gelübde enthält. Zwei Drittel des Liedes bestehen aus einem "soteriologischen Bekenntnis" (Z.7aß-14), das mit der Formel ואני ידעתי כי eingeleitet wird (7.b α). "Im Stil des beschreibenden Lobes werden hier zuerst Aussagen über Gottes Wahrheit, Gerechtigkeit, Wissen, Stärke und Herrlichkeit und über sein Gerichts- und Barmherzigkeitshandeln gemacht"[83] (Z.7b-9b α ; Du-Sie-Stil). "Daran schließen sich im Stil des berichtenden Lobes Aussagen über den gewonnenen Heilsstand an"[84] (Z.9bff; Du-Er-Stil). Mit den drei finiten Verb-

82 DtPfrBl 1967, 608; vgl. die Vorbehalte von Holm-Nielsen, Hodayot 67, Anm. 7, gegen Sjöberg, Neuschöpfung 131ff.
83 Kuhn, Enderwartung 78.
84 Ebd. 78.

formen (Z.9b: הודעתם; 10a: השכלתם; 10b: טהרתה) beschreibt der Beter sein gegenwärtiges Heil in der Qumrangemeinde. In diesem Zusammenhang begegnet eine Erneuerungsaussage (Z.13bß). Für Heinz-Wolfgang Kuhn bringt der Beter mit ihr zum Ausdruck, daß für ihn mit dem Eintritt in die Qumrangemeinde seine eschatologische Neuschöpfung geschehen ist[85]. Kuhn stützt seine Parallele zur angeblichen Neuschöpfungsaussage in 1QH 3,21a mit dem literarkritischen Nachweis, daß 1QH 11,10b-14 eine Nachbildung des "soteriologischen Bekenntnisses" von 1QH 3,20bß-23bα sei[86]. Unabhängig von diesem Beweisgang muß sich auch aus der Interpretation des Liedteiles 1QH 11,9aß-14 selbst das Neuschöpfungsmotiv nachweisen lassen. Eine gegliederte Übersetzung sieht folgendermaßen aus[87]:

Z. 9aß: "... und dein Erbarmen gilt allen Söhnen deines Wohlgefallens.
b I.a Denn du hast sie **belehrt** (הודעתם) im Geheimnis deiner Wahrheit
10a a' und du hast ihnen in deine wunderbaren Geheimnisse **Einsicht gegeben** (השכלתם).
b II. Und um deiner Ehre willen hast du **gereinigt** (טהרתה) den Menschen vom Verbrechen,
11a a damit er sich dir / heilige,
a' weg von allen Abscheulichkeiten der Unreinheit und treuloser Verschuldung,
b b damit er sich vereinige [mit[88]] den Söhnen deiner Wahrheit
12a b' und im Los mit / deinen Heiligen (קדושיכה) sei,
b c um zu erheben aus dem Staub heraus die madigen Leichname (תולעת מתים) zum Geheimnis [deiner Wahrheit[89]]
c' und weg vom verkehrten Geist zu [deiner[90]] Einsicht.
13 d Und damit er Aufstellung nehme vor dir
d' mit der immerwährenden Heerschar und den ewigen Geistern[91]

---

85 Vgl. ebd. 88.

86 Vgl. ebd. 80ff.

87 Hebräischer Text nach Lohse, Texte 154; "Heilsperfekta" hervorgehoben. Übersetzung weitgehend nach Kuhn, Enderwartung 78f. Die abweichende Übersetzung von Z.14a wird unten in Abschnitt A 4.2.4 gesondert besprochen.

88 Rekonstruktion von עם nach Lohse, a.a.O. 154.

89 Wiederherstellung des zerstörten Textes mit אמתכה nach Dupont-Sommer, Schriften 257; Kuhn, Enderwartung 79, Anm. 2, die nicht nach der Parallelstelle 1QH 3,21 mit עולם (so Lohse, Texte 154; Holm-Nielsen, Hodayot 187, Anm. 24), sondern nach Z.4 wiederherstellen.

90 Rekonstruktion von לבינת[כה] nach Lohse, Texte 154.

91 Ergänzung von ורוחו[ת עולם (ו)] aufgrund des Parallelausdrucks צבא עד , so Kuhn, Enderwartung 79, Anm. 4, mit Holm-Nielsen, Hodayot 187, Anm. 26; anders Lohse, Texte 154, nach 1QH 3,22; Dupont-Sommer, Schriften 258, nach 1QH 8,12.

14a e (und) damit er sich erneuere (להתחדש [ין]) mit allem
[.../...][92], was geworden ist
f und mit den Wissenden in gemeinsamen Jubel sei."

4.2.4 Zur Interpretation der Erneuerungsterminologie in 1QH 11,9aß-14a

Der Aufbau des Schlußteiles des Liedes ist deutlich zu erkennen: Von den drei finiten Verbformen im Perf. (Z.9b: הודעתם , 10a: השכלתם , 10b: טהרתה) gehören die ersten beiden "Heilsperfekta" zu einem chiastisch angelegten synonymen Parallelismus membrorum. Von dem dritten "Heilsperfektum" sind die folgenden fünf Infinitivsätze abhängig. Sie dienen der Erläuterung von Z.10b und enthalten je zwei parallele Glieder[93].

Zur Übersetzung ist mit Heinz-Wolfgang Kuhn zu sagen, daß die drei perfektischen Verbformen das "Erbarmen" Gottes an den Qumranfrommen als den "Söhnen göttlichen Wohlgefallens" (Z.9aß) illustrieren und darum präterital zu übersetzen sind. Die "Heilsperfekta" betonen die Faktizität von Gottes Heilshandeln, das sich mit dem Eintritt in die Qumrangemeinde für den Beter ereignet hat. Die fünf Infinitive sind grammatisch von dem letzten Satz mit dem "Heilsperfektum" טהרתה abhängig und geben das Ergebnis und Ziel der göttlichen Initiative an. Eine futurische Übersetzung würde das Verständnis der Sätze als unmittelbare Folge der Reinigungsaussage übersehen.

Umstritten, jedoch für die Neuschöpfungsproblematik von besonderem Interesse, ist die Übersetzung des Hitp. להתחדש in Z.13bß. Heinz-Wolfgang Kuhn schlägt eine passive Übersetzung vor: "erneuert werde"[94]. Er begründet sie damit, daß es "im eschatologischen Akt der Neuschöpfung von Mensch und Welt ... um **Gottes** Tun" geht[95]. Bei dieser Argumentation legt sich der Ver-

92 Die Hs. ist an dieser Stelle zerstört. Holm-Nielsen, Hodayot 187f. Anm. 27, zeigt, daß keine der bisher vorgeschlagenen Emendationen der Zeile schlüssig ist.

93 Das Fehlen eines synonymen Gliedes im letzten Infinitivsatz erklärt Kuhn, Enderwartung 85, durch die Abhängigkeit des Liedteiles von seiner Vorlage in 1QH 3,23 folgendermaßen: "Der Einfluß der Vorlage macht sich auch noch darin bemerkbar, daß der letzte Vers, der in der ersten Hälfte von der Erneuerung handelt, in der zweiten wiederum von der Gemeinschaft mit den Engeln spricht".

94 Enderwartung 79, ebenso Holm-Nielsen, Hodayot 185.

95 A.a.O. 84, Anm. 7. Als weitere Begründung verweist Kuhn darauf, daß ein Hitp. gelegentlich passivische Bedeutung haben kann, s. Gesenius/ Kautzsch, Grammatik § 54g.

dacht einer Petitio principii nahe. Johann Maier[96] und Eduard Lohse[97], um nur zwei Beispiele zu nennen[98], wählen eine aktivische Übertragung. Auch der Sprachgebrauch von 1QS 10,4[99] legt eine aktivische Übersetzung mit: "damit er sich erneuere" nahe.

Mit diesen Hinweisen steht man vor der Interpretation des Liedteiles. Der Psalm richtet sich an Gott, den der Beter für die wunderbare Mitteilung "göttlicher Geheimnisse" preist (Z.9b-10a). Das esoterische "Wissen" wurde ihm mit dem Eintritt in die Qumrangemeinde gegeben. Ein "gereinigtes" Gottesverhältnis ist für ihn begründet (Z.10b). Für den Beter ist dieses Geschehen ein unfaßbares Glück. Von Gott wurde er trotz seiner Nichtigkeit und Todesverfallenheit als Mensch (Z.12b; vgl. Z.9, bes. aber die erweiterte Einleitung des Liedes Z.3) mit der Gnade eschatologischen Heils beschenkt. Es besteht in der "Heiligung" (Z.10bß.11a) und "Erneuerung" (Z.13.14a), in der Teilhabe an der Gemeinschaft der Qumranfrommen (Z.11b.12a)[100] und der Vereinigung mit der himmlischen Heerschar zum Lob Gottes (Z.13.14a).

Anders interpretiert Heinz-Wolfgang Kuhn: Er bezieht die ersten drei Aussagen (Reinigung, Heiligung und Vereinigung mit der Gemeinde) auf den Eintritt in die Qumrangemeinde. In den weiteren Gliedern sieht er drei eschatologische Akte, nämlich die Auferstehung von den Toten (Z.12b), die Aufstellung vor Gott mit den Engeln (Z.13) und die Erneuerung des Menschen im Zusammenhang der Erneuerung der Welt (Z.14a). Diese sind mit dem Eintritt in die Gemeinde für den Gläubigen vollzogen[101].

Seine Argumentation ist aufgrund der Übersetzung und Aufbauanalyse (s.o.), aber auch aufgrund der Deutung der Niedrigkeitsaussage in Z.12b nicht schlüssig. Das Verständnis von תולעת מתים ist vom Kontext her - der Mensch (Z.10) ist Objekt göttlichen Heilshandelns - nur "metaphorisch als Niedrigkeitsaus-

---

96 Texte I 103.

97 Texte 155.

98 Vgl. auch Bardke, Stand III 722; Dupont-Sommer, Schriften 258.

99 Vgl. dazu Weise, Kultzeiten 40ff, der בהתחדשה הם in 1QS 10,4 wiederhergestellt und aktivisch übersetzt: "bei ihrem Sich-erneuern" (ebd. 39). Das Personalpronomen הם bezieht sich innerhalb des Abschnittes 1QS 10,3b-5aα auf die Jahreszeitanfänge, die der Qumrangemeinde für die Berechnung kultischer Gebetszeiten wichtig sind.

100 Daß קדושיכה sich nicht auf himmlische Wesen bezieht, sondern die Qumranfrommen meint, weist Kuhn, Enderwartung 83, und in seinem Exkurs "Der Ausdruck 'die Heiligen' in den Qumrantexten und im sonstigen Spätjudentum" (ebd. 90ff) nach.

101 Enderwartung 113.

sage zu verstehen"[102]. Die Erhöhung des Menschen aus seiner Todesverfallenheit (Z.12bα) wird von dem Nachsatz (Z.12bß) expliziert als Erkenntnis göttlicher Geheimnisse[103]. Hermann Lichtenberger bemerkt denn auch ausdrücklich: "Diese Stelle ist daher mit größter Gewißheit nicht im Sinne der Totenauferstehung zu interpretieren"[104].

Im Zusammenhang des priesterlichen Selbstverständnis des Qumranfrommen sind die Aussagen der Vereinigung mit den Himmelsengeln und die kosmologische Erneuerungsaussage zu interpretieren. Als Priester vor Gott vollzieht der Angehörige der Qumrangemeinde den kultischen Vorgang des Gotteslobes zusammen mit den Engeln als lobende Anbetung des Schöpfers durch seine Geschöpfe. Wie die Engel = Gestirne sich im Jahreszeitlauf erneuern, nimmt der Qumranfromme an der permanenten Erneuerung der Welt teil (vgl. Jub 19,25).

4.2.5 Einführung in 1QH 15,13-17aα mitsamt einer Übersetzung

In Kol. 15 der Hodajot-Rolle ist nur noch ein Fragment eines "Gemeindeliedes" erhalten. Einzig die Z.12-25 sind relativ gut überliefert. Sie enthalten den Hauptteil des Psalms, das "soteriologische Bekenntnis" (Z.12b-26?)[105], kenntlich an der am Beginn stehenden erweiterten Einleitungsformel (Z.12b; vgl. Z.13.22f.25). Nachdem der Beter in Z.12f "die Unfähigkeit des Menschen zum vollkommenen Wandel"[106] angesprochen hat, folgt wieder eine kurze Einleitungsformel (Z.13b). Gott, so der Beter im folgenden Satz, Gott hat es als Schöpfer in seiner Prädestination so bestimmt: Zum Erweis seiner Herrlichkeit hat er den Gerechten zum Heil (Z.14bß-17aα), den Ungerechten zum Unheil geschaffen (Z.17aß-21aα).

An dem Abschnitt über die Prädestination des Frommen zum Heil meint Heinz-Wolfgang Kuhn zeigen zu können, daß der Versuch, in diesem Liedteil zwischen zukünftig-eschatologischem Heil und präsentisch-eschatologischem Heil scheiden zu wollen, nicht gelingen kann. Für den Qumranfrommen beginnt die eschatologische Heilszeit bereits in der Gemeinde. Dort besteht eine Kluft

---

102 Menschenbild 222.

103 Vgl. Müller, Rezension BZ 12,305.

104 Menschenbild 223; vgl. ebd. 222f, Anm. 137 und 139.

105 Zum Aufbau des "Gemeindeliedes" vgl. Morawe, Aufbau 149-151; Lichtenberger, Menschenbild 67f.

106 Lichtenberger, a.a.O. 68.

zwischen heilvoll erfahrener Gegenwart und zukünftigem Heil nicht mehr. Z.16bß.17a interpretiert Kuhn darum folgendermaßen: "Gott hat den Frommen für diesen Tag, der offensichtlich schon auf den Eintritt in die Gemeinde zu beziehen ist, vorherbestimmt, 'und so hat er ihn dann neugeschaffen', eben mit dem Eintritt"[107].

Um diese Interpretation nachvollziehen zu können, soll auch hier der entscheidende Textteil auf Deutsch wiedergegeben werden[108]:

Z.13b:	I.a	"Und ich weiß, daß in deiner Hand das Gebilde jeden Geistes ist,
14a	a'	[und all] sein [Tun][109] / hast du festgelegt, bevor du ihn geschaffen hast.
b	b	Wie könnte irgend jemand deine Worte ändern?
15a	1a	Wahrlich, allein du hast / den Gerechten **ge[schaffen]** ([ברא]תה)
	a'	und von Mutterleib hast du ihn für die Zeit des Wohlgefallens (למועד רצון) **bestimmt** (הכינותו),
b	b	daß er bewahrt werde in deinem Bund und in allem, (was du befohlen hast), wandle[110]
16a	b'	und daß [du groß wirst] über ihm / durch die Fülle deiner Barmherzigkeit
	c	und daß du alle Not seines Lebens lösest
	c"	zu ewigem Heil und immerwährenden Frieden,
	c'	ohne daß noch Mangel ist.
16b/17a	d	So hast du **erhöht** / aus dem Fleisch seine Herrlichkeit."

4.2.6 Zur Interpretation der Erhöhungsaussage in 1QH 15,13b-17aα

Zum gedanklichen Aufbau des Liedteiles Folgendes[111]: Nach der Einleitungsformel in Z.13b bekennt der Beter in generellem Sinn, daß Wille (רוח [112]) und Handeln jedes Menschen in Gottes Schöpferwort festgelegt sind. Die folgenden Aussagen präzisieren die Prädestination des Menschen als praedestinatio gemina (Z.14bß-21aα). Die Bestimmung des Gerechten zum Heil (Z.14bß-17aα) erklärt zunächst ein synonymer Parallelismus in Z.15a. Die bei-

107 Enderwartung 109.

108 Hebräischer Text und Rekonstruktion nach Lohse, Texte 166; "Heilsperfekta" hervorgehoben; zur Übersetzung vgl. Kuhn, Enderwartung 104f; Lichtenberger, Menschenbild 70f.

109 Ergänzung der zerstörten Hs. nach Lichtenberger, Menschenbild 70.

110 Lies: ולהתהלך.

111 Zum metrischen Aufbau s. Kuhn, Enderwartung 104.

112 Zur Erläuterung von רוח als "anthropologische Bestimmtheit" des Menschen s. Lichtenberger, Menschenbild 70.

den perfektischen Verbformen (Z.14bß: בראתה , 15a: הכינותו) werden durch die folgenden erläuternden Infinitivsätze zu "Heilsperfekta". Das bedeutet, sie werden zu Aussagen des Beters über sein Heil: er ist als Gerechter für den מועד רצון (Z.15a) geschaffen (vgl. den Gegensatz Z.17: יום הרגה). Im Rahmen der Bundestheologie argumentieren die folgenden vier Infinitivsätze. Die ersten drei bilden zusammen einen synthetischen Parallelismus (15b.16a = 2/1): Im Gehorsam des Menschen und durch die Barmherzigkeit Gottes wird der Bund bewahrt (vgl. 1QS 2,3). Auf der Bewahrung des Bundes aber liegt die Verheißung zukünftigen Lebens. Konsequent folgt deshalb in der anschließenden Z.16a eine endzeitliche Heilsaussage (1/2/1). Sie ist als solche durch Parallelen aus der frühjüdischen (äthHen 25,6; syrBar 51,14) und christlichen Apokalyptik (Apk 21,4) belegt (vgl. auch 1QH 11,26f)[113]. Der Abschnitt schließt mit einem Impf.-cons.-Satz (Z.16b.17a). Heinz-Wolfgang Kuhn hat gezeigt, daß das Impf. cons. auf das letzte Perf. in Z.15a zurückgreift und präterital zu verstehen ist[114].

Inhaltlich erläutert es das Impf. cons. Z.15a: Die "Zeit des Wohlgefallens" beginnt für das Mitglied der eschatologischen Heilsgemeinde mit der Erlösung aus der Vergänglichkeit. In der Gemeinschaft löst sich seine individuelle Lebensproblematik. Am Ende des Erlösungsprozesses steht ewiges Heil (Z.16a). Keineswegs spricht das **Aufstiegs**motiv in Z.17a von der **Neuschöpfung** des Menschen, vielmehr wird der soteriologische Statuswandel des Qumranfrommen als Übergang von einem vergänglichen "Fleisch-Sein" zu einem unvergänglichen Herrlichkeitssein beschrieben. Erscheint כבוד in den Hodajot generell nur als Gottes כבוד , so wird in 1QH 17,15 zumindest einmal auch die Erlangung der Herrlichkeit des Menschen (כבוד אדם) als Heilsziel angesprochen. Dementsprechend ist כבודו in 1QH 15,17a "in dem Sinne zu verstehen, daß Gott dem Frommen schon jetzt den eschatologischen כבוד, also Anteil am Heil gibt"[115]. Der Qumranfromme weiß sich seiner Versetzung aus dem Bereich der irdischen Tiefe in den der himmlischen Höhe sicher (vgl. 1QH 3,20). Heil vollzieht sich für ihn als Aufstieg in die eschatologische Heilsgemeinde von Qumran. Für das priesterliche Selbstverständnis ist dort jeder Fromme ein Priester vor Gott, der am himmlischen Gottesdienst teilnimmt und damit am eschatologischen Lebensheil partizipiert.

113 Vgl. Kuhn, Enderwartung 105f.
114 Vgl. ebd. 108f.
115 Lichtenberger, Menschenbild 225.

4.3 Zum priesterlichen Selbstverständnis der Qumrangemeinde

Die Analyse dreier "soteriologischer Bekenntnisse" von "Gemeindeliedern" der Qumrangemeinde erbrachte hinsichtlich des Theologumenons der individuellen Neuschöpfung ein negatives Resultat. Die These von Heinz-Wolfgang Kuhn u.a., daß der Akt endzeitlicher Neuschöpfung für den Qumranfrommen mit dem Eintritt in die eschatologische Heilsgemeinde vollzogen sei, ließ sich an den Hodajot-Texten nicht verifizieren. Um dieses im Rahmen formgeschichtlicher Interpretation auf analytische Weise gewonnene Ergebnis abzusichern, bedarf es Überlegungen im Zusammenhang der "konstruktiven Methode", nämlich "von einer Anschauung von der Gemeinde und ihren Bedürfnissen aus"[1] den Inhalt ihres Traditionsstoffes zu erarbeiten. Zu fragen ist also in diesem Fall, ob es für den Qumranfrommen im Rahmen seiner Heilsauffassung vorstellbar und erforderlich ist, den Gedanken der individuellen Neuschöpfung zu entwickeln.

Geht man von den oben besprochenen Liedteilen aus, in denen der Beter in einem "soteriologischen Bekenntnis" seinen Heilsstand kundtut, so stellt sich die Überzeugung des Qumranfrommen folgendermaßen dar: Mit dem Eintritt in die Qumrangemeinde ist er Mitglied der eschatologischen Heilsgemeinde geworden (1QH 3,21a.22a; 11,11b.12a). In der Gemeinschaft mit den Himmelsengeln feiert er in der Qumrangemeinde Gottesdienst als Lob des Schöpfers (3,22aß.23; 11,13a). Er ist aufgestiegen von einem Todesbereich (3,19b; 11,12b; 15,16b.17a) zu einem Heilsraum mit ewiger Lebensperspektive (3,20b; 15,16a). Durch einen göttlichen Reinigungsakt von Sünde ist ihm ein neues Gottesverhältnis geschenkt (3,21b; 11,10b), gleichzeitig ist ihm Erkenntnis göttlicher Geheimnisse zuteil geworden (11,9b.10a). Dieser Heilsbesitz des Beters läßt sich aus der Priesterfrömmigkeit der Qumrangemeinde erklären. In ihr haben Neuschöpfungsaussagen, die von einer konstitutionellen Veränderung des Qumranfrommen sprechen, damit eine wahre Gottesbeziehung möglich wird, keinen Haftpunkt.

Gott hat mit der Reinigung von Sünde den Unheilsstatus des Menschen beendet. Seine kultische Reinheit erhält sich der Qumranfrommen von nun an in täglichen rituellen Waschungen. Ein kultisches Tauchbad verschafft dem Gläubigen die Reinheit eines Priesters im Dienst vor Jahwe und gibt ihm die größt-

1 Bultmann, GST 5f.

mögliche Heilsfreude, von seinen Sünden gereinigt und von Gott gerechtfer-fertigt zu sein. Neben der strengen Beachtung der priesterlichen Reinheitsvorschriften über Rein und Unrein[2], das Bemühen, jede rituelle Verfehlung zu vermeiden, ist der Qumranfromme sich seiner grundsätzlichen moralischen Verfehlung, seiner Schuld zutiefst bewußt[3]. Auch unter den "Söhnen des Lichtes" ist keiner vor dem Schuldigwerden sicher (1QS 3,21f). "Aufgrund seiner niedrigen, vergänglichen, unreinen und der Sünde zugeneigten Kreatürlichkeit steht er in Gefahr ... der Sünde anheimzufallen"[4]. Nur die alltägliche Buße und Sühne vermag von der unausrottbaren Bosheit des Menschen zu reinigen. Aus diesem Grund steht nicht ein besonderes Reinigungsbad als Initiationsritus am Beginn einer Existenz als "Qumran-Priester", sondern der Eid zum Thoragehorsam (vgl. 1QS 6,13ff). Erforderlich ist also das ständige Heiligen (vgl. 1QH 11,11a) und Erneuern (vgl. 11,14a) des Menschen für Gott in permanent wiederholten Tauchbädern.

Die Ablehnung des Jerusalemer Heiligtums führt in der Qumrangemeinde dazu, daß sie die lebensnotwendige Sühnefunktion des Tempels "durch eine bestimmte Gemeindelebensordnung (den **jahad**) für die Übergangszeit bis zur Wiederherstellung des rechten Kultes zu ersetzen" sucht[5]. "Dabei wurde die **Jahad**-Gemeinde in Aufnahme alttestamentlicher Baumethaphern schließlich als Tempelgebäude beschrieben, in dem die Priester das Allerheiligste und die Laien das Heiligtum (den Hekal) darstellten"[6] (1QS 8,5f; vgl. CD 3,19; 1QH 6,15). Die Qumrangemeinde versteht sich selbst als Tempel[7]. In ihr feiert der Qumranfromme als "Priester im Dienst" liturgischen irdischen Gottesdienst, der zugleich himmlischer ist. Wird der Tempel im priesterlichen Denken zur "Repräsentation des Kosmos insgesamt ..., als Zentrum bzw. Nabel der Welt, wo die räumlichen Dimensionen sich aufheben, so daß der irdische, sinnenfällig wahrnehmbare Tempel zugleich die Qualität des 'himmlischen' Heiligtums, des 'wirklichen' Gottessitzes, auf sich ziehen konnte"[8], so ist die Qumrangemeinde zur Offenbarungsstätte der Gottesgegenwart geworden. Der Qum-

2 Vgl. Paschen, Rein 83-152.
3 Vgl. Dupont-Sommer, Schuld 269.
4 Lichtenberger, Menschenbild 88.
5 Maier, Tempel 390.
6 Ebd. 390.
7 Vgl. Klinzing, Umdeutung 88-92; Gärtner, Temple 16ff; McKelvey, Temple 46ff.
8 Maier, Tempel 384.

ranfromme ist dabei als Priester und besonders der Hohepriester in entscheidender Hinsicht Offenbarungsempfänger und -mittler[9] geworden. Die Qumrangemeinde ist der Ort göttlicher Erkenntnis (1QH 11,9b.10a).

Wo man aber gewiß ist, in der himmlischen Sphäre Gottes zu leben, da ist die "strenge Scheidung zwischen Erde und Himmel, zwischen Jetztzeit und eschatologischer Heilszeit nicht"[10] mehr zutreffend. Mit der Gegenwart Gottes in der Qumrangemeinschaft ist das eschatologische Heil gegenwärtig. Im priesterlichen Gemeindeleben wird die geschöpfliche Todessphäre über den Aufstieg in die himmlische Lebenssphäre überwunden. Die besondere Eschatologie der Hodajot erklärt sich also im Zusammenhang des priesterlichen Selbstverständnisses der Qumrangemeinde. Was in der apokalyptischen, vorwärts auf die Zukunft gerichteten Eschatologie von einem vollkommenen Futurum erwartet wird, beginnt sich für den Qumranspiritualen im Raum der "Tempelgemeinde" von Qumran zu verwirklichen. Dies läßt sich an der Vorstellung der Engelsgemeinschaft zeigen. Wird in der apokalyptischen Eschatologie von der Zukunft die Vereinigung der Gerechten mit den Engeln erwartet (vgl. äthHen 39,4ff; 104,6; Weish 5,5; Kol 1,12; Apk 7,9ff), so sieht die Qumrangemeinde den für die eschatologische "Zukunft erhofften Ort der Vereinigung mit den Engeln in sich selbst schon gegenwärtig"[11].

So ist zusammenzufassen: die priesterlich-geprägte Heilsüberzeugung des Qumranspiritualen beinhaltet, endzeitliche Akte im Rahmen der Tempelgemeinde als Ort des präsentischen Heils zu erfahren. Von einer Neuschöpfung des Qumranfrommen mit dem Eintritt in die Qumrangemeinde ist aber nicht

---

9 Vgl. ebd. 385

10 Kuhn, Enderwartung 185.

11 Klinzing, Umdeutung 129. Klinzing, a.a.O. 125, übt an der Ableitung der Vorstellung von der Engelsgemeinschaft aus dem gegenwärtigen Priesterdienst am Tempel Kritik, wie sie seiner Meinung nach Maier (vgl. Texte II 78; Begriff 244ff) vorgetragen hat. Nach Maier rechne sich der Qumranfromme als Priester deshalb unter die Angesichtsengel, "weil himmlische und irdische Wohnstatt Gottes ineinsgesetzt werden" (Texte II 78) und der Qumranfromme in einem "mystische(n) Erlebnis" (Begriff 246) sich in den Himmel versetzt fühlt und so am himmlischen Kult teilnimmt. Klinzing sieht in den von Maier angeführten Parallelen aus dem Frühjudentum (Jub 31,14; TestLev 2ff; TestIsaak 5,3ff; 1QSb 3,25f; 4,25ff) diese Vorstellung nicht enthalten (vgl. Umdeutung 125-128). Er erkennt die nächsten Parallelen für die priesterlich verstandene Engelsgemeinschaft in "der Vorstellung, daß in der eschatologischen Zukunft die Gerechten mit den Engeln vereinigt werden" (a.a.O. 128). Hier ist das "Motiv des gemeinsam an einem Ort ausgeübten Dienstes bzw. Gotteslobes" belegbar (a.a.O. 128).

die Rede. Vielmehr ist man der Auffassung, daß mit rigoroser Priesterfrömmigkeit die zur Sünde neigende Geschöpflichkeit des Menschen zu stabilisieren ist.

4.4 Zur Neuschöpfungsaussage in den Qumrantexten

Nachdem sich die These einer individuellen Neuschöpfungsprolepse an den "Gemeindeliedern" der Hodajot-Rolle nicht verifizieren ließ, ist nun - dem methodischen Konzept dieser Untersuchung folgend - zu fragen, an welchen Stellen in den Qumrantexten von einer eschatologischen Neuschöpfung die Rede ist. Soweit erkennbar, ist dies an drei Orten der Fall.

4.4.1 Einführung in den Schöpfungshymnus von 1QH 13,1(?)ff einschließlich einer Übersetzung von 1QH 13,11-12a

Da der Text von Kol. 13 der Hodajot-Rolle über große Strecken zerstört ist, bringt die Übersetzung der vorhandenen Teile einschließlich ihres Verständnisses erhebliche Schwierigkeiten mit sich. Soviel aber läßt sich sagen: Es handelt sich um einen Schöpfungshymnus, kenntlich daran, daß der Preis von Gottes Schöpferherrlichkeit dem Eingeständnis menschlicher Nichtigkeit "in abrupter Antithese"[1] gegenübersteht (vgl. in 1QH noch 1,21-27).

Der Beter preist am Anfang des Psalms Gottes Schöpferherrlichkeit (vgl. Z.11.13.17). Gottes Schöpfermacht wird durch seine Schöpfungswerke - zu ihnen zählt er u.a. die Erde, das Urwasser und die Himmelsgeister (Z.8b-9) - verherrlicht. Das Ziel der Schöpfung ist die Verkündigung von Gottes Herrlichkeit (Z.11). Von Anfang an hat Gott seine Schöpfung zu seiner Ehre geschaffen und die ganze Schöpfung in ihrem Sein determiniert. Ja, die Entstehung der Schöpfungswerke mitsamt ihren Taten sind in Gottes ewigen Ratschluß vor aller Schöpfung in der Urzeit festgelegt (Z.10b).

Es folgt eine Niedrigkeitsdoxologie, kenntlich am Gattungselement des Fragewortes מה (Z.14b), in der der Beter beklagt, daß der Mensch aufgrund seiner Sündenverfallenheit und Nichtigkeit keine Möglichkeit besitzt, das Geheim-

1 Becker, Heil 138.

nis der von Urzeit geplanten Schöpfung zu verstehen (Teil II: Z.13b-18). Als defizitäres Geschöpf kann der Mensch nicht in das Gotteslob der Schöpfung miteinstimmen. Die Antithese: "Gottes Herrlichkeit in seinen Schöpfungswerken" - "Niedrigkeit des Menschen als Geschöpf" wird soteriologisch aufgelöst: Allein Gottes Güte macht den Menschen gerecht (Z.17) und gibt die eschatologischen Heilsgüter des Friedens und des Lebens (Z.17f).

In einem dritten Teil des Hymnus (Z.18cff) beschreibt der Qumranfromme in einem Bekenntnis (Ich-Stil) seine Heilserfahrung in der Qumrangemeinde: Durch die Gabe des heiligen Geistes hat er die Gerechtigkeit Gottes in seinen Schöpfungswerken erkannt. Dadurch besitzt auch er als menschliches Geschöpf Anteil an der Herrlichkeit der Schöpfung[2]. Er hat die Erkenntnis gewonnen, daß sich Gottes Schöpfermacht wahrhaftig durchsetzen wird. - Der weitere Text läßt aufgrund seiner großen Textlücken eine Interpretation nicht mehr zu.

Die für das Thema "Neuschöpfung" relevanten Z.11f gehören zu Teil I des Hymnus. Aufgrund der z.T. zerstörten Zeilen ist eine Abgrenzung nur schwer möglich. Nach einer Aufzählung der Schöpfungswerke (bis Z.10a) erfolgt wohl ab Z.10b eine Reflexion über die Qualität der Schöpfungswerke (Z.10b-12a). Davon lauten Z.11-12a folgendermaßen[3]:

Z.11a: 1 "Sie erzählen (יספרו) deine Ehre in all deiner Herrschaft.
b a Denn du hast sie sehen lassen (הראיתם), das, von dem gilt [Inf.-Satz mit] Urzeit (als Objekt)[4]
12a a' und zu schaffen / neue Dinge (ולברוא חדשות)
b zu zerbrechen das von Urzeit Bestehende
b' und aufzu[rich]ten das ewig Seiende."

4.4.2 Zur Interpretation der Neuschöpfungsaussage in 1QH 13,11b.12a

Zur Gliederung ist auszuführen, daß die Aussage eines Verbalsatzes (Z.11a) durch vier Infinitivsätze erläutert wird. Je zwei Infinitivsätze bilden einen

---

2 Vgl. Kuhn, Enderwartung § 8: Das Problem der Gegenwart des Geistes, 117ff. bes. 136-139.

3 Hebräischer Text nach Lohse, Texte 160.

4 Holm-Nielsen, Hodayot 213, Anm. 16, führt zur Frage der Rekonstruktion der verderbten Textstelle aus, daß von der grammatischen Konstruktion in Z.11b her ein Inf. mit ל, dessen Objekt קדם ist, zu erwarten sei.

synthetischen Parallelismus. Durch die Konjunktion כי sind sie an den Verbalsatz angeschlossen. Als Subjekt des Verbalsatzes (Impf. von ספר) dürfte wohl "alle deine (Schöpfungs-)Werke" in Frage kommen (vgl. Z.8a).

Gottes Schöpfungswerke sind die Manifestation seiner Herrschaft. Aus sich selbst heraus weisen sie auf die Herrlichkeit ihres Schöpfers (Z.11a), der sie in ewiger Urzeit gegründet hat (Z.10b). In dieser Urzeit haben sie teilgenommen an Gottes Schöpfungsplan, nämlich die Welt "zu schaffen" und "neue Dinge". Sie sind in das Geheimnis der endzeitlich eschatologischen Wende der Welt eingeweiht. Die bestehende Schöpfung wird zur Ewigkeit umgebrochen, Gott aber bleibt derselbe in alle Ewigkeit (Z.12f).

Svend Holm-Nielsen meint bei seiner zusammenfassenden Interpretation des Psalms[5], daß im Hintergrund der Gedanke von der Inthronisation Gottes stehe. Wenn der Qumranbeter die endzeitliche Wende der neuen Schöpfung anspricht, verstehe er sich selbst diesem Prozeß zugehörig. Die Qumrangemeinde sei durch die Einweihung in den göttlichen Zukunftsplan der Welt selbst Teil der neuen Schöpfung, in der Gott zur Wirklichkeit kommt.

Diese von Dtjes aus gewonnene Interpretation läßt sich an dem vorliegenden Schöpfungspsalm schwerlich verifizieren. Der heilige Geist schenkt dem Beter Einsicht in die Treue und Wahrheit Gottes, der seinen Plan mit den Schöpfungswerken durchführt (Z.18f), gewiß. Dieses Gnadengeschenk aber hat nicht die Qualität eschatologischen Heils. Das eschatologische Heil des Qumranfrommen bleibt vielmehr der Zukunft vorbehalten (Z.17f).

Die endzeitliche Neuschöpfungsaussage ist also isoliert von der gegenwärtigen Situation des Beters auszulegen. Traditionsgeschichtlich geht sie auf Trjes 65,17 zurück. Denn nur dort findet sich im AT die Neuschöpfungsaussage mit dem Verb ברא konstruiert. חדשות könnte als Fem.plur. die in Trjes genannten Schöpfungswerke "neuer Himmel" und "neue Erde" zusammenfassen. Das Verb הראיתם (Z.11b; vgl. Apk 21,1f) weist auf die Überzeugung von der Präexistenz der bestehenden und neuen Schöpfung hin (vgl. 4Esr 7,50). Die Neuschöpfungsaussage erscheint mithin im Zusammenhang des apokalyptischen Weltbildes. Die Schöpfung hat einen Plan, den Gott bereits vor der Schöpfung festgelegt hat (Z.13; vgl. 1QH 1,7.19f). Die Schöpfungswerke als Ausdruck göttlicher Planung sind von Anfang an in Gottes Schöpfungshandeln einbezogen. Wie Gott die Determination der ganzen Schöpfung von der Urzeit bis zur eschatologischen Endzeit "überblickt", so nehmen auch die Schöpfungs-

---

5 A.a.O. 216f.

werke daran von Urzeit an teil. Nur deshalb können sie von Gottes Herrlichkeit erzählen, sind sie offenbarungsträchtig.

Die gesamte Schöpfung findet ihren Abschluß, wenn die vergängliche creatio originalis in die ewige creatio nova umgebrochen wird. Die verbal formulierte endzeitliche Neuschöpfungsaussage erscheint in Antithese zur bestehenden Welt. Die eschatologische Neuschöpfung ist Gottes Ziel jenseits der alten Welt.

4.4.3 Einführung in 1QS 4,23b-26 mitsamt einer Übersetzung

Eine zweite verbal formulierte Neuschöpfungsaussage findet sich in 1QS 4,25b. 1QS enthält den fast lückenlos erhaltenen Text einer "Gemeindeordnung". Die Hs. wird ins Ende des 2.Jh.v.Chr. datiert[6]. Zusammen mit elf weiteren Hss. ($4QS^{a-j}$; 5Q 11) bezeugt 1QS die besondere Bedeutung der "Gemeinderegel" S für die Gemeinschaft von Qumran. Da in den Hss. verschiedene Rezensionen von S vorliegen[7], hat eine literarkritische Analyse von 1QS, die den Wachstumsprozeß der Schrift nachvollziehen will, seit jeher ihre Berechtigung[8]. Für die Interpretation empfiehlt sich bei der Uneinheitlichkeit von 1QS die Untersuchung kleinerer Einheiten.

Eine literarkritische Analyse des dualistischen Stückes 1QS 3,13-4,26 hat Peter von der Osten-Sacken vorgelegt[9]. Danach handelt es sich in 1QS 3,13-4,14 um einen "Lehrvortrag", der in 4,15-23a und 4,23b-26 zwei Ergänzungen gefunden hat. Letztere Teile sind chiastisch aufeinander bezogen[10]. Der Dualismus von Licht und Finsternis wird in dem "Lehrvortrag" 1QS 3,13ff nicht mehr wie in der "Kriegsrolle" (1QM) auf Endkampfaussagen beschränkt. Der Dualismus prägt die Gegenwart. Konstatiert wird der Angriff der "Finsternisschar" auf die "Söhne des Lichtes" in der Jetztzeit (1QS 3,23). Der Dualismus wird gewissermaßen ontologisiert, insofern gesagt wird, daß seit der Schöpfung die Geister der Wahrheit und des Frevels die Welt regieren (3,18ff). Gottes Prädestination hat die beiden Geister zur Auseinandersetzung um die Herrschaft im Wandel des Menschen bis hin zur Zeit des Eschatons bestimmt.

---

6 Vgl. Lichtenberger, Menschenbild 34; Literatur s. ebd. 34, Anm. 116.
7 S. Rost, Einleitung 125.
8 S. die Besprechung der Arbeiten bei Lichtenberger, Menschenbild 34f.
9 Gott und Belial 17ff. Die folgenden Ausführungen zum "Lehrvortrag" von 1QS 3,13ff beziehen sich auf von der Osten-Sacken, a.a.O. 116-189.
10 Ebd. 22f.

Durch die Aussage, daß Sünde und Schuld auch für den Qumranfrommen eine Realität sind (1QS 3,21f), wird der starre Schwarz-Weiß-Dualismus durchbrochen. In der ersten Ergänzung des Lehrvortrages (4,15-23a) wird darum konsequenterweise die "zwiespältige Stellung des Frommen von Qumran selbst zwischen Wahrheit und Frevel"[11] durchdacht. Die Teilhabe des Qumranfrommen sowohl am Geist der Wahrheit als auch am Geist des Frevels wird über die Annahme verschieden großen Geistesbesitzes des Einzelnen begründet (Z.15-18a). Das Ende des Zwiespaltes ist mit der Reinigung von Sünde und Sündhaftigkeit durch den heiligen Geist in der Qumrangemeinde gekommen (Z.18bff).

Argumentiert 1QS 4,15ff noch auf der pneumatologischen Ebene, so behandelt der nun folgende Abschnitt 4,23b-26 den Streit der Geister als anthropologisches Problem, wenn er ihre Auseinandersetzung um den Menschen ins menschliche Herz verlegt (4,24a). Der Abschnitt lautet[12]:

Z.23b: I.a "Bis dahin streiten die Geister der Wahrheit und des Frevels.
24a a' Im Herzen des Mannes / wandeln sie in Wahrheit und Torheit,
b je nach jemandes Erbteil an Wahrheit und Gerechtigkeit haßt er den Frevel
b' und entsprechend seinem Anteil am Lose des Frevels handelt er gottlos in ihm
25a und / verabscheut so die Wahrheit.

b II.a Denn Seite an Seite hat Gott sie gesetzt bis zur festgesetzten Zeit und bis zum Schaffen von Neuem (ועשות חדשה).
26a a' Und er weiß um das Tun ihrer Werke zu allen / [ewigen] Zeiten.
b b Und er gab sie zum Anteil den Menschenkindern, damit sie Gutes [und Böses] erkennen,
b' [um] das Los zu werfen über jedes Lebewesen entsprechend seinem Geist in ihm [zur festgesetzten Zeit der] Heimsuchung."

11 Von der Osten-Sacken, Gott und Belial 182f; vgl. auch dort 186: "Der Dualismus (wird) mehr und mehr zum Auslegungsprinzip der Existenz des einzelnen Frommen zwischen Gut und Böse (S. IV, 15-23a.23b-26)".

12 Hebräischer Text nach Lohse, Texte 15f. S. dort auch die Ergänzungen der Lücken der Hs.

4.4.4 Zur Interpretation der Neuschöpfungsaussage in 1QS 4,25b

Der Anfang des Textstückes knüpft mit עד הנה auf formale Weise an die vorangehenden Zeilen an. Während 1QS 4,20ff von der **erfüllten Zukunft** des "neuen Bundes" spricht, in der Menschen durch den heiligen Geist in vollkommenen Lebenswandel geleitet werden und deshalb durch Gottes Heilshandeln die Auseinandersetzung der Geistmächte beendet ist (Z.23bα), handeln die folgenden Zeilen von der Auseinandersetzung der Geister um den Menschen in der **gegenwärtigen Zeit** (vgl. die Terminierung in Z.25b). Durch die begründende Konjunktion כיא in Z.25a teilt sich der Abschnitt in eine Aussage (Teil I: Z.23b-25a) und ihre Erläuterung (Teil II: Z.25a-26b). Durch den Anklang von Z.26b an Z.24b wird diese Zweiteilung auch formal unterstrichen.

Teil I ist aus einem synonymen (Z.23b.24a) und einem antithetischen (Z.24b.25a) Parallelismus konstruiert. Der Streit der Geister um den Menschen führt entsprechend dem "Anteil" des Menschen an Wahrheit und Frevel zum "Haß" des Frevels oder der Wahrheit. Teil II begründet diese dualistische Ordnung, der der Mensch untersteht, mit dem Hinweis auf Gottes Providenz. Dies geschieht in Z.25b.26a in einem synonymen Parallelismus. Ein weiterer synonymer Parallelismus zum Abschluß (Z.26b) erläutert die juridische Funktion des Machtkampfes der Geister um den Menschen.

Die grundsätzliche Problematik des Dualismus von Wahrheit und Frevel wird also in Abschnitt 1QS 4,23b-26 vertieft: Das Gegeneinander von Wahrheit und Frevel wird nun als Streit der Geister im menschlichen Herz des **Frommen** beschrieben (Z.24a). Jeder Mensch hat an beiden Mächten Anteil. Die selbständigen Geistmächte von Wahrheit und Frevel werden also anthropologisch fixiert (Z.24b-25a). Die Geistmächte streiten bis zur Endzeit um die Vorherrschaft im Menschen (Z.25b). Der Sinn dieser Auseinandersetzung liegt in der Erkenntnis des Menschen von Gut und Böse (Z.26b). Die Geschichte vom Sündenfall Adams verwandelt sich damit in ein anthropologisches Existential (vgl. Gen 3,5ff). Gottes schöpfungsbegleitendes Wissen (creatio continua) begrenzt aber das Wirken der Geister auf die Jetztzeit (Z.25b). Ziel der göttlichen Anordnung ist es, die zukünftige Vergeltung (Z.26b) im Endgericht zu bestimmen. Peter von der Osten-Sacken interpretiert: "Die zukünftige Vergeltung richtet sich danach, welcher Geist im Menschen das Übergewicht hat"[13].

---

13 Gott und Belial 186.

Die Übersetzung des Endzeitbegriffes עשות חדשה (vgl. das parallele Glied קץ נחרצה) macht Probleme. Der Ausdruck ist kein feststehender Terminus in der Qumranliteratur. Deshalb ist es mißverständlich, ihn mit "neue Schöpfung"[14] zu übersetzen. Aufgrund der Parallelität der Glieder in Z.25b ist es legitim, die Präposition עד auch auf die Infinitivkonstruktion עשות חדשה zu ziehen[15]. Für die Übersetzung bedeutet dies die Auflösung des Inf. constr. in das Verbum finitum mit einer Konjunktion der Zeit[16]. Der indeterminierte Inf. constr. עשות ist als Verbalnomen zu verstehen, der bei dem transitiven Verb "schaffen" den Akkusativ des Objektes zu sich nimmt[17]. Somit handelt es sich um einen "Objekts-Akkusativ"[18] mit dem Adjektiv חדש, dessen ה-Endung (Fem.) zur Kennzeichnung des Neutrums steht. Die wörtliche Übersetzung lautet daher: "bis zum Schaffen von Neuem".

In traditionsgeschichtlicher Hinsicht nimmt die verbale Formulierung auf Dtjes 43,19 Bezug, wo es heißt: הנני עשה חדשה. Dies ist die einzige Stelle im MT-Kanon atl. Schriften, in der Gottes eschatologisches Neuschöpfungshandeln mit dem Verb עשה (Part.) ausgedrückt wird.

Im Kontext von 1QS 4,23b-26 ist darum folgendermaßen zu interpretieren: Der Mensch ist Kampfplatz der Auseinandersetzung der guten und bösen Geister in der Welt. Dieser status quo geht auf eine göttliche Determination der Schöpfung zurück und entscheidet über die Frage der endzeitlichen Vergeltung. Die gegenwärtige Lage bleibt unverändert bis zu dem von Gott bestimmten Ende aller Tage, wenn Gott "Neues schaffen wird". Die Neuschöpfungsaussage ist eindeutig zukünftig-eschatologisch aufzufassen. Sie bildet quasi nur den endzeitlichen Horizont des momentanen Streites der Geister um den Menschen. Eine substantielle Veränderung von Dingen und Zuständen "zur bestimmten Zeit" wird angesprochen, ohne daß der endzeitliche Wandel näher präzisiert wird.

---

14 Lohse, Texte 16, Maier, Texte I 29.

15 Gesenius/Kautzsch, Grammatik § 119hh, 401: "Die Rektionskraft einer Präposition erstreckt sich bisweilen innerhalb des sog. dichterischen Parallelismus noch auf das entsprechende Substantiv des zweiten Gliedes"; vgl. Jes. 15,8.

16 Vgl. ebd. § 114; vgl. Gen. 27,45: עד שוב.

17 Vgl. ebd. § 115a.

18 Ebd. § 115b, S. 367: "Ein Objekts-**Akkusativ** wird nach dem Infin. constr. überall auch da zu statuieren sein, wo er nicht ... ausdrücklich durch die sog. **nota accusativi** את eingeführt ist".

4.5 Die Hoffnung auf einen endzeitlichen Tempelneubau

Unternimmt man es, die in der Qumranliteratur im Anschluß an die atl. Prophetie bewahrte Hoffnung auf eine endzeitliche Neuschöpfung (1QH 13,11f; 1QS 4,25) von weiteren Qumrantexten inhaltlich näher ausführen zu lassen, so stößt man auf die Erwartung der Qumrangemeinde, daß Gott am Ende der Tage sein Heiligtum neu schaffen wird (11QTemple 29,9)[1].

Nach Yigael Yadin[2] und Johann Maier[3] schildert der Verfasser der Tempelrolle bis Kol. 13,7 sowie ab Kol. 30 (Ende)-47 nicht einen eschatologischen Tempel der Vollkommenheit, vergleichbar der Vision Ezechiels (Ez 40-48). Vielmehr geht es ihm eindeutig um den Verfassungsentwurf für einen irdischen, von Menschen zu erbauenden Tempel, den die Israeliten als Heiligtum Gottes bei der erneuten Landnahme errichten sollen (vgl. Ex 25,8f). Dieser von Israel in der Zukunft auf dem Zion zu bauende Tempel wird nun in der Tempelrolle selbst, in 11QTemple 29,8-10, von einem endzeitlich-eschatologischen Tempelneubau unterschieden. An dieser von ihm selbst etwas unglücklich als "Zweiheiligtümerthese" apostrophierten Auslegung des Textes hat Philipp Callaway Kritik geübt und behauptet, daß keine Textstelle der Tempelrolle "jene historisch-futurische Heiligtümerantithese, Kol. XXIX miteinbegriffen"[4], belege. Eine Auslegung hat zu prüfen, ob diese Kritik berechtigt ist.

4.5.1 Einführung in 11QTemple 29,7b-10 einschließlich einer Übersetzung

Die von Yigael Yadin so bezeichnete "Tempelrolle" (11QTemple) ist die längste unter den bisher bekanntgewordenen Schriftrollen von Qumran. Ihr besonders am Anfang schlecht erhaltener Zustand wirft eine Menge Probleme bei der Textwiederherstellung bzw. Textergänzung auf. Nach Yadin haben zwei Schreiber an der Tempelrolle gearbeitet. Ihre Handschriften repräsentieren

1 Aus der Literatur aus dem Einflußgebiet der Qumrangemeinde vgl. Jub 1, 17.27.29; äthHen 90,28f; 91,13. Aus dem AT vgl. Ez 40-44; Dtjes 54,11ff; Trjes 60,11; Dan 8,14; Hag 2,7-9; Sach 2,5-9.

2 Vgl. Yadin, Temple Scroll I 182-187.412.

3 Vgl. Maier, Tempelrolle 89f.

4 Erwägungen 99.

den Schrifttypus der mittel- bzw. spätherodianischen Periode[5]. Aufgrund der Datierung einer fragmentarisch erhaltenen Kopie der Tempelrolle dürfte ihre Entstehung in dem letzten Viertel des 2.Jh.v.Chr. anzusetzen sein[6]. Das Werk der Tempelrolle ist sicherlich älter[7].

Die Tempelrolle enthält neben den Anweisungen zum Bau des Tempels auch Angaben zur Einrichtung des Kultes nach dem Einzug der Israeliten ins Heilige Land. Die Erwähnung des Bundesschlusses von Ex 34,10 in Kol. 2 bzw. 1 (zerstört) lassen die gesamten Anweisungen der Tempelrolle als Teil der Sinai-Offenbarung für eine noch ausstehende Zukunft erscheinen[8]. In der göttlichen Ich-Rede der Tempelrolle verschmelzen biblisches normatives Gebot mit der die offenen Probleme der Bau- und Kultanordnungen klärenden Ergänzung des/der Verfasser(s) der Tempelrolle zur allgemeingültigen Sinai-Thora der Qumrangemeinde. Kol. 29 beschäftigt sich dabei mit dem "Kern der Tempelrollentheologie"[9]. Insbesondere im Abschnitt 11QTemple 29,7-10, der sich am Ende der Festlegungen über den Kultzyklus am Tempel und den Opfervorschriften befindet, wird von der Forschung die Funktion zugewiesen, die Ausführungen über den Bau des Tempels in Kol. 2-13 und 30-47 mit den Angaben über den Festzyklus Kol. 13-29 zu verbinden[10].

Die Textrekonstruktion von 11QTemple 29,7b-10 macht bis auf eine Ausnahme keine Probleme. Diese Schwierigkeit findet sich in der so wichtigen Z.9. Wie die Edition der Tempelrolle von Yigael Yadin ausweist, ist hier יום הברכה "Tag des Segens" zu lesen[11]. In Band 1 der 1983 in Englisch veröffentlichten Einleitung zur Tempelrolle weist Yadin aber unter Addenda et Corrigenda nun darauf hin, daß "it is possible to read in Col. XXIX: 8-10 'the day of creation', instead of 'the day of blessing'"[12] und weiter: "However, I must admit that יום הבריה is definitely possible"[13]. Dieses Zugeständ-

5 Vgl. Maier, Tempelrolle 9.
6 Vgl. ebd. 10.
7 Vgl. Stegemann, Bedeutung 516, der die Tempelrolle für ein Werk des 4. oder 3. Jh.'s v.Chr. hält.
8 Vgl. Maier, Tempelrolle 67.
9 Callaway, Erwägungen 95.
10 So Callaway, a.a.O. 95. Mit dieser Bemerkung soll nicht das umstrittene Problem der literarischen Quellen der Tempelrolle bzw. ihre Einheitlichkeit einseitig präjudiziert werden, vgl. die Literaturangaben ebd. 95, Anm. 1.
11 מגילת המקדש II 91.
12 Temple Scroll I 412.
13 Ebd. 412.

nis macht Yadin in bezug auf neuere Untersuchungen zum Text[14], die Philipp Callaway folgendermaßen erläutert: "Ganz bestimmt ist kein **kaph** an dieser Stelle feststellbar. Andererseits scheint der Buchstabenrest auch kein deutliches **yodh** zu bezeugen. Während aus paläographischen Erwägungen heraus dem **yodh** Vorrang gegeben werden muß, liefert allein der literarische Kontext den Ausschlag: Auf das zur Debatte stehende Wort BRKH oder BRYH folgt der Nebensatz ... 'wenn ich mein Heiligtum erschaffe'"[15]. Das Verb ברא beinhaltet also das Schöpfungsmotiv, dem der Ausdruck יום הבריה entspricht. Eine Übersetzung des Abschnittes lautet demnach folgendermaßen[16]:

Z.7b:	I.a	"Und ich will für sie in Ewigkeit (לעולם) dasein
8a	a'	[und] ich will / mit ihnen wohnen auf immer und ewig (לועלם ועד),
b	b	Und ich will mein [Hei]ligtum heiligen mit meiner Herrlichkeit,
9a	b'	da ich wohnen lasse / über ihm meine Herrlichkeit.
b	II.a	Bis zu (עד) dem Tag der (neuen) Schöpfung (יום הבריה), wenn ich (neu) schaffen (אברא) werde mein Heiligtum,
10	a'	um es für mich (selber) alle Tage zu bereiten entsprechend dem Bund,
	b	den ich mit Jakob in Bethel geschlossen habe."

4.5.2 Zur Interpretation des Ausdrucks "Tag der (neuen) Schöpfung" (11Q Temple 29,9)

Vergleicht man die beiden divergierenden Übersetzungsvorschläge von Johann Maier[17] und Philipp Callaway[18] - umstritten sind die Wiedergabe der Tempora, des Relativsatzexponentens אשר in Z.8-10 und der Präposition עד in Z.9 -, so läßt sich die Übersetzung des Ausdruckes עד יום הבריה als Schlüsselproblem der Textwiedergabe und des Textverständnisses identifizieren.

---

14 S. E. Qimron: The Vocabulary of the Temple Scroll (hebr.), Shnaton 4 (1980), 253.

15 Erwägungen 98.

16 Hebräischer Text nach Yadin, מגילת המקדש II 91; zur Übersetzung vgl. Maier, Tempelrolle 39.

17 Tempelrolle 39.

18 Erwägungen 99.

Je nachdem, ob man עד mit "während" oder mit "bis zum" überträgt, läßt sich oben angesprochene "Zweiheiligtümerthese" vertreten oder selbige mit einem rein futurischen Verständnis des Textes kritisieren.

Nun hat schon Yigael Yadin[19] auf Jub 1,29 als Paralleltext hingewiesen, der überraschenderweise nicht nur inhaltlich im Thema des endzeitlich-eschatologischen Tempels, sondern auch bis in Wortwahl und Reihenfolge der Phraseologien mit 11QTemple 29,7b-10 übereinstimmt[20]. Im Einleitungskapitel des Jub aber läßt sich der Ausdruck "Tag der (neuen) Schöpfung" **eindeutig** als Zeitpunkt endzeitlich-eschatologischer Erfüllung verifizieren. Die Mose vom "Engel des Angesichts" übergebenen "Tafeln der Einteilung der Jahre", die ab Kap. 2 des Jub-Buches als Wort des Herrn an die Gemeinde ergehen (2,1; vgl. die Ich-Rede in der Tempelrolle als Offenbarung Gottes an Mose), werden zusammenfassend mit der Bezeichnung ihres Beginns: "von der Schöpfung des Gesetzes" bis zu ihrem Endpunkt: "dem Tag der (neuen) Schöpfung" vorgestellt. Der Zeitraum der Geschichte wird von dem Zeitpunkt des "Tages der (neuen) Schöpfung" als endzeitlich-eschatologischer Neuschöpfung der Welt und des Tempels begrenzt (Jub 1,29d-f).

Besteht über diese enge Parallele zu 11QTemple 29,9 Einigkeit in bezug auf die Wiedergabe von עד mit "bis zu"[21], so läßt sich die Gliederung des Textstückes festlegen. Mit dem Ausdruck "Tag der (neuen) Schöpfung" beginnt der zweite, an der eschatologischen Zukunft orientierte Teil (II: Z.9b-10). Ein temporal aufzufassender Relativsatz erläutert das endzeitliche Geschehen als Neuschöpfung des Tempels[22]. Ein abhängiger Infinitivsatz erklärt den Tempelneubau der eschatologischen Periode[23] als alleinige Schöpfungstat Gottes.

---

19 Temple Scroll I 184.

20 Vgl. Jub 1,29d-f: "... bis zum Tag der (neuen) Schöpfung ... bis zu dem Tag an dem geschaffen werden wird das Heiligtum des Herrn ..." mit 11Q Temple 29,9b: "bis zum Tag der (neuen) Schöpfung, wenn ich (neu) schaffe mein Heiligtum" und danach die auffällige Formulierung "alle Tage" (11QTemple 29,10a; Jub 1,29h) als Ewigkeitsaussage. Die Differenz in der Formulierung, einerseits Passivum divinum, andererseits göttliche Ich-Rede, ist auf die durchgehende Redaktion der Tempelrolle zurückzuführen, ihre Vorschriften als direkte Gottesanrede an Mose (Ex 34,1ff) zu stilisieren.

21 Vgl. auch die Wendung עד יום נקם "bis zum Tag der Rache" in 1QS 10,19. Ausgeschlossen ist wegen der Parallele Jub 1,29 der von Callaway vorgetragene Vorschlag עֵד = "Zeuge" zu punktieren (Erwägungen 97).

22 Das Verb אברא im Relativsatz bezieht sich auf das Nomen יום הבריה zurück.

23 Die einen Zeitpunkt ausdrückende Wendung יום הבריה wird in dem eine unendliche (Ewigkeits-)Dauer bezeichnenden Ausdruck כול הימים aufgenommen.

Schließlich führt ein Relativsatz dieses endzeitliche Geschehen auf eine Verheißung des Jakob-Bundes zurück. Der Aufbau von Teil I der Textpassage (Z.7b-8b) ist von zwei Doppelgliedern gekennzeichnet. Sie sind markiert durch den je gleichen Zeilenabschluß עולם und כבוד. Das erste Glied besteht aus einem synonymen Parallelismus, das zweite aber aus einem Verbalsatz mit abhängigem, temporal zu verstehenden Relativsatz. Das gemeinsame Thema in beiden Doppelgliedern ist die Einwohnung Gottes in seinem irdischen Heiligtum.

Befindet sich diese Passage am Schluß der Beschreibung des wahren Festzyklus und seiner Opferbestimmungen, so darf sie zu Recht mit "Abschluß der Opfervorschriften"[24] bzw. besser mit "Abschluß der Kultvorschriften" überschrieben werden. Aus der Stellung im Kontext läßt sich deshalb folgende Interpretation gewinnen: Die vom Festzyklus bestimmte Erlebenszeit des Menschen, die von Gott in der Sinai-Thora strukturierte Zeit der Welt, wird hinsichtlich ihrer - vom menschlichen Erlebnishorizont gesprochen - unendlichen Fortdauer (לועלם ועד ; לעולם) nun aber auch unter Einschluß ihrer zukünftigen eschatologischen Begrenzung angesprochen.

In der Konzeption der Tempelrolle heißt das: Die für eine zukünftige Verwirklichung ausgearbeiteten Bestimmungen über Opferhandlungen und an Opferhandlungen gebundene Tempelfeste sind ausgerichtet auf die Zusage Gottes[25], seine dauerhafte, ewige Anwesenheit im irdischen Tempel zu garantieren. Im ersten Teil des Textes (Z.7b-9a) wird die Zusage von Gottes Einwohnung im Tempel über Ex 3,14 (אהיה אשר אהיה) auf die heilige Anwesenheit von Gottes כבוד im Heiligtum ausgelegt. Der Abschnitt "setzt eindeutig voraus, daß der befohlene Tempelbau für die Zeit nach der Landnahme, nicht aber als endzeitliches Heiligtum gedacht war"[26]. Die Herrlichkeit Gottes wird über dem von **Menschen** verfertigten Heiligtum bis zum "Tag der (neuen) Schöpfung", dem Eschaton ruhen.

---

24 Maier, Tempelrolle 14.

25 Vgl. die Zusagen Gottes von seiner Einwohnung im Tempel in den Anweisungen der Tempelrolle für den irdischen Tempelneubau in 11QTemple (3,4?); 30,1(?); 45,12-14c(?); 46,12; 47,4.11.18; 51,7f; 52,9.16.19f; 53,9f; 56,5; 60,13f. Es bleibt unverständlich, wie Callaway in diesen Belegstellen eine einmalige Verherrlichung des Heiligtums erkennen kann (Erwägungen 97), sprechen sie doch im Rahmen der Wohntempeltheologie von der **dauerhaften** Anwesenheit Gottes im Tempel.

26 Maier, Tempelrolle 89.

Dann, so der zweite Teil (Z.9b-10), wird **Gott selbst** - und eben nicht Menschen - einen Tempel "(neu) schaffen" (ברא [27]), und zwar für alle Ewigkeit (כול הימים). Wie Gott allein seine Schöpfung (vgl. 1QH 13,7.10 bzw. 15,13ff: beide Male Hi. von כון) bereitet hat, so wird er am endzeitlich-eschatologischen "Neuschöpfungstag"[28] Schöpfer seines Tempels sein[29]. Sicherlich läßt sich diese Hoffnung auf einen Vers des Moseliedes zurückführen, an dessen Ende es heißt: "... ein Heiligtum, Jahwe, (das) deine Hände bereitet" (Ex 15,17c)[30].

Abschließend findet sich die Bemerkung, daß die Schöpfung eines zukünftigen Tempels die Erfüllung der Verheißung jenes Bundes ist, den Gott mit Jakob in Bethel geschlossen hat (Gen 28,10-22). Es kann vermutet werden, daß damit an die universale Verheißung Gottes an Jakob gedacht wird (Gen 28,14)[31], in der es u.a. heißt, daß **alle** Geschlechter der Erde durch Jakob und seine Nachkommen gesegnet werden. Die eschatologische Erfüllung dieser Bundesverheißung wäre in Analogie zur Kultbegründung in Bethel (= Haus Gottes) zu verstehen. Wie die Stätte der Anwesenheit Gottes in Bethel den israelitischen Jahwe-Kult (Gen 28,21) initiierte, so wird Gottes neugeschaffenes Haus im Eschaton dem Kult der gesamten Menschheit dienen. Mit dem Rückgriff auf den dem Sinaibund (Ex 34,1ff) zeitlich vorgeordneten Jakobsbund gelingt es der als göttlicher Sinai-Thora ergehenden Tempelrolle, sich selbst, d.h. ihre Thora zu Kult und Tempelbau, im Blick auf die Außerordentlichkeit der eschatologischen Neuschöpfung zu relativieren. Die Akribie der priesterlich-wissenschaftlichen Tempel- und Kultverfassung, niedergelegt in

---

27 Das Wort ברא kann an beiden Stellen in Z.9b in der Übersetzung das Adverb bzw. Adjektiv "neu" erhalten, da gegenüber etwas Vorhandenem, dem Tempel der Landnahme (Z.8b), von einem anderen, neuen Tempel als Gottes Schöpfungswerk die Rede ist, vgl. den atl. Sprachgebrauch Ps 102,19: עם נברא "ein (neu) geschaffenes Volk" (s. Köhler/Baumgartner, Lexikon, Gesenius, Handwörterbuch[17.18] u. ברא ; Kraus, Pss z.St).

28 Im Genitivverhältnis יום הבריה ist das nomen regens durch das nachfolgende determinierte nomen rectum mitdeterminiert, s. Gesenius/Kautzsch, Grammatik § 127a; als Übersetzung wäre auch "der Schöpfungstag" denkbar.

29 Vgl. Jub 1,17: Gott "baut" den Tempel (dazu Sib V 433; MTeh 90 § 19 [198a], Billerbeck, Kommentar I 1005): "für alle Ewigkeit"; Jub 1,27; äthHen 90,29 (vgl. 91,13; syrBar 32,4).

30 Vgl. 4QpSam 2,2f; dazu die Ausführungen von Yadin, Temple Scroll I 182-187. bes. 186.

31 Vgl. Callaway, Erwägungen 100.

der Tempelrolle des Sinaibundes für eine zukünftige Verwirklichung durch Israel, wird von der eschatologischen Erfüllung des Jakobbundes, der Neuschöpfung des Tempels durch Gott selbst, überboten[32].

Die Neuschöpfungserwartung der atl. Prophetie wird mithin in der Tempelrolle in den Ausdruck "der Tag der (neuen) Schöpfung" gefaßt. Der Begriff stellt eine (Genitiv-)Verbindung der aus dem AT bekannten prophetischen Predigt vom endgeschichtlichen יום יהוה, "(Gerichts-)Tag Jahwes" (vgl. Jes 2,12; 13,6.9; 22,5; 34,8; Ez 13,5; 30,3; Joel 1,15; 2,1.11; 3,4; 4,14; Am 5,18-20; Ob 15; Zeph 1,7f.14-18; Sach 14,1) mit dem Abstraktum בריה "Schöpfung" (vgl. 6QD 1,1; CD 4,21: יסוד הבריאה) dar. Implizit ist auf das Sieben-Tage-Werk der creatio originalis (vgl. Gen 1,1-2,4) Bezug genommen. Priesterliche Theologie zentriert Gottes endzeitlich-eschatologisches Neuschöpfungshandeln auf den Bau eines neuen Tempels (11QTemple 29,9b.10a). Als theologischer Spitzensatz wird er aber in der Tempelrolle wie auch insgesamt in Qumran (vgl. 1QH 13,11f; 1QS 4,25) nicht spekulativ ausgedeutet.

4.6 Zusammenfassung

Sowohl auf analytischem als auch auf konstruktivem Wege der Textinterpretation hat sich zeigen lassen, daß die priesterlich orientierte Qumrangemeinde eine individuelle eschatologische Neuschöpfung nicht kennt. Die von Heinz-Wolfgang Kuhn interpretierten Hodajot-Stellen im Sinne der Prolepse der endzeitlichen Neuschöpfung mit dem Eintritt des Qumranfrommen in die eschatologische Heilsgemeinde ließ sich nicht nachvollziehen. In 1QH 15, 17a wird Erlösung als Aufstieg beschrieben. In 1QH 11,14 meint die Erneuerungsaussage die (tägliche) Renovatio. In 1QH 3,21 handelt es sich bei der Schöpfungsaussage um ein Niedrigkeitsprädikat des Qumranfrommen. Das bedeutet also, Neuschöpfung wird in den "Gemeindeliedern" der Hodajot-Rolle als eschato-

32 Mit diesem Ergebnis bestätigt sich die These von Yadin "that the Temple under discussion in the scroll is not the one to be built in the eschatological period by God Himself" (Temple Scroll I 412, vgl. auch 182f); vgl. auch Stegemann, Bedeutung 515, Anm. 66a.

logisch-gegenwärtiger Heilsbesitz des Frommen nicht thematisiert. Die ntl. Exegese kann deshalb die paulinische Neuschöpfungsaussage nicht im Analogieverfahren zur besonderen Eschatologie der Hodajot auslegen.

Im Mittelpunkt des priesterlichen Heilsdenkens der Qumrangemeinde steht die göttliche Reinigung des Menschen von Sünde und seine Erlösung aus geschöpflicher Niedrigkeit in der eschatologischen Heilsgemeinde von Qumran. Über die Wohntempelvorstellung ist die Wirklichkeit des Heils durch Gottes Anwesenheit in der Tempel-Gemeinschaft von Qumran, die den verunreinigten Jerusalemer Tempel ersetzt, gesichert. Der Qumranspirituale weiß sich als Priester vor Gott im Besitz des eschatologischen Heils. So antizipiert er die von der Endzeit erwartete Gemeinschaft mit den Himmelsengeln. Ist er mit dem Eintritt in die Tempel-Gemeinde von Qumran in den "Raum" göttlicher Gnade eingetreten (vgl. das Aufstiegsmotiv), so erhält der Qumranfromme sein Heil (Geistbesitz, vollkommener Thora-Wandel, die zukünftige Hoffnung) in der täglichen Reinigung, die seine zur Sünde neigende Geschöpflichkeit rigoros bekämpft. Im täglichen Gottesdienst erfüllt er durch das Rezitieren von Hodajot-Psalmen die existenzielle Aufgabe des Geschöpfes, seinen Schöpfer zu loben.

Neben dieses erste, negative Resultat zur Neuschöpfungsvorstellung in den Qumrantexten tritt aber ein positives zweites: Die Aussage einer endzeitlich-eschatologischen Neuschöpfung des Kosmos wird an drei Stellen genannt. Sie ist dreimal verschieden formuliert. Die Neuschöpfungsvorstellung ist also in Qumran nicht in einen festen Terminus technicus gefaßt. Dort, wo die Neuschöpfung verbal artikuliert wird (1QH 13,11f; 1QS 4,25), bleibt sie seltsam blaß. Ihre Formalität läßt sich damit erklären, daß die Qumrangemeinde an diesen Stellen deuterojesajanische (1QS 4,25 = Dtjes 43,19) bzw. tritojesajanische Tradition (1QH 13,11f = Trjes 65,17) aufnimmt. Die Neuschöpfungsaussage in 1QH 13,11f ist insofern für die Paulus-Exegese von Interesse, da in der Formulierung ולברא חדשה die beiden hebräischen Grundworte für den griech. Terminus καινὴ κτίσις in verbaler Formulierung erscheinen. Inhaltlich bezieht sich beide Male die formale Aussage auf die Erwartung einer eschatologischen Wende am Ende der Zeit. Gottes eschatologische Neuschöpfung ist das endzeitliche Ziel seines Handelns mit seiner Schöpfung. Die Vollendung besitzt ewige Qualität. Als Neuschöpfung begrenzt sie die Zeit der "alten" Schöpfung.

Die Status-constructus-Formulierung יום הבריה, "Tag der (neuen) Schöpfung", in 11QTemple 29,9 drückt die Neuschöpfungsvorstellung nominal aus. Durch die Beziehung zum prophetischen Topos "Tag Jahwes" wird der Zeitpunkt der eschatologischen Wende betont. Aus dem Kontext von 11QTemple 29,7b-10 ist das Abstraktum בריה eindeutig mit "(neuer) Schöpfung" wiederzugeben: Gott wird im Eschaton eigenhändig sein Heiligtum, den Tempel, zugunsten eines universalen Kultes (neu) bauen für alle Ewigkeit. Mit der Erwartung eines neuen Tempels (29,9) relativiert die Qumrangemeinde die in der Tempelrolle für eine irdische Zukunft niedergelegte vollkommene Tempel- und Kultverfassung mit einer eschatologischen Spitze.

Für die traditionsgeschichtliche Frage dieser Untersuchung ist die letztgenannte Belegstelle, 11QTemple 29,9, von besonderer Relevanz, zeigt sie doch, daß in einer Qumranschrift der Terminus "(neue) Schöpfung" schon im ausgehenden 2.Jh.v.Chr. vorliegt. Eine Analyse von weiteren apokalyptischen Texten muß nun zeigen, ob sich die nahelegende Schlußfolgerung, daß der Begriff "neue Schöpfung" bei Paulus vorpaulinischen Ursprungs ist, sich auch von anderen Textstellen her stützen läßt.

5 ZUR NEUSCHÖPFUNGSVORSTELLUNG IM APOKALYPTISCHEN SCHRIFTTUM

Findet man die Neuschöpfungsvorstellung in vollkommen unterschiedlichen literarischen Bezügen - beispielsweise in der zur Kleinliteratur zählenden Zehnwochenapokalypse (äthHen 93,1-10; 91,11-17), im systematisierend angelegten "Mammutwerk" der Apk, in der Testamentsliteratur (2Petr), am Anfang der weisheitlich orientierten Kosmologie des Astronomischen Buches (äthHen 72-82), in Visionen (syrBar; 4Esr; ApkAbr), in Nacherzählungen (Jub; LibAnt) - und verwendet diese Studie dafür den Sammelbegriff "apokalyptisches Schrifttum", so bedarf diese Klassifizierung einer definitorischen Klärung. Diese ist auch schon darum erforderlich, weil ein solcherart ausgeweiteter Begriff "apokalyptisches Schrifttum" im Prinzip einen Großteil der jüd. - und natürlich auch der urchristlichen - Literatur als apokalyptische kennzeichnet, das Frühjudentum bzw. das Urchristentum als von der Apokalyptik entscheidend geprägtes vorstellt. Im folgenden Abschnitt soll es deshalb um die Berechtigung dieser Charakterisierung gehen und darum, einen für die traditionsgeschichtliche Untersuchung handhabbaren Arbeitsbegriff "apokalyptisches Schrifttum" zu entwickeln. Im Mittelpunkt der Betrachtung steht dabei die jüd. Literatur.

5.1 Zum Wesen apokalyptischer Belehrung

Mit der Wahl des Begriffs "apokalyptisches Schrifttum" könnte sich die Erwartung einstellen, es würden im folgenden die formalen Strukturmerkmale einer Literaturgattung "Apokalyptik" präsentiert, wie sie aus dem Vergleich der Literaturwerke zueinander zu erheben wären. Dies ist nicht der Fall. Im Gegenteil: Dem Wesen der Apokalyptik entspricht es, daß sie nicht an eine feste Redeform gebunden ist. Es herrscht vielmehr die Vielfalt der Gattungen vor (Gebet, Rede, Weheruf, Vision, Zwiegespräch usw.). Die Einzelteile können dabei zu einer ganzen Schrift komponiert werden (syrBar; äthHen; 4Esr). Soll dennoch von "Schrifttum" die Rede sein, so besagt dies, daß das Phänomen der Apokalyptik nicht formgeschichtlich, sondern literarisch zu erfassen ist: Apokalyptik ist in erster Linie "Buchweisheit", ist schriftliche "Offenbarung" durch schriftgelehrte Persönlichkeiten, die sich zur Belehrung und Erbauung des Judentums mit all ihnen zur Verfügung stehenden sprachlichen Ausdrucksformen einschließlich ihrer wissenschaftlichen Erkenntnis, ihrer Weisheit, herausgefordert wußten.

Geht es also an dieser Stelle um die Frage nach dem Wesen der Apokalyptik, wie es sich in seinen literarischen Zeugnissen je verschieden darstellt, so erweist sich die Neuschöpfungsvorstellung für die in der Forschung umstrittene Bestimmung der Eigenart der Apokalyptik als ein feststehendes, für die Eschatologie der Apokalyptik konstitutives Spezifikum. Wenn Heinrich Kraft mit seiner Bezeichnung der Neuschöpfungsvorstellung als "Zentraldogma der Apokalyptik"[1] diese gewiß überbewertet, so ist doch sein Pathos dahingehend zu verstehen, daß in einer Erläuterung von Grundzügen apokalyptischen Denkens der Hinweis auf die Erwartung der "neuen Welt" nicht fehlen darf. Denn die Neuschöpfungsvorstellung zeigt, wie die Apokalyptik die "Ausrichtung auf die jenseitige Welt"[2], auf das "künftige Reich, das den endgültigen Heilszustand bringt"[3], kennzeichnet. Diese "neue Welt" ist für die Apokalyptik transzendent und "bricht auf supranaturale Weise, durch göttliches Eingreifen und ohne menschliches Zutun, aus dem Jenseits herein"[4]. Als wichtiges Thema apokalyptischer Eschatologie erkannt, eignet sich darum die Neuschöpfungsvorstellung in besonderer Weise, in die Denkbewegung apokalyptischer Literatur einzuführen. Literatur wird dabei als ein Versuch des Menschen begriffen, sich und anderen auf schriftliche Weise Orientierung in den Problemen seiner Lebens- und Glaubenswelt zu geben.

Aufgrund dieses Begriffes von Literatur ist "apokalyptisches Schrifttum" als schriftliche Reflexion des jüd. Glaubens in der nachexilischen Zeit anzusprechen. Da apokalyptische Literaturwerke spätestens seit dem 3.Jh.v.Chr. vorhanden sind (z.B. Zehnwochenapokalypse; Dan) - Vorformen wie z.B. Jes 24ff; Ez 38f oder auch Teile von Trjes lassen sich bereits in frühnachexilische Zeit datieren - und ihre Anfertigung bis einschließlich ins 1.Jh.n.Chr. anhält, muß es eine Grundproblematik des jüd. Glaubens gegeben haben, die über einen

---

1 Apk 263.
2 Schreiner, Bewegung 224.
3 Ebd. 225.
4 Vielhauer, Einleitung 412.

längeren Zeitraum relativ konstant und als Prozeß von geistiger Auseinandersetzung beschrieben werden kann. Als Form jüd. Literatur, die über Jahrhunderte das Selbstverständnis des Judentums bzw. eines Teiles oder großer Teile davon bestimmte, darf sie deshalb keineswegs etwa im Vergleich mit der vorexilischen Prophetie, wie es z.B. Hermann Gunkel noch getan hat[5], einseitig abgewertet werden. Man tut der Erforschung jüd.-intertestamentarischer Literatur keinen guten Dienst, wenn man ein späteres, historisch bedingtes Urteil des rabbinischen Judentums über den geistgewirkten (hebräischen) Schriftenkanon übernimmt und - ausgesprochen oder nicht - Depravationstendenzen von der kanonisierten zur apokryphen und pseudepigraphischen Literatur zu beobachten meint.

Will man hingegen die damalige jüd. Wertschätzung und Bedeutung des "apokalyptischen Schrifttums" erkennen, so ist der Frage nachzugehen, was sich als das oben vermutete Grundproblem des Judentums in der nachexilischen Zeit erkennen läßt? Blickt man auf die Situation der jüd. Gemeinde nach der endgültigen Eroberung Jerusalems durch Nebukadnezar im Jahre 587 v.Chr., so lassen sich gleich dreifach die Veränderungen beschreiben, die an dem Fundament des überkommenen Jahweglaubens rüttelten: der Verlust des Tempels, des Landes und der Daviddynastie. Werden alle drei konstitutiven Elemente des Jahweglaubens im zu Ende gehenden 6.Jh.v.Chr. restaurativ bewältigt - in den Jahren 520-515 v.Chr. wird der Tempel wiederaufgebaut (vgl. Hag; Sach 1-8), unter der Herrschaft des persischen Großkönigs Kyros II. erlaubt das "Kyrusedikt" 538 v.Chr. den Juden die Kultautonomie (vgl. Esr 6,3-5), schließlich richtet sich die messianische Hoffnung auf den Davididen Serubbabel (Hag 2,23) -, so ist doch das Entscheidende, daß der durch das babylonische Exil entstandene geschichtliche Bruch in der Einheit von Volk, Staat und Glaube unüberbrückbar bleibt. Die national-religiöse Größe "Israel" wandelt sich zur macht- und einflußlosen "theokratische(n) Gemeinde"[6]. Der Glaube an Jahwe kann[7] sich auf keine nationale Heilsgeschichte mehr stützen. Verschärft wird die Identitätskrise des jüd. Glaubens von der grundsätzlichen theologischen Frage, ob die Geschichte selbst die alten wie die neuen Verheißungen Gottes rückgängig gemacht hat bzw. als überholt erweist.

Ist nämlich als inhaltliche Mitte der vorexilische Prophetie ihre Botschaft zu bezeichnen, daß Gott ein (zum Gericht über Israel) kommender Gott der Zu-

---

5 Vgl. Schöpfung 396.
6 Donner, Geschichte 2, 431.
7 Vgl. Lebram, Art. Apokalyptik 199.

kunft ist, so stellt dazu die exilische Prophetie Deuterojesajas eine neue Qualität israelitischer Prophetie insofern dar, als sie mit der Ankündigung von Gottes wunderbarem Heil für Israel im neuen Exodus (Dthes 43,19ff) den Antritt seiner Königsherrschaft verkündet (Dtjes 40,9; 41,21; 43,15; 44,6; 52,7-9). "Dies ist nicht **ein** Ereignis unter den vielen Ereignissen der Weltgeschichte", bemerkt Hartmut Gese bei der Erläuterung der Theologie Deuterojesajas, "sondern Ziel und Ende der Geschichte. Der neue Exodus der Exulanten an diesem Eschaton entspricht dem ersten, der Gesamtraum der Geschichte kann überblickt werden"[8]. Als Evangelium "absolute(r) Eschatologie"[9] aber wird Deuterojesajas von der jüd. Gemeinde tradierte Prophetie durch die Erfahrung ihrer ausbleibenden Realisation zum Grundproblem jüd. Glaubens in der nachexilischen Zeit. Es ist die Erfahrung der Abwesenheit Gottes, die sich als theologisches Existenzproblem einem Glauben stellt[10], dessen Zentrum der Glaube an Jahwe, den geschichtsmächtig sich erweisenden Gott Israels ist (vgl. Ex 20,2; Dtn 5,6). Diese Zentralfrage des Glaubens behandelt die jüd. "Apokalyptik auf geschichtlich-kosmischer Ebene", während sie "auf dem Niveau des individuellen Erlebens" zur Frage der jüd. Weisheit wird[11].

Unter "apokalyptischem Schrifttum" wird also ein Sammelbegriff für Schriften eingeführt, die dem jüd. Gläubigen Einsicht in menschlicherseits unzugänglich gewordene Fragen seiner Glaubensexistenz vermitteln wollen. Apokalyptik versteht sich als "Deutungswissenschaft", versucht sich an der Deutung von Geschichte für einen aus der Erfahrung lebenden Glauben, der Geschichte und Gott, Verheißung und Gegenwart miteinander zu verbinden sucht. Die Geschichte als universales Geschehen gerät dem Apokalyptiker dabei zum schlechterdings unzugänglichen göttlichen Geheimnis. Es liegt allein in Gottes unergründlicher Verfügung, wie und wann sich seine Verheißungen realisieren werden. Geschieht Offenbarung über das Ziel von Geschichte an einzelne, herausragende Personen, so läßt sich für eine Gruppe von Menschen, die von der Legitimität dieser Aufklärung überzeugt sind, ein Seinshorizont erschließen, der sich als Trost und Ermutigung zugleich, als Trost für die Angefochtenen auf eine bisher verborgene Teleologie der Geschichte und als Ermutigung zu aktivem Handeln im Bewußtsein der Klarheit über den göttlichen Willen, beschreiben läßt.

---

8 Apokalyptik 205.
9 Ebd. 205.
10 Vgl. Bindemann, Hoffnung 87f; Lebram, Art. Apokalyptik 196.
11 Lebram, Art. Apokalyptik 198.

Aus der gegenwärtigen Wirklichkeit - der Erfahrung des Individuums, das zum Objekt sozialer Ausbeutung und wirtschaftlicher Ungerechtigkeit geworden ist, und der Erfahrung des jüd. Kollektivs, daß unter der Oberherrschaft wechselnder Großmächte (Ptolemäer, Griechen, Syrer und Römer) die politisch-religiösen Repräsentanten des jüd. Volkes aus Gründen von Machterhalt und -gewinn als Akteure antijüdischer Hellenisierungspolitik agieren - aus dieser erfahrbaren Wirklichkeit der Welt ist für den Apokalyptiker kein göttliches Heil für den Einzelnen wie für das Volk zu erwarten. Das Ergebnis der ins Universale geweiteten Geschichtsschau ist die pauschale Abwertung der empirischen Welt als Herrschaftsbereich widergöttlicher Mächte. Im apokalyptischen Pessimismus wird die Welt vom Bösen regiert.

Demgegenüber stellt die Apokalyptik die wahrhaft optimistische Annahme einer neuen, total veränderten jenseitigen Zukunft, von der der Apokalyptiker gewiß ist, daß sie mit naturgesetzmäßiger Zwangsläufigkeit eintreffen wird. In der "neuen Welt" wird Gott die absolute Trennung von Gut und Böse vornehmen und auf diese Weise die endgültige Erfüllung eines idealen Lebenszustandes herbeiführen. Die der Resignation und Verzweiflung offenstehende Gegenwart verwandelt sich angesichts dieser universalen endzeitlich-eschatologischen Hoffnung zur gespannten Naherwartung, einmal, weil der Umbruch zugunsten endgültiger jenseitiger Heilszukunft schon in der Gegenwart als einer aufs Ende zulaufenden Zeit erlebbar wird, und sodann, weil die Gegenwart als Zeit der Entscheidung für diese Zukunft im standhaft vertretenen Bekenntnis inklusive rigoroser Thoraobservanz als eschatologisch gefüllte Zeit praktizierbar wird.

Die intensive Teilhabe des einzelnen Gläubigen an dem Bewußtsein des apokalyptischen Schriftgelehrten, "seinen eigenen Standort stets am 'Ende' der ersten von Gott festgelegten Weltzeit, unmittelbar vor Einbruch der neuen, zu erkennen"[12], erreicht das "apokalyptische Schrifttum", indem es in der Ambivalenz von Geheimnis und Enthüllung einen schriftlich niedergelegten "Deutungsschlüssel" für die dem Gläubigen unverständliche Gegenwart in ihrer Verbundenheit mit zukünftiger Geschichte anbietet. Unter dem Pseudonym eines Großen der Vorzeit macht der Apokalyptiker in seiner "Offenbarungsschrift" aus der Sicht einer fiktiven Vorzeitlichkeit die gesamte Geschichte von der Vergangenheit über die Gegenwart bis hin zur noch ausstehenden Zu-

---

12 Müller, Art. Apokalyptik 211.

kunft als Kette von erfüllten und sich noch erfüllenden Weissagungen Gottes verständlich. Der Weltenlauf ist göttlicherseits z.T. bis ins Detail determiniert. Darum liegt mit Gewißheit auch die visionär im Himmel geschaute, von Gott bereits planvoll vorbereitete Zukunft im Vollzug des göttlichen Willens. Die Periodisierung von Geschichte setzt das gewißheitsstiftende Moment weisheitlichen Ordnungsdenkens gezielt zum Zwecke einer tiefen Einsicht in den Geschichtsablauf ein und erlaubt die Berechnung des Endes ebenso wie die Analyse der gegenwärtigen Zeit.

Mit der Nivellierung der von der jüd. Tradition berichteten wechselvollen geschichtlichen Begegnung Jahwes mit dem Volk Israel unter dem Begriff einer kontinuierlich ablaufenden, systematisierbaren Geschichte von Adam bis zum Ende gewinnt der Apokalyptiker die Einheit von Geschichte. Sein Blick weitet sich im Glauben an Gottes Geschichtssouveränität von der nationalen Geschichte Israels zur Geschichte der Völkerwelt, von der Beschreibung von abgrenzbaren "Geschichtstatsachen" zur allumfassenden Geschichtsdarstellung von der Weltschöpfung an bis zu ihrer Vollendung. Der von der jüd. Überlieferung berichtete Ungehorsam Israels gegenüber Gottes Willen (vgl. Dtn; DtrG) bestätigt sich für den apokalyptischen Schriftgelehrten immer wieder in der in der aktuellen Gegenwart zu erlebenden Unzulänglichkeit Israels, Gottes Gebot vollkommen zu halten. Es läßt ihn nur um so mehr in einer kosmischen Katastrophe den Abbruch des alten, vorletzten, moralisch degenerierten Äons zugunsten von vollendetem eschatologischem Heil erwarten. Erst die Etablierung einer reinen, neuen, jenseitigen Zukunft vermag die innerweltlich nicht mehr realisierbare, himmlisch-reine, deshalb transzendente Heilswirklichkeit durch Gottes Handeln herbeiführen. Der eschatologische Dualismus, systematisch ausgearbeitet zum dualistischen Zeitschema von den beiden sich ablösenden, in radikaler Diskontinuität zueinander befindlichen Äonen, wird zum besonderen Merkmal apokalyptischer Eschatologie in ihrer späten ausgearbeiteten Form (vgl. 4Esr; syrBar).

Schließlich: Ist es die Sehnsucht des Apokalyptikers, daß alle Israeliten an der kommenden Welt und Heilszukunft Gottes teilnehmen, so existiert doch für ihn aufgrund Israels Ungehorsam eine unüberwindbare Spaltung quer durch das jüd. Volk. Es werden nur diejenigen Menschen am Eschaton partizipieren, die sich mit ihrer Existenz auf die Forderung der göttlichen Gerechtigkeit einlassen, wie sie die göttliche Thora als Weg des Gesetzes empfiehlt. -

Das Ergebnis dieser skizzenhaft vorgetragenen Überlegungen zum Wesen apokalyptischer Belehrung liegt darin, eine Zuordnung von jüd. Literatur zur "apokalyptischen Bewegung"[13] jüd. Religion gefunden zu haben, die weder die Vielfalt der verwendeten Literaturgattungen verkennt, noch die verschiedenen geschichtlichen Standorte "apokalyptischen Schrifttums" übersieht, noch schließlich die zwischen jüd. und christl. Schriften liegende soteriologische Divergenz übergeht. Durch diesen deskriptiv ausgerichteten Zugang zur Apokalyptik möchte gleichfalls die Diskussion um die von der Entstehung der Apokalyptik her argumentierende Frage nach ihrem Wesen - entweder als Fortführung prophetischen Wirkens[14] oder aus der jüd. Weisheitstradition stammend[15] - nicht einseitig präjudiziert werden.

5.2 Die apokalyptische Vision von einem "neuen Himmel und einer neuen Erde"

Aufgrund der Universalität des apokalyptischen Geschichtsbildes und der Erwartung einer von Gott herbeigeführten reinen eschatologischen Zukunft sind besonders in der apokalyptischen Literatur Vorstellungen von einer kosmischen Erneuerung der Schöpfung zu erwarten.

5.2.1 Einführung in die Zehnwochenapokalypse inklusive einer Übersetzung von äthHen 91,15f

Zu den ältesten Belegen für die Vorstellung der eschatologischen Erneuerung der Welt wird äthHen 91,16 gezählt[1]. Diese Stelle ist Bestandteil der sog. "Zehnwochenapokalypse" (abgek.: 10 WA: äthHen 93,1-10; 91,11-17)[2] und diese

---

13 So der Aufsatztitel von Schreiner.
14 So Rowley, Apokalyptik, vgl. 141ff.
15 So von Rad, Theologie II 317.319; Luck, Weltverständnis 288ff.

1 Schneider, ΚΑΙΝΗ ΚΤΙΣΙΣ 69.
2 Koch, Sabbatstruktur 404f, schlägt den Namen "Zehn-Epochen-Lehre" vor, da in der 10 WA visionäre Züge, ein irdisch-himmlisches Zwiegespräch ebenso wie eine Himmelsreise fehlen und sie deshalb nicht der Literaturgattung Apokalyptik zuzuordnen sei. Jedoch wird in der 10 WA im Namen Henochs als Großem der Vorzeit himmlisches Geheimwissen über die Geschichte mitgeteilt (äthHen 93,2), sodann lassen sich die Charakteristika des apokalyptischen Geschichtsbildes wie Determinismus, Universalismus, Periodisierung finden (s. die Ergebnisse von Dexinger,

wiederum ein Teil der "Epistel des Henoch" (äthHen 92,1-5; 93,1-10; 91,11-17)[3]. Sie bildet schließlich einen selbständigen Traktat der Henochapokalypse (äthHen), einer Sammlung von einzelnen Henochtraditionen.

Während für die "Epistel des Henoch" als Entstehungszeit die Mitte des 1.Jh.v.Chr. angenommen wird[4], hält die neuere Diskussion für die 10 WA sowohl eine Frühdatierung in die Zeit des makkabäischen Aufstandes (166 v.Chr.)[5] als auch eine Spätdatierung in die Zeit der Herrschaft des Hasmonäers Johannes Hyrkan I[6] (135-104 v.Chr.) für möglich. Konsensfähig ist wohl eine Datierung in vorqumranische Zeit[7].

Die 10 WA periodisiert in sieben Wochen den gesamten Ablauf der Geschichte Israels, angefangen mit der Geburt Henochs als "siebenter in einer ersten Woche" (äthHen 93,3b)[8] über die Zeit von Noah, Abraham, Mose, Salomo, der Zerstörung des Jerusalemer Tempels (587 v.Chr.) bis zur Periode der Rückkehr aus dem babylonischen Exil. Diese "siebente Woche" der Geschichte reicht bis zur Zeit des Verfassers: ihm ist das Gesamtmaß und -ver-

---

Zehnwochenapokalypse 182ff), so daß der Name "Apokalypse" von der Typik her gerechtfertigt erscheint.

3 Zur literarkritischen Analyse der 10 WA im einzelnen s. Dexinger, Zehnwochenapokalypse 102-109.

4 Vgl. Uhlig, äthHen JSHRZ V,6 709.

5 So Dexinger, a.a.O. 136-140.188f, aufgrund der Aussage der 10 WA (äthHen 91,12), daß in der achten Woche an die Gerechten das Schwert (vgl. 1Makk 3,3) verliehen wird. Dexinger vertritt deshalb die These, daß die 10 WA als die "erste eigentliche Apokalypse" (ebd. 189) zu bezeichnen sei. Sie ist vor Dan anzusetzen. Vgl. Black, Enoch 288; Vanderkam, Enoch 149.

6 Koch, Sabbatstruktur 420, hält diese Datierung aufgrund seiner Auslegung von arämäisch שבוע als Zeitepoche von 490 Jahren für möglich. Das siebente "Siebent", das mit dem baylonischen Exil (587 v.Ch.)beginnt (äthHen 93,9-11), vermindert um das letzte Siebtel (= 70 Jahre), läßt den historischen Ort des Verfassers, der sich am Ende der siebenten Woche weiß, bestimmen. Müller, Art. Apokalyptik 218-220, vermutet aufgrund der Nichterwähnung des makkabäischen Kampfes in der 10 WA eine Datierung nach 152 v.Chr., als die asidäische Sympathie für die makkabäische Erhebung aufgrund der Konsolidierung der politischen Verhältnisse gemäß der hasmonäischen Pragmatik in Polemik derselben und Etablierung einer asidäischen Sekte umschlägt. Vgl. auch Milik, Enoch 255f, der sich für eine Datierung Ende des 2. Jh.'s/Anfang des 1. Jh.'s v.Chr. einsetzt.

7 Vgl. Uhlig, äthHen JSHRZ V,6 709: "Daß die Zehnwochenapokalypse ... spätestens aus der essenischen Zeit stammt".

8 In Blick kommt die gesamte Geschichte Israels, wie sie in der kanonischen Literatur des AT überliefert wurde, nämlich vom Beginn der Schöpfung an bis zu ihrer Vollendung (vgl. äthHen 93,10b). Unzutreffend ist es daher, von "Weltgeschichte" zu sprechen (Schneider, ΚΑΙΝΗ ΚΤΙΣΙΣ 69), denn "Schöpfungsgeschichte" wird in der 10 WA nur in bezug auf Israel dargestellt; anders z.B. Dan.

ständnis der vergangenen (1. - 7. Woche) wie auch der zukünftigen Geschichte (8. - 10. Woche, viele Wochen) bekannt. In seiner Zeit beginnt als endgültiges Erwählungshandeln Gottes die Sammlung der "erwählten Gerechten" als (konventikelhafte) Teilgruppe Gesamtisraels, deren Spezifikum es ist, daß ihnen "siebenfache Unterweisung über seine (sc. Gottes) ganze Schöpfung zuteil werden soll" (äthHen 93,10). Dieses esoterische Wissen über Gottes "Schöpfungsgeschichte" bedeutet, daß die erwählten Gerechten über den Geschichtsablauf von Adam bis zur Vollendung instruiert sind: "daß Gott die Geschichte seit Adam planmäßig auf ihre Liquidation zusteuert", so daß nur sie, die Gruppe der Gerechten, "das Heil in einem von Gottes Gericht total erneuerten Kosmos empfangen werden"[9].

In der zukünftigen "achten Woche" beginnt die vorwegnehmend geschaute erfüllte Endzeit mit der "Woche der Gerechtigkeit" (äthHen 91,12). Im Bereich irdischer Geschichte wird durch die "Verleihung eines Schwertes" an die Gerechten das Eschaton eingeleitet[10] (vgl. Trjes 65,12). Das eschatologische Geschehen selber ist mehrstufig (Woche 8 - 10, viele Wochen)[11]. Dem in drei Etappen sich bis zur Ewigkeit durchsetzenden Heilsgeschehen korrespondiert das göttliche Gerichtshandeln. Auf das Heil für Israel in der "achten Woche" (äthHen 91,12f) - "gerechtes Gericht" an den Unrechttuenden = Besitznahme des Landes und neuer Tempel - folgt in der "neunten Woche" (91,14) das Heil für die ganze Welt - "gerechtes Gericht" an allen Gottlosen = universale Befolgung der Thora - und darauf in der "zehnten Woche" (91,15f) das Heil für die himmlische Welt - "ewiges Gericht" an den Engeln = neuer Himmel. Den Abschluß bildet der Ausblick auf die "vielen Wochen" der unendlichen, ewigen Gerechtigkeit, die Ewigkeit, die ohne Sünde sein wird (äthHen 91,17).

---

9 Müller, Art. Apokalyptik 219.

10 Vgl. Dexinger, Zehnwochenapokalypse 184.

11 Gegen Bietenhard, Welt 181, der meint, die 10 WA kenne "nur den neuen Himmel als Heilsstätte". Gegen Dexinger, Zehnwochenapokalypse 142, der glaubt, einen zweistufigen Aufbau des Endgeschehens zu erkennen: auf das Gericht auf der Erde (äthHen 91,12) mit der Konstitution einer universalen Ordnung folgt das Gericht im Himmel (91,15) mit der Konstitution der himmlischen Ordnung. Dexinger trägt damit ein Gliederungskonzept vor, das den Vorschlag der 10 WA selber, die Einteilung in drei Zukunftsepochen, die danach in Unendlichkeit übergehen, ignoriert.

Über die Ereignisse der "zehnten Woche" aber weiß die 10 WA Folgendes zu berichten (äthHen 91,15f)[12]:

V.15: I.a "Und [danach, in der zehnten Woche], wird ein ewiges
Gericht °stattfinden[13],
a' und eine Zeit des großen Gerichtes [wird rächend
vollzogen inmitten der Heiligen][14].

16 II.b Und ein erster Himmel wird in ihr vergehen (יעברון)
b' und ein [neuer] Himmel ([ושמ] ין חדתין) [wird
erscheinen (יתחזון)
c Und][15] die Himmels[körper] °leuchten auf[16]
c' und strahlen auf für alle Weltzeiten[17]."

---

12 Die Frage nach der ursprünglichen Abfassung der 10 WA in aramäisch oder hebräisch dürfte sich aufgrund hebräischer Wörter und Wortspiele des aramäischen, fragmentarisch überlieferten Textbefundes aus Qumran von äthHen (s. die Liste bei Beyer, Texte 229f) für Hebräisch als Urfassung entscheiden lassen (Beyer, a.a.O. 229f; anders Uhlig, Einleitung JSHRZ V,6 484). Für die Wiedergabe von äthHen 91,15f liegt mit $4QEn^g$ ein aramäisches Fragment in reinem Hasmonäisch (Beyer, a.a.O. 228) vor, das aus der Mitte des 1.Jh.v.Chr. stammt (ebd. 228; Text und deutsche Übersetzung bei Beyer, a.a.O. 247-249, sowie bei Milik, Enoch 265-267, mit engl. Übersetzung; vgl. auch Uhlig, Jub JSHRZ V,6 710-715; Black, Enoch 85f). Zu beachten ist, daß beide Verse nicht vollständig erhalten sind und von Beyer und Milik z.T. recht unterschiedlich rekonstruiert bzw. nach der äth. Übersetzung aufgefüllt werden. Die eckigen Klammern in der hier gegebenen Übersetzung weisen auf Ergänzungen des aramäischen Textes hin, ein ° steht über einem mehrdeutigen aramäischen Buchstabenrest.

13 Während Milik, Enoch 266, nach dem fehlenden Textteil aus dem folgenden Buchstabenrest ein ע liest und דבשביעה rekonstruiert, meint Beyer, Texte 248, ein ב zu erkennen und stellt darum דבה wieder her. Da in der Regel diejenige Textrekonstruktion vorzuziehen ist, die das beschädigte Textstück unter Beachtung von Gestalt und Größe der einzelnen Buchstaben rekonstruiert, ist dem Vorschlag von Beyer zu folgen. Milik unterschätzt den für seine Nachbildung zu benötigenden Raum. Auch wäre im Rahmen der 10 WA der Ausdruck "siebenter Teil" singulär; die 10 WA aber eignet sich nicht zur apokalyptischen Zeitberechnung des Endes (anders z.B. Dan 7).

14 Textrekonstruktion der Lücke von drei durchschnittlichen Wortlängen nach Milik, Enoch 266.

15 Kürzere Textergänzung nach Beyer, a.a.O. 248; vgl. äthHen 77,3 (aramäischer Text bei Beyer, a.a.O. 255).

16 Das צ, das von Milik in der Qumran-Hs. nur für wahrscheinlich angesehen wird, erscheint in der Edition von Beyer als ח. Dementsprechend rekonstruiert er חשכין, "sie verdunkeln sich". Für Miliks Textrekonstruktion spricht die äth. Übersetzung ("yabarehu", "will give light", so Milik, Enoch 269) und der engere Kontext des nachfolgenden Hemistichons, das von einem Vollkommenheitsstrahlen der Himmelskörper spricht.

17 Kurze Textauffüllung nach Beyer, Texte 248. Die Vollkommenheitsaussage vom "siebenfachen" Leuchten "des Himmelsgestirn" (so Milik, Enoch 266; vgl. Jes 30,26; 60,19f) würde den Abschluß der zehnten Woche in Korrespondenz zum Ende von I.a (עלמא) verwischen.

5.2.2 Das "Erscheinen des neuen Himmels" (äthHen 91,16)

Der Aufbau des zweiteiligen Abschnitts über das eschatologische Grundereignis der "zehnten Woche" (äthHen 91,15f) ist geprägt vom Parallelismus membrorum. Die beiden Teile, das Gerichtsthema und der "neue Himmel", gehören komplementär zueinander. Zuerst wird das "ewige Gericht" im **Himmel** über die Engel wegen ihrer Sünde angesagt (vgl. Gen 6,2-4; äthHen 6-16). Dem Gerichtshandeln Gottes korrespondiert sein Heilshandeln als Vergehen des "ersten Himmels" und Erscheinen eines "neuen Himmels". Dieser Himmel ist der Himmel der Vollkommenheit, in dem die **Himmelskörper** respektive Engelmächte vollkommenes Licht spenden (vgl. Dan 12,3).

Mit dem Ausdruck "neuer Himmel" wird man sogleich an die tritojesajanische Redeweise von einem "neuen Himmel" (Jes 65,17; Jes 66,12)[18] erinnert, "allerdings mit dem wichtigen Unterschied, daß hier in Hen 91,16 nicht von einer neuen Erde gesprochen wird", wie Ferdinand Dexinger bemerkt[19]. Seiner Beobachtung ist eine weitere Abweichung hinzuzufügen: Während Tritojesaja von der "Erschaffung" (ברא) des "neuen Himmels" redet, spricht die 10 WA von seiner "Erscheinung"[20]. Das kann **kein** "Zufall" sein[21] und ist auch nicht "bedeutungslos"[22].

Unzutreffend ist für dieses Phänomen die Erklärung, daß die Rede von einer "neuen Erde" wohl deshalb fehle, weil selbst die "neue Erde" als eschatologische Heilsvorstellung "nur die unangenehme Erinnerung"[23] an die Erde als Ort grundsätzlicher Not und Ungerechtigkeit wecken könnte. Mit dieser psychologischen Erklärung geht nämlich die Vermutung einher, die 10 WA setze den "neuen Himmel" mit dem "neuen Äon" gleich, und dieser löse im Sinne des zeitlichen Dualismus die böse Gegenwart ab. Hans Bietenhard bemerkt dazu: "Wenn es wirklich 'neu' werden soll in der Zukunft, dann so, daß nur der Himmel, die reine Welt des Lichts, Schauplatz des Heils sein kann"[24].

Dieser Ansicht muß widersprochen werden. Denn gerade der Dualismus zweier sich ablösender, im antagonistischen Gegensatz zueinander befindli-

---

18 Vgl. auch die Stichworte "erster, früherer" (הראשונת Trjes 65,17) und "vergehen", נמלחו , in Trjes 51,6.

19 Zehnwochenapokalypse 143.

20 Vgl. Schneider, ΚΑΙΝΗ ΚΤΙΣΙΣ 70.

21 Gegen Schneider, a.a.O. 69.

22 Gegen Sjöberg, Wiedergeburt 73, Anm. 8.

23 Bietenhard, Welt 181.

24 Ebd. 181.

chen Weltzeiten ist gerade **nicht** das Kennzeichen der 10 WA[25]. "Von einer einmaligen eschatologischen Kehre, ..., also von einem jähen Weltende und einer nachfolgenden Neuschöpfung **quasi ex nihilo** läßt die 10-Wochen-Lehre nichts entdecken."[26] Gewiß markiert V.12, die "achte Woche", zu den vorherigen Perioden eine Zäsur ("eine andere Woche"; "die der Gerechtigkeit"), insofern jetzt nur noch zukünftig-eschatologische Aussagen gemacht werden. Jedoch das Spezifikum der apokalyptischen Eschatologie der 10 WA ist der gleitende Übergang von Ereignissen der irdischen Geschichte zum Eschaton, ja es läßt sich sagen, daß nach der 10 WA "das Eschaton ... ein Produkt des Geschichtsverlaufes"[27] ist. Nicht erst eine Ablösung der "alten Welt" durch eine Neuschöpfung von Himmel und Erde vermag der Gerechtigkeit als dem Ziel der Neuordnung[28] zum allgemeinen Durchbruch verhelfen, nein, das eschatologische Heil beginnt sich für die 10 WA bereits innerweltlich auf der Erde durchzusetzen (vgl. äthHen 91,12) und weitet sich über die Erfüllung von Israels Heil (äthHen 91,12f) auf das Heil der ganzen Welt (91,14) bis in den Himmel (91,15f) aus. Am Ende steht die Vollendung in alle Ewigkeit (91,17).

Gerade diese spezifische eschatologische Konzeption des apokalyptischen "Flugblatt(s)"[29] von einem gleitenden Übergang des Geschichtsablaufes von dem auf der Erde in das Eschaton enthält eine außerordentliche Motivationskraft in der "Aufmunterung der asidäischen Kämpfer"[30] und stellt ihre Geschichte[31], ihren Kampf, in einen universalgeschichtlichen, eschatologischen Horizont[32]. Die Rede von einem neuen Himmel (äthHen 91,16) läßt sich aus diesen Gründen nur so verstehen, daß "die seit den Tagen der Vorzeit fällige Strafe an den Engeln jetzt vollzogen wird" (91,15)[33]. Das das Eschaton komplettierende Gericht im Himmel ist nur vorstellbar als Ablösung des ersten, sündigen Engelhimmels durch einen neuen, reinen Himmel von vollkommenem Sternenlicht.

---

25 Dexinger, Zehnwochenapokalypse 184f; vgl. Vanderkam, Enoch 155.

26 Koch, Sabbatstruktur 421.

27 Dexinger, Zehnwochenapokalypse 184; vgl. Koch, Sabbatstruktur 421.

28 Ziel der Neuordnung ist für die 10 WA die Befolgung der Thora (vgl. äthHen 91,14.17); dazu Dexinger, Zehnwochenapokalypse 185.

29 Dexinger, a.a.O. 139.

30 Ebd. 139.

31 Wohlgemerkt: die 10 WA schildert die Perioden der Geschichte ohne einen Reflex auf ein göttliches Eingreifen, beschreibt faktisch "autonome" Geschichte; vgl. Koch, Sabbatstruktur 422: "In der Zehn-Wochen-Lehre meldet sich der Georg Friedrich Wilhelm Hegel des Altertums" zu Wort.

32 Vgl. Dexinger, Zehnwochenapokalypse 139.

33 Ebd. 185.

Der Hinweis von Gerhard Schneider nun, daß das Interesse der 10 WA "mehr auf der Realität des Neuen als auf der Tatsache (liegt), daß es durch Schöpfung herbeigeführt wird"[34], führt auf die Spur des apokalyptischen Denkens. Anders als die atl., schriftgelehrte Prophetie, die an Gottes zukünftiger Heilsmacht als Schöpfer (ברא) interessiert ist (vgl. Trjes 65,17; 66,22), wird in der 10 WA die Heilsweissagung selber (äthHen 91,16: "ein neuer Himmel") zum ontologischen Bestandteil endzeitlicher Vollendungsgeschichte. Der "neue Himmel" wird in der Vision als Offenbarung an die Gläubigen vom Visionär (vgl. äthHen 93,2) vorweggeschaut[35]. Die Bekräftigung der Heilsweissagung durch den atl. Propheten mit der Aussage, daß man angesichts des eschatologisch-unüberbietbaren Neuen des früheren Heilsgeschehens in der Geschichte Israels mit seinem Gott nicht mehr gedenken wird (Trjes 65,17b), wird von der Apokalyptik umgesetzt zur Systematisierung des Geschichtsablaufs in einen ersten (vgl. Trjes 65,17b: הראשונת), vergänglichen Himmel, der endzeitlich von einem neuen, vollkommenen Himmel abgelöst werden wird. Die Rede vom "Erscheinen" des neuen Himmels (יתחזון)[36] setzt dabei gedanklich voraus, daß der "zweite, neue Himmel" bereits präexistent in der himmlischen Welt vorhanden ist[37] und vom Seher, der Eingang in die himmlische Welt gefunden hat, geschaut werden kann.

Abschließend ist deshalb folgendes Resümee zu ziehen: äthHen 91,16 ist sehr wohl der frühjüdischen Rede von der Welterneuerung zuzurechnen[38], allerdings zu ihrer apokalyptisch-visionären Variante. Die 10 WA nimmt die atl. Verheißung von Trjes 65,17; 66,22 auf, verwendet aber aufgrund ihrer Eschatologie eines gleitenden Übergangs von endzeitlichen Geschehnissen auf der Erde zu den darauf folgenden im Himmel nur die Aussage vom "neuen Himmel". Während die atl. Prophetie am Gedanken der **Neuschöpfung** als göttlicher Heilsmacht Interesse zeigt, setzt sich für den Apokalyptiker diese Prophetie entsprechend seinem deterministischen Geschichtsbild zu ontologisch bereits bei Gott präexistent vorhandenen **Heilstatsachen** um. Als von Gott

---

34 ΚΑΙΝΗ ΚΤΙΣΙΣ 70.

35 Vgl. auch die Übersetzung der LXX von Trjes 65,17 mit: ἔσται γὰρ ὁ οὐρανὸς καινός..., worin sich die Umwandlung der **Schöpfungs**aussage vom "neuen Himmel" in eine **Seins**aussage erkennen läßt (s.u. Hauptteil A 7.3.1).

36 Vgl. hebräisch חזון in Dan 8,1.13.17; 10,14 als Ausdruck für das Daniel die Zukunft erhellende Bild, dazu Jepsen, Art. חזה ThWAT 2, Sp. 832.

37 Vgl. Apk 21,2: ἀπὸ τοῦ θεοῦ , als Hinweis auf das im Himmel präexistent vorhandene Jerusalem.

38 Gegen Volz, Eschatologie 339.

vorbereitete "Geschichte", wird sie sich mit zwingender Notwendigkeit ereignen. Der Apokalyptiker ist als autorisierter Offenbarungsträger in der Lage, in der Vision einen "neuen Himmel" als Bestandteil zukünftiger Geschichte zu schauen und benützt seine Kenntnis, indem er es als **Heilsbild** eines von allem Bösen gereinigten Himmels ausmalt.

5.2.3 Einführung in die Johannes-Apokalypse unter besonderer Berücksichtigung der Aussagen über das Weltgericht (Apk 20,11ff)

In der Apk des Sehers Johannes, die nach Communis opinio zur Zeit der Regierung des römischen Kaisers Domitian in Kleinasien abgefaßt wurde (ca. 90-95 n.Chr.; vgl. Apk 17,9-12)[39], werden in ihrem Hauptteil Kap. 4-22 unterschiedliche apokalyptische Traditionen aus dem Frühjudentum gesammelt und zu einer systematischen "christliche(n) Geschichtsapokalyptik"[40] ausgearbeitet. U.a. begegnet in Apk 21,1 die Überlieferung von einem "neuen Himmel und einer neuen Erde". Aufgrund ihrer Christologie findet die (jüd.) Apk Eingang in den ntl. Kanon biblischer Schriften[41]. Die Erhöhung Christi zur Herrschaft im Himmel (Apk 3,21; 5,5) bewirkt den Sieg über das Böse, zunächst nur im Himmel (12,7ff). Damit aber ist die eschatologische Wende eingeleitet, die nun die Endgeschichte auf der Erde, die eine eschatologische Auseinandersetzung mit dem Bösen ist, mit einem Sieg Gottes krönen wird.

Der eschatologische Jubel über den Antritt der Königsherrschaft Gottes (Apk 19,1-10, bes. V.6) antwortet auf den irdischen Sieg Gottes über die Weltmacht der großen Hure Babylon (Apk 17f) und nimmt zugleich das sieghafte Finale der Vollendung der Herrschaft Gottes vorweg (vgl. 21,1-22,5). In mehreren Visionen werden im letzten Abschnitt der Apk (19,11-22,5)[42] die Heilsereignisse im Anschluß an traditionelle eschatologische Schemata (vgl. 4Esr 7,26-44; syrBar 30; 40; 50f) geschaut: die Parusie Christi auf Erden (Apk 19,11f) mündet in das Millenium des Messias ein (20,1-10). An die endgültige Vernichtung des Satans (20,7-10) schließt sich das eschatologische Weltgericht (20,11-15) mit der Auferstehung der Toten an.

---

39 Vgl. Strobel, Art. Apokalypse des Johannes 183.187.

40 Kümmel, Einleitung 407.

41 Brütsch, Apk III 141: "Daß Christus im Mittelpunkt der Schrift alles bestimmt, unterscheidet sie (die Apk) wohl am tiefsten von allen anderen apokalyptischen Büchern".

42 Zur Gliederung der Apk s. Müller, Apk 30ff.

Die letzte Vision vom Endgericht (Apk 20,11-15) beginnt mit der Schau des auf einem großen weißen Thron Sitzenden (20,11a), der Richtergestalt (vgl. Dan 7,9), aufgrund deren Erscheinung "Erde und Himmel" - verstanden "als personifizierte Größen"[43] - "fliehen" (Apk 20,11b; vgl. Ps 114,3.5). Diese "Flucht" geschieht allem Anschein nach aus Furcht vor dem göttlichen Richter (vgl. Apk 4,2; 6,10), der die Macht hat, den "Tod und Hades" auf ewig zu vernichten (vgl. 20,13f). Der Seher schließt seine kurze Vision mit der Bemerkung, daß "Erde und Himmel" ortlos wurden (Apk 20,11b). Damit nimmt er eine Wendung aus apokalyptischer Tradition auf (vgl. Dan 2,35), die der Autor der Apk öfter verwendet (vgl. Apk 12,8), um die endgültige Niederlage der widergöttlichen Mächte zu konstatieren (vgl. Jes 17,13; 29,5f mit Dan 2,35). V.12 nun wendet sich nach der einführenden Vision von der Epiphanie des Weltrichters der näheren Schau (εἶδον) des Gerichtes über die auferstandenen Toten zu (V.12-15).

Einen Blick auf diesen, der Neuschöpfungsvision von Apk 21,1f vorangestellten, Abschnitt von 20,11ff zu werfen, ist notwendig, weil sich formale Beziehungen zwischen beiden Abschnitten erkennen lassen[44]. Sind für den Verfasser der Apk beide Visionen aufeinander bezogen, so hat das für die Exegese der Neuschöpfungsvision in Apk 21,1f zur Folge, daß ein Verständnis von 20,11ff bereits den sich anschließenden Teil präjudiziert. Es erhebt sich nämlich die Frage, ob mit der Zuordnung und dem Nacheinander der Schaubilder - zuerst der mit der Epiphanie des Gerichtsherrn einhergehenden "Flucht" des Kosmos in die "Ortslosigkeit", sodann die Vision einer neuen Welt, die das "Vergehen der ersten Welt" einschließt - der Seher die Aussage vom wirklichen **Untergang** des bestehenden physischen Universums gekoppelt mit einer anschließenden **Neuschöpfung** des Kosmos verbindet. Es fragt sich, ob der Seher also eine **realistisch** verstandene totale Neuschöpfung des Kosmos, der an die Stelle des alten treten wird, für die Zukunft der Welt in Aussicht stellen will[45].

---

43 Vögtle, "Himmel" 305.

44 1. fällt das Nacheinander des zweimaligen Visionseinsatzes mit dem Verb εἶδον auf (Apk 20,11f; 21,1f). Sodann wird beide Male in den Visionen vom Kosmos als von "Erde und Himmel" (20,11) bzw. von "einem neuen Himmel und einer neuen Erde" (21,1) gesprochen. Schließlich wird zweimal die Vision durch einen nachklappenden Satz, der ein Verschwinden thematisiert (20,11c; 21,1c), geschlossen. Vgl. auch Lohmeyer, Apk 164; Lohse, Apk 107.

45 Vgl. Lohse, Apk 106, zu Apk 20,11: ... so sieht auch Johannes nun den Untergang der alten Welt. Himmel und Erde verschwinden", und zu 21,1 (ebd. 107): "Wenn die alte Welt vergangen ist (20,11), dann wird Gott einen neuen Himmel und eine neue Erde an ihre Stelle setzen."

Bei der Beantwortung dieser Frage soll es zunächst darum gehen, die oben bereits gemachten Einsichten zu Apk 20,11f zu interpretieren: Der Gebrauch der mythischen Tradition von der Flucht von Erde und Himmel, die ihren Ursprung im Mythos vom Chaoskampf hat[46], enthält die im Jahwe-Glauben (vgl. Ps 114,3.5) kritisch gegenüber der Tradition ausgebildete Intention, daß bereits schon die Epiphanie Jahwes und nicht erst die kriegerische Auseinandersetzung die gottwidrigen Mächte aus dem Felde schlägt. Es geht der Apk somit um das Grundereignis der **Theophanie,** der endzeitlichen Erscheinung des göttlichen Richters auf dem Thron, das in Übersteigerung des sieghaften In-die-Flucht-Schlagens von Meer und Jordan (Ps 114,3.5) auf den endzeitlichen Sieg über alle widergöttlichen Mächte von "Erde und Himmel" abzielt. Das Schaubild bringt "die alles übersteigende unwiderstehliche Allgewalt des offenbar werdenden Richters" in seiner herrschaftlichen Funktion als sitzender Richter **sinnbildlich** zum Ausdruck[47].

Es ist deshalb illegitim, aus diesen Versen eine Untergangsansage von Erde und Himmel im realistischen Sinne herauszulesen[48]. Bezüglich der nun folgenden Vision von "einem neuen Himmel und einer neuen Erde" (Apk 21,1f) ist damit besondere Vorsicht angesagt, wenn Ausleger die Vision als "totale Neuschöpfung"[49], als Verschwinden des alten Kosmos und darauffolgende Neuschöpfung durch einen "Schöpfungsakt"[50] bezeichnen, insofern sie dadurch ein wirklichkeitsnahes Verständnis intendieren. In hervorragender Weise hat Anton Vögtle diese Kritik an einer faktischen Interpretation der Neuschöpfungsvision von Apk 21,1f benannt, wenn er sagt: "Präjudizierend wirkt eben bereits die Verwendung der Kategorie 'die neue Schöpfung'. Indes fallen weder in 21,5a die eindeutigeren Begriffe κτίζειν oder κτίσις, noch heißt es in 21,1 etwa: ich sah 'eine neue Schöpfung', denn 'die erste Schöpfung' ist vergangen." Vögtle fährt fort: "Möglicherweise ist es kein Zufall, daß der Seher 21,1 nicht von einer oder gar **der** 'neuen Schöpfung', sondern von 'einem neuen

46 Zum Hintergrund von Ps 114,3-5 vgl. Kraus, Pss 2,958.

47 Vögtle, "Himmel" 305; vgl. ders., Buch 160f.

48 Mit Müller, Apk 346; bes. Vögtle, Zukunft 113f, und jetzt auch wieder in seinem Aufsatz "Himmel" 304-306. Auch das Problem, wo der Seher nach einer angeblichen Schilderung des Unterganges des Himmels den himmlischen Gottesthron (Apk 20,11) stehen läßt (vgl. Vögtle, Buch 160), und die Feststellung, daß V.13 "den Kosmos als noch bestehend denkt, weil das Meer und die im Erdinnern vorgestellte Unterwelt die Toten herausgeben müssen" (Müller, Apk 346), zeugen gegen ein realistisches Verständnis der Verse als Weltuntergang.

49 So Müller, Apk 349.

50 So Roloff, Apk 198.

Himmel und einer neuen Erde' sowie entsprechend vom Vergangensein 'des ersten Himmels und der ersten Erde' spricht."[51] Welche besondere Absicht der Seher der Apk damit verbindet, möchte diese Exegese im folgenden versuchen aufzuzeigen.

Aus der einführenden Analyse ist mitzunehmen, daß Apk 20,11ff mit 21,1ff eine Einheit bildet. Wird zunächst vom Seher die negative Seite des Herrschaftsantritts Gottes als Gerichtshandeln betont, so "läßt das durchgängige prophetische und apokalyptische Schema - Gericht für die Feinde, Heil für die Auserwählten -"[52] an den Schluß der Apk eine Vision vom "Endschicksal der Christusgetreuen", vom Glück "der vollendeten Heilsgemeinde"[53] erwarten.

5.2.4 Das Heilsbild von einem "neuen Himmel und einer neuen Erde" (Apk 21,1f)

Bevor der Aufbau von Apk 21,1f besprochen wird, sei die Übersetzung der Verse an den Anfang gestellt:

V.1: a "Und ich sah einen neuen Himmel und eine neue Erde (οὐρανὸν καινὸν καὶ γῆν καινήν).
a' Denn der erste Himmel und die erste Erde sind vergangen (ἀπῆλθαν).
b Und das Meer ist nicht mehr.
2 c Und die heilige Stadt, das neue Jerusalem, sah ich
c' herabkommen aus dem Himmel von Gott her,
d bereitet wie eine Braut, die für ihren Mann geschmückt ist."

Die visionäre Entfaltung des Endheils, das nur noch eine Welt der eschatologischen Herrlichkeit (Apk 21,11.23) und des unvergänglichen Lebens ist (21,4; 22,2)[54], beginnt mit dem Bild der fundamental neukonzipierten Welt, der Erfüllung der Prophetie aus Trjes 65,17f. Auf diese "Kurzvision"[55] (Apk 21,1), die gewissermaßen als positives Vorzeichen das totaliter aliter der neuen Heilswelt Gottes einleitet[56], folgt sogleich die Vision des an die Stelle der irdischen Stadt tretenden, oberen, im Himmel präexistent vorhandenen

---

51 "Himmel" 318; vgl. auch ders., Buch 164-169.

52 Vögtle, Zukunft 115.

53 Ebd. 115.

54 Apk 20,14 hatte bereits die endgültige Vernichtung des Todes und der Unterwelt als Macht der Vergänglichkeit vorgenommen.

55 Vögtle, Zukunft 117.

56 Vgl. die gleiche Konzeption von Einleitungsvision und anschließender Ausführung bei der Schilderung des Endgerichts Apk 20,11ff.

neuen Jerusalems (vgl. Apk 3,12; Gal 4,26; Hebr 11,10; 12,22[57]), wie es vom Arrangement her von Trjes 65,17f inspiriert sein dürfte[58]. Die Vorstellung vom "neuen Jerusalem" nimmt später bei der ausführlichen Schilderung des eschatologischen Heiles der vollendeten Heilsgemeinde eine zentrale Stellung ein (Apk 21,9ff, bes. 10b). Durch die Parallelisierung der Visionen (εἶδον in Apk 21,1 und 2) vom "neuen Himmel und Erde" mit der vom "neuen Jerusalem" gewinnt die heilige Stadt "kosmische Ausmaße"[59] und wird "zum Inbegriff des eschatologischen Herrschaftsbereiches Gottes"[60]. Das Bild von der geschmückten Braut (21,2b) malt die Schönheit des neuen Jerusalems aus, ein traditioneller Bildzug (vgl. Jes 49,18; 61,10; bes. Ez 16,11-13). Nachgeholt, und zwischen die beiden Visionen eingeschoben, wird vom Apokalyptiker die Aussage vom Verschwinden des Meeres, das nach überkommener apokalyptischer Anschauung[61] als Behausung widergöttlicher Mächte nicht zur neuen geschöpflichen Ordnung gehören kann.

Die "Doppelvision"[62] geht in Apk 21,3 über in die Audition der neuen Welt (V.3f) eines himmlischen Sprechers (des Richters selbst?), die wiederum gesteigert fortgesetzt wird in der einzigen Gottesrede im apokalyptischen Teil der Apk (21,5-8). Alle drei Teile gehören zusammen und beschreiben gemeinsam das Heil der eschatologischen Heilsgemeinde. Dies ist aufgrund der Gliederung zu belegen: In der Audition der "neuen Welt" (V.3f) verkündet eine Himmelsstimme im Futur der Verheißung als das Zentrum des Heiles die Anwesenheit Gottes bei den Seinen. Diese bewirkt die Aufhebung jeglichen Leides. Der Schlußsatz dieses Abschnittes (V.4) bezieht sich nach Form ("Vergangenheitstempus des Visionsstils"[63]) und Inhalt (τὰ πρῶτα ἀπῆλθαν ; vgl. Dtjes 43,18) auf V.1a zurück und schließt somit den zweiten Teil ab. Der dritte Teil (21,5-8) bekräftigt gleich am Anfang mit einem durch Umstellung und Verstärkung (πάντα) leicht veränderten Zitat von Dtjes 43,19 (LXX: ἰδοὺ ποιῶ καινά) die Erfüllung (V.6a: γέγοναν) der Verheißung von einer Neugestaltung der Welt. Gott ist der Vollender der Welt (V.6b), an deren Endheil allerdings nur die in rechter Ethik handelnden Gläubigen teilhaben werden (V.6-8).

---

57 Die Vorläufer dieser Vorstellung im jüd.-apokalyptischen Bereich sind äthHen 90,28ff; 4Esr 7,26; 10,27ff.50ff; 13,36; syrBar 4 u.a.m..

58 Vgl. Brütsch, Apk III 12.

59 Müller, Apk 349f.

60 Ebd. 350.

61 Vgl. nur TestLev 4,1; AssMos 10,6; Sib 5,158f u.a.m..

62 Vögtle, "Himmel" 314.

63 Müller, Apk 352.

Als Ergebnis dieser Aufbauanalyse ist festzuhalten, daß Apk 21,1-8 eine Einheit bildet, die das Heil der "neuen Welt" durch Kompilation einzelner prophetischer Heilsweissagungen - bes. aus dem Jesajakorpus - illustrativ veranschaulicht. Die Rede vom "eschatologischen Neuen" (Dtjes 43,18f und Trjes 65,17; 66,22) bildet das Rückgrat der Darstellung.

Wendet man sich nun der Einzelexegese von Apk 21,1f zu, so fällt zuerst der inkongruente, im Zusammenhang widerspruchsvolle Gebrauch der Visionsbilder auf: in der kosmischen Neuschöpfung von Himmel und Erde fehlt als Bestandteil der irdischen Welt das Meer; das neue Jerusalem besitzt als lokale Größe kosmische Ausmaße; die Vorstellung von der Herabkunft eines präexistent vorhandenen himmlischen Jerusalems bedarf des ersten Himmels, dieser aber ist bereits in V.1 als untergegangen geschildert. Der Schluß ist unabweisbar, daß hier die Konstituierung der neuen Welt keineswegs realistisch gemeint ist, etwa zur Befriedigung einer spekulativen Phantasie[64], welcher die kosmische Geographie der "neuen Welt" nahegebracht werden soll. Vielmehr wird mit verschiedenen überkommenen Heilsmetaphern ein Bild vollendeten Heiles der eschatologischen Heilsgemeinde entworfen[65].

Traditionsgeschichtlich basiert der Abschnitt Apk 21,1f auf einer teilweisen Rezeption von Trjes 65,17f, dem der Apokalyptiker aber - und das ist wichtig - eine Neuinterpretation widerfahren läßt[66]. Die tritojesajanische Kombination der Verheißung einer neuen Schöpfung mit der eines erneuerten Jerusalems (65,17-19) wird in der Apk verändert zur Verbindung der Neuschöpfungsvision mit der Vision von dem neuen, aus dem Himmel herabsteigenden Jerusalem. Dieser Unterschied aber bedarf der näheren Erläuterung.

Die LXX-Version von Trjes 65,17 lautet übertragen:

a "Denn es wird sein der neue Himmel und die neue Erde,
b und nicht mehr werden sie der früheren (Gegebenheiten)
c (τῶν προτέρων) gedenken,
noch kommen sie in ihren Sinn."

Deutlich erkennbar ist, daß im Hintergrund von Apk 21,1a die LXX-Version von Trjes 65,17a steht[67], der Vers aber kein direktes Zitat darstellt (anders 2Petr 3,13). Auch die zweite Hälfte V.1b knüpft mit ὁ πρῶτος, ἡ πρώτη an Trjes 65,17b an. Doch werden auch die Unterschiede deutlich: Es

64 Mit Müller, Apk 349.

65 Vgl. den ausführlichen Beweisgang bei Vögtle, Zukunft 114ff.

66 S. dazu Vögtle, Zukunft 118.

67 Hinweise sind gegenüber dem MT das Fehlen von ברא = κτίζω in der LXX sowie der Singular von οὐρανός gegenüber שמים (plur.) des MT; anders 2Petr 3,13.

fehlen in Apk 21,1a der bestimmte Artikel vor Himmel und Erde und, besonders auffällig, Trjes 65,17b wird durch die Formulierung ersetzt: "Der erste Himmel und die erste Erde werden vergehen". Wie ist dies zu erklären?

Anton Vögtle hat sich diesem Problem zugewandt[68] und auf den unbestreitbaren Widerspruch hingewiesen, der zwischen der Erwartung des neuen Kosmos (Apk 21,1) und der Erwartung eines neuen Jerusalems (21,2) besteht, "falls er (sc. Johannes) im unmittelbar voraufgehenden Vers die zuvor erfolgende Annihilierung des Kosmos, somit auch die 'des ersten Himmels' behaupten wollte"[69]. Vögtle erklärt nun, daß die Neuinterpretation von Trjes 65,18 vom erneuerten Jerusalem durch den apokalyptischen Topos vom präexistenten, vom Himmel herabsteigenden Jerusalem "voll verständlich, ja geradezu erforderlich" mache, daß der Apokalyptiker "in V.1b die jesaianische Aussage 65,17b vom Nicht-mehr-gedenken des Früheren überbot durch den Satz: 'denn der erste Himmel und die erste Erde sind vergangen ...' (V.1b)"[70]. Denn, so seine Begründung, der Topos des vom Himmel herabkommenden Jerusalems sei mit dem Topos vom neuen Himmel und einer neuen Erde "erst völlig konzinn, wenn die bestehende Erde mit dem auf ihr befindlichen Jerusalem als untergegangen vorgestellt wurde"[71]. Vögtles Interpretation befriedigt jedoch nicht, weil folgerichtig bei seiner Annahme eines Ausgleichs zwischen zwei nicht miteinander harmonierenden Vorstellungen - in diesem Fall der der Vision des neuen Kosmos mit der vom neuen Jerusalem - einzig der Satz in Apk 21,1b zu erwarten wäre: "die erste Erde ist vergangen". Denn die Vorstellung eines im Himmel befindlichen Jerusalem bedarf als Ort des "ersten Himmels". Das aber ist eben in Apk 21,1b nicht der Fall.

Allein, dieser Einwand gegen Anton Vögtle trägt noch nicht die ganze Kritik. Erst wenn erkannt wird, daß Vögtle mit seiner Auslegung in die - von ihm so leidenschaftlich bestrittene - realistische Interpretation apokalyptischer Visionsbilder abgleitet, wird die Aporie seiner Exegese deutlich. Stillschweigend interpretiert Vögtle nämlich die beiden Heilsbilder als Abfolge von Er-

---

68 Das Problem hat auch Roloff, Apk 198, gesehen. Er hält es allerdings für "falsche Konsequenzmacherei, zu fragen, wieso nun das neue Jerusalem 'vom Himmel' kommen könne, nachdem doch der Himmel, in dem es bislang aufbewahrt war, nach V.1 nicht mehr ist". Seine Erklärung, die Ergänzung "von Gott her" zeige, daß mit dem Himmel in V.2 "nicht ein Teil des Kosmos, sondern der Bereich Gottes gemeint" sei (ebd. 198), weist in die Richtung der Auslegung als Heilsmetapher ohne jedoch in das apokalyptische Denken einzuführen.

69 "Himmel" 312; vgl. ders., Zukunft 118.

70 Zukunft 118.

71 Ebd. 118.

eignissen kosmisch-räumlichen Ausmaßes und versucht die dabei entstehenden Schwierigkeiten auszugleichen. Die Vision vom "neuen Himmel und der neuen Erde" und die des "neuen Jerusalems" bilden aber zwei Heilsmetaphern, deren Motive nur als Bildhälften Verwendung finden. Sie bedürfen keiner objektivierenden, an der realistischen Vorstellung von einer neugeschaffenen Welt und einem neugeschaffenen Jerusalem orientierten Verbindungsaussage im Sinne des Untergangs der ersten Welt. Diese Auslegung ist eine Contradictio in adjecto. Vögtle hat denn auch in einer neuen Bearbeitung seine Inkonsequenz erkannt und nimmt "eine konsequent sinnbildliche Deutung"[72] von Apk 21,1f vor.

Um die apokalyptische Neuinterpretation der atl. Heilsverheißung von einem neuen Himmel und einer neuen Erde (Trjes 65,17; vgl. 66,22) in der Form des Visionsberichtes zu verstehen, ist auf den traditionsgeschichtlichen Zusammenhang zu äthHen 91,16a zu achten. In der 10 WA schaut der Seher Henoch, was ihm "in der Vision des Himmels erschienen ist" (äthHen 93,2). Dort heißt es (s.o. Hauptteil A 5.2.1):

"Und ein erster Himmel wird in ihr (sc. der zehnten Woche) vergehen (יעברון)
und ein neuer Himmel wird erscheinen (יתחזון)."

In diesem Text findet sich die traditionsgeschichtliche Basis der Vision des Apokalyptikers Johannes von einem neuen Himmel und einer neuen Erde[73]. Es ist mithin evident, daß Apk 21,1 nicht direkt auf die Verheißung Trjes 65,17 LXX zurückgeht[74], noch V.1b eine Angleichung an das Bild vom neuen Jerusalem in V.2 ist, sondern auf die spezifische Umsetzung der atl. Verheißung in der apokalyptischen Gattung des Visionsberichtes und dem damit einhergehenden apokalyptischen Denken fußt. Anders als die 10 WA, die das Motiv der Schau eines "neuen Himmel" zur Darstellung der himmlischen Vollendung des sich von der Erde bis in den Himmel fortsetzenden eschatologi-

---

72 Vögtle, "Himmel" 320.

73 Hinweise sind das Fehlen des bestimmten Artikels vor οὐρανὸν καινόν. Ἀπῆλθαν ist die griech. Version von aramäisch עברון (vgl. in der LXX den Gebrauch von ἀπέρχεσθαι für hebräisch עבר in Jos 10,29.31.34; Jes 23,6.12). Schließlich ist das Zustandekommen der Wendung ὁ πρῶτος οὐρανός gut erklärbar. In gleicher Weise hat sich Black, Creation 17, geäußert: "The second part, 1b, is practically verbatim 4Q Aram. En. (except for the change in tense necessitated by the context in Revelation)"; vgl. ders., Enoch 294.

74 Gegen Vögtle, Zukunft 118; ders., "Himmel" 315; Lohmeyer, Apk 165. Vorsichtig bereits Zahn, Apk II, 597.

schen Heils verwendet, gebraucht die Apk in der "Spätzeit" der jüd. Apokalyptik die Vision vom neuen Kosmos im Denken des apokalyptischen Dualismus als Metapher zur Kennzeichnung des vollendeten eschatologischen Heils.

Der Apokalyptiker schaut in der Vision die von Gott schon bereitete zukünftige neue Welt[75]. Den kommenden Äon, die Heilspersonen und die Heilsgüter des kommenden Äons, so ist seine Überzeugung vom göttlichen Determinismus der Welt (vgl. 4.Esr 6,1-6), hat Gott gleichzeitig mit dem Beginn der Schöpfung und der Weltgeschichte geschaffen: "sie sind präexistent, der Seher kann sie in der oberen Welt oder aus ihr herabkommend sehen (Dan 7,13; äthHen 39,3ff; 48,3.6; 49,2; 4.Esr 13,36)"[76]. Für den apokalyptischen Visionär der Endzeitgeschichte verwandelt sich mithin die atl. Heilsvorstellung von "einem neuen Himmel und einer neuen Erde" zu einem bereits in der göttlichen (Apk 21,2a: ἀπὸ τοῦ θεοῦ) himmlischen Welt präexistent vorhandenen Heilsinhalt, der zukünftig mit Gewißheit eintreffen, aber in der visionären Schau zeitlich vorweggenommen wird, um tröstlich (und ermutigend vgl. äthHen 91,16) Menschen des eschatologischen Endheiles Gottes zu vergewissern.

Apk 21,1f verwendet also zwei traditionsgeschichtlich bereits zugeordnete Heilsmetaphern (Jes 65,17-19), verändert sie allerdings in der Sprachform des Visionsberichtes zu einer Doppelvision von präexistent vorhandenen Inhalten der "neuen Welt" Gottes. Dem Seher Johannes ist nicht an der Entwicklung einer wirklichkeitsgetreuen zukünftig sich realisierenden Kosmologie gelegen, sondern er findet in der Schau des neuen Kosmos ein Sinnbild, das primär das endzeitliche Neue der erlösten Heilsgemeinde zu illustrieren sucht[77]. Beide zueinander gestellte Visionen meinen ein kosmologisches Sinnbild, können aber von ihrem Wesen her als Schau eines Sehers nur anschaulich-konkrete, keineswegs abstrakte Sprache (etwa "der neue Kosmos" oder "die neue Architektur") verwenden, was einen Scheinrealismus vorspiegelt.

Theologisches Ziel der einleitenden Doppelvision ist die Vorbereitung des zentralen Anliegens der Apk bei der Schilderung des eschatologischen Heils, das von ihr als Wohnen Gottes unter den Menschen (21,3) beschrieben wird. In

---

75 4Esr 7,50: "der Höchste hat nicht eine Welt geschaffen, sondern zwei"; vgl. 4Esr 8,1.

76 Vielhauer, Einleitung 415.

77 Zu vergleichen ist die Gattung des Bildwortes, dessen Sinn schon aus dem Bild selber deutlich hervorgeht (Mt 5,14; 24,28; Mk 2,17). Zur detaillierten Argumentation gegen ein realistisches Verständnis vgl. weiter Vögtle, "Himmel" 320ff.

der "neuen Welt" ist die Einwohnung Gottes eine überall und zu jeder Zeit zugängliche Erfahrung. Dementsprechend wird denn auch das Sinnbild vom "neuen Jerusalem" als Tempel Gottes ausgelegt[78]. Die von der Apk gewollte Verbindung von 20,11 mit 21,1 (s.o.) bedeutet, daß die mit der Theophanie des allgewaltigen **Richters** einsetzende Flucht der widergöttlichen alten Welt-("Mächte") am Ende, wenn die Epiphanie Gottes als **Retter** der Gemeinde sichtbar wird, umgewandelt wird zur erneuten Anwesenheit des gesamten neuen Kosmos, weil die Anwesenheit Gottes überall heilvoll erfahrbar wird[79].

5.2.5 Einführung in die pseudo-philonische Schrift Liber Antiquitatum Biblicarum einschließlich einer Übersetzung von LibAnt 3,10

Die Schrift Liber Antiquitatum Biblicarum (auch: Antiquitates Biblicae)[80], die, einige hebräische Fragmente ausgenommen, nur in lat. Niederschriften erhalten ist, war ursprünglich auf Hebräisch abgefaßt. Sie wird in die Zeit Ende 1.Jh/Anfang 2.Jh.n.Chr. datiert. Als Entstehungsort wird Palästina genannt[81]. Der unbekannte Verfasser, der in der Tradition der westlichen Kirche irrtümlicherweise mit dem jüd. Religionsphilosophen Philo von Alexandria identifiziert wurde[82], gehört der pharisäischen Richtung des Judentums an. Für Pseudo-Philo ist das Gesetz schon zu einer einheitlichen Größe geworden, "es ist **der** Heilsfaktor für Israel und seine Geschichte; durch das Gesetz wird der Bund konstituiert, und im Halten des Gesetzes wird der Bund bewahrt"[83].

---

78 Roloff, Apk 203: "Einen eigenen Tempel gibt es in ihr nicht mehr, weil die Eigenschaft des Tempels, Wohnort Gottes zu sein, ganz auf die Stadt übergegangen ist".

79 Die Vermutung von Vögtle, "Himmel" 318, daß die Apk die räumliche Bezeichnung "Himmel und Erde" wählt, weil diese Signifikation die Unterscheidung zwischen einem Oben und Unten im Blick hat, geht fehl. In der Apk ist nicht die Aufhebung der für den Menschen unüberwindbaren Distanz zwischen dem Wohnsitz Gottes im **Himmel** und dem Menschen auf der **Erde** gemeint, etwa in einer kosmologischen "Verschmelzung" von Himmel und Erde. Vögtle fällt mit seinem Vorschlag wieder in die realistische Interpretation zurück. Er "überfordert" das antike Weltbild, das gebunden ist an den Dual von "Himmel und Erde" zur Beschreibung der Welt, wie auch der "neuen Welt". Nirgends redet die Apk von der Aufhebung der Distanz zwischen Himmel und Erde zugunsten eines dritten.

80 Der hier Verwendung findende Titel erscheint zum ersten Mal in der Ausgabe von S. Gryphe, Lyon 1552; vgl. Harrington, Introduction 298.

81 Vgl. Dietzfelbinger, Einleitung JSHRZ II,2 95ff; Harrington, Introduction 299.

82 Vgl. dazu Rost, Einleitung 146.

83 Dietzfelbinger, Einleitung JSHRZ II,2 97.

In der Situation nach der Tempelzerstörung des Jahres 70 n.Chr., in der Pseudo-Philo schreibt, rückt das Gesetz an die Stelle des Kultus, ist das seines religiös-politischen Mittelpunktes beraubte jüd. Volk in seiner Identität durch das Eindringen von Fremdkulten und Konnubium mit Fremdstämmigen bedroht.

Im Werk Pseudo-Philos wird die Sünde Israels verantwortlich gemacht für das Ingangsetzen des göttlichen Gerichtes. Die am dtr. Geschichtsbild orientierte Geschichtskonzeption[84] wird inhaltlich als Nacherzählung der Geschichte Israels (Gen 5 - 1Sam 31,4) mit midraschartigen Ausgestaltungen durchgeführt. Vermutlich sollte der erzählerische Bogen von der Sintflut bis zur Zerstörung Jerusalems im Jahre 587 v.Chr. reichen, der Vorausdarstellung jener vom Verfasser vielleicht selbst miterlebten Zerstörung Jerusalems im Jahre 70 n.Chr., aber die Erzählung endet unvollendet mit dem Tode Sauls (=2Sam 1,8). So ist die Schrift LibAnt nur als Fragment erhalten geblieben.

Im Rahmen der Nacherzählung der Sintflutgeschichte (LibAnt 3,1ff) schließt sich an den Schwur Gottes, der Erde, solange sie besteht, niemals wieder eine Sintflut zur Ausrottung des Bösen widerfahren zu lassen (3,9; vgl. Gen 8,21f), eine kleine Sammlung endzeitlich-apokalyptischer Vorstellungen an. Dort heißt es (LibAnt 3,10)[85]:

V.10: "Wenn aber die Jahre der Welt erfüllt sein werden,
dann wird das Licht aufhören und die Finsternis vertilgt werden,
und ich werde die Toten lebendig machen und die Schlafenden aus der Erde aufrichten.
und die Unterwelt wird das, was sie schuldet, zurückgeben,
und das Verderben wird seinen Teil zurückerstatten,
damit ich einem jeden nach seinen Werken vergelte und nach den Früchten seiner Einfälle,
bis ich zwischen Seele und Fleisch richte.
Und die Welt wird aufhören,
und der Tod wird vertilgt werden,
und die Unterwelt wird ihren Rachen schließen.
Dann wird die Erde nicht ohne Frucht sein
noch unfruchtbar für die, die auf ihr wohnen;
und keiner wird sich beflecken, der durch mich gerechtfertigt ist.
Und es wird eine andere Erde sein und ein anderer Himmel, eine ewige Wohnung
(Et erit terra alia, et celum aliud habitaculum sempiternum[86];
[87]כי הארץ חדשה ושמים חדשים יהיו לישיבת עולם
[wörtlich: Denn die neue Erde und der neue Himmel werden zur ewigen Wohnung sein])."

---

84 Vgl. Steck, Israel 173ff.

85 Nach Dietzfelbinger, LibAnt JSHRZ II,2 107f; vgl. Harrington, LibAnt, OTP 2,307.

86 Nach Kisch, Liber Antiquitatum Biblicarum 117.

87 Hebräischer Text nach Harrington, Fragments 14.

5.2.6 Der "neue Himmel und die neue Erde" als Wohnung der Gerechten (LibAnt 3,10)

In LibAnt 3,10 findet sich eine kleine Sammlung von gemeinhin bekannten jüd.-apokalyptischen Topoi über die zukünftig-eschatologische Erfüllung. Die Gottesrede beginnt schon in 3,9. Diese "kleine Apokalypse" will darum in Verbindung mit dem jahwistischen Epilog zur Sintflutgeschichte (Gen 8,20-22), der z.T. in LibAnt 3,9 zitiert wird, ausgelegt sein. Wird in 3,9 berichtet, daß Gott niemals die Erde einer erneuten Sintflut unterwerfen, also totaler Vernichtung übergeben wird, sondern nur die Sünde der Menschen partiell mit den Strafen Hunger, Krieg, Feuer, Tod, Erdbeben oder Zerstreuung richten wird, so geht es "der kleinen Apokalypse" (3,10) um die Zeit endzeitlicher Erfüllung. Die zeitlose Ewigkeitszukunft - ohne die Abfolge von Licht und Finsternis - wird die eschatologische Erfüllung in der Auferstehung der Toten und das Gericht über jeden Menschen nach den Werken bedeuten, sowie die Trennung von Seele und Fleisch. Mit dem eschatologischen Ende der geschöpflich begrenzten Welt wird auch der Tod aufhören (vgl. Apk 21,4). Die Positiva einer von geschöpflichen Unzulänglichkeiten geheilten Welt sind ihre Fruchtbarkeit und die Unmöglichkeit menschlicher Sünde (vgl. äthHen 91,17). Der kleine eschatologische Ausblick endet mit dem Hinweis auf die fundamentale Neuheit der Welt, ausgedrückt mit den Worten der prophetischen Verheißung von Trjes 65,17a(66,22): Die neue Welt wird der Ort der Erfüllung des ewigen Lebensrechtes für die Gerechten (LibAnt 19,13; vgl. 23,6; 26,13; 51,5) sein.

Das Besondere dieser kleinen Sammlung endzeitlich-eschatologischer Erwartungen liegt in ihrer Verankerung in dem Epilog der Sintflutgeschichte. Dadurch ergibt sich ein kurzer Geschichtsüberblick über die gesamte Weltzeit von der Sintflut an über die Zeit der Geschichte (LibAnt 3,9) bis zum eschatologischen Ende (3,10). Der für den Glauben tröstliche Schwur Gottes, niemals wieder aufgrund menschlicher Sünde die Welt in ihrem Bestand zu vernichten, wird eingeschränkt durch die Aussage, daß Gott als Gerichtsherr immer die Sünde partiell bekämpfen und zerstören wird mitsamt den in Sünde lebenden Menschen (3,9). Schließlich wird Gott in der Zeit zukünftiger Erfüllung durch sein endgültiges Gericht die Welt selbst zerstören und durch seine Macht in der Auferweckung der Toten eine ewige Heilszeit der neuen Schöpfung einrichten.

LibAnt 3,9f ordnet somit in einem kurzen Überblick am Anfang des Buches[88] weisheitliches, die immerwährende Ordnung der Schöpfung reflektierendes und prophetisches Denken, das die fortlaufende Geschichte in ihrer durch göttliches Wort gegebenen Begrenzung sieht, einander zu. Mit dem apokalyptischen Stichwort von der "Fülle der Zeiten" (vgl. Tob 14,5: "Bis die Zeiten des [gegenwärtigen] Äons erfüllt sind") erhält die gesamte Weltgeschichte, die es nun von Kap. 3 an in dem Buch LibAnt zu beschreiben gilt, eine determinierte Existenzdauer.

In LibAnt 3,10 geht es also nicht um das Thema der Wiederherstellung der Welt nach der Sintflut als typologische Vorausdarstellung der endzeitlichen Erneuerung. Wie in äthHen 72,1 und Jub 1,29 wird vielmehr am Anfang des Buches ein Geschichtsüberblick gegeben. Er beginnt mit der Zeit unmittelbar nach der Sintflut als dem Ende der mythologischen Urzeit und als Anfang des geschichtlichen Verhältnisses zwischen Gott und Mensch. Er endet mit der Zeit eschatologischer Erfüllung. Pseudo-Philo zeigt damit, daß jede Zeit der Geschichte immer auf die Zeit endzeitlicher Erfüllung ausgerichtet ist. Geschichte unter dem Blickwinkel des dtr. Geschichtsbildes erlebt, bedeutet für LibAnt die Erfahrung göttlicher Gerichtsherrschaft über die Sünde der Menschen. Die Zerstörung Jerusalems 587 v.Chr. und entsprechend 70 n.Chr. ist Teil des göttlichen Zorngerichtes (LibAnt 3,9), bedeutet aber nicht definitiv das Ende Israels. Noch stehen das Endgericht (3,10) und die nahe (19,13ff) eschatologische Heilswende für Israel (19,12f; 23,13; 26,13; 51,5 u.ö.) bevor. Eine "eschatologische Grenze"[89] trennt Geschichte und Heilszukunft.

Den Zugang zu diesem zukünftig-jenseitigen Heil der neuen Welt können sich Menschen individuell durch ihre Rechtfertigung im Endgericht nach den Werken eröffnen. Der Glaube an die Auferstehung der Toten und die Erneuerung der Welt durch Gott sind die tragenden Grundpfeiler dieser jenseitig-eschatologischen Hoffnung auf Erfüllung. Pseudo-Philos Werk ist also von Beginn an bei seiner Darstellung von vergangener "Geschichte" eschatologisch ausgerichtet: es ist ein Aufruf an die gegenwärtig Lebenden zur Umkehr, zur Rückkehr zum Gesetzesgehorsam. An die individuelle Umkehr ist die Möglichkeit zur Wendung des Unheilsstatus von Israel gebunden, ist Gewinnung ewigen Heiles möglich.

---

88 LibAnt 1f enthält fast ausschließlich genealogische Listen vom "Anfang der Welt".

89 Steck, Israel 175.

5.3 2Petr 3,13: eine Apologie der prophetischen Verheißung

Der 2Petr, eine "antihäretische Kampfschrift"[1], die zu den spätesten Schriften des ntl. Kanons zählt (um 150 n.Chr.)[2], versucht mit literarischen Mitteln, Irrlehre in der frühkatholischen Kirche zu bekämpfen[3]. Teilweise basierend auf der Vorlage des Jud[4], bedient sich der unbekannte Verfasser der literarischen Form der Abschiedsrede und konzipiert den 2Petr als Vermächtnis eines wahren Apostels aus der Urzeit der Kirche an die nach seinem Weggang bedrohte, weil verlassene Gemeinde. Unter dem Pseudonym des Petrus möchte er die Gemeindeglieder "an die apostolische Tradition und das apostolische Beispiel als Wächter gegen den Irrtum" erinnern[5] (vgl. 2Petr 1,12ff.16ff; 1,20f; 3,2).

In 2Petr 3,1-13 wendet sich der Brief besonders gegen libertinistische Parusiespötter, Christen, die "nach ihren eigenen Lüsten wandeln und sprechen: 'Wo bleibt die Verheißung seiner Parusie? Denn seit die Väter entschlafen sind, geht alles so wie von Anfang der Welt weiter'" (3,3f). Geschickt betreibt der Verfasser seine Apologie der Parusie mit dem "Kunstgriff"[6], daß er das Auftreten von Parusiespöttern als Erscheinung der Endzeit (vgl. 1Joh. 2,18) sowohl von den atl. Propheten[7] als auch von Christus selbst, insofern die Apostel sein Gebot tradieren, geweissagt sieht (3,2). Damit rückt die Gegenwart der Adressaten mit dem Auftreten von Parusiezweiflern nur noch näher an das Eschaton heran. Sodann legt der 2Petr die Lehre einer urchristlichen Eschatologie dar, die traditionelle jüd.-apokalyptische Topoi führt und an der Naherwartung festhält (3,5ff)[8].

---

1 Vielhauer, Geschichte 595.

2 Vielhauer, a.a.O. 599, datiert den 2Petr in die Mitte oder zweite Hälfte des 2.Jh.; Kümmel, Einleitung 383, vermutet seine Entstehungszeit im zweiten Viertel des 2.Jh. bzw. um 150 n.Chr.

3 Vgl. den Aufsatz von Käsemann, Apologie 135-157, bes. 157.

4 2Petr 2 stimmt weitgehend mit Jud 4-13 überein, im einzelnen s. Vielhauer, Geschichte 596; Schrage, 2Petr 124.

5 Vögtle, Zukunft 123; vgl. zum Einzelnen der Parusie- und Gerichtsapologetik von 2Petr 3 ebd. 121ff.

6 Vögtle, Zukunft 137.

7 Vgl. die im AT berichtete Auseinandersetzung der Propheten mit den Skeptikern ihrer Prophetie und die Androhung eines Vernichtungsgerichtes (Jer 17,15; Ps 42,4.11; Joel 2,17; Mal 2,17; weitere Stellen bei Vögtle, Zukunft 126).

8 Nach dem Urteil von Vielhauer, Einleitung 434, wird die apokalyptische Eschatologie hier nur noch "als **locus de novissimis** festgehalten und die Naherwartung künstlich als Dogma rezitiert, ohne daß beides noch

Die Zuspitzung des von den Gegnern behaupteten Parusiezweifels zu der Aussage, daß alles seit den (apostolischen) Vätern[9] der Kirche unverändert bleibe, wie es seit Anfang der Schöpfung (2Petr 3,4) gewesen sei, nimmt der Apologet nun seinerseits zum Anlaß (3,5-7)[10], über die Parallelisierung von Urzeit und Endzeit[11] schöpfungstheologisch die Macht Gottes zu beweisen. Diese Macht ist sein endzeitliches Vermögen, in die Geschichte der Welt mit der Parusie des Kyrios Jesus Christus einzugreifen (1,16). Wie Gottes Wort sich machtvoll in der Schöpfung **am Anfang** erwiesen hat (3,5), so wird auch Gottes über Sein und Nichtsein entscheidendes Wort mit Gewißheit dem jetzigen Kosmos **ein Ende** setzen (3,7).

Die Erwartung der totalen Vernichtung von Himmel und Erde wird vom Verfasser mit der mythologischen Vorstellung vom Weltenbrand[12] (2 Petr 3, V.7.10.12) ausgedrückt. D.h., über den ersten, schöpfungstheologischen Gedankengang einer Apologie göttlicher Macht, der Welt in der Parusie ein Ende zu setzen, legt sich der zweite von einem endzeitlichen Strafgericht Gottes über die gottlosen Menschen, wie es typologisch voraus dargestellt wurde in der urzeitlichen Vernichtung der "alten Welt" (vgl. 2,5[13]) im Strafgericht der Sintflut (3,6). Parallelisiert wird die urzeitliche Sintflut mit dem endzeitlichen Weltenbrand (3,7)[14]. Damit hat der 2Petr sein erstes Ziel

---

einen lebendigen Bezug zur christlichen Existenz hätte".

9 So Vögtle, Zukunft 130; vgl. Fornberg, Church 62f.

10 Die Verse 2Petr 3,5-7 weisen schwierige grammatische Einzelprobleme auf, "deren verschiedene Beantwortung", wie Vögtle erklärt, "für die Erhebung der Aussageintention der VV.5-7 jedoch kaum entscheidend ist" (Zukunft 134), vgl. seine Ausführungen 134f.

11 Formal führt der Verfasser des 2Petr diese Absicht durch die Parallelisierung von 2Petr 3,5 mit V.7 durch: Dem οὐρανοὶ ... ἔκπαλαι καὶ γῆ steht der νῦν οὐρανοὶ καὶ ἡ γῆ gegenüber, beide sind an Gottes Wort (τῷ τοῦ θεοῦ λόγῳ bzw. τῷ αὐτῷ λόγῳ) gebunden.

12 Die Theorie vom Weltenbrand begegnet hauptsächlich in den Sibyllinen (2,196ff; 3,83ff; 4,172 u.ö.; dazu Grundmann, 2Petr 114; Schrage, 2Petr 149; Bousset/Greßmann, Religion 281ff; Fornberg, Church 66; sowie Mayer, Weltenbrand 114-125), aber auch in Qumran ist die Lehre durch 1QH 3,29-36 belegt.

13 Vgl. Fornberg, Church 41f.

14 Formal führt der 2Petr die Parallelisierung in den Versen 3,5-7 so durch, daß er das (Sintflut-)Wasser (ὕδατι κατακλυσθεὶς) von V.6 an die Schöpfung ἐξ ὕδατος καὶ δι'ὕδατος (V.5) anknüpfen läßt und in V.7 mit ἀπωλείας τῶν ἀσεβῶν ἀνθρώπων V.6 ἀπώλετο wieder aufnimmt (vgl. Fornberg, Church 67). Traditionsgeschichtlich ist z.B. VitAd 49, die Voraussage des göttlichen Zornesgerichtes in der Sintflut und endzeitlich im Feuer (nicht: zweifacher Weltuntergang, wie Schrage, 2Petr 149, meint) und die urchristliche Verwendung des Vergleichs des Sintflutgerichtes mit der Parusie (Mt 24,37-39; Lk 17,26f) heranzuziehen (vgl. auch Fornberg, Church 67, Anm. 9).

erreicht: den Beweis des sicheren Eintreffens der Parusie, und zwar als Strafgericht[15].

In einem zweiten Abschnitt (2Petr 3,8-13)[16] wendet sich der Verfasser des 2Petr, die Leser nun direkt anredend (V.8a), der Erklärung des dringenden Problems der Parusieverzögerung zu (V.8-10)[17], um danach in einer sich unmittelbar anschließenden "Parusieparänese"[18] die angefochtenen Gemeindeglieder in der Naherwartung auf das zukünftige Heil auszurichten (V.11-13). Aufgrund des dreimaligen Vorkommens der mythologischen Erwartung eines Weltenbrandes in den V.7.10.12 läßt sich in den V.5ff eine Dreiteilung der Argumentation (Parusie als Gericht V.7, Naherwartung V.10 und Ethik V.11f) erkennen, deren überschießende Spitze die Verheißung der Neuschöpfung in V.13 bildet.

Zunächst (2Petr 3,8ff) soll mit Hilfe traditioneller Erklärungsmuster den für eine Infragestellung der Prusie anfälligen Gemeindegliedern[19] der geringste Zweifel am Kommen des göttlichen Gerichtstages genommen werden. Dem Hinweis auf die göttliche Überzeitlichkeit, die von menschlichen Zeitvorstellungen nicht erfaßt werden kann (Ps 90,4; vgl. ähnlich Jub 4,30; Barn 15,4), folgt die theologisch-soteriologische Überlegung, daß Gott sich in seinem Handeln

---

15 Vgl. in 2Petr 2,4f die gegenüber der Vorlage Jud 6 veränderte Herausstellung des Sintflutgerichtes zum Beweis für das sicher eintreffende Strafgericht Gottes über die Irrlehrer (2,3.9). Gegen Grundmann, 2Petr 112ff, der den 2Petr gegen die Behauptung der Parusiespötter von der Unveränderlichkeit der Welt eine Lehre von drei Welten, der alten bis zur Sintflut (2,5), der gegenwärtigen (3,7) und der kommenden (3,13) setzen läßt. Auch Schrage, 2Petr 148, der bei οἱ νῦν οὐρανοὶ καὶ ἡ γῆ von 3,7 "eine gewisse Zwischenstellung zwischen der ersten, der 'damaligen' Welt, und den neuen Himmeln und der neuen Erde" sieht, bewegt sich auf diese Theorie zu. Die Formulierung des 2Petr läßt sich auf die apokalyptische Zwei-Äonen-Lehre zurückführen, vgl. 4Esr 7,112: praesens saeculum; 8,2: praesentis saeculi, vgl. auch Mk 10,30.

16 λανθανέτω in V.8 kennzeichnet den Beginn des zweiten Abschnittes, vgl. λανθάνει in V.5; die Anrede ἀγαπητοί (V.8) kehrt V.14 wieder und markiert so den V.13 als das Ende des zweiten Abschnittes.

17 V.8-10 bilden einen ersten Gedankengang, insofern die Erwähnung des ἡμέρα κυρίου (V.10a) auf den μία ἡμέρα (V.8: 2x) zurückgreift und damit der in V.8 angesprochenen "Überzeitlichkeit" die Plötzlichkeit des Eintreffens des göttlichen Tages in die "Menschenzeit" (V.10) gegenübergestellt wird.

18 Vögtle, Zukunft 138.

19 Mit dem unbestimmten τινες (V.9a) dürften wohl nicht nur die Parusieleugner, sondern auch Gemeindeglieder gemeint sein (vgl. V.9: εἰς ὑμᾶς), für die die Parusieverzögerung zum Problem ihres Glaubens geworden ist, so Schrage, 2Petr 149.

nicht verspätet (vgl. Dtjes 46,13; Hab 2,3; Sir 35,22; syrBar 48,39; auch Mt 24,48), sondern in Wahrheit in seiner Langmut das Gericht noch aufschiebt (vgl. Röm 2,4; Herm sim VIII 11,1), damit alle Menschen erst zur Umkehr gelangen (vgl. Weish 11,23f; Röm 11,32; 1Tim 2,4). Denn, so das letzte Argument des die Plötzlichkeit betonenden Vergleichs, der "Tag des Herrn" wird unerwartet kommen wie ein Dieb (2Petr 3,10; vgl. 1Thess 5,2). Dieser mit einem werbend-drohenden Unterton geführte Abschnitt wird abgeschlossen mit dem Ausblick auf den kommenden Weltenbrand (2Petr 3,10b). Wurde der Weltenbrand zuvor erst nur in V.7 für den Zukunftsplan Gottes formell in Aussicht gestellt, so wird er nun mit drastischen Metaphern (ῥοιζηδὸν , καυσούμενα) beschrieben. Die Totalvernichtung der Welt, die Liquidation der "Erde und ihrer Werke" (V.10c)[20] steht zu erwarten.

Der paränetisch-auffordernd eingestellte letzte Teil der Argumentation (2Petr 3,11-13) ermutigt alle Gemeindeglieder[21], angesichts der hereinbrechenden Weltkatastrophe die ethischen Konsequenzen zu ziehen und "in jeder Hinsicht in heiligem Wandel und in Frömmigkeit zu leben" (V.11b). Die Parusieerwartung dispensiert nicht von einer Ethik, die sich auf die Wiederkunft einstellt (vgl. 1QpHab 7,7ff), im Gegenteil, ein rechter Wandel provoziert das Kommen des "Tages Gottes" (2Petr 3,12). Nachdem dreimal in die düstere Zukunft der Vernichtung geblickt wurde, schließt V.13 den wohlkomponierten Abschnitt mit den Worten:

> "Einen neuen Himmel (καινοὺς οὐρανούς)[22] aber und eine
> neue Erde (γῆν καινήν)
> erwarten wir nach seiner Verheißung, worin Gerechtigkeit wohnt."

---

20 Mit Schrage, 2Petr 150, ist an der besser bezeugten (im wesentlichen ℵ, B und wahrscheinlich 0156) und schwierigeren Lesart εὑρεθήσεται unter der Annahme, daß davor die Verneinungspartikel οὐχ versehentlich ausgelassen wurde (vgl. die sahidische Übersetzung), festzuhalten.

21 Umstritten ist die Zugehörigkeit des Personalpronomens ὑμᾶς zum ursprünglichen Text. Es wird von der Mehrheit der Textzeugen gelesen: der Koine, von dem Korrektor des P[72] dem 2. Korrektor des ℵ , von A, der ursprünglichen Lesart des Kodex C, den Kodices P und Ψ, wahrscheinlich von der Majuskel 048, sowie der Minuskel 33. An der äußeren Bezeugung ist jedoch die Tendenz der Textüberlieferung abzulesen. So führen die ursprüngliche Lesart des P[72], sowie P[74] und B (u.a. Hss.) das Personalpronomen noch nicht. Da nach inneren Kriterien der schwierigeren und kürzeren Lesart der Vorzug zu geben ist, muß die Auslassung des Personalpronomens als ursprüngliche Textlesart angenommen werden. Die Variante ἡμᾶς (ℵ*, 2464 u.a. Hss.) ist als verdeutlichender Zusatz, nämlich als Angleichung an V.13: προσδοκῶμεν , zu werten.

22 Eine Übersetzung von καινοὺς οὐρανούς ins Deutsche mit "neue Himmel", also im Plural (so Grundmann, 2Petr 108; Vögtle, Zukunft 139; Schrage, 2Petr 146), ist irreführend. Der 2Petr gibt nur eine wörtliche griech.

2Petr 3,13a übersetzt wörtlich und ohne Umstellung den MT von Trjes 65,17a bzw. 66,22a ins Griechische und kennzeichnet dieses atl. Zitat ausdrücklich als "Verheißung Gottes" in der Schrift nach dem kanonischen hebräischen Text. Die tritojesajanische Heilsverheißung wird mit der jesajanischen Heilsweissagung der Erwartung zukünftiger Einwohnung wahrhaftiger Gerechtigkeit unter den Menschen verbunden. In Jes 32,16b heißt es[23]:

"Denn in der Wüste wird Recht wohnen und Gerechtigkeit wird im Baumgarten weilen."

Diese (fast) wörtliche Aufnahme und Kombination zweier atl. Verheißungen zur Kennzeichnung der eschatologischen Heilserwartung will gedeutet werden. Auffällig ist der Tatbestand, daß die Verheißung der Neuschöpfung im Unterschied zur drastischen Ausmalung der mythologischen Vorstellung eines Weltenbrandes (2Petr 3,10b.12) auf jede phantasiereiche spekulative Schilderung der neuen Welt, etwa "als paradiesischer Platz uneingeschränkten Glückes und frommer Seligkeit"[24], verzichtet. Die Verheißung einer neuen Welt wird nur mit der (traditionellen s.o.) Aussage von der Erwartung einer neuen gerechten Lebensordnung verbunden (vgl. äthHen 91,16f). Diese Beobachtung läßt sich nur mit der Feststellung erklären, daß für die Heilserwartung der neuen Welt, nicht jedoch für das Vernichtungsgericht des Weltenbrandes, ausdrücklich eine wörtliche Verheißung in der Schrift vorliegt (Trjes 65,17a; 66,22a).

Die prophetische Verheißung[25] der neuen Welt wie grundsätzlich auch "das prophetische Wort" (2Petr 1,19) gilt dem 2Petr als vom Heiligen Geist inspiriert, so daß die atl. Schriftprophetie wie das AT zur wörtlich feststehenden, heiligen Tradition wird, die nur in ihrer unveränderten Rezitation bewahrt werden kann (3,2). Niemals jedoch darf sie durch eigenmächtige nachträgliche Interpretation ausgelegt werden (1,20). Die prophetische Verheißung einer Parusie des Kyrios Jesus Christus (1,16; vgl. 3,12) ist den Aposteln als Augenzeugen der Verklärung (1,16-18) in der Gewißheit ihres Eintreffens bestätigt worden (1,19). Sie erleuchtet als einziges Licht die finstere Welt (1,19) bis zur

---

Übersetzung von שמים aus Trjes 65,17 (66,22), ein hebräisches Pluraletantum, ein sog. Plural der räumlichen Ausdehnung mit singulärer Kollektivbedeutung (Gesenius/Kautzsch, Grammatik § 124b; vgl. § 88d; Blaß/Debrunner, Grammatik § 141,1).

23 Vgl. auch äthHen 10,18; PsSal 17,26f; 4Esr 7,114.

24 Schrage, 2Petr 151.

25 Ἐπάγγελμα in 2Petr 3,13a ist im Wortsinn gleichbedeutend mit ἐπαγγελία, so Friedrich, Art. ἐπαγγέλω ThWNT II 582, Z.19f.

endgültigen Erfüllung der Weissagung selber in der zukünftigen Wirklichkeit. Nach Auffassung des 2Petr selber also ist es illegitim, über die Verheißung einer kanonischen Schriftstelle zu spekulieren.

Diese fundamentalistisch zu nennende Fixierung wörtlicher, heiliger Tradition (2Petr 3,2) - ein paralleler Vorgang ist im 2Petr bei der Normierung der apostolischen Weisung als die überlieferte, alle verpflichtende Lebensnorm zu sehen (vgl. 1,3f; 2,21) - ist Bestandteil eines theologischen Programmes, dem es um die schriftgemäße Absicherung der futurischen Eschatologie als entscheidendes und unterscheidendes Signum christlichen Glaubens geht. Ernst Käsemann gab seinem Aufsatz über den 2Petr deshalb den Titel: "Eine Apologie der urchristlichen Eschatologie".

Schon am Anfang in Kap. 1,4 erläutert das pseudepigraphische Testament 2Petr auf prinzipielle Weise, daß in der apostolischen Tradition alle göttlichen Verheißungen für eine heilvolle Zukunft des Menschen enthalten sind. Da diese Heilsverheißungen eine Erschließungsfunktion auf Christus hin besitzen (V.3f ist abhängig von V.2b), verschiebt sich die Wahrheitsfrage dieses orthodoxen Christusglaubens auf die der Gegenwart immer vorausliegende heilvolle Zukunft. Bis zu diesem alle Fragen beantwortenden Ende orientiert sich die christliche Gemeinde an der Lösung von der vergänglichen Welt (V.4b). Durch die vom 2Petr betriebene rigorose Abwehr einer präsentisch und/oder perfektionistisch-enthusiastisch akzentuierten Eschatologie[26] kommt dieser Konzeption einer futurischen Eschatologie die christologische Mitte abhanden, nämlich daß Christus in seiner Parusie zum Herrn seiner Welt wird[27]. Da das Ziel des Lebens darin liegt, daß die Menschen an der göttlichen Physis teilhaben (1,4), handelt es sich um eine "anthropologisch orientierte Eschatologie"[28]. Die Gegenwart kirchlicher Evangeliumsverkündigung degeneriert darum zu einer Veranstaltung, in der eine religiöse Weltanschauung ihre Selbstbestätigung zelebriert.

Zusammenfassend läßt sich zur Auslegung von 2Petr 3,13 Folgendes sagen: Die wörtlich zitierte, quasi wiederholte atl. Verheißung von einem "neuen Himmel und einer neuen Erde" (Tjes 65,17;66,22) gewinnt im 2Petr keine eigene Ausstrahlung. Sie ist nur Bestandteil des im Mittelpunkt des 2Petr stehenden theologischen Programms, den christlichen Glauben mit einer nor-

26 Dazu Schrage, 2Petr 125f.
27 Ebd. 130; vgl. Käsemann, Apologie 143.145.147.
28 Käsemann, Apologie 147.

mativen futurischen Eschatologie zu verbinden. Inwieweit der Verfasser des 2Petr, der, wohlgemerkt, jede spekulative Auslegung der atl. Verheißung ablehnt, noch an einer realistischen Ausdeutung der erwarteten neuen Welt Interesse zeigt, kann nur andeutungsweise beantwortet werden: und zwar in der Hinsicht, daß die Kombination der Hoffnung auf eine neue Welt mit der mythologischen Vorstellung vom Weltenbrand (2Petr 3,7.10.12) auf die Vorstellung vom radikalen Ende der alten, vergänglichen Welt zugunsten eines kosmischen Neuanfangs mit einer neuen Gerechtigkeitsordnung abzielt (2Petr 3,13).

Vorsicht muß bei der Exegese dieser Stelle unter dem Stichwort der "Heilsmetapher"[29] walten. Im Unterschied nämlich zur apokalyptischen Vision eines präexistent vorhandenen, in der Vision als zukünftiges Ereignis bereits vorweggenommenen **Bildes** von einem "neuen Himmel und einer neuen Erde" (Apk 21,1), das einer vom Martyrium bedrohten Gemeinde Trost in ihrer Anfechtung spenden möchte, betreibt der 2Petr in erster Linie auf formaler Ebene[30] eine Apologie der prophetischen Verheißung als Teil einer futurischen Eschatologie zur Abwehr innerkirchlicher Häresie.

Die verheißende Endzukunft entwickelt sich zum Motivationsgrund der Ethik christlicher Gemeinde (2Petr 3,11f). Das bedeutet, daß die kosmologischen Vorstellungen für den 2Petr nicht Selbstzweck sind, sondern im Dienste der gläubigen Gemeinde stehen. Sie möchte ihr zukünftiges Heil nicht verfehlen. Deshalb wird die Parusieerwartung einerseits als Strafgericht Gottes über die Spötter zur Warnung an die Gemeinde ausgelegt, und andererseits dient die Heraushebung der Parusie der Kräftigung eines durch die Parusieverzögerung ins Wanken geratenen christlichen Glaubens[31].

---

29 Vögtle, Zukunft 140: "Dementsprechend wird auch der nach der Verheißung (Jes 65,17; 66,22) zu erwartende 'neue Himmel und die neue Erde' lediglich als dem Gerichtsbild der Totalvernichtung des Universums entsprechende Heilsmetapher zu beurteilen sein".

30 Zu beachten ist, daß die prophetische Verheißung von "einem neuen Himmel und einer neuen Erde" die einzige positive inhaltliche Aussage des 2Petr über das Eschaton ist.

31 Dieses Ergebnis deckt sich mit Vögtle, Zukunft 140-142. Die Verhältnisbestimmung von futurischer Eschatologie und Glaubensexistenz im 2Petr stellt allerdings die These von Vielhauer in Frage, daß der Verfasser des 2Petr die apokalyptische Eschatologie als Dogma ohne Bezug zur christlichen Existenz rezitiere (vgl. Einleitung 443). Vielmehr gilt: "Mit Hilfe einer traditionellen Weltuntergangsvorstellung (und einer ebenso traditionellen, weil atl. Weissagung einer neuen Welt U.M.) will der Verfasser den ins Wanken geratenen Parusieglauben stützen" (Vögtle, Zukunft 142).

5.4 Zum Vorkommen und zur Entwicklung des Begriffes "neue Schöpfung"

5.4.1 Einführung in das "Astronomische Buch" (äthHen 72-82,20) mitsamt einer Übersetzung von äthHen 72,1

Den ältesten Beleg für den Ausdruck "neue Schöpfung" vermutet man am Anfang, d.i. äthHen 72,1, des sog. "Astronomischen Buches" (äthHen 72,1-82,20)[1]. Früher einmal als selbständige Schrift tradiert, liegt sie nun in der Sammlung von Henoch-Traditionen im äthHen nurmehr als Fragment vor[2]. Den Inhalt des "Astronomischen Buches" bilden in der Hauptsache astronomisch-kalendarische Berechnungen und meteorologische und geographische Traditionen in einem "in sich geschlossenen Komplex" (72,2-80,1; 82,4-20)[3]. Die astronomischen Berechnungen des lunisolaren Kalenders gelten nach einem Urteil von Hans Bietenhard als die genauesten Darlegungen im Frühjudentum[4]. Am auffälligsten ist die Jahresberechnung nach der Sonne (äthHen 72,6; 74,1-12) eines 364-Tage-Jahres mit vier Jahreszeiten zu je 3 Monaten à 30 Tagen, an deren Ende jeweils ein Interkalartag eingefügt wird.

Das sicherlich ältere weisheitliche Gut über die kosmologische Ordnung der Schöpfung wird im "Astronomischen Buch" in der Form des Visions- bzw. Reiseberichtes dargelegt. Über den ihn auf seiner "Himmelsreise" begleitenden Engel Uriel[5] erhält der Visionär Henoch Einsichten über die astronomisch-kosmologische Schöpfungsordnung, die er an seinen Sohn Methusalem weitergibt (vgl. äthHen 76,14; 79,1; 82,1). Dem Verfasser des "Astronomischen Buches" geht es dabei nicht allein um die Darlegung der Zeitordnung als

1 So Schneider, ΚΑΙΝΗ ΚΤΙΣΙΣ 70.

2 Über die äth. Überlieferung hinausgehende aramäische Fragmente bei Milik, Enoch 278ff.

3 Münchow, Ethik 25. In äthHen 81,2-82,8 folgen "Rahmenausführungen" (Rau, Kosmologie 305), die mit dem abschließenden Stück über die "Ordnung der Sterne" (82,4-20) verbunden sind. Zur näheren Exegese vgl. Rau, Kosmologie 305ff.

4 Welt 25. Abwertend Neugebauer, Astronomical Chapters 386. Zur literarkritischen Analyse vgl. Neugebauer, a.a.O. 387-389; Vanderkam, Enoch 76-79.

5 Zum Engel Uriel, der Henoch als angelus interpres begleitet, vgl. äthHen 72,1; 74,2; 75,3f; 78,10; 79,6; 80,1; 82,7.

Lehre in der Autorität des Henochs - Zeit und kosmologische Erkenntnisse haben für ihn keinen wissenschaftlich-neutralen Charakter -, sondern er hat ein spezielles paränetisches Interesse, wie der "eschatologische Rahmen"[6] (äthHen 72,1 und 80,2-8) des "Astronomischen Buches" zeigt[7].

Die Schau astronomisch-kosmologischer Ordnung führt zur Erkenntnis von Sünde (äthHen 75,2) und zur Weissagung eschatologischen Gerichtes (80,2-8). Ist "nur mit der richtigen, von Gott geoffenbarten Zeitrechnung ein toragemäßes Leben in Übereinstimmung mit den Gesetzen der Schöpfung und des Geschichtslaufes möglich"[8], so leitet die Sünde (80,2), die in der Nichteinhaltung der astronomisch-kalendarischen Ordnung besteht (80,7; vgl. 75,1f, dazu 82,4-7b)[9], das nicht revozierbare eschatologische Geschehen des Gerichtes (80,8) ein, das an der Veränderung der Natur und der Gestirne, welche sich dramatisch-unheilvoll für den Menschen auswirken, zeichenhaft zu erkennen ist (80,2ff).

Somit liegt im "Astronomischen Buch" eine Verbindung von weisheitlicher Überlieferung über die Unveränderlichkeit der kosmischen Weltordnung mit prophetischer Gerichtstradition vor[10]. Die schöpfungstheologischen Erörterungen, die im Gedanken der Ordnung des Kosmos begründet sind, bilden die

---

6 Münchow, Ethik 26.

7 Rau, Kosmologie 279ff. bes. 302, weist nach, daß die These von Charles APOT II 169, äthHen 72,1ff sei eine rein wissenschaftliche Abhandlung, der mit 80,1ff ein ausgesprochen ethisches Stück folge, dieses also ein sekundärer Nachtrag zu 72-79 sei, aufgrund der engen Verknüpfung der Weissagung 80,1-8 mit den vorherigen Kapiteln unhaltbar ist.

8 Hengel, Judentum 429. Hengel erläutert an dieser Stelle die Bedeutung der solaren Kalenderberechnung, die sich vom offiziellen jüd. lunisolaren Kalender unterscheidet. Sie liegt in der Vermeidung der Gebotskollision von Sabbatruhe und Opferverpflichtung an großen Festtagen, da durch den solaren Kalender gewährleistet wird, daß Sabbate und Feste immer auf denselben Tag im Jahr fallen.

9 Vgl. Rau, Kosmologie 295, der die Beziehung von äthHen 80,7 zu 75,1f bzw. 82,4-7b als einen sachlichen Zusammenhang erläutert: der Irrtum gegenüber den als Göttern verehrten Sternen (80,7) richtet sich genauso wie der Irrtum der Menschen über die vier der Jahresberechnung hinzugefügten "Interkalationschiliarchen" gegen die "Ordnung der Sterne".

10 Vgl. Rau, Kosmologie 279ff, der bei seiner Exegese von äthHen 80,1-8 die traditionsgeschichtliche Abhängigkeit von topischen Motiven prophetischer Unheils- und Heilsverkündigung nachweist.

Basis für die eschatologische Erwartung eines die Schöpfungsordnungen total aufhebenden universalen Gerichtes[11]. Diese Konzeption des "Astronomischen Buches" gilt es bei der Auslegung von äthHen 72,1 zu beachten.

Doch zuvor soll der Frage nach dem Alter der Schrift nachgegangen werden. Aufgrund des ältesten in Qumran gefundenen Fragments, das auf das Ende des 3.Jh. oder den Anfang des 2.Jh.v.Chr. datiert wird[12], ist zumindest für einige Partien des "Astronomischen Buches" vorqumranische Zeit anzunehmen[13]. Umstritten ist, wie die Beziehung zum Jub auszuwerten ist, das sich in 4,16ff u.a. auf äthHen 72ff bezieht. Diskutiert wird, ob das Jub in seiner Ablehnung des lunaren Kalenderjahres eine Vorstufe der Astronomie von äthHen 72ff bildet[14], oder ob umgekehrt äthHen 72ff die ältere Tradition gegenüber dem Jub, die der Orientierung der offiziellen jüd. Gemeinde am lunisolaren Jahr nahesteht, darstellt[15]. Und schließlich ist zu fragen, ob beide, Jub und äthHen, die gemeinsame Kalenderberechnung der Essener repräsentieren, weil auch die Qumrangemeinde sich im Grundsatz an den solaren Kalender hielt (vgl. CD 3,12-16; vgl. aber 1QS 10,3-8)[16]. Grundsätzlich läßt sich wohl als Abfassungszeit des "Astronomischen Buches" grob die erste Hälfte des 2.Jh.v.Chr. annehmen. Eine Zeit, in welcher der 364-Tage-Kalender seine zentrale Stellung als Lackmus zur Prüfung der Rechtgläubigkeit in essenischen Kreisen gewann[17].

---

11 Vgl. Rau, Kosmologie 305; Münchow, Ethik 28.

12 Milik, Enoch 7f; zur Frage der Datierung s. eingehend Vanderkam, Enoch 79ff.

13 Vgl. Uhlig, äthHen JSHRZ V,6 636.

14 So Rau, Kosmologie 402-405.

15 So Uhlig, äthHen JSHRZ V,6 636.

16 Hengel, Judentum 429f; vgl. Berger, Einleitung JSHRZ II,3 296.

17 Vgl. Hengel, Judentum 429f; damit ist noch nicht das Problem geklärt, inwiefern der 364-Tage-Kalender in dieser Form praktiziert wurde oder ob durch Interkalation ein - in äthHen 72ff und Jub nicht bezeugter - Ausgleich mit dem tatsächlichen Sonnenjahr von 365 1/4 Tagen hergestellt wurde, vgl. Kutsch, Art. Chronologie, Sp. 1812-1814. Zum "Kalenderstreit" im Frühjudentum vgl. Schwarz, Identität 111ff.

Die Präambel[18] des "Astronomischen Buches" lautet folgendermaßen[19]:

I. a "Das Buch der Bewegung[20] der Lichter des Himmels
b jedes einzelne, wie sie sind je nach ihren Klassen[21],
c jedes einzelne je nach ihrer Herrschaft und je nach ihrer Zeit,
d jedes einzelne je nach ihrem Namen und ihren Ursprungsorten
e und je nach ihren Monaten,
f die mir zeigte der heilige Engel Uriel, der mit mir war,
der ihr Führer ist.

II.g Und ihr ganzes Buch[22], wie sie sind, zeigte er mir,
h und wie jedes Jahr der Welt[23] (ist) bis in Ewigkeit[24],
i bis gemacht werden wird das neue Werk[25],
das bleibt bis in Ewigkeit[26]."

5.4.2 Gottes "neues Werk" als endzeitlich-eschatologische Grenze der Schöpfungsordnung (äthHen 72,1)

Eine gründliche Untersuchung der überaus stark formelhaft geprägten Überschrift des "Astronomischen Buches" hat Eckhard Rau vorgelegt[27], auf dessen Ausführungen im folgenden Bezug genommen wird. Danach besteht die Überschrift des "Astronomischen Buches" (äthHen 72,1) formal aus zwei unabhängigen Teilen, wobei der Teil II in V.1g sich auf Teil I (V.1a-f) bezieht, ihn inhaltlich mit anderen Worten wiedergibt und damit die neue Aussage von V.1h-i vorbereitet.

Der erste Teil (V.1a-f) faßt mit seiner unsystematischen Reihung astronomischer Fachtermini (vgl. 1QS 10,2-7) den Inhalt des "Astronomischen Buches" zusammen: Die Gestirne bestimmen die Abfolge der Zeiten. Die ma-

---

18 Vgl. Neugebauer, 'Astronomical' Chapters 393.

19 Da kein aramäisches Fragment aus Qumran, welches der vermuteten semitischen Urfassung des "Astronomischen Buches" (s. Uhlig, äthHen JSHRZ V,6 483ff) nahestehen könnte, überliefert ist, wird hier eine Übersetzung der äth. Version geboten, die sich besonders an Rau, Kosmologie 506, anlehnt, aber die Übersetzung von Uhlig, äthHen JSHRZ V,6 637f, berücksichtigt (vgl. auch die engl. Übersetzung von Neugebauer a.a.O. 389).

20 So Uhlig, a.a.O. 637; Rau, a.a.O. 506, überträgt mit "Veränderung".

21 Uhlig, a.a.O. 637; Rau, a.a.O. 506: "ihren Völkern".

22 Uhlig, a.a.O. 637, überträgt: "Vorschrift".

23 Rau, a.a.O. 506: "Olam".

24 Rau, a.a.O. 506: "bis in den Olam".

25 Uhlig, a.a.O. 638: "neue Schöpfung". Für Raus Wiedergabe mit "neues Werk" (a.a.O. 506) sprechen die Parallelen für "Werk" in äthHen 2,1; 5,3; 10,8; 11,1; 12,2; 15,5; 21,2.7; vgl. 6,3f; vgl. auch Neugebauer, a.a.O. 389: "until the creation will be made anew".

26 Rau, a.a.O. 506: "bis in den Olam".

27 Kosmologie 131ff.

terialen Ausführungen dieser Aufgabe der Astronomie werden die folgenden Kap. 72ff geben[28]. Das astronomische Wissen wird durch den Engel Uriel, dem am Anfang der Schöpfung von Gott die Herrschaft über die Gestirne gegeben wurde, dem Visionär Henoch zugänglich gemacht, den Uriel auf der Reise durch seinen Kompetenzbereich begleitet.

Die neue Aussage von Teil II der Überschrift besteht in der Terminierung der astronomisch-kosmischen Ordnung. Die visionär geschaute Schöpfungsordnung der Gestirne, die jedes Jahr der Welt bis in Ewigkeit bestimmt, wird von der neuen Schöpfung begrenzt. Der Gedanke der neuen Schöpfung nimmt die Funktion wahr, das endzeitliche Eschaton zu bezeichnen. In der Überschrift des "Astronomischen Buches" wird also der Gedanke der immerwährenden Schöpfungsordnung mit der Vorstellung von der eschatologischen Begrenzung dieser Schöpfung durch das "neue Werk" Gottes verbunden. Überlieferungsgeschichtlich stellt dies eine Kombination weisheitlicher mit prophetischer Tradition dar[29]. Der bestehenden Schöpfung, wie sie von der weisheitlichen Erkenntnis in der Ordnung der Gestirne geschaut wird, wird die eschatologische Zukunft einer neuen Schöpfung eröffnet[30]. Beide Traditionen stehen in einer unausgleichbaren Spannung zueinander, da die Aussage einer neuen Schöpfung mit Ewigkeitscharakter die für immer gültige Kalenderordnung relativiert.

Der Gedanke der neuen Schöpfung wird in äthHen 72,1 mit dem Verb "machen" als Gottes Tat (Passivum divinum) gekennzeichnet und mit der Wendung "neues Werk" als Schöpfungswerk in Analogie zu den Werken der Schöpfung des Anfangs (vgl. Gen. 2,2) gekennzeichnet. Traditionsgeschichtlich läßt sich diese Redeweise nur als eine Verarbeitung von Dtjes 43,19 erklären (עשה חדשה)[31]. Der Ausblick auf die neue Schöpfung am Beginn des "Astronomischen Buches" läßt die Beschreibung der astronomisch-kosmologischen

---

28 Rau, a.a.O. 138, weist darauf hin, daß die Reihenfolge der astronomischen Termini nicht die Gliederung der folgenden Kapitel wiedergibt, sondern daß die Fülle der Glieder nur den "Eindruck der Pauschalität" (ebd. 138) zu vermitteln versucht.

29 Vgl. äthHen 2,1-5,3; dazu Rau, Kosmologie 66ff.

30 Die Formulierung von Rau, Kosmologie 181, daß das Motiv von der neuen Schöpfung "die 'Geschichte' im Horizont der Schöpfung und umgekehrt die Schöpfung im Horizont der 'Geschichte'" sehen läßt, verkennt die Spannung, die in der Gegenüberstellung einer **immerwährenden** Ordnung von Zeit und Geschichte mit der neuen **ewigen** Schöpfung besteht.

31 Gegen Schneider, ΚΑΙΝΗ ΚΤΙΣΙΣ 70, der Trjes 65,17 (66,22) heranzieht. Rau, Kosmologie 182, sieht bereits deutlich die "allgemeinere Formulierung" von äthHen 72,1, die gerade nicht auf die göttlichen Schöpfungswerke von Himmel und Erde hinweist, und spricht von einer "Vermischung" von Dtjes 43,19 mit Trjes 65,17 (66,22).

Schöpfungswirklichkeit in äthHen 72,2-79,6 unter der Hand als altes Werk erscheinen, das durch das eschatologisch-zukünftige "neue Werk" seine Begrenzung erfährt. Mit der Singular-Wendung "neues Werk" ist dabei eine möglichst umfassende Benennung des Eschatons gewählt. Im Denkansatz des "Astronomischen Buches" wird die neue Schöpfung als Vollkommenheit von Zeit und Raum aufgefaßt, wie sie z.B. in der 10 WA und dem Jub durch die Verheißung des neuen siebenfachen Lichtes des Himmelsheeres symbolisch ausgedrückt wird (äthHen 91,16; Jub 1,29 fin).

Wird die Korrespondenz von äthHen 72,1 mit 80,1-8 als "eschatologischer Rahmen" von 72,2-79,6 (und 82,4-20) gesehen, so lassen sich weitergehende Überlegungen zur Neuschöpfungsvorstellung im "Astronomischen Buch" anstellen. Der eschatologischen Aufhebung der Schöpfungsordnung in den "Tagen der Sünder" (80,1ff), die zum Gericht über die Sünder führt, "entspricht die eschatologische Begrenzung des Laufs der Gestirne und der durch sie garantierten Schöpfungsordnungen durch die Aufrichtung des 'neuen Werkes'. Was das einemal im Hinblick auf die Sünder als unheilvolle Vernichtung vorausgesagt wird, wird das anderemal im Hinblick auf die Gerechten als heilvolle Erneuerung ins Auge gefaßt"[32]. Die gegenwärtige Form des "Astronomischen Buches" läßt sich aufgrund dieser eschatologischen Konzeption als Apokalypse bezeichnen[33].

So ist insgesamt zur Neuschöpfungsvorstellung im "Astronomischen Buch" festzuhalten: der formale, überlieferungsgeschichtlich von Dtjes 43,19 gewonnene Begriff "neues Werk" kennzeichnet pauschal in der Überschrift des "Astronomischen Buches" (äthHen 72,1i) die eschatologische Zukunft, welche die bestehende Schöpfungsordnung von Zeit und Raum begrenzt und terminiert. Über den redaktionellen Rahmen (äthHen 72,1 mit 80,1ff) wird der Neuschöpfungsgedanke als Gericht über die Sünder und Heil für die Gerechten zur Aufrichtung der vollkommenen Zeit-Raum-Ordnung zu verstehen sein.

---

32 Rau, Kosmologie 301. Zur Kritik an Rau vgl. Vanderkam, Enoch 106f.
33 Vgl. Collins, Apocalypses 38.

5.4.3 Einführung in das Jub mitsamt einer Übersetzung von Jub 1,29

Eine deutliche Parallele zur Verwendung des Gedankens von der neuen Schöpfung im "Astronomischen Buch" (äthHen 72,1i) findet sich in Jub 1,29. Während Jub 1 und äthHen 72,1 sich darin gleichen, daß sie zum Rahmen des jeweiligen Buches gehören, stößt man in Jub darüber hinaus auf eine breitere Verwendung der Neuschöpfungsvorstellung in Jub 4,26. Vor der Einzelexegese soll anhand von einigen Grundgedanken des ersten Kapitels des Jub in seinen theologischen Entwurf eingeführt werden.

Durch die Rahmenhandlung von Jub 1,1-4.27-29[34] ist das ganze Buch als eine von Gott kommende Offenbarung an Mose auf dem Berg Sinai charakterisiert. Mit der Übergabe des Gesetzes empfängt Mose eine visionäre Belehrung durch einen Mittlerengel über vergangene und zukünftige Geschichte (1,4b). Dementsprechend versteht die Überschrift das Jub-Buch als "Rede der Einteilung der Tage des Gesetzes und des Zeugnisses für die Ereignisse der Jahre ...". Obwohl nach gattungstypischen Merkmalen nicht als Apokalypse zu bezeichnen[35], ist es aufgrund seiner Geschichtsdeutung apokalyptisch orientierten Kreisen zuzurechnen. Die Gegenwart ist als Zeit der Strafe und scheinbaren Gottesverlassenheit Israels (vgl. 1,5) nur eine Zwischenphase: wenn Umkehr aus ganzem Herzen (1,15.23) nach den Maßstäben des Jub erfolgt, wird die immer noch gültige Verheißung Gottes als Bundesgott Israels von einer künftigen Heilszeit (1,15f) "bis an die Schwelle ihrer Erfüllung herangeführt"[36] (50,5, vgl. 1,6f.15-18.23-25). Entsprechend ist der gegenwärtige geschichtliche Ort Israels dem vor der Landnahme analog (1,7.15f).

Das Jub führt diesen theologischen Entwurf aus, indem es als Inhalt der Sinaioffenbarung an Mose nicht nur die Mitteilung der Gebote (so Ex und Dtn), sondern auch die Bücher Gen bis Lev festlegt. Mose steht als Autorität hinter der Väter- **und** der Gesetzesüberlieferung. Vergangene heilvolle

---

34 Zum Aufbau von Jub 1 im einzelnen s. Berger, Jub JSHRZ II,3 312f.

35 Das Jub, das unterschiedliche Gattungen wie Abschiedsreden, Belehrungen, gesetzliche Bestimmungen usw. umfaßt, ist aufgrund der "eschatologischen Ausrichtung der einzelnen übernommenen Traditionen" und des "Offenbarungs- und Traditionsprinzips" als Schrift der apokalyptischen Literatur zuzurechnen, stellt Münchow, Ethik 44, fest. Vgl. auch Berger, Einleitung JSHRZ II,3 279ff, der auf die Bedeutung der Einleitung des Jub für sein Selbstverständnis als Offenbarungsschrift hinweist, nämlich, daß Mose in Kap.1 in der Funktion des apokalyptischen Offenbarungsempfängers erscheint.

36 Berger, Einleitung JSHRZ II,3 279, Anm. 1.

Geschichte (von Beginn der Schöpfung an, Jub 2,1ff) und das Tun des Gesetzes bilden für das Jub zusammen die Mitte jüd. Glaubens und lassen über ihre Aktualisierung im Jub als Mahnrede an Israel im Falle der Umkehr eine erneute Heilszeit erwarten. Ist die Erwählung Israels von Gott für das Jub die "Grundlage des Heils"[37], so ist die leibliche Abstammung von Israel keine Heilsgarantie. Vielmehr ist das richtige Verhalten jedes Einzelnen, gemessen an der Einhaltung der Thora, die Bedingung seiner Teilhabe am eschatologischen Heil.

Als restaurative Reformschrift[38] möchte das Jub Israel vor der "nivellierenden Anpassung an den Hellenismus"[39] bewahren und stellt dementsprechend das strenge Halten des Sabbats als Unterscheidungskriterium zwischen Israel und den Heiden heraus. Mit dem Siebener-Schema der (Sabbat-)Woche ist die Gesamtordnung der (Welt-)Zeit in Jubiläen (eine Jahrwoche sind 7 Jahre, 7 Jahrwochen sind ein Jubiläum) gegeben. Das Jub weiß sich insgesamt also priesterlichem Denken verpflichtet, wie schon die Zuordnung von Schöpfung und Heiligtum (Jub 1,27.29) zu erkennen gibt[40]. Als ganze Schrift ist sie ein "markantes Beispiel für die Schriftauslegung in Apokalyptikergruppen"[41], die der radikalen asidäischen Position (vgl. das Verbot des Kriegführens am Sabbat, Jub 50,12) zuneigen. Für die Datierung kommt die Zeit zwischen 150-140 v.Chr. in Frage, wenn man mit Martin Hengel[42] Jub 23,21 als ein frühes Zeugnis antihasmonäischer Polemik versteht[43].

Das Ende der Einleitung des Jub von Kap.1 lautet[44]:

a "Und es nahm der Engel des Angesichts, der einherzog vor dem Heer[45] Israels, die Tafeln der Einteilung der Jahre

---

37 Sanders, Paulus 347.

38 Vgl. Berger, Einleitung JSHRZ II,3 279.

39 Ebd. 282.

40 Vgl. auch das Interesse im Jub "an Kultvorschriften, an der Verbindung von Bekleidetsein und Kultfähigkeit, am priesterlichen Zehnten, an den Daten der Feste, die hervorragende Stellung Levis" (Berger, Einleitung JSHRZ II,3 298).

41 Münchow, Ethik 65.

42 Judentum 411.

43 Zur genauen Begründung s. Berger, Einleitung JSHRZ II,3 299f.

44 Da kein hebräisches Fragment in Qumran zum ursprünglich hebräischen Text von Jub 1 gefunden wurde, wird auf die Übersetzung aus dem Äth. von Berger, Jub JSHRZ II,3 320 (vgl. die engl. Übertragung von Wintermute, Jub AOP 2,54), zurückgegriffen. Vgl. Vanderkam, Studies 18ff. bes. 91ff, der nachweist, daß die äth. Übertragung des Jub aus dem Griechischen seinem hebräischen Original weitgehend entspricht.

45 Vgl. Ex 14,19. So auch Davenport, Eschatology 91.

b I.a von der Schöpfung des Gesetzes an und des Zeugnis seiner Wochen der Jubiläen
c a' je nach den einzelnen Jahren in allen ihren Zahlen und Jubiläen
d II.a und bis[46] zum Tag der (neuen)[47] Schöpfung, wann erneuert werden Himmel und Erde,
e a' und alle ihre Schöpfung wie die Mächte des Himmels und wie alle Schöpfung der Erde,
f b bis zum Tag, an dem geschaffen werden wird das Heiligtum des Herrn in Jerusalem auf dem Berge Zion.
g b' Und alle Lichter werden erneuert werden zur Heilung und zum Frieden und zum Segen und für alle Erwählten Israels.
h III. Und so soll es sein von diesem Tag an und bis zu allen Tagen der Erde."

5.4.4 Der "Tag der (neuen) Schöpfung" (Jub 1,29)

Die Stellung von Jub 1,29 im Kontext des Jub ist einerseits als Abschluß des Einleitungskapitels Jub 1, welches programmatisch den theologischen Aufriß des Jub vorstellt, zu beschreiben. Andererseits bildet Jub 1,29 die Überleitung zur nun sogleich beginnenden "Erzählung" (Jub 2,1ff) der Vätergeschichten von der Schöpfung an (Jub 2,2) bis zur Übergabe der Gebote an Mose (Jub 50,6ff). Wurde in Kap. 1 nur über den Schreibbefehl an Mose reflektiert (Jub 1,5.7.26f), so heißt es am Anfang von Kap.2, daß der "Engel des Angesichts" die "Tafeln in der Einteilung" nimmt und zu Mose das folgende Wort (= Jub 2ff) redet. Die Anfangsworte von V.29a bilden darum die wichtige Verbindung von Kap. 1 mit dem Korpus des Jub, Kap. 2ff.

---

46 Lesen alle äth. Hss. einheitlich "vom Tage der Schöpfung" (vgl. Littmann, Jub APAT z.St.), so hat schon Charles, Version z.St., die Notwendigkeit einer Korrektur gesehen. Er liest: "vom Tage der Schöpfung, bis wenn erneuert werden die Himmel ...". Aufgrund der Parallele in 11QTemple 29,9 und aufgrund der Gliederung von Jub 1,29, in der V.29de parallel zu V.29fg das Ende des "Geschichtsüberblickes" markieren, ist aber mit Rau, Kosmologie LXV (= 180, Anm. 11) eine Konjektur von "von" in "bis" vorzuschlagen, vgl. auch den Vorschlag von M. Stone, Apocryphal Notes und Readings, IOS 1 (1971) S. 125f, zit. von Wintermute, Jub OTP 2, z. St., die aufgrund Homoioteleuton ausgefallene Phrase "von [dem Tag der Schöpfung bis zu] dem Tag der (neuen) Schöpfung" zu ergänzen.

47 Aufgrund der Parallele in 11QTemple 29,9 ist am äth. Text "Tag der Schöpfung" festzuhalten (vgl. auch Schneider, ΚΑΙΝΗ ΚΤΙΣΙΣ 72, der auf Jub 4,26 hinweist). Um den Sinn des Ausdruckes entsprechend der Erläuterung in V.29d-g wiederzugeben ist mit "(neue) Schöpfung" zu übertragen, so Littmann, Jub APAT II 41; Rießler, Schrifttum 542; Charles APOT II 13; Berger, Jub JSHRZ II,3 320.

Der dreiteilige Aufbau von V.29 ist deutlich zu erkennen. Der "Engel des Angesichts"[48], der Israel bei der Wüstenwanderung Schutz und Weg zugleich war (vgl. Ex 14,19), nimmt die "Tafeln der Einteilung der Jahre" (V.29a). Der Inhalt dieser Tafeln stellt einen langen Zeitraum dar, der durch die Beschreibung des Anfangs (I =V.29bc) und des Endes (II =V.29d-g) zu umgreifen ist. Zwei zueinander parallel stehende Formeln schildern den Beginn der Geschichte (I.a.a') und zwei parallele Formulierungen drücken das Ende aus (II.a.b), wobei letztere in sich jeweils noch einmal verdoppelt sind (II.a.a'; II.b.b'). Der Schlußsatz von Jub 1,29 (III), der mit der Wendung "von diesem Tag" den Ausdruck "Tag der Schöpfung" (V.29d) bzw. "Tag" (V.29f) aufnimmt[49], erklärt die ewige Dauer des zukünftigen Heiles der kosmischen Erneuerung. Im Vergleich zu äthHen 72,1 fällt auf, daß die Beschreibung der eschatologischen Zukunft der neuen Schöpfung einen ungemein größeren Raum einnimmt.

Da die literarische Technik des Jub in der Wiederholung von Formen, Worten und Inhalten sowie in der Tendenz zu Reihenbildungen[50] besteht, läßt sich Jub 1,29 als eine literarische Kombination von verschiedenen einzelnen Formeln und Phraseologien erklären, die einzig der Umschreibung des Terminus der "Tafeln der Einteilung der Jahre" dienen (V.29a)[51]. Zuerst wird im Rückgriff auf die Überschrift des Jub und Jub 1,26f[52] in Teil I der Beginn des zu überblickenden Zeitraumes ausgesagt. Am Anfang von Gottes Schöpfung steht sein Gesetz. Es ist, wie auch die Abfolge der Zeiten, göttlichen Ursprungs. Die materialen Ausführungen des Jub werden diese Kombination von Gesetz und (Väter-)Geschichte erläutern: Die Vätergeschichten dienen zur Ableitung von einzelnen Bestimmungen des Gesetzes, sie werden ethisiert.

---

48 Vgl. Trjes 63,9 oder Ez 1,6.

49 Vgl. Rau, Kosmologie 180.

50 S. Berger, Einleitung JSHRZ II,3 285.

51 Vgl. die literarkritische Analyse des Jub von Davenport, Eschatology 10ff, die Teile von Jub 1,29 verschiedenen Redaktionsstufen des Jub zuweisen möchten. Davenport rechnet zur ursprünglichen Einleitung (Jub 1,1-4a) des "angelic discourse" (ebd. 10.11 u.ö.) Jub 2,1-50,4 auch Jub 1,29a und sieht in Jub 1,29b eine Reminiszenz der ersten, eschatologischen Redaktionsstufe (Jub 1,4b-26; 50,5) des Jub (vgl. 1,4b.8.26), gefolgt in V.29f von einer tempelorientierten Redaktion (vgl. Jub 1,27f; 4,26; 23,21; 31,14). Die literarkritischen Überlegungen von Davenport zum Jub sind nützlich (vgl. die Auslegung zu Jub 4,26), ihre Meinung, daß "the last phrases of the verse (sc. Jub 1,29) are concerned with the sanctuary" und sie deshalb in globo eine Interpolation darstellen (ebd. 13, Anm. 1), vermag man aber nicht zu teilen.

52 Im einzelnen vgl. Rau, Kosmologie 179f.

Im zweiten Teil von V.29 geht es um das zukünftige Ende dieser Zeit. Die Wendung "Tag" (2x) erinnert an die aus dem AT bekannte klassisch-prophetische Predigt vom "Tag Jahwes"[53] als Botschaft vom zukünftigen Gericht Jahwes über Israel. Als Weissagung vom Untergang der Völkerwelt nimmt der prophetische Topos dabei Züge eines endgeschichtlichen Gerichtstages mit katastrophenartigen Veränderungen kosmischen Ausmaßes an (z.B. Jo 2,1-11; vgl. Jes 13,9-13)[54]. Gemeint ist hier im Jub der zukünftige, der (Schöpfungs-) Geschichte ein Ende setzende Termin der eschatologischen Erneuerung, präzisiert als "Tag der (neuen) Schöpfung".

Betrachtet man diese Formulierung im Zusammenhang ihrer Parallelen in 11QTemple 29,9 und äthHen 72,1, so ist zweierlei festzustellen: Zum einen, daß der aus dem Äth. übersetzte Ausdruck mit der hebräischen Formulierung יום הבריה in 11QTemple 29,9 identisch zu sein scheint, und zum anderen, daß der gemeinsame Kontext von äthHen 72,1 und Jub 1,29 - beide Male wird am Anfang eines Buches ein einleitender Gesamtüberblick über die Schöpfungszeit und ihre endzeitlich-eschatologische Begrenzung gegeben - auf eine traditionsgeschichtliche Entwicklung schließen läßt. Wird nämlich in äthHen 72,1h bei der Beschreibung der endzeitlichen Grenze der astronomischen Weltordnung noch in deutlicher Anlehnung an Dtjes 43,19 mit: "bis gemacht wird das neue Werk", formuliert, so findet sich in Jub 1,29 das Abstraktum "Schöpfung", das selbstredend eine "(neue) Schöpfung" (vgl. 11QTemple 29,9) meint. Während in äthHen 72,1 noch zwei Denkweisen - die weisheitliche und die prophetische - mit Ewigkeitsanspruch und -geltung unverbunden nebeneinander stehen, verknüpft das Jub beide Komplexe miteinander: die im Gesetz geoffenbarte Schöpfungsordnung gilt "bis" zum endzeitlich-eschatologischen Eingreifen Gottes (vgl. 11QTemple 29,9).

Im Gegensatz aber zu beiden Parallelstellen wird Jub 1,29 der mit dem Begriff anvisierte endzeitlich-eschatologische Umbruch durch die Beschreibung von Ausmaß (II.a.a') und Inhalt (II.b.b') des neuen Gotteshandelns näher ausgelegt. Zuerst wird auf die atl. Tradition von Trjes 65,17(66,22) angespielt und die universale Erneuerung der ganzen Schöpfung ausgesagt. Der Dual der "Neuschöpfung von Himmel und Erde" wird konsequent als Erneuerung der **Himmels**heere der Engel und als Erneuerung der gesamten **irdischen** Schöp-

53 Vgl. Jes 2,12; 13,6.9; 22,5; 34,8; Ez 13,5; 30,3; Joel 1,15; 2,1.11; 3,4; 4,14; Am 5,18-20; Ob 15; Zeph 1,7f.14-18; Sach 14,1; vgl. von Rad, Theologie II 129-133.

54 S. Vögtle, Zukunft 47f.

fung dargelegt (V.29e). Umfassender läßt sich die kosmische Neuschöpfung kaum noch aussagen. Die zweite Aussagenreihe (II.b.b') bestimmt die inhaltlichen Aspekte des eschatologischen Heiles der Neuschöpfung. Zunächst begegnet eine priesterliche Heilserwartung, die eschatologische Erneuerung des Tempelheiligtums auf dem Zion (vgl. äthHen 90,28-36; Jub 1,27; 4,26; 11QTemple 29,9). Darauf wird der Erwartung der Neuschaffung des Heiligtums die astronomisch-weisheitlichem Denken entspringende Hoffnung auf Erneuerung des Sternenhimmels als Symbol für die Vollkommenheit des Himmels (vgl. Jes. 30,16; äthHen 91,16) zur Seite gestellt. Den Abschluß bilden eine Aufzählung von erwählungstheologisch motivierten Heilserwartungen (vgl. bei Paulus Röm 2,10; 2Kor 6,2; Gal 3,14): Heil, Frieden und Segen gilt allen "Erwählten Israels", die den gehorsamen Teil Gesamtisraels repräsentieren. Der Schlußsatz von Jub 1,29, der mit der Wendung "von diesem Tag" den Begriff "Tag der (neuen) Schöpfung" aufnimmt, kennzeichnet die eschatologische Heilszeit als ewig und unbegrenzt (vgl. äthHen 72,1i; 91,17).

Zusammenfassend läßt sich also Folgendes sagen: Jub 1,29 versteht sich als formelhafte Explikation der Überschrift des Jub und versucht auf möglichst umfassende Weise den gesamten "Zeitraum" von dem Beginn der Schöpfung an über ihren zukünftigen, punktuellen Umbruch am "Tag der (neuen) Schöpfung" bis ins ewige Eschaton hinein auszusagen. Ähnlich wie äthHen 72,1 kombiniert Jub 1,29 Weisheitserkenntnis über die Weltordnung, hier: die weisheitlich-priesterliche Einteilung der Weltgeschichte in Jubiläen-Zeitabschnitte[55], mit dem Ausblick auf die eschatologische Vollkommenheit der (neuen) Schöpfung, wie sie für das Jub in der atl. Prophetie Israels geweissagt wurde. Findet sich die vom Jub aufgenommene Wendung vom "Tag der (neuen) Schöpfung" im Zusammenhang der für das Jub so wesentlichen theologischen Konzeption[56] von den "Tafeln der Einteilung der Jahre", so hat dies insbesondere einen paränetischen Zweck. Da die Gebotstafeln des Mose als "Tafeln des Himmels" nicht nur die kultischen, kalendarischen und ethischen Bestimmungen des Gesetzes einschließlich der von Lohn und Strafe enthalten, sondern auch ihre gelungene exemplarische Verwirklichung in den Vätergeschichten, weist das Jub zum Anfang des Buches auf das Ziel von Gottes Geschichte mit Israel.

55 Dazu Rau, Kosmologie 181: "Nach Jub 1,29 geht die 'Einteilung der Jahre' auf die Schöpfung zurück und ist, wie Jub 2,9 und 4,17-18 zeigen, durch den Lauf der Gestirne bestimmt. Und umgekehrt leitet der Lauf der Gestirne auch nach Hen 72ff die Abfolge der Zeiten des Olam".

56 Münchow, Ethik 45; vgl. seine ausführliche Analyse 44ff.

Geschieht Umkehr zum Gesetz nach der Ordnung des Jub (vgl. 1,15 u.ö.), so wird Gott seiner Verheißungen für die endgültige Erlösung gedenken und in Israel anwesend sein im Tempel auf dem Zion in Ewigkeit (vgl. 1,26.28). Dies geschieht am "Tag der (neuen) Schöpfung".

5.4.5 Der Begriff "neue Schöpfung" als Terminus technicus in Jub 4,26

Die zweite wichtige Belegstelle zur kosmischen Neuschöpfungsvorstellung im Jub findet sich in 4,26. Dort heißt es[57]:

"Denn vier Orte gehören dem Herrn:
a Der Garten Eden
b und der Berg des Morgens,
b' und dieser Berg, auf dem du heute bist,
c der Berg Sinai
d und der Berg Zion.
d' Er wird geheiligt werden in der neuen Schöpfung zur Heiligung der Erde.
d'' Durch ihn[58] wird die Erde von aller Unreinheit und von aller Sünde in den Generationen der Welt geheiligt werden."

Jub 4,26 fügt an die Henochüberlieferung im Jub (4,16ff) eine redaktionelle Ergänzung[59], genauer: eine Erläuterung zu der vorhergehenden Aussage (Stichwortanschluß), daß Henoch im Anschluß an das Geschehen der Sintflut auf dem "Berg des Mittags" ein Räucheropfer darbringt (Jub 4,25). Diese Aussage über Henoch nimmt die primäre Noahüberlieferung von Jub 5,28; 6,1-4 auf (vgl. Gen 8,20f), nach der Noah auf dem Berg Lubar im Ararat opfert, um "Henochs und Noahs Dienst zu parallelisieren"[60].

Jub 4,26 ordnet nun in einer Art "Geschichtstheorie"[61] das Henoch-Heiligtum den bereits bekannten drei Heiligtümern, dem Paradiesberg, dem Berg Sinai und dem Berg Zion (Jub 8,19) zu. Mit der syr. Überlieferung[62] und aufgrund der Parallelität der Aussagen in V.26, die jeweils an das letzte

57 Da kein hebräisches Fragment von Jub 4,26 aus Qumran überliefert ist, folgt die Übersetzung der äth. Version nach Berger, Jub JSHRZ II,3 346, und Littmann, Jub APAT II 47.

58 So Davenport, Eschatology 85, Anm. 3.

59 Vgl. Davenport, a.a.O. 16.85, die Jub 4,26 einer "sanctuary-oriented redaction" (ebd. 15) zuordnet (Jub 1,29; 4,26; 23,21; 31,14).

60 Rau, Kosmologie 395.

61 Stichwort von Rau, a.a.O. 394.

62 Mit Tisserant, Fragments 74-77; Wintermute, Jub OTP 2,63. Anders Rau, a.a.O. 395f, nach dem Henoch auf dem Berg Zion, und anders Milik, Enoch 102.290, nach dem Henoch auf dem Paradiesberg opfert; vgl. Berger, Jub JSHRZ II,3 346, im Kommentar zu Jub 4,26.

Gliedpaar von b bzw. d eine Aussage b' bzw. d' anfügen, ist der "Berg des Mittags" (V.25) mit dem "Berg des Morgens" (V.26) zu identifizieren. Die Intention der Gleichstellung des Henoch-Berges mit den bekannten Heiligtümern dürfte in der Gleichbedeutung der Henochüberlieferung als Wissenschaft von der Astronomie und des Kalendersystems (vgl. Jub 4,17f) hinsichtlich ihrer eschatologischen Relevanz mit der von der Schöpfungsordnung (Garten Eden), der Gesetzesüberlieferung (Berg Sinai) und dem Tempeldienst (Berg Zion) liegen. Der zu Gott entrückte und verherrlichte Henoch (Jub 4,23) wird zum "Gerichtszeuge(n)"[63], der als Schreiber die Übertretungen der astronomisch-kosmischen Ordnung der Zeiten für das eschatologische Gericht notiert (Jub 4,24).

Für die traditionsgeschichtliche Untersuchung zum Thema neue Schöpfung ist die kurze Bemerkung zum Berg Zion interessant . Er wird in dieser systematisch-theologischen Reflexion als einziger besonders hervorgehoben. Auf dem Berg Zion befindet sich der Tempel, von dem die Redaktion des Jub entsprechend priesterlichem Denken sagen kann, daß von ihm als dem kultischen Mittelpunkt der Welt die Heiligkeit der Erde in der eschatologischen "neuen Schöpfung" garantiert wird (s. auch Jub 1,19.27). Implizit redet damit priesterliches Denken von der Neuschöpfung des Tempels (vgl. 11QTemple 29,9; Jub 1,29: "schaffen"). Das gegenwärtige Zion-Heiligtum ist völlig verunreinigt, so daß erst in einem von Gott selbst etablierten Tempel er als König für ewig herrschen wird (Jub 1,28)[64].

Der Gebrauch der Wendung "neue Schöpfung" mit der Präposition "in" ohne Bezug auf die prophetisch-endzeitliche Weissagung vom "Tag Jahwes" (vgl. Jub 1,29; 11QTemple 29,9) weist darauf hin, daß die Wendung einen Fachbegriff darstellt, der in prägnanter Weise das endzeitlich-eschatologische Heil Gottes aussagt. Zieht man Jub 23,18 als Aussage über den Untergang der "alten" Schöpfung hinzu, interpretiert sich die im Begriff "neue Schöpfung" enthaltene Vorstellung als Untergang der alten Welt und daraufhin erfolgende totale Neuschöpfung durch Gottes Macht.

---

63 Rau, Kosmologie 394; vgl. äthHen 70,1-4.
64 Vgl. Davenport, Eschatology 30f.

5.5 Die Rede von der "Erneuerung" der Schöpfung

Die Hoffnung auf eine endzeitliche Erneuerung der Welt bleibt auch ein Thema der Spätphase frühjüdisch-apokalyptischer Literatur (nach 70 n.Chr.). Es ist eine Zeit, die die endgültige Katastrophe der Zerstörung des Zweiten Tempels und mit ihm ganz Jerusalems durch die Römer im Jahre 70 n.Chr., die das Ende des jüd. Opferkultes und die Vertreibung der Juden aus der heiligen Stadt Jerusalem bedeuten, theologisch verarbeiten mußte. Angesichts der sichtbaren Zerstörung mußte sich die theologische Grundfrage nach dem Ausbleiben der Verheißungen Gotters für sein auserwähltes Volk verschärfen zum quälenden Zweifel an der Treue Gottes, zur gänzlichen Infragestellung der Macht seines verbum promissionis. Die Hoffnung auf eine siegreiche Durchsetzung von Gottes Basilaia wurde durch den Triumph der heidnischen Macht des römischen Weltreiches in Abrede gestellt.

Zwei Dokumente des apokalyptischen Schrifttums aus dieser Zeit, der 4Esr und die syrBar, versuchen, diese Situation tiefer Skepsis mit einem Zeit und Geschichte deutenden theologischen Nachdenken zu bearbeiten. Wolfgang Harnisch hat ihre Position mit folgenden Worten beschrieben: "Die göttliche Zusage steht weiterhin in Geltung, aber ihre 'Ratifikation' bleibt einem **nach**geschichtlichen Zeitraum vorbehalten. Sie erfüllt sich erst im künftigen Äon, der das von Gott in Aussicht gestellte Heil bereithält"[1]. In den Mittelpunkt dieser apokalyptischen Theologie rückt ein systematisch ausgearbeiteter Zeit- und Weltendualismus, die Lehre von den beiden sich ablösenden Äonen.

5.5.1 4Esr 7,75

In der ursprünglich hebräisch abgefaßten Schrift 4Esr, die in einer christlichen Bearbeitung in der Vulgata zugänglich ist[2], wird in Dialogform zwischen dem fragenden und zweifelnden Esra, dem Offenbarungsempfänger,

---

1 Harnisch, Verhängnis 325.

2 Der 4Esr ist eine von christlichen Büchern (Kap.1f = 5Esr und Kap. 15 = 6Esr) gerahmte Schrift, deren Redaktion um 100 n.Chr. anzusetzen ist (vgl. 4Esr 3,29; 3,1), was nicht ausschließt, daß älteres Material aus der Zeit vor und nach der Tempelzerstörung überliefert wird; Näheres bei Schreiner, Einleitung JSHRZ V,4 301f.

und dem ihm antwortenden Engel Uriel als Offenbarer die Theodizeefrage, unter der die Frommen Israels leiden, behandelt. In der dritten Vision (4Esr 6,35-9,25)[3] wird im sechsten Gesprächsgang des Dialoges (7,75-101) Esra vom Engel eine Lehrauskunft über die sieben Arten der Verdammnis und die sieben Stufen der Seligkeit, die entsprechend dem ius talionis den Menschen nach ihren Werken im zukünftigen Äon zuteil werden, gegeben.

Esra hatte nämlich den Engel um folgenden Information gefragt (4Esr 7,75)[4]:

> "Wenn ich Gnade gefunden habe vor dir Herr, zeige auch das deinem Knecht, ob wir nach dem Tod, wenn nun jeder von uns seine Seele zurückgeben muß, in Ruhe aufbewahrt bleiben, bis jene Zeiten kommen, in denen du beginnst, die Schöpfung zu erneuern (donec veniant tempora illa in quibus incipies creaturam renovare); oder ob wir sofort gepeinigt werden."

Im Hintergrund dieser Frage steht der Glaube an die Unsterblichkeit der Seele, die Vorstellung, daß sich mit dem individuellen Tod des Menschen die Seele vom Körper trennt. In der Zwischenzeit bis zur zukünftigen eschatologischen Heilszeit, dem Tag der Auferstehung, bleiben alle Seelen der schon verstorbenen Gerechten in Kammern (promptuaria) der Scheol aufbewahrt. Mit der Wendung "donec veniant tempora illa" wird auf den kommenden Äon angespielt[5], eine Weltzeit, die chronologisch auf den vorherigen, sich dem Ende nähernden "alten" Äon folgen wird, eine Zeit, die qualitativ von "diesem Äon" als Zeit der Unvergänglichkeit unterschieden sein wird. Gott wird im "kommenden" Äon seine "Schöpfung erneuern" (vgl. 4Esr 6,7).

Die Erneuerung der Schöpfung erfolgt nach Auskunft des 4Esr nach der 400-jährigen irdischen Heilsperiode des Messias (4Esr 7,28). Darauf wird die Welt zu einem siebentägigen Schweigen "zurückkehren" (7,29), das dem Uran-

---

3 Zur Gliederung des 4Esr vgl. Harnisch, Prophet 465ff.

4 Übersetzung nach Schreiner, 4Esr JSHRZ V,4 352; lat. Text aus Biblia Sacra II 1947.

5 Vgl. syrBar 51,8a.10: "jene Welt"; vgl. den Grundsatz von 4Esr 7,50; syrBar 83,8; zur semasiologischen Untersuchung des Begriffes "Olam" und seine Verwendung in 4Esr und syrBar s. Harnisch, Verhängnis 90ff.

fang der Schöpfung entspricht (vgl. 6,39)[6] und das sämtliches geschöpfliches Leben vernichtet. Dann jedoch "nach sieben Tagen aber wird die Welt, die noch nicht wach ist, erweckt werden, und das Vergängliche wird sterben" (7,31; vgl. 5,45). Die Toten werden auferweckt und die Seelen aus den Kammern der Scheol entlassen (7,32), es beginnt die volle Lebendigmachung der Welt[7], die "**Auferweckung der Welt**" zur Unvergänglichkeit (vgl. 7,113; 8,53f).

Die zukünftige "Erneuerung der Welt" ist im 4Esr also als Parallele zur Schöpfung des Anfangs verstanden, denn es heißt: "durch mich und keinen anderen ist es [sc. die creatio originalis] erschaffen worden (facta sunt); so (geschieht) auch das Ende durch mich und keinen anderen" (4Esr 6,6). Allein Gott als der Schöpfer der Welt wird durch seine Schöpfungstat die endzeitliche "Erneuerung" herbeiführen. Die eschatologische "Erweckung" der toten, schlafenden Welt ist im 4Esr nicht als "Wiedergeburt"[8], sondern als Lebendigmachung analog zur Hoffnung der Auferweckung der Toten konzipiert.

Ist dies richtig gesehen, so muß nun doch darauf hingewiesen werden, daß bei der Rede von der endzeitlichen "Erneuerung" die Terminologie vom "neuschaffen" vermißt wird (vgl. anders in äthHen 72,1; Jub 1,29 den Bezug zu Dtjes 43,19 bzw. Trjes 65,17; 66,22). Gerhard Schneider bemerkt denn auch, daß in 4Esr 7,75 "das Verbum 'erneuern' nicht die gleiche Prägnanz wie 'schaffen' (hat)"[9]. Er bemüht sich darum um den Nachweis, daß das Verb

---

6 Die Überlegungen, ob bei der Rückkehr der Welt zum siebentägigen Schweigen an das Urchaos (Gen 1,2), so Billerbeck, Kommentar III 841, oder an die schon bestehende Schöpfung gedacht ist, bevor die Stimme des Menschen erklang, so Gunkel, 4Esr APAT II zu 4Esr 7,30, weisen in die falsche Richtung, wie 4Esr 6,39 zeigt. Hier werden beide Vorstellungen **nebeneinander** als Situation des Schöpfungsanfangs geführt. Für die Auslegung ist die Topik der Auferstehungshoffnung im Kontext von 4Esr 7,30 zu beachten: V.29 redet vom Sterben aller Menschen, V.31 vom Erwecken der schlafenden Welt.

7 Vgl. auch den Anfang des fünften Gesprächganges (4Esr 5,45-49) der zweiten Episode (5,21-6,16), wo wiederum Esra den Engel mit folgenden Worten um Aufklärung nachsucht (5,45): "Ich sagte: Wie aber hast du zu deinem Knecht sagen können, daß du die von dir geschaffene Schöpfung zusammen lebendig machen willst (quoniam vivificans vivificabis a te creatam creaturam in unum; vgl. Syrisch und Äth.: "belebend beleben werdet" = Schreiner, 4Esr JSHRZ V,4 im Kommentar z.St.)?"

8 So Volz, Eschatologie 338.

9 ΚΑΙΝΗ ΚΤΙΣΙΣ 76.

"renovare" vom Kontext her gesehen den Gedanken der "Neuschöpfung" aufnimmt. Diese Ansicht Schneiders von der Gleichsetzung der Rede von der "Renovation der Schöpfung" mit der von der "Neuschöpfung" wird von anderer Seite problematisiert. Bedeutet, wie Paul Billerbeck meint, in 4Esr 7,75 "die Welterneuerung ... die **Umwandlung** der chaotischen Masse der alten Welt in eine neue Welt"[10], oder ist Paul Volz zuzustimmen, der die Erneuerungsaussage hier als "Neuschöpfung ... mit dem völligen Weltuntergang" verbindet[11]?

Erik Sjöberg meldet grundsätzliche Bedenken gegen eine solcherart kategorisierende Exegese an, weil sie durch die Aufteilung der Belegstellen in die Rubriken "Verwandlung" oder "Neuschöpfung" der Welt sachfremde, philosophisch-spekulative Kategorien an die Texte heranträgt[12]. Sjöberg insistiert darauf, daß, "obgleich das Wort 'Neuschöpfung' hier (sc. 4Esr 7,75) nicht vorkommt, (es) ... nicht deutlicher als hier gesagt werden kann, dass die endzeitliche Erneuerung eine neue Schöpfung bedeutet"[13]. Dieser mit Schneider harmonierenden Exegese von 4Esr 7,75 ist zuzustimmen, und zwar aufgrund zweier Überlegungen:

1. Die Rede des 4Esr von der Erneuerung der Welt ist deshalb mit der Rede von der Neuschöpfung in eins zu setzen, weil im Schema der Entsprechung von Endzeit und Urzeit nicht streng eine endzeitliche **creatio nova ex nihilo**, d.h. als gänzliches Verschwinden der Welt und ihre anschließende Neumachung aus dem **Nichts**, gedacht werden kann. Orientiert sich 4Esr an dem Schema der Entsprechung von creatio originalis und creatio nova - wie es systematisiert im Barnabasbrief mit: " ποιῶ τὰ ἔσχατα ὡς τὰ πρῶτα " (6,13) vorgetragen wird -, so versteht er die Erneuerung der Welt als Rückkehr der alten Schöpfung zum Urchaos (Gen 1,2) und ihre darauf folgende Neuwerdung als Neuschöpfung. Die Welt als "Material" der Schöpfung bleibt, sie wird im endzeitlichen Prozeß der Erneuerung zur Unvergänglichkeit verwandelt (4Esr 6,16).

2. Es gilt zu beachten, daß sich im 4Esr die Vorstellung von der endzeitlichen Auferweckung der Toten so sehr in den Vordergrund gedrängt hat (4Esr 4,35; 5,45; 7,32; 14,35), daß auch die endzeitliche Erneuerung der Welt

10 Kommentar III 841 (Hervorhebung U.M.).

11 Eschatologie 338.

12 Wiedergeburt 73, Anm. 7, in der Auseinandersetzung mit Billerbecks Unterteilung der frühjüdischen Belegstellen zur Neuschöpfungsvorstellung in" verklärende Umwandlung der alten Welt" einerseits und "völlige Vernichtung" und "völlige Neuschöpfung" andererseits (Kommentar III 840f).

13 A.a.O. 73.

analog der Neubelebung der Toten als Vorgang der Lebendigmachung der schweigenden, im Todesschlaf befindlichen Welt vorgestellt wird (4Esr 7,30.32). Gott als Schöpfer wird im Akt der Lebendigmachung die Welt in der Endzeit erneuern[14].

Sind diese beiden Beobachtungen richtig, so besitzen wir in 4Esr 7,75 eine abgeflachte Formulierung des Neuschöpfungsgedankens in der Rede von der "Erneuerung" der Schöpfung, die an den Grenzen der menschlichen Erkenntnis einer creatio nova ex nihilo in Analogie zum Glauben an die Auferstehung von den Toten konzipiert ist.

5.5.2 syrBar 32,6 und 57,2

Die andere größere apokalyptische Schrift aus der Zeit nach der Zerstörung des Herodianischen Tempels, die vollständig nur in einer syr. Handschrift erhaltene syrBar, enthält an drei Stellen die Hoffnung auf eine endzeitliche Erneuerung der Welt (32,6; 57,2; zu 44,12 s.u. Hauptteil A 5.6). A.F.J. Klijn datiert die syrBar auf den Anfang des 2.Jh.n.Chr.[15], eine Zeit, in der die Zerstörung Jerusalems bereits eine Generation zurückliegt. In der Zerstörung des Tempels sieht die syrBar die gerechte Strafe für Israels Verfehlungen (1,4), und deshalb rückt für die Schrift die Frage nach dem Zeitpunkt der endgültigen Erfüllung der göttlichen Verheißungen angesichts einer vorübergehenden heilsleeren Zeit in den Mittelpunkt ihres Interesses.

Hermeneutischer Ausgangspunkt der Schrift, die in verschiedenen kleinen Dialogen des Sehers Baruch mit Gott, unterbrochen von Reden Baruchs an das Volk Israel oder dem Bericht über sein Fasten, Visionen und Mahnungen enthält, ist der Fall Jerusalems im Jahre 70 n.Chr. Indem der Verfasser jedoch seine Schrift unter dem Pseudonym des Baruch veröffentlicht, einer historischen Persönlichkeit aus der Zeit des babylonischen Exils (vgl. Jer 36), kann er von einer fiktiven Vorzeitigkeit aus, der Zerstörung des Ersten Tempels im Jahre 587 v.Chr., zukünftige Geschichte voraussagen. In Kenntnis dieser einge-

---

14 Damit wird nicht die strittige Frage nach der Form der eschatologischen Neubelebung des Individuums (vgl. Volz, Eschatologie 252f) eindeutig beantwortet, die Frage nämlich, ob "der neue Leib nicht der wiedererweckte alte Körper, sondern ein völlig neuer verklärter Leib" sei (ebd. 252f). Hier wiederholt sich auf anthropologischer Ebene das kosmologische Problem.

15 Einleitung JSHRZ V,2 113f.

troffenen vergangenen Geschichte soll der Leser seiner Gegenwartsanalyse wie auch seinen endzeitlichen Weissagungen Glauben schenken.

In einer Rede Baruchs an das jüd. Volk (syrBar 31,1-32,7) heißt es (syrBar 31,5-32,6)[16]:

31,5: "Denn siehe, die Tage werden kommen,
daß alles, was gewesen ist, zur Nichtigkeit dahingerafft werden (soll).
Dann wird es sein, als ob es nie gewesen wäre.
32,1 Bereitet ihr indessen eure Herzen vor, um des Gesetzes Früchte einzusäen,
dann wird er euch in jener Zeit bewahren,
in der der Mächtige die ganze Schöpfung erschüttern wird.
2 Denn Zions Bau wird kurze Zeit danach bewegt,
um wiederaufgebaut zu werden.
3 Doch dies Gebäude wird nicht bleiben,
vielmehr wird es nach einiger Zeit entwurzelt werden
und dann verlassen sein bis auf die (vorherbestimmte) Zeit.
4 Nachher muß es dann erneuert werden in Herrlichkeit,
vollendet aufgebaut bis in die Ewigkeit.
5 So wollen wir uns nicht so sehr betrüben über jetzt geschehenes Unheil
wie über das, was in der Zukunft noch geschehen wird.
6 Denn größer als die beiden Leiden ist dann der Kampf,
wenn der (All-)Mächtige seine Schöpfung erneuern wird."

Hier wird im apokalyptischen Dualismus die eschatologische Zeit des kommenden Äons scharf von der Zeit der Geschichte abgesetzt. Diese fällt als ganze der Vernichtung anheim (syrBar 31,5). Wenn Gott im Gericht die Schöpfung erschüttern wird, bleiben nur die Gerechten bestehen[17], die durch ihr Halten der Thora in der gegenwärtigen Zeit sich auf den kommenden Äon vorbereitet haben[18]. Ihnen gehört die Verklärung und die Auferstehung der Toten zur Herrlichkeit (syrBar 51,1-3.5b). Das bisher geschehene Unheil über Israel, die zweimalige Zerstörung des Tempels - 32,2: Zerstörung im Jahre 587 v.Chr. und Wiederaufbau 510-515 v.Chr.; 32,3: zweite Zerstörung im Jahre 70 n.Chr. - steht in keiner Relation zum künftigen Kampf, der endzeitlichen Drangsal (vgl. 48,30), die als Vorzeichen der gewaltigen Umwälzung der Erneuerung der Schöpfung zu werten ist. In der "neuen Welt" (vgl. 44,12) wird es einen neuen Tempel geben (vgl. Jub 1,29; 4,26; 11QTemple 29,9).

Die zweite Stelle in der syrBar, die von einer endzeitlichen "Erneuerung" der Welt spricht, findet sich in der Auslegung (55,4-74,4) der "Wolkenvision" (53,1-12) in syrBar 57,2. In der Deutung erläutert der Engel Ramaël Baruch

16 Übersetzung nach Klijn, syrBar JSHRZ V,2 143.
17 Vgl. MTeh 46 § 2 (anonym), Billerbeck, Kommentar III 845.
18 Zur Thora als Quelle des Lebens vgl. syrBar 38,2; 48,24; 4Esr 7,45.

die in der Vision verschlüsselt dargestellte Geschichte Israels von Adam bis zur Endzeit. Als Zeit der Erwählung Abrahams zum Stammvater Israels wird das erste "helle Wasser" (53,5b) ausgelegt, das aus der Wolke, die die Gesamtgeschichte Israels symbolisiert, auf die Erde herabregnet (57,1-3). Als eine kurze von insgesamt sechs Heilszeiten steht sie den sechs Unheilszeiten von "schwarzen Wassern" gegenüber. Das über die Zwölfzahl hinausragende letzte "finstere Wasser" bildet die Wehen der Endzeit ab (70,1ff). Einen Nachtrag stellt eine Erklärung eines letzten weißen Wassers als messianische Heilszeit dar (72,1ff).

Von der Heilszeit Abrahams (syrBar 57,1-3) - Abraham fungiert als Repräsentant einer gesetzestreuen Heilsperiode - wird berichtet, daß ein ungeschriebwenes Gesetz die Werke der Thora bereits erfüllen ließ (57,2). Auch der Glaube an ein kommendes Endgericht nach den Werken "ward damals schon erweckt" (57,2), gleichfalls[19]

> "die Hoffnung auf die Welt, die einst erneuert werden wird,
> ward damals schon gebaut.
> Es ward gepflanzt auch die Verheißung eines Lebens,
> das einmal kommen wird".

In diesem Parallelismus wird die Gewißheit einer endzeitlich-eschatologischen Erneuerung der Welt bereits in die Zeit der Erwählung Israels in Abraham, den Beginn der Heilsgeschichte Israels mit Gott zurückprojiziert.

Die Wendung vom "Gebautsein der Erneuerungshoffnung" erweist sich durch einen Blick auf die Ahnenreihe der Glaubenszeugen im Hebr, unter die Abraham dort gerechnet wird (Hebr 11,8ff), als traditionell. Im apokalyptischen Verständnis ist der Glaube eine ἐλπιζομένων ὑπόστασις , ein Beweis der zukünftigen, nicht sichtbaren Ereignisse (Hebr 11,1). Die im AT berichtete Tatsache, daß Abraham im gelobten Land als Fremdling in Zelten lebte (Hebr 10,9; vgl. Gen 12,8; 13,12 usw.), trägt ihren eigentlichen Schriftsinn für den Apokalyptiker in der Erwartung einer Stadt mit festen Grundmauern, deren "Werkmeister" und "Bildner" (Hebr 11,10) Gott selber ist (vgl. Hebr 12,22; 13,14; syrBar 4,1-6; 4Esr 7,26; 8,52). SyrBar 57,2 überträgt also die mit Abraham verbundene Erwartung einer von Gott erbauten Stadt auf das Theologumenon von der Erneuerung der Welt.

Geschichtstheologisch läßt sich in syrBar 57,2 eine Einheitsschau der Heilsgeschichte erkennen. Schon der Stammvater Israels, Abraham, hat als Thoragerechter durch die (ungeschriebene) Thora sich selbst die eschatologi-

---

19 Übersetzung nach Klijn, syrBar JSHRZ V,2 162.

sche Heilszukunft erschlossen. Als Stammvater Israels ist er das Vorbild des gesetzestreuen Juden, aber nicht nur das, seine Zeit ist auch ein direktes Ur- bzw. Abbild der Gegenwart des Frommen. Denn zu beachten ist, daß in der heilsgeschichtlichen Konzeption der "Wolkenvision" die auf göttlicher Providenz beruhende, determinierte Weltgeschichte[20] als einheitliches Ganzes von 12 Zeitperioden dem Eschaton gegenübergestellt wird. Damit besitzt jede einzelne, zurückliegende Heilsperiode eine Beziehung zum Eschaton. Grundsätzlich besteht in jeder Heilsperiode dieselbe eschatologische Relation, derselbe Abstand bzw. dieselbe Nähe zum endzeitlichen Heil. Unter dem alles beherrschenden Aspekt des Eschatons wird für die syrBar die vom AT berichtete wechselhafte Geschichte zwischen Gott und seinem Erwählungsvolk aufgelöst zum Problem der individuellen Entscheidung des Menschen, ein Leben nach dem Gesetz zu führen. So hat es bereits Abraham getan und damit das Leben als eschatologisches Gut in der nur den Gerechten offenstehenden "neuen Welt" (syrBar 44,12) erlangt.

5.5.3 LibAnt 32,17 und 16,3

In die Traditionslinie der Rede von der endzeitlichen Erneuerung der Welt sind auch die Stellen LibAnt 32,17 und 16,3 einzubeziehen. Das Thema des Hymnus von 32,1-17 ist der Preis über das sieghafte Eingreifen Gottes in die Geschichte von der himmlischen Höhe aus (32,1). Damit folgt der Hymnus dem Vorbild des Deboraliedes (Ri 5,2ff, bes. V.11b.20a), ohne sich inhaltlich mit ihm zu decken. Die Nacherzählung der geschichtlichen Heilstatsachen von der Erwählung Abrahams an über den Bundesschluß am Sinai bis zur Befreiung Israels von der Bedrohung durch die militärische Macht des kanaanäischen Heerführers Sisera dient einzig dem Zeugnis von Gottes wunderbarer Rettungsmacht. Von ihr wird auch ein zukünftiges rettendes Eingreifen in die Geschichte zugunsten Israels zu erwarten sein, auch wenn Menschen schon gestorben sind, ohne die Erfüllung seiner Versprechen zu erleben (32,13).

Mit dieser Aussage ist der Hymnus zum Ziel gekommen, nämlich die Hoffnung auf Gottes zukünftiges Eingreifen heilsgeschichtlich zu begründen. Die folgenden Verse (LibAnt 32,14-17) sind als Nachträge zu bewerten, die for-

---

20 Vgl. Harnisch, Verhängnis 260-266. bes. 263.266.

mal[21] und inhaltlich[22] mit dem Hymnus nicht in Einklang zu bringen sind. Es sind unterschiedliche Einzelüberlieferungen, die an den Hymnus angeschlossen sind, um die Ausrichtung auf das zukünftig erwartete göttliche Heilshandeln (V.13) schöpfungstheologisch begründet auszubauen (V.14b) und heilsgeschichtlich (V.16) zu verstärken. Zu diesen kumulativen Ergänzungen gehört auch LibAnt 32,17, wo es heißt[23]:

> "Und dann werde ich ruhen von meinem Lobgesang,
> weil die Zeit seinen Gerechtfertigten bereitet werden wird.
> Ich will ihn (von neuem) besingen bei der Erneuerung der Schöpfung
> (ymnizabo eum in innovatione creature)
> und das Volk wird eingedenk sein dieser Errettung,
> und sie wird ihm zum Zeugnis dienen.
> Und das Meer möge mit seinem Abgrund Zeuge sein,
> daß Gott es nicht nur ausgetrocknet hat vor dem Angesicht unserer Väter,
> sondern (daß) auch die Gestirne[24] aus ihrer Ordnung (heraus)
> für ihn unsere Feinde bezwangen."

Das Gemeinsame der von Pseudo-Philo in dem Hymnus nacherzählten göttlichen Heilstaten liegt in Gottes außerordentlichem, die Weltordnung und -gesetze außer Kraft setzendem Eingreifen in die Geschichte mit Hilfe kosmischer Mächte. Zuletzt wird besungen, wie in der Auseinandersetzung zwischen den von Barak geführten Israeliten mit Siseras militärischem Heer die Sterne selbst den Sieg zugunsten der Israeliten auskämpfen (LibAnt 32,11). Gottes wunderhaftes Handeln zugunsten Israels Errettung wird - so ist nun V.17 zu verstehen - erst wieder bei der zukünftigen Erneuerung der Schöpfung besungen werden. Bis dahin wird der Hymnus auf Gottes Wundertaten für eine Zeit aussetzen - ein Hinweis auf die Unmöglichkeit des Jerusalemer Kultus aufgrund der Zerstörung des Zweiten Tempels -, jedoch dann von neuem beginnen, da alte und neue Verheißungen (32,12) endzeitlich eingetreten sind.

---

21 In LibAnt 32,14f wechselt das Subjekt des Hymnus und Debora wird von einem Sänger angeredet. 32,17 führt die 1.Pers.sing. ein, ohne daß das Subjekt (Debora ?) genannt wird.

22 In LibAnt 32,14.15a wird einzig die Auseinandersetzung der im Auftrag Gottes tätigen Sternenmächte im Kampf mit Siseras Heerscharen reflektiert. V.15b spricht die Erde an, die Adam als Stammvater Israels hervorgehen ließ, die damit Gewähr bietet, daß Gott auch zukünftig zugunsten seines Volkes einschreitet. V.16 macht die Nacht, in der Gott beim Exodus Israels die Erstgeburt von Ägypten schlug, zum typologischen Bild endzeitlicher Bedrängnis.

23 Übersetzung nach Dietzfelbinger, LibAnt JSHRZ II,2 198; lat. Text nach Kisch, Liber Antiquitatum Biblicarum 207, leicht verändert zitiert von Schneider, ΚΑΙΝΗ ΚΤΙΣΙΣ 76, zu den Einleitungsfragen von LibAnt s. Hauptteil A 5.2.5.

24 Konjektur von castra in astra, so Dietzfelbinger, a.a.O. 198.

Die zukünftige endzeitliche eschatologische Erneuerung der Schöpfung sieht der Autor dieser Verse in der Reihe der außerordentlichen wunderhaften Eingriffe des Schöpfers zugunsten seines erwählten Volkes. Durch die in die Zukunft hineinprojizierte Aufnahme des Hymnus über Gottes vormalige geschichtliche Wundertaten gelingt es dem Autor, heilvolle Vergangenheit und erwartete Heilszukunft über die Rezitation des Hymnus selbst nahtlos zu verbinden.

Wie selbstverständlich für das "späte" apokalyptische Schrifttum die eschatologische Zukunft als "Erneuerung" der Welt verstanden wurde, zeigt schließlich die zweite Belegstelle in LibAnt 16,3. Dieser Abschnitt ist Bestandteil einer Gottesrede (16,2f), in der Gott den Angehörigen des Korah-Aufstandes (vgl. Num 16,1ff) den "ewigen Tod" und damit die ewige Verdammnis zur endzeitlich-eschatologischen Zeit schwört, wenn er, Gott,

"die Erde erneuern wird (et ero innovans terram)"[25].

In dieser Sentenz spiegelt sich die Verbindung von endzeitlichem Gericht und Welterneuerung wieder, wie sie schon bei der Auslegung von Apk 20,11-21,1 (Hauptteil A 5.2.3) beobachtet wurde. In der Nacherzählung von LibAnt besitzt die Geschichte von der Verschlingung der Rotte Korahs durch die Erde den paränetischen Zweck, daß Israel sich von der Sünde distanziert, die in der Auflehnung besteht, die Thora Gottes für "unerträglich" (LibAnt 16,17) zu halten. Nur derjenige, der im Weg des Herrn treu wandelt, wird in der eschatologischen neuen Welt der Gerechten bestehen (vgl. LibAnt 3,10).

5.6 Gott, der "Erneuerer der Welt" (ApkAbr 17,14)

Als Gottesprädikat findet sich die Neuschöpfungsaussage im apokalyptischen Schrifttum in der ApkAbr. Diese aus zwei Teilen (Kap. 1-8: der Midrasch über Abrahams Bekehrung; Kap. 9-31: Abrahams Himmelsreise) bestehende apokalyptische Schrift aus den letzten Jahrzehnten des 1.Jh.n.Chr.[1] ist heute nur in slavischen Texten aus dem Mittelalter (14.-16.Jh.) zugänglich. Diese

25 Lat. Text von Kisch, Liber Antiquitatum Biblicarum 156.

1 Vgl. Philonenko/Philonenko-Sayar, Einleitung JSHRZ V,5 419; Rubinkiewicz, Introduction OTP 1, 683.

Hss. basieren entweder auf einer griech. Übersetzung des semitischen Originals[2] oder sind das Resultat einer direkten Übertragung der ApkAbr aus dem Hebräischen[3].

Die Neuschöpfungsaussage findet sich in einem poetischen Teil, dem "Gesang" Abrahams (ApkAbr 17,7ff), einem Preis Gottes, der im Dienste der Gebetserhörung steht. Dort heißt es in ApkAbr 17,14f[4]:

a "Befreier derer, die mit den Unreinen und Ungerechten
vermischt sind, in dem Zeitalter der verdorbenen Welt
b und Erneuerer[5] der Welt der Gerechten."

Daß es sich bei letzterer Gottesprädikation um eine eschatologische Erneuerungsaussage handelt[6], läßt sich unzweifelhaft an dem hier begegnenden Gegensatz "Zeitalter der verdorbenen Welt" - "Welt der Gerechten" (vgl. ApkAbr 29,7; CD 6,10.14; 12,23; TestDan 6,6), der dem älteren Gegensatz von "diesem Äon" und "dem kommenden Äon" entspricht, erkennen. Die beiden in einem synthetischen Parallelismus erscheinenden Gottesprädikate "Befreier" und "Erneuerer" bilden in der Reihe der ontologischen Gottesbezeichnungen des "Gesanges" eine Ausnahme, insofern sie sich auf ein (end-)geschichtliches Gotteshandeln beziehen. Die Annahme von Marc Philonenko scheint darum nicht unberechtigt, dieses Teil des "Gesanges" für einen späteren Zusatz zu halten[7].

Wie auch immer man sich entscheidet, für die traditionsgeschichtliche Untersuchung bleibt die Feststellung zu ziehen, daß in der Spätzeit der jüd. Apokalyptik die Erwartung einer endzeitlichen Erneuerung der Welt zum beherrschenden Thema des jüd. Glaubens geworden ist, so daß sie in gleicher Weise wie "Befreier" zum Attribut Gottes werden kann[8]. Ein Gott, der allerdings erst in einer nachgeschichtlichen Endzeit sich dem Beter verifizieren wird.

---

2 So Philonenko/Philonenko-Sayar, a.a.O. 417.

3 So Rubinkiewicz, a.a.O. 683.

4 Übersetzung nach Philonenko/Philonenko-Sayar, ApkAbr JSHRZ V,5 439.

5 Rubinkiewicz, ApkAbr POT 1 im Kommentar z.St., erläutert das slavische "ponovljaja" als neuere Form von "ponavljaja"="renewing, restoring".

6 Gegen Philonenko, ApkAbr JSHRZ V,5 im Kommentar z.St., wo uneschatologische Parallelen zur Erläuterung dieser Gottesprädikation angegeben werden.

7 Ebd. 439.

8 Zu erwägen wäre, ob es sich um einen Reflex deuterojesajanischer Diktion handelt, vgl. z.B. die Gottesprädikationen in Dtjes 43,14f.

5.7 Das Hoffnungswissen der "neuen Welt" (syrBar 44,12)

Im Rahmen der apokalyptischen Neuschöpfungshoffnung ist auch auf einen Beleg einzugehen, der die Erwartung einer "neuen Welt" artikuliert (syrBar 44,12). Diese Stelle ist Teil einer Rede Baruchs an die Ältesten des Volkes (syrBar 44,1-45,2) und sie lautet[1]:

a "Es gibt ja eine Zeit, die nicht vergeht,
a' und jene Periode kommt, die bleiben wird in Ewigkeit,
b und die neue Welt, die nicht aufs Neue dem Verderben die überläßt, die gleich zu Anfang die Verbindung zu ihr suchten.
c Hat sie doch kein Erbarmen mit denen, die in Pein kommen.
c' Die aber in ihr leben, führt sie nicht zum Untergang."

Noch deutlicher als bei den zuvor besprochenen Stellen aus der syrBar tritt hier der apokalyptische Antagonismus zwischen dem alten Äon der Vergänglichkeit und dem neuen Äon der Unvergänglichkeit hervor. Die künftige Heilszeit der "neuen Welt" ist allein den Gerechten als verheißenes Erbe zuerkannt (vgl. syrBar 44,13.14.15a), sie allein empfangen Unsterblichkeit (44,12b). Die Gegenwart hingegen besitzt die negative Qualifikation der Vergänglichkeit (44,12a). Aus dem Wesen dieses Äons läßt sich nur das Verderben (44,12b) und der Weltuntergang folgern.

Ist das Heil der "neuen Welt" nur in einem nachgeschichtlichen, jenseitigen Zeitraum möglich, so bewertet diese apokalyptische Konzeption die gegenwärtige Wirklichkeit mitsamt ihren Möglichkeiten grundsätzlich negativ und konzentriert die ganze Kraft ihrer sehnsuchtsvollen Erwartung auf Gottes ferne Heilszukunft. Dennoch rückt die Gegenwart in dieser streng futurischen Eschatologie nun doch in den Blickpunkt des Interesses. Sie ist "die dem Endgericht vorausgehende (befristete) **Zeit der Entscheidung,** in der es für den Menschen darauf ankommt, dem im Gesetz geoffenbarten Gotteswillen im ungeteilten Gehorsam zu folgen, die Satzungen der Tora zu erfüllen und sich durch die Wahl des Lebensweges die Anwartschaft auf die Teilnahme am Heil des künftigen Äons zu sichern"[2]. Von der Gegenwart besitzt der Apokalyptiker also ein dialektisches Verständnis: Ist sie Unheilszeit, weil Gottes Heil sich in ihr nicht verwirklichen wird, so ist sie doch auch "gute", wertvolle Zeit, weil sie für den Menschen Zeit der Entscheidung für eine zukünftige Heilszeit ist.

---

1 Übersetzung nach Klijn, syrBar JSHRZ V,2 149; zu den Einleitungsfragen der syrBar s.o.Hautteil A 5.5.2.

2 Harnisch, Verhängnis 241.

Allerdings beinhaltet diese dialektische Geschichtsauffassung eine theologisch fragwürdige Weichenstellung: Kann der Mensch aufgrund eigener Entscheidung darüber verfügen, welche künftige Stellung er in der "neuen Welt" besitzen wird - das endgerichtliche ius talionis entscheidet über Heil und Unheil (vgl. syrBar 24,1; 48,27; 83,2f; 85,9) -, so geht die Partizipation an der zukünftigen Heilswelt in die menschliche Möglichkeit und Verantwortung über (vgl. 44,13-15). Die gegen alle Wirklichkeit geglaubte Hoffnung an Gottes seinsstürzende, weltwendende Neuschöpfungsaktivität zugunsten des Menschen im Heil der "neuen Welt" verkümmert zum Wissen um Gott als Garanten des endzeitlichen Heiles. Es ist vielleicht deshalb nicht von ungefähr, daß die aus dem AT bekannte prophetische Redeweise von Gottes "neuschaffen" in der syrBar in den Hintergrund tritt. Da Gottes Zukunft in dieser apokalyptischen Eschatologie theologisch vereinnahmt ist, wendet sie sich der primären Aufgabe zu, den Menschen auf die im Prinzip festgelegte Zukunft einzustellen. In der immer wiederkehrenden, zeitlosen Mahnung, ein Leben nach dem Gesetz zu führen, sieht die syrBar ihr ethisches Hauptanliegen (vgl. syrBar 44,3.7; 45,1.5 u.ö.).

Mit der durch den Zwei-Äonen-Dualismus eingeleiteten Tendenz, die Gegenwart nicht mehr von der visionär geschauten eschatologischen Zukunft bestimmen zu lassen und stattdessen sich mehr dem Problem des täglichen Gesetzesgehorsams zuzuwenden, ist eine theologische Entwicklung im Frühjudentum skizziert, die sich im Rabbinat weiterverfolgen läßt. In welcher Hinsicht sich dabei im rabbinischen Schrifttum weitere Aspekte zur Neuschöpfungsvorstellung aufzeigen lassen, soll ein nächster Abschnitt (Hauptteil A 6) klären helfen.

5.8 Zusammenfassung

Das wichtigste Ergebnis aus der Analyse der Neuschöpfungsvorstellung im apokalyptischen Schrifttum soll sogleich an den Anfang dieser Zusammenfassung gestellt werden. Es ist die für die traditionsgeschichtliche Fragestellung zu "neuer Schöpfung" bei Paulus entscheidende Einsicht, daß **im Jubiläenbuch, in Kap. 4,26, der Terminus "neue Schöpfung" in geprägter Weise vorliegt.** Damit bestätigt das Jub die schon bei den Qumranschriften zu 11QTemple 29,9 geäußerte Vermutung, daß seit dem Ende des 2.Jh.v.Chr. der Begriff einer "neuen Schöpfung" im Frühjudentum geläufig ist. In der Paulus-Exegese ist deshalb davon auszugehen, daß der Ausdruck "neue Schöpfung" keine originäre Sprachform des Paulus darstellt. Die apokalyptisch orientierte Tradition des Frühjudentums gibt ihn vielmehr Paulus vor. Im Rahmen ihrer futurischen Eschatologie spielt die Neuschöpfungsvorstellung, so zeigt die Menge der Belege, eine bedeutende Rolle. Um Gottes endzeitlich-eschatologische Heilszukunft kurz und prägnant zu beschreiben, ist es in der "apokalyptischen Bewegung" zur Ausprägung des Fachbegriffs "neue Schöpfung" gekommen (Jub 4,26; vgl. 1,29; 11QTemple 29,9).

Läßt sich also hinsichtlich der begrifflichen Formulierung eine traditionsgeschichtliche "Brücke" von der apokalyptischen Tradition des Frühjudentums zu Paulus schlagen, so ist zu fragen, mit welchem Inhalt der vorpaulinische Begriff "neue Schöpfung" gefüllt ist. In synchroner Betrachtungsweise ergeben sich **vier Variationen** des Neuschöpfungsgedankens in der Apokalyptik (s. gleich unten). Die Traditionslinie, zu der der Begriff "neue Schöpfung" gehört, läßt sich dabei einerseits über das Mittel der Abgrenzung definieren. Andererseits ist auf der Ebene der Diachronie diese spezifische Traditionsausprägung als Entwicklungsvorgang zu beschreiben, an deren (vorläufigem) Ende der Begriff "neue Schöpfung" steht.

Die Möglichkeit diachroner Analyse ergibt sich, weil die frühjüdische Literatur, so zeigt das Beispiel des Neuschöpfungsmotivs, ein Vorgang dynamischer Traditionsrezeption ist. Als Beispiele seien nur genannt: Der Anfang des "Astronomischen Buches" (äthHen 72,1) knüpft mit seiner Formulierung "neues Werk" an Dtjes 43,19 an (vgl. 1QS 4,25; 1QH 13,11f). Das Jub läßt erkennen, daß der Begriff "Tag der (neuen) Schöpfung" (Jub 1,29) eine Kombination zweier prophetischer Überlieferungen ist, nämlich der Vorstellung vom "Tag Jahwes" und dem Motiv der neuen Schöpfung aus Dtjes. Dazu füllt das Jub den Begriff mit inhaltlichen Anklängen an Trjes 65,17; 66,22 und nennt mit dem Gedanken der "Erneuerung der Lichter" ein auch der 10 WA (äthHen 91,17) schon geläufiges Motiv. Apk 21,1f bezieht sein Arrangement von "einem neuen Himmel und einer neuen Erde" und "einem neuen Jerusalem" von Trjes 65,17 her. - Diese exemplarische Aufzählung läßt erkennen, daß sich die Neuschöpfungsvorstellung in der apokalyptischen Literatur über einen vielfältigen Prozeß der Traditionsbearbeitung und Traditionsaneignung entwickelt hat. Der mehrdimensionale Prozeß der traditionsgeleiteten Hermeneutik des Frühjudentums soll mit dem Begriff der **"Schriftgelehrsamkeit"** gekennzeichnet werden. Schon Rudolf Bultmann machte die Beobachtung, daß die Apokalyptik "wesentlich (eine) literarische Bewegung (sei), die damals wie heute und zu allen Zeiten wesentlich im Bücherschreiben und Bücherlesen bestand"[1]. Mit dem Begriff der "Schriftgelehrsamkeit" soll also zum Ausdruck gebracht werden, daß sich das Frühjudentum als schriftgelehrte theologische Weisheit innerhalb eines vorgegebenen Rahmens von Schriften bewegt, wenn es den durch die jeweilige Zeit gestellten theologischen Anforderungen seines Glaubens gerecht werden möchte. Der schon in weiten Teilen vorliegende Schriftenkanon des AT[2] dient der Autorisierung eigener religiöser Analyse, indem man sich auf Vorstellungen und Begriffe der in ihm enthaltenen göttlichen Weisheit bezieht. Zeigt sich bei der Neuschöpfungsvorstellung auch ein progressives Element, insofern z.B. die verbale Neuschöpfungsaussage ihre begriffliche Klärung findet und der Neuschöpfungsgedanke mit anderen Heilsvorstellungen verbunden werden kann, so ist zugleich durch die zitathafte Anspielung an die im Jes-Buch fixierte Neuschöpfungshoffnung immer ein legitimierender Rückbezug gewahrt.

Die im kanonisierten Jes-Buch bewahrte deuterojesajanische Heilsverheißung von einem neuen Schöpfungshandeln Gottes (Dtjes 43,19) bildet also den Ausgangspunkt der Traditionsgeschichte der Neuschöpfungsvorstellung im Frühjudentum. Mit seiner Theologie der Eschatologisierung des prophetisch angesagten "neuen Exodus" als Eintritt der Königsherrschaft Gottes (Dtjes 40,9; 52,7) gibt Deuterojesaja dem Frühjudentum sozusagen seine theologische Aufgabe vor. Es stellt sich von nun an das Problem, wie das Nichteintreffen der Prophetie, das Ausbleiben des Eschatons, mit der Wahrheit und Treue Gottes als dem Herrn der Geschichte zu vereinbaren ist. Die immer neuen Versuche einer Bearbeitung dieses theologischen Grundproblems mit Hilfe der gelehrten Schriftauslegung ist als Vorgang der Traditionsrezeption in der atl. Prophetie bereits präfiguriert. Das sog. Trjes-Buch, das einer Schulbildung in der Nachfolge des Deuterojesaja entstammt, interpretiert u.a. Deuterojesajas Heilsverheißungen unter veränderten Zeitbedingungen auf neue Weise (s. u. Hauptteil A 3.3). Setzt das Frühjudentum diesen Prozeß der schriftgelehrten Aneignung prophetischer Verheißung fort, so befindet es sich in Kontinuität zur "schriftgelehrten Prophetie" des AT.

---

1 ThLZ 52, Sp.506.

2 Etwa im 3.Jh.v.Chr. schließen sich die Prophetenbücher an den Kern des Kanons, die Thora (Gen-Dtn) an. Um 190 v.Chr. zählt Sir 48f im "Preis der Väter" bereits Jesaja, Ezechiel und die Zwölf Propheten auf; vgl. dazu Schmidt, Einführung 5.

Bei der schriftgelehrten Neuinterpretation der Neuschöpfungstradition von Dtjes 43,19 bzw. Trjes 65,17; 66,22 kommt das apokalyptisch geprägte Frühjudentum zu vier grundsätzlich verschiedenen Ansätzen:

1. In der apokalyptischen Redeform der "Vision" wird die prophetische Heilsverheißung ontologisch umgearbeitet, insofern in der (Gegenwarts-)Zeit der von Gott beschenkte Seher in proleptischer Weise die sich zukünftig ereignenden Heilsinhalte der Geschichte schaut (äthHen 91,16; Apk 21,1; LibAnt 3,10). Im Hintergrund steht eine dualistische Konzeption von der Schöpfung und ihrer Geschichte (vgl. 4Esr 7,50). Seit Anfang der Schöpfung liegen die zukünftig sich ereignenden Geschichtsbegebenheiten präexistent bereit. Die Vision verzichtet deshalb auf Schöpfungsvokabeln hinsichtlich des eschatologischen Ereignisses und verwendet stattdessen Offenbarungssprache. Die Besonderheit der **Vision** von einem "neuen Himmel und einer neuen Erde" liegt in der **metaphorischen Anzeige kosmologischen Heiles,** entweder als himmlische Vollkommenheits- und Gerechtigkeitsaussage (äthHen 91,16f) oder mit Hilfe der Schekhina-Theologie als Einwohnung Gottes bei den Menschen (Apk 21,3; LibAnt 3,10) interpretiert.

2. Im Gegensatz zur Vision entpuppt sich 2Petr 3,13 als eine formale Repristination einer atl. Verheißung (Trjes 65,17; 66,22) für eine durch innerkirchliche Häresie angefochtene christliche Gemeinde. Ihre Zweifel an der Parusie werden nicht mehr christologisch, sondern durch eine Apologie des Weltbildes einer futurischen Eschatologie bekämpft.

3. In einem einleitenden Überblick über Anfang und Ende der Welt wird der als eine (astronomische) Einheit weisheitlich erschlossenen Jetzt-Welt die prophetische Ansage einer eschatologischen Neuschöpfung als ihre endzeitliche Grenze zugeordnet (äthHen 72,1; Jub 1,29; vgl. LibAnt 3,10). Neuschöpfung und Schöpfung des Anfangs werden antithetisch aufeinander bezogen. Während in äthHen 72,1 creatio originalis und creatio nova noch unverbunden nebeneinanderstehen, insofern sie beide Ewigkeitsrang besitzen, findet in Jub 1,29 ein Ausgleich in der Hinsicht statt, daß die in der Thora niedergelegte Weltordnung[3] (1,29a-c) von dem zukünftigen "Tag der (neuen) Schöpfung" als Zeitpunkt der eschatologischen Wende (1,29d.f) begrenzt wird. Erst darauf folgt die ewige Vollkommenheitsordnung (1,29h; vgl. 11QTemple 29,9).

3 Vgl. Zengler, Weisheit 54.

4. Unter dem Eindruck der Zerstörung des Zweiten Jerusalemer Tempels bewahrt die "späte" Apokalyptik den Glauben an eine heilvolle zukünftige "Erneuerung der Welt" in einer fernen Zukunft. In den Vordergrund rückt die Hoffnung auf die Auferstehung der Toten als individuelles postmortales Heil, so daß die kosmische Erneuerungshoffnung in Analogie dazu konzipiert wird (4Esr 7,75). Die geschichtsphilosophische Absicherung eines kommenden Heiles im Zwei-Äonen-Dualismus (ApkAbr 17,14f) verdrängt die seit Deuterojesaja mit der eschatologischen Neuschöpfungshoffnung eng verbundene Naherwartung (vgl. Dtjes 43,18; Trjes 65,18 mit 4Esr 7,75; syrBar 32,6). In den Mittelpunkt rückt eine individuelle Entscheidungstheologie (syrBar 44,12; vgl. LibAnt 3,10; 16,3), die den immer gleichen Abstand aller Juden, egal in welcher geschichtlichen Zeit sie leben, zum Eschaton behauptet (syrBar 57,2). Die Aussage vom Aussetzen des Tempelhymnus auf Gottes Herrlichkeit bis zur eschatologischen Erneuerung der Welt (LibAnt 32,17) illustriert die Hoffnungslosigkeit eines pharisäischen Judentums nach 70 n.Chr.: Gott hat seine Herrlichkeit aus der Welt zurückgezogen.

Wendet man sich nun noch einmal unter diachronem Gesichtspunkt der Neuschöpfungsaussage im Jub zu, so stellt man fest, daß in Jub 1,29 keine singuläre Redeweise vorliegt. Vielmehr ist der Gebrauch der Neuschöpfungsaussage an dieser Stelle repräsentativ für ein asidäisch-apokalyptisches Judentum, wie neben äthHen 72,1 auch die schon oben in Abschnitt Hauptteil A 4.4 erläuterten Qumrantexte belegen. Eine kurze Zusammenstellung[4] mag dies verdeutlichen:

1QS 4,25
"Denn Seite an Seite hat Gott sie (sc. die Geister der Wahrheit und des Frevels) gesetzt
bis zur festgesetzten Zeit und **bis zum Schaffen von Neuem.**"

1QH 13,11f:
"Sie (sc. die Schöpfungswerke) erzählen deine Ehre in all deiner Herrschaft.
Denn du hast sie sehen lassen, das von dem gilt [Inf.-Satz mit] Urzeit (als Objekt)
und **zu schaffen neue Dinge,**
zu zerbrechen das von Urzeit Bestehende
und aufzu[rich]ten das ewig Seiende."

äthHen 72,1g-i:
"Und ihr ganzes Buch, wie sie sind, zeigte er mir,
und wie jedes Jahr der Welt (ist) bis in die Ewigkeit,
bis **gemacht werden wird das neue Werk,**
das bleibt bis in Ewigkeit."

4 Vgl. eine ähnliche Zusammenstellung von Texten bei Black, Creation 13f.

11QTemple 29,7b-10:
"Und ich will für sie in Ewigkeit dasein
[und] ich will mit ihnen wohnen auf immer und ewig.
Und ich will mein [Hei]ligtum heiligen mit meiner Herrlichkeit
da ich wohnen lasse über ihm meine Herrlichkeit.
Bis zu dem Tag der (neuen) Schöpfung, wenn ich **(neu)schaffen**
werde mein Heiligtum,
um es für mich (selber) alle Tage zu bereiten
entsprechend dem Bund,
den ich mit Jakob in Bethel geschlossen habe."

Jub 1,29:
"Und es nahm der Engel des Angesichts, der einherzog vor dem
Heer Israels, die Tafeln der Einteilung der Jahre
von der Schöpfung des Gesetzes an und des Zeugnisses seiner
Wochen der Jubiläen
je nach den einzelnen Jahren in allen ihren Zahlen und Jubiläen
und **bis zum Tag der (neuen) Schöpfung,** wann erneuert werden Himmel
und Erde,
und alle ihre Schöpfung wie die Mächte des Himmels und wie alle
Schöpfung der Erde,
bis zum Tag, an dem geschaffen werden wird das Heiligtum des Herrn
in Jerusalem auf dem Berge Zion.
Und alle Lichter werden erneuert werden zur Heilung und zum Frieden
und zum Segen und für alle Erwählten Israels.
Und so soll es sein von diesem Tag an und bis zu allen Tagen der Erde."

Eine vergleichende Analyse ergibt, daß die Struktur dieser Neuschöpfungsvariante davon geprägt ist, daß der Neuschöpfungsaussage **immer** eine Formulierung über die creatio originalis vorangestellt wird. Bis auf 11QTemple 29,7b.8 ist diese Aussage von weisheitlicher Erkenntnis geprägt:

- Der Kampf der dualistischen Mächte um die Einflußnahme auf das menschliche Herz als anthropologisches Zentrum des Menschen geht seit Beginn der Schöpfung (1QS 4,25).
- Die von Gott geschaffene Welt verkündet seit ihrer Existenz die Herrlichkeit des Schöpfers (1QH 13,11f).
- Das astronomische Ordnungswissen ist Teil der weisheitlich erkannten Wohlordnung der göttlichen Schöpfung (äthHen 72,1; Jub 1,29).

Durch die Verbindung der **weisheitlich** definierten creatio originalis mit der **prophetischen** Linie einer creatio nova durch die zeitliche Präposition "bis" (ausgenommen 1QH 13,11f) ergibt sich eine systematische Abfolge: Gottes erste, alte Schöpfung nimmt trotz ihrer Vollkommenheit (vgl. Gen 1) ein Ende, wenn die "neue", vollkommene Schöpfung beginnt. Die Dauer der Schöpfung des Anfangs ist zwar unbestimmbar, angesichts endzeitlicher Vollkommenheitsweissagung jedoch zwangsläufig endlich. Durch diese Zuordnung bemüht sich frühjüdische Schriftgelehrsamkeit also um einen **Ausgleich** zweier sich widerstreitender Erkenntnisweisen von Gottes Welt.

Die Annahme von einer kosmischen creatio nova bezieht sich dort, wo in dieser Überlieferungsvariante die Neuschöpfungsaussage verbal formuliert wird (1QS 4,25; 1QH 13,11f) auf die Heilsverkündigung des Deuterojesaja zurück. Die prophetische Heilsansage, die sich auf den "neuen Exodus" bezieht, gilt als kurze Umschreibung, als Chiffre für die Voraussage einer nachzeitlichen "neuen" Welt. Das atl. Prophetenwort bekommt im Frühjudentum damit eindeutig eschatologisch-endzeitlichen Sinn.

ÄthHen 72,1, wo das Substantiv "neues Werk" den Vorgang der endzeitlichen Neuschöpfung zusammenfaßt, ist dabei das traditionsgeschichtliche Verbindungsstück im Zuge der Ausbildung des Abstraktums "Tag der (neuen) Schöpfung" (11QTemple 29,9; Jub 1,29). Die Verknüpfung mit dem prophetischen Topos vom "Tag Jahwes" macht es in besonderer Weise möglich, den eschatologischen Umbruch, für den allein Gott verantwortlich ist, zu akzentuieren. Durch diese Kombination mit einer anderen prophetischen Überlieferung ist die Neuschöpfungserwartung jedoch grundsätzlich frei, weitere Zukunftserwartungen an sich zuziehen. Zunächst wird die priesterliche Hoffnung auf einen "neuen Tempel" der Neuschöpfungsordnung zugerechnet (11QTemple 29,9), sodann wird der "neue Tempel" im Jub als Teil einer perfektionierten Sammlung von Phraseologien endzeitlich-eschatologischen Heils der Neuschöpfungshoffnung subsumiert (1,29). Zusammen erläutern sie, jüd. Gruppenbildung übergreifend, das Neuschöpfungsheil auf priesterliche, astronomisch-weisheitliche und bundestheologische Weise.

Damit aber ist ein Stadium erreicht, in dem die Neuschöpfungshoffnung eine Art Verständigungsangebot im Sinne eines **Minimalkonsenses jüd. Theologie über die heilvolle Zukunft der Welt** ist. Selbst wenn der Terminus technicus "neue Schöpfung" in Jub 4,26 inhaltlich auf den Zion als (Tempel-)Berg bezogen ist, so bedeutet der Ausdruck von nun an den kleinsten gemeinsamen Nenner frühjüdischer futurischer Eschatologie.

6 ZUR NEUSCHÖPFUNGSVORSTELLUNG IM SCHRIFTTUM DES TANNAITISCHEN JUDENTUMS

6.1 Vom methodischen Umgang mit rabbinischen Texten

Bei der Beschäftigung mit der Auslegung rabbinischen Schrifttums steht - vielfach noch immer - im Mittelpunkt die Auswertung des in (H. L. Strack)/ Paul Billerbecks "Kommentar zum Neuen Testament aus Talmud und Midrasch" angebotenen reichhaltigen Materials. In diesem Standardwerk zur rabbinischen Theologie werden möglichst alle Belege aus der antiken jüd. Traditionsbildung zu einzelnen ntl. Schriftstellen gesammelt. Dabei werden Zitate unterschiedlichster Art - sei es in bezug auf ihre Zughörigkeit zu einer bestimmten Literaturgattung (Midrasch, Halacha, Haggada), sei es in bezug auf ihre historische Datierung bzw. Bezeugung - zur Illustration einer ntl. Textstelle zusammengestellt. Eine kurze einführende Kommentierung verwendet die Belegstellen gleichgewichtig zur systematischen Rekonstruktion einer frühjüdischen Theologie in neutestamentlicher Zeit.

Durch dieses Verfahren erhält Paul Billerbeck von der rabbinischen Theologie ein einheitliches Bild. Für den an der vergleichenden religionsgeschichtlichen Arbeit interessierten Neutestamentler erscheint die rabbinische Theologie aufgrund Billerbecks Darstellungsweise als "monolithischer Block", der zu jeder Zeit, sei es im 1.Jh. oder 5.Jh.n.Chr., in seiner Ganzheit präsent ist bzw. den man "als Steinbruch brauchbarer Zitate"[1], die in Inhalt und Theologie den im NT angesprochenen Vorstellungsinhalten entsprechen, frei heraus benutzen kann[2].

Doch ist die von Paul Billerbeck suggerierte einheitliche Vorstellung von einer frühjüdischen Theologie ungeschichtlich und unkritisch zugleich zu nen-

---

1 Stemberger in Strack/Stemberger, Einleitung 56.

2 Ersterer Arbeitsweise folgt zum Thema Neuschöpfung im Rabbinat Schneider, ΚΑΙΝΗ ΚΤΙΣΙΣ 95-109, letzterer der Exkurs "Neuschöpfung im palästinischen Judentum" von Kuhn, Enderwartung 75-78.

nen. Die diesem Werk zugrundegelegte traditionsgeschichtliche Hypothese, daß die rabbinische Tradition über Jahrhunderte hin in absoluter Treue mündlich weitergegeben worden sei, verstellt den Blick auf die geschichtliche Entwicklung des rabbinischen Judentums, seine theologischen Probleme (z.B. die Verarbeitung der Zerstörung des herodianischen Tempels im Jahre 70 n.Chr.) und seine geographische Verbreitung (z.B. in Babylonien unter persischer und islamischer Herrschaft). Das Nebeneinanderstellen von Rabbinenaussprüchen aus verschiedenen Literaturgattungen beachtet zudem nicht die Grundsätze formgeschichtlicher Exegese, zuerst die jeweilige Intention des Textes aufzusuchen und erst dann seine theologische Aussage zu bewerten.

Günter Stemberger[3] stellt sich der Problematik dieser unhistorischen und unkritischen Betrachtungsweise der Theologie des rabbinischen Judentums und fordert "die Einordnung rabb. Texte in eine Literaturgeschichte"[4]. Doch ist die Diskrepanz zwischen seiner einsichtigen Forderung und ihrer Einlösung mit Hilfe der Methoden historisch-kritischer Auslegung bei der rabbinischen Literatur besonders groß. Das liegt in erster Linie an dem Charakter der rabbinischen Schriften, die nicht an der Individualität des einzelnen Rabbinen, sondern am Prozeß der Traditionsweitergabe und -fortbildung als kollektive Leistung vieler Rabbinen interessiert sind. Die einzelnen "Rabbinenschulen" bemühen sich, aus dem festen Wortbestand biblischer Schriften über die Zitation und Diskussion von autoritativen Lehrmeinungen jüd. Auslegungsgeschichte das Problem der Prakizierbarkeit der vollgültigen Thora in veränderten Zeiten und unter neuen gesellschaftlichen Bedingungen zu bewältigen. Dabei steht die Sammlung um die Tradition als normatives Religionsgesetz und die Weitergabe desselben als Lehre um ihrer selbst willen (vgl. die Tradierung von Opfergesetzen ohne Tempel) im Vordergrund.

Versucht man, für die hier interessierende traditionsgeschichtliche Frage nach der Neuschöpfungsvorstellung im **frühen Rabbinentum** Kriterien für die historisch-kritische Auswertung rabbinischer Tradition zu geben, so lassen sich folgende aufstellen:

---

3 In seiner Neubearbeitung von Stracks Einleitung in Talmud und Midrasch 1982, S. 55ff.

4 Ebd. 56.

1. Die Datierung von Einzeltexten erfolgt über die Rabbinennamen, wie sie in der jüd. Überlieferung bezeugt werden[5].
2. Anonym überlieferte Aussprüche werden nur dann herangezogen, wenn sie mit frühdatierbaren Aussagen in einem inhaltlichen Zusammenhang stehen. Ansonsten gilt für sie die zeitliche Bestimmung der Endredaktion des jeweiligen rabbinischen Werkes, in dem sie tradiert werden.
3. Es ist der Versuch zu unternehmen, die Vorstellungen in eine übergreifende Traditionsgeschichte einzuordnen, besonders durch Heranziehung von oft sicherer datierbaren inhaltlichen Parallelen in den jüd. Pseudepigraphen, in Qumran und im NT sowie weiterer urchristlicher Literatur.
4. Die formgeschichtliche Einordnung (Midrasch/Exegese; Halacha, Haggada) sollte Beachtung bei der Bestimmung des Skopus einer Überlieferung finden.

Die Arbeit, die diesen Kriterien traditionsgeschichtlicher Auswertung des rabbinischen Schrifttums bereits nahekommt, ist der von Erik Sjöberg zum Thema publizierte Aufsatz "Wiedergeburt und Neuschöpfung im palästinischen Judentum". Seine Aufarbeitung des von Paul Billerbeck zusammengestellten Materials[6] hinsichtlich der jüd. Quellen bleibt wegweisend. Sjöbergs Analyse ist allerdings durch eine genaue Orientierung an der historischen Einordnung der Überlieferungen zu ergänzen. Dabei sind neue Quellenausgaben inklusive neuerer Übersetzungen heranzuziehen.

Im Unterschied zu Erik Sjöberg geschieht in dieser Untersuchung die Auswertung der Rabbinica nur unter dem Blickwinkel einer traditionsgeschichtlichen Analyse des paulinischen Begriffs "neue Schöpfung". Das bedeutet konkret, daß aus der rabbinischen Überlieferung nur diejenigen Stellen bespro-

---

5 Zur Problematik der Datierung von rabbinischen Texten s. Stemberger, Einleitung 66-68. In dieser Arbeit werden die Angaben von Stemberger, a.a.O. 71-103, über die historische Wirksamkeit der Rabbinen benutzt. Die Schriftgelehrten verteilen sich auf die älteste Zeit, sodann auf fünf Generationen von Tannaiten (T 1-5) und sieben Generationen von Amoräern (A 1-7) nach folgender Chronologie: T 1: bis 90 n.Chr.; T 2: 90-130 n.Chr.; T 3: 130-160 n.Chr.; T 4: ab 160 n.Chr.; T 5: Anfang 3.Jh.n.Chr.; die Amoräer werden zusätzlich aufgeteilt nach ihrem Wirkungsort in Palästina oder Babylonien (b): A 1 und A 2: Mitte und Ende des 3.Jh.n.Chr.; A 3 - A 5: 4.Jh.n.Chr.; A 6 und A 7: Anfang und Mitte des 5.Jh.n.Chr.

6 Im wesentlichen Kommentar II 420-423 zu Joh 3,3 und III 840-847 zu Apk 21,1.

chen werden, für die eine Datierung in tannaitische Zeit (bis ca. 160 n.Chr.) angenommen werden darf.

6.2 Zum Gebrauch der Wendung בריה חדשה im rabbinischen Schrifttum

Sucht man in der rabbinischen Literatur nach Parallelen zur paulinischen Neuschöpfungsvorstellung, so stößt man auf die häufig gebrauchte Wendung בריה חדשה . Das hebräische Substantiv בריאה (Num 16,30)[1], das im Jüdisch-Aramäischen in der Form ביריא bzw. בריתא (plur.: בריות)[2] erscheint, bedeutet "Geschöpf"[3]. Dementsprechend ist der Ausdruck בריה חדשה mit "neues Geschöpf"[4] im Sinne von "neuer Mensch"[5] zu übersetzen[6]. Die Belege für das Vorkommen dieses Ausdruckes in der rabbinischen Literatur beschränken sich jedoch auf das 4.Jh.n.Chr.[7]. Als Ergebnis ist also festzuhalten, daß der Terminus בריה חדשה sich in tannaitischen Traditionen nicht sicher nachweisen läßt[8].

---

1 Im plur. בריות (Sir 16,16).

2 Vgl. Dalman, Handwörterbuch 65; Billerbeck, Kommentar II 53.

3 Gesenius, Handwörterbuch[18] 175.

4 Nicht "neue Schöpfung", s. Dalman, Handwörterbuch 65, der als communis generis die Form ברית aufführt. Philologisch ungenau Schneider, Neuschöpfung 47.

5 Vgl. schon Av I,12 u.ö. (hebr.), Billerbeck, Kommentar II 53f; dort auch weitere Stellen für die Bedeutung von בריאה in der Mischna für "Mensch". Schneider, ΚΑΙΝΗ ΚΤΙΣΙΣ 96, folgert: " בריאה (wird) in der Mischna fast ausschließlich auf den Menschen bezogen.

6 So Sjöberg, Wiedergeburt 62; Schweitzer, Gotteskindschaft 66.

7 NumR 11 (R. Berekhja A 5), Übersetzung: Wünsche, Rabbinica IV 255; TanB שמות § 18 (R. Jehuda b. Simon A 4), Sjöberg, Wiedergeburt 61; ExR 3,15 (R. Simon A 3), Billerbeck, Kommentar II 421; GenR 39 (R. Berekhja A 5), Billerbeck, Kommentar II 421; GenR 12,2 (R. Berekhja A 5), Sjöberg, Wiedergeburt 61 (Parallelen: TanB חיי שרה [R. Jehuda b. Jechezqel bA 2] TanB לך לך § 4 [anonym], Bietenhard, Tanchuma B 1,67; Tan לך לך 16a [anonym]); PesR 40 (R. Isaak II A 3), Sjöberg, Wiedergeburt 58; MTeh 2 § 9 (R. Huna bA 2), Billerbeck, Kommentar II 287; PesR 31 (anonym), Sjöberg, Wiedergeburt 57; LevR 30,3 zu Lev 23,40 (R. Isaak A 3), Sjöberg, Wiedergeburt 58 (verstümmelte Parallelstelle: PesK 181 a [anonym], Billerbeck, Kommentar II 422); ShirR 8,5 (R. Berekhja A 5), Sjöberg, Wiedergeburt 55.

8 So auch Schneider, Neuschöpfung 46; Sjöberg, Wiedergeburt 69; vgl. auch das Auftreten des uneschatologischen Begriffes καινὸς ἄνθρωπος in Eph 4,24 (ca. 100 n.Chr.).

6.3 Der Neuschöpfungsgedanke als Vergleich

Dem rabbinischen Ausdruck "neues Geschöpf" aber scheinen die Wendungen: "einem eben geborenen Kinde gleichen" und: "wie ein einjähriges Kind sein" verwandt zu sein. Zur Diskussion steht für die traditionsgeschichtliche Untersuchung, ob hier eine Beziehung zum eschatologischen Neuschöpfungsgedanken gegeben ist (6.3.1 und 6.3.2). Schließlich ist zu prüfen, ob bei dem Ausspruch "wer sich von der Vorhaut scheidet, ist wie einer, der vom Grabe scheidet" ein Bezug zum Neuschöpfungsthema gegeben ist (6.3.3).

6.3.1 Yev 48b

In Yev 48b heißt es[1]:

> "A. Chananja b. Gamaliel II (T 2) sagte: Warum werden die Proselyten in dieser Zeit geplagt und warum kommen Leiden über sie? Weil sie die sieben noachitischen Gebote [als sie noch zu den Heiden gehörten] nicht gehalten haben. R. Jose [b. Chalafta] (T 3) sagte: Ein Proselyt, der eben Proselyt geworden ist, gleicht einem Kinde, das eben geboren ist (גר שנתגייר כקטן שנולד דמי). Vielmehr: Warum werden sie geplagt? Weil sie die Einzelheiten der Gebote nicht so gut kennen wie die Israeliten."

Eine andere Version zur Leidensproblematik der Proselyten findet sich in TrGerim 2 (Ende). Dort heißt es[2]:

> "Man (=Gott) fordert (Sühne) von den Proselyten. Das ist die Ansicht von R. Jose [b. Chalafta] (T3). R. Jehuda (T 3) sagte: Man (= Gott) erläßt (sie) ihm[3], denn siehe: Er (= der Proselyt) ist wie ein eintägiges Kind (הרי הוא כבן יומו)."

Die rabbinische Ansicht, die den Vergleich des Proselyten mit einem eben geborenen Kind bzw. einem eintägigen Kind zieht, ist schon früh belegt[4]. Wie die unterschiedlichen Wendungen jedoch zeigen, ist der Gedanke terminolo-

---

1 Übersetzung in Anlehnung an Sjöberg, Wiedergeburt 46f, Text nach Goldschmidt, Talmud IV 166.

2 Übersetzung und Text bei Polster, Proselyten 7.

3 Wörtlich: "man (= Gott) fordert nicht von ihm ein".

4 Sjöberg, Wiedergeburt 46, Anm. 2, weist darauf hin, daß in Yev 48b der Satz vom Proselyten von R. Jose b. Chalafta bereits als "feststehende Maxime" in seiner Argumentation gebraucht wird, so daß der Schluß naheliegt, er sei nicht ad hoc von ihm geprägt, sondern habe ihm bereits vorformuliert vorgelegen.

gisch noch nicht festgelegt. Beide Male wird versucht, mit seiner Hilfe die Leidensproblematik des Proselyten zu bewältigen.

Das Problem, welches zwischen den Rabbinen zur Diskussion steht, ist folgendes: Läßt sich das offensichtliche Leiden von Proselyten mit ihrem früheren heidnischen, d.h. sündigen Leben begründen? Angesprochen ist also im Tun-Ergehen-Zusammenhang die Frage der Gerechtigkeit Gottes gegenüber Vollmitgliedern der jüd. Heilsgemeinde, denen mit ihrem Übertritt die Sünden der Vergangenheit vergeben wurden und die zum erwählten Volk Gottes zählen.

Die erste Meinung (R. Chananja b. Gamaliel II) begründet die Leiden des Proselyten aus der Thora mit dem Hinweis, daß sie als Heiden wie alle Menschen zu den Söhnen Noahs zählten (Gen 9f) und als solche die sieben noachitischen Gebote hätten halten müssen[5], dementsprechend bei Nichteinhaltung Leid sie als Folge der Gebotsübertretung auch als Juden trifft. Die andere Meinung (R. Jose b. Chalafta) hält an der Wahrheit der Sündenvergebung durch Gott fest: aufgrund dieser ist der Proselyt mit seiner Konversion ohne belastende Vergangenheit und gleicht einem Kind, das eben geboren ist. Ein neugeborenes Kind besitzt keine vergangene Existenz. Das Leid des Proselyten ist nur mit seiner gegenwärtigen Situation zu begründen: noch ist er in alle Einzelheiten des göttlichen Willens (= 613 Gebote der Thora) nicht umfassend eingeführt, doch, so wird zu folgern sein, wird er, wenn er die Thora lernt und für sein Leben anwendet, für die Zukunft seine Leidensproblematik bewältigen.

Der Vergleich des Proselyten mit einem eben geborenen Kind besitzt in der rabbinischen Diskussion also die Funktion der Widerlegung: **"der Proselyt hat wie das neugeborene Kind keine frühere Existenz hinter sich"**[6]. Auf seine heidnische Vergangenheit darf er nicht mehr behaftet werden. Mit seiner Bekehrung hat er einen Neuanfang gemacht. Wie das Kind ist er in der Lage, sein Leben von nun an ohne belastende Vergangenheit zu leben. Er kann sich Zukunft ohne Leid erschließen, indem er sein Leben nach der Thora ausrichtet. Entsprechend seinem Tun wird er an Segen oder Fluch der Thora partizipieren.

---

5 Unter den sieben noachitischen Geboten versteht man mit Hilfe einer schriftgelehrten Exegese von Gen 9,1-7 Gebote betreffs der Rechtspflege, des Götzendienstes, der Gotteslästerung, der Unzucht, des Blutvergießens, des Raubes und des Gliedes von einem lebenden Tier, vgl. Billerbeck, Kommentar III 37f, insbes. tAZ VIII, 4.6.

6 Sjöberg, Wiedergeburt 46.

Zusammenfassend läßt sich also sagen:

1. Der Satz von der Gleichheit des Proselyten mit einem eben geborenen Kind ist ein Vergleich, kenntlich an der Vergleichspartikel כ[7]. Ein zur Diskussion stehender Sachverhalt wird durch einen Vergleich mit Hilfe eines beide Sachverhalte verbindenden Tertium comparationis geklärt.

2. Das schließt aus, daß die Konversion selbst als Vorgang der Wiedergeburt, als neuer Geburtsprozeß verstanden wird, daß der Übertritt eine reale "Neuschöpfung" des Heiden bewirkte[8].

3. Das Tertium comparationis ist die für das Neugeborene geltende "Nullpunktsituation"[9]. Der Schluß vom Vergleich zur Sache lautet: der Proselyt ist wie ein eben geborenes Kind **anzusehen**, weil er aufgrund der Sündenvergebung keine Vergangenheit eines heidnischen Lebens mehr besitzt.

4. Im Unterschied zum Gedanken der eschatologischen Neuschöpfung wird hier im Zusammenhang der jüd. Konversionstheologie eine **uneschatologische** Aussage über die jeweilige Situation des Proselyten gemacht[10]. Bei den rabbinischen Aussagen handelt es sich um eine "**Parallelisierung mit der Situation eines Neugeborenen**", während anders "der eschatologische Neuschöpfungsgedanke gegenüber der Erschaffung des irdischen Menschen ein Geschehen meint, durch das die **bisherige menschliche Existenzweise aufgehoben** wird"[11].

Die Berechtigung dieser Auslegung vom "neuen Anfang des Proselyten" wird durch die halachische Anwendung der Regel "der Proselyt gleicht einem eben geborenen Kinde" bestätigt: bei der Klärung von eherechtlichen Verwandt-

---

7 Zu vergleichen ist derselbe Gebrauch des Terminus בריאה חדשה als Vergleich. Sein "Bildcharakter" (Kuhn, Enderwartung 76) wird durch die Vergleichspartikel כ in MTeh 18 § 6 (R. Simeon A 3), Billerbeck, Kommentar III 519, und MTeh 102 § 3 (R. Jehuda b. Simon A 4), Billerbeck, Kommentar II 421f, oder durch כאילו kenntlich gemacht: yRHSh IV,8 (R. Eleazar b. Jose, um 400? [Billerbeck, Kommentar II 422] im Namen von R. Jose b. Quesarta, 3.Jh.n.Chr.? [Billerbeck, Kommentar II 422]), Sjöberg, Wiedergeburt 57; LevR 29 (irrtümlich im Namen von R. Tachlipha aus Cäsarea A 2), Billerbeck, Kommentar III 844 (Parallele PesK 155 b).

8 So Jeremias, Kindertaufe 39.

9 Vgl. Sjöberg, Wiedergeburt 46.

10 Vgl. GenR 39 (Schluß) zu Gen 12,5 (R. Joses b. Zimra A 1), Sjöberg, Wiedergeburt 53f: Vergleich der Proselytenbekehrung durch Menschen als Schöpfungshandeln (Parallele ShirR 1,3 § 3 [anonym], Sjöberg, Wiedergeburt 54, bei Billerbeck, Kommentar III 196, weitere Belege); San 99 b (anonym), Billerbeck, Kommentar III 196, Anm. 1: Vergleich der Thoralehre von Menschen als Schöpfungshandeln; ShirR 8,2 (R. Berekhja A 5), Sjöberg, Wiedergeburt 51f: Vergleich des geretteten Israels mit einem eben geborenen Kind.

11 Kuhn, Enderwartung 77.

schaftsbeziehungen[12], im Zeugenrecht[13] und Erbrecht[14] wird der Proselyt so angesehen, als ob er keine Vergangenheit besitzt.

Als Belege für die häufige Verwendung des Vergleichs vom eben geborenen Kind in dem vom Judentum beeinflußten christlichen Überlieferungsbereich sei auf 1Petr 2,2 und Barn 6,11 hingewiesen. In 1Petr 2,2 (ca. 90-95 n.Chr.) heißt es:

> "Wie neu geborene Kinder (ὡς ἀρτιγέννητα βρέφη) verlangt nach der geistigen, unverfälschten Milch, damit ihr durch sie zum Heil heranwachset."

Hier bezieht sich der Vergleich[15] auf Christen, die aufgefordert werden, "sich so intensiv und 'hungrig' um das Wort der unverfälschten Wahrheit" zu bemühen, "wie der Säugling mit aller ihm möglichen Vitalität nach der für sein Gedeihen notwendigen Milch verlangt und dadurch an Leben und Gewicht zunimmt"[16].

Im Barn (ca. 130-140 n.Chr.), von dem bekannt ist, daß er rabbinisches Gedankengut verarbeitet[17], findet sich in 6,11 ein "direkter Rückgriff auf rabbinisches Schulgut"[18]. Es heißt dort:

> "Denn dadurch also, daß er uns durch die Vergebung der Sünden erneuert hat (ἀνακαινίσας), hat er uns zu einem anderen Typus gemacht (ἄλλον τύπον), so daß wir die Seele von Kindern haben (ὡς παιδίων ἔχειν τὴν ψυχήν)."

Bei seinem Bemühen, mit Schriftgelehrsamkeit den Juden ihre atl. Verheißungen zu entwinden, um sie für die Christen zu reservieren, kommt der Barn auch auf die Situation der Taufe als Geschehen der Vergebung vergangener Sünden zu sprechen. Dieses Geschehen als Initium des Christenmenschen zur δευτέρα πλάσις (6,13; vgl. 16,8) neben dem jüd. Menschen erläutert der Verfasser des Barn als reinigende Wiederherstellung des Menschen (vgl. 11,1.11). Mit dem Vergleich der unbefleckten Kinderseelen kennzeichnet der Barn die uneschatologische Situation des "neuen Anfangs", ein "neugeschaffenes Christenleben", das wieder sündigen wird (vgl. Barn 15,6f)[19].

---

12 Yev 97 b (R. Acha b. Jakob bA 4), Goldschmidt, Talmud IV 353.

13 Yev 22a (R. Amemar bA 6), Goldschmidt, Talmud IV 69.

14 Yev 62a (Resch Laquisch A 2), Billerbeck, Kommentar II 423; Bekh 47a (R. Simeon b. Laqisch A 2), Goldschmidt, Talmud IX 160.

15 Ὡς ἀρτιγέννητα βρέφη dürfte die wörtliche Übersetzung von כקטן שנולד דמי im plur. sein.

16 Brox, 1Petr 91.

17 Vgl. Wengst, Tradition 67f.

18 Wolter, Rechtfertigung 69; vgl. Wengst, a.a.O. 28f, der Barn 6,11 zu den dem Verfasser des Barn vorgegebenen Traditionsstücken zählt.

19 Vgl. dazu Wengst, Tradition 86f.

6.3.2 PesK 61b

Der Gewinn der oben angestellten Untersuchung zum Vergleich eines Proselyten mit einem eben geborenen Kind liegt in der Erarbeitung eines Interpretationsrahmens für den rabbinischen Vergleich von einem Israeliten mit einem einjährigen Kind.

In PesK 61b[20] heißt es zur Bedeutung der täglichen Opfer im Tempel von zwei Lämmern, die ein Jahr alt sind (vgl. Num 28,3: כבשים בני שנה)[21]:

> "Die Schule Schammai (T 1) sagte: כבשים [werden sie genannt], weil sie die Sünden Israels niederdrücken (כובשין), wie es heißt: 'Und du wirst dich wieder über uns erbarmen und unsere Sünden niederdrücken (יכבוש)' (Mi 7,19). Aber die Schule Hillels (T 1) sagte: Alles, was niedergedrückt wird, schwimmt schließlich [wieder] oben. Vielmehr: כבשים werden sie genannt, weil sie die Sünden Israels abwaschen (מכבסין) und sie wie ein einjähriges Kind, das von jeder Sünde frei ist, machen (עושין אותם כתינוק בן שהוא נקי מכל חמאת).

Beide Rabbinenschulen vertreten die Ansicht, daß das tägliche Tamidopfer im Tempel sühnende Wirkung besitzt. Die Schule Hillels aber "sucht einen radikaleren Ausdruck der Kraft der Sühne"[22]. Sie wählt als Vergleichspunkt für die tägliche Reinigung Israels von Sünde die Unschuld des einjährigen Kindes, das nach rabbinischer Ansicht noch keine Schuld auf sich geladen hat. Auch hier ist der Vergleich nur auf ein Tertium comparationis angelegt. Das Tamidopfer reinigt Israel von Sünden, indem es Sünden abwäscht. Israel erlangt so Tag für Tag die Unschuld eines einjährigen Kindes. Der Vergleich bezieht sich wieder auf eine uneschatologische Situation, hier die der täglichen Wiederherstellung der kultischen Reinheit der Israeliten[23]. Ihr Verhältnis zu Gott wird jeden Tag neu. Zwar wird es zukünftig wieder mit Schuld

---

20 Parallele PesR 16, Braude, Pesikta Rabbati I 357; hier werden die Worte von Hillels Schule Simeon b. Azzai (T 2) in den Mund gelegt.

21 Nach Sjöberg, Wiedergeburt 50.

22 Ebd. 51.

23 Vgl. Schweitzer, Gotteskindschaft 67. Die Verbindung des nicht-eschatologischen Neuschöpfungsgedankens mit der Aussage der Reinigung von Sünden findet sich später bezeugt bei der Auslegung des Versöhnungstages (vgl. Schweitzer, Gotteskindschaft 62ff): yRHSh IV, 8 (R. Jose b. Qesarta 3.Jh. [Billerbeck, Kommentar II 422]), Sjöberg, Wiedergeburt 57; LevR 29 (irrtümlich im Namen von R. Tachlipha aus Cäsarea A 2), Billerbeck, Kommentar III 844 (Parallele PesK 155 b); MTeh 102 § 3 (R. Jehuda b. Simon A 4), Billerbeck, Kommentar II 421f; ExR 15,6 (anonym), Billerbeck, Kommentar III 601; PesR 40 (R. Isaak II A 3), Sjöberg, Wiedergeburt 58; SDtn § 30 zu Dtn 3,29 (anonym), Kuhn, Enderwartung 51; MTeh 18 § 6 (anonym); Billerbeck, Kommentar III 519; vgl. DtnR 11.

belastet, doch findet tägliche Entsühnung statt[24]. Im kultischen Denken ist die tägliche Erneuerung des Menschen institutionalisiert, der Gedanke z.B. einer Neuschöpfung im eschatologischen Sinn einer unvergänglichen Sündlosigkeit des Menschen kommt nicht in den Blick.

6.3.3 Pes 8,8

Im Rahmen der rabbinischen Konversionstheologie (s.o. 6.3.1) ist auch auf einen Grundsatz der Schule Hillels (T 1) einzugehen. In Pes 8,8 heißt es[25]:

> "Wer sich von der Vorhaut scheidet, ist wie einer, der vom Grabe scheidet (הפורש מן הערלה כפורש מן הקבר)."

Wird in dieser rabbinischen Äußerung, wie Joachim Jeremias meint[26], der Übertritt eines Proselyten als realer Vorgang einer "Totenauferstehung", ja als "Neugeburt" verstanden? Berechtigte Zweifel an dieser Auslegung sind angebracht.

In Pes 8,8 (vgl. Ed 5,2), der frühesten Bezeugung der Proselytentaufe, wird eine Kontroverse zwischen Schammaiten und Hilleliten berichtet[27]. Es geht um die scheinbar "nebensächliche Frage, ob nämlich ein Proselyt s o f o r t nach der Beschneidung zum Tauchbad zugelassen werden dürfe, oder ob er auf letzteres noch 7 Tage zu warten habe"[28]. "Nach den Schammaiten darf ein am Vorabend des Passafestes als Proselyt übergetretener Nichtjude schon gleich ein Tauchbad nehmen (טבל) u(nd) dann am Passamahl teilnehmen. Nach den Hilleliten dgg darf ein solcher Proselyt dann noch nicht am Passamahl teilnehmen", erläutert Karl Georg Kuhn[29] die Kontroverse. Den "prinzipiellen Differenzpunkt" bildet demnach "das verschiedene Urteil der beiden Schulen über den Grad der Unreinheit des heidnischen Konvertiten"[30], zu dessen Aufhebung das Reinigungsbad, die sog. "Proselytentaufe", verpflichtend gemacht wird[31].

---

24 Vgl. Billerbeck, Kommentar II 422.

25 Übersetzung nach Billerbeck, Kommentar I 103; Text nach Goldschmidt, Talmud II 658.

26 Kindertaufe 40.

27 Vgl. dazu K. G. Kuhn, Art. προσήλυτος ThWNT VI 738f.

28 Billerbeck, Kommentar I 104.

29 A.a.O. 738.

30 Billerbeck, a.a.O. 104.

31 Vgl. Joh 18,28; Apg 10,28, daß der Heide für den Juden grundsätzlich als unrein gilt.

Die eher "konservativen" Schammaiten halten an der Anschauung fest, "den Übertritt des Proselyten mit der Beschneidung für vollendet" anzusehen[32]. Das darauf folgende Tauchbad bleibt für sie ein "Akzidenz"[33], welches dem übergetretenen Heiden als Beschnittenem nicht die Teilnahme an den Rechten des Israeliten - hier: die sofortige Teilnahme an der Passafeier - verwehren darf. Für die Hilleliten aber gilt die Unreinheit des Heiden als so gravierend, daß sie "nach Analogie der Bestimmungen über Verunreinigung durch einen Toten (Nu 19,11ff.) den Aufschub der Taufe um 7 Tage"[34] fordern. Durch diese Entscheidung der Schule Hillels soll die Proselytentaufe "als ein selbständiger Akt, als der Hauptakt bei der Konversion gekennzeichnet werden"[35], mit dem sich nicht nur der Übertritt zum Judentum vollzieht, sondern dieser auch als abgeschlossen gilt[36].

Die von den Hilleliten für ihre Auffassung herbeigebrachte Formel "Wer sich von der Vorhaut scheidet, ist wie einer, der vom Grabe scheidet" ist ein in die Redefigur des Vergleichs gekleideter Grundsatz[37]. Das Tertium comparationis beim Vergleich des Proselyten mit einem Menschen, der mit einem Toten in Berührung gekommen ist (Num 19,11ff), liegt in seiner dadurch entstandenen Unreinheit. Dieser grundsätzliche Unreinheitsstatus des Heiden läßt, wenn er nicht durch das Reinigungswasser eines Tauchbades aufgehoben wird, beim Passa keine (Tisch-)Gemeinschaft von beschnittenen Proselyten und geborenen Juden zu bzw. hindert die Partizipation des Proselyten an den Segnungen des Heilsvolkes. Erst muß nach Meinung der Hilleliten die von der Thora für Unreinheit bei Totenberührung vorgeschriebene Karenzzeit von sieben Tagen vorübergehen, bis der beschnittene Proselyt als Vollmitglied der jüd. Heilsgemeinde akzeptiert werden kann[38].

Unzulässig ist es, den auf einen Punkt zugespitzten Vergleich, nämlich auf den des qualitativen Unreinheitsstatus des Proselyten, allegorisch als Sinnbild eines mit der Bekehrung sich vollziehenden Existenzwandels der Neu-

---

32 Billerbeck, Kommentar I 104.
33 Billerbeck, a.a.O. 104.
34 Ebd. 104.
35 Ebd. 105.
36 Vgl. die siebentägige Bußzeit der Proselytin Aseneth (JosAs 10,17), nach deren Ablauf sie in die jüd. Gemeinde aufgenommen wird.
37 Kenntlich an der Vergleichspartikel כ .
38 Pes 8,8 impliziert, daß die Hilleliten auf die strittige Frage, ob ein Proselyt nach der Beschneidung sofort am Passa teilnehmen darf, mit "Nein" antworten würden: erst muß nach sieben Tagen das Tauchbad an ihm vollzogen werden, dann darf er (im nächsten Jahr) Passa feiern.

schöpfung auszulegen[39]. Den Hilleliten dient dieser Grundsatz als Begründung für die obligatorische Einführung der Proselytentaufe, z.B. auch für schon beschnittene Heiden außerjüdischer Umwelt[40].

Die Einführung des levitischen Reinheitsdenkens in die Konversionstheologie durch die Schule Hillels trägt zur schärferen soziologischen Trennung von Judenschaft und Heiden bei: zwischen "Unreinen" als Menschen zweiter Klasse und "Heiligen", d. i. jüd. Menschen, die durch Gott bzw. seine göttliche Thora geheiligt werden (vgl. Lev 11,44; 20,7; Dtn 7,6), darf keine Gemeinschaft bestehen. In der späteren rabbinischen Theologie (Yev 11,2 [anonym]; vgl. tYev 12,2 [anonym][41]) kann der Übertritt eines Heiden denn auch geradezu als Eintritt in den Stand der Heiligkeit (קדשה) bezeichnet werden. Die rabbinische Kasuistik gewinnt mit dem levitischen Reinheitsdenken eine juristische Kategorie zur Beurteilung der Konversion als totalen Bruch des Konvertiten mit seiner früheren Existenz[42].

---

39 Gegen Jeremias, Kindertaufe 39f. An dieser negativen Bewertung seiner Auslegung ändert auch die von ihm vorgeschlagene Eintragung der übertragenen Bedeutung von קבר, "Grab", mit "Mutterschoß" (ebd. 39) aus Nid 21a u.ö. (genau: פתיחת הקבר , "das Sichöffnen des Muttermundes der Gebärenden", so Levy, Wörterbuch IV 156) in die hillelitische Formel von Pes 8,8 nichts. Auch das "Proselyten Menschen sind, die aus dem Grabe auferstanden sind", so Jeremias, Kindertaufe 40, läßt sich nur schwerlich mit Verweis auf QohR zu 8,10 (anonym) begründen. Dort heißt es: "Oder es ist hier (sc. Koh 8,10) von Bekehrten, die kommen und Busse thun, die Rede. Weil sie heilige Orte wie Versammlungs- und Lehrhäuser besuchen, so sind sie in der Stadt vergessen d.i. ihre früheren üblen Werke sind vergessen, jetzt aber, weil sie so gethan, werden auch ihre guten Werke vergessen, welche sie in der Stadt gethan haben" (Wünsche, Rabbinica I 116). Schließlich ist von Jeremias Argumenten noch folgendes zu besprechen: Νεόφυτος , "der Neugeborene", als Name eines Proselyten (Yev 98a [R. Jose bA 7] als griech. Ableitung von ניפטיים bzw. ניפוטום (so Krauß, Lehnwörter II 362f) ist unwahrscheinlich. Zudem ist Νιφάτης als Personenname bekannt (Benseler, Schulwörterbuch 622). Zur Namensänderung bei Proselyten vgl. Schürer, Geschichte III 185; K. G. Kuhn/Stegemann, Art. Proselyten PW Suppl. IX Sp. 1265.

40 Billerbeck, Kommentar I 105.

41 Billerbeck, Kommentar III 355.

42 Parallele Entwicklungen lassen sich bei der späteren halachischen Anwendung des Grundsatzes "ein Proselyt gleicht einem Kinde, das gerade geboren ist" beobachten: Da der Eintritt in das Judentum für den Proselyten der Anfang eines "neuen Lebens" ist, hat seine Vergangenheit keinen Einfluß auf sein Leben mehr. Als "neugeborenes Kind" gelten seine früheren Verwandtschaftsbeziehungen aus heidnischer Zeit nicht mehr (vgl. die rabbinischen Belege bei Sjöberg, Wiedergeburt 47f; auch Rengstorf, Art. γεννάω ThWNT I 666). Seine neue Existenz verdankt er einem menschlichen Schöpfungsakt (GenR 39 [R. Joses b. Zimra A 1], Billerbeck, Kommentar II 421; vgl. ShirR 1,3 § 3; Sanh 99b).

6.4 Die endzeitliche Erneuerung der Welt

Nach den rabbinischen Belegen für den Neuschöpfungsgedanken in bezug auf das Individuum sind im folgenden nun die Belegstellen für die Neuschöpfung der Welt bzw. der von Himmel und Erde zu betrachten. Zunächst werden palästinische Targume zum Pentateuch (6.4.1) konsultiert, sodann einige Midraschim (6.4.2), um abschließend (6.4.3) einen liturgischen Text vorzustellen.

6.4.1 Palästinische Targume zu Dtn 32,1

Für das Thema der kosmischen Neuschöpfung sind die aramäischen Übersetzungen (Targume) und die damit verbundenen Auslegungen von Dtn 32,1, der Anfang des Mose-Liedes, wichtig[1]. Dabei ist zu beachten, daß "das als Abschluß der Pentateuch-Kompilation dienende Kap. Dtn 32"[2] der apokalyptischen Weissagung nahesteht. In ihm "weissagt Mose den nach seinem Tod zu erwartenden Geschichtsverlauf"[3].

In der Situation seines nahen Todes sucht Mose für seinen Vortrag an das Volk beständige Zeugen gegen das Volk. "Himmel und Erde" als die beständigsten Zeugen wählt er dabei mit folgender Begründung aus (TJI Dtn 32,1)[4]:

> "Ich will zu Zeugen gegen dieses Volk nicht Zeugen nehmen, die den Tod in dieser Welt (בעלמא הדין) schmecken werden; siehe, ich will zu Zeugen gegen sie Zeugen nehmen, die den Tod in dieser Welt (בעלמא הדין) nicht schmecken werden, sondern deren Ende sein wird, in der zukünftigen Welt erneuert zu werden (לאתחדתא לעלמא דאתי)."

---

1 Die "genaue" Datierung der komplexen "Traditionsliteratur" (Schäfer, Art. Targumim TRE 6, 219) der palästinischen Targume zum Pentateuch erweist sich als äußerst schwierig (Frühjudentum?; islamische Zeit?). Unter der Maßgabe, daß man im talmudischen Judentum schriftliche Targumim gekannt und benutzt hat (tShab 16,1 15c; Shab 115a; ARN Versikel B, Kap. 12, S. 29 [R. Aqiba T 2], werden die hier besprochenen Einzeltraditionen aufgrund ihrer Parallelstellen in der frühjüdisch-pseudepigraphischen Literatur hypothetisch für die Zeit 1.-2. Jh.n.Chr. eingeschätzt. Da die Synagoge die Übertragung des Tanachs bei der Thora beginnen ließ, finden Targumim zu den Propheten und Hagiographen, es sei denn, das Alter der Hss. läßt sich bestimmen (vgl. 4QTg Job), hier keine besondere Berücksichtigung.

2 Lebram, Art. Apokalyptik TRE 3, 197.

3 Ebd. 197.

4 Übersetzung nach Billerbeck, Kommentar III 843, aramäischer Text nach Ginsburger, Pseudo-Jonathan 357. Vgl. auch das babylonische TO Dtn 32,12

"Himmel und Erde" als die grundlegenden Schöpfungswerke Gottes sind nach TJI Dtn 32,1 in "dieser Weltzeit" unvergänglich und werden beim Anbruch der "zukünftigen Weltzeit" erneuert werden[5].

Näher äußert sich TJII zum Thema endzeitlicher Neuschöpfung. Im Manuskript V[6] heißt es zu Dtn 32,1:

> "I shall establish as witnesses the heaven and the earth, which do not taste death in this world (בעלמא הדין [7]); however they will ultimately be worn out in the world to come (לעלמא דאתי), as it explicitly says: ..."; es folgen Jes 51,6 und Jes 65,17.

Ebenso äußert sich TN zu Dtn 32,1, das in derselben Tradition wie das Fragmententargum steht[8]:

> "... I shall bear witness against them, however, before the heavens and before the earth, who never (לעולם) die and who do not taste the cup of death, but whose end is (that) they wear out in the world to come (לעלמא דאתי)"; es folgen Jes 51,6 und Jes 65,17.

Diese palästinischen Targume zu Dtn 32,1 bezeugen also die Vorstellung einer endzeitlichen Erneuerung der Welt durch Gottes neues Schöpferhandeln, ohne jedoch expressis verbis von einer "neuen Schöpfung" zu sprechen[9].

(anders TJI, JII und N z.St.): "The Lord alone will in the future make them to dwell in the land which He will renew in the future (בעלמא דהוא עתיד לאתחדתא), and the worship of the idols shall not exist before Him" (Aramäisch und engl. Übersetzung nach Drazin, Targum Onkelos 274f). Das TJon zu den Propheten übernimmt die deuterojesajanische (vgl. TJon zu Jes 42,19; 43,19; 48,6 nach Stenning, Targum 141.147.163), jeremianische (TJon zu Jer 31,22) und tritojesajanische (TJon zu Trjes 65,17; 66,22 nach Stenning, Targum 217.223) Redeweise vom göttlichen Neuschöpfungshandeln. Die endzeitliche Erneuerung der Welt bezeugen auch TJon zu Mi 7,14 und Hab 3,2. TJon Jer bietet zu Jer 23,23 eine Erweiterung des hebräischen Textes. Wenn es dort heißt: "Bin ich (nur) ein Gott aus der Nähe und nicht ein Gott aus der Ferne?", so fügt das Targum hinzu: "Ich, Gott, habe die Welt erschaffen am Anfang; ich, Gott, werde dereinst die Welt erneuern für die Gerechten" (עתדנא לחדתא עלמא לצדיקיא , Sperber, Bible III 190). Hier wird die creatio originalis der creatio nova zugeordnet und die erneuerte Welt an das Gerechtsein gebunden.

5 Vgl. Schweitzer, Gotteskindschaft 51; ob bereits eine Reflexion über eine "verklärende Erneuerung oder Wiederherstellung beim Anbruch des Olam ha-ba" vorliegt, so Billerbeck, Kommentar III 843, ist dem Text nicht zu entnehmen.

6 Ms. Vatican Biblioteca Apostolica Ebr 440; aramäischer Text bei Klein, Fragment-Targums I 224, engl. Übersetzung, ebd. II 181, vgl. Billerbeck, Kommentar III 846.

7 Ms. Paris Bibliotheque nationale Hébr. 110 führt הדין nicht. Ansonsten führt es zu Ms. V einige wörtliche Abweichungen bei gleichem Sinn, s. Klein, Fragment-Targums I 113.

8 Aramäischer Text nach Diez Macho, Neophyti 1, Bd. V 265; engl. Übersetzung ebd. 558.

9 Vgl. Schneider, ΚΑΙΝΗ ΚΤΙΣΙΣ 96.

Benutzt wird das dualistische Zeitschema der Apokalyptik von בעלמא הדין - לעלמא דאתי = "in diesem Äon - im künftigen Äon". עלמא ist dabei ein Zeitbegriff, der griech. Denkweise entspricht[10]. Aus der Anordnung der beiden Jesajastellen ist zu schließen, daß die Ewigkeit von Himmel und Erde bis hinein in die "zukünftige Welt" scheinbar widersprüchlich als Beendigung und darauffolgende eschatologische Neuschöpfung ausgelegt wird. Dieser Widerspruch entsteht durch die Einführung des griech. Denkens in Zeitabschnitten (αἰῶν als begrenzter Zeitraum) in das atl. Denken von Ewigkeit (עולם in der Grundbedeutung "fernste Zeit")[11].

6.4.2 Midraschim

Derselben Problematik von Ewigkeit und Zeitlichkeit hinsichtlich der Weltvollendung stellt sich ein Midrasch in TanB בראשית § 20, indem er über die Kontinuität göttlicher Heilsverheißung für den Menschen angesichts des Vergehens von Himmel und Erde (Dtjes 51,6) und ihrer eschatologischen Neuschöpfung (Trjes 66,22) reflektiert[12]:

> "Eine Dame fragte den R. Jose b. Chalafta (T 3) (und) sagte zu ihm: 'In eurer Tora steht geschrieben: 'Daß zahlreich werden eure Tage und die Tage eurer Kinder' usw. (Deut 11,21). Ihr besteht nur so lange, als Himmel und Erde bestehen, aber Himmel und Erde werden zerfallen, und ihr werdet aus der Welt gehen. Denn so spricht Jesaja: 'Erhebet eure Augen gen Himmel und schaut' usw. (Jes 51,6)'. Er sagte zu ihr: 'Bei deinem Leben! Aus demselben Propheten, aus dem du mir einen Beweis gebracht hast, aus dem antworte ich dir. Es heißt nämlich: 'Denn wie der neue Himmel und die neue Erde' usw., 'so wird euer Geschlecht und euer Name' (Jes 66,22) bestehen.'"

---

10 S. Dalman, Worte[2] 124f.

11 Hier geht es nur um die Markierung des Problems, vgl. dazu Näheres bei Harnisch, Verhängnis 90-106.

12 Übersetzung nach Bietenhard, Tanchuma B I 25; vgl. Billerbeck, Kommentar III 846. Auf der gleichen Linie theologischer Reflexion über die enge Beziehung der ersten mit der zweiten, neuen Schöpfung befindet sich auch ein Midrasch, der im Namen R. Chalafta (A 2) überliefert worden ist (QohR 3,15): "Alles, was Gott zur Erneuerung seiner Welt einst thun wird, ist schon zum Theil durch die Propheten in dieser Welt geschehen. (Wenn es heißt:) Ich werde einst das Meer zu Land machen, so ist das bereits in dieser Welt durch Mose geschehen, s. Ex 15,16. (Wenn es heißt:) Ich werde die Kinderlosen einst bedenken, so ist das schon bei Abraham der Fall gewesen, s. Gen 21,1" usw. (Wünsche, Rabbinica I 51). Hier wird erkenntnistheoretisch Via eminenta versucht, die Zustän-

Hier wird die absolute Stetigkeit und Ewigkeit der Heilsgemeinde über den Akt der kosmologischen Neuschöpfung hinaus behauptet. Stillschweigend wird die Neuschöpfung ausschließlich für die Gerechten reklamiert (vgl. Trjes 66,22; 2Petr 3,13; ApkAbr 17,14f). Die Erneuerungsaussage fungiert damit als eschatologisches Heilsbild.

Ein anderer Midrasch betont schließlich den Zusammenhang von erster und zweiter, neuer Schöpfung so eng, daß er die Neuschöpfung bereits in der Creatio originalis angelegt sieht. In GenR 1 heißt es[13]:

> "R. Huna (bA 2) hat im Namen des R. Eliezer b. Jose ha-Gelili (T 3) gesagt: Auch jene von denen geschrieben steht: 'Siehe ich schaffe einen neuen Himmel und eine neue Erde' Jes 65,17, sind längst geschaffen seit den sechs Schöpfungstagen; das meint Jes 66,22: Gleichwie der neue Himmel und die neue Erde usw. Wie 'eine neue Erde (הארץ חדשה)' heißt es hier nicht, sondern wie 'die neue Erde' (הארץ החדשה)."

In diesem Midrasch trägt der bestimmte Artikel im status constructus הארץ החדשה die Beweislast für die Zuordnung der eschatologischen Neuschöpfung der Welt[14] zu Gottes anfänglicher Schöpfung[15].

---

de der eschatologische Zukunft der Welterneuerung auszulegen. Keineswegs werden "Aussagen über die endzeitliche Neuschöpfung von Welt und Menschen proleptisch in die Gegenwart herein verlängert", so Stuhlmacher, Erwägungen 15.

13 Übersetzung nach Billerbeck, Kommentar III 846; Parallelstelle TanB בראשית § 9.

14 Die endzeitliche Erneuerung der Welt belegt auch eine Baraitha aus der Schule Elias, Sanh 92a, Billerbeck, Kommentar III 480f. Weitere Belege aus späterer Zeit sind (alle ohne Rabbinennamen): Pesiqta Chadatta (BHM 6, 42,21), Billerbeck, Kommentar III 844 (vgl. LevR 29); MTeh 104 § 24, Billerbeck, Kommentar III 843; San 92 b; MTeh 50 § 1, Billerbeck, Kommentar III 845; MTeh 23 § 7, Billerbeck, Kommentar III 845; MTeh 46 § 2, Billerbeck, Kommentar III, 845. Die endzeitliche Neuschöpfung nach einem Vergehen der ersten Schöpfung läßt sich bei S Dtn 32,1 § 306 (anonym), Billerbeck, Kommentar III 845, und San 97b (R. Chanan b. Tachlipha [4.Jh.n.Chr., Billerbeck, Kommentar III 844]), finden.

15 Ergibt sich aus den hier genannten rabbinischen Belegen für die tannaitische Zeit allein die Diskussion um die endzeitliche Erneuerung der Welt, so scheint ein Ausspruch R. Jehoschua b. Qarcha (T 3) diesem Eindruck zu widersprechen (s. Schweitzer, Gotteskindschaft 53). In Koh 1,4 heißt es: "Ein Geschlecht geht und ein Geschlecht kommt, aber die Erde bleibt ewig bestehen." QohR 1,4 bemerkt dazu: "R. Jehoschua b. Qarcha hat gesagt: Hätte nicht die Schrift vielmehr sagen sollen: Die eine Erde geht und die andere Erde kommt, aber das (Menschen-)Geschlecht bleibt ewig bestehen? Denn wer wurde geschaffen um wessen willen? Wurde die Erde um des (Menschen-)Geschlecht willen geschaffen oder wurde das (Menschen-)Geschlecht um der Erde willen geschaffen? Doch wohl die Erde um des (Menschen-)Geschlechtes willen! Aber weil das (Menschen-)Geschlecht nicht in den Satzungen Gottes verblieb, deshalb schwindet es dahin,

6.4.3 Das Trauerkaddisch

Unter die rabbinischen Belege für den Gedanken der endzeitlichen Erneuerung der Welt wird schließlich auch ein liturgischer Text gerechnet[16]. Es handelt sich um das sogenannte "Trauerkaddisch"[17], fälschlicherweise auch "Kaddisch de Rabbanan"[18] genannt, das - so überliefert es die jüd. Tradition des Mittelalters[19] - unmittelbar nach der Beerdigung eines Verstorbenen gesprochen wurde. Der Anfang dieses Kaddisch enthält eine Erweiterung. Es ist ein Passus, der sich auf die Auferstehung der Toten bezieht und der ursprünglich beim Tode von Gelehrten gesprochen wurde. Das "Trauerkaddisch" ist in verschiedenen Gebetssammlungen überliefert[20], aus deren ältesten Versionen der Eingang des arämäisch überlieferten Gebetes zitiert wird[21]:

1. יתגדל ויתקדש שמה רבא בעלמא
דהוא עתיד לאתחדתא / לחדתא[22]

---

und weil die Erde in den Satzungen Gottes verblieb, darum schwindet sie nicht dahin" (Übersetzung nach Billerbeck, Kommentar III 843; Parallelstelle S Dtn 11,21 § 47, Billerbeck, Kommentar III 846f). Bei der Interpretation dieses Midrasch ist zu beachten, daß hier keineswegs, etwa im Gegensatz zur Behauptung einer eschatologischen Erneuerung der Welt, die These der Ewigkeit und Unveränderlichkeit der Welt aufgestellt wird (vgl. Schneider, ΚΑΙΝΗ ΚΤΙΣΙΣ 98). Es geht einzig um die Frage nach dem Ziel der **ersten** Schöpfung! R. Jehoschua b. Quarcha führt aus, daß die Erde als Schöpfung Gottes nicht Selbstzweck und folglich unwandelbar sei. Vielmehr: ihre Schöpfung geschah einzig im Interesse des Menschen als "Krone" der göttlichen Schöpfung. Weil aber der Mensch die Thora Gottes nicht gehalten hat, kehrt sich die eigentlich ihm als dem wahren Ziel der Schöpfung zugedachte Unvergänglichkeit gegen ihn: der Mensch vergeht und die Erde bleibt ewig bestehen.

16 Vgl. Billerbeck, Kommentar III 843; Stuhlmacher, Erwägungen 14.

17 Elbogen, Gottesdienst 95; vgl. 92ff; dazu Jernensky, Art. Kaddisch EJCD 9, Sp.734ff.

18 Das "Kaddisch de-Rabbanan" fügt in das Trauerkaddisch zusätzlich ein Gebet für Talmudgelehrte ein, so Jernensky, a.a.O. 737; vgl. Elbogen, a.a.O. 94f.

19 S. Elbogen, Gottesdienst 95.

20 De Sola Pool, Kaddish 79, stellt in einer Synopse den Text der wichtigsten Mss. zusammen: Siddur Rab Amram (9.Jh.n.Chr.), Mahzor Vitry (11.Jh.), die Überlieferung nach DbJ Abudarham (14.Jh.) und Maimonides (12.Jh.).

21 Aramäischer Text nach De Sola Pool, Kaddish 79; Siddur Rab Amram = Mahzor Vitry (1) und Maimonides = Siddur Jemen Ms. I Chamizer (Dalman, Worte[2] 305) (2).

22 De Sola Pool, Kaddish 79, hält das Pa'el לחדתא (= Mahzor Vitry) für ursprünglicher als das Hitp. לאתחדתא, weil auf diese Weise הוא = Gott das Subjekt der folgenden eschatologischen Hoffnungen bildet. Den späteren

Übersetzung:

"Verherrlicht und geheiligt werde Sein großer Name in der Welt/
in Ewigkeit,
die er zukünftig erneuern und (in der Er) die Toten auferwecken
wird"[23].

oder[24]:

"Verherrlicht und geheiligt werde Sein großer Name in der Welt/
in Ewigkeit,
welcher zukünftig erneuern und die Toten auferwecken wird."

2. יתגדל ויתקדש שמה רבא
דעתיד לחדתא עלמא

Übersetzung:

"Verherrlicht und geheiligt werde Sein großer Name,
welcher zukünftig erneuern wird die Welt und die Toten auferwecken
wird."

An diesen Eingang des "Trauerkaddisch" schließen sich verschiedene eschatologische Hoffnungen an, wie z.B. die Bitte um Wiederherstellung Jerusalems und des Tempels oder die Bitte um das Offenbarwerden göttlicher Herrschaft, den Beginn der Erlösung und der Erscheinung des Messias. Das "Trauerkaddisch", das die Erwartung von Gottes endzeitlichem Erneuerungshandeln als Auferweckung der Toten liturgisch fixiert, ist in dieser Form mit dem Bezug auf das zerstörte Jerusalem eindeutig auf die Zeit nach der Zerstörung des Zweiten Tempels zu datieren[25]. Es stellt somit eine spätere, frühestens ins 3.Jh.n.Chr. zu datierende Erweiterung mit eschatologisch-messianischen Hoffnungen von seiner Vorform, des in der Synagoge im Anschluß an einen haggadischen Vortrag rezitierten Kaddisch dar. Nur dieses in seiner Form einfachere und ursprünglichere Kaddisch - im Kern eine Eulogie des

---

Wechsel zum Passiv bringt er in Verbindung mit der in den Targumen zu beobachtenden Tendenz, die Tat der Erneuerung der Welt nicht direkt mit Gott zu verknüpfen (s.o.).

23 Vgl. die engl. Übersetzung von De Sola Pool, Kaddish XIII.

24 Die beiden Übersetzungsmöglichkeiten ergeben sich, da grammatikalisch nicht eindeutig zu entscheiden ist, ob das Relativpronomen דהוא auf בעלמא oder שמה zu beziehen ist.

25 Gegen Stuhlmacher, Erwägungen 14, Anm. 48. Terminus a quo des Trauerkaddisch ist 70 n.Chr. der terminus ad quem die Zitation im Traktat Massechet Soferim 14,1 (vgl. 10,8; 21,6), der nach Stemberger, Einleitung 217, nicht vor Mitte des 8. Jh.n.Chr. zu datieren ist. Vgl. De Sola Pool, Kaddish 80: "It is impossible accurately to fix a date between these two limits and the most one can venture to say is that it is hardly earlier than the third or later than the seventh century."

göttlichen Namens, verbunden mit zwei eschatologischen Bitten um Heiligung des göttlichen Namens und um das Kommen der Basileia - läßt sich wegen seiner schlichten Eschatologie und seiner Übereinstimmung mit dem ersten Teil des Unservatergebetes (Mt 6,9f) vor der Tempelzerstörung ansetzen[26]. Das "Trauerkaddisch" ist darum aufgrund seiner Datierung aus der traditionsgeschichtlichen Analyse des paulinischen Neuschöpfungsgedankens herauszunehmen. Es zeigt aber, wie bedeutsam die Hoffnung auf eine endzeitliche Erneuerung in der rabbinischen Frömmigkeit ist.

6.5 Zum rabbinischen Ausdruck עולם חדש (MekhEx 16,25)

In der Traditionslinie des Gedankens von der endzeitlichen Erneuerung der Welt befindet sich der Begriff עולם חדש = "neue Welt, Weltzeit"[1]. Der einzige tannaitische Beleg ist in MekhEx 16,25 überliefert. R. Eleazar aus Modiin (T 2) folgert hier aus den Ex 16,26 angesprochenen "sechs Tagen" sechs eschatologische Heilsgaben[2]:

> "Wenn ihr dazu gelanget, den Sabbat zu hüten, wird der Heilige, geb. s. er! euch in Zukunft sechs gute Dinge geben: Das Land Israel und die künftige Welt (עולם הבא) und die neue Welt (עולם חדש) und die Herrschaft des Hauses David und das Priestertum und das Levitentum."

Der hebräische Ausdruck עולם חדש läßt sich durch die gleichzeitige Nennung des Terminus עולם הבא nur so deuten, daß die "neue Welt" hier den "neuen Äon" meint, der mit der Auferstehung der Toten in der eschatologischen Zukunft beginnt[3]. Es ist die Zeit absoluter Weltvollendung[4]. Läßt sich generell sagen, daß, traditionsgeschichtlich geurteilt, die Rabbinen die Lehre

26 Vgl. Elbogen, Gottesdienst 93.

1 Das griech. Äquivalent zu עולם ist κόσμος (Dalman, Worte[1] 124); im aramäischen Sprachbereich hat עלם/עלמא nicht nur die Bedeutung von αἰών, sondern vor allem von κόσμος, erläutert Jenni, Wort 345.

2 Übersetzung nach Winter/Wünsche, Mechiltha 161; s. auch Billerbeck, Kommentar III 847. Diese Heilsgaben der Zukunft auch MekhEx 18,9, jedoch in anderer Reihenfolge.

3 Vgl. Billerbeck, Kommentar IV 840, unter ε. Wie sich die beiden Gaben עולם חדש und עולם הבא zueinander verhalten, wird nicht deutlich. Volz, Eschatologie 75f, schlägt vor, beide Termini in eins zu nehmen, wie auch Priestertum und Levitentum als fünfte und sechste Verheißungsgabe an Israel sich ähnlich sind.

4 Vgl. Billerbeck, Kommentar III 847; vgl. auch IV 799ff, bes. 821 und 968.

von den beiden Äonen aus der jüd. Apokalyptik, wo die Begriffe schon im 1.Jh.n.Chr. vereinzelt[5], jedoch erst am Ende des 1.Jh.n.Chr. verbreitet vorkommen[6], übernommen haben[7], so ist die sprachliche Herleitung der Ausdrücke aus dem griech. Zeitverständnis wahrscheinlich.

In bezug auf den Ausdruck "neue Welt" ist über die Heranziehung der Parallelstelle in syrBar 44,12 folgende Auslegung zu geben. Es heißt dort im syrBar[8]:

> "Es gibt ja eine Zeit, die nicht vergeht, und jene Periode kommt, die bleiben wird in Ewigkeit, und die neue Welt, die nicht aufs neue dem Verderben die überläßt, die gleich zu Anfang die Verbindung zu ihr suchten."

Der Begriff "neue Welt" ist hier im zeitlichen Sinne zu verstehen als eine "Weltzeit", die durch Gottes Erneuerungshandeln[9] zukünftig in Erfüllung gehen wird. Die "neue Welt" besitzt Ewigkeitscharakter. In ihr wird endgültig die Gerechtigkeitsproblematik des Thorafrommen gelöst sein. Im Sinne der Apokalyptik wird die Beziehungsaufnahme des Menschen zur "neuen Welt" über die Thora formuliert: die Gegenwart ist Zeit der Entscheidung.

Mithin dürften bei dem Begriff "neue Welt" sowohl atl. Ewigkeitsvorstellungen (עולם als ferne Zukunft) als auch hell. zeitliche Bestimmungen (αἰῶν als Welt, Weltzeit) verarbeitet worden sein[10]. Der Zeitaspekt allerdings tritt deutlich hervor. Die "neue Welt", so läßt sich sagen, ist der Schlußäon der Weltvollendung[11]. Im apokalyptisch-dualistischen Zeitschema von עולם הזה - עולם הבא nimmt der Ausdruck עולם חדש die atl. Tradition von der Erneuerung der Schöpfung (vgl. Jes 43,19; 65,17; 66,22) auf. Das Fehlen des Begriffes בריאה läßt sich auf diese Weise erklären.

---

5 Vgl. äthHen 48,6 mit 71,15.

6 Vgl. 4Esr 4,2; 7,112f; 9,19 mit 6,9; 7,13; 7,47; 8,1 und syrBar 51,8ff. S. auch die Untersuchungen von Billerbeck, a.a.O. IV 799ff; Dalman, Worte[1] 121ff; Jenni, Wort 33f; Harnisch, Verhängnis 90-106.

7 Bei den Rabbinen ist das Vorhandensein der Ausdrücke עולם הזה (= dieser Äon) und עולם הבא (= der zukünftige Äon) schon bei Hillel "dem Alten" bezeugt, Av II, 7, Billerbeck, Kommentar I 829; s. auch GenR 14 zu Gen 2,7 (Schule Schammais T 1), Billerbeck, Kommentar IV 815; tPea 4,18 (um 50 n.Chr.), Billerbeck, Kommentar IV 832f.

8 Übersetzung Klijn, syrBar JSHRZ V 149.

9 Vgl. syrBar 57,2: "... die Welt, die einst erneuert werden wird" (Klijn, a.a.O. 162); vgl. 32,6.

10 S. Jenni, Wort 34; Sasse, Art. αἰῶν ThWNT I 207, Zl. 12f; Harnisch, Verhängnis 90-106, bes. 91.

11 Vgl. Billerbeck, Kommentar IV 817. Der in MekhEx 16,25 gesetzte Ausdruck עולם הבא kann nach Billerbeck nur die himmlische Zwischenwelt der abgeschiedenen Seelen sein (vgl. Kommentar III 847; IV 840). Große Bedenken äußert dagegen Schäfer, Lehre 253f.

6.6 Zusammenfassung

1. Die Untersuchung des tannaitischen Judentums hinsichtlich des eschatologischen Neuschöpfungsgedankens hat erbracht, daß ein sprachliches Äquivalent zu dem paulinischen Ausdruck "neue Schöpfung" im frühen rabbinischen Schrifttum sich nicht nachweisen läßt. Wendungen aus tannaitischer Zeit wie "einem eben geborenen Kinde gleichen" / "wie ein eintägiges Kind sein" (Yev 48b, TrGerim2) besitzen keine Beziehung zum eschatologischen Neuschöpfungsgedanken. Als Vergleich präzisieren sie nur die Diskussion innerhalb der jüd. Konversionstheologie um die **uneschatologische Situation** des Proselyten: Aufgrund seiner Bekehrung ist seine sündhafte Vergangenheit als Heide ihm vergeben, ein grundsätzlicher Neuanfang wird ihm ermöglicht. Um den Statuswandel des Proselyten zu markieren, setzt sich bei den Pharisäern die Einrichtung der Proselytentaufe durch, die levitischem Reinheitsdenken entspricht.

Der Vergleich Israels mit "einem einjährigen Kind" (PesK 61b) ist im Rahmen des kultischen Denkens zu verstehen: Sündenvergebung, hier durch die sühnende Wirkung des Tamidopfers im Tempel, bedeutet die tägliche Erneuerung des Menschen im Zustand der Reinheit, ohne daß sich das Sündigen des Menschen zukünftig vermeiden läßt.

2. Das frühe Rabbinat hält aber im apokalyptisch-dualistischen Zeitschema von "dieser Welt - zukünftiger Welt" an der atl. Redeweise von der endzeitlichen Erneuerung der Welt (vgl. Trjes 65,17) fest: TJI, JII und N zu Dtn 32,1. Aus der Nachordnung der Textstelle Jes 65,17 nach Jes 51,6 wird das endzeitliche Vergehen der Welt angenommen, worauf ihre vollständige Neuschöpfung durch Gottes Schöpferhandeln erfolgt. Die in der schriftgelehrten Auslegung des AT auftretende Schwierigkeit, angesichts endzeitlicher Neuschöpfung (= Vergehen und Neuschöpfung) die ewige Kontinuität göttlicher Heilsverheißung zu vertreten, wird gesehen (TanB בראשית § 20) und durch systematisch-theologische Zuordnung und damit Integration der neuen, zweiten Schöpfung, zur Schöpfung des Anfangs, der ersten Schöpfung, bewältigt (GenR 1).

Ein singulärer Text (MekhEx 16,25) spricht vom zukünftigen eschatologischen Heilsgut des עולם חדש . Anders jedoch als bei der Naherwartung in der apokalyptischen Tradition (syrBar 44,12) ist die "neue Weltzeit" in weite Ferne gerückt und an die potentielle Möglichkeit einer totalen Sabbatheiligung durch ganz Israel gebunden. Diese Auffassung entspricht pharisäischem Denken: Das Halten des Gesetzes selber besitzt "eschatologische Relevanz"[1].

Dieses Resultat hinsichtlich der rabbinischen Erneuerungsaussagen von einer gewissen inhaltlichen Nähe zur kosmischen (vgl. Gal 6,15) und zugleich individuellen (vgl. 2Kor 5,17) Neuschöpfungsaussage bei Paulus, ohne daß die rabbinischen Aussagen jedoch mit Paulus zur Deckung zu bringen sind, u.a. da Paulus keine Lehre von den **beiden** Äonen kennt, muß nun in einem eigenen Abschnitt zur rabbinischen Theologie untersucht werden. Einer Kritik unterzogen werden, soll dabei besonders die traditionsgeschichtliche Hypothese, daß "neue Schöpfung" bei Paulus im Rahmen der jüd. Zweiäonenlehre[2] zu sehen sei.

6.7 Die Erwartung der endzeitlichen Erneuerung der Welt im Rahmen der Theologie des frühen Rabbinats

Das Resultat des sog. Ersten Jüd. Krieges (66-74 n.Chr.), der Fall Jerusalems und die Zerstörung des Herodianischen Tempels unter dem Römer Titus im Jahre 70 n.Chr., hatte für das religiöse Leben des Judentums weitreichende Folgen[1]: Der Tempelkult, Mittelpunkt des palästinischen Judentums über Jahrhunderte (ab ca. 538 v.Chr.), wird seiner Institution beraubt. Das Hohepriesteramt hört auf und die priesterlich-adligen, wirtschaftlich und politisch-administrativ einflußreichen Sadduzäerfamilien verlieren ihre politische und religiöse Bedeutung. Je endgültiger sich die Zerstörung des Tempels erweist, je mehr verlangt sie nach einer Neubesinnung des palästinischen Judentums.

Die religiöse Gruppe, die in der Lage ist, die theologischen Grundlagen für ein Judentum ohne Kult und Tempel zu schaffen und damit ein Überleben des palästinischen Judentums zu ermöglichen, sind die Pharisäer: Sie propagieren schon zur Zeit des Zweiten Tempels die Einheit von Kultus und Alltagsleben.

---

1 Grundmann, Judentum 279; vgl. Shab 118b (R. Simeon b. Jochai T 3); Billerbeck, Kommentar I 600; BB 10a (R. Jehuda [b. Ilai] T 3), Billerbeck, Kommentar I 600.

2 So Windisch, 2Kor 189; Baumgarten, Apokalyptik 164.

1 Zusammenfassung nach Schäfer, Geschichte 145-150.

Das private Haus wird zum Modell des Tempels, die Heiligkeit des Tempels auf alle Bereiche des täglichen Lebens ausgedehnt und ganz Israel zu einem Volk von Priestern gemacht. Als Schriftgelehrte vermitteln die Pharisäer dem Volk über Lehre und Applikation der Thora den Weg der Heiligkeit als Volk Gottes. An die Stelle des Tempels als Mittelpunkt des Gottesdienstes ist die Thora gerückt, Rabbinen und nicht Priester werden zu Vermittlern der "neuen" Heiligkeit.

Die nach der Zerstörung Jerusalems nur um so stärker einsetzende Umgestaltung des religiösen Lebens in Palästina durch das Rabbinat wird erst dann deutlich gesehen, wenn beachtet wird, daß das pharisäische Lebensideal der - erträglichen - Gesetzestreue des Einzelnen einen theologischen Kompromißversuch darstellt. Die priesterlich-konservative Zionstheologie wird durch die umfassende Einführung des priesterlichen Denkens in den Alltag aufgenommen und die heilsgeschichtlich orientierte, apokalyptisch-eschatologisch motivierte Richtung wird auf die Beziehung der eigenen Frömmigkeit zur Erlösung verwiesen. Die Thora und ihre Auslegung durch die mündliche Tradition bilden, als offenbartes Wort Gottes verstanden, die Mitte der Gottesbeziehung, so daß die religiöse Eigenart des israelitischen Gottesglaubens gewahrt bleibt. Wie sehr dieser Kompromißversuch gefährdet ist, das Volk ohne zentralen Kultbetrieb auf eine längere Existenz unter (u.a. römischer) Fremdherrschaft und ohne grundsätzliche Preisgabe geschichtlicher Hoffnungen allein auf die individuelle Frömmigkeitspraxis im vollständigen Thoragehorsam einzustellen, zeigt der Aufstand zwischen 115-117 n.Chr. in der hell. Diaspora sowie 132-135 n.Chr. wieder in Palästina unter Bar Kochba. Erst danach kann man davon sprechen, daß sich die unter Jochanan ben Zakkaj begonnene Neuordnung durchsetzt.

Das frühere Rabbinat kann also sehr wohl an der atl. vorgeprägten, im dualistisch-apokalyptischen Schema vorgetragenen endzeitlichen Hoffnung auf eine eschatologische Neuschöpfung von Himmel und Erde festhalten[2]. Wenn es aber die "neue Weltzeit" als Zukunftserwartung von erfüllter Geschichte an die umfassende Sabbatheiligung knüpft, dann rückt die eschatologische Zukunft in unerreichbare Ferne. Um so mehr bekommt die Gegenwart ihre "eschatologische Bedeutung" in der immer wiederkehrenden reuevollen Rückkehr zum Tun des Gesetzes.

---

2 Vgl. Stuhlmacher, Erwägungen 14.

Es ist deshalb nicht von ungefähr, daß die Aussagen der Rabbinen über die zukünftige Welt auf den Exegeten "merkwürdig blaß und unbestimmt"[3] wirken. Denn der Versuch, "die Spannung zwischen dem von Gott festgesetzten Termin der Erlösung und der ethischen Verantwortung des Menschen durchzuhalten und weder in einen Geschichtsdeterminismus noch auch in einen gewaltsamen Aktivismus aufzulösen"[4], führt im pharisäisch geprägten Rabbinat zu einem konsequent anthropozentrisch ausgerichteten Geschichtsbild[5]. Der individuelle Vergeltungsgedanke trägt die Beziehung des Einzelnen zur Heilszukunft[6].

Es ist deshalb nur konsequent, wenn in den Vordergrund des rabbinischen Interesses Neuheitsvorstellungen in bezug auf das Individuum rücken, eben des Proselyten, der sich bekehrt und dem seine sündige, heidnische Vergangenheit vergeben ist. Wo die individuelle Gerechtigkeit am Endzeitheil Anteil gibt, folgt die missionarische Bemühung um den einzelnen Proselyten, dem die Gelegenheit zur Gesetzeserfüllung gegeben wird. Das theologische Problem der Heilsgeschichte Gottes mit seinem Volk im Gegenüber zu den anderen Völkern wird aufgelöst zur Möglichkeit des Neuanfanges als Mitglied des Heilsvolkes im neuen täglichen Gehorsam unter dem Gesetz. Diese "Individualisierung der Frömmigkeit" führt letztendlich zur "Entgeschichtlichung des alten israelitischen Denkens"[7]. Doch nur so ist nach Auffassung der Rabbinen der Weg frei zur Rettung der jüd. Existenz unter den Völkern.

Aufgrund dieser Skizze rabbinischer Theologie, die sich mit den Stichworten "Individualisierung der Frömmigkeit" und "Fernerwartung der Heilszukunft" beschreiben läßt, ist verständlich zu machen, daß die rabbinische Rede von der Erneuerung der Welt schon eine **nachpaulinische Stufe** darstellt. Die Domestizierung der Neuschöpfungsaussage im Rahmen der Zweiäonenlehre ist Ausdruck einer Welterfahrung, die der eschatologischen Aussage bewußt ihre motivierende Kraft als Hoffnung für die Gegenwart nehmen möchte, um den

---

3 Schäfer, Geschichtsauffassung 39.

4 Ebd. 43.

5 So Schäfer, Geschichtsauffassung 44; vgl. auch yTaan I,1 Fol. 64a, Billerbeck, Kommentar I 164.

6 Weiter ist an GenR 1 zu beobachten, daß durch eine systematisch-theologische Zuordnung der neuen Schöpfung zur Schöpfung des Anfangs und durch die Behauptung absoluter Stetigkeit und Ewigkeit der Heilsgemeinde über die endzeitliche Neuschöpfung hinaus, die die Gläubigen motivierende Zukunftserwartung einer weltwendenden Erneuerung entschärft wird, indem man ihr den "Neuheitscharakter" nimmt.

7 Stichworte von Grundmann, Judentum 274 und 275.

Menschen angesichts der Zerstörung jüd. Identität auf den beschwerlichen Weg einer täglichen Erneuerung im Gehorsam gegenüber Gottes Thora einzustimmen. Mit der Formel "immer wieder neu mit dem Anfang anfangen" läßt sich wohl am besten das Credo rabbinischer Theologie beschreiben[8].

8 Vgl. Stuhlmacher, Erwägungen 16, Anm. 60; Sjöberg, Wiedergeburt 69.

7 ZUR NEUSCHÖPFUNGSVORSTELLUNG IM SCHRIFTTUM DER HELLENISTISCHEN DIASPORASYNAGOGE

7.1 Zur Notwendigkeit einer Unterscheidung von hellenistischem Diasporajudentum und palästinischem Judentum

Seitdem Martin Hengel in seinem umfangreichen Werk "Judentum und Hellenismus" in besonderer Weise die interkulturellen Verbindungslinien zum Hellenismus für das Judentum in Palästina aufgezeigt hat, ist die geläufige geographische Differenzierung und Trennung zwischen palästinischem Judentum einerseits und der Diasporasynoge andererseits grundsätzlich in Frage gestellt. Hengel plädiert dafür, "**das gesamte Judentum** ab etwa der Mitte des 3.Jh.s v.Chr. ... im strengen Sinne als '**hellenistisches Judentum**'"[1] zu bezeichnen. Zur Begründung führt er u.a. an, daß es in Palästina sogenannte "**Graecopalästiner**"[2] gibt, Juden, die der griech. Sprache mächtig sind und sich von griech. Geist haben beeinflussen lassen.

Die Ausweitung der Bezeichnung "hellenistisches Judentum" auf das gesamte Judentum hell.-röm. Zeit birgt jedoch die Gefahr in sich, "zu einer Einebnung der Begrifflichkeit und zu einer Nivellierung in der Sache (zu) führen", wie Nikolaus Walter treffend bemerkt[3]. Für das palästinische Judentum ist seit dem 3.Jh.v.Chr. die religiöse und machtpolitische Auseinandersetzung mit dem Hellenismus, einer Kultur, die religiös-philosophische Erkenntnis und Staatslehre miteinander verknüpft (vgl. Plato), die treibende Dynamik seiner eigenen geistigen und politischen Geschichte. Nicht erst seit dem hell. Reformversuch jüd. Religion unter Antiochus IV. Epiphanes (167-4 v.Chr.) wird in Palästina **der Grad der Anpassung** der jüd. Religion an den Hellenismus umstritten sein. Entsprechend dem Ausmaß der Adaption des Griechentums dürf-

---

1 Hengel, Judentum 193.
2 Ebd. 193.
3 "Hellenistische Eschatologie" 336.

ten im palästinischen Judentum mehrere Abstufungen zu unterscheiden sein: Es wird Juden geben, die hell. Kultureinfluß mehr oder weniger wider Willen aufgrund der geopolitischen Lage des Vordringens des Hellenismus nach Osten seit Alexander dem Großen ausgesetzt sind. Sodann existiert ein "starkes" Judentum, das den Hellenismus aus religiöser Motivation heraus ablehnt und bekämpft (chassidische Kreise, Qumrangemeinschaft). Schließlich findet man ein Judentum, das den Kontakt mit hell. Bildung bewußt sucht und aufklärerisch die Sache jüd. Glaubens in den neuen Denkformen griech. Philosophie nach außen zu vertreten sucht (vgl. Josephus)[4].

Im Prinzip ist eine ähnliche Differenzierung des Judentums in der hell. Diaspora, etwa in Antiochia oder Alexandria, anzutreffen. Denn auch hier mußte versucht werden, die Mitte des jüd. Glaubens in Unterscheidung zum religiösen Angebot der griech. Polis zu leben. Alle Formen von heidnischem Kultus wird die jüd. Gemeinde ablehnen, die im Gegensatz zur monotheistischen Gotteserkenntnis und -verehrung stehen (s. Philo, SpecLeg I 51). In den Maximen des Ethos wird man sich von der heidnischen Umwelt unterscheiden, da jeder Jude um die Treue zur Thora ringt (4Makk 8,7f; vgl. JosAs). Doch herrscht jenseits dieser Konstanten für den hell. Juden die Freiheit, auf mannigfaltige und unterschiedliche Art Brücken zur geistigen Umwelt zu schlagen.

Beispiele können genannt werden: Ezechiel der Tragiker eignet sich in seiner "Exagoge" die Form des hell. Dramas zur Wiedergabe der Exoduserzählung an[5]. Das Gebot der Beschneidung ist für ihn aber nicht verbindlich[6]. Die jüd. Apologetik (Demetrios, Eupolemos, Artapanos) ist damit beschäftigt nachzuweisen, daß die besten griech. Ideen und kulturellen Einsichten ursprünglich von den Juden stammen. Überraschenderweise wird dabei von Artapanos die von Juden verachtete ägyptische Religion, z.B. die Einrichtung des Tierkultes, mit dem Juden Mose verbunden[7]. In der internationalen Bildung der hell. Welt sucht man mit der israelitischen Weisheit Anschluß (Weish), und nur noch dem Kenner sind die ver- und bearbeiteten atl.-jüd. Traditionen identifizierbar. In der jüd. Philosophie (Aristobulos) kombiniert man griech.

---

4 Vgl. ebd. 336.

5 Vgl. zum Vorgang der Aneignung hell. Geistigkeit die jüd.-hell. Dichtung bei Philo der Epiker und Theodotos der Epiker.

6 Vgl. Vogt, Einleitung JSHRZ IV,3 117.

7 Vgl. Walter, Einleitung JSHRZ I,2 123.

philosophische Systeme (Pythagoras, Plato, Stoa) mit weisheitlich-jüd. Denktraditionen[8].

Hält man nun aber nach Kriterien Ausschau, die die Eigenart der jüd. Diasporagemeinde im Unterschied zum Judentum in Palästina erkennen lassen, so treten soziokulturelle Gegebenheiten in den Vordergrund: die griech. Sprache und der geographische Abstand zu den Heilsgütern der israelitischen Religion, dem Land Israel und dem Tempel in Jerusalem.

Es ist denn auch nicht von ungefähr, daß Martin Hengel, der eine geographische Differenzierung ablehnt, doch eine Unterscheidung anhand des Kriteriums der Sprache "zwischen dem griechischsprechenden Judentum der westlichen Diaspora und dem aramäisch/hebräischsprechenden Judentum Palästinas bzw. Babyloniens" beibehält[9]. Die Septuaginta (LXX), die in ihrer Übersetzung der hebräischen heiligen Schriften des Judentums ins Griechische die geringstmögliche Form einer inhaltlichen Hellenisierung darstellt[10], wird zum theologischen "Buch" der Diasporasynagoge. Paulus, als hell. Diasporajude geboren und im Stadtmilieu der griech. Polis Tarsos aufgewachsen, setzt bei seinen Zitaten aus den jüd. heiligen Schriften grundsätzlich den Text der LXX voraus[11]. Selbst auf seine sprachliche Diktion hat der Stil der LXX eingewirkt[12].

Benutzt der Diasporajude also seine religiöse Väterüberlieferung in der als Lingua franca Geltung beanspruchenden griech. Sprache, so gehört es für ihn als jüd. Kosmopoliten gleichermaßen zur Selbstverständlichkeit, seinen dauernden Aufenthalt in Ländern und Städten außerhalb Palästinas zu wählen. Dort ersetzt die Synagoge als Proseuche den Tempelgottesdienst, und die jährliche Tempelsteuer und nicht der Tempelbesuch an den jahreszeitlichen (Wallfahrts-)

---

8 Einen Sonderfall stellt unter den Diasporajuden der jüd. Religionsphilosoph Philo von Alexandria dar, repräsentiert er doch ein Maß griech. Bildung, wie es innerhalb des heute bekannten hell. Judentums sonst nirgends zu beobachten ist und deshalb keineswegs als typischer "Normalfall" zur Kennzeichnung des Diasporajudentums verwandt werden darf (vgl. Walter, "Hellenistische Eschatologie" 336f).

9 Judentum 193; vgl. ders., Hoffnung 656, Anm. 2.

10 S. die Aufsätze von Hanhart, Septuaginta-Forschung 38-64, und ders., Wesen 49-58, weitere Literatur zur Bedeutung der LXX im hell. Judentum bei Walter, Literatur 76, Anm. 25.

11 Vgl. Koch, Schrift 48.

12 Vgl. Ellis, Use 13.

Festen mit ihren Opferfeiern rückt in den Mittelpunkt. So läßt sich eine Diaspora-Frömmigkeit skizzieren[13], die auf eine apologetische Verkündigung des wahren Glaubens des jüd. Vätergottes unter Zuhilfenahme griech.-philosophischer Denkkategorien in der Gotteslehre Wert legt[14] und auf die aufklärerische Kraft des jüd. Monotheismus setzt. Als Judentum einer **"universalen Missionsreligion"**[15] wirbt es um Sympathisanten (φοβούμενοι τὸν θεόν). Anhand des Topos "Neuschöpfung" soll im folgenden nach der besonderen Eschatologie dieser hell. Diasporasynagoge gefragt werden.

7.2 Die Verdrängung der futurisch-kosmischen Eschatologie zugunsten einer individualistisch geprägten Jenseitshoffnung (slHen)

In seiner Dissertation hat Ulrich Fischer bei der Analyse der "Eschatologie und Jenseitserwartung im hellenistischen Diasporajudentum" festgestellt[1], daß "in jenem Judentum eschatologische Vorstellungen im Sinne einer kosmologisch-apokalyptischen Zukunftsschau eine weitaus geringere Rolle spielten als individuelle Jenseitsvorstellungen"[2]. Für alle von ihm untersuchten Zeugnisse hat sich "das Dominieren eines individualistisch geprägten Jenseitsglaubens als charakteristisch erwiesen"[3]. Mit Selbstverständlichkeit sprechen die jüd.

---

13 Vgl. Bertram, Art. Septuaginta-Frömmigkeit RGG^3 V Sp.1707ff; Delling, Begegnung 5ff; dazu Hegermann, Judentum 342, der es unternimmt, die "Grundzüge der jüdisch-hellenistischen Heilsbotschaft" zu erfassen.

14 Vgl. die übersetzung der Selbstprädikation Jahwes in Ex 3,14 LXX mit: ἐγώ εἰμι ὁ ὤν , sowie die Wiedergabe von יהוה צבאות in der LXX mit κύριος παντοκράτωρ.

15 Bertram, a.a.O., Sp.1708. Grundsätzliche Bedenken müssen sich aber erheben, wenn diese Charakterisierung des Diasporajudentums dazu führt, seine Schriften in toto unter der Rubrik "Missionsliteratur" zu führen (vgl. Dalbert, Die Theologie der hellenistisch-jüdischen Missions-Literatur unter Ausschluß von Philo und Josephus; Bussmann, Themen der paulinischen Missionspredigt auf dem Hintergrund der spätjüdisch-hellenistischen Missionsliteratur). Dadurch wird das je verschiedene literarische Genus der Schriften nicht wahrgenommen.

1 Fischer hat sich insbesondere den Texten slHen, grBar, 4Makk, JosAs, Ps-Phokylides 103-117 und den Schriften von Josephus, Philo von Alexandria sowie Sepulkralinschriften und -kunst zugewandt, für welche eine Herkunft aus der griech. sprechenden westlichen Diaspora erwiesen ist.

2 Eschatologie 255; vgl. seine Zusammenfassung ebd. 255ff.

3 Ebd. 255f; zur Kritik an seiner begrenzten Quellenauswahl vgl. Müller, Rez. ThZ 36, S.240, übernommen von Hengel, Hoffnung 657.

Texte von einer jenseitigen Vergeltung gleich im Anschluß an den individuellen Tod eines Menschen[4]. Dieser von Fischer beobachteten Verschiebung der eschatologischen Erwartung im hell. Diasporajudentum soll nun anhand einer aus der apokalyptischen Literatur (s.o. Hauptteil A 5) bekannten Henoch-Tradition im slHen nachgegangen werden.

In bezug auf die sog. "Einleitungsfragen" zum slHen, einer heute in einer christlichen Redaktion[5] vorliegenden Schrift, läßt sich kaum ein größerer Dissens in der Beurteilung durch die neuere Forschung denken. Ist man sich noch darin einig, daß die kürzere Rezension der längeren aus dem 15./16. Jh.n.Chr. vorzuziehen ist[6], so macht gerade die Datierung der älteren Fassung besondere Schwierigkeiten[7]. Auf der einen Seite wird eine Spätdatierung ins 9./10. Jh.n.Chr. als Werk eines christlichen Mönches vertreten[8], auf der anderen Seite eine Frühdatierung ins 1.Jh.n.Chr. angenommen[9].

Sprechen für Ägypten als vermutlichen Entstehungsort die ursprünglich wohl griech. Abfassung des slHen sowie die Anklänge an ägyptische Mythologie (slHen 19,6; 25,1f[10]), so für jüd. Ursprung die Mahnungen zum rechten Opferdienst, besonders die Empfehlung des dreimal täglichen Besuchs des Tempels (51,4). Als Terminus ad quem kann die mutmaßliche Erwähnung dieser Schrift bei Origenes (De principiis 4,4 (35)[11], ca. 220 n.Chr.)[12] als Hinweis gelten,

---

4 Belege bei Fischer, a.a.O. 257f. Nach Fischer vertreten JosAs, 4Makk und Weish eine postmortale Unsterblichkeitshoffnung für den ganzen Menschen, Ps-Phokylides und Josephus hingegen verbinden Auferstehungsglauben und Unsterblichkeitsgedanken.

5 Dazu Fischer, Eschatologie 39f; Niebuhr, Gesetz 185f; Collins, Genre 533f.

6 Vgl. Vaillant, Livre IV-VIII; Fischer, a.a.O. 37-39; Milik, Enoch 107-109; Pennington, Introduction 321-326; Collins, Genre 533.533, Anm. 9. Unentschieden Andersen, Introduction 94; Niebuhr, Gesetz 186, Anm. 91.

7 Bis jetzt gibt es keine Untersuchung zu den Einleitungsfragen des slHen, die literarkritische und traditionsgeschichtliche Argumentation miteinander verbindet. Bezeichnend für die Situation der Einleitungswissenschaft hinsichtlich des slHen sind die Einleitungen on Pennington und Andersen, die keine Angaben über einen vermuteten Entstehungsort und die Entstehungszeit der Erstfassung des slHen geben (vgl. Introduction 324f; Introduction 95f).

8 So Milik, Enoch 109ff.

9 So Fischer, Eschatologie 40f, der weitgehend die These von Forbes/ Charles, Introduction APOT II 425-430, aufgreift; vgl. Collins, Genre 534; Niebuhr, Gesetz 186, u.a.m.

10 Stellenangaben der Rez. A. nach der neuesten englischen Wiedergabe des slHen in OTPs 1, 102ff (Zählung Bonwetsch).

11 "Scriptum namque est in eodem libello, dicente ipso Enoch: **universas materias perspexi**", vgl. dazu slHen 40,1ff.

12 S. die gründliche Diskussion bei Pennington, Introduction 323f.

den terminis post quem bildet die griech. Übersetzung des Buches Sir[13] sowie die Redaktion des äthHen-Pentateuch im 1.Jh.n.Chr.[14]. Demnach wäre eine Entstehungszeit des slHen bzw. von einzelnen Überlieferungen im 1./2.Jh.n.Chr. denkbar. Unter dieser **hypothetischen Annahme** soll im folgenden nach der Art der Aufnahme der Henochtradition im hell. Judentum gefragt werden, die von christlicher Redaktion noch frei ist[15].

Die ursprüngliche slHen-Apokalypse läßt sich grob in zwei Teile gliedern: die Beschreibung der Reise Henochs durch sieben Himmel (Kap. 3-36) und die Abschiedsreden Henochs wieder auf der Erde an seine Familie (Kap. 39ff) vor seiner endgültigen Entrückung (Kap. 67). Der Verfasser der Apokalypse glaubt an einen eschatologischen Gerichtstag[16]. Über den endzeitlichen Termin dieses Gerichtes wird nur an einer Stelle Auskunft erteilt (slHen 65,6f). In einer Rede an das Volk (Kap. 65f) gibt Henoch einen Überblick über die ganze Schöpfung von ihrem Beginn bis zu ihrem Ende und dem sich anschließenden Eschaton. Die für die vergleichende Untersuchung wichtigen Teile der Rede lauten (slHen 65,1.3-4.6-8)[17]:

65,1 "'Listen my children!
Before all things existed, (and) before all creation came about,
the Lord established the age of creation,
and after that he created all his creation,
...
3 Then the Lord delivered the age for the sake of man,
4 and he divided it into times, into years and into months and/ into hours[18],
so that a person might think about the changes of the periods and their ends,
the beginnings and the endings of the years and the months and the days and the hours,
and so that he might calculate the death of his own life.
6 When the whole of creation, which the Lord has created, shall come to an end,
and when each person will go to the Lord's great judgement,

---

13 Nach 132 v.Chr., vgl. Rost, Einleitung 50.

14 Dazu Uhlig, Einleitung JSHRZ V,6 494.

15 Die Datierung gilt nicht für eine literarische Urfassung des slHen - diese zu erheben, wäre Aufgabe spezieller traditionsgeschichtlicher Arbeit am slHen -, sondern für das Aufkommen einer Henoch-Adaption in der jüd. Diaspora.

16 Belegstellen bei Fischer, Eschatologie 42; in dem unten zu besprechenden Abschnitt vgl. slHen 65,8.11: "großes Gericht des Herrn".

17 Englische Übersetzung der kürzeren Rezension nach Andersen, slHen OTPs 1, 191f.

18 Aufgrund der Parallelität von slHen 65,3 mit V.4 ist auch hier die Wendung "into years and into months", wie sie Mss. aus dem 15.-18.Jh. führen (vgl. Pennington, Introduction 321-323), einzusetzen.

7 then the time periods will perish,
and there will be neither years nor months nor days, and hours
will no longer be counted.
8 But they will constitute a single age.
And all the righteous, who escape from the Lord's great
judgement, will be collected together with the great age,
and (the age) at the same time will unite with the righteous,
and they will be eternal.'"

Ein Vergleich mit äthHen 72,1; Jub 1,29 (vgl. 1QS 4,25; 1QH 11,12f) erbringt den Nachweis, daß es sich um ein und dieselbe traditionelle Gegenüberstellung von immerwährender Schöpfungsordnung und ihrer endzeitlich-eschatologischen Begrenzung handelt: das Ende der Schöpfung[19] ist von der Aufhebung der Zeitordnung (slHen 65,7) bestimmt, die zugunsten des Menschen eingerichtet worden war. Es beginnt die Ewigkeit und mit ihr das eschatologische Vernichtungsgericht, dessen positive Seite das ewige Leben für die vom Gericht verschonten Gerechten (vgl. Jub 1,29) bedeutet (slHen 65,8). Im Unterschied jedoch zu den endzeitlich-eschatologischen Texten des apokalyptisch orientierten palästinischen Judentums findet sich hier in slHen 65,6f jedoch **keine** Aussage über eine eschatologische Erneuerung oder Neuschöpfung der Welt. Stattdessen wird gesagt, daß der "eine Äon" beginnt, daß mit dem "großen Äon" die Gerechten in Ewigkeit vereinigt sein werden (65,8). Die Vermutung legt sich nahe, daß eine spezifische Äonenlehre die Neuschöpfungsterminologie verdrängt hat.

Bekannt ist die Zwei-Äonen-Lehre der "späten" apokalyptischen Literatur (vgl. 4Esr; syrBar) von den beiden sich ablösenden Äonen, "diesem Äon" und jenem, dem "kommenden Äon". Die slHen-Apokalypse trägt nun eine Zwei-Äonen-Anschauung vor (vgl. slHen 50,2 mit 66,6; 65,6-8 mit 33,11; 36,3), die den zeitlichen Dualismus von "diesem Äon" und dem "kommenden Äon" "durch den kosmologischen Dualismus von irdischer Welt und himmlischer Sphäre göttlicher Ewigkeit modifiziert"[20]. Zusätzlich zur Anschauung, daß der "große Äon" eine zukünftig-eschatologische Größe bildet (65,6-8), finden sich in slHen auch Gedanken, die den "großen Äon" als immerwährend existierenden, ewigen und transzendenten Äon vorstellen, in den Menschen (und Tiere) unmittelbar nach dem Tode gelangen (58,5f; 61,2).

---

19 Schöpfung umfaßt nach dem slHen den Menschen sowie alle sichtbaren und unsichtbaren Geschöpfe (65,1f); in ihr herrscht eine astronomisch-kosmische Zeitordnung (65,3; vgl. äthHen 72,1).

20 Fischer, Eschatologie 55; vgl. seine Ausführungen zum Äonendualismus im slHen S.53-62, die im folgenden referiert werden.

Aufschluß über diese merkwürdige Äonenmetaphysik des slHen ergibt ein Text, der mythisch die Genesis des "großen Äons" beschreibt (slHen 25,1-3):

24,5 "... And I thought up the idea of establishing a foundation, to create a visible creation.
25,1 And I commanded the lowest things: 'Let one of the invisible things come out visibly!' And Adail descended, extremly large. And I looked at him, and, behold in his belly he had a great age.
2 And I said to him: 'Desintegrate yourself, Adail, and let what is disintegrated from you become visible.'
3 And he disintegrated himself / , and there came out from him the great age. And thus it carried all the creation which I had wished to create. And I saw how good it was ".

Der "große Äon" ist von Gott vor Beginn der eigentlichen Schöpfung geschaffen und gilt als mythische Personifizierung der göttlichen Ewigkeit (Adail = עדו + אל). Als "Äon der Kreatur" (slHen 65,1) bildet er sozusagen den "Ewigkeits-Hintergrund aller irdischen Schöpfung"[21] und wird zum Wohl des Menschen in seiner unteren, irdischen Wirklichkeit in "Zeiten" eingeteilt. Am Ende der Schöpfung aber wird diese Differenzierung zugunsten der Einheit als "ewiger Äon" wieder aufgehoben (65,6-8)[22]. Existiert der "eine Äon" als transzendente himmlische Gegebenheit bereits immer jenseits aller irdischen Wirklichkeit, so wird der Mensch als Geschöpf Gottes, der zeit seines Lebens in der irdisch-zeitlichen Verfassung des schon vor Beginn der Schöpfung existierenden "einen Äon" lebt, unmittelbar durch seinen Tod mit der Ewigkeitsdimension des "großen Äons" konfrontiert. Damit verschiebt sich die Ewigkeitserwartung von der (rein) futurisch-kosmischen Hoffnung zur je individuell mit dem Todesgeschick gegenwärtigen Größe.

Diese leichte Veränderung des slHen bei der Rezeption einer Henoch-Tradition läßt einen tendenziellen Unterschied zwischen der "apokalyptischen" Eschatologie des palästinischen Judentums und der "hellenistischen" Eschatologie des Diasporajudentums beobachten. Wenn der apokalyptisch-orientierte Schriftgelehrte die prophetische Heilsverheißung von Gottes Neuschöpfungshandeln interpretiert als an die Geschichte der gegenwärtigen Schöpfung an-

---

21 Walter, "Hellenistische Eschatologie" 338.

22 Fischer, Eschatologie 58, führt aus, daß im Hintergrund dieser Anschauung hell. Ewigkeit-Zeit-Spekulationen stehen, wie sie unter dem Einfluß griech. Philosophie (Plato, Timaios 37Dff) in der jüd.-alexandrinischen Philosophie wirksam werden. Bei Philo von Alexandria z.B. findet sich die Verbindung des Dualismus von 'zeitlicher Ewigkeit' und 'Zeit' mit dem Dualismus von 'intelligibler Welt' und 'Sinnenwelt' (Mut 267; vgl. auch Imm 32 und Her 165), wie er im slHen abgewandelt in den Dualismus von 'irdischer und himmlischer Welt' erscheint.

knüpfende Heilsvollendung in einem zukünftig-irdischen Geschehen der "neuen Schöpfung", so "blickt (er) menschheits- und weltgeschichtlich nach vorn"[23]. Wenn er auch vor Vollstreckung des göttlichen Planes sterben muß, so sichert ihm die Hoffnung auf eine Auferstehung von den Toten die Teilhabe an der zukünftig anbrechenden "neuen Welt" (4Esr; syrBar). Diese temporale "Vorwärtsorientierung" wird in der "hellenistischen" Eschatologie abgelöst durch ein räumlich orientiertes Denken[24], das die Heilsvollendung ewiger Herrlichkeit im Himmel, "oben", täglich bereitstehen sieht. Was am Ende der Schöpfung eintritt als der "eine Äon" universaler Zukunftsperspektive (slHen 65,8), realisiert sich für den Menschen an dem je eigenen Zeitpunkt seines Todes (slHen 58,5f; 61,2)[25].

Aufgrund der Orientierung "hellenistischer" Eschatologie am individuellen Todesgeschick des Menschen als Übergang in die "obere" Welt läßt es sich verständlich machen, warum in ein und derselben Henochtradition eine Aussage über die kosmische Neuschöpfung fehlt. Die auf der horizontalen Ebene "apokalyptischer Eschatologie" liegende Abfolge von "alter" Schöpfung und "neuer Schöpfung" wird in der "hellenistischen" Eschatologie verändert durch die Konzeption der "einen Welt", die sich durch Gottes Schöpfung in eine "untere" und "obere" Wirklichkeit aufspaltet.

7.3 Zur Neuschöpfungsterminologie in den Büchern der LXX

Als Übertragung des hebräischen AT ins Griechische besitzt die LXX für die theologische Sprachbildung des hell. Diasporajudentums wegweisende Bedeutung. An ihren Schriften interessiert hier, welche griech. Übersetzung sie parallel zu den Erneuerungsaussagen des MT wählt, und ob sie in ihren über den hebräischen Kanon hinausgehenden zusätzlichen Büchern weitere Erneuerungsaussagen kennt.

---

23 Walter, "Hellenistische Eschatologie" 335.

24 Vgl. Collins, Genre 537, zur Eschatologie des slHen.

25 Walter,"Hellenistische Eschatologie" im Neuen Testament 341, schlägt vor, hellenistische Eschatologie als eine "'Oben/Unten-Eschatologie', als 'vertikale' Eschatologie" und demgegenüber die apokalyptische Eschatologie als "'Jetzt/Dann-Eschatologie'", als "'temporal-futurische Eschatologie'", zu bezeichnen.

7.3.1 Die Wiedergabe von Texten des MT-Kanons

Die Aussagen der hebräischen Bibel, die von einem neuen Schaffen Gottes im eschatologischen Sinne sprechen, finden sich in der LXX regelmäßig unter Verwendung einer grammatischen Form von καινός wieder. Dieses Lexem erhält gegenüber dem im klassischen Griechisch gleichermaßen gebräuchlichen νέος [1] in der LXX den Vorzug: "Offensichtlich waren sich die Übersetzer ... der Tatsache bewußt, daß das Element des 'Beachtenswerten', ..., in καινός eine positivere Wertung findet als in den pejorativen Nuancen von νέος "[2]. Einige Beispiele mögen dies illustrieren: Ist im hebräischen AT die Rede von der individuellen Erneuerung des Menschen, so findet dies in der grammatischen Form des Verbalsatzes seinen Ausdruck. Dieser ist entweder mit dem Verb חדש Pi. (vgl. Ps 51,12) oder mit dem Adjektiv חדש konstruiert, das attributiv mit einem Objekt verbunden erscheint (Ez 11,19[3]; 18,31; 36,26)[4]. Die Verheißung des Propheten Ezechiel versteht die LXX synonym zum MT als eschatologische Gabe eines καρδίαν καινὴν (ἑτέραν) καὶ πνεῦμα καινόν . Die Bitte des Psalmbeters, daß Jahwe[5] in seiner Brust einen רוח נכון

---

1 Belege s. Behm, Art. καινός ThWNT III 450.

2 North, Art. חדש ThWAT II Sp.779; vgl. Behm, a.a.O. 450.

3 Die LXX-Version von Ez 11,19: δώσω αὐτοῖς καρδίαν ἑτέραν καὶ πνεῦμα καινόν (Minuskel 26 : στερέαν = "beständig", vgl. Ex 36,26) und das schwierigere Verständnis des MT: לב אחד ("ein einziges Herz"; vgl. Aquila, Symmachos, Theodotion: μίαν) haben Anlaß zu textkritischen Erwägungen gegeben, die auf eine Konjektur des MT von 11,19 in לב חדש hinauslaufen (Zimmerli, Ez 1, 201; vgl. die koptische Übersetzung). Der Grund liegt in der einheitlichen Überlieferung der Parallelen von 11,19 in Ez 18,31; 36,26 (MT: לב חדש ; LXX: καρδίαν καινήν). So wäre es denkbar, daß eine "verstümmelte Schreibung חד zu אחד ergänzt worden sein könnte" (Zimmerli, a.a.O. 201). Bei dieser Vermutung ist jedoch zu beachten, daß die Lesart der LXX von Ez 11,19 mit καρδίαν ἑτέραν keine Übersetzungsbesonderheit zeigt: mit dem Adjektiv ἕτερος ist die qualitative Veränderung des "neuen Herzens" im menschlichen Innern ausgesagt. Setzt man für die LXX-Lesart אחר voraus (vgl. Hatch/Redpath, Concordance I 560ff), so wäre ihr Zustandekommen als Lesefehler des hebräischen Textes (statt ד ein ר) erklärt. Jedoch ist auch die Möglichkeit wahrscheinlich, daß LXX אחר gelesen hat (vgl. in der LXX bes. Jer 39,39; aber auch Gen 42,13; Ri 9,37; Sach 11,7; Jer 24,2; Ez 17,7; 34,23; Dan 8,13 mit dem MT). Ja, sogar חדש ist einmal (Ex 1,8) von der LXX mit ἕτερος wiedergegeben.

4 Vgl. auch Dtjes 41,15: הנה שמתיך למורג חדש בעל פיפיות , LXX: ἰδοὺ ἐποίησά σε ὡς τροχοὺς ἁμάξης ἀλοῶντας καινοὺς πριστηροειδεῖς.

5 Ps 51 ist Bestandteil des "elohistischen Psalters" (Pss 42-84), der in konsequenter Überlieferung den Gottesnamen Jahwe tilgt.

erneuern möge (Ps 51,12b) wird in der LXX (Ps 50,12) mit dem Komposition ἐγκαινίζω [6] (vgl. Thr 5,21, wo חדש Pi. mit ἀνακαινίζω wiedergegeben wird)[7] adäquat übersetzt. Für die im ersten Teil des Parallelismus membrorum von Ps 51,12 ausgesprochene Bitte, Gott möge ein לב טהור schaffen - im MT mit dem Verb ברא, das am prägnantesten Gottes souveränes Schöpfungshandeln zum Ausdruck bringt[8], verbunden - verwendet die LXX κτίζω. Dieses Verb wurde erst im Laufe des Übersetzungsvorganges der hebräischen Schriften ins Griechische festes Äquivalent zu ברא[9] (vgl. Jer 31 [38],22; anders jedoch TrJes 65,17). Κτίζω und ἐγκαινίζω interpretieren sich in dem synonymen Parallelismus von Ps 50,12 gegenseitig: Gottes schöpferisches Handeln als Eingriff in das menschliche Personzentrum ist gegenwärtige Erneuerung des Menschen.

Die **kosmologische Heilsansage** der Schöpfung eines "neuen Himmels und einer neuen Erde" (TrJes 65,17; 66,22) überträgt die LXX sinngemäß. Sie setzt jedoch bei der prophetischen Ankündigung des wunderbaren "Neuschaffens" Gottes (TrJes 65,17: בורא) den Akzent auf das Schöpfungs**werk** der neuen Welt: **ἔσται** γὰρ ὁ οὐρανὸς καινὸς καὶ ἡ γῆ καινή.

In dem Fall, daß חדש als Neutrum im Fem. plur. (Dtjes 42,9; 48,6) oder als Abstraktum im Fem. sing.[10] (Dtjes 43,19; Jer 31,22) das Objekt des Satzes bildet, verwendet die LXX entsprechend einer getreuen Wiedergabe καινά bzw. τὰ καινά. Die prophetische Ankündigung von zukünftig Neuem, das in der Gegenwart noch verborgen ist (Dtjes 48,6: נצרות, wörtlich: "Aufbewahrtes"), wird von der LXX ontologisch auf eintreffende Zukunftsereignisse ausgelegt, wie die Übertragung zeigt: ἀλλὰ καὶ ἀκουστά σοι ἐποίησα τὰ καινὰ ἀπὸ τοῦ νῦν, ἃ μέλλει γίνεσθαι, καὶ οὐκ εἶπας. Von der prophetisch gedeuteten Gegenwart (so MT) richtet sich in der LXX der Blick auf die werdende Zukunft (wörtlich: "das, was im Begriffe steht zu werden").

---

6 Ἐγκαινίζω außerhalb der LXX selten, vgl. Belegstellen bei Behm, a.a.O. 455.

7 Die letzte hoffnungsvolle Bitte des Buches "Klagelieder" um Erneuerung "der Tage wie ehemals" zielt auf eine Anknüpfung an die vor dem Exil als Gerichtserfahrung liegende Heilszeit in Palästina. Das griech. Verb ἀνακαινίζω gibt treffend den Wunsch nach "**Heraufführung**" der 'guten alten Zeit' wieder.

8 Weil Gott stets Subjekt zu ברא ist, bleibt das göttliche Schaffen konsequent "jeder Analogie entzogen und damit jeder Vorstellbarkeit enthoben" (Schmidt, Art. ברא THAT 1, Sp. 338).

9 Foerster, Art. κτίζω ThWNT III 1026.

10 S. Gesenius, Grammatik § 122 q.

Die LXX-Wiedergabe von der Jer 31,22 ist eine Paraphrase einer hebräischen Vorlage[11], von der nur V.22a als Vorlage sicher rekonstruierbar scheint[12] (V.22b wahrscheinlich: נקבה תסובב גבר): ὅτι ἔκτισε κύριος σωτηρίαν εἰς καταφύτευσιν καινήν, ἐν ᾗ σωτηρίᾳ περιελευσόνται ἄνθρωποι ; "denn der Herr schafft[13] Heil zu einer neuen Pflanzung; in dem Heil werden Menschen wandeln" (Jer 38,21). Das "Neue", das Jahwe schafft, ist eschatologisches Heil.

Zusammenfassend läßt sich sagen, daß die LXX kongruent dem MT die Erneuerungsaussagen der hebräischen Schrift wiedergibt. Die Übersetzung mit Derivaten von καινός / καινίζω hebt das eschatologische totaliter-aliter des Neuen markant hervor. An zwei Übertragungen (Jes 48,6; 65,17) läßt sich eine Tendenz zur ontologischen Interpretation der prophetischen Ankündigung ablesen: die Erfahrung, daß prophetische (Un-)Heilsworte eingetroffen sind, läßt die LXX die verheißene "neue Welt" als sicher eintreffendes Zukunftsereignis vertreten[14].

7.3.2 Die Weisheit als nomistisches Erneuerungsprinzip der Welt

In den über die hebräische Sammlung "heiliger Schriften" hinaus vorhandenen deuterokanonischen Bücher der LXX gibt es **keine** Belegstelle, die von einer **eschatologischen** Neuschöpfung oder Erneuerung spricht. Auch die dekla-

---

11 Dazu Nestle, Miscellen 221.

12 Ziegler, Beiträge 97, Anm. 1, billigt einen LXX-Text, wonach σωτηρίαν aus στεῖραν (עקרה statt נקבה) verschrieben und σωτηρίᾳ im Relativsatz zu streichen sei. Dieser Lösungsvorschlag ("der Herr schuf die Unfruchtbare zu einer neuen Pflanzung") muß eine Wortumstellung im MT von נקבה unmittelbar hinter יהוה vornehmen. Einleuchtender scheint da Nestle, a.a.O., zu argumentieren, daß σωτηρίαν mit καινήν zusammen Übersetzung von חדשה und εἰς καταφύτευσιν solche von בארץ sei. Und weiter wäre zu überlegen, ob περιέρχεσθαι nicht den Po. Impf. von סבב wiedergebe (s. Hatch/Redpath, Concordance II 1123), der plur. deshalb zustandekommt, weil ἄνθρωποι גבר (Mann als Geschlechtswesen) und נקבה (Frau als Geschlechtswesen) zusammenfaßt.

13 Falsch ist die perfektische Übersetzung des Aor. mit "geschaffen hat" (Schneider, ΚΑΙΝΗ ΚΤΙΣΙΣ 56). Der Aorist gibt den punktuellen Zeitaspekt wieder (vgl. Blaß/Debrunner, Grammatik § 320).

14 Schneider, ΚΑΙΝΗ ΚΤΙΣΙΣ 56f, meint bei der LXX im Vergleich mit dem MT ein Zurücktreten der "Idee der Neuschöpfung" zugunsten einer Interpretation der Erneuerung als Umgestaltung festzustellen. Diese am realistischen Verständnis der Neuschöpfungsaussage orientierte Beobachtung einer Differenz MT-LXX wird von den biblischen Neuschöpfungstexten nicht gedeckt, da diese immer ein totaliter-aliter des "Neuen" gegen-

ratorische Aussage in Weish 7,27 (2.-1. Jh.v.Chr.)[15], daß die göttliche Weisheit erneuernde Kraft besitzt, läßt sich vom Kontext her nur uneschatologisch auf die innerweltliche Wirkung der personifizierten Weisheit als göttliche Inspiration des Gerechten interpretieren.

Weish 7,27, Teil eines Preisliedes auf die Weisheit (7,22-8,1), lautet:

a "Sie ist eines und vermag doch alles,
a' sie beharrt in sich selbst und erneuert doch das[16] All (τὰ πάντα καινίζει)[17].
b Und in jedem Geschlecht siedelt sie in fromme Seelen über[18],
b' Gottesfreunde[19] und Propheten rüstet sie zu."

In diesem zweiteiligen (a + a'; b + b'), vom synonymen Parallelismus membrorum gekennzeichneten Vers wird mystisches Gedankengut verwendet, und zwar der Gedanke der gleichzeitigen Identität der personifizierten Weisheit mit sich selbst und ihrer Dissoziation in verschiedene gerechte Menschen[20] zu je unterschiedlicher Zeit[21]. Bei der Interpretation darf man nicht der Gefahr erliegen, den Anspruch einer alle Wirklichkeit durchdringenden göttlichen Weisheit auf die eschatologische Neuwerdung des Menschen zu beziehen. Mystik zielt auf die jederzeit mögliche Vereinigung von Mensch und Gott-

---

über dem "Alten" oder "Früheren" betonen.

15 Die Entstehung dieser mit hell. Philosophie durchtränkten griech. Schrift aus dem hell. Judentum Ägyptens wird von Georgi, Einleitung JSHRZ III,4 395ff, am Ende des 2.Jh.'s v.Chr. vermutet; vgl. Rüger, Art. Apokryphen TRE 3, 305: 1.Jh.v.Chr.

16 Die Codices Alexandrinus und Venetus lassen τά aus, vgl. aber Weish 1,7.

17 Vgl. Ps 101,26-28 LXX, wo die Aussage von 'Einheit und Vermögen' auf Gott als Schöpfer bezogen ist, sowie Ps 103,30 LXX, wo im Lob die "schlechthinnige Abhängigkeit" der Schöpfung von ihrem Schöpfer als dauerndes erneuerndes Schaffen durch den Schöpfer besungen wird. Dazu zu vergleichen sind die Isis-Aretalogien: Isis, obgleich in der verschiedensten Weise tätig, ist doch eine (Kyrene 6). Nichts geschieht ohne Isis (Kyrene 15); vgl. Winston, Weish 187.

18 Μεταβαίνω ist Terminus technicus für die pythagoreische Seelenwanderungslehre (Doxographi Graeci 590, Z.12).

19 Vgl. Weish 7,14; obwohl man den Terminus "Freunde" in der LXX nicht findet, ist das Motiv der "Gottesfreundschaft" doch weit verbreitet, vgl. nur Ex 32,11 LXX; 2Chr 20,7; Dtjes 41,8; auch Jub 30,20f; weitere Stellen bei Winston, Weish 188f.

20 Die Gleichstellung von "Gottesfreunden" und "Propheten" in Hinsicht auf die Kraft der Weisheit könnte der theologische Versuch sein, Weisheit und Prophetie, 'Jahweglauben als Schöpfungssetzung' und 'Jahweglauben als Geschichtshandeln' unter das gemeinsame Dach der dissoziierenden personifizierten Weisheit zu bringen.

21 Vgl. traditionsgeschichtlich die Vorstellung von der Geistbegabung der Propheten Jes 48,16; 59,21; 63,11-14.

heit. Die göttliche Weisheit ist ein die Welt belebendes weltimmanentes nomistisches Prinzip. Die Menschen, die sich ihr öffnen (7,28: συνοικοῦντα), gewinnen an ihrer göttlichen Herrlichkeit Anteil.

Inwiefern der mystischen Weisheitsliteratur eschatologisches Denken fremd ist, läßt sich an dem Vergleich von Weish 11,1-12 mit LibAnt 32 zeigen. Beide Texte behandeln das Thema des göttlichen, die Schöpfungsordnung wunderhaft sprengenden Eingreifens zugunsten der Bewahrung Israels. Während LibAnt 32,17 die Erwartung einer endzeitlichen, wunderhaften Erneuerung der Schöpfung kennt, fehlt diese in Weish. Einzig die Wunder beim Exodus Israels durchs Schilfsmeer werden an anderer Stelle in Weish als "Neugestaltung" der Schöpfung bezeichnet (19,6: ἄνωθεν διετυποῦντο)[22]. Ziel der Belehrung der Weish über das Verhalten Gottes zu den Gerechten in Israels Vergangenheit ist es, beim Hörer Einstimmung in das heilvolle Tun der Weisheit zu erreichen, die auch sein (bedrängtes) Leben in der Gegenwart mit Heil ausrüsten kann (vgl. Weish 9).

Die besondere Eschatologie der Schrift Weish bleibt individuell auf das Unsterblichkeitssein (3,4) ausgerichtet[23]. Es handelt sich dabei nicht um eine Hoffnung auf Unsterblichkeit, sondern um die Aussage, daß "die Hoffnung **selbst** voller Unsterblichkeit (ist), das heißt, die Unsterblichkeit ist ebenso wie die Hoffnung Gegenwartsgut"[24].

7.4 Der Erneuerungsgedanke im ethischen Universalismus des jüdischen Religionsphilosophen Philo von Alexandria

Der jüd. Religionsphilosoph Philo von Alexandria (ca. 25/20 v.Chr. - 42/45 n. Chr.)[1] nimmt innerhalb des hell. Judentums aufgrund seiner herausragenden Kenntnis griech. Bildung und seiner Adaption griech. (Plato) und hell. (Stoa

---

22 Vgl. auch Weish 11,18, Gott hätte den Ägyptern zur Strafe auch "neugeschaffene (νεοκτίστους), unbekannte Tiere voller Wildheit" schicken können, oder 19,11, wo das Wunder der Wachteln (Ex 16,13) als νέα γένεσις ὀρνέων , "eine neue Art von Vögeln" bezeichnet wird.

23 Zum Problem der Auferstehungshoffnung in Weish vgl. Romaniuk, Eschatologie 200-204; weitere Literatur s. bei Fischer, Eschatologie 9, Anm. 28.

24 Erläutert Georgi, Weish JSHRZ III,4 z.St.

1 Sandmel, Philo 4f.

u.a.) Philosophie eine eigenwillige Stellung ein. Als philosophischer Denker versucht er, auf dem Boden jüd. Offenbarungstradition stehend, eine Versöhnung des jüd. Glaubens mit der griech. Philosophie seiner Zeit. Seine Philosophie trägt einen universalistischen Grundzug: es geht ihm um die Verehrung des wahren Gottes und um die Erkenntnis wahrer Frömmigkeit und Tugend. In der Überlieferung der jüd. Religion erkennt er die geistigen und sittlichen Grundlagen der wahren Philosophie/Religion (vgl. VitMos II 44; Imm 36, 176). Seine Hauptaufgabe sieht er entsprechend darin, den Pentateuch[2] auf allegorische Weise zu interpretieren, um die Wahrheit des jüd. Glaubens für hell. Vernunft, sei sie jüd. oder heidnischer Provenienz, apologetisch herauszustellen. An Philos Schriften ist hier zu untersuchen, in welcher Weise in seiner Philosophie Erneuerungssprache verwendet wird.

Ziel von Philos philosophischer Bemühung ist es, den Menschen auf den "königlichen Weg"[3] zu geleiten, damit er von der mit Gottlosigkeit gleichgesetzten Unwissenheit über Erkenntnis und Tugendhaftigkeit zur fortschreitenden Vollendung und Vollkommenheit als "himmlischer Mensch"[4] schon im Diesseits gelange. Entsprechend diesem Vollkommenheitsideal gilt in Philos Tugendlehre diejenige "Menschenklasse" als göttlich und neu (καινόϛ), die, im höchsten Stadium des Tugendfortschrittes sich befindend, als τὸ αὐτομαθὲς γένος diesen Prozeß aus sich selbst heraus einzuleiten in der Lage ist (Fug 168).

Philos Überzeugung von "der **ökumenischen Sendung** des jüdischen Volkes"[5], seine Meinung, daß der jüd. Glaube an den einen Gott und der Gehorsam gegen das jüd. Gesetz als die rechte Ethik in ferner Zukunft universale Verbreitung und Anerkennung unter allen Menschen finden wird (VitMos II 44), streitet grundsätzlich gegen eschatologisches Denken[6]. Der Glaube "an den allmählichen geistigen Sieg des Judentums in der Welt"[7] deutet die nationalen Heilserwartungen des jüd. Volkes "als Bilder für das durch moralische Besserung und Rückkehr zur Tugendhaftigkeit zu erlangende universale Heil des Individuums"[8].

---

2 Zum Inhalt der Hauptwerke Philos vgl. Hegermann, Judentum 327ff; Sandmel, a.a.O. 6ff.

3 Vgl. den Titel "Η ΒΑΣΙΛΙΚΗ ΟΔΟΣ ". Der Königsweg zu Wiedergeburt und Vergottung bei Philon von Alexandreia" von Pascher, das den philonischen Weg der Vervollkommnung im Kontext des Mysteriendenkens nachzeichnet.

4 Colpe, Art. Philo, RGG[3] V, Sp.344.

5 Hegermann, Judentum 339.

6 Vgl. Volz, Eschatologie 60; dazu Fischer, Eschatologie 184ff.

7 Volz, a.a.O. 59.

8 Fischer, Eschatologie 210, zum Verständnis von Praem 93-97; 162-172.

Der Erneuerungsgedanke wird von Philo im Rahmen einer dualistischen Anthropologie individuell-psychologisch auf die nie alternde Seele ausgelegt (Agr 171; VitMos II 140): verdankt sie ihre moralische Besserung Gott und nicht sich selbst, so verjüngt sie sich ständig in der Übung der Tugend, verstanden als Übereinstimmung von Werk, Wort und Wille des Menschen. Die Erfüllung des Strebens der menschlichen Seele nach einem Aufstieg zu Gott wird sich nach Philos Vorstellung erst postmortal realisieren lassen. Die Seele wird erhöht zu einem ewigen Leben bei Gott[9]. Mit dem Tod trennt sie sich vom menschlichen Körper und wird zu einem körperlosen Leben wiedergeboren (Cher 114: παλιγγενεσία).

Auch der Übertritt des Proselyten zu τὴν ἀμείνω τάξιν , dem Judentum, selbst wenn die einzelnen Konvertiten κρείττους γεγονότος geworden sind, wird von Philo **nicht** als individuelle Neuschöpfung gewertet (SpecLeg I 51). Allerdings ist Philo "davon fest überzeugt, daß der Übertritt zum Judentum eine völlige Verwandlung der Proselyten zeitigt"[10]. In seiner Erörterung über die Metanoia des Proselyten (Virt 179-182) erläutert er die Umkehr als Bruch mit dem früheren, moralisch verwerflichen Zustand der Anbetung von Göttern (vgl. 1Thess 1,9), der Verehrung der geschaffenen Dinge (vgl. Röm 1,25), hin zur wahren Erkenntnis des einen Gottes, des Schöpfers und Vaters des Alls (Virt 179). Mit dem Wechsel des Glaubens ist der Anschluß an eine neue, allein (einen) Gott verehrende Gemeinschaft (SpecLeg I 51 : καινῇ καὶ φιλοθέῳ πολιτείᾳ) verbunden. Die Annahme einer neuen Erkenntnis intendiert den Vorgang eines umfassenden Seinswandels, der sich mit dem Sehendwerden eines Blinden vergleichen läßt (Virt 179). Daß dem rechten Glauben die rechte Ethik folgt, die Bekehrung auch eine totale Wandlung des sittlichen Verhaltens notwendigerweise nach sich zieht, erläutert Philo schließlich mit dem Vergleich, daß in der Sonne einem Körper immer ein Schatten zugehört (Virt 181).

Παλιγγενεσία heißt bei Philo schließlich auch die auf der ἐκπύρωσις -Vorstellung der Stoa beruhende Lehre von der ewig sich fortsetzenden periodischen Welterneuerung[11], deren erkenntnistheoretische Grundlagen er in einer eigenen Schrift über das Problem der Unvergänglichkeit der Welt (Aet) zu widerlegen scheint. Doch ist von der Schrift vermutlich nur der erste Teil

---

9 Vgl. Volz, Eschatologie 268, dort auch Belegstellen.

10 Hegermann, Judentum 339.

11 Aet 9, 47, 76, 85 (2x), 93, 99, 103, 107; vgl. auch Aet 8: ἀναγένεσις κόσμου.

erhalten, so daß die Meinung, Philo vertrete die Lehre von der Ewigkeit der Welt, aus dieser Schrift nicht zu begründen ist[12]. Grundsätzlich läßt sich sagen, daß für Philos theoretisch-philosophische Erwägungen zur Kosmologie eine gewisse Widersprüchlichkeit kennzeichnend ist: einerseits folgert er aus der Entstehung der Welt ihre Endlichkeit (Op 7; Conf 114; Som II 283), andererseits hält er die Welt durch den Willen des Schöpfers für unvergänglich (Dek 58; Her 246). Immer jedoch sind Philos Äußerungen über das Ende der Welt weder von eschatologischer Art, noch wird in ihnen von Gottes Neuschöpfungshandeln gesprochen.

Somit ist das Ergebnis hinsichtlich der individuellen und kosmischen Erneuerungsaussagen bei Philo eindeutig: "Der Begriff einer καινὴ κτίσις ist ihm ... fremd"[13]. Sein ethischer Universalismus läßt eschatologischem Denken keinen Raum.

7.5 Zum paganen Sprachgebrauch von "neuer Schöpfung"

Mit seiner Biographie läßt sich begründen, daß der Palästina-Jude Josephus (37/38 - ca. 100 n.Chr.), der von priesterlichen Abstammung und mit dem hasmonäischem Geschlecht verwandt war, sich selbst aber zur Gruppe der Pharisäer zählte, unter das hell. Judentum zu rechnen ist. Als priesterlicher Diplomat im Auftrag Jerusalems in Galiläa gegen nationalorientierte Juden tätig und dadurch in den zelotischen Aufstand der Juden zu Beginn des jüd.-röm. Krieges (66-70 n.Chr.) verwickelt, gelangt Josephus, nachdem er von dem röm. Feldherrn Vespasian in der Festung Jotapata gefangengenommen (69

---

12 Gegen Schneider, ΚΑΙΝΗ ΚΤΙΣΙΣ 93, und Stuhlmacher, Erwägungen 17. Vgl. Bormann, Einleitung 71ff, der die Ansicht von Leisegang und Colson wiedergibt, daß Philo im zweiten, nicht erhalten gebliebenen Teil der Schrift die Argumente für die Ewigkeit der Welt widerlegt hat; anders Weiß, Untersuchungen 24f.

13 Stuhlmacher, Erwägungen 17. An diesem Ergebnis ändert auch der nachträgliche Versuch Stuhlmachers (a.a.O. 17) nichts, die "Sache" (?) der "neuen Schöpfung" bei Philo über das Vorkommen des Begriffes δευτέρα γένεσις einzutragen. Moses "Berufung" am Sinai (Ex 24,16b) wird in Quaest in Ex 46 nur seiner früheren Berufung Ex 3 kontrastiert; Noah bzw. seine Familie sind als einzige Überlebende der Sintflut einer historisierenden Exegese παλιγγενεσίας ... ἡγεμόνες καὶ δευτέρας ἀρχηγέται περιόδου (VitMos II 65; vgl. 60).

n.Chr.) und anschließend freigelassen wird, an den flavianischen Kaiserhof in Rom. Dort bleibt er wahrscheinlich bis zu seinem Tod als Schriftsteller tätig. Seine von politischen Interessenlagen abhängige Existenz als Literat läßt ihn in seinen historisch orientierten Werken als "Tendenzschriftsteller" erscheinen, dessen Aussagen eine kritische Sichtung erfordern: sei es, daß Josephus als röm. Propagandist im "Bellum Judaicum", als jüd. Apologet in den "Antiquitates", als Verteidiger des Judentums und besonders eigenen literarischen Ruhms in "Contra Apionem" oder als Anhänger des Christentums im sog. "Testimonium Flavianum" auftritt[1].

Wirft man einen Blick in das seit ihrem Abschluß (1983) wichtige Hilfsmittel zur Josephus-Forschung, die von Karl Heinrich Rengstorf herausgegebene Konkordanz zu Josephus' Schriften, so zeigt sich, daß Erneuerungsterminologie im josephinischen Schrifttum relativ häufig erscheint[2]. Es ist sogar an einer Stelle (Ant 18,373) die Wendung καιναὶ κτίσεις überliefert. Die Frage stellt sich, mit welchem Sinn?

Sucht man den Kontext der Stelle auf, so gelangt man zu einer der wenigen Überlieferungen zur Geschichte der jüd. Diaspora im Partherreich[3]. Am Schluß des 18. Buches der "Altertümer" berichtet Josephus von der Situation der Juden in den Städten Nehardea und Nisibis[4] und von einem schweren Pogrom unter den Juden in Seleukia am Tigris (Ant 18,310). Diese Verfolgung kommt zustande, nachdem unter dem Partherkönig Artabanus III (12-41 n.Chr.) die kriegerische Schutzmacht der überwiegend von Juden bewohnten Städte Nehardea und Nisibis beseitigt wurde (35 oder 36 n.Chr.). Unter der Führung des jüd. Brüderpaares Anilaeus und Asinaeus waren diese Städte in dem in einzelne Satrapien aufgeteilten Partherreich für eine bestimmte Zeit (ca. 15 Jahre) zu politischer und militärischer Autonomie gelangt. Nach deren Zerfall jedoch bekommen die Juden der Städte die Rache der Babylonier zu

---

1 Vgl. Laqueur, Historiker 70ff.

2 Während ἐγκαινίζω bei Josephus nicht vorkommt, meint ἀνακαινίζω z.B. den Wiederaufbau einer Stadt (Ant 10,224) oder des Tempels (Ant 9,161; 11,107; 13,57); καινίζω z.B. gebraucht Josephus in bezug auf Gesetzesänderungen (Ant 4,292; 12,126), oder er spricht von der Stadterneuerung (Ant 13,41); καινός z.B. bedeutet "noch unbekannt", "noch ungebraucht" (Bell 1,15) oder "noch nicht berichtet" (Ant 14,104), meint "was mit der Tradition nicht übereinstimmt" (Bell 7,410), kann aber auch den Umsturz der bestehenden Ordnung bedeuten (Ant 15,178).

3 Dubnow, Weltgeschichte II 503, nimmt an, daß die Schilderung des Josephus im wesentlichen auf geschichtlicher Wahrheit beruhe.

4 Nehardea ist am Euphrat gelegen, an der Stelle, wo er mit dem Fluß Malka zusammenfließt; Nisibis liegt in der Landschaft Mygdonia am oberen Lauf des Chaboras, einem Zulauf des Euphrat.

spüren und wandern deshalb nach Seleukia im Süden aus. Durch die Zuwanderung der Juden verschiebt sich aber dort die Bevölkerungsbalance zwischen Griechen, Syrern und Juden, und es kommt zu einer schweren Verfolgung der Juden. Diese fliehen, sofern sie überleben, aus Seleukia nach Ktesiphon, der Hauptstadt des Partherreiches.

Der in diesem Zusammenhang näher interessierende Abschnitt schildert eine erneute Auswanderungswelle der Juden aus den Städten Nehardea und Nisibis nach Seleukia. In dem schlecht überlieferten 18. Kap. der "Altertümer" nimmt es nicht wunder, daß die zur Verfügung stehenden Josephus-Ausgaben an dieser Stelle im Text divergieren: Gegenüber der Editio major von Niese[5] läßt seine Editio minor[6] den Textteil καὶ καιναὶ κτίσεις ἐκ τῆς πόλεως aus. Eine Mittelstellung nimmt die Ausgabe von Naber ein, insofern sie den umstrittenen Textteil in eckige Klammern setzt[7] und damit die Zugehörigkeit zum ursprünglichen Text in Frage stellt. Da die bei Naber verzeichnete Textänderung bzw. Konjektur nicht befriedigt[8], ist zu prüfen, ob die längere Textfassung im Sinnzusammenhang des Textes verständlich oder mit einer sekundären Hinzufügung zu rechnen ist.

Ant 18,373 lautet nach der Editio major von Niese[9]:

"..., im sechsten Jahr aber entstand inmitten unter ihnen (sc. den Juden) in Babylon eine Seuche [und sowohl neue Gründungen (καιναὶ κτίσεις)[10] (entstanden?[11]) gesondert von der Stadt[12]] als auch/und durch sie (sc. die Seuche) fand[13] ein Weggang[14] nach Seleukia statt, ..."

---

5 Vol. IV 208.

6 326.

7 Vol IV 205.

8 Die Adnotatio Critica von Naber (Vol. IV, XXV) nennt die von Gutschmid nach dem Cod. A der Ambrosianischen Bibliothek für κτίσεις vorgeschlagene Textänderung κτήσεις = "Erwerbung, Besitzung" (vgl. Lidell/ Scott, Lexicon 1002) und die von Hudson vorgeschlagene Lesart μετοικήσεις= "Siedlung" (vgl. Lidell/Scott, Lexicon 1121). Sie stellen beide eine sprachliche Erleichterung zu κτίσεις dar, die nicht das eigentliche Verständnisproblem des Textteiles lösen.

9 Umstrittener Textteil in eckigen Klammern.

10 Im Sinne von "Siedlungen".

11 Wiederholung des Hauptverbs γίγνομαι im plur.?

12 Genitivus seperationis, der auf die Frage "von wo (weg)?" den Ausgangspunkt des Verbalvorganges angibt, s. Blaß/Debrunner, Grammatik § 180.

13 Wiederholung des Hauptverbs ἐγένετο.

14 Im Sinne von "Auswanderung, Flucht".

Wiegt man die Gründe für oder gegen den Langtext ab, so sprechen für die Kurzfassung:

1. Durch die Erwähnung der "neuen Siedlungen" außerhalb der Stadt wirkt der Text überladen: Josephus geht es in erster Linie um die Darstellung des Pogroms an 50.000 Juden in Seleukia (Ant 18,376).
2. Zum Textverständnis ist es nötig, das Hauptverb im plur. zu ergänzen, so daß zweimal in kurzer Folge ein Hauptverb nachgetragen werden muß.
3. Die Rede von der **Stadt** Babylon (sing.!) entspricht nicht dem Kontext. Nach Josephus wohnen die Juden in Babylon in den Städten Nehardea und Nisibis (Ant 18, 311).

So ist es wahrscheinlich zu machen, daß ein Redaktor den Textteil hinzugefügt hat, um die Gründung "neuer Siedlungen" durch die babylonische Judenschaft im Geschichtsbericht des Josephus zu verankern. Josephus ist allein an dem Thema der Verfolgung der Juden aus den Städten Nehardea und Nisibis und ihrer Neuansiedlung in Seleukia interessiert, die nach einer gewissen Zeit der friedlichen Koexistenz mit der übrigen Stadtbevölkerung wieder ein Blutbad zur Folge hat. Der Redaktor lehnt sich bei seinem Zusatz an den profanen Sprachgebrauch von καινὴ κτίσις an[15]. So heißt etwa bei Philo von Alexandria in VitMos II 51 κτίσις πόλεως, "Gründung eines Staatswesens", wenn Philo den Zweck der mosaischen Gebote zu erläutern sucht[16].

Geht man nun von dieser sekundären Belegstelle der "Siedlungsneugründungen" in Ant über zu jenen anderen im josephinischen Schrifttum mit dem Verbalstamm καινίζω [17], so festigt sich die Sicht, daß bei Josephus Erneuerungsterminologie nie im Zusammenhang eschatologischer Hoffnungsaussagen gebräuchlich ist. Daß Josephus, obwohl er im Bell die Zerstörung des Tempels schwer beklagt[18], äußerste Zurückhaltung bei der Hoffnung auf einen eschatologischen Neubau des Tempels oder der Erneuerung Jerusalems zeigt[19], läßt

---

15 Vgl. Lidell/Scott, Lexicon 1003, wo auf eine Stelle bei Thucydides 6.5 hingewiesen wird; Bauer, Wörterbuch Sp.902, der auf Scymnus Chius V.89 verweist.

16 Weiß, Untersuchungen 56, weist darauf hin, daß bei Philo κτίζω Terminus technicus für die Gründung einer Stadt ist (vgl. Op 17; weitere Belege für den griech. Bereich bei Foerster Art. κτίζω ThWNT III 1024, Z.9ff; dazu Leisegang, Ewigkeit 159). Κτίστης bezeichnet dementsprechend den "Städtegründer" (Belege bei Foerster, a.a.O. 1026, Z.56ff).

17 Vgl. oben Anm. 2.

18 Z.B. Bell 6,267.

19 Josephus spricht nur die hypothetische Vorstellung einer besseren Gestalt Jerusalems an: δύναιο δ'ἂν γενέσθαι πάλιν ἀμείνων, εἴγε ποτὲ τὸν πορθήσαντα θεὸν ἐξιλάσῃ (Bell 5,19).

sich einerseits mit seiner Ablehnung nationaler messianischer Hoffnungen[20] und andererseits mit dem Hervortreten einer individuellen Jenseitserwartung begründen.

Ulrich Fischer läßt so auch bei seiner Untersuchung[21] der eschatologischen Erwartungen des Josephus erkennen, daß weder individuelle noch nationale[22] Heilshoffnungen von Neuschöpfungsterminologie durchzogen sind. Die wenigen ergiebigen Stellen[23] hinsichtlich individueller Hoffnung[24] lassen einen Jenseitsglauben erkennen, der, basierend auf einer dualistischen Leib-Seele-Anthropologie, die Unsterblichkeit der Seele propagiert.

20 Bell 6,312f und Ant 10,186-281; dazu Fischer, Eschatologie 157-183 bes. 181: "Im Bellum bringt Josephus seine Ablehnung der jüdischen Messiaserwartung zum Ausdruck, indem er die heidnische Umdeutung eines von den Zeloten aufgegriffenen messianischen Orakelspruchs übernimmt und sich zu eigen macht; in den Antiquitates zeigt sich diese Ablehnung darin, daß Josephus in seiner Darstellung des Propheten Daniel dem Leser die wesentlichen eschatologischen Heilserwartungen der Juden bewußt verschweigt".

21 Vgl. Eschatologie 144ff.

22 Kosmologische Heilsaussagen, z.B. apokalyptisch orientiert, lassen sich bei Josephus nirgends explizit nachweisen, s. Fischer, Eschatologie 157.

23 Einmal äußert sich Josephus in der Jotapatarede (Bell 3,362-382) in seinem Plädoyer gegen den Selbstmord über das postmortale Geschick des Menschen. Sodann sind jene Ausführungen Josephus' hinzuzuziehen, in denen er die Eschatologie der jüd. Gruppen (der "Essener", Bell 2,154-158; der "Zeloten", Bell 7,341ff; der "Pharisäer" und "Sadduzäer", Bell 2,163.165; vgl. dazu die Aussagen des Römers Titus, Bell 6,34ff, bes. 47f) anspricht, sein Referat jedoch die unterschiedlichen Lehrmeinungen mit griech. Terminologie als Streit zwischen "Philosophenschulen" über die Heimarmene und die platonische Unsterblichkeitslehre verzeichnet: Fischer erwägt, ob nicht die bei Josephus festzustellende Akkomodation an sein Publikum und seinen Auftraggeber "zugleich auch eine gewisse Überzeugung von der Richtigkeit jener angenommenen Vorstellungen oder Lehren" von Josephus selbst beinhalten kann (Eschatologie 147).

24 Bell 3,362-382, bes. 372.374f.

7.6 Die Proselytenkonversion als Vorgang individueller Erlösung zur eschatologischen Heilsexistenz

Die in griech. Sprache[1] abgefaßte Schrift "Joseph und Aseneth" (JosAs)[2] ist ein in der hell. Diaspora, vermutlich in Ägypten[3], im 1.Jh.v.Chr. oder 1.Jh.n.Chr.[4] entstandener haggadischer Midrasch. Er arbeitet die Notizen der Josephsnovelle in Gen 41,45.50-52; 46,20, die von einer Heirat von Joseph, dem Großwesir im Dienste Pharaos, mit der Priesterfürstentochter Aseneth aus Heliopolis berichten, zu einer Liebesgeschichte mit "happy end" aus (Teil 1: Kap. 1-21). Daran schließt sich unmittelbar eine Abenteuergeschichte um die durch die Heirat zu Macht und Einfluß gekommene Aseneth an, indem von ihrem glücklichen Überleben eines gegen ihren Mann gerichteten blutigen Um-

1 Zur LXX-abhängigen, biblizistischen Redeweise in JosAs vgl. Burchard, Einleitung JSHRZ II,4 595-594; ders., Asenethroman 550.

2 Für die Exegese wurde die von Burchard angefertigte griech. Edition eines vorläufigen Textes von JosAs in den Dielheimer Blätter 14, S. 2-53, samt den Verbesserungen in DBAT 16,37-39, sowie seine Übersetzung in JSHRZ II,4 631ff, benutzt. Damit wird Burchards Sicht der Textgeschichte zu JosAs gefolgt (vgl. ders., Untersuchungen 45-49, und JSHRZ II,4 583-589) und seine Zählweise übernommen (vgl. JSHRZ II,4 618f). Bis zur Ausgabe einer von Burchard angekündigten Editio minor muß eine Auslegung von JosAs hinsichtlich des Neuschöpfungsgedankens aufgrund der noch unsicheren Textbasis den Charakter einer Zwischenbilanz tragen. Nähere Untersuchungen zur Eschatologie von JosAs liegen vor von Brandenburger, Auferstehung 16-33, und Fischer, Eschatologie 106-123, jedoch hat die Schrift erst in jüngster Zeit an Bedeutung für die religionsgeschichtliche Fragestellung ntl. Exegese gewonnen, sodaß die hier gemachten Versuche Neuland betreten.

3 Ein Hinweis auf das Entstehungsland ist der Name der Hauptperson Aseneth, eine Ägypterin, Tochter des Priesters Pentephres von Heliopolis, der theophoren Charakter besitzt und an die ägyptische Götting Neith erinnert; zur sprachlichen Ableitung s. Sänger, Bekehrung 13ff.

4 So Burchard, Einleitung JSHRZ II,4 614. Jüngst hat Sänger in seinem Aufsatz "Erwägungen zur historischen Einordnung und zur Datierung von 'Joseph und Aseneth'" plausibel zu machen versucht, daß "eine Datierung (für JosAs U.M.) etwa um das Jahr 38 n.Chr. oder schon etwas früher" anzunehmen sei (104). Ist Sängers Ansatz, antike Literatur als Reflex zeitgenössischer Problemstellungen, besonders JosAs als Schrift, "in der Adressatenprobleme ... prototypisch verobjektiviert" (96) wurden, zu verstehen, begrüßenswert, so stimmt es methodisch bedenklich, wenn Sänger versucht, aus dem in JosAs 21,1ff geschilderten Konflikt um die politische Macht in Ägypten zwischen Juden und einer Proselytin einerseits und Juden und (einem) Heiden andererseits als eine Anspielung auf die Zeit vor bzw. während des alexandrinischen Programs unter dem römischen Präfekten Flaccus zu beziehen. Der einzige Ver-

sturzversuches berichtet wird (Teil 2: Kap. 22-29). Im Mittelpunkt des Buches steht dabei - anders als der gebräuchliche Titel der Schrift erwarten läßt[5] - das Erleben und Verhalten der Hauptperson Aseneth, ihre Konversion zum jüd. Glauben und ihre Bereitschaft, Vergebung gegenüber ihren neugewonnenen Glaubensgenossen für Unheil, das an ihr (fast) begangen wurde, zu üben.

Mit der Schrift JosAs verbindet sich die traditionsgeschichtliche These, daß der eschatologisch-anthropologische Sprachgebrauch von "neuer Schöpfung" bei Paulus in der hell. Bekehrungsterminologie präformiert sei und Paulus mit ihrer Hilfe seine Konversion als Paradigma christlicher Existenz verarbeite (vgl. 2Kor 5,16f). Um diese Annahme zu verifizieren, gilt es eine gründliche Analyse der in JosAs im Bekehrungskontext auftretenden Erneuerungsterminologie und -motivik durchzuführen.

Durch den Inhalt von JosAs wird die für ein rechtgläubiges Judentum der hell. Zeit (vgl. Dtn 7,1-4; Esr 9-10,17) anstößige Tatsache einer Mischehe zwischen einem ἀνὴρ θεοσεβής (vgl. JosAs 4,7; 8,5 u.ö.), einem gebürtigen Juden, und einer γυνὴ ἀλλοτρία (JosAs 8,5), einer Götzenverehrerin, entkräftet, indem von der vor ihrer Heirat mit Joseph stattfindenden Konversion Aseneths zum jüd. Glauben berichtet wird. Mit der Beseitigung des Vorwurfs einer Mesalliance stellt sich der Autor von JosAs der Frage nach dem Spezifikum jüd. Glaubens in der Diaspora, unabhängig von Tempel/Zion, Landverheißung und politisch-nationaler Führung[6]. In der Annahme des wahren monotheistischen Glaubens an den einen "Gott der Hebräer" (11,10), dem Schöpfer aller Dinge (8,3.9; 12,1 u.ö.), und in der Übernahme der ethischen Maxime, Böses nicht mit Bösem zu vergelten (23,9; 29,3; vgl. 28,5.14), wird die theologische Konzeption dieser Diasporasynagoge offenkundig[7]: Sie liegt in der Einheit von Glaube und Handeln.

---

gleichspunkt, der allerdings zu solchermaßen präzisierter historischer Datierung von JosAs nicht ausreicht, dürfte wohl nur die für das alexandrinische Judentum entstandene Krisensituation sein. An jener politischen Spannung aber besteht seit der Zeit der Ptolemäerherrschaft in Ägypten kein Mangel. Vgl. zur Problematik der Interpretation von Schriften als Verarbeitung von Krisensituationen die Kritik von Becker, Johannesevangelium 1ff. bes. 51ff, an Wengst, Gemeinde, hinsichtlich literarischer Einheitlichkeit, Verfasserfrage und erzählter Welt - historischer Welt.

5 Der heute verwandte Titel der Schrift "Joseph und Aseneth" ist als solcher ursprünglich nicht belegt, s. Burchard, Einleitung JSHRZ II,4 589.

6 Als Proselytin konnte Aseneth nicht, wie von der Thora gefordert (Gen 17,10f z.B.), beschnitten werden.

7 Vgl. den zum ägyptischen Diasporajudentum zählenden Philo von Alexandria, der in seiner Schrift SpecLeg Proselyten als die "... γενόμενοι

So veranschaulicht die Schrift JosAs das Selbstverständnis eines Diasporajudentums, in dem Joseph und Aseneth als Repräsentanten einer aus Juden und Proselyten zusammengesetzten Gemeinde fungieren: eine wahrhafte Bekehrung erhebt die/den Heidin/Heiden zum Vollmitglied der jüd. Heilsgemeinde und fordert von derselben/demselben die Übernahme jüd. Lebensvollzuges[8] mitsamt seinen ethischen Implikationen. Insofern JosAs das literarische Produkt einer Verständigung eines Diasporajudentums ist[9], darf sie auch als aufklärerisch-einladende Schrift für heidnische Ohren, etwa gottesfürchtige Sympathisanten der Synagoge, verstanden werden[10]. Einseitig missionarisch-propagandistischen Charakter trägt JosAs nicht[11], was nicht im Widerspruch dazu steht, daß in JosAs jüd.-hell. Bekehrungsterminologie[12] verarbeitet wird.

JosAs wird gemeinhin in der Forschung der Literaturgattung des antiken Romanes zugerechnet[13]. Ein äußerst komplexes und perspektivenreiches Erzählgewebe bringt im Roman dem Leser einen Lebens- und Weltausschnitt zur Darstellung, "in dem Kräfte von Schicksal und Umwelt auf Individuum und Kollektiv einwirken"[14]. Jedoch ist eine genaue Zuordnung zu einem bestimmten Literaturkreis noch nicht gelungen[15]. Neuerdings ist Christoph Burchard

---

ἀτυφίας καὶ **ἀληθείας** ἐρασταὶ γνήσιοι, μετεχώρησαν πρὸς **εὐσέβειαν** " (I 309, Hervorhebungen U.M.; vgl. 4,177f; Virt 102-104; 179-182) bezeichnet. Es fällt auf, daß Burchard diese Großkomposition von JosAs bei seiner Interpretation nicht genügend beachtet. Die literarische Anlage von JosAs ist hinsichtlich der theologischen Grundkonzeption der diese Schrift tragenden Diasporasynagoge als Einheit von Glaube und Ethik fruchtbar zu machen.

8 Gefolgt wird also Burchards Deutung der vielbesprochenen Stellen (zuletzt: Klauck, Herrenmahl 187-196) über das Essen von gesegnetem Brot des Lebens, vom Trinken des gesegneten Kelchs der Unsterblichkeit und vom Salben mit gesegneter Salbe der Unvergänglichkeit (JosAs 8,5.9; 15,5; 16,16; 19,5; 21,13f.21) auf das Leben more judaico: während Heiden sich am unreinen Götzentisch den Tod essen, genießen jüd. Menschen über die mit Schöpferlob aufgenommenen Lebensmittel das bis in die Ewigkeit reichende Leben (vgl. Burchard, Einleitung JSHRZ II,4 605f; ders., Asenethroman 647-655).

9 Vgl. Burchard, Einleitung JSHRZ II,4 615; Sänger, Bekehrung 35.

10 Vgl. Burchard, ebd. 615.

11 Dazu näher Sänger, Judentum 209-215 (vgl. Burchard, Asenethroman 655), gegen Fischer, Eschatologie 107.

12 Dazu Berger, Missionsliteratur 234.

13 Literaturangaben s. bei Burchard, Einleitung JSHRZ II,4 591, Anm. 35; ders., Asenethroman 644-646.

14 Best, Handbuch 231; vgl. Rohde, Roman 5ff.

15 Einen vergeblichen Versuch dokumentiert Burchard, Zeuge 59ff, der seitenweise Motivparallelen zu JosAs aus antiken Romanen abdruckt, jedoch konzedieren muß: "Ob das so entstandene Buch (sc. JosAs) ... ein Roman ist, darüber läßt sich ... streiten" (84f).

von einer Zuordnung zur Gattung "antiker Roman" abgewichen und fragt, "ob man JosAs nicht eher eine Doppelnovelle nennen sollte"[16]. Das macht auch Sinn, denn das Gestaltungsgesetz der Kleinform des Erzählens, der auf ein wesentliches **Einzelereignis** zugespitzten Aretalogie und Novelle[17], beherrscht auch JosAs. Sie ist eine Schrift, die aus zwei einlinigen Episoden, der der Bekehrung (Teil 1) und der der Bewahrung (Teil 2) Aseneths, zusammengesetzt ist[18].

Die Schwierigkeiten einer eindeutigen Gattungsbestimmung von JosAs weisen aber darauf hin, nicht nach der einen Untergattung des romanhaften Erzählens zu suchen, zu der JosAs gehören möchte[19]. Vielmehr ist die Großgattung "Roman" selber als eine "offene Erzählform", die eine ganze Fülle literarischer Ausdrucksmöglichkeiten und dichterischer Formen in sich aufnehmen kann[20], "als einen Fall von literarischem Synkretismus (zu) betrachten"[21]. Jeder Einzeltext von JosAs verlangt darum, auf seine Form und Funktion für sich untersucht zu werden. Schließlich: bei einer mit historischem Bezug arbeitenden Prosa wie JosAs gilt es zunächst, mit der Feststellung des Geschehens auf der realistischen Handlungsebene einzusetzen, was eine vorschnelle idealistische Betrachtungsweise in Hinsicht auf ein allegorisches Verständnis von JosAs[22] ausschließt.

---

16 Einleitung JSHRZ II,4 592; vgl. ders., Asenethroman 646.

17 Vgl. Weimar, Formen 130.

18 In der jüd. Literatur läßt sich eine Verbindung zu den von der LXX zusammengeordneten "romanhaften Erzählungen" (Hengel, Judentum 203) Est, Jdt und Tob ziehen, in denen weibliche Heldinnen und ein erotisches Motiv bzw. eine Heirat eine wichtige Rolle spielen. So faßt Weimar, Formen 130-135, Jdt, Est, 3Makk, JosAs, Tob, Arist, Artap und TestJos 2-9 unter der Gattung jüd. Roman zusammen. Zu beachten aber ist, daß indes nirgends wie in JosAs eine Liebesgeschichte konstitutiv ist (vgl. Burchard, Einleitung JSHRZ II,4 591), so daß der hell. Liebesroman (z.B. Chariton, Xenophon von Ephesus, Longus, Achilles Tatius und Heliodor), der das Schicksal der beiden Hauptpersonen über abenteuerliche Gefährdungen schließlich zum glücklichen Ende führt, in den Blick gerät. Jedoch sind die Differenzen erheblich: In JosAs gibt es nur **eine** Hauptperson, die Liebesgeschichte wird von der Bekehrungsgeschichte verdrängt, und nur eine einzige abenteuerliche Szene wird geschildert.

19 So Burchard, Einleitung JSHRZ II,4 592.

20 Weimar, Formen 130.

21 Burchard, Einleitung JSHRZ II,4 592.

22 Als (Negativ-)Beispiel sei die Arbeit von Philonenko, Joseph et Aséneth 53-98, genannt; vgl. dazu die Kritik von Burchard, Einleitung JSHRZ II,4 599f.

7.6.1 Die Texte mit Erneuerungsterminologie aus JosAs, vorgestellt unter Berücksichtigung ihres Kontextes

Bei seiner ersten Begegnung mit Aseneth verweigert Joseph der von seiner königlichen (JosAs 5,5) und himmlischen Ausstrahlung (6,2) beeindruckten heidnischen Priesterfürstentochter Aseneth aus religiösem Beweggrund den Begrüßungskuß (8,5): Zwischen einem Juden als gottverehrendem Menschen und einer unreinen Götzendienerin besteht wegen ihrer glaubensverschiedenen Existenz eine unüberbrückbare Kluft, vergleichbar der Antithese von Leben und Tod. Der Austausch eines Kusses mit einer Heidin gilt dem Juden Joseph als "ein Greuel vor dem Herrn" (8,7; vgl. 8,5-7)[23].

Die abgewiesene, Tränen der Schmach vergießende Aseneth empfängt jedoch von dem Mitleid empfindenden Joseph folgenden tröstenden Zuspruch (JosAs 8,9):

Z. "Und er (sc. Joseph) erhob seine rechte Hand
und legte (sie) oben auf ihr (sc. Aseneths) Haupt und sprach:
I.1 'Herr, Gott meines Vaters Israel,
der Höchste, der Starke Jakobs,
2 der lebendigmachte alle Dinge (ὁ ζωοποιήσας τὰ πάντα)
und rief (καλέσας) aus der Finsternis in das Licht
und von dem Irrtum in die Wahrheit
und vom Tod in das Leben,

II.1 du, Herr, segne (εὐλόγησον) diese Jungfrau,
und erneuere (ἀνακαίνισον)[24] sie mit deinem Geist
und bilde sie von neuem (ἀνάπλασον) mit deiner verborgenen Hand[25]
und mache sie wieder lebendig (ἀναζωοποίησον) mit deinem Leben,
und sie esse (das) Brot deines Lebens
und trinke (den) Kelch deines Segens.
2 Und zähle sie zu deinem Volk,
das du auserwähltest, bevor alle Dinge wurden,
und sie gehe hinein in deine Ruhe,
die du bereitet hast deinen Auserwählten,
und sie lebe in deinem ewigen Leben in die ewige Zeit.'"

Die Romanfigur Aseneth empfindet bei diesen Worten Freude und Trauer zugleich (JosAs 9,1): Freude über den von Joseph im Namen Gottes aufgezeigten Weg einer Erfüllung ihrer Liebe durch Umkehr und Trauer über das Leid, das

23 Für die in einer politisch-sozialen Gemeinschaft auf Kommunikation angewiesenen Heiden und Juden gibt es keine Tischgemeinschaft (JosAs 7,1).

24 Zur Schwierigkeit der deutschen Wiedergabe der griech. Präposition ἀνά- in den Komposita s.u. die Terminologieanalyse unter Hauptteil A 7.6.2.

25 Griech. Text rekonstruiert aus Ex 17,16 LXX, s. Burchard, JosAs, JSHRZ II,4 651 z.St.

durch die Abkehr von den ihrem religiösen Verständnis nach lebenspendenden Götzen auf sie nun zukommen wird. Aseneth beschließt jedoch unmittelbar im Anschluß an ihre erste Begegnung mit Joseph ihre Umkehr weg von den Göttern (9,2), und beginnt eine siebentätige Zeit (10,17) aktiver Reue: Sie fastet (10,1) und geht in "Sack und Asche" (10,8b-11), d.h. sie vertauscht ihr königliches Gewand mit einem schwarzen Trauerkleid und zieht einen Sack an (10,14). Ihren gesamten Schmuck legt Aseneth ab und streut Asche auf ihr Haupt. Sodann zerstört sie alle häuslichen Götterbilder und vernichtet ihre den Götzen geweihte Nahrung (10,12f).

In der Morgenfrühe des achten Tages[26], nachdem Aseneth sich in zwei Selbstgesprächen (JosAs 11,3-18) Mut zugesprochen hat, ihre Hoffnung auf Annahme bei dem ihr bis jetzt noch fremden "Gott der Hebräer" (11,10) zu suchen, beginnt sie ein großes Bußgebet um Vergebung ihrer Sünden (12,1ff). Ihre Bitte um Erlösung (12,12; 13,12: ῥῦσαι) aus ihrem Todesgeschick leitet sie mit einem Bekenntnis zu Gott dem Schöpfer ein (JosAs 12,1; vgl. 8,9):

V.1 "Herr, der Gott der Ewigkeiten,
der (da) schuf (κτίσας) die (Dinge) alle
und lebendigmachte (ζωοποιήσας),
der (da) gab Odem (des) Lebens (πνοὴν ζωῆς) all deiner Schöpfung
...
2 ...
...
3 Zu dir nehme ich Zuflucht, Herr ..."

Mit dem Schluß ihres nun folgenden Sündenbekenntnisses (bis JosAs 13,15) geht der Morgenstern am östlichen Firmament auf und grenzt die vergehende Nacht von dem sich durchsetzenden Tag ab. Aseneth deutet den Sternenaufgang als göttliche Gebetserhörung, der Stern gilt ihr "(als) Bote und Herold des Lichtes des großen Tages" (14,1). Dieser ist für sie nun angebrochen.

Mit dem Himmelszeichen weitet sich das irdische Geschehen um die himmlische Dimension: ein Engel erscheint vor Aseneth und befiehlt ihr als erstes, die äußeren Kennzeichen ihrer Buße, das schwarze Trauergewand und das Sacktuch, abzulegen sowie die Asche vom Haupt zu schütteln und Gesicht und Hände zu waschen (JosAs 14,12). Aseneth befolgt seine Weisung und legt ein neues Gewand mit einem doppelten Gürtel an, einen zum Zeichen ihrer Jung-

26 Gerechnet wird von der ersten Begegnung Aseneths mit Joseph.

frauschaft und eine hohe Gürtung um die Brust, die an die himmlische Kleidung eines Engels erinnert[27] (Apk 1,13; vgl. 15,6; Dan 10,5), und verschleiert sich (JosAs 14,14f).

Daraufhin richtet der Engel an die auf seine Bitte hin unverschleiert auftretende Aseneth folgende Rede (JosAs 15,2ff; erster Teil: V.2b-6):

V.2b I "'Fürchtet dich nicht (θάρσει), Aseneth, keusche Jungfrau!
a Siehe, ich habe gehört (ἀκήκοα) all die Worte deines Bekenntnisses und deines Gebets.
3 b Siehe, ich habe auch gesehen (ἑώρακα) die (Selbst-)Erniedrigung und Trübsal[28] der sieben Tage deines Mangels.
b' Siehe, aus deinen Tränen und dieser Asche, viel Kot ist geworden vor deinem Angesicht.

4 II Fürchte dich nicht (θάρσει), Aseneth, keusche Jungfrau!
a Denn siehe, dein Name ward geschrieben in dem Buch der Lebenden im Himmel,
a' am Anfang des Buches ward geschrieben dein Name (als) erster vor allen mit meinem Finger
und er wird nicht ausgetilgt werden in die Ewigkeit.
5 b Siehe doch, von dem heutigen (Tag) an (ἀπὸ τῆς σήμερον [ἡμέρας][29] sollst du erneuert (ἀνακαινισθήσῃ)
und von neuem gebildet (ἀναπλασθήσῃ) und wieder lebendiggemacht werden (ἀναζωοποιηθήσῃ).
b' Und du sollst essen gesegnetes Brot (des) Lebens und trinken (den) gesegneten Kelch (der) Unsterblichkeit und gesalbt werden mit gesegneter Salbe (der) Unverweslichkeit.

6 III Fürchte dich nicht (θάρσει), Aseneth, keusche Jungfrau!
Siehe, ich habe dich heute zur Braut dem Joseph gegeben
und er selbst wird sein dein Bräutigam in die ewige Zeit.'"

In einem sich anschließenden zweiten Teil der Engelrede (JosAs 15,7) wird die heilsgeschichtliche Tiefendimension von Aseneths Bekehrung[30] als Prototyp jeglicher Proselytenkonversion ausgedeutet, indem über Aseneths Umbenennung zur πολὶς καταφυγῆς ihre immerwährende Funktion als "Zion der Pro-

27 Müller, Apk 84, versucht die hohe Gürtung um die Brust als Bestandteil priesterlicher Kleidung auszuweisen und verweist auf Josephus, der in Ant III 7,4 (vgl. dort 7,2 die Beschreibung der Priesterkleidung) die Kleidung des Hohenpriesters beschreibt (nur Editio minor von Niese).

28 Nach Burchard, Verbesserungen 38, ist ein zweiter Art. Fem. sing. zu streichen.

29 Zur Ellipse des Substantivs bei Attributen s. Blaß/Debrunner, Grammatik § 241,2.

30 Der haggadische Midrasch JosAs zu Gen 41,45 läßt Aseneth zur erstbekehrten Heidin der atl. Geschichte werden.

selyten"[31], als himmlisches Jerusalem[32], das allen Proselyten eschatologisches Heil garantiert, in Kraft gesetzt wird. Dabei wird in Anlehnung an die Tradition der personifizierten Weisheit (vgl. Spr 8,22ff; Sir 24) von der Metanoia als "Tochter des Höchsten" gesprochen, wenn es heißt (JosAs 15,7):

> "und sie (sc. die Metanoia) wird erneuern (ἀνακαινίει) alle, die da umkehren, und sie selbst wird ihnen dienen in die Ewigkeitszeit."

Nach der Engelansprache erhält Aseneth vom Engel eine auf wunderhafte Weise in ihr Gemach gelangte Honigwabe zu essen (JosAs 16,15; vgl. 16,1b-14), die vom Engelsfürsten als "Geist des Lebens" (16,14), als Speise, die Unsterblichkeit vermittelt, angezeigt wird. Mit der Honigkommunion verheißt der himmlische Gast Aseneth übernatürliche Schönheit (16,16). Nach seinem Weggang sieht Aseneth diese Verheißung von märchenhafter Schönheit in einem Wasserspiegel erfüllt (18,9). Ihre Veränderung im Aussehen wird ihr auch von Außenstehenden, zunächst von ihrem Vater Pentephres (18,11; vgl. 20,6f; 21,4; 23,1) konzediert: Aseneths einzigartige Schönheit gilt ihm als Ausweis ihrer göttlichen Erwählung zur Braut als "Tochter des Höchsten" (21,4) für Joseph, den Gottessohn[33].

Durch die mit der Konversion zum Judentum erlangte supranaturale Schönheit von Aseneth ist die standesgemäße Voraussetzung zur Hochzeit mit dem "schönen" jüd. Mann Joseph gegeben. Bei der zweiten Begegnung von Joseph und Aseneth (JosAs 18,1ff) ist den Liebenden nunmehr kein Hinderungsgrund für eine Eheschließung in den Weg gelegt. Für den Novellisten schließt sich der Kreis zum Anfang: die Mitte einer reizenden Liebesszene (19,10ff) bildet ein Kuß, den Joseph Aseneth gibt. In dreifacher Steigerung überwindet er die Ablehnung des Kusses, der die Bekehrung von Aseneth auslöste (JosAs 19,11):

> "Und es küßte Joseph die Aseneth
> und gab ihr Geist (des) Lebens (πνεῦμα ζωῆς)
> und küßte sie das zweite (Mal)
> und gab ihr Geist (der) Weisheit (πνεῦμα σοφίας)
> und küßte sie das dritte (Mal)
> und gab ihr Geist (der) Wahrheit (πνεῦμα ἀληθείας)."

Nur noch einmal, aber nicht minder wichtig, nimmt die zur spannenden Erzählung fortschreitende Doppelnovelle die Thematik der Konversion als Neuheitserfahrung auf, indem von der göttlichen Bewahrung der Neubekehrten vor einem Anschlag auf ihr Leben berichtet wird. Im Moment höchster Gefahr,

---

31 Burchard, Untersuchungen 119.

32 Vgl. Fischer, Eschatologie 115 u.ö., s. ebd. 115-123.

33 Belegstellen dieser Prädikation bei Burchard, Untersuchungen 115-117.

als Josephs am Umsturz beteiligten Brüder erhobenen Schwertes auf die wehrlose Großwesirsgattin Aseneth zugehen, bittet sie Gott um Hilfe (JosAs 27,10):

> "Und Aseneth sah sie (sc. die Brüder Dan, Gad, Naphtali und Asser)
> und fürchtete sich sehr und sprach:
> 'Herr, mein Gott,
> der mich wieder lebendig gemacht hat (ἀναζῳοποιήσας)
> und (der) mich erlöste (ῥυσάμενος) von den Götzenbildern und dem Untergang des Todes,
> der zu mir sprach: 'In Ewigkeit wird deine Seele leben',
> erlöse (ῥῦσαι) mich aus den Händen der Männer, dieser bösen!'"

Gott erhört dieses Klagegebet der ohnmächtigen Aseneth und entwaffnet sogleich auf wunderbar-göttliche Weise die ihr nach dem Leben trachtenden jüd. Glaubensgenossen (JosAs 27,11). Damit erweist sich der neugefundene Gott mächtig, das neue (Proselyten-)Leben aus Todesgefahr zu erlösen (vgl. JosAs 8,9 und Röm 4,17 mit 2Kor 1,8-11).

7.6.2 Analyse der Erneuerungsterminologie von JosAs in Korrelation zum Gesamteindruck der Erzählung

Rückblickend läßt sich folgendes Ergebnis fixieren: Drei Texte reden expressis verbis von der Konversion Aseneths zum jüd. Glauben als Vorgang individueller göttlicher "Neuschöpfung"[34] (JosAs 8,9; 15,5; 27,10). Diese Texte sind kenntlich an einer festen Terminologie. Zweimal erscheint in derselben Abfolge die Dreierreihe der Verben ἀνακαινίζω, ἀναπλάσσω, ἀναζῳοποιέω , einmal abbreviaturartig der Oberbegriff ἀναζῳοποιέω[35]. Die Zusammenstellung von Komposita mit der Präposition ἀνά - Grundbedeutung "an-hinauf"[36] - wirkt künstlich, ist zumindest beabsichtigt. Eine Übersetzung ins Deutsche ist nicht in der Lage, den sprachlichen Akzent der Ganzwerdung,

34 Gegen Brandenburger, Auferstehung 24.26, der aufgrund der chorschlußartigen Homologie zu Gott, der die Toten lebendigmacht (JosAs 20,7), das an Aseneth geschehene Gotteshandeln als Geschehen gegenwärtiger Auferstehung, Totenerweckung bezeichnet. Diese Apostrophierung wird von der in JosAs bevorzugten Terminologie nicht gedeckt. Vgl. Sellin, Sreit 26f, der darauf hinweist, daß der Begriff ἀνάστασις für JosAs nicht zur Verfügung steht, da die Schrift keine endzeitliche Auferweckung kennt, vgl. auch Burchard, 1Korinther 258, Anm. 95.

35 Die Vermutung von Burchard, Fußnoten 169f, die beiden letzten Glieder der Triade erklären im Sinne eines Hendiadyoins das erste, läßt sich genausogut umkehren.

36 Bornemann/Risch, Grammatik § 197,2.

Vervollkommnung[37] wiederzugeben. Bleibt man in Ermangelung adäquater deutscher Begrifflichkeit bei der Übersetzung "Neubelebung/Neuschöpfung", so muß bei der Interpretation von JosAs ausgeschlossen sein, daß hier der Gegensatz einer die **alte** Schöpfung überholenden **neuen** Schöpfung gemeint sei und abgewiesen sein, daß an die "Wiedererschaffung eines schon einmal Erschaffenen und dann irgendwie Verdorbenen"[38] gedacht wird. Intendiert ist in JosAs vielmehr die Betonung der Erfüllung und Herausführung der **einen, wahren** Schöpfung.

Aus der Komposition der Erzählung kann die göttliche Wandlung der Proselytin Aseneth als Ereignis eines bestimmten Tages fixiert werden: Im Text JosAs 8,9 ist Aseneth der Typ der heidnischen Frau, der von einem Juden der (Segens-)Wunsch zukünftiger göttlicher "Neuschöpfung" zugesprochen wird, im Text JosAs 15,5 gilt der achte Tag der Umkehr (11,1; vgl. 9,2; 13,9) aufgrund der himmlischen Bestätigung der menschlichen (Segens-)Verheißung durch einen Engel (15,1ff) als Tag der "neugeschaffenen" Aseneth (15,5), während Text JosAs 27,10 auf eine abgeschlossene Tatsache (Aor. Part. v. ἀναζῳοποιέω) im Leben Aseneths zurückblickt[39].

---

37 Dazu Lidell/Scott, Lexicon 98: "from the notion **throughout** (E), comes that of **repetition** and **improvement**, as in ἀνα-βλαστάνω, -βιόω, -γεννάω."

38 Burchard, 1Korinther 255.

39 Sänger, Judentum 155-157, unterscheidet bei seinen Erwägungen zur kompositorischen Gestaltung der Erzählung von Aseneths Umkehr nicht exakt genug bei Aussagen, die von der göttlichen "Neuschöpfung" der Proselytin sprechen. Sänger wertet Aseneth bereits in JosAs 9,2 "als schon **Bekehrte**, d.h. als Proselytin" (ebd. 155) im objektiven Sinne und erkennt nicht, daß sie erst am Anfang ihrer tatkräftigen Hinwendung zum jüd. Gott steht. Dementsprechend findet er Text JosAs 15,5 dazu im Widerspruch stehend, weil dieser "später erst von einer Neuerschaffung Aseneths, und d.h. doch wohl Bekehrung" (ebd. 156) am achten Tag ihrer Umkehr redet. Sängers Lösung des scheinbaren Widerspruchs, daß "Aseneths Bekehrung zweimal konstatiert wird" (ebd. 156) durch die Aufteilung der Texte in solche, die die Bekehrung "von menschlich-subjektiver Seite aus" (z.B. 9,2), und solche, die sie "von himmlisch-objektiver Warte aus" (ebd. 156; z.B. JosAs 15,5) beschreiben, trifft nicht zu, denn die Romanhandlung scheidet nicht streng zwischen irdischer und himmlischer Realität. Die Symbolik vom Ab- und Anlegen des Gewandes z.B. beginnt in der irdischen Wirklichkeit (JosAs 10,10ff), endet aber (14,14f) in der Begegnungsszene mit dem Himmelswesen. Eher ist es zutreffend, in JosAs Aussagen über menschlich verantwortete Umkehr und denjenigen über die göttlicherseits zu verifizierende "Neuschöpfung" als zwei Aspekte ein- und desselben Vorganges der Konversion zuzuordnen, die im Sinne eines zu unterscheidenden, aber nicht zu trennenden Zusammenhanges von menschlichem und göttlichem Handeln (vgl. Phil 2,12f) zueinander gehören. Für die Verifizierung des

Ein vierter Text (JosAs 15,7) fällt aus dem Rahmen der Erzählung, spricht er doch von der **zukünftigen** eschatologischen Funktion der göttlichen Hypostase der "Metanoia" als ewige Erneuerung jedes Proselyten (ἀνακαινίζω Fut.). In der "individualistisch und unapokalyptisch geprägte(n) Jenseitshoffnung"[40] der Schrift JosAs, die **nicht** von der Hoffnung auf eine eschatologische Heilszeit, z.B. auf einen zukünftigen neuen Äon getragen wird, läßt sich diese Erneuerungsaussage nur auf den postmortalen Zustand, der "von jedem einzelnen Frommen direkt nach dem Tode erreicht wird"[41], beziehen. Sie ist eine Aussage schlechthinnigen Heilszustandes[42]. Dadurch, daß dieser Text als einziger die Aussage göttlicher "Neuschöpfung" der Aseneth mit der Rede von der zukünftig handelnden personifizierten "Umkehr" verbindet, darf angenommen werden, daß für den Verfasser von JosAs die mit der Bekehrung Aseneths gemachte eschatologische Aussage göttlicher "Neuschöpfung" erst postmortal sich verifizieren wird.

Neben diesen von Erneuerungsvokabular geprägten Texten sind in JosAs eine Reihe von Motiven zu finden, die im Zusammenhang der Erzählung von der Konversion Aseneths (nur Teil 1, Kap. 1-22) zur massiven Illustration des Umkehrvorganges als **Akt göttlicher Neuheitserfahrung** herangezogen werden. Da wären zunächst die äußeren, sichtbaren Zeichen aktiver Umkehr des Menschen zu nennen (vgl. Jon 3,5f): der Ritus des Trauerfastens (JosAs 10,1) und des In-Sack-und-Asche-Gehens (10,8b-11.14), denen im Akt der Konversion das sakramentale Mahl himmlischer Mannaspeise (16,15f), das rituelle Waschen von Gesicht und Händen und das Anlegen neuer Kleidung (14,14) zur Dokumentation des neuen Lebens in positiver Entsprechung korrespondieren[43]. Auffällig umständlich wird in JosAs auch Aseneths Verwandlung in eine wunderschöne Frau von himmlischer Schönheit (20,6f) beschrieben. Die Verheißung des Engels von einer äußerlich sichtbaren, nie endenden Schönheit (16,16) er-

---

Datums der "Neuschöpfung" als göttlicher Ratifikation der menschlichen Umkehr am achten Tag spricht das selbstredende σήμερον (JosAs 15,5f; vgl. 15,10).

40 Fischer, Eschatologie 112.

41 Ebd. 112.

42 Der gestorbene Proselyt kommt an den himmlischen Heilsort der κατάπαυσις (dazu Fischer, Eschatologie 111ff; Hofius, Katapausis 67), an dem ihm die "Umkehr" als Dienerin seiner selbst aufwarten wird (JosAs 15,7).

43 In diesen Bedeutungszusammenhang der Demonstration der Neuheitserfahrung ist auch die Handlung des Schmuckablegens (JosAs 10,11) sowie das Anlegen eines Schleiers (14,15) neben der an ein Engelsgewand erinnernden hohen Gürtung des neuen Gewandes (14,14) einzuordnen.

füllt sich gegen Aseneths innere Überzeugung (18,7f) an ihr (18,9), so daß sie es nicht wagt, sich ihre kosmetische Schönheit aus dem Gesicht zu waschen (18,10).

Eine zweite Methaphernreihe zeichnet das singuläre Ereignis von Aseneths "Neuschöpfung" in einen kosmologischen Rahmen ein. Der Morgenstern, der Aseneth nach Tagen von Trauer und Verzweiflung "(als) Bote und Herold des Lichtes des großen Tages" (JosAs 14,1) in der Morgendämmerung erscheint, gilt als astral-mythologisches Symbol für den ersten Tag des "neuen Lebens"[44]. Das Ogdoas-Motiv[45], die Betonung, daß Aseneths Umkehr zu Gott am achten Tag (9,5) in ihre "Neuschöpfung" ausmündet, erläutert ihre siebentägige Konversion (vgl. 10,17) in Analogie zum Schöpfungsmodell der Priesterschrift von Gen 1: Aseneths "Neuschöpfung" dauert so lange wie die Schöpfung des Anfangs[46] und übertrifft die "alte" Schöpfung um den qualifizierten achten Tag des Heils. Für Aseneth ist dieser "große Tag" (14,1) der Große Versöhnungstag (vgl. Jes 1,13 LXX), an dem sie sich reinigt zur Sühne für ihre vergangene Gottlosigkeit, um neues Lebensheil zu gewinnen[47].

Nimmt man diese beiden Beobachtungsstränge, die sprachliche und die illustrative Qualifizierung der Bekehrung, zusammen, so läßt sich sagen, daß es der Schrift JosAs gelingt, mit verbalen und metaphorischen Mitteln in konsequenter Erzählfolge die Konversion Aseneths zum Judentum als einen Akt von individueller Neuwerdung und Verherrlichung zu schildern. An Einzeltexten von JosAs ist nun der Frage nachzugehen, in welchen besonderen theologischen Interpretationsrahmen JosAs Aseneths Neuheitserfahrung stellen möchte und mit welchem Heilsanspruch dieser prototypische Vorgang einer Proselytenkonversion versehen wird. Dazu werden in den folgenden Abschnitten Hauptteil A 7.6.3 und 7.6.4 diejenigen beiden Haupttexte von JosAs, die von Erneuerungs-

---

44 Zum Morgenstern als Symbol von neuem Leben, Licht und Erneuerung vgl. 2Petr 1,19; Apk 2,28; 22,16; dazu Staats, Sonntagnachtgottesdienste 255f.

45 Zum Ogdoas-Motiv als jüd.-judenchristlichem Symbol der Rettung, Auferstehung und neuen Welt vgl. 1Petr 3,20-22; 2Petr 2,5; vgl. bes. 4Esr 7,31ff.: Der Anfang der neuen Welt beginnt **nach** dem siebten Äon; Barn 15,8; dazu Staats, Ogdoas 45f.

46 Vgl. Burchard, JosAs JSHRZ II,4 653, Anm. 5b.

47 Vgl. im späteren rabbinischen Judentum die Auslegung des Status der Israeliten, die am Versöhnungstag Vergebung für ihre Sünden empfingen, mit dem Vergleich eines neuen Geschöpfes, yRHSh 4,8 (R. Jose b. Qesarta, A 1; Sjöberg, Wiedergeburt 57); MTeh 102 § 3 (R. Jehuda b. Simon, A 4; Billerbeck, Kommentar II 421f); PesR 40 (R. Isaak II, A 3; Sjöberg, Wiedergeburt 58).

terminologie gekennzeichnet sind, noch einmal betrachtet, nun unter formgeschichtlichem Blickwinkel. Daran schließt sich in Hauptteil A 7.6.5 eine Zusammenfassung der theologischen Grundgedanken von JosAs zur Konversion an.

7.6.3 Formgeschichtliche Analyse und Interpretation des Segenswortes Josephs über Aseneth (JosAs 8,9)

Der Text JosAs 8,9[48] ist als ein Segenswort oder Segensgebet[49] zu bezeichnen. Als solches ist es kenntlich an dem biblischen Grundwort aller Segenssprüche, dem Verb εὐλογεῖν (Z.9 Aor. Imp.)[49]. In Analogie zu Gen 48,15f, dem Patriarchensegen Jakob-Israels über Ephraim und Manasse[51], läßt sich die Komposition des Segenswortes ermitteln: Um die Mitte des Segenswunsches (Z.9: indirekte Anrede des Adressaten) legt sich ein vorlaufender Teil der Prädikation des angerufenen göttlichen Subjekts (Z.3-8) und ein nachlaufender Teil einer Explikation der verschiedenen Segensinhalte (Z.10-19)[52]. Beide Abschnitte sind je für sich wieder zweigeteilt und chiastisch über die Mitte des Segenswunsches aufeinander bezogen, wie sich anhand formaler und inhaltlicher Beobachtungen feststellen läßt.

---

48 S. den Text oben Hauptteil A 7.6.1.

49 Gegen Berger, Missionsliteratur 232f, der die Gattungsbestimmung "Gebet" vorschlägt.

50 Vgl. Hatch/Redpath, Concordance I 572-574: εὐλογεῖν in der LXX häufigste Wiedergabe von ברך Pi.

51 Gen 48,15f lautet: "Und er segnete Joseph und sprach:
'Der Gott, vor dem meine Väter gewandelt,
Abraham und Isaak;
der Gott, der mich behütet hat mein Leben
lang bis auf diesen Tag;
der Bote, der mich aus aller Not erlöst hat:
er segne die Jungen,
daß in ihnen mein Name fortlebe und der Name
meiner Väter Abraham und Isaak,
daß sie wimmeln vor Menge inmitten des Landes.'"

52 Zum biblischen Segen vgl. die instruktive Studie von Seybold, Segen; zum Aufbau des Patriarchensegens besonders ebd. 28; gegen Berger, Missionsliteratur 232, der meint, daß das vorliegende Segenswort "durch die Abfolge von Imperativen der 2. Person (an Gott) und der 3. Person (auf Aseneth bezogen)" gegliedert sei.

Die Explikation des angerufenen göttlichen Subjekts, der Kyrios des jüd. Väter-Gottes[53], geschieht zunächst in zwei nominalen Gottesprädikationen (Z.3f: "der Höchste"[54], "der Starke Jakobs"[55]): der geschichtlich erwählende Gott Israels wird als höchste und mächtigste Gottheit identifiziert. Zwei weitere partizipiale Gottesprädikationen (Z.5f: "der Lebendigmachende"[56]; "der Rufende") heben die Schöpfermacht des wahren Gottes hervor, zuletzt in drei Oppositionen (Z.6-8): aus der Finsternis ins Licht[57], vom Irrtum zur Wahrheit[58], vom Tod ins Leben[59] ist Gott in seiner Schöpfermacht täglich zur Rettung von Menschen auf dem Plan.

Die Konkretionen im Teil der Explikation des Segens wenden sich zuerst (Z.10-14) wieder der Schöpfungsthematik zu. "Diese Jungfrau" möge durch den Geist Gottes erneuert[60], von Gott auf verborgene Weise vollkommen gebildet und in seinem Leben wiederhergestellt[61] werden. Dem korrespondiert auf menschlicher Seite das schöpfungsgemäße Essen und Trinken unter dem Lob des Schöpfers (vgl. JosAs 15,5: εὐλογημένος 3x!)[62]: Die Proselytin Aseneth erißt sich das Leben im konkreten Vollzug der Schöpfung. Das Segenswort schließt mit dem Thema der mit der Konversion verbundenen Aufnahme in das erwählte Volk (Z.15-18), so daß eine Inklusion zum Anfang des Segengebetes (Z.3f) hergestellt wird. Die letzten Zeilen heben die eschatologische Dimension als postmortales Ziel der schöpfungsgemäßen Partizipation des Proselyten am göttlichen Leben hervor.

Um diese Redeweise des Segens nun angemessen zu verstehen, sei auf Klaus Seybold verwiesen, dessen Untersuchungen zum aaronitischen Segen für JosAs 8,9 gleichermaßen instruktiv sein können. Seybold führt u.a. aus: "Der Segen

53 Vgl. Est 4,17; Jdt 9,2; 12,8; 13,7; dazu den Aufsatz von Alt, Gott der Väter 1ff.

54 LXX-Belege, bes. aus der jüd.-hell. Weisheitsliteratur, bei Hatch/Redpath, Condordance II 1420f; Bauer, Wörterbuch Sp.1681f.

55 Vgl. Gen. 49,24 LXX δυνάστου Ἰακώβ; die Gottesbezeichnung ὁ δυνατός LXX Ps 44,4.6; 119,4; Zeph 3,17; auch Lk 1,49.

56 Vgl. Neh 9,6 LXX: καὶ σὺ ζῳοποιεῖς τὰ πάντα ; vgl. Delling, Gottesprädikationen 23f, der u.a. auf die Übersetzung des Gottesnamens Schaddai in Hi 8,3 mit ὁ τὰ πάντα ποιήσας hinweist.

57 Vgl. 1Petr 2,9.

58 Vgl. Jak 5,19.

59 Vgl. Lk 15,24.32; Joh 5,24; 1Joh 3,14.

60 Vgl. 2Kor 3,6: τὸ δὲ πνεῦμα ζῳοποιεῖ ; Tit 3,5: ἀνακαινώσεως πνεύματος ἁγίου ; Röm 7,6.

61 Vgl. TestAbr A 18,11.

62 Vgl. Burchard, Einleitung JSHRZ II,4 605 und 605, Anm. 98, und Sänger, Judentum 173, Anm. 80. Zum täglichen Mahl werden nach jüd. Sitte bis zu drei Lobsprüchen gebetet, vgl. Klauck, Herrenmahl 66f.

beruht auf einer verbalen Theologie: Das Verbum trägt alle Aussagen von Gott"[63]. Die "zwischen Appell und Zuspruch, Wunsch und Bitte liegende Redeweise"[64] markiert das Kennzeichnende des Segens, seinen Anredecharakter: Der Segen hält einen Freiraum für das Handeln Gottes offen. Die naheliegende Gleichsetzung mit performativer Rede verkennt den "Verweisungscharakter"[65] des optitativisch formulierten Segenswunsches an ein Subjekt (2.Pers. sing.), daß nämlich das Segenshandeln selbst allein Gottes Eigenrecht und -tat bleibt (vgl. Num 6,24-26 mit 27)[66].

Für die Frage nach dem Sitz im Leben des Segenswunsches in JosAs 8,9 läßt die religiös aufgeladene Sprache an eine gottesdienstliche, liturgische Handlung denken. In Analogie zur Verwendung des (veränderten) Priestersegens in der Liturgie der Bundesaufnahmefeier von Qumran (1QS 2, 1-4) könnte man über die kollektive Bedeutung Aseneths als Prototyp aller Proselyten (JosAs 15,6) an ein Element des von Dieter Sänger in JosAs angenommenen "Proselyten-Aufnahmeformular(s)"[67] reflektieren: Im synagogalen Gottesdienst wird über dem zur Umkehr bereiten Konvertiten[68], verbunden mit einer rituellen Handauflegung, der Segenswunsch in der Erwartung seiner Erfüllung durch Gottes fürsorgende Präsenz gesprochen. Der Segen von JosAs 8,9 steht am **Beginn** der Initiation und trägt Rechtscharakter[69]. Über dem in Todesexistenz befindlichen (vgl. 15,2; 27,10) heidnischen Menschen wird der Name des erwählenden Schöpfergottes ausgerufen, und er wird der Gemeinschaft des erwählten Volkes zugerechnet[70]. Diesem Volk ist vor der Schöpfung bereits ein eschatologischer Heilsort im Himmel (vgl. 15,7; 22,13) bestimmt.

---

63 Segen 50.
64 Ebd. 52.
65 Stichwort ebd. 53.
66 Dazu ebd. 53f.
67 Zur Begründung der Hypothese eines in JosAs verwendeten Proselytenaufnahmeformulars s. Sänger, Judentum 174ff. Wohlgemerkt: Sänger, Judentum 179, rechnet zur Phase der Einführungshandlung des Proselyten die "Verkündigung, daß Gott den oder die N.N. aufgenommen hat" und bezieht sich dabei auf Text JosAs 15,5, zählt also einen gottesdienstlichen Segen über dem Proselyten am Beginn der Konversion nicht dazu.
68 Vgl. in JosAs 8,9 die Betonung der Anrede einer bestimmten Person (τὴν παρθένον ταύτην ; 4x αὐτήν).
69 Vgl. den Vorgang der Proklamation des Gottesnamens im Priestersegen, die diesem Rechtscharakter insofern verleiht, als die "Ausrufung des Namens" nach antiker Vorstellungsweise Eigentumsrechte schafft, dazu Galling, Ausrufung Sp.66f.
70 Συγκαταριθμέω weder LXX noch NT; vgl. aber καταριθμέω Num 14,29; 2Chr 31,19; Apg 1,17, wodurch eine Gruppenzugehörigkeit angezeigt wird.

Die Beobachtung, daß der Segen von JosAs 8,9 inhaltlich auf die zukünftig zu vollziehende Bekehrung bezogen ist, er "als eine Entfaltung des individuellen 'Heilsweges' Aseneths" bezeichnet werden darf[71], weist darauf hin, daß der Segen als Initiationseinleitung auf zukünftige Bestätigung von seiten der Initiantin und der aufnehmenden Gemeinde angewiesen ist. Aseneth beginnt ihre Umkehr in sichtbarer Reue, unter Fasten und Gebet. Am Tag ihrer Neubelebung hört sie ein Engelwort, das auf die Segensverheißung durch Joseph eingeht (JosAs 15,2ff). Dies gilt es nun im folgenden zu betrachten.

7.6.4 Formgeschichtliche Analyse und Interpretation von JosAs 15,2-6

Reinhold Merkelbach[72] hat in Weiterführung von Ansätzen Karl Kerényis[73] "die These aufgestellt, die antiken Romane seien verschlüsselte Mysterientexte, in denen kundige Leser den genauen Ablauf des Mysterienrituals wiederfanden"[74]. In JosAs stehe besonders die Engelvisite (JosAs 14,1-17,10) im Verdacht, Komposition mythischen Einzelstoffes zu sein. So wird hier vorzugsweise "auf Versatzstücke aus den Mysterienkulten"[75] ein Augenmerk gerichtet. "Einen ersten Hinweis gebe der häufige Gebrauch von Mysterientermini"[76]. Und in der Tat: In der Engelrede (15,2-6) begegnet dreimal θαρρεῖν in der Form Imp. sing. (V.2b.4a.6a), das als Trostwort aus den Mysterien bekannt ist[77]. Doch scheint es methodisch bedenklich, bereits aufgrund eines singulären Indizes Parallelen zu Mysterienkonzeptionen herzustellen, die Konversion Aseneths in JosAs etwa als ein Geschick, "das mit der Initiation in einen Mysterienkult konkurriert und ihm überlegen ist"[78], zu bezeichnen.

---

71 So Fischer, Eschatologie 112. Berger, Missionsliteratur 232, weist darauf hin, daß in JosAs 8,9 "schon ... programmatisch Elemente genannt (werden), die bei der Darstellung der Bekehrung in Jos As 15.16 eine große Rolle spielen", als da sind: die Erneuerung durch Begabung mit göttlichem Geist, die bei der Honigkommunion (JosAs 16,14: "Geist (des) Lebens") angesprochen wird; sodann inkorporiert sich die Proselytin mit dem Essen der Honigwabe "Brot (des) Lebens" und den "Kelch (der) Unsterblichkeit" (16,16).

72 Vgl. Roman IX.

73 Vgl. Romanliteratur 127-129.141-150.

74 Klauck, Herrenmahl 158.

75 So Klauck, Herrenmahl 196, bei seinem Versuch, in JosAs ein jüd. Kultmahl in Konkurrenz zum hell. Mysterienmahl zu identifizieren.

76 Ebd. 158.

77 Lit. bei Klauck, Herrenmahl 158, Anm. 437.

78 So Klauck, Herrenmahl 196, in Anlehnung an Kilpatrick, Supper 6.

Betrachtet man nun zunächst die Aussageintention der Engelrede, so stellt man fest, daß sich JosAs 15,2-6 zum Text JosAs 8,9 wie die Zusage zur Bitte, die Erfüllung zum Wunsch verhält. Die Dreierreihe der die "Neuschöpfung" anzeigenden Verben ἀνακαινίζεσθαι, ἀναπλάσσεσθαι, ἀναζωοποιεῖθαι kehrt wieder, jedoch in der grammatischen Form des Fut. Pass. Läßt sich die Wahl des Genus mit der atl.-jüd. Theologie begründen, Schöpfung allein als göttliches Handeln (passivum divinum) auszuweisen, so drückt das Futur aus, was nach Absicht des Redenden zukünftig eintreffen soll[79]. Der voluntative Sinn der Rede hält wie in JosAs 8,9 göttlichen Handlungsspielraum offen bzw. hindert eine eindeutige Identifikation von Gottes Schöpfungshandeln am menschlichen Objekt, heute, dem Tag des Heils (V.5a.6b)[80].

Sucht man nach formgeschichtlichen Parallelen aus atl.-jüd. Heilsverkündigung, wo in einem Gotteswort die Erhörung einer individuellen Not geschieht, die gleichzeitig mit einer futurischen Heilsankündigung verbunden wird, so stößt man auf die Gattung des priesterlichen Heilsorakels. Aufgrund der (nachfolgenden) Beobachtungen zu Form und Inhalt erscheint es gerechtfertigt, JosAs 15,2-6 als Nachahmung eines priesterlichen Heilsorakels zu bezeichnen[81].

Das Heilsorakel, das immer unmittelbares autoritatives Gotteswort ist, ergeht hier in der Rede eines Engels (JosAs 15,2). Es richtet sich an eine einzelne Person, Aseneth (15,2.4.6). Das Orakel beginnt mit den Worten "Fürchte dich nicht"[82] (15,2.4.6). Darauf folgt die Bezeichnung des Angeredeten, in 15,2.4.6 die Jungfrau Aseneth. Die Anredeformel "Fürchte dich nicht, Aseneth, keusche Jungfrau" (V.2b.4a.6a) gliedert die Engelrede in drei Teile, das betonte "siehe" (V.2b.3a.b.4a.5a.6) nimmt die Einteilung in Unterabschnitte vor.

Gilt für das Orakel des Priesters, daß es in einem engen Bezug zu dem am Tempel vorgetragenen Leid des Beters im sog. "Klagelied des Einzelnen" steht, so trifft Entsprechendes auch für die Engelrede zu. Teil I nimmt auf die göttliche Erhörung (ἀκήκοα) von Aseneths Klagegebet (JosAs 12,1-13,15),

---

79 Vgl. Blaß/Debrunner, Grammatik § 363 Anm. 1; Bornemann/Risch, Grammatik § 216 Anm. 3.

80 Vgl. 2Kor 6,2; zum soteriologisch gefüllten "Heute" vgl. auch Hebr. 3,7.13.15; 4,7.

81 Die Kriterien dieser Formbestimmung sind Begrich, Heilsorakel 217-231, entnommen, der es unternahm, in Deuterojesajas Heilsverkündigung eine Aufnahme des priesterlichen Heilsorakels nachzuweisen. Vgl. auch zum Komplex Heilsweissagung im AT Westermann, Weg 230-249.

82 Vgl. Thr 3,57; weitere Belegstellen aus Dtjes bei Begrich, Heilsorakel 219, Anm. 11.

ihres Bekenntnisses und Gebetes (15,2), Bezug, und göttliche Anerkenntnis (ἑώρακα) ihrer äußerlich sichtbaren Selbsterniedrigung und Trübsal (15,3; vgl. Ex 3,7) wird festgestellt.

Entsprechend der Form des Heilsorakels folgt sodann die Heilszusage, daß Gott den Beter erhört **hat**, daß seine Bitte erfüllt **ist:** Aseneths Name (Dtjes 43,1 "... ich habe dich mit Namen gerufen. Mein bist du."; vgl. 41,14) ist, so Teil II, im "Buch der Lebenden im Himmel"[83] von Gottes Hand aufgezeichnet und diese Tatsache garantiert ihr ewiges Leben. Die grundsätzliche Entscheidung Gottes für das Anliegen des Beters ist gefallen. Die Not hat ihren Schrecken verloren und muß vergehen[84]. Die sich unmittelbar anschließende Heilsankündigung im voluntativen Futur (V.5a; vgl. Dtjes 49,15; Ps 6,9-11) nimmt den Umschwung, die Gewißheit der Erhörung auf (vgl. Dtjes 41,11f): Aseneth wird von Gott vollkommen neu und lebendig gemacht werden. Ihr Heil, so darf aus der Wiederholung der Dreierreihe der Erneuerungsaussagen durch die Dreizahl von Brot, Kelch und Salbe gefolgert werden, liegt von nun an in dem Lebensvollzug more judaico, wenn dem Schöpfer mit dem Lobspruch Dank für das in den Lebensmitteln gespendete Leben gesagt wird[85]. Die eschatologischen "Heilsgüter" "Leben", "Unsterblichkeit" und "Unverweslichkeit"[86] werden Aseneth mit dem Tag ihrer Konversion über ihren Tod hinaus bis in alle Ewigkeit zugesprochen.

Nachklappend, und wohl nur auf die Liebesromanze von JosAs bezogen, folgt dann in Teil III der Engelrede die Vermählungsankündigung der Ehe mit Joseph als Erschließung irdischen Glückes der Jungfrau Aseneth.

Somit ergibt sich Folgendes: Der erste Teil der Engelrede (JosAs 15,2b-6) ist, formgeschichtlich betrachtet, eine Nachahmung des priesterlichen Heilsorakels. Seine Grundform ist erweitert worden, um sie der Romanhandlung anzupassen. Es ist denkbar, daß die jüd. Gemeinde den Grundbestand dieser Rede als ein Bestätigungsformular[87] gebraucht hat, um die Konversion einer/s

---

83 Zur Vorstellung des βίβλος τῆς ζωῆς, des himmlischen Bürgerverzeichnisses, wie es Burchard, JosAs JSHRZ II,4 675, Anm. 4b, nennt, vgl. die biblisch-jüd. Belege Ex 32,32f; Ps 87,6; Jub 30,22; 1QM 12,1f; Lk 10,20; Apk 3,5: 20,12.15.

84 Vgl. Begrich, Heilsorakel 221.

85 S. was Josephus, Bell 2,131, von den Essenern berichtet, was aber ähnlich vom zeitgenössischen Judentum allgemein gelten darf: ἀρχόμενοί τε καὶ παυόμενοι γεραίρουσι θεὸν ὡς χορηγὸν τῆς ζωῆς.

86 Vgl. Röm 2,7; 2Tim 1,10 die Zuordnung der Heilsgüter von ζωή und ἀφθαρσία.

87 Die namentliche Adressierung (JosAs 15,2b.4a.6a) ist austauschbar.

Proselytin/en in Exhomologese/Gebet und äußerlicher Buße anzuerkennen. Es könnte zu einem Proselyten-Aufnahmeformular[88] Teil 2 gehören: Nach einer Bußzeit - möglicherweise sieben Tage - erfährt der Konvertit die Zusage göttlicher Erneuerung in einem synagogalen Gottesdienst: Gottes Erwählung aus dem Tod zum Leben gilt ewig und wird für ihn als Menschen erfahrbar, wenn er mit dem schöpfungsgemäßen Lebensvollzug zur Ehre des Schöpfers beginnt.

7.6.5 Neubelebung als Erlösung zum ewigen Leben - ein Stück systematischer Theologie von JosAs

JosAs beschreibt den Eintritt in die jüd. Heilsgemeinde als Erneuerungsgeschehen des ganzen Menschen, als Herausführung aus der Spähre des Todes in den Bereich ewigen Lebens (JosAs 15,12)[89]. Diese im lokalen Vorstellungsrahmen angesiedelte Deutung des Bekehrungsvorganges bringt JosAs 27,10, "Aseneths Gebet in Todesgefahr", soteriologisch als Erlösungsgeschehen (ῥύομαι ; vgl. 15,12) zur Geltung[90]. Das Heil des Heiden liegt in der Abwendung von den Göttern (9,2; 27,10; vgl. 1Thess 1,9) und in der Hinwendung zum "wahren Gott" und "lebendigen Gott", dem "Gott der Hebräer" (JosAs 11,10; vgl. 1Thess 1,9), der als zum Heilsvolk erwählender Schöpfergott (JosAs 8,9; 16,14; 17,6) in jeder Proselytenkonversion tätig ist. In Aufnahme eines systematisch-theologischen Gedankens von Claus Westermann[91] könnte man sagen, daß die hinter JosAs stehende Diasporagemeinde das geschichtlich-erwählende und das schöpfungsgemäß-heilende Handeln Gottes, sein rettendes und sein segnendes Handeln ineinssetzt: eschatologisches Heil ist als Erwählung und "Neuschöpfung" durch Gott in der Bekehrung eines Proselyten präsent.

Der mit dem Übertritt zum Judentum verbundene, die ganze Lebenssituation mit allen unwiderruflichen Konsequenzen betreffende radikale Existenzwandel wird in Gegensatzpaaren aussagbar gemacht (JosAs 8,9), wie sie für

---

88 Vgl. Sänger, Judentum 179.
89 Vgl. JosAs 8,9; 12,11; 15,5; 21,14.21.
90 S. den Text Hauptteil A 7.6.1. Vgl. in der LXX Jes 49,7.26; 54,5.8; auch Röm 7,24.
91 Vgl. die von Westermann, Segen, in Teil 1: "Retten und Segnen" (9-22) gemachten Ausführungen zur atl. Theologie.

jüd.-hell. Bekehrungssprache kennzeichnend sind[92]. Vermittelnd steht über den Oppositionen der Begriff des Lebens. Ein Vergleich des Gottesbekenntnisses (8,9; 12,1: Gottesprädikation "(der) Lebendigmachende") mit der Reflexion über die Glaubenserfahrung ("lebendigmachen" 8,9; 15,5; 27,10) läßt den systematisch-theologischen Gedanken der Parallelisierung von Schöpfung und Erhaltung und gegenwärtiger "Neuschöpfung" erkennen[93]: der Schöpfer des Lebens garantiert die soteriologische Vervollkommnung individuellen Lebens (vgl. Röm 4,17)[94].

Die Beschränkung der Erneuerungsaussagen in JosAs allein auf das neue Sein des Konvertiten macht es nötig, den schöpfungstheologisch begründeten Dualismus des Menschseins zu betrachten[95]. Das ist auch darum notwendig, weil Traugott Holtz energisch bestritten hat, daß Aseneths Aufnahme in die jüd. Gemeinde in der "Deutung als Neuwerdung"[96] signifikant jüd. sei. Er hält u.a. aufgrund von Barn 6,11.14, wo ἀνακαινίζω und ἀναπλάσσω erscheinen, eine christliche Umprägung von JosAs für wahrscheinlicher[97]. Ein Vergleich des christl. Barn mit der jüd. Schrift JosAs hebt jedoch die Inkommensurabilität der verschiedenen Deutungskonzepte von Bekehrung heraus.

Nach dem Barn, der seine typologische Auslegung des AT in 6,13 von dem Grundsatz " ποιῶ τὰ ἔσχατα ὡς τὰ πρῶτα " leiten läßt, schafft Gott durch sein Angebot einer Sündenvergebung aufgrund des Christusgeschehens ein ἄλλον τύπον , ein neues, nie dagewesenes, anderes Menschengeschlecht (Barn 6,11),

---

92 Vgl. zu den Gegensatzpaaren JosAs 8,9 bes. Philo, Virt 179, der Vergleich der Proselyten mit sehendgewordenen, vormals blinden Menschen: ἐκ βαθυτάτου σκότους αὐγοειδέστατον φῶς ἰδόντες (vgl. Abr 70; Migr 122f). Virt 180 nennt u.a. folgende Oppositionen: ἐξ ἀμαθίας εἰς ἐπιστήμην, ἐξ ἀδικίας εἰς δικαιοσύνην, ἐξ ἀτολμίας εἰς θαρραλεότητα Vgl. auch Lk 15,24.32: νεκρὸς ἦν καὶ ἀνέζησεν / ἔζησεν (vgl. Röm 2,19). Weitere Beispiele jüd. Missionssprache in jüd. und altkirchlichen Belegen bei Berger, Missionsliteratur 232ff.

93 Vgl. Brandenburger, Auferstehung 25.

94 Vgl. Sellin, Streit 85f. Zu Röm 4,17 vgl. Wilckens, Röm 1, 274, und Käsemann, Röm 114f.

95 Mißverständlich Burchard, Einleitung JSHRZ II,4 603, der von einer "dualistische(n) Anthropologie" spricht.

96 Interpolationen 486.

97 Über das jüd. und christliche Belegmaterial der Vokabeln läßt sich keine einlinige Traditionsverarbeitung erkennen: ἀνακαινίζω gebräuchlich in der LXX: 2Chr 15,8; Ps 38,2; bes. 102,5; 103,30; Thr 5,21; 1Makk 6,9, desgleichen ἀναπλάσσω Sap 15,7. Ἀναζῳοποιέω nur TestAbr A 18 als jüd. Terminus für die realistische Totenauferweckung; ἀνακαινόω Hebr 6,6 von der Wiederzulassung zur zweiten Buße (vgl. 2Kor 4,16; Kol 3,10). Tit 3,5: ἀνακαίνωσις bezogen auf die christliche Taufe (vgl. Röm 12,2), ἀναπλάσσω und ἀναζῳοποιέω im NT unbekannt. Vgl. dazu Holtz, Interpolationen 486, Anm. 1.

zusammengesetzt aus bekehrten Heiden- und Judenchristen. Schöpfung wiederholt sich in der Endzeit zum **zweitenmal.** Für die jüd. Schrift JosAs hingegen gibt es nur die **eine** und wahre, von jüd. Lebensart geprägte, schöpfungsgemäße Existenz, zu der der Heide nur über seine Konversion zum Judentum gelangt, indem sein defizienter Status[98] als Nur-Mensch von Gott verwandelt wird: Erst auf dem geschenkten wahren Menschsein liegt die göttliche Verheißung ewigen Lebens.

Hinter der weisheitstheologisch begründeten (vgl. Sir 24, 3a; Weish 7,25) "Schlüsselszene" des Romans, daß Joseph Aseneth durch seinen Kuß mit πνεῦμα ζωῆς, πνεῦμα σοφίας und πνεῦμα ἀληθείας begabt (JosAs 19,11), steht eine Gen 2,7 LXX umdeutende Exegese von zwei "Menschenklassen" (2x ἄνθρωπος)[99]. Einmal der (heidnische) Mensch aus χοῦν ἀπὸ τῆς γῆς (Gen 2,7a), dem die (soteriologische) Todesperspektive seiner Erdhaftigkeit zueignet, und zum anderen der (jüd.) Mensch, der durch Einhauchung göttlicher πνοὴ ζωῆς... εἰς ψυχὴν ζῶσαν (vgl. Gen 2,7b; JosAs 27,10[100]), zum vollkommenen Menschsein mit soteriologischer Heilsperspektive von Gott geschaffen wurde. Was der Jude von Geburt an besitzt (vgl. JosAs 4,7) und über die göttliche Weisheit in der Thora an Lebensheil vermittelt bekommt (vgl. Lev 18,5; Dtn 30,15; 32,46f; Röm 2,7.10; 7,10), fehlt dem Heiden[101]. "Ohne Pneuma ist (er) nach dieser Vorstellung im übertragenen Sinne tot"[102]. Durch die Begabung mit Weisheitspneuma, mit πνοὴ ζωῆς = πνεῦμα ζωῆς [103] werden Bekehrte "mit himmlisch-pneumatischem Wesen angefüllt"[104] und erhalten himmlische Schönheit von gleicher Qualität wie die der Juden (vgl. Joseph in JosAs 4,7; 6,3-6; 13,14; 21,21 mit Aseneth 18,11; 21,4). "Erst die Pneuma-Verleihung vermittelt eigentliches 'Leben', Unsterblichkeit"[105].

---

98 Vgl. Burchard, 1Korinther 256; vgl. ders., Einleitung JSHRZ II,4 609.

99 Zur dualistisch-weisheitlichen Verwendung von Gen 2,7 vgl. Philo, All I 32; dazu Sellin, Streit 103ff.

100 Ψυχή ist in JosAs 27,10 "Umschreibung für ein Personalpronomen", so Fischer, Eschatologie 111, und läßt sich nicht auf einen Leib-Seele-Dualismus ausdeuten.

101 Vgl. Betz, Schönheit 77: "Was dieser (sc. Joseph) offenbar von Kind auf besitzt, wird ihr (sc. Aseneth) erst später geschenkt. Bei Aseneth vollzieht sich eine Wandlung vom heidnischen zum himmlischen Menschen."

102 Sellin, Streit 87.

103 Vgl. den Übergang der Bedeutung von πνοή als "Hauch, Atem" zu "Geist" in Spr 1,23; Philo, Det 80; vgl. auch den Ausdruck πνεῦμα ζωτικόν Weish 15,11; dazu Philo Op 30; Justin, Dial 6,2.

104 Brandenburger, Auferstehung 25.

105 Sellin, Streit 87.

Für JosAs, das erläutert die Epiphaniereaktion Außenstehender (20,6f), ist die wunderbare Erneuerung des Proselyten "keineswegs rein bildlich oder bloß als ein Akt der geistigen Erneuerung gemeint, sondern trägt die Züge einer realen Veränderung des ganzen Menschen"[106]. Will man von der literarischen Ebene der Doppelnovelle auf das Neuheitsverständnis des Proselyten in der Synagoge schließen, so muß in Abzug gebracht werden, daß die Doppelnovelle Aseneth in der Rolle der Ahnfigur aller Proselyten metaphysisch überhöht darstellt[107] und sich dabei wohl von missionarisch-propagandistischen Absichten leiten läßt. Beachtenswert bleibt der "Realismus" von JosAs: das bei der Konversion erlangte Heilsleben vermittelt keine supranaturalen Fähigkeiten, sondern bleibt in Todesgefahr ohnmächtig auf Gottes rettende Bewahrung angewiesen (27,10).

Das Ziel des in JosAs geschilderten Initiationsritus als Inkorporation in die Synagoge ist es also nicht, nach Art der Mysterien den Initianten über die Teilhabe am Schicksal der Gottheit in eine höhere ontologische Lebensqualität einzuführen, sondern eine schöpfungsgemäße Lebensweise coram deo zu begründen. Die Rede von der Neubelebung des Proselyten (JosAs 8,9; 15,2-6) zeichnet sich in besonderer Weise durch ihren Verweischarakter aus: jenseits aller menschlichen Aktivität von Zeichen reuevoller Umkehr durch Aseneth bleibt die Freiheit Gottes des Schöpfers, dem Menschen Unsterblichkeitsheil zu gewähren, in **Zusage** und **Zuspruch** unangetastet[108].

Geht nun die Neuschöpfungsmetaphorik unmittelbar in die sakramentale Terminologie der das Leben vermittelnden Elemente (Brot, Kelch, Salbe: JosAs 15,5; vgl. 8,9)[109] über, so besteht der sachliche Zusammenhang über den Bekehrungsakt. Inkorporation der von der göttlichen Schöpfung bereitgestellten Lebensmittel führt zum eschatologischen Lebensheil, wenn der Proselyt sich

---

106 Fischer, Eschatologie 108; so auch Wolter, Rechtfertigung 68, Anm. 151.

107 Zu der Art Engelexistenz, die die Patriarchen auszeichnen, vgl. neben Joseph auch Jakob (JosAs 2,7: 23,10) und Levi (22,13; 23,8-17; 26,6; 27,6; 28,15-17; 29,3-6). Zur himmlischen Schönheit biblischer Ahnfiguren in der haggadischen Literatur des Frühjudentums vgl. z.B. zu Noah äthHen 106,2.5.10, zu Sara 1QGenAp 20,1-7, dazu Betz, Geistliche Schönheit 71ff.

108 Vgl. auch die Besonderheit der Doppelnovelle, daß Aseneth göttliche Vergebung erbittet (JosAs 11,18; 13,13), kein Mensch oder auch Engel aber sich in der Lage zeigt, sie ihr zuzusprechen; anders das frühe Christentum, wie der streitgesprächsartige Einschub Mk 2,5b-10 zeigt.

109 Die Dreiheit Korn-Wein-Öl als Umschreibung des Lebensunterhaltes; AT-Belege bei Burchard, Untersuchungen 128f; für die intertestamentarische Literatur Belege bei Sänger, Judentum 173, Anm. 80.

göttlichem Erwählungshandeln in seiner Umkehr stellt. In der Zugehörigkeit zur jüd. Gemeinde liegt für ihn gegenwärtiges eschatologischen Heil bereit. Individualistisch und ohne Interesse an einer futurischen Eschatologie[110] schildert JosAs (8,9) die Vollendung des Heils als postmortalen Eintritt in einen himmlischen Ruheort (8,9; 15,7f; 22,13). Die "Umkehr" selbst hat diese eschatologische Zukunft allen Umkehrwilligen bereitet, um das Ziel der Umkehr, die Erneuerung, eschatologisch-immerwährend zu institutionalisieren (15,7).

7.6.6 Zusammenfassung zu JosAs

Die hinter JosAs stehende Diasporasynagoge deutet die individuelle Bekehrung eines Proselyten als **Herausführung** des Heiden aus seinem niedrigen, defizitären Status als Mensch zweiter Klasse zur **Erhöhung** wahren Menschseins in der synagogalen Gemeinschaft engelgleicher Juden. Die nur vom Heiden nachzuholende Erlangung wahrer Geschöpflichkeit in richtigem Gottesglauben ist **einzig** in Ermangelung einer adäquaten Begrifflichkeit als individuelle "Neubelebung/Neuschöpfung" zu apostrophieren: mit der Konversion erfüllt sich für den heidnischen Menschen die ursprüngliche Schöpfungsnorm lebendigen Menschseins (Gen 2,7) in der Begabung mit göttlichem Geist[111]. Der Übertritt zur jüd. Gemeinde bedeutet für den Proselyten die größtmögliche, unwiederholbare Neuheitserfahrung seiner Existenz, die als Versetzung in die Lebenssphäre in ihrer Totalität und Andersheit nur in Gegensatzpaaren über die Abwertung von früheren und die Aufwertung jetzigen Lebens kommunikabel ist.

In der theologischen Verbindung von Schöpfung und Erwählung gelingt dieser Diasporagemeinde die Konzeption einer **individuellen Eschatologie,** wie sie atl. ohne Vorbild ist[112]. Als erlöstes (Voll-)Mitglied der von Gott zu ewigem Leben erwählten eschatologischen Heilsgemeinde partizipiert der Proselyt an den Heilsgütern göttlicher Zusage, an Unvergänglichkeit und Unsterblichkeit.

---

110 Herausgearbeitet von Fischer, Eschatologie 111-115.

111 Vgl. Sellin, Streit 86: "Bekehrung wird als inspirativer Akt neuer Belebung verstanden."

112 Vgl. aber die Verbindung von Schöpfung und Erlösung in der national-kosmisch ausgerichteten Eschatologie Deuterojesajas in 41,20; 43,19; 44,3f.24; 45,8. Vgl. die Beobachtungen von Sänger, Bekehrung 27f, zu JosAs 12,1f, daß hier über eine Spiritualisierung des Exodusmotivs das Ereignis von Aseneths Bekehrung gedeutet wird.

Diese Diasporasynagoge stellt die Ausbildung einer futurisch-kosmologischen zugunsten einer individualistisch-postmortalen Eschatologie zurück. Die paradigmatische Umkehr von Aseneth, des Prototyps aller Proselyten, garantiert - wie die Abrahamskindschaft dem gebürtigen Juden (vgl. Mt 3,9; Röm 9,7) - jedem Konvertiten über die himmlische kollektive Größe der "Umkehr" zukünftig-eschatologisches Heil[113]. Aseneth ist als mythologische Größe der endzeitliche Ruheort eines von Mauern umgebenen Zufluchtortes, des himmlischen Jerusalems, in das dem Konvertiten in dem Augenblick seines individuellen Todesgeschickes Eingang gewährt wird.

Sucht man nach Parallelaussagen im Bereich jüd. Proselytentheologie, so ist auf den rabbinischen Text ShirR 1,3 § 3 (anonym)[114] zu verweisen, wo es heißt: "Wer einen Menschen unter die Fittiche der Schekina bringt, dem rechnet man es an, als wenn er ihn geschaffen (ברא) und geformt (יצר) und gestaltet hätte (רקם)". Dieser späte, juridische Text reflektiert über das Verdienst des Proselytenwerbers auf die markante Dreierreihe des Erlösungsheils für den Konvertiten.

Fragt man nach Analogien, die den Statuswechsel des Übergangs in eine auserwählte Heilsgemeinde als Versetztwerden in himmlische Höhe, als Errettung vom Tode, als Geistbegabung unter Verwendung von Schöpfungsterminologie beschreiben, so drängt sich die Konzeption gegenwärtig-eschatologischen Heilsbesitzes für Mitglieder der Qumrangemeinde auf, wie sie beispielhaft in den Hodajot (1QH 3,19-23; 11,9-14) im Lobpreis Gottes besungen werden[115].

---

113 Gegen Schneider, Idee 261, der in JosAs bar jeder Begründung den eschatologischen Gedanken der Neuschöpfung als "Vorwegnahme der allumfassenden endzeitlichen Neuen Schöpfung" dargestellt sieht.

114 Im folgenden zitiert nach Sjöberg, Wiedergeburt 54; vgl. Rengstorf, Art. γεννάω ThWNT I 665, der zu ShirR 1,3 § 3 bemerkt: "Der gänzlich unmystische Charakter wird aber erst bei der abschließenden Beobachtung erkennbar, daß der Proselyt überhaupt erst durch den Übertritt zum Judentum zum Menschen wird, während er bis dahin nur ein 'Geschöpf' unter anderen war".

115 So gesehen von Brandenburger, Auferstehung 23f.

7.7 Zusammenfassung

Eine Sichtung der Neuschöpfungsaussagen in den Schriften der hell. Synagoge erbringt für die traditionsgeschichtliche Frage, ob für das paulinische Wort von der "neuen Schöpfung" eine direkte Anknüpfung besteht, ein negatives Resultat. Im einzelnen ist Folgendes zu bemerken:

An der Redaktion von Josephus, Ant 18,373, ist der pagane Sprachgebrauch von καιναὶ κτίσεις als Neugründung menschlicher Siedlungen zu erkennen. Die Differenz zur genuin atl.-jüd. Rede vom göttlichen, eschatologischen Neuschöpfungshandeln ist evident. Die Dtjes-Stellen (43,19; vgl. 42,9; 48,6) in der griech. Übersetzung der LXX bilden im Hinblick auf ihre allgemeine Redeweise (τὰ καινά ; καινά) denn auch die traditionsgeschichtliche Basis des Abstraktums καινὴ κτίσις , ohne daß von hier aus für Paulus eine direkte Ableitung möglich wäre. Konsequent auszuschließen ist eine Herleitung von Weish 7,27, da der mystische Gedanke der die Welt erneuernden Weisheit der eschatologischen Neuschöpfungsaussage widerspricht[1].

Gelingt eine Traditionsgeschichte zu "neuer Schöpfung" als vorgeprägter Terminus endzeitlich-eschatologischen Heils aus Schriften des palästinischen Judentums (s. Hauptteil A 4 und 5), so zeigt das Beispiel des slHen, wie die kosmische Neuschöpfungstradition in der apokalyptischen Literatur der Diasporasynagoge verlorengehen kann. Die Traditionsrezeption von äthHen 72,1; Jub 1,29 in slHen 65,3ff ließ eine Abkehr von der futurisch-eschatologischen Prophetie zugunsten des metaphysischen Dualismus von oberer und unterer Wirklichkeit des "einen Äon" erkennen. Es zeigt sich beim slHen, daß sich eine individuelle Eschatologie in den Vordergrund schiebt, da sich mit dem Tod die Partizipation des gläubigen Individuums an der oberen eschatologischen Wirklichkeit realisiert.

Das Dominieren eines am Individuum ausgerichteten Jenseitsglaubens im hell. Judentum der Diasporasynagoge läßt sich schließlich auch mit der Asenetherzählung (JosAs) unter Beweis stellen. Anders aber als bei dem Religionsphilosophen Philo von Alexandria, in dessen ethisch-moralischem Universalismus der Aufruf zur Tugendhaftigkeit, zur Vergöttlichung des Menschen als gemein-menschliche Möglichkeit (vgl. Agr 171; VitMos II 140) mit dem Appell zum Übertritt des Heiden zur jüd. Gemeinde, dem "neuen Staatswesen"

---

1 Gegen Windisch, 2Kor 190, mit Stuhlmacher, Erwägungen 17, Anm. 65.

(SpecLeg I 51), konkurriert, ist JosAs von einer radikalen, kompromißlosen Ausschließlichkeit bestimmt: weil nur dem Vollmitglied der Heilsgemeinde des auserwählten Gottesvolkes der Zugang zur eschatologischen Heilsverheißung eröffnet ist, rückt die Aufnahme von heidnischen Sympathisanten in die jüd. Gemeinde als Anfang einer eschatologischen Heilsexistenz als Jude in den Mittelpunkt. Zu beachten ist, daß das theologische Konzept von JosAs einer Überblendung von Schöpfung und Erlösung im Ereignis der singulären Konversion eines Proselyten nur **uneigentlich** als "Neubelebung/Neuschöpfung" zu bezeichnen ist. Betont wird in JosAs nicht der Neuheitsaspekt einer die verdorbene, alte, erste Schöpfung überwindenden **neuen** Schöpfung, sondern betont wird die **Erfüllung** der nur vom heidnischen Menschen nachzuholenden Umkehr zum wahren Gottglauben, so daß ursprüngliche Geschöpflichkeit in der inspirativen Begabung des Menschen mit Gottesgeist geschieht.

Obwohl das von JosAs vertretene eschatologisch-präsentische "Neuschöpfungs"-Konzept in Hinsicht seiner Geistorientierung als belebender Akt des Individuums für das gleichermaßen individuell-ekklesiologische, präsentisch-eschatologische "neue Schöpfung" bei Paulus (vgl. 2Kor 5,17) eine faszinierend einleuchtende Analogie ergeben könnte[2], ist davon Abschied zu nehmen, in dieser hell. Konversionstheologie den traditionsgeschichtlichen Bezugspunkt für "neue Schöpfung" bei Paulus zu sehen. Die Gründe sind genannt. Der gänzlich verschiedene Sprachgebrauch (JosAs: ἀναζῳοποιέω, ἀναπλάσσω, ἀνακαινίζω) weist auf einen fundamental differenten soteriologischen Entwurf hin. Für JosAs liegt das totaliter-aliter einer **neuen** Schöpfung außerhalb des Denkhorizontes. Gottes menschliche Schöpfung ist hierarchisch abgestuft zwischen dem erwählten Volk und den Heiden. Was die Qumrangemeinde in die innerjüdische Diskussion um ihr Auserwähltsein **innerhalb** des erwählten jüd. Volkes als Programm einer "Ekklesiola in Ekklesia" vorträgt, das wendet JosAs auf das **Außenverhältnis** eines Diasporajudentums an: Heil ist für den **Heiden** als göttliche Erhöhung zum wahren geschöpflichen Menschsein als Jude möglich und nötig.

---

2 Vgl. Stuhlmacher, Erwägungen 19, zu JosAs: "von höchster Tragweite" oder Wolter, Rechtfertigung 68: "traditionsgeschichtlich sehr viel näher".

8 ZUSAMMENFASSUNG DER ERGEBNISSE ZUR TRADITIONSGESCHICHTE DER NEUSCHÖPFUNGSVORSTELLUNG IM FRÜHJUDENTUM

1. Die Rede von einer eschatologischen Neuschöpfung durch Gott ist genuin biblisches Gedankengut. Im Unterschied zu ihr bleibt der pagane Sprachgebrauch "neue Schöpfung" (vgl. die Redaktion von Ant 18,373: "Neugründung von Siedlungen") auf die anthropologische und uneschatologische Dimension beschränkt. Einflüsse außerbiblischer Vorstellungen auf das atl.-jüd. Neuschöpfungsmotiv konnten nicht festgestellt werden.

2. Ihren Ursprung nimmt die Neuschöpfungsvorstellung in der exilischen Heilsprophetie Deuterojesajas. In seiner national ausgerichteten Eschatologie eines "neuen Exodus" für die nach Babylon exilierten jüd. Volksglieder (Dtjes 43,16-21) verbindet Deuterojesaja die aus dem allgemein-menschlichen Erfahrungsbereich des Handwerklichen stammenden Kategorie des Neuen (חדש sing.) mit der theologischen Aussage von Jahwes Schöpfertätigkeit (עשה). Er versucht seine Zuhörer mit der prophetischen Ansage von Jahwes neuem heilvollen Geschichtshandeln dazu zu bewegen, sich als neue Kultgemeinde zu konstituieren. Deuterojesajas Heilsprophetie in der (exilischen) Situation des Gerichtes Gottes über sein Volk gewinnt ihre Hoffnung zukünftiger (Heils-)Geschichte aus dem theologischen Gedanken der Identität Gottes in der Geschichte (vgl. die Relation von חדשות plur. Dtjes 42,9; 48,6 und באות plur. 41,22; vgl. 44,7 zu ראשנות plur. 41,22; 43,9; 46,9) sowie über die Schöpfungstheologie in der Gleichsetzung von 'Gott als Schöpfer' mit 'Gott als dem Herrn der Geschichte'.

3. Noch in den atl. Schriften des MT-Kanons läßt sich die Wirkung der außerordentlichen Heilsprophetie Deuterojesajas nachweisen. In der frühen nachexilischen Zeit unternimmt eine schriftgelehrte Prophetie (Trjes) eine Neuinterpretation von Dtjes 43,18.19a und ordnet die kosmologische der nationalen ("Jerusalem") Soteriologie vor (Trjes 65,17-19): "Gott wird einen neuen Himmel und eine neue Erde schaffen" (65,17). Unter dem Eindruck einer enttäuschten Theophanie von Jahwe als König behält diese schriftgelehrte Prophetie das von Deuterojesaja im Gotteswort angekündigte Neuschöpfungshandeln Jahwes als Wort göttlicher Treue zu Israel. Jedoch verschiebt sie die

Verifikation der Neuschöpfung auf die eschatologische Wende am Ende der Welt. Der dabei auftretende Zug zur Transzendentalisierung wie zur Kosmologisierung der Soteriologie ist eine Wegstrecke hin zum Geschichtsdualismus der späten apokalyptischen Bewegung.

4. Apokalyptische Kreise dürften sich auch bei der Endredaktion des Trjes-(Jes-?)Buches (Trjes 66,17-24) in schriftgelehrter Manier dem nun isolierten Endzeittopos einer kosmologischen Neuschöpfung zugewendet haben. Sie folgern aus der Kombination zweier Jesajastellen (48,13; 65,17a) die Unvergänglichkeit der eschatologischen Heilsgemeinde (Trjes 66,22). Dabei vertritt dieser Rezeptionskreis implizit ein spekulatives Verständnis der Weltneuschöpfung, insofern zeitlich vorher die "Vernichtung" der alten Welt stattfinden wird.

5. Der im AT eingeleitete Prozeß einer aneignenden Traditionsauslegung der Neuschöpfungsvorstellung läßt sich in dem schriftgelehrten Umgang des Frühjudentums mit seinen heiligen Schriften weiter verfolgen. Dabei kann eine sich an Dtjes orientierende **endzeitlich-eschatologische** von einer an Trjes sich anlehnenden **apokalyptisch-visionären** Rezeptionslinie unterschieden werden. Der Gebrauch der Neuschöpfungsvorstellung beim pharisäischen Judenchristen Paulus ist eindeutig der erstgenannten Traditionslinie zuzuordnen.

6. Repräsentativ für ein asidäisches Judentum Palästinas dürfte die zitathafte Anlehnung an Deuterojesajas Heilsverheißung als Chiffre für das endzeitlich-eschatologische Heil in der Qumranliteratur (1QS 4,25; vgl. 1QH 13,11f mit Bezug auf Trjes 65,17) bzw. der Qumrangemeinde nahestehenden Literatur (äthHen 72,1g-i; vgl. Jub 1,29 mit Bezug auf Trjes 65,17) sein. Auffällig ist hier, daß theologische Gelehrsamkeit der endzeitlich-eschatologischen Neuschöpfungsaussage **immer** eine Aussage über die Verfasstheit der creatio originalis voranstellt. Zwischen den gleichberechtigt nebeneinander stehenden Größen der weisheitlich erschlossenen Jetzt-Welt und der Prophetie einer eschatologisch-neuen Welt wird ein Ausgleich im Sinne der Abfolge hergestellt, ohne daß man in ein dualistisches Zeitschema einmündet (vgl. auch LibAnt 3,10; 11QTemple 29,9).

7. Innerhalb dieser Traditionskette kommt es zur Ausprägung des Begriffs "(neue) Schöpfung" (Jub 1,29; 4,26; 11QTemple 29,9). Als Terminus technicus ist er in Jub 4,26 belegt. Am Beispiel des Jub (1,29a-h) läßt sich zeigen, daß der Begriff "neue Schöpfung" offen ist für eine kosmologische, priesterliche, astronomisch-weisheitliche und bundestheologische Sorteriologie. Deshalb darf er als Verständigungsangebot eines Minimalkonsenses asidäischer Theologie über das eschatologische Endheil gelten.

8. Von dieser Ausformung der Neuschöpfungstradition zu unterscheiden ist die auf der Tritojesaja-Schule fußende visionäre Antizipation göttlicher Endzeitgeschichte in der apokalyptischen Esoterik (äthHen 91,16 [10 WA]; Apk 21,1; vgl. LibAnt 3,10). In der Offenbarungsvision teilt der von Gott legitimierte, Eingang in die Himmels-Welt erhaltene Seher den Gläubigen die bereits präexistent in der himmlischen Welt vorhandene Zukunft mit (vgl. GenR 1). Sein Zukunftsbild wirkt realistisch, ist aber konzeptionell von unterschiedlichen Heilsmetaphern getragen.

9. Innerhalb dieser Traditionslinie stellt 2Petr 3,13 eine formale Repristination (Trjes 65,17 als Zitat im Wortlaut des MT) der tritojesajanischen Neuschöpfungsaussage dar. Sie wird vom 2Petr als feststehender Endzeittopos im Rahmen einer fundamentalistisch argumentierenden Apologie für ein Weltbild futurischer Eschatologie gegenüber innerkirchlich-christlicher Häresie verteidigt.

10. Das Motiv der endzeitlich-eschatologischen "Erneuerung" der Schöpfung bleibt auch durchgängig in der späten, die Lehre von den zwei sich ablösenden Äonen schärfer ausarbeitenden Apokalyptik erhalten (4Esr 7,75; syrBar 32,6; 57,2; LibAnt 16,3; 32,17; Tg J I, J II und N zu Dtn 32,1). In der Literatur der Diasporasynagoge hingegen geht es zugunsten einer am Individuum orientierten "hellenistischen" Jenseits-Eschatologie verloren (vgl. slHen 65,6-8). Die Prominenz des Themas in der späten Apokalyptik zeigt sich daran, daß die Erneuerungsaussage zu einem Gottesprädikat werden kann (ApkAbr 17,14). Die Ratifikation der göttlichen Zusage bleibt konsequent einem nachgeschichtlichen Zeitraum vorbehalten, ohne daß deshalb die Naherwartung zurückgedrängt wird. Das Entsprechungsschema von Urzeit und Endzeit kann in dieser abgeflachten Formulierung des Neuschöpfungsgedankens zur Geltung gelangen (4Esr 7,75).

11. In einer für pharisäisch-rabbinische Kreise kennzeichnenden Weise gerät die Frage nach der Teilhabe an der "neuen Welt" in den Mittelpunkt der theologischen Erörterung, und zwar als Grundproblem des individuellen Thora-Gehorsams (syrBar 44,12; MekhEx 16,25; vgl. syrBar 57,2). Gott gilt als Garant des Zukunftsheils (vgl. in der LXX die Tendenz zur Ontologisierung der neuen Welt Jes 48,6; 65,17). Die Zukunft wird deshalb nur noch verhandelt als Problem der Anthropologie, der gelungenen Auseinandersetzung des Menschen mit dem bösen Trieb. Die dialektische, die Naherwartung bewahrende Geschichtsdeutung der Apokalyptik entwickelt sich im Rabbinat zur zeitlosen Mahnung, ein Leben nach der Thora zu führen, da es eine heilvolle Zukunftsperspektive besitzt.

12. Nicht bestätigt werden kann, daß der paulinische Begriff "neue Schöpfung" sich vom rabbinischen Begriff בריה חדשה ableitet, da letzterer Terminus sich nicht im tannaitischen Judentum, sondern frühestens in Rabbinenworten des 4.Jh.n.Chr. nachweisen läßt.

13. Nicht bestätigt werden kann, daß in der priesterlich-spirituellen Gemeinschaft der Qumrangemeinde die endzeitliche Neuschöpfungshoffnung (1QS 4,25; 1QH 13,11f; 11QTemple 29,9) von einem Mitglied der eschatologischen Heilsgemeinde antizipiert wird. Eine Einzelexegese von Heilsaussagen in den Hodajot der Qumrangemeinde (1QH 3,21; 11,14; 15,15f) erbrachte das negative Ergebnis, daß in verbaler Umschreibung keine anthropologische Neuschöpfungsprolepse als gegenwärtiger Heilsbesitz des Qumranfrommen vorliegt. Auch beim Initiationsgeschehen der Qumrangemeinde wird auf das Neuschöpfungsthema kein Bezug genommen. Eschatologisch-gegenwärtiges Heil vollzieht sich für den Qumranspiritualen vielmehr in der Aufhebung seiner geschöpflichen Niedrigkeit über den Eintritt als "Priester vor Gott" in die den Tempel ersatzweise repräsentierende Qumrangemeinde. Durch die Präsenz Gottes in seinem Wohnhaus zerfließen Zeit und Ewigkeit und Heil wird als Aufstieg, als Versetzung in die Sphäre des Himmels erfahren, zum wahren Gottesdienst im Lob des Schöpfers. Das gegenwärtig-eschatologische Heil muß im Akt ständiger Heiligung und Erneuerung bewahrt werden.

14. Einen großen Bereich der Traditionsgeschichte nahm die Untersuchung der jüd. Konversionstheologie ein, die die größtmögliche Neuheitserfahrung des zu wahrer Religion und Menschsein übertretenen Heiden auslegt. Gänzlich uneschatologisch diskutiert das tannaitische Judentum das für die rabbinische Kasuistik wichtige Problem der Konversion über den Vergleich eines Proselyten mit einem neugeborenen Kind. Demonstriert wird mit diesem Vergleich die Situation des "neuen Anfangs" (Yev 48b; TrGer 2). Auch im ethischen Universalismus des jüd. Religionsphilosophen Philo von Alexandria bedeutet die Umkehr des Proselyten den Bruch mit seinem früheren Leben, dem eine religiöse und sittliche Neuorientierung im jüd. Glauben folgt, ohne daß dem "besseren" Menschen, dem Proselyten, ein Neuschöpfungsprädikat beigelegt wird (SpecLeg I 51; Virt 179).

15. Unter eindeutig eschatologischer Perspektive allerdings sieht die hinter der Schrift JosAs stehende Diasporagemeinde den durch die Konversion herbeigeführten Statuswandel des Menschen, da in der Bekehrung der heidnischen Priestertochter Aseneth zum jüd. Glauben prototypisch die Ursprungsgeschichte aller Konvertiten erzählt und Aseneth die Teilhabe am ewigen Leben verbürgt wird. Obwohl dem "neuen Leben" der Bekehrten eine supranaturale Ver-

änderung eignet, darf das von JosAs geschilderte Erlösungsgeschehen nur in Ermangelung adäquater Begrifflichkeit als "Neuschöpfung" aufgefaßt werden. Wie die Vorsilbe ἀνα - vor der in JosAs gebrauchten Schöpfungs- und Erneuerungsterminologie erkennen läßt, fällt die Konversion des Heiden unter das Erlösungskonzept einer nur von Nichtjuden nachzuholenden Umkehr zum wahren jüd. Gottesglauben und Menschsein der **einen** Schöpfung. Was die Qumrangemeinde in der innerjüdischen Auseinandersetzung um die wahre ecclesiola in ecclesia vorträgt, wendet JosAs auf das Außenverhältnis des Judentums zum Heidentum an: Erlösung geschieht als Erhöhung aus geschöpflich-heidnischer Unzulänglichkeit in der Aufnahme in die jüd. Heilsgemeinde, die ihrem Vollmitglied die eschatologischen Güter verbürgt.

Summa: Der paulinische Begriff καινὴ κτίσις erweist sich als vorpaulinischer Konsensbegriff frühjüdischer Eschatologie für das Gottes Initiative vorbehaltene überwältigend-wundervolle futurische Endheil. Der abstrakte Begriff ist in der frühjüdischen Theologie nicht einseitig, z.B. kosmologisch, festgelegt, sondern offen für eine soteriologische Füllung. Eine anthropologische und präsentisch-eschatologische Verwendung des Begriffes wie des Motivs der neuen Schöpfung konnte in der frühjüdischen Literatur nicht nachgewiesen werden.

HAUPTTEIL B
BEDEUTUNG UND FUNKTION DES BEGRIFFES "NEUE SCHÖPFUNG" IN DER PAULINISCHEN THEOLOGIE

1 EINLEITUNG

Nach exegetischer Communis opinio ist der Gal, dessen Echtheit und literarische Integrität nicht bestritten werden[1], vor dem Röm geschrieben. Für ein enges Verhältnis Gal - Röm spricht die beiden Briefen gemeinsame Rechtfertigungsterminologie[2]. Unterscheiden lassen sich die Briefe darin, daß im Gal das paulinische Rechtfertigungsevangelium innergemeindlich gegen judenchristliche Irrlehrer verteidigt, im Röm hingegen missionarisch-offensiv - von fundamentalen Fragestellungen ausgehend - im Gespräch mit dem Juden entwickelt wird. Vergleicht man einzelne Lehrtopoi miteinander, z.B. das Gesetzesverständnis Gal 3 und Röm 7, so zeigt sich, daß im Röm die Argumentation reflektierter, die Beweisführung dialektischer geworden ist (vgl. nur Gal 3,21 mit Röm 7,7.10.12f). Dieser Fortschritt in der theologischen Ausführung spricht dafür, daß der Gal nicht unmittelbar vor dem Röm verfaßt wurde.

Der 2Kor ist nach dem 1Kor geschrieben. Bis auf die "unpaulinische Interpolation"[3] 2Kor 6,14-7,1 wird seine Echtheit nicht, seine literarische Integrität aber mit guten Gründen bezweifelt[4]. Da sich bis auf das Corpus des Röm (Röm 1,16-15,13) alle paulinischen Briefe durch geschichtliche Situationsgebundenheit auszeichnen, erlaubt ein zu beobachtender Wechsel in der Beurteilung der Lage der Gemeinde durch Paulus eine Teilungshypothese des 2Kor in Briefe bzw. Brieffragmente[5] (vgl. Phil 3,1f).

Klammert man die Dublette der Kollektenkapitel 2Kor 8f aus der literarischen Zuweisungsfrage aus - sie können Schlußkapitel von (nichtüberlieferten) selbständigen Briefen sein (vgl. 1Kor 16,1ff; Röm 15,26, auch Phil

---

1 Vgl. Kümmel, Einleitung 266; Hübner, Art. Galaterbrief TRE 12,5.

2 Vgl. aber auch die Rechtfertigungssprache vereinzelt in Phil 3,2ff; 1Kor 1,30; 6,11; 2Kor 5,21; zu den Berührungen im Aufbau von Röm und Gal s. Wilckens, Röm 1,48; ders., Christologie 67-69, zu spezifischen Übereinstimmungen s. Borse, Standort 120-135.

3 Vielhauer, Geschichte 153.

4 Vgl. Vielhauer, a.a.O. 150ff.

5 Gegen Kümmel, Einleitung 253; die von Kümmel vertretene Einheitlichkeitshypothese muß sich fragen lassen, warum 2Kor 10-13 trotz anderslautender Beurteilung der Situation von Paulus an 2Kor 1-9 angefügt wurde und nicht vielmehr 2Kor 1-9 ganz ersetzt hat; vgl. Vielhauer, Geschichte 151f.

4,10ff) -, so stellt man offenkundige Gemeinsamkeiten vom Gal und dem Fragment 2Kor 10-13 fest[6], die auf eine zeitliche Nähe der Abfassung schließen lassen. Da in 2Kor 10-13 in einer selbständigen Einheit über das apostolische Amt die Auseinandersetzung mit der Gemeinde in Korinth völlig offen ist, 2Kor 7,5-16 aber ein Agreement zwischen Apostel und Gemeinde berichtet, ist 2Kor 7,5-16 mit 1,1-2,13 zeitlich nach dem Brieffragment 2Kor 10-13 anzusetzen. Insofern aber diese Verse den situativen Rahmen von 2Kor 2,14-6,13; 7,2-4 bilden (vgl. das literarische Verfahren im Röm, Röm 1,1-15; 15,14-33), ist gleichfalls für diese gut disponierte Apologie des Apostelamtes eine Datierung nach 2Kor 10-13, Gal anzunehmen[7]. Da das chronologische Nacheinander Gal - Röm mit einer Tendenz zu generalisierender Komplexität in der theologischen Gedankenführung des Paulus einhergeht, lassen auch die wenigen spezifischen Übereinstimmungen von Gal und 2Kor 1-7 (insbes. 2Kor 5,14-17 mit Gal 2,19-21; 6,15; 2Kor 4,10 mit Gal 6,17[8]), wie sich an 2Kor 5,14-17 noch zeigen wird, es geraten sein, in dieser Untersuchung das Auftreten des Begriffes "neue Schöpfung" in Gal 6,15 vor der Stelle 2Kor 5,17 zu betrachten.

6 Vgl. Borse, Standort 85-106.
7 Vgl. Klauck, 2Kor 9.
8 Gegen Borse, Standort 71-84.

2 GAL 6,11-18: DAS KREUZESEVANGELIUM IM STREITE JUDENCHRISTLICHER THEOLOGIE

In einem für paulinische Briefausgänge überraschend langen Schlußwort (vgl. 1Kor 16,21ff[1]) kommt Paulus noch einmal im Gal, genauer: zum letzten Mal, auf den springenden Punkt seines Zirkularschreibens an die Gemeinden in Galatien (Gal 1,2) zu sprechen. Da der Apostel bei seiner von Gemeinde zu Gemeinde vorwärtseilenden Mission der östlichen Hemisphäre des Römischen Imperiums (vgl. Röm 15,19) nicht in der Lage ist, die von ihm gegründeten bzw. betreuten Missionsgemeinden turnusmäßig oder je nach Bedarf persönlich zu besuchen, setzt er erstmals die Gattung des antiken Briefes zum Zwecke der Missionsarbeit im Urchristentum ein (vgl. 2Kor 10,11). Der Brief substituiert seine Anwesenheit als Apostel Jesu Christi in der Ortsgemeinde[2] durch das von einem Sekretär (vgl. Röm 16,22) niedergeschriebene Wort seiner mündlichen Rede, das als Evangelium (vgl. Gal 1,11) allen Gemeindegliedern zu lesen gegeben bzw. in einer Gemeindeversammlung[3] vorgelesen werden soll (vgl. 1Thess 5,27).

Sein Engagement für das Christusevangelium bei den Galatern in der Kleinasiatischen Landschaft "Galatien" läßt Paulus das Diktat des Gal abbrechen und selber ans Schreibpult treten. Mit eigenhändig[4] (vgl. 1Kor 16,21; Phlm 19)

---

1 Vgl. auch 2Kor 13,11ff; 1Thess 5,12ff; Phlm 22ff; dazu Lührmann, Gal 100; Weder, Kreuz 201.

2 Vgl. die von Bünker, Briefformular, gemachten Beobachtungen am 1Kor zur Topik des antiken Freundschaftsbriefes, der Topos der "Als-ob-Unmittelbarkeit" und der der "Als-ob-Anwesenheit" (26ff).

3 Diese Ansicht darf als Communis opinio gelten, vgl. Bultmann, 2Kor 253; Lietzmann, Kor 162; Windisch, 2Kor 427; Zurückhaltung bei Conzelmann, 1Kor 359.

4 S. Bauer, Wörterbuch Sp.1740, dort auch Lit.

geführter[5] 'spitzer Feder' schreibt er den Gal von Kap. 6,11 ab[6] selbst zu Ende und skizziert mit wenigen, scharf abgesetzten, ja grob wirkenden Strichen die unüberbrückbare Kluft, die zwischen dem "anderen Evangelium" der galatischen Irrlehrer und dem "Evangelium Christi" (Gal 1,6f) besteht. Er bittet die Galater zuletzt um besondere Aufmerksamkeit (6,11:ἴδετε ; vgl. 5,2) und versucht, über die "großen Buchstaben" die durch das Medium des Briefes bedingte kommunikative Distanz zwischen ihm als dem apostolischen Verkündiger des Evangeliums (vgl. 1Kor 15,1; 2Kor 11,7; Gal 1,11) und seinen Gemeindegliedern (vgl. Röm 10,17) auf ein letztes Minimum zu verringern[7].

---

5 Mit den πηλίκα γράμματα , den "großen Schriftzügen" (vgl. Bell I, 529, dazu Mußner, Gal 410), schließt sich Paulus der Gepflogenheit seiner Zeit an, Eigenhändigkeitsvermerke am Schluß eines Schreibens zu setzen, s. Bruns, Unterschriften 41-138; Deissmann, Licht 132 (Nr. 6. S.136-144); Roller, Formular 66-78.489-493; Dölger/Karyannopulos, Urkundenlehre 27-41; Bahr, Subscriptions 27-41; Fitzmyer, Notes 201-255. Es ist nur natürlich, daß sich Paulus' eigene Handschrift von der Schönschrift seines Sekretärs unterscheidet, vgl. Lührmann, Gal 100.

6 Das ἔγραψα (Aor.) in Gal 6,11 ist daher als "Aorist des Briefstiles" (Blaß/ Debrunner, Grammatik § 334) zu verstehen (vgl. 1Kor 5,11; Phlm 19; dagegen ἔγραψα als echtes Präteritum in bezug auf einen früheren Brief 1Kor 5,9; 2Kor 2,3f.9; 7,12, auf einen fertig vorliegenden Brief Röm 15,15, auf einen vorangehenden Teil des Briefes 1Kor 9,15; Phlm 21; vgl. Schlier, Gal 279, Anm. 2) und präsentisch zu übersetzen: Paulus als Schreiber des Schlußabschnittes nimmt den Zeitpunkt des Lesers vorweg (vgl.: ἴδετε), an dem dieser seinen Brief empfängt und liest (vgl. Schlier, Gal 279). Die von manchen Auslegern in Betracht gezogene Möglichkeit, daß ἔγραψα als echtes Präteritum sich auf den ganzen Brief (Zahn, Gal 279f; Roller, Formular 592) oder nur auf den Abschnitt von Gal 5,2 an beziehen soll (Bahr, Subscriptions 35), ist wegen der Wendung πηλίκοις ... γράμμασιν auszuschließen (Blaß/Debrunner, Grammatik § 334; vgl. Becker, Gal 79; Schlier, Gal 279f; Sieffert, Gal 360f; Mußner, Gal 410f; Betz, Gal 313f; Bruce, Gal 268; vorsichtig urteilen Lietzmann, Gal 43f, und ausführlich Oepke, Gal 197-200; unklar Lührmann, Gal 100). Das Korrelativpronomen πηλίκος ist hier in seinem eigentlichen Sinn zu verstehen (Bauer, Wörterbuch Sp.1301) und mit "wie groß" zu übersetzen. Schließlich ist γράμματα in der Bedeutung "Brief" (Apg 28,21) unpaulinisch, denn Paulus nennt ihn ἐπιστολή (1Kor 5,9; 16,3; 2Kor 3,1ff; 10,9f; 1Thess 5,27), s. Schlier, Gal 279, Anm. 4; vgl. Oepke, Gal 199; Bauer, Wörterbuch Sp.328; Mußner, Gal 410; Sieffert, Gal 361.

7 Mit der eigenen Handschrift stellt sich der Apostel seinen Lesern und, über die ausdrückliche Bemerkung von Gal 6,11, auch seinen Zuhörern unmittelbar "vor Augen", vgl. Burton, Gal 348; Zahn, Gal 280. Die Rhetorik der direkt vor Zuhörern gesprochenen Rede würde es verlangen, daß an dieser Stelle die Stimme gehoben, ein Handzeichen gegeben oder Ähnliches getan würde.

Seine Schlußsätze sind ein unwiderruflich "letzter Appell"[8] an die Galater, der "Wahrheit des Evangeliums" (Gal 2,5.14) in ihren Gemeinden zum Zuge und damit Christus und seiner Gnade zum endgültigen Durchbruch zu verhelfen (vgl. 4,19). Der rechten Einsicht eines jeden Christen in das Evangelium spricht Paulus schließlich Gottes heilvollen Segen zu (6,16), der als Zielbegriff atl.-jüd. Lebens- und Glaubensverständnisses gelten darf.

In dieser sehr dichten Argumentation des Paulus am Ende des Gal fällt auch der Terminus "neue Schöpfung" (6,15). Schon seit längerem gilt der Exegese dieser Schlußabschnitt als Zusammenfassung der Grundgedanken des Schreibens[9], ja sogar als "gute Einführung" in den Gal[10]. Wenn also stimmt, was Jost Eckert festgestellt hat, daß sich nur in diesem Schlußteil des Gal "die **einzig ganz präzise** Angabe des Vorhabens der mit Paulus konkurrierenden Prediger in Galatien"[11] finden läßt, so wird man daraus zu folgern haben, daß Paulus in dem **gesamten** Gal-Schlußwort unmißverständlich "zur Sache" redet. Eine Interpretation des Abschnittes wird also zu prüfen haben, ob sich aus dem Gal-Postskript nicht nur die von Paulus bekämpfte, sondern auch seine eigene Evangeliumsverkündigung näher veranschaulichen lassen kann. Der Ausdruck "neue Schöpfung" könnte dabei ein kurzes, aber grelles 'Schlaglicht' auf das paulinische Anliegen werfen. Denn der summarisch gehaltene Schlußteil des Gal gibt der Exegese die Chance, einen aufschlußreichen Einblick zu nehmen, wie der Apostel das dem Menschen allein Heil verbürgende Evangelium sozusagen auf den Punkt, auf den die Diskussion in Galatien abbrechenden, unüberholbaren Schlußpunkt gebracht wissen möchte.

2.1 Textanalytische Bemerkungen

Um die im Gal-Postskript (Gal 6,11ff) auf wenig Raum sprachlich auf das Äußerste verdichtete theologische Argumentation des Apostels in angemessener Weise entschlüsseln und zu ihrem besseren Verständnis näher entfalten zu

8 Eckert, Verkündigung 31; vgl. Oepke, Gal 200; Schlier, Gal 280.
9 Vgl. Lietzmann, Gal 2; Bring, Gal 241f; Mußner, Gal 410; Betz, Gal 313; Eckert, Verkündigung 31.
10 Eckert, Verkündigung 31; ähnlich Betz, Gal 313; Mußner, Gal 410.
11 Verkündigung 32 (Hervorhebungen U. M.); vgl. Jewett, Agitators 200.

können, sind einige Hinweise zum Aufbau des Postskriptes (a) vonnöten. Daran schließen sich (b) Überlegungen an, die die Funktion des Schlußabschnittes als eines integralen Bestandteiles des ganzen Gal bedenken, um dann (c) die Folgerungen für das inhaltliche Verständnis des Gal zu behandeln.

a) Differenziert man bei der Analyse der literarischen Struktur eines Textes zwischen eher formalen und mehr inhaltlichen Aussagen, so sind zu ersteren Gal 6,11 und 6,18 zu rechnen: V.11 bildet die Einleitung des Schlußwortes an die Galater[1], V.18 den apostolischen Schlußgruß des gesamten Gal. Die Argumentation der V.12-17 läßt sich anhand der Wiederholung von Ausdrücken (ὅσοι in V.12a und V.16a zeigt Inversion an), gliedernden Partikeln (adversatives δέ in V.14a), dem Numeruswechsel in V.14 (3. Pers. sing.) und der Markierung von Gegensätzen (σάρξ - σταυρός [2]) deutlich gliedern: Neben einem (formal) mit der apostolischen Autorität argumentierenden Abschluß[3] (V.17 = III.) umfaßt das paulinische Schlußwort zwei antithetisch aufeinander bezogene Teile (V.12f = I. einerseits, V.14f = II. andererseits). Jeder Teil ist für sich noch einmal durch begründendes γάρ in eine **"These"** (V.12 und V.14) und ihre **"Begründung"** (V.13 und V.15) unterteilt[4]. Zwei theologische Positionen stehen sich unversöhnlich gegenüber.

Eine Sonderstellung nimmt Gal 6,16, der Segenszuspruch, in der Gliederung ein. Von Apg 21,24 her, wo στοιχεῖν durch φυλάσσειν τὸν νόμον erläutert wird[5], läßt sich eine inhaltliche Parallele zu Gal 6,13a feststellen[6], so daß der Vers einerseits noch zum zweiten Teil des Schlußwortes, der Vorstellung des "paulinischen" Evangeliums (V.14f), gehört. Andererseits aber verläßt Paulus hier seinen argumentativ wirkenden Vortrag und erweitert die Segenszu-

---

1 Gal 6,17 ist dementsprechend der Schluß des die theologische Argumentation des Gal abschließenden Teils; mithin bildet er mit V.11 den Rahmen des Schlußwortes, vgl. Betz, Composition 357f.

2 Mußner, Gal 414: " ἐν τῷ σταυρῷ korrespondiert oppositionell dem ἐν τῇ ὑμετέρᾳ σαρκί im V.13".

3 Einerseits ist Gal 6,17 durch adverbiales τοῦ λοιποῦ vom Vorhergehenden abgesetzt, andererseits rekurriert die Erwähnung der "Wundmale Jesu" (V.17b), die der Apostel in der Verfolgung wegen des Evangeliums erlitten hat (zur Interpretation s.u.), inhaltlich auf V.12c, wo Paulus seinen Gegnern vorwirft, daß sie die Beschneidung nur deshalb fordern, damit sie nicht um des Kreuzes Jesu willen verfolgt werden.

4 In Teil I. stehen die V.12f parallel zu einander (V.12b entspricht inhaltlich V.13b, V.12c formal V.13c), vgl. Schlier, Gal 280f; Burton, Gal 352. Darüber hinaus ist dieser Teil chiastisch (σάρξ in V.12a.13c) durchmodelliert.

5 Vgl. Bauer, Wörterbuch Sp.1524.

6 Vgl. auch die oben schon erwähnte Widerholung des Relativpronomens ὅσοι.

sage eschatologischen Heiles über die potentiellen Anhänger seiner eigenen theologischen Position auf das "Israel Gottes". Das macht darauf aufmerksam, daß die Stellung des Segensspruches nicht hinreichend aus dem Gal-Postskript selbst zu bestimmen ist[7]. Diese Vermutung weist jedoch bereits auf die Funktion des Schlußabschnittes in der Einheit des gesamten Gal hin.

b) Jürgen Becker hat darauf hingewiesen, daß es "kaum zufällig" sein dürfte, daß der Aufbau des Gal-Postskriptes im Vergleich mit dem auf das Präskript folgenden Briefeingang (1,6-9) "eine antithetische Parallelität" aufweist[8]: Thematisiert Gal 1,6f das ἕτερον εὐαγγέλιον der Gegner (τίνες; θέλοντες), so gilt dasselbe für 6,12f (ὅσοι - οὗτοι, οἱ περιτεμνόμενοι; 2 x θέλουσιν). Führt 1,8f in Wir- und Ich-Rede das den Galatern schon früher (vgl. 4,13) verkündigte εὐαγγέλιον τοῦ Χριστοῦ als Maßstab[9] für die Ablehnung der gegnerischen "Evangeliumsverkündigung" ein, so bringt 6,14f ein Summarium des "paulinischen" (ἐμοί 2 x; κἀγώ ; V.16a rückbezüglich τῷ κανόνι τούτῳ) Evangeliumsansatzes. In 1,8f schließlich erfolgte die zweimalige Verfluchung der Gegner (ἀνάθεμα ἔστω), "ist es Zufall", fragt Becker, "daß Paulus ... (ans) Ende den Segenswunsch für die Gemeinde stellt"[10] (εἰρήνη καὶ ἔλεος als Hendiadyoin)?

Keineswegs! Das läßt sich formal und inhaltlich begründen: Hans Dieter Betz, der den Gal gemäß den Kriterien griechisch-römischer Rhetorik und Epistolographie dem Genre "apologetic letter", näherhin dem genus iudiciale zuordnet[11], zeigt, daß das Postskript "not only as an epistolographic convention but also as a rhetorical feature" untersucht werden muß[12], da der Gal eine apologetische Rede in literarischer Form darstelle: "The general purpose of the **peroratio**[13] is twofold: it serves as a last chance to remind the judge or the audience of the case, and it tries to make a strong emotional impression upon them. The three conventional parts of the **peroratio** carry out

7 Vgl. Becker, Gal 84.

8 Gal 79; auch zum folgenden vgl. ebd. 79.

9 In ihm ist die Gnade Christi präsent (Gal 1,6), welche die Irrlehre der Gegner ins Gegenteil umzuwandeln (1,7: μεταστρέφω) versucht.

10 Gal 13.

11 Vgl. Composition 354; Betz' Ansatz aufgenommen hat Brinsmead, Galatians 42ff. Sein Anliegen, die rhetorische Disposition des Gal als "a dialogical response to opponents" (ebd. 54) verständlich zu machen, ist vom Selbstverständnis der antiken Rhetoriktheorie, den Adressaten des Gal (1,2) und dem paulinischen Evangeliumsbegriff (1,6ff) her fraglich.

12 Composition 356.

13 Auch als **conclusio** bezeichnet.

this task"[14]: "Paul's **peroratio** is primarily a **recapitulatio**"[15], "sharpens and sums up the main points of the case"[16] (vgl. V.14f). Die V.12f sind "clearly an expression of **indignatio**, with a good dose of **amplificatio**": "A sharp polemic against the opponents, denouncing them not only as 'heretics' but also as 'morally' inferior and despicable"[17]. Schließlich ist V.17 als eine "**conquestio** (which) stimulates pity"[18] zu verstehen. Gal 6,11-17 ist deshalb in drei Abschnitte zu unterteilen: in die Refutatio (V.12f), in die Recapitulatio (V.14-16)[19] und die Conquestio (V.17).

Das Postskript als Ganzes wird nach Hans Dieter Betz in der antiken Rhetorik zum Exordium (Gal 1,6-11) in Beziehung gesetzt[20], in dem "the **causa** of the case" vorgestellt wird, "the reason why the letter was written, containes the 'facts' that occasioned the letter"[21]. Ordnet man den Gal aufgrund dieser formkritischen Beobachtungen der Gattung "apologetischer Brief" zu, so definiert sich nach Betz diese wie folgt: "The apologetic letter ... presupposes the real or fictitious situation of the court of law, with jury, accuser, and defendant. In the case of Galatians, the adresses are identical with the jury, with Paul being the defendant, and his opponents the accusers".[22] Läßt aber für Paulus, so stellt sich die Frage, das Thema "Christus-Evangelium" es zu, eine persönliche "Selbst-Apologie" an die Galater zu schreiben?

c) Für das inhaltliche Verständnis des Gal ist es von Bedeutung, daß Paulus seine Ausführungen als Verkündigung des Evangeliums bezeichnet (Gal 1,11; vgl. 1,8f). Als "Geschehen der Wortverkündigung, durch das Gott die Gemeinde unter die Gnade Christi ruft"[23] (vgl. Röm 1,1f.16f; 1Thess 1,4f.9f), ist das Evangelium im Gal in den Rahmen von Fluch und Segen eingespannt. Im auf-

---

14 Betz, Gal 313.
15 Betz, Composition 357.
16 Betz, Gal 313.
17 Betz, Composition 357.
18 Betz, Gal 313 mit ders., Composition 358.
19 S. Brinsmead, Galatians 64f.
20 Belege bei Lausberg, Handbuch § 432.
21 Betz, Composition 359, vgl. 359-362. Kritik muß dort anfangen, wo Paulus von Betz unter einem Rhetorikverständnis, nämlich dem der "Überredungskunst" gesehen wird, "das weder generell der Antike, noch (speziell) dem Apostel entspricht", so Bünker, Briefformular 15. Gänzlich fragwürdig wird Betz, wenn er aufgrund von Fluch und Segen im Gal diesen in seiner literarischen Funktion der Kategorie "magical letter" (Composition 379) zuordnen will; zur Auseinandersetzung mit Betz vgl. auch die Rez. von Hübner, ThLZ 109, 241ff.
22 Gal 24.
23 Becker, Joh 38.

geschriebenen Evangelium ist den Galatern die Macht Gottes als Gnade und Gericht offenbar (vgl. Gal 1,6.9), die dem im Glauben gehorsamen Menschen das endzeitlich zu eröffnende Heil verbürgt (6,16) und gleichzeitig Irrlehrer irreversibel dem göttlichen Zorn (1,8f; vgl. Röm 9,3) unterstellt.

Die Präsenz Gottes im Evangelium enthält die Konsequenz, daß es, wie nur ein wahrer Gott ist (Gal 3,20; vgl. 1Thess 1,9), nur ein wahres Evangelium geben kann (Gal 1,7a). Im Gal geht es deshalb nicht um die Diskussion zweier gleichberechtigter, aber miteinander konkurrierender Heilsbotschaften vor einer neutralen Jury, wie es auch kein expressis verbis "paulinisches Evangelium" persönlicher Prägung geben kann. Paulus verfügt nicht aus freien Stücken über den Inhalt des Evangeliums zu eigener Ehre, sondern er findet in dem Evangelium eine Macht, die ihn zu seinen Ausführungen zwingt (1Kor 9,16f). Seine ureigene menschliche Antwort dem Evangelium Gottes gegenüber besteht in dem "Amen" des Gal-Schlusses (Gal 6,18) als einem Einstimmen in die Homologie der Gemeinde zum Lobe Gottes (vgl. 2Kor 1,20).

2.2 Einleitende Erörterungen

Eine Frucht der analytischen Bemühung um Text und Kontext von Gal 6,11-18 ist die Beobachtung, daß der Begriff "neue Schöpfung" im Gal von Paulus zur Erläuterung seines Evangeliumsverständnisses eingebracht wird. Als erläuternde Begründung (6,15: γάρ) dient er der Verständlichkeit paulinischer Theologie. Da Paulus die Vorstellung seines Standpunktes (V.14f) als Antithese zu dem seiner Gegner (V.12f) konzipiert, legt sich für diese Untersuchung eine inhaltliche Beschränkung auf die V.12-16 des Gal - Postskriptes nahe.

Dabei ergibt sich nun aber folgende Schwierigkeit: In Gal 6,13a läßt sich das textkritische Hauptproblem des Gal-Postskriptes, die Frage, ob Paulus die Gegner als περιτετμημένοι (Part.Perf.Pass.) oder als περιτεμνόμενοι (Part.Präs.Pass.) tituliert, nur über die Diskussion der sog. "inneren Textkritik" einer Klärung näherbringen[1]. In diesem Fall ist das Kriterium der Kontextkohärenz der beiden Varianten[2] zu besprechen. Das bedeutet, daß nur

1 S. Jewett, Agitators 202.
2 Vgl. Aland, Text 283.

über die inhaltliche Zielsetzung des Abschnittes selbst ein markantes Problem seines ursprünglichen Textbestandes entschieden werden kann. Um der Gefahr eines hermeneutischen Zirkelschlusses zu entgehen, muß deshalb über die formale Textanalyse wie auch über die Besprechung der sachlich am Rande liegenden V.17f, eingebunden in den Makrokontext des Gal, eine (vorläufige) Themabeschreibung des Postskriptes gewonnen werden.

Zäumt man das Pferd also gewissermaßen vom Schwanze auf, so ist zuerst der Schlußgruß (Gal 6,18) zu erörtern: An seiner "stilgemäß"[3] formulierten Segensformel fallen durch den Vergleich mit 1Kor 16,19ff; 2Kor 13,11ff; Phil 4,21ff; 1Thess 5,26ff zwei Besonderheiten ins Auge: Zum einen, Paulus beendet übergangslos[4] ohne Grußbestellung bzw. -weitergabe den Gal. Zum anderen, er fügt in den Schlußsegen die Anrede "Brüder" ein. Beide Unterschiede zur Normalform sind im Zusammenhang des Gal wie die zwei Seiten ein und derselben Medaille zu verstehen: Der Apostel rekurriert, kongruent zum Briefeingang (Gal 1,1-5), nicht auf das jenseits aller Auseinandersetzung liegende Fundament der persönlichen Beziehungsebene zwischen ihm und seinen Mitarbeitern einerseits und den galatischen Christen andererseits[5], sondern auf die Basis der durch Christus (vgl. Röm 8,29) gestifteten Gemeinschaft gleicher "Brüder"[6]. "Dieses letzte Wort vor dem Amen ist wie eine Selbsterinnerung des Apostels und wie eine Erinnerung der Gemeinde an das Bruderverhältnis, das bei aller Schwäche der galatischen Christen und bei aller Festigkeit des Apostels nicht aufgehoben ist"[7] (vgl. 1Kor 5,5). Es ist zugleich ein (letzter) Hinweis, daß die ganzen Bemühungen des Apostels, die galatischen Christen für das von ihm verkündigte eine und wahre Evangelium zurückzugewinnen (vgl. Gal 3,3f), einzig der Abwehr von christlicher Irrlehre gelten, die die Substanz der christlichen Gemeinden in Galatien als "Kirche Gottes" (vgl. 1,13) in der Einheit gleicher Brüder und Schwestern (vgl. 3,28) bedroht.

Paulus, Apostel durch Jesus Christus und Gott (Gal 1,1), der die christlichen Gemeinden in Galatien gegründet hat (vgl. 3,2f; 4,13), kommt schließlich am Schluß des Schreibens auf seine apostolische Autorität zu sprechen. In V.17

3 Becker, Gal 85.
4 So Schlier, Gal 285; Mußner, Gal 420.
5 Vgl. Lührmann, Gal 103; Becker, Gal 79, vermutet, daß Paulus "die schwierige Situation in Galatien (veranlaßt), den Kontakt zwischen den dortigen Gemeinden und den Christen seines gesamten Missionsgebietes nicht zu fördern."
6 Vgl. die Anrede "Brüder" im Gal noch 1,11; 3,15; 4,12.28; 5,11.13; 6,1.
7 Schlier, Gal 285.

fordert er mit unmißverständlich barschen Worten von den galatischen Gemeinden, daß jegliche Belästigung wegen des Inhaltes seiner Verkündigung, etwa ein Einspruch zur Mäßigung, etwa eine Korrektur oder auch ein versöhnlicher Kompromißvorschlag, (jetzt und) in Zukunft zu unterbleiben habe. Er, Paulus, werde unumstößlich und unabänderlich bei seiner den Galatern in diesem Schreiben nochmals kundgetanen Evangeliumsverkündigung bleiben. Damit werden die galatischen Christen unmittelbar vor die Entscheidung des Glaubensgehorsams (vgl. Röm 1,5; 2Kor 10,5) gegenüber dem (paulinischen) Christusevangelium gestellt.

Paulus begründet seine Unnachgiebigkeit in der Sache (Gal 6,17b: γάρ) mit dem Hinweis auf "die Malzeichen Jesu", die er an seinem Körper trägt. Da Paulus die "Malzeichen Jesu" (Genitiv-Verhältnis) mit seinen apostolischen "Mühen" zusammenbringt (vgl. 2Kor 4,10; 11,13.27), führt Udo Borse die Stigmata "auf Mißhandlungen durch Juden" zurück[8], die Paulus nach eigenem Zeugnis während seines Apostedienstes empfangen hat, näherhin auf die synagogale Geißelstrafe der "vierzig weniger einen" (2Kor 11,24f) oder der von Paulus durchgestandenen "Bedrückung" in der Asia (2Kor 1,8-10), während der er sogar einen Todesbescheid erhalten hatte[9]. Paulus hat um der Verkündigung willen Jesu Wunden empfangen (Genitivus auctoris), die an Schwere den Kreuzeswunden Jesu vergleichbar sind (Genitivus qualitatis). Paulus bewertet sie als Zeichen seiner Leidensgemeinschaft mit dem Gekreuzigten (vgl. Phil 3,10) "durch die Gleichsetzung der eigenen Narben mit den Wundmalen Jesu"[10] (Genitivus possessivus). Theologisch bedeutet dies nach Erhardt Güttgemanns, daß "am mißhandelten Leibe des Apostels ... der gekreuzigte Jesus als **Herr** präsent (ist)"[11]. Wer die apostolische Verkündigung zu verändern sucht, vergreift "sich an dem in der apostolischen Existenz präsenten gekreuzigten Herrn selbst"[12]. Die Leidensnarben am Körper des Apostels sind so

---

8 Wundmale 96.

9 Ebd. 110.

10 Ebd. 92.

11 Apostel 134; vgl. auch Güttgemanns' Zusammenstellung der verschiedenen Auslegungen, die Gal 6,17b erfahren hat (126ff).

12 Ebd. 134. Mit dieser ausgewählten Zitation der Position von Güttgemanns wird der gegen Mißverständnisse nicht geschützte, aber von Güttgemanns verwandte Begriff einer christologischen 'Epiphanie' vermieden, vgl. die Kritik von Lohse in seiner Rez. von Güttgemanns, Apostel (Sp. 912f). Güttgemanns' Rede von dem Leib des Apostels als dem "**'Ort' der Epiphanie und Präsens des irdischen Jesus als Herrn**" (134) gipfelt in der Aussage, daß "man geradezu von einer 'Realpräsenz' des Gekreuzigten als Herrn an der apostolischen Existenz reden muß" (134; ähnlich 139.170 u.ö.). Demgegenüber soll hier nur mit Hilfe von Güttgemanns'

der überzeugendste, allen sichtbare Beweis, welches das wahre, apostolische Evangelium des Kreuzes Christi ist[13].

Um den grundsätzlichen Angriff der Irrlehre zu markieren (Gal 6,12f) und dagegen das apostolische Evangeliumsverständnis zu stellen (6,14f), schreibt Paulus also das Gal-Schlußwort. Als sein Thema legt sich "Das Kreuzesevangelium im Streite judenchristlicher Theologie" nahe. Das Kreuz als Themagegenstand ist viermal (wie besprochen indirekt V.17b, aber auch V.12c: σταυρὸς τοῦ Χριστοῦ ; V.14b: σταυρὸς τοῦ κυρίου; V.14c: ἐσταύρωται) in diesem kurzen Abschnitt[14] präsent. Daß auf **beiden** Seiten der Auseinandersetzung Judenchristen stehen, ist für die Person des Paulus evident (vgl. 2Kor 11,22f; Gal 1,13-16; Phil 3,5-7), für seine Gegner naheliegend (vgl. Gal 1,6f[15]). Ihre Agitation für die jüd. Beschneidung von unbeschnittenen (galatischen) Heidenchristen (6,12b.13b) ist in jüd. Sicht Proselytenwerbung. Auffälligerweise aber bringt Paulus diese mit τῷ σταυρῷ τοῦ Χριστοῦ in Verbindung (6,12c: ἵνα). Die Unterstellung einer Vermeidung von Verfolgung mit einem schlechterdings nur unter Christen verständlichen Theologumenon begründet[16], kann allein nur Judenchristen als tiefen Vorwurf treffen[17].

Studie auf die Tatsache aufmerksam gemacht werden, daß Paulus wie bei seiner apostolischen Verkündigung so auch bei seiner apostolischen Existenz von einer intensiven Nähe zum gekreuzigten Kyrios ausgeht.

13 Daß die apostolischen Stigmata dem Beschneidungsmal, das die Judaisten bei den galatischen Heidenchristen einfordern, als "neues, eschatologisches Mal" von Paulus entgegengestellt werden (so Betz, Art. στίγμα ThWNT VII 663), ist von ExR 19,6 zu 12,50 (anonym), wo סימנטירין (= σημαντήριον) mit dem חותמא des Abrahams, dem Beschneidungssiegel, verbunden erscheint, sprachlich nicht zu beweisen (vgl. Eckert, Verkündigung 38). Auch aufgrund des plur. στίγματα , und aufgrund dessen, daß Paulus Leidensnachfolge auf sein Amt als Apostel eingrenzt (vgl. 2Kor 4,4ff), ist von dieser Vermutung Abstand zu nehmen (mit Becker, Gal 85, gegen Lührmann, Gal 102).

14 Die Kreuzesthematik im Gal noch 2,19; 3,1; 5,11.24.

15 Vgl. Mußner, Gal 26.28f; Becker, Gal 65; Kümmel, Einleitung 260.

16 S. Jewett, Agitators 201.

17 Vgl. Eckert, Verkündigung 33; Jewett, Agitators 201; Richardson, Israel 86.

2.3 Bemerkungen zum textkritischen Problem von Gal 6,13a

Neben mehreren leicht zu entscheidenden Überlieferungsproblemen des Textes Gal 6,11-18 - in V.12 der sekundäre Zusatz zu Χριστός [1], in V.15 der Einfluß von Gal 5,6[2], in V.16 die verallgemeinernde, präsentische Fassung von στοιχεῖν [3] und in V.17 die Ersetzung bzw. Erweiterung des alleinstehenden 'Ιησοῦς [4], - enthält das Gal-Postskript auch ein besonders schwierig zu entscheidendes textkritisches Problem in V.13a. Dazu stellt Peter Richardson fest: "neither internal arguments nor the textual support are sufficient to

---

1 Der Zusatz 'Ιησοῦ zu Χριστοῦ , der in der Hauptsache von den Majuskeln P[46], B, Ψ und der Minuskel 1175 bezeugt wird, ist der lectio brevior, gelesen von der Koine einschließlich den Majuskeln ℵ, A, C, D, F, G und den Minuskeln 33, 81, 104, 365, 630, 1739; 1881; 2464; 2495, vorzuziehen (gegen Nestle/Aland[25], mit Mußner, Gal 411, Anm. 17, der Einfluß von V.14 vermutet).

2 Die Koine einschließlich der Majuskeln ℵ, A, C, D, F, G und den Minuskeln 81, 104, 365, 630, 1739 (2.Hand), 1881, 2464, 2495 bezeugt einen längeren Text (ἐν γὰρ Χριστῷ 'Ιησοῦ οὔτε), der von der Parallele Gal 5,6 genauso wie die Ersetzung von ἐστίν durch ἰσχύει (bezeugt hauptsächlich von der Koine einschließlich der Majuskeln ℵ (2. Hand), D (2.Hand), Ψ) abhängig ist, während die kürzere Textlesart von in der Hauptsache den Majuskeln P[46], B, Ψ und den Minuskeln 33, 1175, 1739 (ursprüngliche Lesart) bzw. bei ἐστίν von in der Hauptsache den Majuskeln P[46], ℵ (ursprüngliche Leseart), A, B, C, D (ursprüngliche Lesart), F, G und den Minuskeln 6, 33, 81, 1175, 1739 und 2464 ausgesprochen gut bezeugt wird.

3 Im konditionalen Relativsatz ist das Futur von στοιχεῖν,bezeugt von der Koine einschließlich der Majuskeln ℵ , B, C (2.Hand), Ψ und den Minuskeln 33, 81, 104, 365, 630, 1175, 2464, 2495 besser überliefert als das Präsens στοιχοῦσιν (in der Hauptsache bezeugt von den Majuskeln A, C [ursprüngliche Lesart], D, F, G und den Minuskeln 1739, 1881). Das Futur στοιχήσουσιν entspricht dem in die Zukunft weisenden Segenswunsch des Paulus (vgl. Zahn, Gal 284) über die im Gal von ihm umworbenen galatischen Heidenchristen (die Lesart Aor.Konj. ohne ἄν bei P[46] [στοιχησῶσιν] läßt sich dabei als singuläre sprachliche Variation des futurischen Sinnes verständlich machen, vgl. Blaß/Debrunner, Grammatik §§ 363,1; 380, Anm.7), während das Präsens eine spätere, verallgemeinernde (ὅσοι) Rezeptionsstufe darstellt.

4 Die Ersetzung des schwierigen, weil alleinstehenden 'Ιησοῦ (bezeugt besonders von den Majuskeln P[46], A, B, C [ursprüngliche Lesart] und den Minuskeln 33, 629) durch Χριστοῦ (in der Hauptsache die Majuskel Ψ , sodann die Minuskeln 81, 365, 1175, 2464) bzw. die Erweiterung durch vorgesetztes κυρίου (die Koine einschließlich den Majuskeln C [3.Hand], D [2.Hand] und den Minuskeln 104, 630, 1739, 1881, 2495) und die längste Lesart κυρίου ἡμῶν 'Ιησοῦ Χριστοῦ (vgl. Gal 6,14.18, in der Hauptsache bezeugt von den Majuskeln ℵ [läßt nur ἡμῶν aus], D [ursprüngliche Lesart], F, G) lassen sich als sekundäre, vereinheitlichende Veränderungen ausscheiden (vgl. Metzger, Commentary 599).

establish beyound doubt the correct reading in 6: 13"[5]. Muß es bei dieser resignierenden Feststellung bleiben?

Schaut man sich die äußere Bezeugung der Handschriftenüberlieferung an, so erkennt man, daß sowohl das Part.Perf.Pass. περιτετμημένοι, das in der Hauptsache von den Majuskeln P[46], B, F, G (mit kleinen Abweichungen), und den Minuskeln 6, 365, 614, 630, 1175, 2495 und vielen griech. Hss. gelesen wird, als auch das Part.Präs.Pass.[6] περιτεμνόμενοι, bezeugt in der Hauptsache von den Majuskeln ℵ, A, C, D und den Minuskeln 33, 81, 104, 1739, 2464 und vielen griech. Hss., gleich gut belegt sind. Eine Entscheidung ist also nach den Grundsätzen der "inneren Textkritik", dem Kriterium der lectio difficilior und dem der Textkohärenz zu fällen.

Betrachtet man zunächst den atl.-jüd. Sprachgebrauch des alleinstehenden, durch den Artikel substantivierten Part.Pass. von περιτέμνεσθαι[7], so ist dabei zu beobachten, daß der im Griechischen vorhandene Unterschied in der grammatischen Funktion der Tempusstämme, nämlich der des Part.Perf.Pass. gegenüber dem Part.Präs.Pass., zu erkennen ist. Josephus z.B. gebraucht das selbständige Part.Perf.Pass., um den Aspekt des Zustandes der Beschnittenheit als Resultat der vergangenen Handlung der Beschneidung anzusprechen (Ant 12,278: ... τῶν τε παίδων τοὺς οὐ περιτετμημένους ἐκέλευσε περιτέμνεσθαι : "... den Nicht-Beschnittenen[8] unter den Knaben befahl er, daß sie sich beschneiden lassen ...")[9] und demgegenüber das selbständige Part.Präs.Pass., um den

---

5 Israel 84; vgl. Betz, Gal 316: "A decision on this problem is impossible"; Schmithals, Judaisten 54, Anm. 78.

6 Eine grammatische Bestimmung als Part.Präs.Medium ist möglich ("die, die sich beschneiden lassen", vgl. Blaß/Debrunner, Grammatik § 317; Richardson, Israel 86: "those who are going around circumcising"; Jewett, Agitators 202: "those who cause to be circumcised"), aber daß das Part. von περιτέμνεσθαι eine unverwechselbare mediale Bedeutung hat, entbehrt des lexikographischen Beweises, so Richardson, Israel 86, Anm.2, mit dem Verweis auf Blaß/Debrunner, Grammatik §§ 314, Anm.2;317, Anm.1: " περιτέμνεσθαι dagegen wird als Pass. behandelt". Darum reduzieren sich die vier grammatischen Formbestimmungen bei Richardson, a.a.O. 85f, auf oben genannte zwei; gleichfalls ist Becker, Gal 82, in der Folge von Jewett, Agitators 202f, und Bruce, Gal 270, abzulehnen.

7 Einzig das undeterminierte Part.Perf.Pass. von περιτέμνω ist im AT nur Jer 9,24 und im NT nur bei Paulus in 1Kor 7,18 anzutreffen. Nur das undeterminierte Part.Präs.Pass. ist im NT bei Paulus Gal 5,3 bezeugt.

8 Vgl. Bauer, Wörterbuch, Sp.1293, zu Gal 6,13 περιτετμημένου : "in beschnittenem Zustand befindlich, beschnitten".

9 Vgl. Justin, Dialog mit Trypho 27,5, wo sich das determinierte Part. Perf.Pass.: " τοὺς ... μητε τὴν ἀκροβυστίαν περιτετμημένους " auf den Zustand der Unbeschnittenheit der vor Abraham und Mose lebenden frommen Menschen bezieht.

Aspekt des Durativen, Linearen der Beschneidungspraxis in ihrer zeitlosen Dauer[10] hervorzuheben (Ap 1,170: οὗτοι γάρ εἰσιν οἱ περιτεμνόμενοι ἀνθρώπων μοῦνοι[11]; "denn diese [sc. Völker] sind die einzigen unter [den] Menschen, die die Beschneidung ausüben [= vertreten / = pflegen]'')[12].

Bei diesem, zwischen einem Part.Perf.Pass. und einem Part.Präs.Pass. differenzierenden Sprachgebrauch von περιτέμνεσθαι ist nun zweitens festzustellen, daß sich bei einem **alleinstehenden**, determinierten Part.**Präs.**Pass. ὁ περιτεμνομένος aus seiner grammatischen Funktion **keine** Zeitbestimmung erkennen läßt. Es wird also bei der Verwendung des Part.Präs.Pass. **keine** Aussage gemacht, seit welchem Zeitpunkt der Einsatz für die Beschneidungspraxis erfolgte, es sei denn, der unmittelbare Kontext des Part. gibt darüber Auskunft (vgl. Justin, Dialog mit Trypho 27,5; 123,1[13]). Entscheidet man sich in Gal 6,13a für die Variante des hier nicht durch den Kontext zeitlich fixierten[14] determinierten Part.**Präs.**Pass. οἱ περιτεμνόμενοι, so verbieten sich demnach schon von der Grammatik her Spekulationen darüber, ob die von Paulus gemeinten Gegner eventuell beschnittene Heidenchristen gewesen seien[15]. Die so Benannten sind nur als "'die im Zustand der Beschneidung Befindlichen' oder 'die die Beschneidung üben'"[16] zu bezeichnen.

---

10 Vgl. Bauer, Wörterbuch Sp.1293, zu Gal 6,13 περιτεμνόμενοι : "sie, die sich beschneiden lassen".

11 Josephus verändert hier ein Zitat aus Herodot, Historiae II 104.

12 Vgl. Philo, SpecLeg I 7: ὅθεν καὶ τὰ περιτεμνόμενα τῶν ἐθνῶν πολυγονώτατα καὶ πολυανθρωπότατα εἶναι δοκεῖ; "daher scheinen sich die Völker, welche die Beschneidung pflegen, durch besonders schnelle Vermehrung und große Volkszahl auszuzeichnen."

13 27,5 lautet: ...ἢ τοὺς περιτεμνομένους καὶ περιτέμνοντας τῇ ἡμέρᾳ τῶν σαββατῶν ...; 123,1: καὶ ὅτι μὲν προσήλυτος ὁ περιτεμνόμενος ...

14 So richtig Munck, Paulus 81, feststellt, daß es schwierig erscheint, "ohne weiteres ein Verb (sc. wie περιτέμνεσθαι), das eine einmalige Handlung bezeichnet, im Präsens Partizipuum in zeitloser Bedeutung zu benutzen", so falsch ist Muncks Exegese dieser Stelle über Belege, die das Part.Präs.Pass. bereits über den Kontext näher erläutern.

15 Mit Mußner, Gal 412f, Anm.23; Oepke, Gal 201; Schlier, Gal 281; Holtzmann, Emanuel Hirsch 76f; Zahn, Gal 282; Eckert, Verkündigung 34f; Sieffert, Gal 366, gegen Hirsch, Fragen 193; Michaelis, Heidenchristen 84; Munck, Paulus 79-81; Lietzmann, Gal 44; Schoeps, Paulus 59; Richardson, Israel 88f; Burton, Gal 353; van Dülmen, Theologie 71; Schmithals, Judaisten 54, Anm.78.

16 Schlier, Gal 281; ähnlich Jewett, Agitators 202; vgl. Martyrium Petri et Pauli 42 (3.Jh.n.Chr.?, Lipsius-Bonnet I 156,Z.4), wo das determinierte Partizip Präsens von περιτέμνω ohne Zeitbestimmung im übertragenen Sinn gebraucht wird.

Steht man nun mit dem Wissen um den jüd.-hell. Sprachgebrauch vor der textkritischen Entscheidung, ob Paulus in Gal 6,13a den "resultativen" (Part.Perf.Pass.: "die Beschnittenen, die sich für die Beschneidung einsetzen") oder den "durativen" Aspekt (Part.Präs.Pass.: "die, die sich für die Beschneidung einsetzen") der von ihm plakativ als "Beschneidungsleute"[17] gekennzeichneten Kontrahenten[18] anspricht, so gibt der Kontext näheren Aufschluß. Da V.13a keine Parenthese ist[19], sondern das Partizip in V.13a das Subjekt des Verbs θέλουσιν spezifiziert, ist zwischen V.13a und V.13b Kongruenz zu erwarten[20]. Da der Gal, respektive das Gal-Postskript eine Auseinandersetzung innerhalb judenchristlicher Theologie um die "Wahrheit des Evangeliums" (Gal 2,5.14) widerspiegelt, ist sowohl die vernichtende Kritik: οὐδὲ γὰρ ... νόμον φυλάσσουσιν (V.13a) als auch die plakative Bezeichnung "Beschneidungsleute" für seine judenchristlichen Gegner für Paulus sprechender Bestandteil eines **christlichen** Streites.

In dem betont christlichen Disput macht Paulus seinen judenchristlichen Widersachern mit dem Etikett "Beschneidungsleute" nicht ihre (vorchristliche) jüd. Vergangenheit zum Vorwurf. Das Gegenteil ist der Fall, wie der Konsens mit dem Judenchristen Petrus Gal 2,15 zeigt. Genau diese Vorhaltung jedoch würde die textkritische Annahme eines Part.Perf.Pass. intendieren, da Paulus mit ihrem quasi von Geburt an erworbenen Status der "Beschnittenheit" seine Gegner und ihren missionarischen Einsatz für die Heidenchristen zu disqualifizieren suchen würde.

Paulus aber geht es um den Aufweis, daß die Rückkehr eines Christen, eben eines Judenchristen, zu einem grundsätzlich überholten vorchristlichen Standpunkt ein Verrat am Evangelium selbst ist. Aus diesem Grunde ist der Lesart des Part.Präs.Pass. οἱ περιτεμνόμενοι der Vorzug zu geben. Paulus will den Anachronismus unter Verdikt gestellt wissen, daß Judenchristen für die "unchristliche" jüd. Praxis der Beschneidung eintreten[21]. Diese Textüberlieferung

---

17 Schlier, Gal 281; Zahn, Gal 282.

18 Wie aus Gal 6,13b hervorgeht ("sie wollen, daß ihr euch beschneiden laßt"), handelt es sich um die Gegner des Paulus (vgl. 5,2f; 6,12) und nicht um "Beschneidungswillige" schlechthin. Dies belegt der Artikel vor dem Partizip, so Mußner, Gal 413, Anm.23, mit Verweis auf Moule, Idiom Book 107; falsch Schoeps, Paulus 72.

19 Gründlich diskutiert bei Richardson, Israel 87.

20 Vgl. Jewett, Agitators 202; Becker, Gal 82; Sieffert, Gal 366; Burton, Gal 353; Oepke, Gal 201; Zahn, Gal 281; Bruce, Gal 269f.

21 Jewett, Agitators 203: "to depict their current advocacy of circumcision"; vgl. Zahn, Gal 280.

ist gleichzeitig die lectio difficilior[22], da in der frühen Wirkungsgeschichte des Gal in der Alten Kirche ein Antijudaismus (z.B. Marcion, Justin d.M. u.a.) sich durchsetzt, der die Kritik des Paulus im Gal auf die Juden, οἱ περιτετμημένοι[23] bezieht[24].

2.4 Übersetzung von Gal 6,11-18

V.11: "Schaut, mit welch' großen Buchstaben ich euch eigenhändig schreibe!"[1]

12: I.a Alle, die danach trachten[2] im Fleisch[3] gut dazustehen[4], nötigen

---

22 So Zahn, Gal 282; gegen Richardson, Israel 84, Anm. 5. Richardsons hypothetische Annahme "that the perfect ... was altered to present, either under the influence of Gal. 5:2 or through a failure, after the Galatian situation had changed, to remember that Jews were actively engaged in the difficulty there", wird von der grammatischen Aussage, wie oben erläutert, des Part.**Präs**.Pass. nicht gedeckt.

23 S. Lietzmann, Gal 44: "deshalb ist in B ... korrigiert ..., so daß geborene Juden deutlich gemacht werden".

23 Erklärungen, die diese Textvariante auf Heidenchristen, "who have accepted circumcision and are now 'in the state of circumcision'" (Betz, Gal 316; s. ebd. Anm.43) beziehen wollen, sind möglich, entbehren aber eines historischen Anhalts in der Textgeschichte der ntl. Handschriftenüberlieferung.

1 V.11 verlangt als Ausrufesatz (vgl. Blaß/Debrunner, Grammatik § 304,3) ein dementsprechendes Satzzeichen (fehlt bei Schlier, Gal 279; Lührmann, Gal 100; Betz, Gal 312; Bring, Gal 241; Mußner, Gal 409).

2 Um den auf θέλουσιν liegenden negativen Akzent hervorzuheben (V.12a. 13b), wird auf die Sprache von Luthers Bibelübersetzung (vgl. seine markante Übersetzung von Gen 6,5) zurückgegriffen.

3 Ἐν σαρκί = "im Fleisch" (vgl. Gal 2,20; 4,14) bezeichnet das Mittel, wodurch πάντες οἵ = ὅσοι (Blaß/Debrunner, Grammatik § 304, Anm.1) ein gutes Ansehen erlangen wollen. Die Übersetzung "durch das Fleisch" (Becker, Gal 79) trägt in den noch allgemein gehaltenen Satz vorschnell die Konkretion von V.13c ein (mit Mußner, Gal 411.411, Anm.14; Eckert, Verkündigung 32, gegen Sand, "Fleisch" 134, Anm.1; Schlier, Gal 280).

4 Das ntl. Hapaxlegomenon εὐπροσωπῆσαι ist in der übertragenen Bedeutung "eine gute Rolle spielen, gut dastehen" wiederzugeben (so Schlier, Gal 280; vgl. Oepke, Gal 200; Mußner, Gal 411; Betz, Gal 314.314, Anm.27; Lohse, Art.εὐπροσωπέω ThWNT VI 779). Die Übertragung mit "das Gesicht zu wahren" (vgl. Weder, Kreuz 202) ist abzulehnen, da sie als Sprachanalogie ("das Kreuz ist der Ort, wo Jesus ... sein Gesicht verloren hat", ebd. 203) gepreßt werden soll. Als ursprüngliche Bedeutung von εὐπροσωπῆσαι vermutet Deißmann, Licht 77.77, Anm.2, den physischen Sinn eines ärztlichen Ausdrucks, vgl. aber PTebt I 19,12f (114 v.Chr.): ὅπως εὐπροσωπῶμεν = "damit wir ein gutes Aussehen haben" und be-

euch[5], sich beschneiden zu lassen, allein, damit
sie nicht wegen des Kreuzes Christi[6] verfolgt werden.

13: I.a Denn auch die Beschneidungsleute selbst befolgen das
Gesetz nicht, aber sie trachten danach, daß ihr euch beschneiden laßt, damit sie sich eures Fleisches[7] rühmen
(können).

14: II.a Mir aber sei es fern[8], mich zu rühmen, es sei denn des
Kreuzes unseres Herrn Jesus Christus, durch das[9] mir
(die) Welt und ich (der) Welt gekreuzigt bin.

15: b Denn weder (die) Beschneidung gilt etwas, noch (die)
Unbeschnittenheit, sondern (die) neue Schöpfung[10].

16: Und alle, die mit diesem Maßstab[11] übereinstimmen
werden[12]:

Friede (komme) über sie und Erbarmen!
Auch über das Israel Gottes!

---

sonders das atl. Hapaxlegomenon εὐπρόσωπος Gen 12,11 LXX von der schönen Sarah: "... eine gutaussehende Frau".

5 Mit dem Präsens de conatu (vgl. Blaß/Debrunner, Grammatik § 319) werden die aufs Ganze gesehen noch nicht erfolgreich abgeschlossenen Versuche zur Beschneidung angedeutet, vgl. Gal 2,14.

6 Dativus causae, vgl. Blaß/Debrunner, Grammatik § 196, Anm.1; vgl. Röm 11,20.30f u.a.m.

7 Eine atl. Sprachgebrauch entsprechende Formulierung, die das "Fleisch" der beschnittenen Vorhaut galatischer Heidenchristen meint, vgl. LXX Gen 34,24; Jer 9,25; Jdt 14,10; dazu Schweizer, Art. σάρξ ThWNT VII 108, Z.6-8.30f; Mußner, Gal 413.

8 Verneinter Optativ von γίνομαι mit Dativ-Subjekt und abhängigem Infinitiv ist eine LXX-Wendung (Gen 44,7.17; Jos 22,29; 24,16; 1Makk 9,10, 13,5 z.T. in Wiedergabe von חלילה ל מן cum infinitivo), deren Verwendung ein mögliches Handeln für die Zukunft verbindlich ausschließt.

9 Der relativische Anschluß δι᾽οὗ bezieht sich wahrscheinlich auf σταυρῷ zurück. Würde er sich direkt auf "Jesus Christus" beziehen, wäre ἐν ᾧ zu erwarten, so Lietzmann, Gal 45, vgl. zustimmend Mußner, Gal 414; Schlier, Gal 281; Oepke, Gal 202; Sieffert, Gal 369.

10 Καινὴ κτίσις als Gegenbegriff zu περιτομή und ἀκροβυστία verlangt als Verbalnomen eine Übersetzung mit aktivischem Sinn (vgl. Röm 1,20).

11 Um den im NT nur bei Paulus vorkommenden Begriff κανών (vgl. 2Kor 10,13.15f) vor Fehlinterpretationen im Sinne des mannigfaltigen Gebrauchs in der Alten Kirche für alles christlich-kirchlich Normative (vgl. dazu Beyer Art. κανών ThWNT III 604ff) zu schützen, wird er schlicht mit "Maßstab" verdeutscht.

12 In Übereinstimmung mit der außerntl. Gräzität (s. Delling, Art. στοιχέω ThWNT VII 668, Z.4ff) ist στοιχεῖν nicht im Sinne der ethischen Lebensführung mit "wandeln" (gegen Schlier, Gal 283), sondern im übertragenen Sinn "mit 'übereinstimmen' zu übersetzen, zumal er mit einem Maßbegriff (κανών) verbunden ist" (Mußner, Gal 415, im Anschluß an Delling, a.a.O. 668, Z.23ff). Gemeint ist also "die gesamte Lebensausrichtung, die allen einzelnen Handlungen vorrangige Entscheidung für das Evangelium, den Geist, die Gesetzesfreiheit" (Becker, Gal 84).

17: III. In Zukunft[13] mache mir niemand (mehr) Scherereien[14]: denn ich trage die Malzeichen Jesu[15] an meinem Leibe.

18: Die Gnade unseres Herrn Jesus Christus sei mit eurem Geist[16], Brüder!

Amen."

2.5 Zur Struktur paulinischer Argumentation

Wer sich nach dem literarischen Charakter des Gal-Postskriptes erkundigt, erhält beispielsweise von Jürgen Becker als Antwort, daß die letzten Verse des Gal "nochmals gezielte Polemik" bringen[1]. Besonders V.12f können in ihrer moralischen Abwertung der Gegner "als typisch für Ketzerpolemik, die den Widerspruch zwischen Anspruch und Wirklichkeit aufdecken will" verstanden werden[2]. Zieht man zu dieser Charakterisierung des Gal-Postskriptes als "Polemik" nun aber psychologisch-wertende Aussagen der Exegese zum Gal-Schluß wie z.B.: "ein letzter gewitterschwüler Ausbruch"[3] hinzu, so drängt sich

---

13 Das adverbiale τοῦ λοιποῦ ist als Zeitpartikel am besten mit "in Zukunft" wiederzugeben, vgl. Blaß/Debrunner, Grammatik § 186; auf keinen Fall ist es mit 'Ισραήλ (V.16b) zu verbinden, gegen Zahn, Gal 286f.

14 Κόπους παρέχειν τινι ist "stehende Redensart im Sinne von Schwierigkeiten bereiten" (Oepke, Gal 205), Mühen bereiten (vgl. Hauck, Art. κόπος ThWNT III 828, Z.17ff), vgl. Sir 29,4; Mt 26,10; Mk 14,6; Lk 11,7; 18,5.

15 Τὰ στίγματα τοῦ 'Ιησοῦ, die Paulus sichtbar an seinem Körper trägt, werden hier neutral mit "Malzeichen" wiedergegeben, um nicht von vornherein das religiöse Phänomen der Stigmatisation, wie es in der Mystik der mittelalterlichen Kirche erscheint (z.B. bei Franz von Assisi), in Paulus einzutragen.

16 Πνεῦμα ὑμῶν im Schlußgruß ist Bestandteil paulinischer Anthropologie und meint genau dasselbe wie ὑμεῖς (vgl. Phil 4,23; Phlm 25 mit 1Kor 16,23; Röm 16,20; 1Thess 5,28; dazu μετὰ πάντων ὑμῶν 1Kor 16,24; 2Kor 13,13). Vgl. רוח im AT und den Qumrantexten als Aspekt für den ganzen Menschen, dazu Baumgärtel, Art. πνεῦμα ThWNT VI 358-360; Schweizer, Art. σῶμα ThWNT VI 387-390.433, Z.15ff. Es kann unübersetzt bleiben (so Becker, Gal 79), damit es nicht mit dem "der σάρξ entgegengesetzte(n) himmlisch-göttliche(n) Pneuma" (Mußner, Gal 420; vgl. Schlier, Gal 285) verwechselt wird.

1 Gal 79.

2 Ebd. 82; vgl. Lührmann, Gal 101: "In V.12f skizziert Paulus noch einmal polemisch die Position seiner Gegner"; Mußner, Gal 411; Eckert, Verkündigung 34.230; Schmithals, Judaisten 56.

3 Oepke, Gal 197.

die Frage auf, ob Paulus bei seinem "publizistischen Krieg" aus emotionaler Erregung[4], etwa aus "Zorn" über die Beschneidungspropaganda[5] in Galatien zu heftig reagiert und sich zu unsachlichen Vorwürfen hinreißen läßt[6]. Näherhin, ob die von Paulus in V.12f vorgebrachten Argumente gegen das gegnerische "Evangelium" noch als solche gelten und dementsprechend von der Exegese als vernunftgemäße Beweisführung des Paulus ausgelegt werden dürfen, oder ob Paulus absichtlich ein falsches "Zerrbild"[7] seiner Gegner entwickelt, das mit unsachgemäßen Unterstellungen[8] und persönlicher Verunglimpfung der Kontrahenten diese zu bekämpfen sucht. Die Geschichte der christlichen Kirche lehrt, daß es Ketzerpolemik mit der Suche nach Wahrheit nie besonders ernst genommen hat.

Wird die Frage, ob "der Apostel gegen seine Gegner im Stil der 'Ketzerpolemik'" schreibt[9] in richtiger Einschätzung von Gal 6,12f bejaht, so steht man vor dem Problem zu beurteilen, nach welchem Grundsatz in den schwierig zu interpretierenden V.12f zwischen "objective facts and subjective judgments" zu unterscheiden ist[10]. Will man sich nicht auf die Vermutung zurückziehen, daß Paulus "die Position der Gegner nicht völlig durchschaut"[11] und "aus Informationsmangel weitgehend gegen eine von ihm aufgebaute Scheinfront von Judaisten"[12] gekämpft hat, seine Gegner also "falsch physiognomisiert" hat[13], so bleibt - wie auch immer man sich hier zu dem Problem polemischer Rede stellt - die hermeneutische Frage offen: sind die Verse angemessene oder unangemessene Rede?

Geht man nun einem Hinweis von Jürgen Becker nach und versucht, die Vergleichsbasis des Postkriptes hinsichtlich seiner Argumentationsstruktur zu erweitern[14], so stößt man in der paulinischen Briefliteratur auf den sog.

---

4 Vgl. Mußner, Gal 414.
5 Eckert, Verkündigung 31.
6 Vgl. ebd. 230.
7 So das Urteil von Eckert, Verkündigung 34.236.
8 So bewerten z.B. Mußner, Gal 412f; Lührmann, Gal 101, die von Paulus vorgebrachten Argumente.
9 Mußner, Gal 28.
10 Betz, Gal 314; auch Betz, der verlangt, das Postskript als "rhetorical feature" zu untersuchen (Composition 356), scheitert bei dieser Problematik in seiner Interpretation. Bezeichnenderweise wiederholt sein Gal-Kommentar zu Gal 6,12f dreimal (315.316.317) obengenannte Schwierigkeit.
11 Marxsen, Einleitung 54.
12 Becker, Gal 82, in Explikation von Marxsens Position.
13 Mußner, Gal 19.27 u.ö.
14 Gal 79f. Beckers Anliegen, im Anschluß an Müller, Prophetie 190ff, in Phil 3,17-4,1 ein Schema der Mahnrede urchristlicher Prophetie zu ent-

"Kampfbrief" (Phil 3,1b-4,1.8f[15] bzw. Phil 3,2-4,3.8f[16]) an die Gemeinde in Philippi[17]. Das Gemeinsame mit dem Gal ist, daß Paulus sich auch im Schreiben nach Philippi mit von außen in die Gemeinde eingedrungenen judenchristlichen Propagandisten (Gal 1,7; Phil 3,2.18f; 4,1), die sich der Beschneidung, ihrer jüd. Abstammung, dem jüd. Gesetz und seiner Heilsgerechtigkeit rühmen (vgl. Gal 1,4.12; 2,17; 3,7.19-21; 4,21; 5,2ff.; 6,12[18] mit Phil 3,3-6.9.15[19])[20], auseinandersetzen muß. Eine struktural-literaturwissenschaftliche Analyse zwischen Gal 6,12-17 und Phil 3,2-19[21], die die Übereinstimmungen in der gedanklich-strukturellen Satzfolge inklusive gemeinsamer wortwörtlicher Anklänge festhält, wird zu prüfen haben, ob und, wenn ja, welcher Art die Beziehung beider Abschnitte zueinander ist.

Anders als das Gal-Postskript setzt der "Kampfbrief" mit einem "Warnruf" von "unerhörter Schärfe ein"[22]. In massiver Weise werden die Gegner von Paulus mit den Verbalinjurien κύνες, κακαὶ ἐργάται und κατατομή beschimpft[23]. Mit dem Stilmittel der Paronomasie spielt Paulus beim letzten Vorwurf in abwertender Art auf die Beschneidungsforderung (ἡ περιτομή) seiner Rivalen an. Wie in Gal 6 eröffnet Paulus damit sofort die Antithese

---

decken, wird hier nicht weiterverfolgt. Instruktiv ist sein Hinweis auf den Phil als heuristischer Einstieg.

15 So die Abgrenzung des Fragments bei Gnilka, Phil 10.

16 So bei Schmithals, Irrlehrer 305.

17 Zur Begründung einer literarkritischen Scheidung des Phil, veranlaßt durch den literarischen Bruch in Phil 3,1f und die Doppelung in Phil 4,7.9, s. Gnilka, Phil 6ff. Von diesem ursprünglich selbständigen Brief sind (beträchtliche?) Teile verlorengegangen. Jedoch sicher ist das nur für die Schlußgrüße und das Präskript zu sagen, die von der Redaktion wegen des "Gefangenschaftsbriefes" drangegeben wurden. Unberührt bleibt die Möglichkeit, wie Schmithals, Irrlehrer 305f, vorschlägt, die übrigen Verse des Phil auf insgesamt zwei Briefe (Phil 4,10-23; 1,1-2,30; 3,1; 4,4-7) zu verteilen.

18 S. dazu Mußner, Gal 12f; Becker, Gal 64-66.

19 S. dazu Gnilka, Phil 211ff.

20 Im Unterschied zum Gal spielt das Thema der "Vollkommenheit" (Phil 3,12-16) und der futurischen Eschatologie (Phil 3,11.19-21) im "Kampfbrief" eine besondere Rolle und anders als im Gal ist sich Paulus der Zustimmung der Gemeinde zu Philippi zu seinem Evangelium noch sicher (vgl. Gal 1,6; 5,7-10a mit Phil 3,1b; 4,1).

21 Phil 3,1b wird als Einleitung (vgl. Gnilka, Phil 195), V.20f als traditioneller urchristlicher Hymnus (dazu Becker, Erwägungen zu Phil 3,20-21, S. 16-29) aus der vergleichenden Untersuchung ausgeklammert.

22 Gnilka, Phil 185.

23 Vgl. auch Phil 3,19, der mit V.2 so etwas wie den Rahmen des Stückes markiert, da auch er in fast unerträglicher Weise die Gegner herabsetzt (dazu Gnilka, Phil 205f).

zwischen denjenigen (Juden-)Christen, die den körperlichen Ritus der Beschneidung von Heidenchristen verlangen (s. Gal 6,12f: οὗτοι ἀναγκάζουσιν ὑμᾶς περιτέμνεσθαι; θέλουσιν ὑμᾶς περιτέμνεσθαι) als Leute, die ἐν σαρκὶ πεποιθότες (Phil 3,3; vgl. 3,4f) bzw. εὐπροσωπῆσαι ἐν σαρκί wollen (Gal 6,12a), und denjenigen (Juden- und Heiden-)Christen, die im spirituellen Sinn die "Beschneidung" für ihre Seite reklamieren (Phil 3,3; vgl. Gal 5,16.25[24]) und damit implizit den körperlichen Vollzug der Beschneidung für Heidenchristen für obsolet erklären. Diese "Christus-Gruppe" beansprucht für sich, daß ihre Gottesverehrung[25], so der Phil, im Geist Gottes geschieht, weil sie sich als καυχώμενοι ἐν Χριστῷ 'Ιησοῦ (Phil 3,3) wissen bzw. weil sie sich ἐν τῷ σταυρῷ τοῦ κυρίου ἡμῶν 'Ιησοῦ Χριστοῦ (Gal 6,14b) rühmen (καυχᾶσθαι). Daß das "Kreuz" die Parteien trennt, zeigt Phil 3,18, indem Paulus resumierend die Agitatoren als οἱ ἐχθροὶ τοῦ σταυροῦ τοῦ Χριστοῦ bezeichnet, während Gal 6,12c anfangs hervorhebt, daß die Kontrahenten die Verfolgungssituation τῷ σταυρῷ τοῦ Χριστοῦ meiden.

An den Nachweis der unüberbrückbaren Differenz beider Positionen schließt sich gleichfalls das Zugeständnis einer Gemeinsamkeit an: als Judenchrist wäre auch Paulus (betontes ἐγώ in Phil 3,4a und Gal 6,14a[26]) in der Lage, ἔχειν πεποίθησιν ἐν σαρκί (Phil 3,4a) bzw. γένοιτο (αὐτῷ) καυχᾶσθαι (Gal 6,14a). Während das Gal-Postskript diese Möglichkeit nur als eine zugunsten des "Kreuzesruhms" verneinte anspricht (μὴ γένοιτο 6,14a), führt der "Kampfbrief" sie an den herausragenden Vorzügen des Juden Paulus ad absurdum (Phil 3,5f): der Apostel würde alles Maß (μᾶλλον) jüd. Rühmen übertreffen.

Als Begründung der Verneinung dieser an sich legitimen jüd. Möglichkeit führt Paulus im Gal nur abbreviaturartig aus, daß das Kreuz Christi (δι'οὗ 6,14b; vgl. Phil 3,8b: δι'ὅν) entscheidender Wendepunkt seiner neuen Einstellung ist. Der Phil dagegen entfaltet Christus als biographischen Umkehrpunkt im Leben des Paulus, indem er auf den zeitlichen Beginn dieser Neuorientierung in der vergangenen Berufung (Phil 3,7)[27] hin- und auf die Zukunft

24 Zur Spiritualisierung des körperlichen Ritus der Beschneidung vgl. Dtn 10,16; Jer 4,4; Ez 44,7; 1QS 5,5.26 und bei Paulus bes. Röm 4,11f.

25 Λατρεύω einerseits und καυχάομαι im Sinne von Jer 9,22f andererseits sprechen das Gottesverhältnis an, wie es in der hell. Weisheitstheologie (vgl. Sir 4,14; 24,1; dazu Schenk, Phil 293f) propagiert wird.

26 Eine formale Gemeinsamkeit liegt in der Benutzung des paradigmatischen "Ich" (Gal 6,14; Phil 3,4ff) vor.

27 Vgl. Gnilka, Phil 191.

verweist (Phil 3,8b.9a)[28]. Das Resultat der Erkenntnis Christi als Kyrios besteht in der Umwertung "aller Dinge" (Phil 3,8b): τὰ πάντα ἐξημιώθην καὶ ἡγοῦμαι σκύβαλα (vgl. Phil 3,7), gleichbedeutend der Umwertung des Weltverhältnisses im Gal (6,14b: ἐμοὶ κόσμος ἐσταύρωται κἀγω κόσμῳ).

Die durch die Christuszugehörigkeit (Phil 3,9: ἐν αὐτῷ) ausgeschlossene Wirklichkeitsdeutung benennt Phil 3,9 in Termini der Rechtfertigungslehre: μὴ ἔχων ἐμὴν δικαιοσύνην τὴν ἐκ νόμου , während Gal 6,15 eine falsche Alternative aufzeigt: οὔτε γὰρ περιτομή τί ἐστιν οὔτε ἀκροβυστία . Die neue Wirklichkeitsdeutung, in Phil 3,9b als τὴν (δικαιοσύνην) διὰ πίστεως Χριστοῦ, τὴν ἐκ θεοῦ δικαιοσύνην ἐπὶ τῇ πίστει , in Gal 6,15 kurz als καινὴ κτίσις benannt, steht im Gegensatz (ἀλλά Gal 6,15 und Phil 3,9; vgl. 3,7f) zur alten. Abschließend kommt Paulus auf seine "Leidensbeziehung" zu Christus zu sprechen: συμμορφιζόμενος τῷ θανάτῳ αὐτοῦ (Phil 3,10) bzw. ἐγὼ ... τὰ στίγματα τοῦ 'Ιησοῦ ἐν τῷ σώματί μου βαστάζω (Gal 6,17).

Die Zustimmung zu dieser christlichen Wirklichkeitsdeutung, um die Paulus sich bemüht (ὅσοι Gal 6,16; Phil 3,15), wird beide Male von ihm mit dem Ausdruck τῷ αὐτῷ στοιχεῖν (Phil 3,16) bzw. τῷ κανόνι τούτῳ στοιχεῖν belegt (Gal 6,16a). -

Diese vielen Übereinstimmungen strukturaler und zugleich inhaltlicher Art in einem in sich geschlossenen Abschnitt lassen den Schluß zu, daß Paulus im Gal-Postskript und im "Phil-Kampfbrief" zwei Variationen eines "Streitplakates" seiner Evangeliumsverkündigung vorträgt. Ist die Gliederung desselben zwar verschieden, so läßt doch die gemeinsame Abfolge der Argumentationszüge ein in Grundbestandteilen festgelegtes Muster paulinischer Beweisführung erkennen.

Diese Beobachtung bedeutet in der Tat für den hermeneutischen Ansatz des Gal-Postskriptes Entscheidendes, und zwar in viererlei Hinsicht:

1. Der von Robert Jewett[29] und Jürgen Becker[30] vertretene streng situationsbezogene Interpretationsansatz des Gal-Postskriptes in der Bewertung der paulinischen Aussagen über die Agitatoren auf dem Hintergrund des politischen Druckes durch den nationalen Zelotismus wird erst einmal zurückgestellt. Die Feststellung eines paulinischen Paradigmas im Umgang mit der judenchristlichen Agitation legt es nahe, vorrangig zu prüfen, ob die pauli-

---

28 Die Aussage διὰ τὸν Χριστόν (Phil 3,7) wird im nächsten Vers über die Wortfolge διὰ τὸ ὑπερέχον τῆς γνώσεως Χριστοῦ 'Ιησοῦ τοῦ κυρίου μου erläutert.

29 Vgl. Agitators 204-206.

30 Vgl. Gal 80f.

nischen Aussagen als quasi axiomatische "Grundsatzkritik" an der gegnerischen Position in extenso zu verstehen sind.

2. Vorgeschlagen wird also in dieser Untersuchung der Arbeitsweg, aus dem Vergleich beider Varianten des "Streitplakates" die gemeinsamen Gedanken sich gegenseitig interpretieren zu lassen. Diese methodisch abgesicherte, stoffliche Erweiterung paulinischer Argumentation ist besonders für das Verständnis der verkürzenden Redeweise des Gal-Postskriptes von Bedeutung[31].

3. Durch den Vergleich lassen sich auch die Unterschiede der beiden Fassungen erheben. Neben der Differenz in der Formulierung läßt sich für das Gal-Postskript ein Mangel an diffamierender, von Verbalinjurien durchzogener Polemik beobachten. Es ist nur zu offensichtlich, daß das Gal-Postskript[32] anders als der "Kampfbrief" (vgl. Phil 3,2.19) **keine** wüsten Beschimpfungen im Stile rüder Ketzerpolemik betreibt. Bleibt man also bei der Charakterisierung von V.12f als "Ketzerpolemik", so ist es um des hermeneutischen Zuganges zu den dort von Paulus über seine Gegner gemachten Äußerungen notwendig, den unscharfen Begriff bei seiner Verwendung für das Gal-Postskript näher zu differenzieren. Wenn Paulus im Phil die Aussagen des Gal-Postskriptes z.T. bis in die Form beibehalten bzw. eingehender entfalten kann, müssen seiner Überzeugung nach seine eigenen Aussagen - und erst recht natürlich auch die betreffs seiner Gegner - im Kern und in der Sache dem Grundsatzstreit angemessen sein[33]. Franz Mußner spricht bei seiner Kommentierung des Gal - Postskriptes im Zusammenhang der Kennzeichnung paulinischer Theologie von der "radikalen Logik" paulinischer Kreuzestheologie[34], die "die Physiognomie der Gegner in gewisser Weise verzerrt", aber "gerade durch diese Verzerrung die in der Thematik der Gegenpredigt der Gegner liegenden, ihnen selbst vielleicht gar nicht deutlich bewußten K o n s e q u e n z e n an das helle Licht des Bewußtseins der christlichen Gemeinden, vielleicht auch des Gegners selbst"[35] bringt. Und in der Tat: der im populären Sinn erweiterte Begriff einer "radikalen Logik" dürfte die paulinische "theologische Attacke" der gegnerischen und die theologische Apologetik der eigenen Position, die

31 Beachtlich ist, daß im Gal-Postskript außer dem kompositionsbedingten Segenswunsch (6,16b) und der Warnung (6,17a) nur die Aussagen οἱ περιτεμνόμενοι αὐτοὶ νόμον φυλάσσουσιν und ... ἵνα ἐν τῇ ὑμετέρᾳ σαρκὶ καυχήσωνται (V.13) keine direkte Parallele im Phil besitzen.

32 Hervorzuheben ist, daß diese Feststellung sich hier nur auf das Gal-Postskript, nicht auf den Gal in toto beziehen soll, vgl. z.B. Gal 2,4: ψευδάδελφος ; 1,7; 2,6.13 u.a.m.

33 S. Schmithals, Judaisten 56.

34 Gal 414.

35 Ebd. 28.

schlüssige und kräftige Beweisführung in theologischen Spitzensätzen sein möchte, am prägnantesten auf den Begriff bringen[36].

Man ist geneigt, die Mußnerschen Ausführungen, die der paulinischen Art, die Physiognomie seiner Gegner zu beschreiben, gelten, auch auf die Selbstdarstellung der Paulus-Position, z.B. auf die Verse Gal 6,14-16, zu übertragen: auch für sie darf gelten, daß in der Überspitzung die in der paulinischen Kreuzespredigt liegenden, von den galatischen Gemeinden vielleicht bisher gar nicht deutlich genug wahrgenommenen Konsequenzen an das helle Licht des Bewußtseins derselben, vielleicht auch der Gegner selbst gerückt werden.

4. So tritt nun noch einmal die Frage auf, ob Paulus seine gegnerischen "Beschneidungsprediger" in seiner Darstellung überinterpretiert und damit "überphysiognomiert" habe[37]. Doch hat sich die Einschätzung dieser Gefahr über den Vergleich mit dem "Phil-Kampfbrief" gewandelt. Versperrte der Stil paulinischer Polemik bis dato eine verobjektivierende Analyse der durch die paulinische Kritik durchschimmernden gegnerischen Überzeugung, so kann jetzt der Einsatz beim Sachgehalt der paulinischen, die Kontrahenten entlarvenden Deskription gesucht und, darauf aufbauend, die Irrlehre rekonstruiert werden[38].

Neben dem Ergebnis eines "hermeneutischen Schlüssels" für die Exegese des Gal-Postskriptes können anhand des Strukturvergleiches von dem Gal-Postskript und "Phil-Kampfbrief" mit Gewinn Schlüsse gezogen werden, die die Geschichte des Apostels und seiner Gemeinden hinsichtlich der seiner Mission nachstoßenden judenchristlichen Agitation zu erhellen suchen. Es können die "Einleitungsfragen" des zeitlichen Ansatzes vom Gal und dem "Kampfbrief" sachgerechter diskutiert und das Problem einer "Entwicklung" paulinischer Theologie durch eine Verhältnisbestimmung von Ordinarium und Proprium angesprochen werden. Von Ausführungen dieser Art, so interessant sie sich gebärden, muß sich diese Untersuchung aufgrund ihrer Themenstellung freihalten. Nur auf ein Detail sei in diesem Zusammenhang hingewiesen: Unter der Annahme, daß der "Kampfbrief" gegenüber dem Gal zu einem späte-

---

36 Betz, Gal 314: "The attack is ... intended to disclose the real goals of the adversaries".

37 Mußner, Gal 411.

38 Vgl. Weder, Kreuz 202f.

ren Zeitpunkt entstanden ist[39], fällt die "Umformung" von Gal 6,15 mit Hilfe von Rechtfertigungsterminologie ins Auge. Dabei ist hier nicht die Tatsache an sich, sondern die sachliche Übereinstimmung von Phil 3,9 mit dem Kontext von Interesse. Da der christliche Streit um die Frage der Beschneidung von Heidenchristen geführt wird, entspricht die zweipolige Gegenüberstellung von Gesetzesgerechtigkeit und Glaubensgerechtigkeit dem paulinischen Anliegen im "Kampfbrief", die Gesetzesproblematik als christlicherseits überholte darzustellen. Schaut man sich nun aber den Phil 3,9 entsprechend[40] V.15 im Gal-Postskript an, so fällt auf, daß neben der verneinten Möglichkeit der Beschneidung auch die verneinte Möglichkeit der Unbeschnittenheit (ἀκροβυστία) genannt wird[41]. Aus dem Kontext (vgl. Gal 6,12f) läßt sich dieses Element nicht erklären: Paulus ringt mit Judenchristen um die Beschneidung von (Heiden-)Christen und keineswegs zusätzlich um die Anerkenntnis der Unbeschnittenheit, etwa im Sinne von Röm 2,26-29. Diese Beobachtung eines über den Gedankengang hinausschießenden Elementes dürfte als ein erster Hinweis auf in Gal 6,15 verarbeitete vorpaulinische Tradition zu werten sein.

---

39 Anhand der Ausführlichkeit des Phil-Textes sowie seiner anknüpfenden, langsam vorwärtsschreitenden Art (vgl. V.7-10) sowie seiner inhaltlichen Variation (Rechtfertigungstheologie), als auch seiner hinzutretenden Bemühungen um die dialektisch gesehene eschatologische "Vollkommenheitsexistenz" (V.12-14), die die paulinische Position gegenüber dem Gal-Postskript als in hohem Maß weiter reflektiert erscheinen lassen, dürfte die historische Nachordnung des "Kampfbriefes" hinreichend gerechtfertigt sein.

40 Durch das den Versen gemeinsame ἀλλά entsprechen der verneinte erste Teil von Gal 6,15a der im Phil verneinten Gesetzesgerechtigkeit (Phil 3,9a) und der Ausdruck καινὴ κτίσις der bejahten Glaubensgerechtigkeit im Phil-Teil.

41 Bekanntlich hatte Lütgert, Gesetz 35, in der Nennung von ἀκροβυστία in Gal 5,6 einen Hinweis auf eine zweite "Front" in Galatien gesehen. Diese Mißinterpretation wird für Gal 6,15 durch den Vergleich mit Phil 3,9 ausgeschlossen.

2.6 Das paulinische Kreuzesevangelium

Das rahmende, verallgemeinernde[1] ὅσοι (= "alle, welche" Gal 6,12.16)[2] des Gal-Postskriptes stellt die galatischen Christen als Einzelne vor die Alternative: zwei im Grundansatz differierende Verständnisweisen des Kreuzesevangeliums stehen zur Entscheidung an. Der Schwerpunkt der antithetischen Gegenüberstellung liegt im "Achtergewicht" auf der Segensverheißung für diejenigen Christen, die der zuletzt genannten Paulus-Verkündigung des Evangeliums zustimmen. Diese Bewegungsrichtung, die das gegnerische "Pseudo-Evangelium" nur noch als (von Gott) verworfenes und überholtes kennen will, dem nur die Vergangenheit gehört, dem Evangelium paulinischer Verkündigung aber die Zukunft verheißt, gilt es im folgenden nachzuzeichnen. Dabei soll gelten, daß das "Anti-Evangelium" der judenchristlichen Agitatoren zwar immer als Negativfolie, die die Konturen des (paulinischen) Evangeliums nur um so deutlicher erscheinen läßt, besprochen, jedoch auch in seiner historischen Bedeutung für die es schon zum Großteil akzeptierenden galatischen Christen (1,4) als respektabler "Gegenentwurf" zum Evangelium paulinischer Prägung gewürdigt wird.

2.6.1 Die gegnerische Christus-Verkündigung

Schon aus Gal 5,2-12, erst recht aber aus V.12f des Gal-Postskriptes läßt sich die Forderung der Gegner des Paulus nach der Beschneidung als eine "historisch sichere Forderung"[3] erweisen. Sie selbst sind beschnittene Juden, die Christen wurden (5,3; 6,13). Als Judenchristen sind sie motiviert, in einer Art "Gegenmission" in den von Paulus gegründeten hell. Christengemeinden, dar-

---

1 Weder, Kreuz 202.

2 Ὅσοι in Gal 6,12 nur auf die Gegner, über die der Apostel in V.12f aufklären will, bezogen sein zu lassen (Schlier, Gal 280: " Ὅσοι meint 'a l l e , d i e euch zur Beschneidung nötigen'"), ist genauso unzulänglich, wie wenn man es mit Weder, Kreuz 202, auf die "allgemeine Denkweise des 'Fleisches'" ontologisiert. Beide Exegeten berücksichtigen nicht, daß dem ersten ὅσοι das zweite in V.16 entspricht, so daß die Gegenüberstellung Gegner - Paulus auf alle Christen entsprechend ihrer je verschiedenen Zustimmung bezogen sein will.

3 Becker, Gal 80.

unter diejenigen in der Landschaft Galatien und der Stadt Philippi[4], unnachgiebig auf dem körperlichen Akt der Beschneidung für Heidenchristen zu bestehen[5] (5,2; 6,13; vgl. 2,3.14). Was hat sie dazu motiviert?

Die von den Beschneidungspredigern besuchten Christengemeinden treten mit dem Anspruch auf, die jüd. Religion zu beerben (vgl. Gal 2,16.19-21; 3,6-9.14.18.26ff; 4,5-7.26.30f usw.; Phil 3,3.15). Dabei besitzen sie in Christus die Freiheit (Gal 2,4; 4,21ff; 5,1a.13a), nicht nur das Beschneidungsgebot der Thora (Gen 17,9-14) außer acht zu lassen (vgl. Gal 2,3; 3,3; Phil 3,3a), sondern auch gleich vom Tun des ganzen Gesetzes (Gal 5,3; vgl. 2,19; 3,10; 4,21; 5,18) Abstand zu nehmen, so daß die Gerechtigkeit ἐκ νόμου in einen Gegensatz zur Gerechtigkeit διὰ πίστεως Χριστοῦ (Phil 3,9) gerät.

Solcherlei Äußerungen können für Judenchristen im Verdacht stehen, eine theologisch unakzeptable Antithese von "Christus" und "Nomos" zu beinhalten, so daß sie sich - wie geschehen - nicht zur aggressiven Verfolgung, auch nicht zur einfachen Nichtbeachtung, sondern zur energischen theologischen Aufklärung - inklusive einer Kritik des Paulus-Evangeliums - unter Mitbrüdern des gemeinsamen christlichen Glaubens berufen fühlen. Für das Frühjudentum war die Beschneidung seit dem Exil das Zeichen des Bundesschlusses von Jahwe mit Israel (Gen 17,11b), das als "Siegel" im Fleisch des Menschen die Volkszugehörigkeit zum jüd. Volk kennzeichnet (ShemR 19[81c]; vgl. Röm 4,11; TO + TJI Gen 17,11), dem die göttliche Zukunftsverheißung gilt (Gen 17,4-7). Seit hell.-römischer Zeit wurde die Beschneidung als das Bekenntniszeichen jüd. Religion schlechthin (vgl. 1Makk 1,60)[6] verstanden. Mit ihrem Insistieren auf der Beschneidung ordnen die judenchristlichen Gegner des Paulus mithin dem christlichen Glauben das heilsgeschichtliche Prae des Judentums vor[7]. In Umrissen wird eine Gruppe erkennbar, die eine christ-

4 Vgl. das Eindringen der von Paulus als ψευδάδελφοι titulierten Judenchristen in die gemischt judenchristlich-heidenchristliche Gemeinde zu Antiochia (Gal 2,4.12).

5 Der Begriff darf nicht im Sinne physischer Gewaltanwendung mißverstanden werden (vgl. Becker, Gal 80: anders Apg 26,11). In Gal 2,14 z.B. denkt Paulus an eine indirekte Nötigung von (Heiden-)Christen, die aus dem Unterlassen einer Handlungsweise eines anderen (Juden-)Christen, hier Petrus, mit Notwendigkeit für eben diese Gruppe folgt bzw. folgen muß.

6 Vgl. Meyer, Art. περιτέμνω ThWNT VI 77-79; Betz, Art. Beschneidung TRE 5,717; Eckert, Verkündigung 49ff, bes. 52.

7 Vgl. Becker, Gal 64f.

liche Synthese von jüd. Bekenntnis und Christusevangelium vertritt. Sie wird von der Forschung mit der Bezeichnung "Judaisten", respektive "judenchristliche Judaisten" belegt[8].

Paulus überzieht nun im Gal-Postskript diese judaisierende christliche, gegen sein Evangelium agitierende "Reformbewegung" selber mit Antikritik. Vorab wertet er die Beschneidungspropaganda als theologisch illegitime Sarx-Position ab[9]. Dem εὐπροσωπῆσαι ἐν σαρκί (Gal 6,12a) bzw. dem πεποιθῆναι ἐν σαρκί (Phil 3,3; vgl. 3,4) korrespondiert im "Kampfbrief" die Paulus-Position: οἱ πνεύματι θεοῦ λατρεύοντες (3,3; vgl. Gal 3,2f; 6,7f, die Paränese 5,13ff). Die Agitatoren werden ihrerseits von ihrem subjektiven Standpunkt aus propagandistisch den Geist für sich beansprucht haben[10]. Das heißt, beide Parteien dürften in dieser dialogischen Auseinandersetzung hinsichtlich ihrer gegenseitigen Geist-Fleisch-Zuweisung (Gal 6,7f; vgl. 5,17) ineinander (hoffnungslos) verkeilt sein. Von einem Standpunkt außerhalb dieses Fleisch-Geist-Dualismus wird die Exegese gehalten sein, die von Paulus inszenierte Abwertung seiner Gegner aus seinen eigenen Äußerungen positiv als Möglichkeit judenchristlichen Glaubensweges zu rekonstruieren.

Bei diesem Versuch treten die Jerusalemer Gemeindeautoritäten Jakobus, Kephas und Johannes (Gal 2,9) in den Blick[11]. Sein theologisch motiviertes Desinteresse an ihrer Vergangenheit als Jünger (vgl. 1Kor 15,5) bzw. Bruder des Herrn (Gal 1,19) begründet Paulus in einer Parenthese mit dem für Gal 6,12a (εὐπροσωπῆσαι) bemerkenswerten Thoragrundsatz (Gal 2,6): πρόσωπον ὁ θεὸς ἀνθρώπου οὐ λαμβάνει (vgl. Dtn 10,17; Sir 35,12f; 3Esr 4,39; 2Chron 19,7; bei Paulus noch Röm 2,11). Die "Vorbilder" eines judenchristlichen Lebensweges im christlichen Judaismus[12] (vgl. Gal 1,13f; Phil 3,5) müssen für Paulus coram evangelio göttliches Wohlwollen entbehren. Warum?

---

8 S. dazu Mußner, Gal 14ff, bes. 14f, Anm. 60: Becker, Gal 64ff; Schlier, Gal 19ff; Betz, Gal 7; anders Schmithals, Judaisten 57.

9 Vgl. Eckert, Verkündigung 32f.

10 Vgl. Schenk, Phil 292f, der im Rahmen hell.-jüd. Weisheitstheologie die Wendung οἱ πνεύματι θεοῦ λατρεύοντες bereits von den judenchristlichen Propagandisten gebraucht sehen will. Paulus versuche sie ihnen in Phil 3,3 durch Umwertung zu entwinden.

11 Hinweis von Lührmann, Gal 101.

12 Vgl. die Überlieferung des Beinamens von Jakobus als "der Gerechte" (Euseb, Kirchengeschichte II 23,4).

Mit einem provokant-einseitig vorangestellten μόνον [13] (Gal 6,12b) kommt Paulus auf das wahre Ziel der "Beschneidungsleute" zu sprechen: sie trachten sich für die Verfolgungsmaßnahmen "aufgrund des Kreuzes" zu immunisieren. Um diesem demaskierenden Vorwurf[14] seine Berechtigung zu geben, braucht man weder mit einer **realen** Verfolgungssituation oder potentiellen Unterdrückung für die judenchristlichen Gegner in Galatien[15] oder Palästina[16], noch mit einer **taktischen** "Vermeidungsstrategie"[17], etwa aus Leidensfurcht[18], zu rechnen. Denn[19] in allegorisch-typologischer Schriftauslegung der Abrahamsnachkommenschaft (Gal 4,20ff)[20] hatte Paulus bereits die Galater darauf aufmerksam gemacht, daß das τέκνον τῆς ἐλευθέρας (4,31) mit seinem Anspruch, die endzeitlich-eschatologische Realität des ἄνω Ἰερουσαλήμ zu erhalten (4,26), grundsätzlich mit Verfolgung rechnen muß: wie τότε ὁ κατὰ σάρκα γεννηθεὶς ἐδίωκεν τὸν κατὰ πνεῦμα [21], so müsse man sich auch jetzt als Christ (4,29) auf leidenschaftlichen Widerstand von seiten seines (Halb-)Bruders (Ismael), dem **Juden**[22] (sic!), einstellen. So ist es dem Judenchristen

13 Vgl. Phil 3,18, wo Paulus seine Gegner nicht als Gleichgültige oder Verächter, sondern pointiert negativ als ἔχθροι des Kreuzes Christi vorstellt.

14 Vgl. Becker, Gal 79.

15 S. Marxsen, Einleitung 52; vgl. die falsche Fragestellung bei Mußner, Gal 412; Betz, Gal 315. Dagegen Weder, Kreuz 203: "Vielmehr spricht er den Zusammenhang von Kreuz und Verfolgung an ..., der sich nicht auf seinen religionspolitisch-pragmatischen Aspekt reduzieren läßt."

16 So Jewett, Agitators 204ff; Becker, Gal 81; Bruce, Gal 269.

17 Vgl. Betz, Gal 315; Schmithals, Judaisten 57.

18 Vgl. Becker, Gal 80; Schlier, Gal 280.

19 Hinweis bei Becker, Gal 81.

20 Ursprünglich wurde der Midrasch zur Rechtfertigung des christlichen Anspruchs auf das Erbe des Judentums vorgetragen. Durch Gal 4,21 wird er für die galatische Situation so aktualisiert (vgl. Schlier, Gal 216), daß das "judaisierende Evangelium" (ὑπὸ νόμον) auf seinen Selbstwiderspruch behaftet wird (οὐκ ἀκουεῖν τὸν νόμον). Ob dies auch im gleichen Maße für den erweiternden Einschub (V.29-30; dazu Becker, Gal 55f) gelten muß, ist von den allgemeingehaltenen Formulierungen (V.29: οὕτως καὶ νῦν und V.30: ἐκβάλλω) nicht gedeckt. Eine Auslegung der angesprochenen Verfolgung (διώκω V.29) auf die Agitation der judaisierenden Judenchristen (so Zahn, Gal 245; Mußner, Gal 331; Burton, Gal 266) ist deshalb abzulehnen.

21 Zur jüd.-schriftgelehrten Auslegung von מצחק ("Mutwillen treiben") in Gen 21,9 vgl. tSot 6,6 (304), R. Jischmael ben Elischa (T 2) und R. Akiba (T 2): Billerbeck, Kommentar III, 410.575; BerR 53(34a); TJI Gen 22,1. Erst recht im Targum wird eine Auslegung greifbar, die eine Auseinandersetzung zwischen Ismael und Isaak um Erstgeburtsrecht, Erbe und Beschneidung schildert.

22 So Zahn, Gal 281; Lietzmann, Gal 44; Schlier, Gal 280; Burton, Gal 350; Oepke, Gal 200f; Becker, Gal 81; Betz, Gal 316.

Paulus bei seiner Verkündigung des gesetzesfreien Kreuzesevangeliums geschehen (5,11; 6,17), so hat er bereits vor seiner Berufung zum Apostel Judenchristen als Jude verfolgt (1,13.23). Wo das gegnerische "Beschneidungsevangelium" von vornherein eine jüd. Verfolgung wegen eines jüd. Ärgernisses am Kreuz Christi als Gottes Macht und Weisheit ausschließt (5,11; vgl. 1Kor 1,23)[23], muß sein Anspruch, Evangelium vom Kreuz Christi zu sein, grundsätzlich in Frage gestellt werden[24].

Die judenchristlichen Gegner des Paulus dürften gegen diesen Vorwurf eines Mangels von christlicher "Leidenstheologie", wie Paulus ihn erst mit der Schrift begründet und danach mit theologischer Formallogik vorträgt, ihren Protest artikuliert haben. Sie dürften sich in ihren wahren Zielen einer heilsgeschichtlichen Kontinuität von Judentum und Christentum verkannt wissen. Schließlich dürften sie an Paulus die Frage stellen, aus welchem überzeugenden Grund die Synagoge ein intensives Judentum christlicher Motivation abstoßen und verfolgen sollte?

Zur **Begründung** (γάρ) seiner Entlarvung eines Verrates am Kreuzesevangelium trägt Paulus vor, daß die judenchristlichen "Beschneidungsleute" den Nomos nicht befolgen (Gal 6,13a). Normalerweise wird angenommen, "daß Paulus hier wie so oft, statt objektiv zu beschreiben, den Gegner in seinem typisch jüdischen Unvermögen, das Gesetz zu erfüllen, karikieren will"[25] (vgl. Gal 2,16; 3,10f; 5,3; Röm 2,17ff; 7,7ff; 8,3f). Dabei wird aber übersehen, daß der atl. belegte Ausdruck νόμον φυλάσσειν ("das Gesetz befolgen, - halten")[26] hier **nicht** die (erfolgreiche) Befolgung der in der Thora enthaltenen **Einzelgebote** (anders Röm 2,26: τὰ δικαιώματα τοῦ νομοῦ φυλάσσειν), sondern die fundamentale Entscheidung eines jeden Menschen, **den Lebensweg der jüd. Thora** zu gehen, meint (vgl. dazu Apg 21,24: die Übernahme des Nasirats-

---

23 Vgl. Weder, Kreuz 204; Lietzmann, Gal 44; Sieffert, Gal 365.368.

24 Es handelt sich, wie Eckert, Verkündigungen 33, bemerkt, in Gal 6,12c um "ein genuin paulinisches Theologumenon", um "eine typisch paulinische theologische Interpretation", doch muß diese Feststellung wie bei Eckert so abwertend klingen? Vgl. Lührmann, Gal 101: "Verfolgung ist geradezu der Echtheitsbeweis des Evangeliums".

25 Eckert, Verkündigung 34f; Oepke, Gal 202: "Weil er (sc. Paulus) das **Auseinanderklaffen** von Gesetzes**zeichen** und Gesetzes**erfüllung** betonen will", da es im Judentum "zu einer wirklichen **Erfüllung** des **Gesetzes nicht** kommt"; vgl. Schlier, Gal 281; Bring, Gal 243; van Dülmen, Theologie 71; Sieffert, Gal 367; Burton, Gal 352; Mußner, Gal 413f.

26 Zum Ausdruck im AT (LXX) vgl. Ex 13,10; Lev 19,19.37; Dtn 32,46; 1Chr 22,12; Ps 119,44.55.57.136; Prov 6,20; 28,7; 29,18; Weish 6,4; 14,16; Sir 21,11; Jer 16,11; dazu 4Makk 5,29.

gelübdes als "Nagelprobe" paulinischer Gesetzestreue[27])[28]. Da der Jude (und Judenchrist) bei der Thoratreue sich seiner Unzulänglichkeit, die göttlichen Gebote vollkommen zu erfüllen, selbstverständlich bewußt ist bzw. sich auf Gottes barmherzige Vergebung angewiesen weiß (vgl. Sir 5,5-7; 7,16f; 17,24-26; 21,1)[29], wäre der paulinische Vorwurf völlig bedeutungslos. Er würde, wenn er denn ausgesprochen wäre, auch auf Paulus selbst zurückfallen und seine Überzeugung (Phil 3,6b: ἄμεμπτος) als antigöttliche Hybris stilisieren.

Versucht man hingegen, im Gal für Judenchristen einen Status von "Gesetzlosigkeit" erwähnt zu finden, so stößt man auf Gal 2,17a[30], wo es heißt: εἰ δὲ ζητοῦντες δικαιωθῆναι ἐν Χριστῷ εὑρέθημεν καὶ αὐτοὶ ἁμαρτωλοί ... (vgl. 2,14b: ἐθνικῶς). Paulus arbeitet dort (2,15ff) neben seiner theologischen Wertung mit Hilfe christlicher Rechtfertigungstheologie (2,16) die Petrus-Position auf, der als Judenchrist die zunächst bejahte Tischgemeinschaft mit (unbeschnittenen) Heidenchristen in Antiochia aufgekündigt hatte (2,12a), weil er sich coram lege mit "gesetzlosen" Heiden abgab und sich damit selbst zum ἁμαρτωλός degradiert hatte (vgl. 2,17b mit 2,15)[31]. Paulus zeigt ihm, daß seine Bewertung der Tischgemeinschaft als heidnischer Sünder-Status (vgl. 2,17a) für das Christusevangelium absurd ist (2,17b), da damit gegen die Rechtfertigung aufgrund des Glaubens an Christus (2,16b) die rechtfertigungstheologische Qualifikation des Nomos in Sünder und Gerechte christlich illegitim rehabilitiert[32] wird (2,18f).

Mithin erinnert Paulus in Gal 6,13a die judenchristliche "Beschneidungsfront" in welches Dilemma ihre Synthese von Gesetz und Christus führt. Sie legen bei ihrer Beschneidungsmission auf die Nomos-Treue Wert, haben aber, insofern sie ihre Beschneidungsforderung an (Heiden-)**Christen** richten, immer schon zwangsläufig mit der Nomos-Treue gebrochen. Denn allein schon durch die Adressierung ihrer Beschneidungsforderung an (Heiden-)**Christen** akzeptieren sie, daß das Christusevangelium bereits eine neue soteriologische Bestimmung des gerechtfertigten Menschen ist (vgl. Gal 2,16b; 6,14c.15). Sie

---

27 Vgl. noch Apg 7,53; 16,4.

28 Vgl. Jewett, Agitators 201.

29 Zum "unberechtigte(n) Axiom von einer jüdischen Werkgerechtigkeit" (Schenk, Phil 298) vgl. die Zusammenfassung bei Schenk, a.a.O. 298-302; zu Sir Sanders, Paulus 318-321; zu Qumran ebd. 284ff, vgl. auch Becker, Heil 125; zum tannaitischen Material zusammenfassend Sanders, a.a.O. 219-224.

30 Beachte auch die strukturelle Übereinstimmung mit Gal 6,13a: prädikatives αὐτοί + Substantiv im Gal nur noch 2,17a.

31 Vgl. Schnelle, Gerechtigkeit 55.

32 Vgl. Becker, Gal 30.

sprechen nämlich schon bereits gerechtfertigte Heidenchristen auf ihre neuerliche Rechtfertigung im Nomos an. Wovor Weish 6,4 warnt, nämlich, daß man als ὑπηρέται ὄντες τῆς αὐτοῦ βασιλείας ... οὐδὲ ἐφυλάξατε νόμον , und wozu gerade die judenchristliche Beschneidungspropaganda sich berufen weiß, um diesen Mißstand zu überwinden, das bleibt für Paulus doch immer der Selbstwiderspruch, in den das judenchristliche Programm eines 'additiven Christus' führen muß.

Paulus schließt die Begründung seiner Kritik am "anderen Evangelium" mit dem Hinweis, daß die Judaisten sich der "nachgeholte(n) Beschneidung"[33] (Gal 6,12b.13b) der galatischen Heidenchristen rühmen wollen. Die Vertreter der exegetischen Meinung, daß für Paulus die Gegner sich ihre eigenen missionarischen Erfolge zugute halten wollen[34], aus "Ruhm-Sucht"[35] oder theokratischem Stolz[36], verfallen in den Fehler, daß mit dem paulinischen καυχᾶσθαι ἐν der negative Selbstruhm des Menschen, seine egoistischen Motive, gemeint seien[37]. Bereits aber im folgenden V.14[38] gesteht der Judenchrist Paulus das Rühmen (Phil 3,5ff; vgl. Röm 2,17ff) jüd. Existenz als legitime Möglichkeit zu, die **einzigartigerweise** nur durch das Rühmen im Kreuz des κύριος Ἰησοῦ Χριστοῦ außer Kraft gesetzt wurde und wird (s. Phil 3,4b-9).

Beachtet man, daß der καυχώμενος , der sich im Herrn rühmt, in der paulinischen Theologie eine positive Figur ist (2Kor 11,30: καυχᾶσθαι δεῖ ; vgl. 1Kor 1,31; 2Kor 10,17 mit Bezug auf Jer 9,22f LXX)[39], und bezieht man das "sich-in-Gott-Rühmen" auf die Einhaltung des Beschneidungsgebotes an Heiden(-christen), so ist zu folgern, daß für Paulus die "Beschneidungsmission" der

33 Becker, Gal 80; vgl. Mußner, Gal 413; Oepke, Gal 202; Schlier, Gal 281; abzulehnen ist Lietzmann, Gal 45 (zustimmend Ortkemper, Kreuz 31; Lührmann, Gal 101; Weder; Kreuz 204), der "mit eurem Fleisch" "bewußt doppelsinnig" formuliert sieht und damit auch den "Fleisches-Ruhm" angesprochen sieht. Die Präposition ἐν bei καυχᾶσθαι gibt aber nur den Gegenstand des Rühmens an, hier das "Beschneidungsfleisch" der galatischen Heidenchristen (vgl. Röm 2,17.23; 5,3.11; 1Kor 1,31; 3,21 u.ö.; dazu Mußner, Gal 413).

34 So Hübner, Gesetz 90; Mußner, Gal 414.

35 Schlier, Gal 281; vgl. "Geltungssucht" bei van Dülmen, Theologie 68.69; vorsichtig Becker, Gal 82: "damit sie in Judäa für sich selbst Ehre einlegen können"; vgl. Weder, Kreuz 204f.

36 Vgl. Oepke, Gal 202.

37 Vgl. Bultmann, Theologie 260ff. bes. 281; ders., Christus 32ff.

38 Neben Gal 6,4 καύχημα als Kurzbezeichnung der im Endgericht präsenten Taten (s. Becker, Gal 75f) kommt das Wortfeld καυχάομαι nur 6,13f im Gal vor.

39 Vgl. Betz, Gal 317f.

Judaisten als Proselytenwerbung in Erfüllung der Thora erscheint. Letztlich also bleiben die Gegner für Paulus Juden ohne Christus.

Zusammenfassung: Die theologische "Gegenaufklärung" des Paulus über die judaisierende christliche Häresie in Galatien endet im Gal-Postskript in einer Demaskierung ihrer wahren Ziele inklusive einer theologisch stichhaltigen Begründung: Für Paulus ist dieser judenchristliche Heilsweg unter dem Beschneidungszeichen in heilsgeschichtlicher Kontinuität zum Judentum ein Weg der Steigerung jüd. Lebensweges mit und über Christus. Er verrät jedoch den theologischen Anspruch des christlichen Glaubens auf das soteriologische Erbe des Judentums, indem er das jüd. Ärgernis am Kreuz Christi als Ereignis göttlicher Herrlichkeit von vornherein vermeidet. Die "Beschneidungsleute" rehabilitieren einen vorchristlichen σάρξ -Standpunkt. Ihnen ist nicht bewußt, daß ihre Rechtfertigung in Christus mit der Nomos-Treue brechen muß, wie auch ihre Beschneidungsforderung letztendlich nur jüd. Proselytenmission sein kann. Auf der "borderline" zwischen Judentum und Judenchristentum besitzt diese Theologie keine christlich-signifikante Eigenständigkeit. -

Fragt man als historisch interessierter Exeget trotz dieser geharnischten Kritik des Paulus am judenchristlichen Pseudoevangelium, wo denn die Vorzüge desselben liegen, die es für die Glieder paulinischer Missionsgemeinden so außerordentlich attraktiv machen, so muß man versuchen, die von Paulus geäußerten Kritikpunkte im Sinne eines "anderen" judenchristlichen Evangeliums positiv zu bewerten. Grundsätzlich darf gelten, daß die Gegner die Vorteile des Christusglaubens mit denen der jüd. Religion verbunden haben werden. Die Beschneidung als Inkorporation in das Heilsvolk Israel "versiegelt" in unübertrefflicher Weise die Heilsgewißheit des Christusglaubens. Da jeder Gläubige als "Same Abrahams" in linearer heilsgeschichtlicher Kontinuität zu Abraham steht, ist das Erbe der Verheißung endzeitlicher Rettung gültig. Der Gläubige wird über die Beschneidung Mitglied eines expansiven Judentums universaler Größe und kann mit der Unterstützung der Synagoge rechnen. Die Gemeinde genießt die jüd. Vorteile der collegia licita im Römischen Staat.

Ist es zwar geschichtlich offen, ob sich das ganze Judentum dem Christusglauben anschließen wird, so sind in den Augen der judaisierenden Judenchristen schon jetzt die galatische und die philippische Gemeinde Teil einer alten und ehrwürdigen Religion mit dem Anspruch göttlicher Auserwähltheit. Ihr Glaube ist nicht mehr nur auf eine singuläre geschichtliche Offenbarungstat im Christusgeschehen konzentriert, sondern kann in der jüd. Religion und Philosophie das Angebot einer geschlossenen Seinsdeutung für ein schöpfungsgemäß-harmonisches Leben (vgl. Gal 4,9) in Anspruch nehmen. Dürfte vielleicht das Kreuz Christi im Sinne der ὑπέρ -Formel (vgl. Gal 1,3) die Freiheit vom jüd. Ritualgesetz manifest machen, so ist Christus das Vorbild für die Einhaltung der ethischen Gebote des jüd. Nomos im Geist einer intensiven Liebe (vgl. Gal 5,14.22).

2.6.2 Das "paulinische" Evangelium in der Dialektik von Eschatologie und Geschichte

Mit Gal 6,14 beginnt Paulus im Postskript, das einzig wahre Evangelium vorzustellen (V.14f), zunächst in V.14 über die Stilfigur des paradigmatischen apostolischen "Ichs"[40] (vgl. 2,18ff). Als Christperson bekundet er, anknüpfend an die Opposition (V.12a.13c), seine Solidarität mit dem jüd./judenchristlichen Rühmen Gottes (V.14a). Paulus gibt damit implizit zu erkennen, daß er seine Gegner als kompetente theologische Gesprächspartner akzeptiert, da es ihnen gemeinsam um das Sein des Menschen vor Gott geht (vgl. 1Kor 1,31; 2Kor 10,17[41]). Jedoch ist für Paulus die an sich legitime Möglichkeit (vgl. Röm 2,17) eines ungebrochenen, sozusagen "doxologischen Gottesverhältnisses" durch das Kreuz des Kyrios Jesus Christus in der Vergangenheit von Gott selber annulliert worden. Deshalb kann jetzt und in Zukunft (Opt.: γένοιτο) nur noch über das Kreuz Christi ein Gottesverhältnis konstituiert werden. Christologie ist für Paulus die Krisis der Theologie. Judenchristen, die an Christi Kreuz vorbei ein Gottesverhältnis begründen wollen, befinden sich im Irrtum, da sie die Dimension des Kreuzesgeschehens noch nicht theologisch als Zentrum der Soteriologie eingeholt haben.

---

40 Betontes ἐμοί am Anfang von V.14, welches Dativ-Subjekt eines von ἐγένετο (Opt.) abhängigen Dativus cum infinitivo ist (Blaß/Debrunner, Grammatik §§ 409 Anm.5; 393,1), worauf ein mit εἰ μή eingeleiteter verkürzter Ausnahmesatz (Beyer, Syntax 104) folgt.

41 Καυχᾶσθαι dürfte Terminus der jüd. Propagandasprache sein und vom jüd. Weisheitslehrer (Röm 2,17) analog der Selbstpräsentation des Weisheitspneumas (Sir 14,1f) zur missionarischen Selbstdarstellung verwendet worden sein. Der Gegensatz zwischen den "Missionsparteien" "besteht **alternativ** zwischen dem καυχᾶσθαι ἐν τῇ ὑμετέρᾳ σαρκί und dem καυχᾶσθαι ἐν τῷ σταυρῷ" (Weder, Kreuz 205, Anm.321).

2.6.2.1 Der gekreuzigte Kyrios als eschatologisches Heilsereignis

So sicher die Gegner des Paulus als Judenchristen ihrerseits eine Christologie, verstanden als Heilsangebot Gottes an den Menschen, bei den Galatern vorgetragen haben werden[42], sie wird an die typisch paulinische Weise der Zuspitzung (εἰ μή Gal 6,14b; vgl. 1,7.19; 2,16: ἐάν μή[43]) der Christusverkündigung als "Kreuzestheologie"[44] (V.14: "sich Gottes rühmen im **Kreuz** unseres Kyrios Jesus Christus")[45] nicht heranreichen[46]. Auch dürfte die soteriologische Auswirkung des Kreuzesgeschehens als paradoxer Zusammenhang[47] von "gekreuzigter Welt" und "gekreuzigtem Ich" (V.14b) nicht ihre Maxime sein.

Vergleicht man zunächst die vollständige "Formel" christlichen Heilsanspruches gegenüber dem Judentum[48] Röm 5,11: καυχώμενοι ἐν τῷ θεῷ διὰ τοῦ κυρίου ἡμῶν Ἰησοῦ Χριστοῦ (vgl. Phil 3,3) mit Gal 6,14a.b, so wird die theolo-

---

42 Zahn, Gal 281: "Daß diese Leute sich noch zu dem gekreuzigten Christus bekennen, ist hier wie überall (2,21; 5,2) vorausgesetzt"; vgl. Lietzmann, Gal 44; Eckert, Verkündigung 237; anders Betz, Gal 315.

43 Vgl. dazu 1Kor 2,2; 9,16; 12,3; 14,6.9.28; 2Kor 12,5.

44 Vgl. H.-W. Kuhn, Jesus 27f, der darauf hinweist, daß von einer "Kreuzestheologie" bei Paulus entsprechend dem Vorkommen des Kreuzesthemas nur in 1Kor 1f und dem Gal gesprochen werden darf.

45 An dieser Stelle ist es angebracht, Kritik an einem "Bultmann redivivus" zu üben, wie er z.B. bei Betz, Gal 318 (vgl. Hübner, Gesetz 90; Mußner, Gal 414), erscheint. Er erläutert das nichtchristliche Rühmen "based upon 'the flesh', i.e., man's own achievements (cf. 6:13)" und sieht den christlichen Stolz (Gal 6,14) demgegenüber auf das Verdienst seiner Erlösung bezogen. Die Pointe dabei sei, daß "this was not achieved through his own efforts but through Christ's death and resurrection". Hier findet sich der existenztheologische Gegensatz von dem Leben aus sündiger Eigenmächtigkeit und dem Leben als geschenkter Lebensgabe durch Christus extra nos (vgl. Bultmann, Theologie 239-246) wieder, der von Paulus in Gal 6,14 durch die energische Betonung des Kreuzes jedoch **nicht** angesprochen wird. Gegenüber stehen sich nicht ein "sich-Rühmen-Gottes" und ein "sich-Rühmen-in-Christus", gleichbedeutend der Differenz Judentum - Christentum, sondern es geht im christlichen Streit um die Definition der Christologie als Staurologie. Die Alternative heißt: **christliches** Rühmen Gottes über die Einhaltung der Thora oder **christliches** Rühmen über das Kreuz des Kyrios.

46 Vgl. Betz, Gal 315.

47 Vgl. Betz, Gal 318.

48 Von einer Formel ist hier insofern zu sprechen, als der Anspruch des Juden auf Gottesgewißheit Röm 2,17: καυχᾶσθαι ἐν θεῷ von Paulus in Röm 5,11 mit der kerygmatischen Kurzformulierung der göttlichen Würdestellung Jesu Christi (διὰ τοῦ κυρίου ἡμῶν Ἰησοῦ Χριστοῦ), wie er in der Homologie des hell.-heidenchristlichen Gottesdienstes (κυρίος Ἰησοῦς[Χριστός] vgl Röm 10,9a; Phil 2,11) proklamiert wird, quasi "mechanisch" erweitert wird (vgl. Deichgräber, Gotteshymnus 40): Christen konkurrieren mit Juden um das "Sich-Rühmen-Gottes" aufgrund

gische Arbeit der Zuspitzung bei Paulus sichtbar: Paulus nimmt anstelle von θεός das Stichwort σταυρός (aus Gal 6,12c) in die formelhafte Wendung auf und kombiniert[49] auf diese Weise das Kreuz mit dem Kyrios-Titel[50]. Durch diesen Austausch erhält er auf kürzestem Raum einen unüberbietbaren Gegensatz von negativ bewertetem "Kreuz" und positiv bewerteter Kyrios-Herrlichkeit. Verbunden mit καυχᾶσθαι ἐν "ist's ein wahrhaft apostolisches Oxymoron"[51]. Da die Betonung der Aussage auf dem "Kreuz" liegt, entscheidet für Paulus das Kreuz in diesem Streit judenchristlicher Theologie über die Wahrheit der Christologie.

Wenn die Christengemeinde (Gal 6,15: ἡμῶν) im Gottesdienst die (irdische) Person mit dem Eigennamen "Jesus" und dem Cognomen "Christus"[52] als Kyrios anbetet, bedeutet das für Paulus, daß sie eine göttliche Person verehrt, die in sich einen unvereinbaren Widerspruch vereinigt. Dieser Widerspruch ist zugleich der "Stein des Anstoßes" (Röm 9,33; vgl. Gal 5,11) zum Glauben oder zur ärgerlichen Ablehnung. Denn im Gekreuzigten (Gal 3,1), Jesus Christus, ist der von göttlicher Thora mit dem Todesfluche (vgl. Dtn 21,23) Sanktionierte (Gal 3,13) präsent, der durch die Verfluchung über den Tod hinaus **jeder Heilsperspektive** entzogen ist. Und doch wird gerade in ihm der von Gott kommende **endzeitliche Heilsbringer** Jesus Christus als Herr, wie Gal 4,1 in anderem Zusammenhang sagt, πάντων ὤν offenbar. Dies ist eine "geschichtliche" Umkehrung, die Gott in Christi Auferweckung von den Toten (Gal 1,1) selber bewirkt und die der Glaube an Jesus Christus (2,16) in der Erkennt-

---

(διά ist kausal zu verstehen) der Kyrios-Inthronisation Christi. Die Analyse von Kramer, Christos 86, daß dabei die Wendung διὰ τοῦ κυρίου ἡμῶν 'Ιησοῦ Χριστοῦ "ursprünglich als Formel im Gottesdienst verwendet (wurde), wo sie als bestimmte Weise des Anrufens des Kyrios die damit verbundenen Lebensäußerungen der Gemeinde charakterisierte", läßt sich nur für den "Dank an Gott" (1Kor 15,57), nicht aber für ein "sich Gottes Rühmens" über Apg 2,46; 1Petr 1,6 als Lebensäußerung der Gemeinde in der Liturgie verständlich machen (gegen Bousset, Kyrios 109; Michel, Röm 184; Lietzmann, Röm 60). Paulus könnte die Wendung mithin als ein Bestandteil christlicher liturgischer Praxis bekannt sein und sie als doxologisches Element in Briefabschnitten mit besonderem Gewicht einsetzen (vgl. Röm 5,1.21; 7,25; 15,30; 1Thess 5,9).

49 Bei Paulus findet sich diese Kombination nur noch 1Kor 2,8.

50 Im Gal noch 1,3; 5,10; 6,18.

51 Sieffert, Gal 369.

52 Zum Problem des christologischen Sprachgebrauchs von "Jesus Christus" bei Paulus, der die Messianität Jesu wie selbstverständlich voraussetzt, vgl. Hengel, Erwägungen 135ff.

nis Jesu Christi als Herrn (Phil 3,7f) anerkennt[53]. Die unergründbare Mutation Gottes in seiner Gnade für Christus (vgl. Gal 1,6.15; 2,21; 5,4), die aus einem verworfenen Gekreuzigten den verherrlichten Kyrios macht, ist das eschatologische Ereignis der Geschichte inmitten aller Geschichte: τὸ πλήρωμα τοῦ χρόνου (4,4). Das Kreuzesgeschehen trennt also zwei "Welten", eine vorchristliche, vergangene von einer in Christus gewandelten, neuen Welt. Alle Dinge (πάντα Phil 3,8), die im Zusammenhang des Gottesverhältnisses des Menschen bisher eine soteriologische Qualität besaßen, haben mit der eschatologischen Wende ihren Wert verloren und müssen Neuem weichen[54].

In Gal 6,14c insistiert Paulus also darauf, daß der Tod des Kyrios am Kreuz ein, wie Rudolf Bultmann sagt, "'kosmisches' Ereignis" ist[55]. Paulus dürfte sich mit dieser Interpretation von der Christologie seiner Gegner entscheidend absetzen[56]. Mit Jesus Christus am Kreuz[57] ist die "Welt" und das "Ich" des Menschen gestorben, und zwar so, daß der immerwährende Zusammenhang von Ich und Welt (vgl. 1Kor 7,31) gelöst ist: der Mensch ist ἐκ τοῦ αἰῶνος τοῦ ἐνεστῶτος πονηροῦ herausgerissen (Gal 1,4) und, tot für die Welt, in die Frei-

---

53 Κύριος Ἰησοῦς : Röm 10,9; 14,14; 1Kor 12,3; 2Kor 4,14; 11,31; Phil 2,19; 1Thess 4,1f. Κύριος ἡμῶν Ἰησοῦς (oder Ἰησοῦς ὁ κύριος ἡμῶν): Röm 4,24; 16,20; 1Kor 5,4; 9,1; 2Kor 1,14; 1Thess 2,19; 3,11.13. Κύριος Ἰησοῦς Χριστός Phil 2,11; 1Thess 1,1.

54 Anthropologisch gesprochen heißt das, daß durch das eschatologische Christusgeschehen die "Existenzwende" (H.-W. Kuhn, Jesus 39) des Menschen ausgelöst ist, die Paulus als "Herrschaftswechsel" (vgl. Becker, Gal 30f) in Gal 2,19a oder als wunderbare Bilanz, die ein Aktivsaldo ins Passiv und umgekehrt verwandelt (Phil 3,7f), entfalten kann.

55 Theologie 303 (vgl. Martyn, Antinomies 413.415 u.ö.: "cosmic announcements"); nicht zu folgen ist Bultmann bei der Auslegung des "kosmischen Ereignis(ses)", wenn er meint, daß für Paulus vom Tod Christi "nicht mehr nur als von dem historischen Ereignis der Kreuzigung Jesu auf Golgatha geredet werden" dürfe (ebd. 303). Mit dieser Formulierung trägt Bultmann vorsichtig in Paulus den in seiner existenzdialektischen Interpretation beherrschend werdenden Gegensatz von vergangenem historischen Jesus und gegenwärtigem kerygmatischen Christus ein.

56 Vgl. Becker, Gal 65, der vermutet, daß für die Irrlehrer "Ostern zunächst ein Spezialfall ist, der nur Christus betrifft, daß jedoch die Heilsgeschichte Israels bis zum Ende aller Dinge weiterläuft und bis dahin also auch das Gesetz Geltung haben muß".

57 Die Tatsache, daß der relativische Anschluß δι' οὗ sich auf σταυρῷ als nomen regens des Genitivausdruckes bezieht (vgl. Sieffert, Gal 369), darf nicht in der Weise überinterpretiert werden, daß behauptet wird, das Kreuz sei das "Todeswerkzeug", durch das die Welt getötet wurde (gegen Lietzmann, Gal 45, und ihm zustimmend Mußner, Gal 414). Da für Paulus Christus immer der gekreuzigte Erlöser ist (vgl. Gal 2,20; 3,1.13; dazu Betz, Gal 318), fungiert σταυρός hier als "Ideogramm für das Erlösungsgeschehen" (Schlier, Gal 281).

heit (vgl. nur 5,1.13) gestellt. In änigmatischer Kürze[58] (vgl. 2,19) rekurriert Paulus auf Prinzipien seiner Tauflehre (vgl. Röm 6,1-11; Gal 2,19)[59]: erstens, daß in der Taufe Christustod und Ich-Tod des Gläubigen miteinander verbunden werden (Röm 6,4.5.8. bes. 6: συνεσταυρώθη ; vgl. Gal 2,19b), und zweitens, daß durch den Tod eine alte Beziehung gelöst wird (Röm 6,7; vgl. 7,2). "In **dualistisch-kosmischer** Vorstellungsweise sagt Paulus in Gal 6,14, daß durch das Kreuz Christi einerseits für das glaubende Ich die Welt" - 'Welt' hier als Inbegriff der vorchristlichen, durch die Offenbarung in Christus überholten, ja jetzt gottfeindlichen Soteriologie[60] - "gekreuzigt sei und andererseits das Ich als der alte Mensch ... diesen Tod erlitten habe"[61], ein für allemal (Perf.: ἐσταύρωται)[62].

Theologie auf das Kyriosereignis des Kreuzestodes zu gründen, bedeutet für Paulus zunächst, daß die 'Welt' keinen Anspruch mehr hat, die soteriologische Identität des Christen zu bestimmen. Er benennt die neue soteriologische Situation der Freiheit vom definitorischen Anspruch der "Welt" als einen radikalen Abbruch der alten Beziehung von 'Welt' und 'Ich'. Aufgrund des eschatologischen Heilsereignisses des "Kyrios-Kreuzes" entsteht für Paulus ein Gegensatz von "(alter) Welt" und "Kreuzes-Ruhm"[63]. Für die judenchristlichen

---

58 Man beachte, daß das Verb ἐσταύρωται für zwei Satzteile gilt (V.14c +ß), κἀγώ für καὶ ἔγω steht und ἐμοί und κόσμῳ als Dativi incommodi (vgl. Blaß/ Debrunner, Grammatik § 188; gegen Mußner, Gal 414, der nur im zweiten Dativ einen Dativus incommodi sieht, vgl. Weder, Kreuz 207, Anm. 327) komprimiert den Sachverhalt ausdrücken, zu wessen Nachteil der Tod des ἔγω und des κόσμος geschieht: für die Welt und das Ich gleichermaßen.

59 Vgl. Schnelle, Gerechtigkeit 55; Betz, Gal 122f; Schlier, Gal 100f; Mußner, Gal 180f; Ortkemper, Kreuz 34; gegen Brinsmead, Galatians 65.

60 Gegen Ortkemper, Kreuz 33; Mußner, Gal 414, Anm. 32.

61 H.-W. Kuhn, Jesus 38 (Hervorhebung U. M.).

62 Für die christliche Ethik formuliert Gal 5,24 diesen Grundsatz, nämlich, daß diejenigen, die Christus angehören, das Fleisch mit den Leidenschaften und Begierden ἐσταύρωσαν . "Damit haben sie gerade jenes Element, mit dem sie 'Glied' des κόσμος waren, 'das Fleisch' getötet", so Mußner, Gal 414.

63 Gegen Martyn, Antinomies 412 (vgl. Brinsmead, Galatians 65f), für den Paulus in Gal 6,14f "of two different worlds" ("alte Welt" - "neue Welt") spricht und der über die Identifizierung u.a. von Gal 6,15 als "apocalyptic antinomy" den Gal insgesamt als "precisely an apocalypse" (ebd. 421) bezeichnen kann. Zu diesem Ereignis kann Martyn u.a. nur aufgrund (a) eines Eintrages der "Zwei-Äonen-Lehre" in Gal 6,14f (vgl. Brinsmead, a.a.O. 65: "realised eschatology"), (b) eines Verzichtes einer Analyse von Gal 6,14 im Rahmen paulinischer Tauftheologie sowie (c) des Kontextes (6,16, "neue Schöpfung" als "Maßstab") und (d) traditionsgeschichtlicher Erwägungen zum Verständnis von "neuer Schöpfung" kommen.

Gegner des Paulus dürfte diese Antinomie zumindest eine theologisch illegitime Überspitzung, wenn nicht sogar einen heilsgeschichtlichen Widerspruch darstellen. Wer wie Paulus das heilsgeschichtliche Neue in Christus nur als **absolute Antithese** zum Alten erscheinen lassen kann, dem kann man grundsätzlich eine schöpfungs- wie geschichtstheologische Verkürzung des (jüd.) Gottesglaubens vorwerfen. Denn er übergeht die Soteriologie Gottes zugunsten des Menschen in der früheren Geschichte (= Israel) als dem Raum seiner Schöpfung. Ist Paulus sich dieser Konsequenz bewußt?

2.6.2.2 Gal 6,15: eine vorpaulinisch-urchristliche Formel soteriologischer Neuorientierung

Mit einer traditionellen christlichen Formel wirbt Paulus bei seinen Kontrahenten um Zustimmung[64] (Gal 6,15) zu seiner gewagten soteriologischen Konsequenz aus dem eschatologischen Verständnis des Christusereignisses. Von einer vorpaulinischen Formel ist dabei nicht nur aufgrund des Strukturvergleiches mit Phil 3,8[65], sondern entscheidend im Zusammenhang der im paulinischen Briefkorpus in unterschiedlichen Zusammenhängen[66] erscheinenden Parallelen zu sprechen. Sie lauten:

1. Ἡ περιτομὴ οὐδέν ἐστιν, καὶ ἡ ἀκροβυστία οὐδέν ἐστιν,
   ἀλλὰ τήρησις ἐντολῶν θεοῦ (1Kor 7,19).
2. Ἐν Χριστῷ Ἰησοῦ οὔτε περιτομή τι ἰσχύει οὔτε ἀκροβυστία,
   ἀλλὰ πίστις δι' ἀγάπης ἐνεργουμένη (vgl. Gal 5,6).

Zum Vergleich Gal 6,15 (ohne begründendes γάρ):

3. Οὔτε περιτομή τί ἐστιν οὔτε ἀκροβυστία,
   ἀλλὰ καινὴ κτίσις.

---

64 Formal stellt sich Gal 6,15 als Begründung (γάρ) von V.14 vor (s.o. Hauptteil B 2.1), doch hat Betz, Gal 319, Anm.76, richtig gesehen, wenn er γάρ hier als doppeldeutig empfindet, da V.15 auch als Konsequenz des Vorhergesagten erscheint. Die Dichte der paulinischen Argumentation, hier noch durch Tradition angereichert, läßt keine eindeutige Bestimmung der Argumentationslogik mehr zu. Da es Tradition um Gemeinsamkeit zu tun ist, läßt sich das γάρ hier als Angebot einer gemeinsamen Gesprächsbasis verstehen. Insofern ist Schwantes, Schöpfung 28f, zuzustimmen, der, allerdings nur für den Ausdruck "neue Schöpfung" annimmt, Paulus wähle Tradition, um sich bei seinen Gegnern mit "einer auch ihnen geläufigen Wendung" (ebd. 28) verständlich zu machen.

65 S.o. Hauptteil B 2.5.

66 In 1Kor 7,1-24 im Rahmen der ethischen Problematik des Verhältnisses von christlichem Glauben und schöpfungsgemäßem Lebensstand; in Gal 5,1-12 bei der Gegenüberstellung von Gesetzessklaverei und christlicher Freiheit; in Gal 6,11ff beim Vergleich zweier judenchristlicher Evangeliumsvarianten.

Trotz Variation in der Formulierung ist die zweigliedrige Struktur[67] der Wendungen auffallend ähnlich: In "abstrakt-kollektive(r) Redeweise"[68] wird die Distiktion περιτομή = Status des Juden und ἀκροβυστία= Status des Heiden verneint und durch eine neue, jeweils verschiedene Bestimmung (τήρησις ἐντολῶν θεοῦ, πίστις δι' ἀγάπης ἐνεργουμένη, καινὴ κτίσις) christlicher Selbstdefinition (ἐν Χριστῷ 'Ιησοῦ Gal 5,6) als überwunden (ἀλλά) erklärt. Am ausführlichsten ist dabei Gal 5,6 stilisiert.

Peter Stuhlmacher[69] hat richtig gesehen, daß der Versuch, solche Parallelität traditionsgeschichtlich als paulinische Abwandlung (Gal 5,6; 6,15) eines ursprünglich jüd. Wortes (1Kor 7,19) aufzufassen[70], sowohl durch den frühjüdischen Sprachgebrauch[71] als auch aufgrund jüd. Theologie ausgeschlossen ist: "In der ... grundlegenden eschatologischen Antithetik von Judentum und Heidentum auf der einen und Kirche bzw. Neuschöpfung auf der anderen Seite ist die Redeweise erst auf christlichem Boden möglich"[72]. Für das Judentum setzt die Beschneidung als äußeres Zeichen der Zugehörigkeit (vgl. Phil 3,5) zu dem von Gott auserwählten jüd. Volk das charakteristische Unterscheidungsmerkmal zwischen Israel ("den Beschnittenen") und allen übrigen Völkern ("den Unbeschnittenen")[73] fest. Selbst wenn Juden offensive Prosely-

---

67 Eine annähernd ähnliche Konstruktion weist in der urchristlichen Literatur nur IgnPhld 6,1 auf.

68 Stuhlmacher, Erwägungen 3. 'Ακροβυστία meint die (natürliche) "Vorhaut" des männlichen Gliedes (z.B. Apg 11,3), περιτομή die "Beschneidung" als kultische Einrichtung des Judentums (Gal 5,11; vgl. Phil 3,5). Im übertragenen Sinn kann Paulus das Gegensatzpaar ἀκροβυστία - περιτομή als Konkretum zur Kennzeichnung des Abstraktum "Heidentum" bzw. "Judentum" verwenden (vgl. Röm 3,30; 4,9; dazu Bauer, Wörterbuch Sp.66.1294). Hier in 1Kor 7,19; Gal 5,6; 6,15 wird über das jeweilige Merkmal der Status eines Kollektivs bezeichnet, dessen Individuen Träger dieses Merkmals sind.

69 Ebd. 3.

70 Vgl. Weiß, 1Kor 187, und in seiner Nachfolge Bultmann, Art. Paulus RGG[2] IV Sp.1029; Schlier, Gal 283, Anm. 1.

71 Der Gebrauch des abstractum pro concretum ist signifikant im Frühjudentum nur für ערלה als Bezeichnung für Heidenvölker (Ned III, 11 [R. Eleazar b. Azarja T2], Billerbek, Kommentar IV 35; par MekhY 18,3 [65b]) belegt. Vgl. aber auch die Stereotype: "Groß ist die Beschneidung, denn ..." (Ned III, 11, Billerbeck, Kommentar IV 38; MekhY 18,3 [65b]). Das Gegensatzpaar "Vorhaut - Beschneidung" ist atl.-frühjüdisch nicht belegt.

72 Stuhlmacher, Erwägungen 3; vgl. Becker, Gal 62. Insofern ist die Weisheit des Euthalios, für Gal 6,15 jüd. Ursprungs zu vermuten, auch sachlich hinfällig (s.o. Hauptteil A 1).

73 Vgl. Billerbeck, Kommentar IV 32, mit Hinweis auf Ned III,11 (Billerbeck, Kommentar I 713f); Betz, Art. Beschneidung TRE 5, 717.

tenmission unter den Völkern betreiben (vgl. Mt 23,15), halten sie über die Beschneidungspflicht[74], verstanden als Inkorporation in die Synagoge, am erwählungsgeschichtlichen Primat des Judentums fest. Eine Überwindung der erwählungstheologischen Differenzierung der Menschheit in zwei soteriologisch negativ und positiv bewertete Gruppen setzt eine thoraunabhängige Neukonzeption einer universalen Erwählungstheologie voraus, wie sie besonders von Paulus und dem ihn prägenden hell. Urchristentum vertreten wurde[75]. Dabei gilt es zu untersuchen, welche Funktion der vorpaulinischen Formel (1Kor 7,19; Gal 5,6; 6,15) im hell. Urchristentum zukommt.

Die konstitutiven Merkmale einer sog. "antiochenischen Situation" sind schnell bei der Hand: Neben einer gesetzesunabhängigen Heidenmission (Gal 2,3.7; Exemplum Titus) existiert in der antiochenischen Gemeinde eine vorbehaltlose Tischgemeinschaft von Judenchristen und Heidenchristen (2,12) beim Herrenmahl (vgl. 1Kor 11,17ff). Die Apg weiß zudem zu berichten, daß in Antiochia die Jünger zum ersten Mal von außerhalb als Χριστιανοί, als eine eigenständige Gruppe oder Partei außerhalb der Synagoge, bezeichnet wurden (11,26)[76].

Der Diversifikationsprozeß zu einer von der Diasporasynagoge unabhängigen religiösen Gruppe von Christusgläubigen verschafft sich in einer sog. vor- bzw. nebenpaulinischen "hell. Theologie" Ausdruck. Ihre Elemente sind be-

---

74 Zwar kann dem übertrittswilligen König Izates von Adiabene gesagt werden, es sei möglich, χωρὶς τῆς περιτομῆς τὸ θεῖον σέβειν (Ant XX,41), dennoch sieht man im Unterlassen der Beschneidung faktisch einen Frevel gegen Gott (ebd. 44-46).

75 Schon die älteste "Geschichte" des Urchristentums, die Apg des Lukas, bringt über den Leitgedanken ihrer Darstellung, den Weg des Evangeliums von der jüd. Urgemeinde (Jerusalem) zu der Völkergemeinde (Rom) zu schildern (vgl. Apg 1,8; 28,31; dazu Hengel, Jesus 154; Schneider, Apg 1,142; Conzelmann, Apg 8f; Haenchen, Apg 110ff), den universalistischen Grundzug des Urchristentums zur Geltung. Die paulinische weltumspannende Missionsperspektive, die für Lukas eine Schlüsselstellung im christlichen Universalismus einnimmt (vgl. Apg 13f; 15,36-20,16), fußt dabei auf einer urchristlichen Entwicklung zur Heidenmission, wie sie sporadisch von den "Hellenisten" in Samaria unter Gottesfürchtigen verbreitet (vgl. Apg 8,4ff.26ff) und auf breiter Basis dann in Antiochia betrieben wurde (Apg 11,19ff; dazu Hengel, Jesus 197). Paulus, der sich bei den "Hellenisten" in Damaskus zum christlichen Glauben bekehrt (Apg 9,1ff) und von dort aus im Nabatäerreich christliche Mission betrieben hatte (Gal 1,16f; 2Kor 11,32f), tritt in das Missionswerk der antiochenischen Gemeinde ein (Apg 11,25; Gal 1,21) und wird zu einen prononcierten Vertreter des εὐαγγέλιον τῆς ἀκροβυστίας (Gal 2,7; vgl. 2,2.8f).

76 S. Tacitus, Ann. XV 44,2; dazu Conzelmann, Apg 75f; Schneider, Apg 2,92; Haenchen, Apg 353f, Anm.3.

hutsam aus den paulinischen Schriften, in erster Linie aus dem 1Thess und dem Gal[77], im Rückschlußverfahren aus Traditionsgut zu erschließen[78]. Denn Paulus gehörte einmal auf dem Apostelkonzil neben Barnabas zu den erklärten Vertretern und Verfechtern einer solchen Theologie (Gal 2,1ff). Diese "hell. Theologie" dürfte sich durch ein eigentümliches Verhältnis von Nähe und Distanz zum Judentum auszeichnen, wobei sowohl progressive Kontinuität als auch kontrapunktive Diskontinuität zur synagogalen Theologie die Entwicklung und Durchsetzung einer spezifisch christlichen Theologie geleitet haben müssen. In viererlei Hinsicht ist dies zu entfalten:

1. Als **offensive Rezeption des** religiösen **Heilsanspruches der Synagoge,** wie es beispielsweise Gal 3,6ff. bes. 7.29: υἱοὶ Ἀβραάμ / σπέρμα τοῦ Ἀβραάμ; 4,1ff. bes. 7: υἱός, κληρονόμος , vgl. 3,26 υἱοὶ θεοῦ ; 4,22ff. bes. 28.31 τέκνα ἐπαγγελίας / τέκνα τῆς ἐλευθέρας dokumentieren.

2. Als **Weiterführung und Vollendung** der Intention **des Judentums** im Tun des Gotteswillens (1Thess 4,3) durch die Mitglieder der Endzeitgemeinde, die als Heilige (vgl. 1Thess 3,13; 1Kor 1,30; 6,11) am Wandel in Heiligkeit (vgl. 1Thess 4,1f.8f.10), seien sie nun Juden oder Heiden, unterschiedslos alle beteiligt sind. Prononciert bringen diesen Gedanken die in Antiochia gegen jüd. Kritiker und judenchristliche Zweifler der Tischgemeinschaft von Juden und Heiden (z.B. als Verletzung der Reinheit Israels; als Antinomismusverdacht) unternommenen Erläuterungsversuche von 1Kor 7,19; Gal 5,6 und 6,15 auf die Formel einer theologischen Situationsklärung. Der Ausdruck τήρησις τῶν ἐντολῶν (1Kor 7,19b[79]) reklamiert dabei nicht einfach propagandistisch die Einhaltung der Thoragebote für die antiochenische Gemeinde, sondern gibt zugleich das in-

---

77 Aus dem 1Thess, weil er der früheste Brief (ca. 50) nach dem Zusammenstoß mit Petrus in Antiochia (ca. 48/49) ist und Paulus die kürzlich gegründete Gemeinde auf ihrem von ihm selbst verkündigten Weg nur ermuntern (vgl. 1Thess 3,2; 4,1.10; 5,11) und nicht neu belehren (vgl. 1,5-7.8f; 2,1.13f.19f; 3,3f.6.9; 4,1.9f; 5,1f.11) will (Ausnahme 4,13ff), vgl. Becker, Erwählung 84.98. Aus dem Gal, weil er innerkirchliche Häresie mit Argumentationszusammenhängen und Schriftexegesen bekämpft (Gal 3f), die ursprünglich in der Auseinandersetzung Judentum - Christentum ihren "Sitz im Leben" hatten.

78 Hier soll nur im Anriß und unter Beachtung des Konsensfähigen das mit traditionsgeschichtlicher Methodik äußerst schwierig zu lösende Problem einer "antiochenischen Phase" paulinischer Theologie angegangen werden. Um methodisch zu überzeugen, müßte vor allem ein konstruktives Prinzip entwickelt werden, das es erlaubt, Traditionselemente paulinischen Schrifttums eindeutig "Antiochia" zuzuweisen.

79 Vgl. Mt 19,17; Joh 14,15.21; 15,10; 1Tim 6,14; 1Joh 2,3.4; 3,22.24; 5,3; Apk 12,17; 14,12.

haltliche Leitprinzip "antiochenischer" Frömmigkeit preis: die Liebe. In Weish 6,18 z.B. heißt es: ἀγάπη δὲ τήρησις νόμων αὐτῆς (sc. ἡ σοφία ; vgl. Sir 32,23). Das liegt ganz auf der Linie von Gal 5,5f[80]. Hier wird zum Ausdruck gebracht, daß der rechtfertigende Glaube (V.5: ἐκ πίστεως ; V.6: πίστις) mit der Begabung des Endzeitgeistes (V.5: πνεύματι ; vgl. Gal 3,1-5.14; 4,6; dazu 1Thess 4,8f mit Ez 36,26f) aus sich selbst heraus in der Liebe (V.6: δι' ἀγάπης) "die Frucht des Geistes" (Gal 5,22) wirkt und damit die Anforderungen des Nomos-Gebotes weit hinter sich läßt (vgl. 5,23b mit 5,22.23a).

Ordnet man diesen beiden Versuchen, die die "antiochenische Situation" theologisch aufarbeiten wollen, den Ausdruck καινὴ κτίσις (Gal 6,15b) zu, so bildet der anscheinend Seinskategorien ansprechende Begriff einen Fremdkörper. Er besitzt nichts Gemeinsames mit den ethisch-juridischen Neubestimmungen (τήρησις τῶν ἐντολῶν ; πίστις δι' ἀγάπης ἐνεργουμένη) hell.-urchristlicher Theologie[81]. Schlägt er eine physisch-mystische Deutung des christlichen Neubeginns in Antiochia vor? Bis ein interpretatorischer Zugang dieser zu beobachtenden Diskontinuität zur Deutung verhilft, bleibt festzuhalten, daß "neue Schöpfung" ein "Schlagwort" hell. Neuorientierung in Antithese zur Synagoge ist[82].

3. Als Bejahung und **Bestätigung** der neuen, sich von der Synagoge absetzenden Christus-Gruppe **im göttlichen Heilsplan**, wie es z.B. der 1Thess in

---

80 Formal gehören Gal 5,5f zusammen, da beide Verse parallel zueinander (2x γάρ) in christlicher Formelsprache das paulinische, seine Ausführungen in Gal 3f zusammenfassende Entweder - Oder (vgl. 5,1-4) begründen wollen. Inhaltlich versucht Paulus in den V.5f, die bei dem Gegensatz von Freiheit-Christus ≠ Knechtschaft - Gesetz auftretende Diastase von göttlicher Gnade und Gerechtigkeit anthropologisch (V.5: ἡμεῖς ; V.6: ἐν Χριστῷ Ἰησοῦ) als gelungene eschatologische Beziehung darzustellen: Der durch den Glauben an Christus gerechtfertigte Mensch erfährt die göttliche Gnade (vgl. 1,6.15; 2,21), um in der Liebe tätig die Hoffnung göttlicher Gerechtigkeit zu begründen (ἀπεκδέχομαι).

81 Vgl. Burton, Gal 356, der die Parallelen zu Gal 6,15 bespricht und dabei zu einem ähnlichen Urteil kommt: "Καινὴ κτίσις in the present passage is, on the one side, less definite as to the moral character of the new life than either of the other expressions, and, on the other hand, directs attention to the radical change involved rather than to the external expression or the moral quality of the life thus produced".

82 Der Ausdruck "neue Schöpfung" dürfte also nicht erst von Paulus in die urchristliche Begriffssprache eingeführt worden sein (gegen Stuhlmacher, Erwägungen 4), sondern, da in 1Kor 7,19; Gal 5,6; 6,15 eine sich verfestigende vor- bzw. nebenpaulinische Tradition vorliegt, schon in hell.-urchristlicher Theologie lebendig sein.

1,4f und 5,23f in einer eigenständigen Erwählungstheologie[83] vorträgt: Gott erwählt durch das Evangelium (1,5.8; 2,13) die Endzeitgemeinde (4,15-17) aus den Völkern (2,16a), damit sie vor dem endzeitlichen Zorn Gottes (1,10; 5,9) über die sündige Menschheit durch Erlangung der endzeitlichen Soteria (5,9; vgl. 2,12) bewahrt wird.

4. Als **Entwicklung** des die neue Gemeinschaft konstituierenden Heilsgeschehens in Christus über die Taufe (vgl. 1Kor 12,13) als **eines normgebenden Prinzips** (ἓν πνεῦμα, ἓν σῶμα) einer autonomen, auf Integration angewiesenen Gemeinschaftswirklichkeit (vgl. Gal 3,27.28d).

2.6.2.3 "Neue Schöpfung" - die Annullierung des soteriologischen Privilegs der Synagoge

Im Rahmen hell.-urchristlicher Lehrbildung (s.o.) konnte die schöpfungstheologische Chiffre "neue Schöpfung" nicht befriedigend interpretiert werden. Deshalb muß nun versucht werden, den Begriff für sich selbst auf der Stufe dieses vor- bzw. nebenpaulinischen Christentums zu betrachten. Und zwar ist
1. zu klären, auf welche Weise das hell. Urchristentum mit dem Begriff "neue Schöpfung" an der Traditionsbildung des Frühjudentums partizipiert. Die Ergebnisse der traditionsgeschichtlichen Analyse zu "neuer Schöpfung" (Hauptteil A) sind für die erstmalige Verwendung des Begriffs im Rahmen urchristlicher Theologie fruchtbar zu machen. Sodann ist
2. zu überlegen, ob sich innerhalb der oben (2.6.2.2) vorgestellten Aspekte "hell. Theologie" für "neue Schöpfung" in Gal 6,15 ein geeigneter und begründbarer Deutungsansatz finden läßt.

Ad 1: An erster Stelle muß hervorgehoben werden, daß, bis auf einen einzigen Aspekt, **Kongruenz** zwischen der Verwendung des Begriffes "neue Schöpfung" im asidäisch geprägten Frühjudentum (Jub 1,29; 4,26; 11QTemple 29,9;

---

83 Becker, Erwählung 98, weist darauf hin, daß die Erwählungstheologie des 1Thess als eigenständig deshalb zu bezeichnen sei, weil sie sich imstande zeigt, unabhängig von den heilsgeschichtlichen Bestimmungen des Judentums von Vätergott, Bund und Gesetz, "die theologische Selbständigkeit des Heidenchristentums durch eine in Umrissen gut erkennbare, in sich geschlossene Position zu entfalten".

vgl. äthHen 72,1; 1QS 4,25; 1QH 13,11f) und der in der hell. Theologie (= Gal 6,15) besteht[84]. So gleichen sich

- die **antithetische** Verwendung ("bis zu" vgl. Jub 1,29; äthHen 72,1hi; 1QS 4,25; 11QTemple 29,9; Gal 6,15: ἀλλά)[85],
- die **kosmische** Dimension der Gegenüberstellung von "alter" Schöpfung und neuer Schöpfung (creatio originalis - creatio nova Jub 1,29; äthHen 72,1; 1QS 4,23b-26; 1QH 13,11f/ περιτομή und ἀκροβυστία als erwählungsgeschichtliche Koordinaten der "alten" Schöpfung - καινὴ κτίσις Gal 6,15),
- die eindeutig **eschatologische**[86] Akzentuierung,
- die **soteriologische** Ausrichtung (bes. Jub 1,29 fin./Gal 6,15: "soteriologische Neuorientierung") und last, but not least
- die rein **begriffliche**, nicht metaphorische[87] Fassung (Jub 1,29; 4,26; 11QTemple 29,9; vgl. äthHen 72,1; 1QS 4,25; 1QH 13,11f) des Neuschöpfungsgedankens.

Einzig die **radikal präsentische** (Gal 6,15: ἔστιν; Gal 5,6: ἰσχύει; vgl. 1Kor 7,19) gegenüber der **rein futurischen** Ausformung der Neuschöpfungsaussage im Frühjudentum ist das entscheidend Neue hell.-urchristlicher Theologie. Die Summe der Übereinstimmungen zwingt jedoch zur These, von einer **Übernahme** des frühjüdischen Begriffs "neue Schöpfung" im vor- bzw. nebenpaulinischen Christentum zu sprechen.

Die Versuche, den antagonistischen Tatbestand, wie ein Terminus technicus futurischer Eschatologie für das eschatologische Präsens der antiochenischen Gemeinde Verwendung finden kann, über weitere traditionsgeschichtliche Studien im Frühjudentum transparent zu machen, ließen sich an den Texten nicht verifizieren. Dazu gehört

- das **"Antizipationsmodell"** (Peter Stuhlmacher, Karl Georg Kuhn, Heinz-Wolfgang Kuhn, Gerhard Schneider) einer proleptischen Verwirklichung

---

84 Aufgrund begrifflicher Prägung von καινὴ κτίσις im Frühjudentum ist **auszuschließen**, daß die apokalyptische Offenbarungsvision himmlischer Welt (äthHen 91,16; Apk 21,1; vgl. LibAnt 3,10; TrJes 65,17; 66,22) als traditionsgeschichtliches Belegmaterial zu Gal 6,15 in Frage kommt.

85 Neben dem Vorhandensein des Begriffes "neue Schöpfung" spricht also auch der gemeinsame Kontext mit Gal 6,15 dagegen, als Stellenbelege zur Erläuterung von Neuschöpfung bei Paulus noch 4Esr 7,75; syrBar 32,6; 57,2; LibAnt 32,17; T JI, JII und N zu Dtn 32,1 hinzuziehen.

86 U.a. ein Grund, rabbinische Belege zum Konversionsvorgang des Proselyten als uneschatologische Situation des neuen Anfangs (Yev 48b; TrGer 2) auszuscheiden (s. auch Anm. 87).

87 Ein Bezug zu dem im Rabbinat metaphorisch-bildhaft vorgetragenen Verständnis des Konversionsvorganges (Yev 48b; TrGer 2) läßt sich darum verneinen.

endzeitlichen Neuschöpfungsheils in der priesterlichen Gemeinschaft von Qumran. Die Hodayot-Texte (1QH 3,20f; 11,12; 15,15) lassen weder eine verbale Umschreibung des Neuschöpfungsgedankens, noch eine sprachliche Beziehung zum in Qumran verkündigten endzeitlichen Neuschöpfungsheil (1QS 4,25; 1QH 13,11f; 11QTemple 29,9) erkennen, noch ist für die Priesterfrömmigkeit von Qumran der Gedanke einer individuellen Neuschöpfung beim Eintritt in die Gemeinde anzunehmen[88]. Sodann ist - das **"Konversionsmodell"** (Michael Wolter; aber auch Peter Stuhlmacher, Gerhard Schneider) zu nennen, das die Bekehrung des Heiden zum Judentum in jüd. Texten (JosAs) als realistische Neuschöpfungserfahrung ausgedrückt findet. Zwar wird jüdischerseits der Statuswandel des Proselyten als größtmögliche Neuheitserfahrung verstanden, jedoch weist bereits die Terminologie von JosAs (Vorsilbe: ἀνά-) darauf hin, daß nur in Ermangelung adäquater Begrifflichkeit von "Neuschöpfung" die Rede sein darf, eigentlich aber Erlösung aus geschöpflich-heidnischer Inferiorität als Erhöhung zum wahren und einzigen Menschsein als Jude propagiert wird[89].

---

88 Zwar ist der **reinigende** heilige Geist, den man für die Endzeit erwartet (1QS 4,20-22; vgl. traditionsgeschichtlich dazu Ez 11,19f; 36,26f) am präsentischen Heilsgeschehen in der Qumrangemeinde beteiligt (vgl. nur 1QH 3,21; 11,10.12), jedoch wird seine Potenz als Läuterung des menschlichen Innern zum perfekten Thoragehorsam für das postulierte Wirkgeschehen einer realen Neuschöpfung des Menschen (vgl. Stuhlmacher, Erwägungen 13; H.-W. Kuhn, Enderwartung 77, Anm.4) überfordert. Es sind von daher berechtigte Zweifel an der These von Becker, Erwählung 88, anzumelden, der die Einlösung der endzeitlichen Geistbegabung, insofern die Gemeindeglieder von Paulus als θεοδίδακτοι (1Thess 4,9) angesprochen werden, über 1QS 4,20-22 mit dem "Zusammenhang von Taufe, Geist und Neuschöpfung" parallelisiert. Seine These, Neuschöpfung sei im hell. Judenchristentum "Folge des Geistes der Endzeit" (ders., Wirklichkeit 68), ist für die Tradition von 1Kor 7,19; Gal 5,6; 6,15 zu verneinen. Natürlich ist der Geist für Paulus in entscheidender Weise am Erlösungsgeschehen in Christus beteiligt (vgl. nur Gal 3,2f; Röm 5,5; 8,2.9; 1Kor 12,13f). Paulus zeigt sich sogar in der Lage, über den Geist antizipatorisch zu denken (2Kor 1,22; 5,5), ohne jedoch dabei von Neuschöpfung oder ähnlichem zu sprechen.

89 Gesetzt den Fall, Paulus würde in Gal 6,15 bei seinem Bemühen, die von Judenchristen geforderte Beschneidung der galatischen Heidenchristen als der "Wahrheit des Evangeliums" (Gal 2,5.14) zuwiderlaufende, vorchristliche theologische Forderung zu erweisen, der Neuheitserfahrung des christlichen Glaubens mit dem aus der jüd. Proselytentheologie stammenden "Neuschöpfungskonzept" von JosAs Ausdruck verleihen, so wäre seine Position eo ipso von Anfang an destruiert. Er würde schon durch seine sprachliche Anknüpfung (Vorsilbe: ἀνα-) den "Streit" mit judaisierenden Judenchristen "verloren" haben, da die individuelle Soteriologie der Proselytenbekehrung in JosAs von der **Einheit der Schöpfung** unter dem Primat des Judentums ausgeht. In dieser Erwählungs-

"Antiochia" wählt sich demnach mit dem Ausdruck "neue Schöpfung" ein frühjüdisches Theologumenon eschatologischer Enderwartung, das die im Christusereignis bereitliegende Neuorientierung als Tat Gottes pointiert zum Ausdruck bringt. Einzig die im Vergleich zum Frühjudentum revolutionär präsentische Fassung von "neuer Schöpfung" bleibt in traditionsgeschichtlicher Interpretation unverstanden.

Ad 2: Nun ist von unterschiedlicher exegetischer Seite bei der Interpretation von "neuer Schöpfung" in Gal 6,15 auf die vorpaulinische Tradition[90] von 3,28, eine Briefstelle, die auch bereits oben (s. 2.6.2.2) einen Aspekt antiochenischer Neuformierung entfalten konnte, verwiesen worden[91]. Und in der Tat, abgesehen von 5,6 besitzt im Gal nur 3,28 eine strukturelle Verwandschaft mit Gal 6,15[92].

In der formgeschichtlichen Analyse wird Gal 3,28 zusammen mit V.26f als ein Element vorpaulinischer Taufliturgie (vgl. Röm 6,3; 1Kor 1,13.15; 12,13; Apg 19,5) bestimmt[93]. Um es in den Kontext einzupassen, ist in V.26 γάρ als "syn-

---

theologie ist es nur konsequent, daß Heiden(-christen) sich beschneiden lassen müssen, da nur in der Teilhabe am Judesein wahres eschatologisches Heil liegt. Wenn aber diese Konsequenz von Paulus im Gal bekämpft wird, wie könnte er sie selbst dann in seiner Begrifflichkeit mit sich führen?!

90 Vgl. Mußner, Gal 264f, Anm.94; Lührmann, Gal 65; Käsemann, Thema 124f; ders., Ruf 89; Stuhlmacher, Erwägungen 3f; Gayer, Stellung 135; Paulsen, Einheit 77; Martyn, Antinomies 415; Becker, Gal 45; Betz, Gal 182; Braumann, Taufverkündigung 24f; Thyen, "... nicht mehr" 109f; Dautzenberg, Stellung 215. Im Kontext der Abrahamsexegese von Gal 3,6ff (Resümee: 3,29) ist nur das erste Gegensatzpaar: οὐκ ἔνι Ἰουδαῖος οὐδὲ Ἕλλην bzw. das εἷς ἐστε konzinn zur paulinischen Gedankenführung, insofern den Glaubenden (3,22; vgl. 3,7.9.14.24), und zwar allen (3,26-28), "die Verheißung aus Glauben an Jesus gegeben wird" (3,22; vgl. 3,29); zur Kontextanalyse s. Paulsen, Einheit 74-76; Gayer, Stellung 138f.

91 Vgl. nur z.B. Mußner, Gal 264, Anm. 94.415; Becker, Gal 45.84; ders., Wirklichkeit 67; Zahn, Gal 189.283; Betz, Gal 189, Anm. 67.319; Stuhlmacher, Erwägungen 3.29; Schrage, Frau 122; Lührmann, Sklave 70f; Schneider, Neuschöpfung 82; Paulsen, Einheit 79; Dautzenberg, Stellung 215; ders. "Da ist nicht" 184.186; Rengstorf, Mann 19; Ortkemper, Kreuz 34.

92 Gemeinsam ist a) der verneinte Gegensatz in der Reihenfolge Ἰουδαῖος (περιτομή) und Ἕλλην (ἀκροβυστία) im ersten Teil der Antithese, die b) nur in Gal 1,1; 5,6 eine zweifache Negation am Beginn führt, um sodann c) in einer seltsam unbestimmten positiven Aussage καινὴ κτίσις bzw. εἷς zu enden, vgl. Paulsen, Einheit 80.

93 Vgl. nur Becker, Gal 45f; Betz, Gal 181, ders., Geist 81; Schnelle, Gerechtigkeit 58f; Paulsen, Einheit 76f; Thyen, "... nicht mehr" 138f. Formale und inhaltliche Gründe machen es wahrscheinlich, daß es sich um

taktische Überleitung" und διὰ τῆς πίστεως als "inhaltliche Verklammerung" mit dem Thema von Gal 3,1ff[94] eingefügt, während ὑμεῖς am Ende (V.28d) als betontes Personalpronomen vorab (s. V.29a) von Paulus eingetragen worden ist[95]. Als vorpaulinisch variable[96] (vgl. 1Kor 12,13)[97] Tauftradition schält sich deshalb heraus:

V.26 :	a	Πάντες υἱοὶ θεοῦ ἐστε ἐν Χριστῷ Ἰησοῦ·
27a	b	ὅσοι γὰρ εἰς Χριστὸν ἐβαπτίσθητε,
b	b'	Χριστὸν ἐνεδύσασθε·
28a	c	οὐκ ἔνι Ἰουδαῖος οὐδὲ Ἕλλην,
b	c'	οὐκ ἔνι δοῦλος οὐδὲ ἐλεύθερος,
c	c''	οὐκ ἔνι ἄρσεν καὶ θῆλυ·
d	a'	πάντες γὰρ εἷς ἐστε ἐν Χριστῷ Ἰησοῦ.

---

eine Einheit handelt: der unerwartete Numeruswechsel von der 1.Pers. plur. in Gal 3,25 zur 2.Pers.plur. in V.26; die Verwendung des Ausdruckes υἱοὶ θεοῦ (vgl. Gal 4,6); der überschüssige Text in V.28b.c (s.o. Anm. 90); die Parallelität von V.26 mit V.28d in einer Art Ringkomposition; "die Zuordnung aller Aussagen in diesen Versen zur Taufe" (Becker, Gal 45); die Singularität der Erwähnung der Taufe im Gal (Betz, Geist 81). Die traditionsgeschichtliche Hypothese nur auf V.28a-c einzuschränken, so Paulsen, Einheit 78, ist abzulehnen und von 1Kor 12,13 mindestens auf Gal 3,27f zu erweitern (gemeinsam ist βαπτισθῆναι; πάντες; εἷς-ἕν), vgl. Dautzenberg, Stellung 216; ders., "Da ist nicht" 201.

94 Becker, Gal 45. Διὰ (τῆς) πίστεως ist ein typisch paulinischer Ausdruck, vgl. Gal 2,16; 3,14; Röm 1,12; 3,22.25.27.30.31; 4,13; 2Kor 5,7; Phil 3,9; 1Thess 3,7.

95 Vgl. Dautzenberg, "Da ist nicht" 201. Zu erwägen wäre, ob ὅσοι (γάρ ?) in Gal 3,27 sich mit πάντες in V.26.28d stößt und daher als paulinische Akzentuierung (Vgl. Gal 3,10; 6,12.16) zu streichen sei. Jedoch findet sich in Röm 6,3a eine ähnliche formelhafte Wendung, so daß man mit Tradition rechnen muß.

96 Vgl. Paulsen, Einheit 79; Dautzenberg, "Da ist nicht" 201f.

97 Auffällig ist, daß die Zeilen Gal 3,28a-c parallel und ihre Glieder zugleich chiastisch zueinander stehen (vgl. Paulsen, Einheit 77; Dautzenberg, "Da ist nicht" 183; ungenau Schnelle, Gerechtigkeit 58). Als Fortsetzung der substantivischen generischen Reihe wäre das Gegensatzpaar οὐκ ἔνι ἄνθρωπος / ἀνήρ οὐδὲ γυνή (vgl. 1Kor 7,1ff) zu erwarten (vgl. Thyen, "... nicht mehr" 109), stattdessen wird wortwörtlich Gen 1,27b LXX (Thyen, "... nicht mehr" 109; Bruce, Gal 189; gegen Dautzenberg, "Da ist nicht" 182) teilweise zitiert. Nun könnte man aufgrund der Parallele 1Kor 12,13 annehmen, daß dieses dritte Paar sekundär hinzugefügt wurde (so z.B. Betz, Gal 182). Jedoch ist aufgrund von 1Kor 7,1-24 die Dreierreihe als ursprünglich anzusehen (Becker, Wirklichkeit 67, Anm.20; gegen Dautzenberg, "Da ist nicht" 184-186. 200f), da Paulus die Anfrage aus Korinth betreffs des Verhältnisses von Mann und Frau (1Kor 7,1ff) als grundsätzliches ethisches Problem der christlichen Gemeinde behandelt (vgl. 1Kor 7,17.20) und dabei auch den Gegensatz περιτομή-ἀκροβυστία (1Kor 7,18f) und δοῦλος-ἐλεύθερος (1Kor 7,21f) nennt (vgl. Lührmann, Sklave 61). Er würde seine zuvor gemachten Äußerungen zur Eheproblematik in 1Kor 7,1ff konterkarieren, wenn er nun in demselben Schreiben in 1Kor 12,13 das Verhältnis männlich - weib-

Übersetzung:

"Alle seid ihr Söhne Gottes in Christus Jesus:
denn alle, die ihr auf Christus getauft seid,
seid mit Christus bekleidet worden[98].
Da gibt es nicht[99] Jude oder Grieche,
Sklave oder Freier
männlich und weiblich[100];
denn alle seid ihr einer in Christus Jesus!"

Dieser gottesdienstliche Heilszuspruch[101] bzw. "Taufruf"[102] dürfte seinen Sitz im Leben im urchristlichen (Tauf-)Gottesdienst besitzen. Nach vollzogener Taufe wird über den Täuflingen ihr neuer Status ausgerufen, indem ihnen das Prädikat "Söhne Gottes"[103] verliehen wird. Von jetzt an gilt für **jeden** Getauften, der mit dem durch den υἱὸς τοῦ θεοῦ (vgl. Gal 2,20; 4,4.6)

---

lich in der christlichen Kirche als "überholt" im ἕν πνεῦμα und ἕν σῶμα bezeichnen würde (ähnlich Lührmann, Sklave 60; Thyen, "... nicht mehr" 146; vgl. Stuhlmacher, Phlm 47; Paulsen, Einheit 90, Anm. 94). - 1Kor 9,19ff ist nach Ἰουδαῖος - ἄνομος ἀσθενής eine paulinische Variation, die im Zusammenhang von Röm 3,22f; 10,12 (vgl. 1Kor 7,19; Gal 3,28; 5,6; 6,15) zur Illustration der ἐξουσία des Apostelamtes (1Kor 9,18) dient.

98 Das Medium ἐνδύσασθαι hat passivischen Sinn, vgl. 1Kor 15,53f sowie das parallele ἀλλαγησόμεθα 1Kor 15,51f, dazu Oepke, Art. δύω ThWNT II 320, Z.34ff; vgl. Paulsen, Art. ἐνδύω EWNT I Sp.1104. Bei der paulinischen Antinomie von Indikativ und Imperativ des Heils (dazu vgl. bes. Bultmann, Ethik 123-140), vgl. Röm 6,11 mit 6,5, liegt hier (anders eben 1Thess 5,8; Röm 13,14) der Akzent auf dem Heilsindiaktiv, wie es dem passiven Geschehen der Taufe am Täufling entspricht. Eine aktivische Übersetzung kommt deshalb nicht in Frage (gegen Becker, Gal 46; Mußner, Gal 243; Schlier, Gal 151; Lührmann, Gal 64; Lietzmann, Gal 22; Betz, Gal 181).

99 Οὐκ ἔνι steht für οὐκ ἔνεστιν, Blaß/Debrunner, Grammatik § 98, Anm. 4; zur Übersetzung s. Dautzenberg, "Da ist nicht" 182.

100 Ungenau übersetzt Becker, Gal 42: "... nicht Mann oder Frau"; ebenso Schulz, Evangelium 492: "weder Mann und Frau".

101 Becker, Gal 46; vgl. Lührmann, Sklave 57, Anm. 5: "feierliche Proklamation".

102 Schnelle, Gerechtigkeit 59. Nicht durchsetzen konnte sich die Formbestimmung "Seligpreisung" (Betz, Gal 183f; ders., Geist 82f; Gayer, Stellung 143), denn der typische Makarismus ist in der 3.Pers.sing. abgefaßt (Mt 5,11 par.; Lk 6,22 z.B. ist eine Mischgattung aus einem einteiligen Makarismus und "Freudenaufruf" [vgl. Jes 25,9; 49,13; 54,1]) und besitzt ein prädikatives μακάριοι (vgl. die Kritik von Schnelle, Gerechtigkeit 58; Dautzenberg, "Da ist nicht" 201: "willkürlich").

103 Vgl. JosAs 21,4, wo Aseneth als Frau nach erfolgter Umkehr zum Judentum als θυγατὴρ ὑψιστοῦ bezeichnet wird, ein Prädikat, was Joseph als gebürtiges Vollmitglied der Synagoge bereits besitzt, vgl. nur JosAs 6,3.5 (dazu Burchard, Untersuchungen 115-117). Zu "Sohnschaft" als einem jüd. Prärogativ vgl. Röm 9,4.26, dazu Billerbeck, Kommentar III 15ff; Fohrer, Art. υἱός ThWNT VIII Abschnitt B.5; Schweizer C.I; Lohse C.II 3-4; Schweizer D.IV.

begründeten eschatologischen[104] "Heilsraum" ἐν Χριστῷ 'Ιησοῦ[105] (vgl. 1Kor 12,13: ἓν σῶμα) bekleidet ist[106] (vgl. Gal 2,20), ein und dieselbe Gottesrelation[107]. Statt unterschiedlicher Gottesverhältnisse gibt es mit dem Datum der Taufe in der christlichen Gemeinde nur noch den **einen** Menschen coram Deo per Christum[108].

Nun korrespondiert dem "eschatologischen Einheitsmensch(en)"[109] im Gal die Einheit Gottes (3,20), Christi (3,16), des Apostels (1,1.8f.11f) und des Evangeliums (1,6-9; 2,7f; 5,14). Doch wird durch die Beobachtung eines theologischen Monismus[110] noch nicht realisiert, daß das "einer-sein-in Christo" Opposition zu den Gal 3,28a-c genannten Differenzen ist. Der neue Status des Getauften setzt den alten außer Kraft. Sein Wesen, die Klassifizierung des Menschen hinsichtlich religiös-heilsgeschichtlicher (vgl. Röm 1,16; 2,9f; 3,9; 10,12; 1Kor 1,24; 10,32; 2Makk 4,10ff; 6,1ff; Jos Ap 1,180[111]), politisch-sozialer (vgl. LXX Ex 21,2; Dtn 15,12; Jer 41,9; 1Makk 2,11[112]) und biologisch-geschöpflicher (Gen 1,27b LXX) "Natur", ist in der paulinischen Gemeinde**wirklichkeit**, trotz Schwierigkeiten (vgl. 1Kor 11,2-16; 14,34f; Gal 2,11-14; Phlm), grundsätzlich überwunden[113]. Den Schriften des Paulus kann man entnehmen, daß Juden und Heiden Tischgemeinschaft halten (Gal 2,11-14[114]), ein Miteinander von Sklaven und Freien existiert (vgl. 1Kor

---

104 Bei ἐνδύεσθαι handelt es sich bei Paulus um einen eschatologischen Begriff, vgl. 1Kor 15,53ff; 2Kor 5,2ff.

105 'Εν ist räumlich aufzufassen, vgl. Mußner, Gal 265; Dautzenberg, "Da ist nicht" 182.

106 'Ενδύεσθαι Χριστόν ist eine Metapher (vgl. die christliche Waffenrüstung 1Thess 5,8), in der das im Taufgeschehen begründete neue Bezogensein des Täuflings zu Christus unter Erhalt seiner Identität beschrieben wird: Dem Täufling wird mit der Taufe auf den Namen Christi Christus wie ein Kleid angezogen, er ist ganz umschlossen von Christus und dadurch gerade in Christus (vgl. Schnelle, Gerechtigkeit 59). Schon die LXX verwendet das Verb metaphorisch: vgl. TrJes 61,10: ἱμάτιον σωτηρίου ; dazu Schlier, Gal 263; Delling, Zueignung 76. Zu den religionsgeschichtlichen Problemen des Begriffs vgl. Betz, Gal 188f.

107 Da Gal 3,26 Parallel zu 3,28d steht, interpretieren sich υἱοὶ θεοῦ und εἷς gegenseitig.

108 Vgl. Schnelle, Gerechtigkeit 60.

109 Mußner, Gal 265.

110 Vgl. Betz, Geist 85.

111 Vgl. Windisch, Art. Ἕλλην ThWNT II 501ff.

112 Vgl. Billerbeck, Kommentar IV,2 das Stellenmaterial zum Gegensatz Sklave - Freier in der Synagoge 722.731.739-744; Belege aus der klassischen Gräzität bei Bauer, Wörterbuch Sp.407.497.

113 Vgl. Lührmann, Sklave 55; Dautzenberg, "Da ist nicht" 196, der Gal 3,28c "als Ausdruck urchristlicher Erfahrung" versteht.

114 Vgl. den "Normalzustand" der Praxis eines gesonderten Tisches für Juden

1,26ff; 7,21f; 11,17-34[115]; Phlm 16) und Männer und Frauen in den Gemeinden gleiche Verantwortung als Mitarbeiter in der Öffentlichkeit bei der Mission[116] bzw. als Gottesdienstteilnehmer (1Kor 11,4f: weibliche Prophetie) und als Eheleute (1Kor 7,10ff[117]) tragen.

Wer nun den sozialen Wandel der antiken Standesgesellschaft in den christlichen Gemeinden in ontologischer Terminologie als göttliche Transformation des Menschen zum neuen Sein beschreibt[118], trägt einerseits nachpaulinische sakramentale Tauflehre in die paulinische Theologie ein[119] (vgl. Eph 2,15; 4,24; Kol 3,3f.9ff) und steht andererseits bei Gal 3,28c vor der Auslegungsschwierigkeit, wie sich die angeblich propagierte Aufhebung des Unterschieds "männlich-weiblich" physisch-natürlich bzw. substantiell-real erklären läßt[120]. Die Antwort der sakramentalen Interpretation, die ontologische neue Realität sei "verborgen und real"[121] zugleich (vgl. Kol 3,3f), erklärt nichts. Auch gegen die im Konzept von Gabe und Aufgabe des Sakramentes gegebene Antwort, "daß die eschatologische ... Aufhebung der genannten Unterschiede in der Lebenswirklichkeit der Getauften und damit in der Gemeinde sichtbar werden" muß[122], darf kritisch gefragt werden, auf welchem Wege denn eine

---

im Haus eines Heiden JosAs 7,1; vgl. 8,5; Est 4,17x; Jub 22,16; 3Makk 3,4.7.

115 Vgl. Theißen, Schichtung 231ff.

116 Zur paulinischen Wertschätzung von Frauen in der urchristlichen Missionsarbeit s. Phil 4,3. Folgende Frauen werden namentlich als Mitarbeiterinnen bzw. Mitglieder von paulinischen Gemeinden genannt: Euodia Phil 4,2; Prisca Röm 16,3; 1Kor 16,19; Syntyche Phil 4,2; Phoebe Röm 16,1; Apphia Phlm 2; Chloe 1Kor 1,11; Maria, Mutter des Rufus, Röm 16,6.

117 Rengstorf, Mann 20, vermutet, daß das dritte mit καί statt οὐκ - οὐδέ formulierte Paar von Gal 3,28c seinen Kommentar in 1Kor 7,12ff findet, wo Paulus in Mischehen beide Partner wechselseitig mit gleicher Veranwortung für den nichtchristlichen Ehepartner behaftet.

118 Vgl. das Programm bei Stuhlmacher, Erwägungen 1f.27f, aber auch Mußner, Gal 263. Vorsicht hätte bei diesem ontologischen Interpretationsansatz bereits die Tatsache gebieten müssen, daß der Begriff und die Vorstellung einer Wiedergeburt bei Paulus selbst nicht vorkommen.

119 Z.B. Schlier, Gal 172-175; vgl. dazu die gründliche Kritik von Betz, Gal 187f.

120 Vgl. Dautzenberg, "Da ist nicht" 188: "Vor dem Interpreten steht dann allerdings die Aufgabe, die Vermittlung dieser eschatologischen Aufhebung in die Gegenwart, in welcher diese Differenzen ja durchaus noch bestehen, zu erklären".

121 Schlier, Gal 174; Hengel, Kreuzestod 72; vgl. Schnelle, Gerechtigkeit 60: "Die Realisierung eines **eigentlich schon vorhandenen**, weil erfahrenen Zustandes ist gefordert" (Hervorhebung U.M.).

122 Schnelle, Gerechtigkeit 60.

hell.-urchristliche Gemeinde die Überwindung der geschöpflichen **Unterschiede der Geschlechter** (!) einholen soll. Der Versuch einer ontologisch-sakramental orientierte Interpretation zeigt sich nicht in der Lage, das **penetrante eschatologische Präsens**[123] der Aussagen von Gal 3,28 zu beschreiben.

In diese Bresche tritt das bei der Neuschöpfungsdiskussion mit dem Namen von Peter Stuhlmacher verbundene zeichenhafte Prolepsemodell. Für den Enthusiasmus einer hell.-judenchristlichen Gemeinde (= Gal 3,28a-c)[124] soll gelten, daß "sie radikal ursprünglich apokalyptisch-zukünftige Hoffnungsbilder" vergegenwärtigt[125]. Doch die Belege aus dem nachbiblischen Judentum überzeugen nicht, beschreiben sie doch zukünftiges Paradiesglück[126] in genere. Auch die naheliegende Vermutung, die vorpaulinische Gemeinde stütze sich bei ihren Aussagen von Gal 3,28a-c auf den eschatologischen Geistbesitz, wie er Joel 3,1f für die Endzeit als unterschiedslose prophetische Begabung von Männern und Frauen (υἱοί-θυγατέρες), Alten und Jungen (πρεσβύτεροι-νεανίσκοι) und Sklaven und Sklavinnen (δοῦλος - δοῦλας)[127] erwartet wird, läßt sich für die den religiösen Zusammenhang des Judentums verlassende Formel von Gal 3,28a (weder Jude noch Grieche) nicht behaupten[128].

---

123 Vgl. Vögtle, Zukunft 178.180.

124 Eine Variante zu der von Käsemann, Thema 124f, propagierten urchristlichen Enthusiasmusthese (= Gal 3,28), nämlich im Gegensatz zu Stuhlmacher die des gnostischen, dualistischen Enthusiasmus, "der schon in die himmlische Welt versetzt ist", findet sich bei Schulz, Evangelium 490ff (Zitat 492). Dafür aber, daß der Vers für ein "dualistische(s) Urchristentum" (ebd. 491-493) die enthusiastische Weltnegierung ausdrückt, fehlt jeglicher Anhalt.

125 Erwägungen 3f; vgl. Thyen, "... nicht mehr" 139f; Gayer, Stellung 149.

126 Vgl. Stuhlmacher, Erwägungen 4. Die futurische Paradiesvorstellung des slHen 65,8f (= XVIII,5) nennt via negationis Arbeit, Leid, Trauer und Furcht vor Verfolgung, vgl. Apk 21,4: Tränen, Tod, Trauer, Klagegeschrei und Mühlsal; Mk 12,25 und äthHen 15,6f illustrieren das geistige Leben von Engeln, denen keine Frauen zur Heirat und Fortpflanzung nötig sind, weil sie bereits ewiges Leben besitzen; äthHen 51,4 lautet: "In jenen Tagen werden die Berge springen wie Widder und die Hügel hüpfen wie Lämmer, die mit Milch gesättigt sind" (Uhlig, äthHen JSHRZ V,6 594); syrBar 51,7f expliziert die Doxa der Teilhaber der zukünftigen Welt als Wandlung in jegliche herrliche Gestalt: "von Schönheit bis zur Lieblichkeit, vom Licht zum Glanz der Herrlichkeit", eine Herrlichkeit ohne Altern.

127 So Dautzenberg, Stellung 191f; ders. "Da ist nicht" 197f; Crüsemann, Frau 94.

128 Die von Gayer, Stellung 149f, vorgenommene Variante einer Koppelung von enthusiastischer Prolepse apokalyptischer Hoffnungsbilder und gnostisch-dualistischem Pneumabesitz, der die Unterschiede im σῶμα Χριστοῦ relativiert, ist bereits methodisch anfechtbar: Gayer muß die Tradition von Gal 3,26-28 mit seiner Interpretation der Enthusiasten

Der von Hans Dieter Betz propagierte Weg, die drei Gegensatzpaare als revolutionär-politisches Programm einer christlichen Gemeinde auszugeben, in der die antiken Ideale und Hoffnungen auf eine Ökumene der Menschheit, auf Abschaffung der Sklaverei und biologischer Unterschiede verwirklicht werden[129], muß zwangsläufig wesensfremde Vorstellungen und Inhalte (Hellenisierung als urchristliches Missionsprogramm[130]; Androgynität des Menschen[131]) einer sich aus Juden und (in erster Linie) Sympathisanten der Synagoge zusammensetzenden urchristlich-hell. Gemeinde unterstellen. Er übersieht zudem, daß die von ihm postulierte utopische **Einzel**tradition Gal 3,28 in **vor**paulinischer Tradition von keinem sozialtethischen (Minimal-)Konzept flankiert wird und findet schließlich bei Paulus selbst eine egalitäre Gesellschaftsutopie konterkariert (vgl. nur 1Kor 7,1ff; 11,1ff; Phlm).

Sucht man indessen nach einer antiken dreigliedrigen Überlieferung, die als Pendant für die antithetische Negation (Gal 3,28a-c) einer sich von der Synagoge absetzenden hell. Gemeinde fungieren kann, so kommt die jüd. Überlieferung von den drei täglich zu betenden Lobsprüchen in Betracht (tBer 7,18; par yBer 13b 48; bMen 43b)[132], in denen das religiös motivierte synagogale Ideal des männlichen, freien Juden **schöpfungstheologisch** begründet wird.

---

von Korinth verbinden und kann nur eindeutig spätere gnostische Schriften als Belegmaterial heranziehen.

129 Betz, Gal 190ff.

130 Ebd. 191.

131 Ebd. 191ff.

132 Herangezogen von Zahn, Gal 188, Anm.62; Bousset, Religion 427, Anm.1; Lietzmann, Gal 24; Rengstorf, Mann 13; Oepke, Gal 126, Anm.129; Lührmann, Sklave 58; Schrage, Frau 122; Gayer, Stellung 148; Schulz, Evangelium 493f. Widerstände gegen eine Heranziehung dieser jüd. Überlieferung (unbegründet Betz, Gal 184f, Anm.26), die Eingang in das jüd. Gebetbuch gefunden hat (s. Elbogen, Gottesdienst 89f; vgl. Luther, Hauspredigt 11.2.1537, WA 45, 15), betreffen zum einen das Alter (Paulsen, Einheit 85). Gewiß läßt sich nicht einfach, wie von jüd. Seite vorgeschlagen (Kaufmann, Alter 15), umgekehrt die Anspielung von Gal 3,28a-c als Hinweis auf das frühe Vorkommen des Gebetes bewerten und sicher ist auch, daß sich nur über die Rabbinennamen die Datierungsfrage rabbinischer Tradition nicht lösen läßt (s.o. Hauptteil A 6.1). Jedoch läßt sich für die in dem dreiteiligen Lobspruch begegnende religiöse Privilegiertheit Material für die Synagoge beibringen (bes. Meg IV, 3; Git 38b; dazu Rengstorf, Mann 12; vgl. Billerbeck, Kommentar III 558-563; IV,2 740). Paulsen, Einheit 85, gerät hinsichtlich der Datierungsfrage vom Regen in die Traufe, wenn er meint, daß "viel eher" u.a. jüd. Belege in Betracht kommen, "in denen die Gleichheit aller vor Gott als dem Schöpfer prädiziert wird", also SER 7(36) anonym, LevR 2(134c) anonym; SER 10 (48) par. 14 (65) anonym (alle Stellen bei Billerbeck, Kommentar III 563). Zum anderen wird auf analoge Aussagen in der griech. Literatur verwiesen, in der die

In tBer 7,18 heißt es[133]:

R.Jehuda (T 3)[134] sagte:
"Drei Lobsprüche sind nötig, daß ein Mensch sie jeden Tag lobe:
'Gepriesen, daß er micht nicht als Heide (גוי) gemacht hat (עשאני).
Gepriesen, daß er mich nicht als Ungebildeten (בור [135])[136] gemacht hat (עשאני).
Gepriesen, daß er mich nicht als Frau (אשה) gemacht hat (עשאני)."'

Dieser jüd. Mann, der Gott seinem Schöpfer dafür dankt, ihn weder als Heiden, noch als Teil des ungebildeten am ha-arez bzw. in der hell. Diaspora als Sklave (bMen 43b), noch als Frau geschaffen zu haben, ist nicht gewillt, zwischen biologisch-natürlichen und geschichtlich-gewordenen Unterschieden zwischen Menschen zu differenzieren[137]. Er bringt in einem Schöpfungsordnungsdenken zum Ausdruck, daß mit der Geburt über ein gelungenes Gottesverhältnis entschieden wird. Kurz: zum Juden wird man nicht am 8. Tage gemacht, sondern geboren. Wenn in der Synagoge "natürliche" Unterschiede das Verhältnis des einzelnen zum Gesetz maßgebend bestimmen[138], Frauen und Sklaven[139] und selbstverständlich "Gottesfürchtige" als Unbeschnittene[140] aufgrund geschöpflicher Inferiorität vom vollständigen Thoragehorsam suspendiert sind, das Gesetz aber die Mitte des Gottesverhältnisses bildet, so ist der

---

Gegensatzreihe Mensch/Tier, Mann/Frau und Grieche/Barbar (Diogenes Laertios I 33 [3.Jh.n.Chr.] als Satz des Thales bzw. Sokrates, so auch Plutarch, Marius 46,1 ohne das Paar Mann/Frau [1.Jh.n.Chr.]) im Dankgebet an das Schicksal vorkommt (vgl. auch Lactanz, Inst. III 19,17 [3.-4.Jh.n.Chr.]). Ein jüd. Proprium in der Topik ist jedoch für den Lobspruch nicht zu verkennen (עשה). Kol 3,11 könnte nachpaulinisch von diesem hell. Ideal zu einer Fortsetzung der Reihe inspiriert worden sein.

133 Wiedergegeben nach Ms. Wien.

134 In yBer 13b 48 gleichfalls mit R. Jehuda (T 3), in bMen 43b mit R. Meir (T 3) verbunden.

135 Vgl. hebräisch בער : "geistloser Mensch, Dummkopf, Tor" in Ps 49,11; 73,22; 92,7; Prv. 12,1; 30,2. In bMen 43b wird im Namen von R. Acha b. Jakob (bA4) der Zusatz überliefert: "Einst hörte er, wie sein Sohn den Segen sprach: dass er mich nicht zu einem Unwissenden gemacht hat. Da sprach er zu ihm: Auch dies noch! Jener fragte: Welchen Segen spreche man denn? - Dass er mich nicht zu einem Sklaven (עבד) gemacht hat."

136 Die Reihenfolge des zweiten und dritten Gliedes in der Reihe schwankt (Ms.Wien: Ungebildeter - Frau: Ms. Erfurt: Frau - Ungebildeter, desgleichen bMen 43b).

137 Vgl. Lührmann, Gal 65.

138 Vgl. Billerbeck, Kommentar III 558.

139 Belege ebd. 558ff; vgl. Rengstorf, Mann 12f; anders Dautzenberg, "Da ist nicht" 195.

140 Selbstverständlich können sogenannte "Gottesfürchtige" Proselyten werden, ihr Zugang zum Heil wird dann als Überwindung geschöpflicher Inferiorität, als Aufstieg zur einen wahren Schöpfung des jüd. Menschen verstanden, so JosAs.

Zugang zum Lebensheil von der Schöpfergnade vorherbestimmt. Idealtypisch fallen beim **jüd.**, zum Thorastudium befähigten **freien Mann, Schöpfungsgnade und Erwählungsheil** ineinander, wie es typisch für weite Teile des Judentums ntl. Zeit ist[141].

Wenn eine hell. Christengemeinde sich durch das Christus-Ereignis herausgefordert sieht, Gottes endzeitliches Erwählungshandeln zum Heil **aller** Glaubenden zu verkündigen und sich von der soteriologischen Unterscheidung des Nomos, der die geschöpfliche Menschheit in "Beschneidung" und "Vorhaut" trennt (vgl. 1Kor 7,19a; Gal 5,6; 6,15), lösen will, so sieht sie sich einer synagogalen Theologie gegenüber, in welcher das soteriologische Privileg des Judentums bereits in Gottes Schöpfergnade verankert wird[142] (vgl. JosAs). Eine einfache erwählungstheologische Aufwertung der im jüd. Gebet negativ besetzten Größen von Heide, Sklave und Frau würde sich der Gefahr aussetzen, eine Aufteilung der Schöpfung nur mit umgekehrten Vorzeichen zu reproduzieren. Es würde zu einem deformierten "Evangelium der Vorhaut" (vgl. Gal 2,7) führen, das den heilsgeschichtlichen Zusammenhang der Verheißung Gottes an die Juden ausklammert und den universalen Herrschaftsbereich des Kyrios Christus auf ein negatives Reservatum begrenzt[143]. **Eine universale Erwählungstheologie muß zwangsläufig schöpfungstheologisch universal argumentieren:** Weil der Glaube an Christus und nicht das jüd. Gesetz seit Christus das Gottesverhältnis konstituiert, ist jede Herabsetzung des Menschseins, die am Maßstab eines perfekten Thoragehorsams entsteht, beseitigt (Gal 3,28a-c)[144]. Καινὴ κτίσις ist deshalb der eschatologische

141 Vgl. die Arbeit von Limbeck, Ordnung, bes. die Zusammenfassung 190ff.

142 Vgl. Lührmann, Sklave 57: "Der freie jüdische Mann ist also das Idealbild, gegen das diese Reihe (sc. Gal 3,28a-c) entworfen ist".

143 Paulsens Einwand (Einheit 85; vgl. Dautzenberg, "Da ist nicht" 186f), die jüd. Überlieferung aus tBer 7,18 wäre zu Gal 3,28a-c nicht heranzuziehen, weil die primäre Intention seiner Aussage "die Negierung und die Aufhebung dieser Gegensätze" ist, läßt sich anhand des universalen Programms hell. Theologie entkräften.

144 Da das Maß des Thoragehorsams die Bewertung des Menschen bestimmt, handelt es sich nicht um eine Reihe, die sich **beliebig** (Obrigkeit - Untertan, Farbiger - Weißer, Reicher - Armer usw.) fortsetzen ließe (gegen Thyen, "... nicht mehr" 133; ähnlich Zahn, Gal 189). Hypothetisch könnte erwogen werden, daß, wenn ein vollständiger Thoragehorsam durch die geschöpfliche Verfaßtheit des Menschen (z.B. weil er unheilbar krank oder behindert ist) für die Synagoge verunmöglicht ist, auch dagegen sich hell.-urchristliche Theologie wenden würde.

"Kampfruf"[145] hell. Theologie, der das neue universale Evangelium gegenüber dem synagogalen Privileg als Gottes fundamentale Neubewertung der ganzen Schöpfung vertritt. In dem **einen** glaubenden Menschen, er sei Jude oder Grieche, Sklave oder Freier, männliches und weibliches Geschöpf, ist der Mensch - die Frau und der Mann[146] - als gerechtfertigter Mensch zu einem bedingungslosen Gegenüber Gottes befreit (Gal 6,15b mit 3,28d). In jedem gläubigen Menschen kommuniziert die göttliche Gnade geschöpflicher Variation (jeder Mensch ist als Geschöpf verschieden) mit der rettenden uniformen Gnade in Christus (ein Geist, eine Taufe) auf fruchtbare Weise. Die Taufe des Menschen auf den Namen von Jesus Christus markiert den Beginn der neuen **soteriologischen Egalität** des Menschen in der Heilsgemeinde. Jedes Gemeindeglied, das sich durch die Taufe mit dem Heilsraum des auferstandenen Gekreuzigten verbinden läßt und diese geschenkte soteriologische Identität wie ein Kleid trägt, ist Repräsentant der präsentisch-eschatologischen Neuordnung καινὴ κτίσις[147].

---

145 Vgl. Michel, Art. Schöpfung RGG³ V Sp.1477, der 2Kor 5,17; Gal 6,15 eine "paulinische Kampfthese" nennt.

146 Zur Präzisierung sei angemerkt, daß hell.-urchristliche Theologie im Unterschied zur Synagoge zwischen biologisch-geschöpflichen, unveränderlichen menschlichen Unterschieden und geschichtlich-gewordenen zu unterscheiden weiß. Aufgehoben ist in der Gemeinde der Unterschied Jude - Grieche und Sklave - Freier, nicht jedoch der von **Frau** (γυνή) und **Mann** (ἄνθρωπος / ἀνήρ), s. 1Kor 11,11f. Nicht Geschlechtslosigkeit des Menschen noch ein androgynes Menschheitsideal wird propagiert, sondern geschlechtsrollenspezifische Privilegien, die Männer und/oder Frauen aus ihrer **männlichen** (ἄρσεν) oder **weiblichen** (θῆλυ) Natur ableiten können, verlieren ihre Geltung (vgl. Dautzenberg, Stellung 219f; ders., "Da ist nicht" 195).

147 An dieser Stelle kann nur davor gewarnt werden, die Bedeutung von "neuer Schöpfung" als Ausdruck soteriologischer Gleichheit der Gemeindeglieder abwertend allein auf die rein "religiöse", "theologische" oder "geistige" Ebene zu beziehen und etwa mit dem Hinweis zu verbinden, daß sich im Verhältnis der Menschen zueinander dadurch nichts Entscheidendes verändert habe (vgl. Oepke, Gal 126; Burton, Gal 206f). Eine egalitäre religiöse Gemeinschaft von Menschen unterschiedlicher, ja gegensätzlicher Herkunft und Natur besitzt in der antiken "Ständegesellschaft" eine sozialethisch-revolutionäre Komponente, die ihresgleichen sucht. Betz, Gal 190f, zeigt eindrücklich, auf welche Sehnsüchte und Hoffnungen des antiken Menschen die Gemeinschaftsform der Christen stoßen mußte. Wie sehr bereits innergemeindlich beim Zusammenleben von Juden und Heiden (Gal 2,11-14), Reichen und Armen (1Kor 11,17-34), Frauen und Männern (1Kor 11,2-16; vgl. 14,33ff) mit diesem Konzept für sozialethischen Konfliktstoff gesorgt war, bzw. ein neues ekklesiologisches Modell von Einheit und integriertem Unterschied (1Kor 12-14) herausforderte (vgl. 1Kor 12,13: ἓν σῶμα , ein Bild aus der Schöpfung!), kann hier nur angerissen werden. Die Attraktivität des paulinischen Christentums in der hell. Stadtkultur wird nicht zuletzt auf ihre "freiheitlich" zu nennende Gemein-

2.6.2.4 "Neue Schöpfung" - das neue soteriologische Grundgesetz der Welt

Indem Paulus eine hell.-urchristliche Formel soteriologischer Neuorientierung (= Gal 6,15) zur Definition des wahren Evangeliums in das Gal-Postskript einbringt, versucht er mit dem Mittel der Tradition, die von ihm vertretene soteriologische Konsequenz des eschatologischen Christusgeschehens konsensfähig zu machen, und das in zweierlei Hinsicht: Einerseits, daß der an der Thora entstehende soteriologische Gegensatz von "Beschneidung" und "Vorhaut" zugunsten einer neuen, die alten Antagonismen überwinden einheitlichen Definition der "neuen Schöpfung" als soteriologisch gleichberechtigtes Menschsein überwunden ist, und andererseits, daß eine judaistisch-judenchristliche Orientierung an der Beschneidungsfrage eine anachronistische Rückkehr zum soteriologischen status quo ante Christum darstellt.

Wenn Paulus als Gegenbegriff zu καινὴ κτίσις in Gal 6,14c den "gekreuzigten" κόσμος fungieren läßt[148], so führt er den Begriff "neue Schöpfung" aus seinem ekklesiologischen Rahmen heraus[149]: In hell.-urchristlicher Theologie war mit der Taufe jeder Christusgläubige Repräsentant der neuen, vor Gott gleichberechtigten einen Schöpfung (Gal 6,15 mit 3,26-28). Für Paulus aber bedeutet das eschatologische Christus-Ereignis die soteriologische Wende der ganzen **Welt.** Neben dem definitiven Ende der "alten Welt", in welcher der Nomos mit seinen heilsgeschichtlichen Insignien die Schöpfung und damit die Menschheit in zwei Klassen aufteilte (V.14c; vgl. Gal 2,19: νόμῳ ἀπέθανον)[150], ist am Kreuz eine "neue Schöpfung" in der Soteriologie des

---

schaftsform zurückzuführen sein. Da diese Perspektive den Rahmen dieser Untersuchung übersteigt, sei hier nur auf Schrage, Frau 122, verwiesen, der ausführt: "In ihr (sc. der christlichen Gemeinde) bedeutet Andersartigkeit z.B. nicht mehr Diskriminierung und Inferiorität. In ihr sind nicht allein die religiösen Benachteiligungen beseitigt, was sich z.B. im gemeinsamen Gottesdienst manifestiert, sondern auch die sozialen, gesellschaftlichen und geschlechtlichen Antagonismen, Fixierungen und Rollenzwänge aufgebrochen" (vgl. auch Dautzenberg, "Da ist nicht" 195).

148 Mit Schlier, Gal 282; Kuhn, Enderwartung 50; Mußner, Gal 414; gegen Wolter, Rechtfertigung 76.

149 Die theologisch griffige Formel, "neue Schöpfung" gilt nur **in** Christus, nicht aber **seit** Christus, ist also unpaulinisch. Dies ist gegen Thyen, "... nicht mehr" 137, vgl. 155, einzuwenden, wenn er schreibt, daß für Paulus in der noch andauernden Weltgeschichte die Differenz zwischen Israel und den Völkern "durchaus **bestehen** bleibt, während sie **allein** 'in Christus', das heißt im Raum der durch Christus eröffneten und bestimmten und von seiner Gemeinde als seinem Leibe repräsentierten 'neuen Schöpfung' **aufgehoben** ist" (Hervorhebungen U.M.).

150 Vgl. Weder, Kreuz 207, Anm.328: "Κόσμος und νόμος sind hier Korre-

Glaubens an Christus für alle Menschen, für die ganze Schöpfung entstanden (V.15)[151]. "Neue Schöpfung" ist für Paulus in Gal 6,15 **keine** anthropologisch-ontologische Aussage über die Wandlung des Individuums in der Taufe[152], noch eine nur ekklesiologische Größe, sondern eine Aussage des Glaubens über den **"erwählungsgeschichtlichen Grundsatz"**[153], der seit dem geschichtlichen Datum des Christusereignisses die neue eschatologische und **universale Verfassung** der Welt bestimmt. Nicht der Mensch heißt in Gal 6,15 "neue Schöpfung", sondern die Welt[154] (vgl. Röm 8,22)!

Mit dem Begriff κανών (Gal 6,16a) faßt Paulus diese Verfassungsnorm kurz und prägnant zusammen. Als "Kanon der Seligkeit"[155], als Maßstab, Richtschnur und Kriterium des Heils[156] kann Paulus die im Christusevangelium enthaltene neue soteriologische Norm der seit Christus "neuen Schöpfung" auf den Begriff bringen. Eine christliche Theologie muß sich an dieser neuen eschatologisch-soteriologischen Ordnung orientieren und darf hinter diese Maxime göttliche Gnade nicht zurückfallen (Phil 3,16).

In einem verallgemeinernden (ὅσοι = "alle, die"[157]) Relativsatz (Gal 6,16a) mit konditionalem Sinn[158] wirbt Paulus zum letzten Mal in dem Gal unter den Christen in Galatien um Anhänger, die sich an dem soteriologischen Maß

---

late"; Lührmann, Gal 101: "'Welt' ist dann die umfassende Bezeichnung für all das, was mit dem Gesetz zusammenhängt". Stuhlmacher, "Ende" 38, Anm.50, spricht davon, daß das Frühjudentum die Thora als ein kosmisches Prinzip verstanden hat (vgl. Hengel, Judentum 307ff.316: "Toraontologie") und fragt, "ob nicht auch Paulus gegen das Gesetz als eine die Welt insgesamt zusammenhaltende und den Menschen prägende Potenz ankämpft?" Von Gal 6,14f ist diese Frage zu bejahen.

151 Vgl. Zahn, Gal 283.

152 Gegen Stuhlmacher, Erwägungen 27, vgl. 35; Schneider, Neuschöpfung 87; Baumgarten, Apokalyptik 169f.

153 Stuhlmacher, Erwägungen 4; vgl. Schlier, Gal 283.

154 Gegen Zahn, Gal 284. "Neue Schöpfung" ist in Gal 6,15 nicht auf das Individuum bezogen, sondern gibt als Gegenbegriff zu den am Nomos entstehenden Differenzierungen der Welt den neuen einheitlichen soteriologischen Grundsatz an. Insofern ist in Gal 6,15 Neuschöpfung kein anthropologischer und ekklesiologischer Begriff, gegen Becker, Wirklichkeit 69; Betz, Gal 319f.

155 Schlier, Gal 283.

156 Der paulinische, absolut gebrauchte Kanonsbegriff (vgl. 2Kor 10,13-16) hat seine Wurzeln im hell. Judentum (vgl. 4Makk 7,21; Jos Ap 2,174). Philo setzt Kanon mit Nomos gleich (Virt 70 und Gig 49 = absoluter Gebrauch; vgl. Virt 219; Agr 130; SpecLeg III 137; IV 115; Fug 152; VitMos I 76).

157 Die Übersetzung mit "wer er auch sei" (so Mußner, Gal 416) ist falsch, da sie ein ὅιτινες voraussetzt.

158 Vgl. dazu Beyer, Syntax 192.

seiner Evangeliumsverkündigung ausrichten. All denen[159], sie seien Juden- oder Heidenchristen, die sich von Gottes durch Christus aufgerichteten neuen "Schöpfungsordnung" leiten lassen, spricht er Gottes endzeitlich-eschatologisches Heil[160] im Segenswort[161] zu. Dem Glaubensgehorsam der "neuen" soteriologisch geeinten "Schöpfung" steht neben dem eschatologischen "Heute" des Heils (vgl. 2Kor 6,1f) Gottes ganze heilvolle Zukunft offen.

2.6.2.5 Die Zukunft der Verheißung an Israel - das geschichtliche Problem der "neuen Schöpfung"

Macht schon Gal 6,16 durch den Anakoluth des Segenszuspruches einen gedrängten Eindruck, so stellt "die nachhinkende Hinzufügung von καὶ ἐπὶ τὸν 'Ισραὴλ τοῦ θεοῦ "[162] (V.16c) als kurze, zusätzliche Erweiterung des Segens[163] eine Crux interpretum dar. Die exegetischen Meinungen gehen darüber auseinander, auf welche Gruppe Paulus nachträglich seinen Segenswunsch endzeitlich-eschatologischen Heils ausgeweitet wissen will[164].

---

159 Zur Konstruktion des anakoluthischen Relativsatzes vgl. Joh. 1,12. Αὐτούς stellt in ihm den Rückzug her (Mußner, Gal 416). Hinter στοιχήσουσιν wäre οἷς (oder οὗτοι, s. V.12b) εἴη (oder ἔστω) bzw. ἔσται εἰρήνην καὶ ἔλεος und/oder die Metapher "vom Himmel herabkommenkommen" (Oepke, Gal 204; vgl. 2Kor 12,9) oder ähnliches denkbar. Da Paulus eine Kopula hier vermeidet, ist das Problem, ob der Segen nur als Wunsch oder als Zusage verstanden sein soll, nicht zu lösen (gegen Mußner, Gal 416) bzw. verkennt schon im Ansatz den Verweisungscharakter des Segens (s. Hauptteil A 7.6.3).

160 Die Zusammenstellung der Heilsbegriffe ist atl. (Jer 16,5; Ps 69,14), jüd. (syrBar 78,2; vgl. 1QS 2,4; 1QH 13,17, 16,17) und urchristlich (1Tim 1,2; 2Tim 1,2; 2 Joh3 zusammen mit χάρις ; Jud 2 zusammen mit ἀγάπη) präformiert. Es ist anzunehmen, daß sich der Apostel bei seiner Formulierung von der 19. Benediktion des Achtzehngebetes (babylonische Rezension) leiten läßt (Richardson, Israel 79; vgl. u. Hauptteil B 2.6.2.5).

161 Gegen Mußner, Gal 416, der Gal 6,16 als Makarismus bezeichnet; ohne Zweifel entbehrt diese Bestimmung formgeschichtlicher Hinweise.

162 Mußner, Gal 417; (vgl. Zahn, Gal 285); gegen O'Neill, Recovery 72, der ohne textkritischen Anhalt Gal 6,16c als Glosse aus dem Gal ausscheidet.

163 Weder eine Kommasetzung zwischen αὐτούς und καί ist im Gal-Original als Verständnishilfe vorauszusetzen (gegen Richardson, Israel 81.84), noch ist das zweite καί textkritisch umstritten, so daß es stillschweigend ausgelassen werden kann (gegen Dahl, Name 168).

164 Falsch ist es, wenn Mußner, Gal 417, durch καὶ ἐπὶ τὸν 'Ισραὴλ τοῦ θεοῦ "den Adressatenkreis des Briefes" erweitert sehen will. Zahn, Gal 284, hat gesehen, daß der Segenswunsch "nicht den gal. Gemeinden insgesamt oder allen Trägern des Christennamens ohne Unterschied, sondern bestimmten Christen in scharfem Gegensatz zu anderen gilt".

Sind mit dem Ἰσραὴλ τοῦ θεοῦ

- die Christen insgesamt[165],
- die Judenchristen[166],
- das jüd. Volk insgesamt[167]
- oder nur ein Teil desselben, das sich noch zum christlichen Glauben bekehren wird[168], gemeint,
- oder muß diese Frage unentschieden beantwortet bleiben[169]?

Grammatikalisch ist zu bemerken, daß die zweite koordinierende Partikel καί von Gal 6,16 einen nochmaligen[170] relativischen Anschluß vermeidet[171] und somit den Adressatenkreis des paulinischen Segens über die Gruppe derjenigen, die dem "Kanon" zustimmen sollten, auf eine zweite[172] erweitert. Das καί ist also **nicht** epexegetisch mit explikativem Sinn (= "und zwar, nämlich")[173], so daß die beiden Gruppen von V.16b und c einfach zusammenfallen[174] (αὐτούς = ὅσοι = Ἰσραὴλ τοῦ θεοῦ), zu verstehen, es handelt sich auch nicht um ein kopulatives καί [175], "d a s s t e i g e r n d e i n e H i n z u f ü g u n g d e s G a n z e n z u m T e i l b r i n g t"[176], sondern um ein **verstärktes** καί [177] (vgl. 1Kor 13,1) mit der Bedeutung: "auch, (und) sogar".

Sprachstatistisch betrachtet ist der Terminus "das Israel Gottes" eine paulinische Neuprägung, die weder im NT noch in der atl.-jüd. Literatur bezeugt

---

165 So Sieffert, Gal 374; Oepke, Gal 205; Dahl, Auslegung 168; Schlier, Gal 283; Lietzmann, Gal 45; Becker, Gal 84; Gutbrod, Art. Ἰσραήλ ThWNT III 390f; Eckert, Verkündigung 38; Conzelmann, Theologie 288; Luz, Geschichtsverständnis 270; Bultmann, Weissagung 183; ders., Theologie 98, zustimmend Gräßer, Heilswege 222.

166 So Zahn, Gal 285f; Burton, Gal 358, mit der Verteilung der εἰρήνη auf Heiden-, ἔλεος auf Judenchristen; Schrenk, "Israel Gottes" 93; ders., Segenswunsch 186; Betz, Gal 323.

167 So Mußner, Gal 417; Thyen, "... nicht mehr" 129f; Davies, Paul 10.

168 So Richardson, Israel 82f; Bruce, Gal 275.

169 So Lührmann, Gal 102.

170 Der Anakoluth des Segenszuspruches wäre relativisch aufzulösen (s. o. Anm. 159).

171 Vgl. Blaß/Debrunner, Grammatik § 469; zur Konstruktion vgl. Lk 17,31.

172 Vgl. Zahn, Gal 285.

173 Gegen Lietzmann, Gal 45; Sieffert, Gal 374; Oepke, Gal 205, mit Zahn, Gal 285; Schrenk, "Israel Gottes" 86; Mußner, Gal 417, Anm.59, bemerkt gegen Lietzmann: "Einmal steht dieses Anhängsel (sc. V.16c) nicht unmittelbar hinter αὐτούς und zudem wäre das καί vor ἐπί κτλ. überflüssig".

174 Vgl. Schrenk, "Israel Gottes" 86; Zahn, Gal 285.

175 So Schlier, Gal 283; Oepke, Gal 205.

176 Schrenk, "Israel Gottes" 85; vgl. Richardson, Israel 82.

177 Vgl. Blaß/Debrunner, Grammatik § 442,8.

ist[178] und daher nur aus dem Kontext des Gal-Postskriptes interpretiert werden kann. Sprachanalytisch stellt die Genitivverbindung einen Genitivus subiectivus dar, der das Zugehörigkeitsverhältnis von Israel zu Gott ausdrückt. Da Israel für Paulus immer das geschichtliche jüd. Volk ist, das sich Gott im Bundesschluß erwählt hat und dem die Verheißungen aus diesem Bundesverhältnis gelten (vgl. Röm 9-11, bes. 9,4; aber auch Phil 3,5; 2Kor 3,7-13), sollte man annehmen, daß auch hier Paulus Israels Zukunft meint.

Jedoch wirkt der Ausdruck durch den Genitiv τοῦ θεοῦ seltsam redundant: "it makes no sense to speak of an Israel which is not 'of God'", bemerkt denn auch Hans-Dieter Betz treffend[179]. Aus diesem Grund muß deshalb auch die Überlegung angestellt werden, ob Paulus, und mit ihm die christliche Gemeinde, mit dem Ausdruck dem Judentum in polemischer Weise einen Würdenamen zu entreißen sucht[180]: "wir sind das wahre Israel Gottes"[181] (vgl. Gal 3,7: υἱοὶ 'Αβραάμ ; 3,29: σπέρμα τοῦ 'Αβραάμ ; Phil 3,3: ἐσμεν ἡ περιτομή).

Diese zuletzt genannte Möglichkeit allerdings trifft nur dann **nicht** zu, wenn plötzlich im Gal-Postskript für Paulus die Notwendigkeit entsteht, die heilsgeschichtliche Selbstverständlichkeit, daß Israel Gottes (Eigentumsvolk) ist, zu **betonen**, weil sie von dem im Gal bisher Vorgetragenen in Frage gestellt wird bzw. von den Rezipienten des Gal(-Postskriptes) in Frage gestellt werden könnte. Und in der Tat ist dieser Vermutung vom Kontext her nachzugehen. Denn in zweierlei Hinsicht, einmal in puncto der heilsgeschichtlichen **Vergangenheit** des Abrahamsvolkes und sodann in puncto seiner endzeitlich-eschatologischen **Zukunft**, könnte - z.B. von judaisierenden judenchristlichen Kritikern - aus dem bisher vorgestellten Evangeliumsprogramm gefolgert und eben gegen die Christusverkündigung des Paulus eingewendet werden, daß sie

178 Die von Betz, Gal 323, herangezogene analoge Bildung ἐκκλησία τοῦ θεοῦ (Gal 1,13) hat als Analogie ihre Probleme, da sich die hell. Christen ebenso wie die Qumrangemeinde (יחד אל, עצת אל, קהל אל) außerhalb blutsmäßigen Abstammungsnachweises als designierte göttliche Gemeinschaft definieren müssen, vgl. Berger, Volksversammlung 190f. bes. 198.

179 Gal 323. Übereinstimmung herrscht in der Forschung, daß mit Israel κατὰ σάρκα (1Kor 10,18) das historische Israel gemeint ist (vgl. Conzelmann, 1Kor 212, Anm.29; vgl. Röm 9,5) und daß ein Gegenbegriff Israel κατὰ πνεῦμα daraus für die paulinische Theologie nicht erschlossen werden kann (Schrenk, "Israel Gottes" 90f; ders., Segenswunsch 170; gegen Dahl, Auslegung 163).

180 Vgl. Schrage, "Ekklesia" 195; Dahl, Auslegung 169.

181 Anzumerken ist, daß eindeutig erst bei Justin, Dialog mit Trypho 11,5, die Kirche mit dem wahren Israel gleichgesetzt wird; dazu Richardson, Israel 9ff.

die heilsgeschichtliche Beziehung des Bundesvolkes Israel zu Gott nicht mehr berücksichtigt und deshalb den Irrweg eines jüd. Apostaten darstelle[182].

Denn um den judaisierenden judenchristlichen Evangeliumsgrundsatz einer Synthese von jüd. Gesetz **und** Christus, von Heilsgeschichte **und** eschatologischem Christusereignis um der in Christus geoffenbarten **exklusiven** rechtfertigenden und heilseinstiftenden Gnade Gottes (Gal 2,21; vgl. 5,1) zu bekämpfen, hatte Paulus zunächst mit dem Konzept der "neuen Schöpfung" die neue Soteriologie kosmisch verankert: Zwischen der alten und durch Christus erledigten soteriologischen Lebenswirklichkeit der Welt unter dem Heilsprimat Israels und dem seit Christus geltenden Heilsuniversalismus der neuen Welt für jeden Christusgläubigen gibt es für ihn keine Verbindung und Vermittlung, zwischen alter und neuer Heilswirklichkeit herrscht nur **radikale Diskontinuität.** Angesichts dieser antithetischen Konzeption stellt sich Judenchristen die Frage, ob für Paulus die vom "Gesetz und den Propheten" bezeugte heilsgeschichtliche Vergangenheit zwischen Gott und seinem Erwählungsvolk Israel noch einen soteriologischen Wert besitzt.

Und sodann hatte Paulus seine Evangeliumsverkündigung im Gal im Segenszuspruch für die Gruppe der allein auf Christus Vertrauenden ausklingen lassen. Damit hatte Paulus einen Personenkreis **neben** der Synagoge, der sich vom rechtfertigenden Nomos abwendet hin zur göttlichen Gnade in Christus als der neuen soteriologischen Basis seines Lebens, das endzeitlich-eschatologische Heil zugesprochen. In konsequenter Fortsetzung seiner Antithese von Gesetz und Evangelium bestreitet Paulus Israel seine ihm aus dem Bundesverhältnis zukommende Heilszukunft, wie sie in der 19. Benediktion des Achtzehngebetes jeder Jude in der Synagoge täglich erhofft[183], und wendet sie den Christusgläubigen zu. Und erneut muß sich Paulus von Judenchristen die Anfrage nach der Gültigkeit des Bundesverhältnisses zwischen Gott und Israel gefallen lassen, in diesem Fall, ob die Verheißungen an Israel für Paulus etwa null und nichtig seien (vgl. Röm 3,1).

Um dem Vorwurf eines heilsgeschichtlichen, soteriologischen Dualismus zu begegnen bzw. die soteriologische Exklusivität des Christusevangeliums nicht geschichtstheologisch in eine Aporie ausmünden zu lassen, fügt Paulus an den

---

182 Zum Verstehensproblem des Verhältnisses von Israel und Kirche in der Theologie des Paulus vgl. Barth, Volk Gottes 45ff.

183 Die griech. Übersetzung der 19. Benediktion des Achtzehngebetes (babylinische Rezension) lautet (nach Richardson, Israel 79): δώσῃ εἰρήνην καὶ ἔλεος ἐφ᾽ἡμᾶς καὶ ἐπὶ πάντα Ἰσραὴλ τὸν λαὸν σου.

Segenszuspruch über die Anhänger des neuen soteriologischen Kanons die Hoffnung künftiger Rettung von Israel an[184]. Trotz soteriologischer kosmischer Neuordnung in Christus bleibt die vorgängige geschichtliche Verheißung Gottes an Israel in Kraft (vgl. Röm 9,6ff).

Erst im Röm wird sich Paulus der komplexen Problematik stellen, wie das heilsgeschichtliche Prae Israels (vgl. Röm 3,1f.27.31; 4; 7,7ff) und seine Zukunft (vgl. Röm 9-11) im Zusammenhang der eschatologischen Christusoffenbarung (vgl. Röm 3,21) zu bestimmen ist. Hier am Ende des Gal läßt sich nur sagen, daß er sich der geschichtstheologischen Aufgabe seiner eschatologischen Christusverkündigung bereits bewußt ist und im Ansatz Perspektiven einer Dialektik von Eschatologie und Geschichte, wie sie die Verkündigung des Röm auszeichnet, entwickelt.

2.7 Zusammenfassung

Von der judaisierenden judenchristlichen Bewegung ist Paulus aufgrund ihrer Denunziation seiner Evangeliumsverkündigung in Galatien zu einer Apologie derselben herausgefordert. Er konzipiert den Gal als endgültig-offensive Verkündigung des wahren apostolischen Evangeliums an das christliche Publikum der Galater. Von der Entscheidung jedes Einzelnen hängt es ab, ob das Missionswerk der Völker im Sinne göttlicher Gnadenoffenbarung in Christus für Galatien Bestand haben wird. Der im Wortgeschehen des Evangeliums präsente gnädige und richtende Gott unterstellt im Gal die christliche Irrlehre der Beschneidungsforderung an Heidenchristen dem Fluche seines Zornes wie er dem Glaubensgehorsam der rechtfertigenden Gnade in Christus das Heil im Segenszuspruch verbürgt.

In einer Art conclusio kontrastiert Paulus im Gal-Postskript in programmatischer Kürze die zur Entscheidung anstehende Alternative. Er geht davon aus, über die Sachevidenz demaskierender Kritik am Pseudoevangelium und über-

184 Ob für Paulus das Ἰσραήλ τοῦ θεοῦ von Gal 6,16 **"identisch"** ist mit dem πᾶς Ἰσραήλ von Röm 11,26, wie Mußner, Gal 417, Anm.61, meint (Hervorhebung U.M.), ist wegen dem auf der Zukunft liegenden μυστήριον (Röm 11,25) schwer eindeutig zu beantworten, jedoch ist diese Frage um der gemeinsamen Auslegung mit Mußner zu vernachlässigen (vgl. nur Röm 10,1).

spritzter Darstellung christlicher Fundamentalaussagen die Wahl der Galater für eine soteriologisch erfüllte Zukunft zu erleichtern. Als Wahrheitskriterium des Evangeliums legt er das soteriologische Verständnis des Kreuzes fest. Er selbst steht als Apostel Jesu Christi standhaft im Leid der Kreuzesnachfolge und ist zu keinerlei Kompromissen in Sachen Kreuz bereit.

Machte bis dato der Exegese der literarische Charakter des Postskriptes Schwierigkeiten, so ergab ein Vergleich mit Phil 3,2-19, daß im Gal eine Variation eines substantiell festgelegten "Streitplakates" vorliegt, das Paulus zur Auseinandersetzung mit der seiner Missionsarbeit nachstoßenden Gegenmission verwendet. Mußte zuvor besonders für Gal 6,12f bei typischer Ketzerpolemik mit gewollten Verzerrungen und Unterstellungen der gegnerischen Position gerechnet werden, so heben sich nun die Verse von dem Ton rüder Ketzerpolemik im "Phil-Kampfbrief" ab. Die paulinische Kritik versucht schonungslos die Aporien der Beschneidungspredigt offenzulegen. Da seine Attacke in ihrer Substanz unverändert bleibt, ist die Exegese aufgefordert, in den V.12-16 beim Sachgehalt seiner an der Wurzel ansetzenden theologischen Logik anzusetzen.

Neben einer sarkischen Abwertung der theologischen Konkurrenz führt Paulus vor allem drei Kritikpunkte gegen die judenchristliche Synthese von jüd. Nomos und Christus ins Feld: Erstens, ihr Programm makelloser Gerechtigkeitsexistenz über Christus in Treue zur Thora übergeht das Kreuz als soteriologisches Ärgernis der Synagoge. Wenn wirklich das Kreuz die Mitte der soteriologischen Verkündigung der Beschneidungsmission wäre, müßte es die Synagoge zum Widerspruch und zur Verfolgung seiner Protagonisten motivieren. Zweitens, die Beschneidungsagitation ist sich nicht ihres Selbstwiderspruches bewußt, der darin liegt, daß sie bereits im Status der Rechtfertigung stehende (Heiden-)Christen wiederum als Heiden auf die Gerechtigkeit des Gesetzes anspricht. Beschneidungsmission in einer **Christen**gemeinde zu propagieren, heißt für Paulus, mit dem Rechtfertigungsweg der Nomos-Treue schon gebrochen zu haben. Und drittens, ihre Werbung für die Beschneidung ist Proselytenmission zum ehrenhaften Ruhm Gottes, jedoch ermangelt ihr ein christliches Proprium. Resultat: auf der "borderline" zwischen Judentum und Judenchristentum besitzt die (judenchristliche) Theologie eines "additiven Christus" keine signifikant christliche, geschweige denn kreuzestheologische Eigenständigkeit.

Christliche Theologie aber ist demgegenüber für Paulus allein als "Kreuzestheologie" zu begründen. Als Vorgabe göttlichen Handelns enthält das Kreuz in der Auferweckung des Gekreuzigten den Erweis endzeitlicher Schöpfermacht der Umkehrung von Tod in Leben. Damit verbunden ist einerseits die Abrogation des negativen göttlichen Urteils in der Thora über den Gekreuzigten als eines mit dem Todesfluche Sanktionierten und andererseits seine Qualifizierung als endzeitliche Heilsperson in der Gestalt des verherrlichten Kyrios. Das Kreuz als Ereignis göttlicher Reversion ist ein weltbewegendes, kosmisches Geschehen, insofern es in der "Mitte" der Geschichte eine vergangene Welt vor Christus von einer neuen Welt seit Christus trennt. Dem Menschen als hoheitlichem Exponenten der Schöpfung verbürgt das Kreuz die Wandlung seiner soteriologischen Lebenswirklichkeit: statt Heilspartikularismus unter dem Primat Israels Heilsuniversalismus in dem gekreuzigten Kyrios. Das Kreuzesgeschehen beendet den soteriologischen Dualismus der Thora, der die Welt in "Beschneidung" und "Vorhaut" trennt, ein für allemal. Dem Menschen wird in seiner soterilogischen Egalität coram Deo die Freiheit und die Identität uneingeschränkter Geschöpflichkeit (wieder-)geschenkt. Für ihn gilt nun die soteriologische Verfassung der "neuen Schöpfung", die jedem Menschen, der seine Erschaffung zum Geschöpf Gottes Schöpfergnade dankt, in der Taufe die Partizipation am endzeitlich-eschatologischen Heil eröffnet.

Mit einer Formel hell.-urchristlicher Selbstdefinition einer sich von der Synagoge lösenden, verselbständigenden Christengemeinde begründet Paulus die Irreversibilität der universalen Neuordnung der Welt (Gal 6,15). "Neue Schöpfung" als Terminus technicus futurisch-eschatologischer Heilserwartung des Frühjudentums wird von einer christlich-universalen Erwählungstheologie zu ihrem schöpfungstheologischen Widerlager aktualisiert. Gegen das in die Gnade der Schöpfung vorverlegte soteriologische Privileg der Synagoge markiert der Begriff die Inkraftsetzung erwählungsgeschichtlicher Egalität christlicher Gemeindeglieder. Die Taufe auf Christus trägt das eschatologische Präsens der "neuen Schöpfung", insofern durch die Taufe der mit der Heilsperson Christus bekleidete Mensch jenseits aller "naturgegebenen" Verfaßtheit bedingungslos zum geschöpflichen Gegenüber Gottes als gerechtfertigter Mensch befreit ist. Als Summarium ontologischer Transformation des Menschen in der Taufe konnte der Ausdruck "neue Schöpfung" in Gal 6,15 nicht verstanden werden.

Indem Paulus in Gal 6,15 das vorpaulinische ekklesiologische Konzept einer erwählungsgeschichtlichen Egalität in den Gegensatz zur alten, vergangenen soteriologischen Verfassung der **Welt** durch den Nomos überführt, prägt er "neue Schöpfung" zum **kosmisch-soteriologischen Grundsatz** der Welt seit Christus um. Nicht der Mensch heißt "neue Schöpfung", sondern, im soteriologischen Verfassungsgedanken, die Welt! Mit der eschatologischen Antithese ontologischer Neuordnung bekämpft er in entscheidender Weise die judenchristlich-heilsgeschichtliche Synthese von Gesetz und Christus. Konsequent reserviert er das endzeitlich-eschatologische Heil auf die Gruppe, die dem Maßstab exklusiver Christusrechtfertigung zu folgen bereit ist. Damit aber bestreitet Paulus Israel die verheißene Heilszukunft aus seinem Bundesverhältnis mit Gott. Die Zukunft Israels als erwähltes Gottesvolk, aber auch die Bewertung vergangener Heilsgeschichte Gottes mit Israel wird zum geschichtstheologischen Problem antithetisch formulierter eschatologischer Neuordnung. Indem Paulus den Segenszuspruch auf Israel ausweitet, begegnet er dem Vorwurf eines heilsgeschichtlichen Dualismus, ohne sich aber hinsichtlich der Relation von präsentischer Eschatologie und Heilsgeschichte zu erklären.

3 2KOR 5,14-17: STELLVERTRETUNG UND ESCHATOLOGISCHE URGESCHICHTE

Das andere Mal, daß im paulinischen Schrifttum neben Gal 6,15 der Begriff "neue Schöpfung" erscheint, findet sich in 2Kor 5,17. Diese Stelle gehört zu der redaktionellen Briefsammlung des 2Kor[1], die wiederum neben dem 1Kor ein Teil (vgl. 1Kor 5,11; 2Kor 2,3f.9; 7,8.12) der bis auf heute überlieferten Korrespondenz des Apostels an die Gemeinde in Korinth bildet. Die Belegstelle selbst befindet sich in dem Zusammenhang eines in sich geschlossenen und einheitlichen[2] Großabschnitts (2Kor 2,14-6,12; 7,2-4[3]), als dessen Themaüberschrift, analog zur zweiten Apologie in 2Kor 10-13, hier "die Apologie des paulinischen Apostelamtes" gewählt wird[4] (vgl. 3,8.9b; 5,18c).

Stellt man diese beiden selbständigen "Verteidigungsschriften" aus dem 2Kor nebeneinander, so fällt auf, daß man in Kap.2-7 nur an der Peripherie Auskunft darüber erhält, in welcher geschichtlich-einmaligen Situation diese Apologie sich an die Korinther wendet[5]. Weite Teile sind davon geprägt, daß in

---

1 Vgl. Klauck, 2Kor 9; Furnish, 2Kor 34f; Windisch, 2Kor 17; Pesch, Paulus 58ff; Bornkamm, Vorgeschichte 172ff; Georgi, Gegner 16ff; anders Kümmel, Einleitung 254; Hyldahl, Frage 305.

2 Vgl. Georgi, Gegner 22; Schmithals, Gnosis 90; Findeis, Versöhnung 63.

3 Als Communis opinio darf gelten, daß der Abschnitt 2Kor 6,14-7,1 eine spätere Einfügung ist, zerreißt er doch den Kontext, das Bildwort vom weiten Raum im Herzen des Apostels (vgl. 6,11-13 mit 7,2). Aufgrund von Hapaxlegomena und stilistischen Eigentümlichkeiten sowie seiner Inkonsistenz zu 1Kor 5,9f ist er als "unpaulinische Interpolation" (Vielhauer, Geschichte 153) zu bezeichnen (anders Schmithals, Gnosis 88; Thrall, Problem 147f; Lambrecht, Fragment 143ff). Da sich in der Terminologie Berührungen zu Qumran-Vorstellungen zeigen (vgl. Fitzmyer, Qumran 271ff; Gnilka, 2Kor 6,14-7,1, S.86ff), darf mit christlich-qumranischer Herkunft gerechnet werden (vgl. Klinzing, Umdeutung 179-182). Betz, Fragment 108, kommt durch eine Analyse der Theologie dieser Paränese zum Urteil, daß es sich um ein Dokument des Antipaulinismus, wie er z.B. aus dem Gal zu rekonstruieren ist, handeln müsse.

4 Vgl. Kümmel, Einleitung 243; Bultmann, 2Kor 21; Schmithals, Gnosis 92; Güttgemanns, Apostel 284, Anm. 16; Pesch, Paulus 85; Klauck, 2Kor 32.

5 Aus 2Kor 6,11 erhält man die Information, daß diese Apologie an die Korinther gerichtet ist. Aus 3,2f; 4,15; 5,11b.13 läßt sich schließen, daß Paulus die Gemeinde gegründet und besucht hat und sich als "ihr Apostel" für ihr geistliches Wohlergehen und Wachstum verantwortlich weiß. Nur andeutungsweise wird auf die gegenwärtige Lage Bezug genom-

theologisch grundsätzlicher Weise über das Wesen (vgl. Kap. 3-5) und die Existenz (vgl. 4,7ff; 6,3ff) des Apostelamtes reflektiert wird. Im Unterschied dazu liest man in den Kap. 10-13, wie Paulus auf aktuelle Angriffe und Polemik seiner Gegner bzw. der Gemeinde eingeht (vgl. 10,1f.7.10.12f; 11,6.7ff; 12,16ff usw.), den momentanen Zustand der Gemeinde bedenkt (z.B. 11,3f) und sich in der sog. "Narrenrede" auf das Niveau der in Korinth gegen ihn agitierenden "Superapostel" begibt (vgl. 11,16-12,12)[6]. Bereits dieser kurze Vergleich zur Charakteristik beider Apologien des 2Kor legt die Folgerung nahe, daß es sich in der ersten "Rede" um einen autarken theologischen Traktat des Paulus handelt, der unabhängig von dem Stand der augenblicklichen Auseinandersetzung sich mit prinzipiellen Erwägungen zum paulinischen Apostolat beschäftigt[7].

Dieser erste Eindruck von der relativen situativen Ungebundenheit der ersten Apologie des 2Kor verstärkt sich, wenn man den Rahmen dieser Verteidigungsschrift, nämlich 2Kor 1,1-2,13; 7,5-16, in welchem vor allem in versöhnlichem Ton die Vorgeschichte des Schreibens berichtet wird, trotz des literarischen Bruches in 2Kor 2,13f bzw. der Fortführung von 2,13 in 7,5ff[8], als eine organische Einfassung der Apologie zu einem apostolischen Brief an die korinthische Gemeinde versteht[9]. Dieser am Schluß nicht ganz vollstän-

---

men, nämlich, daß "irgendwelche Leute" (3,1) in der Gemeinde mit Empfehlungsschreiben auftreten (3,1; vgl. 5,12). Paulus ist der Ansicht, daß ihr Apostolatsverständnis konträr zu dem seinigen liegt (vgl. 4,2.5; 5,12) und stellt sich gegen ihren Versuch, ein Bündnis mit der Gemeinde gegen ihn zu schließen (vgl. Georgi, Gegner 23).

6 Vgl. Schmithals, Gnosis 92. Es ist unabweisbar, daß die Frage nach der historischen Entwicklung in Korinth nach dem 1Kor bei 2Kor 10-13 ansetzen muß, will man sich ein Bild von der Gemeindesituation machen, vgl. Kümmel, Einleitung 246f; Bornkamm, Vorgeschichte 167; Käsemann, Legitimität 34, die überwiegend Stellenbelege zur gegen Paulus gerichteten Polemik aus 2Kor 10-13 herbeibringen.

7 Fragt man, welche Apologie zuerst an die korinthische Gemeinde geschrieben wurde, so ist im Analogieschluß des (zeitlichen und sachlichen) Verhältnisses Gal-Röm anzunehmen, daß 2Kor 2-7 **nach** 10-13 abgefaßt wurden (mit Klauck, 2Kor 9, gegen Bornkamm, Vorgeschichte 177; Georgi, Gegner 24; Schmithals, Gnosis 93; Pesch, Paulus 83; Furnisch, 2Kor 35; Windisch, 2Kor 28; Findeis, Versöhnung 64, Anm.7). 2Kor 2,4 nimmt wahrscheinlich auf den "Tränenbrief" der Kap.10-13 Bezug (vgl. Bornkamm, Vorgeschichte 164.172.175; Klauck, 2Kor 8; Pesch, Paulus 67; gegen Windisch, 2Kor 16ff; Furnish, 2Kor 37f).

8 Vgl. dazu Windisch, 2Kor 19f.224f; Bornkamm, Vorgeschichte 176; Pesch, Paulus 70f.

9 Ein literarischer Bruch innerhalb eines Werkes **kann** auf einen Redaktor zurückgeführt werden, er muß es jedoch nicht. Vorrangig ist zu prüfen, ob nicht dem Autor selbst, in diesem Fall Paulus, diese Weise der literarischen Verknüpfung zuzuschreiben ist. Für diese Annahme

dig erhaltene Brief umfaßt dann die Kap. 1-7[10], evtl. auch 9[11]. Die paulinische Apologie von 2Kor 2,14ff ist selbst unter dieser Prämisse als selbständiger Einschub, als Parenthese[12] oder Exkurs[13], innerhalb eines Briefes zu bewerten, in dem Paulus fundamental-lehrhafte Überlegungen über das Wesen des Apostelamtes anstellt.

Für den methodischen Zugang einer Exegese von 2Kor 5,17 legt sich aus dieser ersten Betrachtung der von Paulus zu einem Brief erweiterten Apologie die Folgerung nahe, nicht mit einer situationsbezogenen Auslegung einzusetzen[14].

---

spricht, daß von 2Kor 7,4 "engste thematische Verbindungslinien zu 7,5-9 (Klauck, 2Kor 8) verlangen, die am einfachsten durch paulinische Verfasserschaft von 2Kor 7,2ff erklärt werden können.

10 Unter dieser Voraussetzung beginnt das Schreiben an die Korinther mit einem Präskript (2Kor 1,1f), und geht dann über ins Proömium (1,3-14), das den allgemeingehaltenen Lobpreis Gottes (1,3-7) in einer Danksagung für Errettung aus Todesgefahr konkretisiert (1,8-11), um darauf das Thema des Schreibens zu markieren (1,12-14). Paulus beginnt sodann den Briefkorpus, indem er die Änderung seines Reiseplanes verteidigt (1,15ff) und seinen erneuten, seinen dritten Besuch in Korinth ankündigt (1,23-2,1). Bis dorthin besitzt der Anfang in seiner Gliederung Ähnlichkeiten mit dem Röm, vgl. dort 1,1-17. Anders als im Röm geht Paulus in diesem korinthischen Brief aber jetzt über in die Schilderung derjenigen Ereignisse, die dem Brief unmittelbar vorangehen (2,2-13), um sie erst in 7,5ff fortzusetzen. Das ist sinnvoll, da nicht das Thema - es geht wie in 2Kor 10-13 um die Apologie des paulinischen Amtes - sondern sich die geschichtliche Situation fundamental gewandelt hat: Das Verhältnis von Apostel und korinthischer Gemeinde hat sich gegenüber früherer Zeit nach dem "Zwischenbesuch" entscheidend verbessert (vgl. 2,2-4; 7,6f.13ff). Aufgrund des guten "Gesprächsklimas" muß Paulus dem "alten" Thema einen neuen Bezugsrahmen geben (gegen Bornkamm, Vorgeschichte 177). - Mit diesen Hinweisen zur Analyse der Briefkomposition wird eine Teilungshypothese des 2Kor übernommen, wie sie die neueren Kommentare zum 2Kor von Lang (vgl. 12-14); Klauck (vgl. 8f) und Furnish (vgl. 35) vortragen. Mit Kümmel, Einleitung 253, wird also eine Zusammengehörigkeit von "Versöhnungsbrief" (Kap.1,1-2,13; 7,5ff) und Apologie (2,14ff) angenommen (gegen Bornkamm, Vorgeschichte 176f.191f; Schmithals, Gnosis 92; Georgi, Gegner 28; Pesch, Paulus 72).

11 Die Kollektenempfehlung in Kap.9 könnte sich an den Brief anschließen (vgl. 1Kor 16,1ff; anders Schmithals, Gnosis 90f), da auch 2Kor 9,2 den Aufenthalt von Paulus in Mazedonien (vgl. 7,5f) voraussetzt. Ein Schlußteil mit Empfehlungen, Grüßen und evtl. einem Schlußsegen (vgl. 1Kor 16,19ff; Gal 6,18; Röm 16; Phil 4,21ff) ist nicht überliefert.

12 So Vielhauer, Geschichte 152. Mit dem redaktionellen Kunstgriff einer "Makro-Parenthese" verbindet Paulus die theologische Theorie des Apostelamtes (2Kor 2,14-6,13; 7,2-4) aufs kürzeste mit seiner Praxis (2,12f; 7,5ff).

13 So Lang, Kor 265.

14 Anders Güttgemanns, Apostel 282: "Zur tieferen Erfassung der Aussageintention (sc. von 2Kor 5,11-6,10) des Paulus muß auch hier bei der Frage nach der konkreten 'Front' eingesetzt werden" (vgl. Georgi, Gegner 254f). Güttgemanns, a.a.O. 282ff, beschreitet denn auch einen

Konkret beinhaltet dieses methodische Vorgehen, die im Zusammenhang von 2Kor 5,14-17 in der Forschung diskutierte Frage nach der hier von Paulus kritisierten (gegnerischen) Christologie bzw. Soteriologie nicht zur Ausgangsfrage der Exegese zu machen[15]. Stattdessen legt diese Untersuchung den Schwerpunkt darauf, die theologische Argumentation des paulinischen Textes nachzuvollziehen, um dann erst in zweiter Linie über eine christologisch-soteriologische Standortbeschreibung paulinischer Theologie einige Aspekte der von Paulus abgelehnten theologischen Position beizutragen (s.u. Hauptteil B 3.8)[16]. Um dieses Vorhaben für eine Auslegung von 2Kor 5,17 durchzuführen, ist es nötig, in den Makro- und Mikrokontext der Stelle, zunächst in die Apologie von 2Kor 2,14-6,12; 7,2-4 als selbständiger theologischer Abhandlung einzuführen.

---

methodischen Irrweg, wenn er, ausgehend von den in der Forschung diskutierten Hypothesen über die Gegner des Paulus in Korinth, 2Kor 5,16b als zwangsläufig unpaulinischen, weil gnostischen Satz zu erweisen versucht, um ihn dann als Glosse auszuscheiden (vgl. 294f). Damit fällt V.16b einem hermeneutischen Zirkelschluß zum Opfer.

15 Vgl. Klauck, 2Kor 12. - An dieser Stelle soll nicht verborgen bleiben, daß zu dieser methodischen Vorentscheidung auch die ungeklärte Forschungssituation zu wesentlichen Problemen des 2Kor beigetragen hat. Aufgrund des - in dieser Untersuchung nur hypothetisch gelösten - Problems der literarischen Uneinheitlichkeit des 2Kor und der Pluralität der Deutungen hinsichtlich der theologischen Eigenart der Paulusgegner in Korinth (vgl. die kurze Zusammenfassung bei Lang, Kor 358f) dürfen Aussagen bezüglich Wesen und theologischer Absicht der korinthischen Agitation aus 2Kor 5,14-17, wenn sie denn methodisch überzeugen sollen, nur unter Einbeziehung **aller** relevanten Texte des 2Kor angestellt werden (vgl. Bornkamm, Vorgeschichte 166; Schmithals, Gnosis 106f). Daß diese berechtigte methodische Forderung eine eigene Monographie zum 2Kor provozieren muß, ist von der Sache her nur allzu deutlich. Um den Umfang dieser Arbeit zu beschränken, muß es also bei einigen Andeutungen bleiben, die evtl. in einer neuen Arbeit zur Gegnerfrage des 2Kor Berücksichtigung finden könnten.

16 Daß mit dieser methodisch begründeten Ausrichtung der Untersuchung zu 2Kor 5,14-17 keine Einbußen bei der Wahrnehmung des Sachanliegens des Textes verbunden ist, läßt sich bereits mit beispielhaften Äußerungen der Exegese zum literarischen Genus von 2Kor 5,14ff belegen. Danach handelt es sich in diesen Versen um einen kleinen christologischen Exkurs (Hengel, Kreuzestod 62, für 2Kor 5,14-21) bzw. um "eine Zusammenfassung der Christustheologie des Paulus" (Grundmann, Art. χρίω ThWNT IX 538, Z.37) bzw. um eine "kurze Wiedergabe der apostolischen Botschaft" (Windisch, 2Kor 180, zu 2Kor 5,14-6,2; vgl. Furnish, 2Kor 321). Näheres wird die Textanalyse (s.u. Hauptteil B 3.5) zeigen.

3.1 Bemerkungen zu Thema und Gliederung der Apologie des apostolischen Amtes (2Kor 2,14-6,13; 7,2-4)

Um sich der Intention dieser Apologie des apostolischen Amtes zu nähern, ist es von Gewinn, sich mit ihrer Einleitung (2Kor 2,14-17) zu beschäftigen[1]. Bereits zu Beginn der Apologie weist Paulus nämlich auf den inhaltlichen Anspruch der apostolischen Verkündigung hin (V.14-16a) und kommt dabei sofort thesenartig auf das Grundproblem des Aposteldienstes zu sprechen (V.16b). Schließlich stellt er in Grundzügen den von ihm vertretenen Lösungsweg vor (V.17).

In bildlicher Rede bringt Paulus am Anfang zum Ausdruck (2Kor 2,14), daß er bei seiner weltweiten Mission zwangsweise (vgl. 1Kor 9,16; auch Röm 1,1; Gal 1,10; Phil 1,1) vor dem Triumphwagen Christi einherschreiten muß, um als Besiegter den Sieg seines Herrn in der ganzen Ökumene zu verkündigen[2]. Als Prediger des Evangeliums verbreitet er die Offenbarung der Erkenntnis Gottes, den einen Menschen zum Heil, den anderen zum Unheil (2Kor 1,15f). Diese seinem Amt gegebene Funktion eschatologischer Scheidung läßt ihn darüber reflektieren, welche Legitimation das von ihm als einem Menschen ausgeübte Apostelamt für diese wahrhaft göttliche Aufgabe besitzt: "wer ist dazu fähig?" (V.16b).

Paulus stellt zur Beantwortung dieser Frage die These auf, daß er selbst und auch seine Mitarbeiter (Wir-Rede in 2Kor 2,14-17; z.B. Titus 2,13; 7,6.13f) das Evangelium in der Gewißheit verkündigen, dies in der "Lauterkeit (Gottes)" (2Kor 2,17; 1,12c) zu tun. Mit einer kurzen Formel erläutert Paulus diesen Anspruch auf die eindeutig göttliche Qualität[3] (vgl. Weish 7,25) seines apostolischen Wirkens "in Christus", nämlich, daß es ἐκ θεοῦ κατέναντι θεοῦ geschieht (2Kor 2,17). Die nun folgende Apologie versucht den Nachweis dieser unerhört anspruchsvollen Behauptung zu geben und unternimmt es zu beweisen, daß erstens die Predigt des Apostels "von Gott stammt" und zweitens "vor

1 In der liturgischen Form der Danksagung (2Kor 2,14; vgl. 1Kor 15,57; 2Kor 8,16) werden generelle Erwägungen (vgl. πάντοτε; ἐν παντὶ τόπῳ) über das Apostelamt vorbereitet. 2Kor 3,1 leitet insofern Neues ein, da es den grundsätzlichen, gegen das paulinische Apostolat gerichteten Einwand der Selbstempfehlung zum Anlaß der Entgegnung nimmt (vgl. 5,12).

2 Vgl. Bultmann, 2Kor 66f.

3 Vgl. Büchsel, Art. εἰλικρινής ThWNT II 396, Anm.6; Windisch, 2Kor 54; anders Bultmann, 2Kor 37f.

Gott verantwortet wird"[4]. Die Beweisführung selbst argumentiert auf positive Weise aus dem Wesen des apostolischen Amtes heraus (anders Gal, vgl. dort 1,1.11f.16ff und 2Kor 10-13), ohne sich näher mit der im weisheitlichen Dualismus negativ abgewerteten Gegenposition (2Kor 2,17a; vgl. dazu Sir 26,29) auseinanderzusetzen.

Anhand von parallelen Argumentationssträngen bzw. Wiederholungen[5] läßt sich ein **zweizügiger Grobaufbau** der Verteidigungsschrift skizzieren[6] (Teil I: 2Kor 3,1-5,11; Teil II: 5,12-6,13; 7,2-4), der um zwei mit Zitatformel eingeleitete und sogleich von Paulus interpretierte Schriftverse (2Kor 4,13 und Ps 115,1 LXX; 2Kor 6,2 und Dtjes 49,8a.b LXX) kreist. Um das Legitimationsproblem apostolischer Autorität zu klären, beginnt Paulus in Teil I in zwei parallelen Argumentationsgängen zu erläutern (I.1a: 2Kor 3,1-18; I.1b: 4,1-6; Rückbezug und Verklammerung 4,1) daß die "Herrlichkeit des Kyrios" (3,18) bzw. die "Herrlichkeit Gottes" (4,6) auf dem Antlitz (3,18: πρόσωπον) und in dem Herzen (4,6: καρδία), also auf dem **ganzen Menschen** des Apostelamtes liegt bzw. innewohnt. Die eschatologische Heilsvermittlung des Aposteldienstes geschieht durch Menschen, die ihr ganzes Vertrauen "durch Christus auf Gott" setzen (3,4) und ihre Qualifikation zum Aposteldienst deshalb nicht "von sich selbst" noch "aus sich selbst", sondern "aus Gott" (3,5) herleiten (vgl. 2,17). 2Kor 4,7-15 führt daraufhin aus, daß dieser von göttlicher Herrlichkeit ausgezeichnete Dienst des "neuen Bundes" (vgl. 3,6) unter den Verhältnissen der Wirklichkeit nur unter seinem Gegenteil, **in Niedrigkeit**, wahrgenommen werden kann (Gliederungspunkt I.2). Im Wirken ständig dem Tod ausgeliefert, kommt im apostolischen Dienst nicht menschliche Macht, sondern göttliche Gnade zum Zuge, die sich in der Gewinnung von Gläubigen als wirksam erweist (vgl. 4,11ff). Trotz der "gegenwärtigen Bedrängnis" des Aposteldienstes

---

4 Vgl. Bultmann, 2Kor 73.

5 Auffällig ist an der Apologie, daß zweimal, in 2Kor 4,7-15 und 6,3-10, der Apostel, ohne einen spezifischen Gedankenfortschritt zu erreichen, in ähnlicher Weise von den Bedrängnissen seines Apostelamtes berichtet. Zusammen mit der zweimaligen Beschäftigung mit den Irrlehrern (3,1 und 5,12) und der zweimaligen direkten Nennung des Amtes (3,8f, 5,18) bildet diese Beobachtung den Ausgangspunkt für den hier vorgetragenen Gliederungsvorschlag.

6 Vgl. eine ähnliche Gliederungsanalyse bei Bousset, 2Kor 172; Findeis, Versöhnung 106. Findeis, a.a.O. 109, ist darin zu folgen, daß 2Kor 5,11 zum Abschnitt I.3 gehört (2x φανερόω , s.5,10), während 5,12 den Neueinsatz in Parallele zu 3,1 des Argumentationszusammenhanges von 5,12-6,10 bildet (anders: Nestle-Aland[25.26] und in der Folge alle Ausleger).

(4,17) bleibt die Erfüllungsperspektive im Wissen um eine zukünftige Auferstehung in Kraft (4,14), und zwar so, daß die Aussichtslosigkeit apostolischer Existenz nur um so mehr die Sehnsucht zukünftiger himmlischer Herrlichkeit freisetzt. So entwickelt Paulus schließlich in einem dritten Teil des ersten Durchganges seiner Apologie des Apostelamtes (I.3: 4,16-5,11) den Aspekt zukünftiger Herrlichkeitsverwirklichung im Rahmen einer individuellen Jenseitserwartung.

Läßt man rückblickend diesen ersten Großabschnitt der Apologie Revue passieren, so zeigt sich beim gedanklichen Abschreiten von 2Kor 2,14-5,11 ein gewisser "theologischer Dreitakt" paulinischer Argumentation, ein dreiteiliges System, dessen einzelne komplexe Teile erst zusammen das Ganze und damit die Fülle paulinischer Theologie ausmachen: Erstens, daß das von Menschen ausgeübte Apostelamt für sich beansprucht, vollständige **Offenbarung der Herrlichkeit Gottes** zu sein. Zweitens, daß das **Offenbarwerden** dieser Herrlichkeit in der apostolischen Existenz unter den Verhältnissen der Gegenwart paradoxerweise nur unter ihrem Gegenteil, **in Niedrigkeit**, geschieht. Und drittens, daß durch diese vom Tode gezeichnete Niedrigkeitsexistenz nur um so kräftiger die **Hoffnung zukünftiger Herrlichkeitsverwirklichung** freigesetzt wird. In Anspruch, Existenz und Hoffnung gründet sich das Apostelamt in Gott, ist ἐκ θεοῦ (2,17).

Geht man jetzt zum zweiten Großabschnitt der Apologie (2Kor 5,12-6,13; 7,2-4) über, so erkennt man, daß die ersten beiden Momente der theologischen Dreierfolge der paulinischen Theologie, die Offenbarung der Herrlichkeit Gottes als Funktion menschlicher Soteria (II.1: 5,12-6,2) und das Offenbarwerden der Herrlichkeit in der Niedrigkeit apostolischer Existenz (II.2: 6,3-10), in gleicher Reihenfolge zu identifizieren sind[7]. In besonderer Weise geht es in Teil II Paulus darum, den Grundsatz des κατέναντι θεοῦ (2,17) zu erläutern: anstelle von Christus (5,20 2x), des göttlichen Kyrios, so seine anspruchsvolle These, ergeht im apostolischen Amt das "Wort der Versöhnung" (5,19) ὡς τοῦ θεοῦ (5,20b) als bittende Paraklese.

Die Beobachtung nun, daß die inhaltlichen Ausführungen in Teil II der Apologie bei 2Kor 6,3-10 mit dem "theologischen Takt" Nummer zwei enden, einem sog. Peristasenkatalog, um darauf in einen Appell an die Korinther (6,11-13; 7,2-4) überzugehen, läßt sich mit der Zielsetzung der Apologie bestens erklären. Aus der Vorgeschichte des Briefes 2Kor 1-7 ist bekannt, daß

---

7 Vgl. die von Bousset, 2Kor 193, gesetzte Überschrift zu 2Kor 5,11-6,10: "Abermals die Herrlichkeit des apostolischen Amtes".

gerade das Auftreten des Apostels in Korinth den Korinthern selbst als schwächlich und wenig eindrucksvoll galt (vgl. 2Kor 10,1.10f; 11,6). Während der erste Teil der Apologie die gesamte Bewegung paulinischer Theologie präsentiert, zielt der zweite Teil darauf hin, das momentane, bei den Korinthern noch umstrittene Erscheinungsbild des Apostels für die göttliche Dimension transparent zu machen. Folgerichtig beschließt Paulus seine Apologie nicht wie in Teil I mit einem Ausblick auf die futurische Eschatologie, sondern mit einem Aufruf an die Korinther, ihren Apostel anzunehmen. Damit möchte Paulus die Weichen für einen erfolgreichen Besuch in Korinth im gegenseitigen Miteinander von Apostel und Gemeinde stellen.

Aus dieser Aufbauanalyse der Apologie des Apostelamtes ist für den zu exegesierenden Text von 2Kor 5,17 die Feststellung gewonnen, daß der Vers zu Abschnitt II.1: 2Kor 5,12-6,2 gehört[8], der als ganzer wiederum parallel zu Abschnitt I.1a und I.1b der Apologie gestellt ist[9]. Es geht um den theologischen Anspruch des Apostelamtes auf die Herrlichkeit Gottes, eine Herrlichkeit, die, so wird 2Kor 5,12ff erläutern, aufgrund der Liebe Christi das Heil des Menschen sucht.

3.2 Einführung in die Gliederung und das Argumentationsziel von 2Kor 5,12-6,2

Stellt man neben 2Kor 5,12-6,2 den zu diesem Text parallelen Abschnitt der Apologie von 2Kor 3,1-4,6, so läßt sich die Passage analog in eine kürzere "apologetische Einleitung"[1] (2Kor 5,12f; vgl. 3,1-3 [-6]) und in einen länge-

---

8 Anders Bousset, 2Kor 193; Dinkler, Verkündigung 170; Güttgemanns, Apostel 282; Plummer, 2Kor 164; Bultmann, 2Kor 146, die 2Kor 5,11ff mit 6,3-10 verklammern. Noch anders Windisch, 2Kor 175, der 5,11-7,4 als einen Abschnitt interpretiert.

9 Wolter, Rechtfertigung 80: "Es ist ganz offensichtlich, daß Paulus in 5,11 ... wieder an die Thematik von 3,1-4,6 anknüpft. Darauf deuten vor allem der übereinstimmende Beginn ... und die parallele Terminologie und Thematik in 4,1-6 und 5,11-12 hin"; auch in anderer Literatur wird diese Verbindung zu Aussagen in 2Kor 3 häufig hergestellt, vgl. Bultmann, 2Kor 162; ders., Probleme 306; Windisch, 2Kor 194; Lietzmann, Kor 126.

1 Windisch, 2Kor 175; vgl. Hahn, "Siehe" 247: "der kleine polemische Übergangsabschnitt"; Bultmann will 2Kor 5,11-15 als "Eingang" abgrenzen

ren christologisch-soteriologischen Hauptteil (2Kor 5,14-6,2[2]; begründendes γάρ in V.14a[3]) gliedern. Sieht man sich diesen Hauptabschnitt näher an[4], so erkennt man anhand von Wortwiederholungen (νῦν 2x in 5,16 und 6,2b; ἰδού 5,17 und 2x 6,2b), der gliedernden Partikel δέ im Zusammenhang der Überleitungsformel[5] τὰ πάντα ἐκ τοῦ θεοῦ [6] (V.18; s. 1Kor 11,12; vgl. 2Kor 4,15) und aufgrund der sachlichen Orientierung, zuerst in den V. 14-17 nur an Christus, ab V.18 an Gott und Christus, daß Paulus den Abschnitt **zweiteilig** (I.: Kap. 5,14-17; II.: Kap. 5,18-6,2) konzipiert hat[7].

Jeder Teil ist für sich von einer kerygmatischen Ausgangsthese bestimmt (V.14b.15 und V.18f), von der eine Folgerung abhängig gemacht wird: in Teil I durch ein doppeltes ὥστε (V.16f), in Teil II durch ein folgerndes οὖν (V.20) formal gekennzeichnet. Paulus entfaltet das apostolische Kerygma[8] in einem christozentrischen (V.14-17) und einem theozentrischen Absatz (V.18ff) und legt einen besonderen Schwerpunkt auf das präsentische "Jetzt".

Ein kleiner Schlußteil (2Kor 6,1f)[9] - abgesetzt durch "weiterführendes" δὲ καί [10] und erneute Aufnahme von παρακαλέω aus V.20 - ist in kunstvoller Weise durchmodelliert[11] und nimmt das präsentische Heilsmoment des

---

(Probleme 306); vgl. Schmithals, Gnosis 287). Zur Gliederungsproblematik von 2Kor 5,12ff in der Forschung s. Findeis, Versöhnung 125ff.

2 Gegen Bousset, 2Kor 193, der 2Kor 5,11-16 von 5,17-21 abteilt; dagegen schon nachdrücklich Bachmann, 2Kor 262; anders Pesch, Paulus 112f; Furnish, 2Kor 305f.

3 Windisch, 2Kor 180, hält den Anschluß von 5,14-6,2 an das Vorhergehende durch γάρ in V.14a für "doch sehr lose" (anders Bachmann, 2Kor 152, der von einem "durchaus organischen Anschluß" der V.14f spricht). Er sieht jedoch besser als Bultmann, Probleme 308, daß V.14 nicht nur V.13 begründen will. Anders Dinkler, Verkündigung 171, Anm.5.

4 Die Gliederung von Dinkler, Verkündigung 170, nach "Sinngruppen" entbehrt formaler Beobachtungen; dasselbe gilt für Plummer, 2Kor 167.

5 Vgl. Windisch, 2Kor 180.

6 Ebenso Klauck, 2Kor 53.55. Vgl. Hahn "Siehe" 248 (vgl. 251): "In V.18a setzt Paulus mit τὰ δὲ πάντα ἐκ τοῦ θεοῦ neu ein"; vgl. Wolter, Rechtfertigung 78. Die Formel wird von Paulus in summarisch-abschließendem Sinn zur Kennzeichnung des nur allein Gott anstehenden (Heils)Handelns gebraucht, vgl. Hahn, "Siehe" 251.

7 Mit Bultmann, 2Kor 147; Klauck, 2Kor 53f, gegen Windisch, 2Kor 180 (übernommen von Hengel, Kreuzestod 65; Furnish, 2Kor 321), der den Abschnitt 5,14-6,2 "in fünf kleinen Absätzen rhythmisch gegliedert" zu erkennen meint.

8 Vgl. Windisch, 2Kor 180.

9 Vgl. Lang, Kor 295, der 2Kor 5,14-21 als "theologische Einheit" abgrenzt; anders Findeis, Versöhnung 130, der den 3. Teil bei 5,20 anfangen sieht.

10 Windisch, 2Kor 180.

11 S. die Wiederaufnahme von καιρὸς δεκτός und ἡμέρα σωτηρία aus dem Zitat Dtjes 49,8 LXX in 2Kor 6,2b.

Textes in der Weise auf, daß die apostolische Verkündigung des Christusgeschehens nach einer Warnung (6,1) in der Erfüllung der prophetischen Heilsansage gipfelt (6,2).

Betrachtet man im Anschluß an die äußeren Gestaltungsmerkmale des Textstückes seinen literarischen Charakter, so fällt auf, daß dieser in einem geradezu dynamisch zu nennenden Wandel begriffen ist. Von verteidigender, sich von einer Gegenposition absetzenden Rede (2Kor 5,12f) geht die literarische Wesensart des Textes in V.14 in eine inhaltsreiche Darstellung zentraler christologischer (V.14f.21) und theologischer Heilsaussagen (V.19) über, um das apostolische "Amt der Versöhnung" (V.18) als die entscheidende Vermittlungsinstanz vorzustellen, die dem Menschen die Leben wirkende Soteria verbürgt (V.20). Am Schluß des Abschnittes kommt eine Schriftauslegung besonderer Art zur Geltung, die das Schriftwort nicht mehr für die Gegenwart erklärenderweise aktualisieren muß, sondern im gegenwärtigen Kairos sich erfüllen läßt. Aufrund der literarischen Dynamik des Textes und seiner vielen bedeutungsschweren Leitworte - καύχημα, ἀγάπη τοῦ Χριστοῦ, καταλλαγή, δικαιοσύνη θεοῦ , um nur einige zu nennen - darf dieser Abschnitt als eine kurze Summe paulinischer Theologie **und** Verkündigung bezeichnet werden, die gewiß den "theologischen Höhepunkt"[12] der gesamten Apologie von 2Kor 2-7 bildet.

Im Zentrum von 2Kor 5,12-6,2 steht dabei erstens eine **theologische Grundsatzentscheidung**[13] paulinischer Theologie (V.14-17: beachte κρίνω V.14 in Verbindung mit οἶδα und γίγνωσκω von V.16). Im Mittelpunkt dieses Textteils steht eine objektivierbare Gegenwartsanalyse (vgl. ἀπὸ τοῦ νῦν; νῦν; παρῆλθεν; ἰδού; γέγονεν). Und zweitens ist eine bestimmte **homiletische Theorie der Verkündigung** von Bedeutung (vgl. παρακαλέω in 5,20; 6,1), die die spezifische Art paulinischer Verkündigung des Evangeliums festhält[14]. Hier

---

12 Hengel, Kreuzestod 62; vgl. Bornkamm, Vorgeschichte 176, der den Abschnitt 2Kor 2,14-7,4 als "theologisch ohne Frage das bedeutendste Stück des Briefganzen" bezeichnet.

13 Zu κρίνω als theologisches Urteil vgl. bei Paulus Röm 14,5; 1Kor 2,2; 10,15. Vgl. Bousset, 2Kor 194; Michel, "Erkennen" 28; Hengel, Kreuzestod 66; Lietzmann, Kor 124.

14 Das Verhältnis zwischen dem ἀπὸ τοῦ νῦν; νῦν und ἰδού von 2Kor 5,16f zu dem νῦν 2x; ἰδού 2x in 6,2 ist das Verhältnis zwischen objektivem Geschehen des Evangeliums und seinem aktuellen Ereignis in der apostolischen Predigt, vgl. Hofius, Erwägungen 192: "Indem nun die von Gott autorisierte Predigt das von ihm 'aufgerichtete' Wort gehorsam ausrichtet, ereignet sich die Selbstbekundung des Auferstandenen - die Proklamation der Versöhnungstat durch Gott - jeweils neu".

spielt die subjektive Aneignung des Kerygmas eine gewichtige Rolle (vgl. 6,2: 2x νῦν sowie die Gottesrede als Anrede). Beide Momente, die einmal den eigentlichen **Inhalt** und sodann die entscheidende **Funktion** des paulinischen Apostolats markieren, werden vor dem Hintergrund der konkurrierenden Mission der Paulus-Gegner in Korinth reflektiert (V.12f). Dabei werden beide Intentionen im vorliegenden Text auf äußerst komprimierte (beachte die Brachylogien in V.12b.16b.17) und komplexe (vgl. die vielen Partizipien in V.18ff) Weise vorgetragen, so daß es gilt, die formalen Textsignale der Gliederung und die Einsichten zum literarischen Charakter des Textstückes mit der Wahrnehmung des Aussagezieles von 2Kor 5,12-6,2 zu verknüpfen.

Setzt man nun also mit der Frage nach der Aussageabsicht des Textes ein, so ist die Antwort am besten mit Paulus' eigenen Worten aus 2Kor 5,12b zu geben: Er[15], Paulus, möchte der korinthischen Gemeinde (V.12: 2x ὑμῖν ; vgl. noch 5,13; 6,1) "einen Anlaß geben, daß sie sich seiner[16] rühmen kann"[17]. Das bedeutet zunächst in formaler Hinsicht, daß es Paulus "nicht um Selbst-

15 Um genau zu sein, ist das Subjekt der Ausführungen von 2Kor 5,12ff "durchweg" (Blank, Paulus 313) das 'apostolische Wir', das dem Charakter eines pluralis sociativus (dazu Blaß/Debrunner, Grammatik § 280) nahekommt. Der Plur. ist sachlich berechtigt, insofern mehrere Personen (2Kor 1,1: Paulus und Timotheus) als Absender des Schreibens fungieren, in seiner Funktion im Text aber ist das ἡμεῖς schillernd, insofern der/die Schreibende(-n) über das 'Wir' seine/ihre Leser bzw. Hörer in eine Gemeinschaft mit den gemachten Ausführungen aufnimmt: "von den Aussagen über sich als Apostel (gleitet Paulus über) zu Sätzen, die für alle Christen gelten" (Bultmann, Probleme 309). In dem hier interessierenden Abschnitt V.14-17 handelt es sich **eindeutig** um Aussagen mit dem 'apostolischen Wir' (V.14a.16; vgl. Windisch, 2Kor 184; Stuhlmacher, Ergänzungen 5; Findeis, Versöhnung 140.149; Pesch, "Christus" 22), die zu gemeinchristlichen Darlegungen (V.14b.15.17: ohne Personalpronomina) übergehen (gegen Lang, Kor 295; Lietzmann, Kor 125; Dinkler, Verkündigung 171.174; Bultmann, 2Kor 152.155; Furnish, 2Kor 312.326).

16 "Ὑπὲρ ἡμῶν nennt die Personen, zu deren Gunsten die Kor.(inther) ihre Stimme erheben sollen, vgl. 7,14" (Windisch, 2Kor 177): Paulus und seine Mitarbeiter.

17 Diese "positive Erklärung" von 2Kor 5,12b (negativ: V.12a.c) über den Zweck der paulinischen Ausführungen "erfolgt in einem Anakoluth" (Windisch, 2Kor 177): dem οὐ συνιστάνομεν als Verbum finitum ist das Partizip διδόντες koordiniert (Blaß/Debrunner, Grammatik § 468,1), so daß sinngemäß etwa γράφομεν τοῦτο (vgl. 1,13a; dazu Windisch, 2Kor 177; Bachmann, 2Kor 248, Anm.2) zu ergänzen ist. Im folgenden Finalsatz ist nach ἔχητε die Ellipse des Objekts am besten mit καύχημα auszufüllen, s. Röm 4,2; Gal 6,4; vgl. Windisch, 2Kor 178, Anm.1; Bultmann, 2Kor 150; Bachmann, 2Kor 248f; Plummer, 2Kor 170.

empfehlung ... geht, sondern daß er einem gemeindlichen Interesse dient"[18]: Statt sein Ansehen zu heben (V.12a), möchte er "die Position der Gemeinde gegenüber den Konkurrenzaposteln stärken"[19], indem er jetzt den Korinthern mit 5,14-6,2 eine knappe Zusammenfassung derjenigen Argumente an die Hand geben will, mit denen "sie vor den Gegnern seinen Apostolat wirksam verteidigen können"[20]. Zum anderen, und das ist Paulus in besonderer Weise wichtig, bietet der Inhalt seiner Theologie und Verkündigung[21], wie er sie mit Freimut im bisherigen Schreiben vertreten hat und im folgenden Text[22] expressis verbis noch einmal den Korinthern erläutern wird[23], die stoffliche

---

18 Findeis, Versöhnung 110.

19 Ebd. 110. Dem Rühmen des Apostels durch die Gemeinde in der Jetztzeit korrespondiert, daß der Apostel sich seiner Gemeinde rühmt (vgl. 2Kor 7,4; Findeis, Versöhnung 110, Anm. 118), auf daß am "Tag des Herrn Jesus" Apostel und Gemeinde sich gegenseitig zum Ruhm sein werden (1,14).

20 Blank, Paulus 313; vgl. Lang, Kor 294. Bekanntlich hat Windisch, 2Kor 170, in 2Kor 5,11ff vergeblich diese ἀφορμὴ καυχήματος gesucht (s.u. Anm.23).

21 Abzulehnen ist mit Bultmann, 2Kor 149, die von Windisch, 2Kor 177, entwickelte Folgerung zu 2Kor 5,12b, daß Paulus fortfährt "als hätte er etwa οὐ συνιστάνοντες ἑαυτοὺς ὑμῖν λεγόμεν (γράφομεν) τοῦτο gesagt", da Paulus es **nicht** nötig habe, "die Kor.(inther) von seiner Rechtschaffenheit zu überzeugen". Festzuhalten ist dagegen, daß Paulus gerade über das Geschriebene nicht nur den Korinthern ein rechtes Wort gegen seine Gegner an die Hand geben möchte (s. V.12a.c), sondern auch über den Inhalt und Charakter der Verkündigung selbst einen berechtigten Ruhm seiner apostolischen Verkündigung bei den Korinthern erzielen möchte. "Die Pointe ist gerade die: die Selbstempfehlung des Paulus, die man aus seinen Worten herauslesen kann, ist nur eine scheinbare" (Bultmann, Probleme 307).

22 Grundsätzlich hat Bultmann, Probleme 307 (übernommen von Furnish, 2Kor 324), recht, wenn er meint, daß Paulus "mit **allem**, was er ihr (sc. der korinthischen Gemeinde) in diesem Briefe schreibt" eine ἀφορμὴ καυχήματος geben möchte. Jedoch läßt Bultmann unerklärt, welchen Sinn die paulinische Absichtserklärung gerade für 2Kor 5,13ff austrägt. Vgl. Findeis, Versöhnung 127: "Der mit V.14 beginnende Abschnitt (zielt) darauf ab, den Hauptinhalt des καύχημα gegenüber den Gegnern zu präzisieren".

23 Vgl. Windisch, 2Kor 177. Daß Windisch von 2Kor 5,13-6,2 in seiner berechtigten Erwartung, "eine ausführliche ἀφορμὴ καυχήματος " zu erhalten, enttäuscht wird (a.a.O. 178), ist letztlich seiner eigenen (falschen) Erwartungshaltung zuzuschreiben und braucht nicht über eine Blattvertauschungshypothese auf 2Kor 6,3-10 verschoben werden (vgl. die Kritik von Schmithals, Gnosis 181). Der von Bultmann (2Kor 150; vgl. ders., Probleme 307) gemachte prinzipielle Einwand gegen die von Windisch geäußerte Erwartungshaltung: "wenn Paulus dem Gewissen der Gemeinde offenbar ist, so hat sie damit die ἀφορμή ", sticht nicht, da Paulus diesen Sachverhalt auf Hoffnung (V.11: ἐλπίζω ; vgl. 1,13f), nicht aus Überzeugung äußert.

Basis[24], um den Vorwurf der Selbstempfehlung zu entkräften. An seiner Theologie können die Korinther nämlich erkennen, daß Paulus nicht sich selbst verkündet[25] (vgl. V.12a mit V.15: μηκέτι ἑαυτοῖς ζῶσιν)[26] und nicht aus sich heraus spricht (V.20: ὑπὲρ Χριστοῦ οὖν πρεσβεύομεν).

Diese Ausführungen des Paulus sind nur von einer kunstvollen Dialektik seiner Argumentation her zu verstehen. Denn wie anders kann Paulus den Korinthern die **ureigene** Theologie und Verkündigung als Kriterium des wahren Apostolats vorstellen und dennoch **zugleich** weit von sich weisen, daß er damit **nicht sich selbst** empfiehlt und nur seine eigene Person ins Spiel bringt (V.12a[27])? Unterscheidet sich doch seine apostolische Aufgabe, "Menschen zu überzeugen" (2Kor 5,11a)[28] im Prinzip nicht von der missionarischen Bemü-

---

24 Vgl. Bachmann, 2Kor 247; Windisch, 2Kor 177; Findeis, Versöhnung 123f. Mit der Wendung ἀφορμὴν διδόναι τινί könnte Paulus einen weisheitlichen Grundsatz aufnehmen (Prov 9,9: 3Makk 3,2), in der Auseinandersetzung um die Weisheit sich nicht mit den Gegnern derselben, den Spöttern und Frevlern, abzugeben, sondern nur sich mit seiner Weisheitsverkündigung dem Weisen selbst zuzuwenden, weil so der Erfolg sicher ist: καὶ σοφώτερος ἔσται (sc. ὁ σοφός), Prov 9,9.

25 Vgl. Bultmann, Probleme 311: "Damit kommt er also wieder auf das Thema der apostolischen Existenz; freilich nicht so, daß er von sich selber redete ..."

26 Vgl. Lietzmann, Kor 124 (ebenso Bachmann, 2Kor 249; Plummer, 2Kor 171.173), zu 2Kor 5,13: "Der leitende Gedanke für V.13-16 ist der: (Ich empfehle mich nicht selbst, denn) für mich tue ich überhaupt nichts: bin ich in Ekstase, so gilt das nicht mir, sondern Gott, rede ich Vernunft, so gilt es nicht mir, sondern euch"; d.h. in V.13 ist als negative Entsprechung der beiden dativi commodi (Blaß/Debrunner, Grammatik § 188,2) beide Male stillschweigend ein καὶ οὐκ ἐμοί zu ergänzen.

27 Es ist gewiß richtig, daß Paulus mit πάλιν in 2Kor 5,12a auf den gegen ihn in Korinth schon wiederholt gemachten Vorwurf der Selbstempfehlung anspielt (vgl. 3,1; 4,2; 6,4; dazu Bultmann, 2Kor 74). Jedoch fällt auf, daß Paulus mit ein und derselben Formel (πάλιν ἑαυτοὺς συνιστάνειν) bereits am Anfang der Apologie (3,1) unvermittelt einsetzt. Deshalb muß jenseits eines aktuellen Vorwurfs auch über die Funktion der Formel als einem rhetorischen Stilmittel reflektiert werden. Als solches bringt sie die grundsätzliche Infragestellung eines sich auf **Gott** selbst berufenden Evangeliums ein, mit den Ausführungen "letztlich" (πάλιν = "zurück, wieder, nochmals, aufs neue", so Bauer, Wörterbuch Sp.1202) immer nur beim **Menschen** zu bleiben, die eigene menschliche Person und Überzeugung statt Gottes in den Vordergrund zu stellen (vgl. 10,12.18; 12,11 die Antithetik der Selbstempfehlung oder Empfehlung durch einen anderen, 10,18: durch den Kyrios).

28 Diese Wendung, die bei Paulus nur noch Gal 1,10 vorkommt (οἱ πειθοὶ σοφίας λόγοι in 1Kor 2,4 stehen in der Antithese mit ἀποδείξις πνεύματος καὶ δυνάμεως und sind deshalb zur Interpretation besser nicht heranzuziehen, gegen Soucek, Christus 310; Furnish, 2Kor 323), ist in der

hung anderer religiöser Propagandisten - u.a. der seiner Kontrahenten -, von denen sich Paulus aber meint absetzen zu können, indem er einen Eigenruhm für sein Apostolat grundsätzlich verneint. Diesem Widerspruch kann Paulus dadurch entscheidend begegnen, weil er in dialektischer Rede demonstrieren kann, daß in seiner Theologie nicht er selbst, sondern ein anderer, nämlich Christus als theologische Mitte des rettenden Evangeliums verkündet wird (V.14-17) und daß in der apostolischen Paraklese ein anderer als Paulus, nämlich Christus selbst zu Worte kommt (V.20; ausgeführt 6,2 in der Gottesrede). Mit diesem dialektischen Kunstgriff (Modell: 2Kor 4,5a) versucht Paulus bei der vergleichenden Begutachtung seines Apostolats mit dem seiner Kontrahenten (vgl. den negativen Rahmen von V.12b in V.12a.c) eine schier unüberbietbare argumentative Position zu besetzen: Setzen seine Gegner sich mit dem "horizontalen" Legitimationsprinzip in Szene, z.B. indem sie auf ihre Anerkennung durch menschliche Bürgen, die ihnen Empfehlungsbriefe ausstellen (3,1b)[29], verweisen, so bringt Paulus in seinem "Freimut" (vgl. 3,12; 7,4) die "vertikale" Ebene ins Spiel, die Empfehlung durch Gott selbst (5,11b)[30]. Auf christologischer Ebene wird Paulus die Lauterkeit seines Amtes in 2Kor 5,14-17 damit begründen, daß er "auf die Liebe Christi als die einzig ihn bestimmende Wirkmacht und als Richtschnur seines Handelns verweist"[31].

Apg "vielleicht ein Terminus der Schulwerbung ..., vgl. Apg 18,4; 19,8.26; 26,28; 28,23" (Bultmann, 2Kor 148). Sie könnte aber auch ähnlich wie in Gal 1,10 (dazu Mußner, Gal 62, Becker, Gal 15) auf einen Vorwurf der Gegner zurückgehen (Bultmann, 2Kor 148; Lietzmann, Kor 123f; Hengel, Kreuzestod 64; Lang, Kor 294; Bousset, 2Kor 193; Plummer, 2Kor 168f). Paulus, der 2Kor 5,20; 6,1 zur Umschreibung seines eigenen Aposteldienstes παρακαλεῖν verwendet, paßt sich in 5,11 dem allgemeinen Sprachgebrauch an und bezeichnet seinen Dienst mit einem Schlagwort aus der Missionspropaganda (vgl. Lietzmann, a.a.O. 123, der eine neutrale Wiedergabe mit: 'treiben wir unsern apostolischen Beruf' erwägt, ähnlich Bachmann, 2Kor 244; Windisch, 2Kor 176, mit Verweis auf 1Kor 2,4; 9,19-21). Dabei betont er aber sogleich die Lauterkeit seines Werkes vor göttlicher und menschlicher Instanz (V.11a.b).

29 Dazu Lietzmann, Kor 110; Windisch, 2Kor 103f; Bultmann, 2Kor 74; Lang, Kor 268.

30 Mit der Erarbeitung dieser Intention des Textes erklärt sich, wie ein bis auf 2Kor 5,16b im Prinzip unpolemischer Abschnitt (vgl. Windisch, 2Kor 180, zu 2Kor 5,14-6,2) doch auf der Metaebene eine polemische Spitze führt. Vgl. Findeis, Versöhnung 127: Mit den V.14ff gibt Paulus "den Hauptgrund für die Unmöglichkeit der Selbstempfehlung und für die Destruktion des Selbstruhms der konkurrierenden Verkündiger" an.

31 Findeis, Versöhnung 131.

Auf dem Hintergrund dieser christologisch ausgeführten Empfehlung seines Apostolats durch Gott selbst ist auch zuletzt auf die in V.12c genannte "Charakterisierung der Rivalen" einzugehen, mit der Paulus "zugleich eine Folie für sich schafft"[32]. Paulus sagt über seine Kontrahenten, daß sie sich[33] ἐν[34] προσώπῳ und nicht ἐν καρδίᾳ rühmen. Die idealistische Interpretation neigt bei dieser polemischen (vgl. anders 1Thess 2,17[35]), von Paulus wahrscheinlich ad hoc gebildeten[36] Antithese[37] zur psychologisierenden Exegese, wenn sie den Gegensatz mit: "auf Grund äußerer Vorzüge" - "auf Grund des Verborgenen, Unsichtbaren"[38] oder mit äußerer Schein: - innerer Unwert[39] oder mit: "Außenseite des Menschen" - gewissengefestigter Mut[40] wiedergibt. Im Rahmen weisheitlicher Anthropologie[41] wird jedoch sichtbar, daß dem Gegensatz von πρόσωπον und καρδία der von menschlicher und göttlicher Beurteilung des Verhaltens des Menschen korrespondiert[42]: ἄνθρωπος ὄψεται εἰς πρόσωπον, ὁ δὲ θεὸς ὄψεται εἰς καρδίαν, heißt es in 1Sam 16,7 (vgl. Hi 10,4). Da Gott als Schöpfer des menschlichen Herzens (Ps 33,15) das "Herz aller Menschen kennt" (1Kön 8,39 2x; 2Chr 6,30 2x; Ps 44,22; 139,23; vgl. Prov 15,11), ist nur er allein in der Lage, die Werke des Menschen gerecht zu prüfen, da er auch die jedem anderen Menschen verborgene innere Motivation des handelnden Menschen kennt und beurteilen kann. Unter der Maxime, daß Inneres und Äußeres beim gerechten Menschen übereinstimmen

---

32 Windisch, 2Kor 178.

33 Bultmann, Probleme 307, Anm.19: "Ἐν προσώπῳ wie ἐν καρδίᾳ sind von τοὺς καυχωμένους abhängig."

34 Ἐν bei καυχᾶσθαι gibt den Grund des Rühmens an, ein sog. dativus causae (Blaß/Debrunner, Gramatik § 196 Anm.3; vgl. LXX Ps 149,5; Sir 11,4; 38,25, 39,8; Jer 9,23; bei Paulus Röm 2,17.23; 5,3.11; 1Kor 1,31; 3,21; 2Kor 10,17; Gal 6,13f; Phil 3,3).

35 In 1Thess 2,17 wird der nur von Paulus im NT gebrauchte Gegensatz auf die örtliche Trennung von Personen angewendet: Trotz äußerer Entfernung durch seinen Aufenthalt an einem anderen Ort steht Paulus mit den Christen von Thessaloniki in enger, weil innerlicher Verbindung, vgl. Holtz, 1Thess 116.

36 Die LXX kennt nur ein καυχᾶσθαι τῇ καρδίᾳ Ps 31,11.

37 Gegen Güttgemanns, Apostel 282f, Anm. 3, der die Antithetik bei seiner Interpretation vernachlässigt.

38 Bultmann, 2Kor 150 (vgl. Michel, "Erkennen" 23); vgl. dazu die Kritik von Georgi, Gegner 256, Anm.2.

39 Windisch, 2Kor 178; vgl. Klauck, 2Kor 53.

40 Bachmann, 2Kor 248.

41 Vgl. den fast analogen Gegensatz von χεῖλος und καρδία Prov 23,16f; vgl. 26,24f.

42 Vgl. Michel, "Erkennen" 22.

soll (Prov 23,15f; vgl. 26,25; Hi 31,7), hinterfragt Paulus kritisch den Ruhm (καυχᾶσθαι) seiner Kontrahenten: ob sie bei ihrer Präsentation des göttlichen Evangeliums neben dem begrenzten Lob der Menschen aufgrund überragender äußerer Vorzüge auch von Gott selbst, vor dem ihr Innerstes offenbar liegt, Lob empfangen (vgl. Röm 2,28f; 1Kor 4,5). Was Paulus bei seinen Gegnern in Frage stellt, nämlich, ob sie sich ihrer "Herzensabsichten" coram deo rühmen können, hatte Paulus schon am Anfang der Apologie für sein Apostolat reklamiert: auf dem πρόσωπον und der καρδία seines Apostolats liegt die δόξα τοῦ θεοῦ (2Kor 3,18; 4,6).

Zusammenfassung: Im Sinne der Gliederung von 2Kor 5,12-6,2 gehört 2Kor 5,17 zu dem ersten, christozentrischen Teil der V. 14-17: Paulus entfaltet das Kerygma von Christus. Dieses christologische Kerygma (V.14f) beinhaltet eine wichtige theologische Grundsatzentscheidung für die Jetztzeit (V.16f). In ihrer spezifischen Bedeutung läßt sie sich in theologisch argumentierender Rede explizieren. Als Norm paulinischer Christologie bildet das Kerygma die theologische Mitte des paulinischen Apostolats, insofern dadurch Christus als das Zentrum des paulinischen Evangeliums zur Geltung kommt. Paulus kann mit seiner Hilfe vor den Korinthern in überzeugender Weise die von seinem Apostolat beanspruchte Christozentrik einlösen, da durch diese Einsicht eo ipso eine Selbstempfehlung des Menschen Paulus bei der Evangeliumsverkündigung ausgeschlossen wird. Gleichzeitig wird mit dieser Christologie die von Paulus abweichende Beurteilung des Christusgeschehens durch seine theologischen Gegner in Korinth bloßgestellt[43]. In ihrem Bemühen um das Evangelium verfehlen sie letztendlich Gott selbst: statt seines können sie nur menschliches Lob vorzeigen.

3.3 Zum Vorgang der Interpretation bei Paulus

Aus der Einsicht der Textanalyse (s.o. Hauptteil B 3.2), daß Paulus in 2Kor 5,14ff seine eigene Theologie und Predigt im Vertrauen auf ihre selbstredende Evidenz als wahrhaft apostolisches Wort Gottes den Korinthern vor-

43 Vgl. Bachmann, 2Kor 249.

stellt, entsteht die Frage, mit welchen sprachlichen und theologischen Mitteln er diese Absicht zur Durchführung bringt. Analysiert man die von Paulus verwendete Begrifflichkeit, so stellt man fest, daß der Apostel nicht nur ein einzelnes, sondern **drei** unterschiedliche urchristliche Interpretamente des Christusgeschehens zur Sprache bringt[1]. Auf relativ kleinem Raum findet sich der Gedanke der **Stellvertretung** (V.14b.15; vgl. Röm 5,6-8.15; 14,15; 1Kor 8,11; Gal 2,20b; Joh 11,50f; 18,14; dazu 1Kor 1,13; 11,24; 1Thess 5,10), der der **Versöhnung** (V.18-20; vgl. Röm 5,10f; 11,15; Eph 2,16; dazu Kol 1,20) und der der **Rechtfertigung** (V.21; vgl. Röm 8,3; 1Kor 1,30; Gal 3,13). Daraus läßt sich zunächst folgern, daß es Paulus daran liegt, seine apostolische Verkündigung auf eine möglichst breite Basis urchristlicher Verkündigung zu stellen. Inwiefern Paulus dabei auf ihm vorliegende, geprägte urchristliche Überlieferung zurückgreift, ist eine schon schwieriger zu beantwortende Frage.

Ein Blick in die Forschungslage läßt erkennen, daß von verschiedener exegetischer Seite in Erwägung gezogen wird, daß Paulus in 2Kor 5,14ff auf urchristliche Einzeltraditionen zurückgreift[2], und zwar sowohl bei der Stellvertretungsaussage[3] wie der Versöhnungsaussage[4] als auch bei dem Rechtfertigungsgedanken[5]. Die Ergebnisse hinsichtlich der Bestimmung des vorpaulinischen Materials fallen dabei z.T. recht unterschiedlich aus: sie reichen von der

---

1 Vgl. Michel, "Erkennen" 22 (ähnlich Lang, Kor 295.302), der in 2Kor 5,14ff "drei grundsätzliche, in sich selbständige **Zusammenfassungen** der paulinischen Verkündigung" entdeckt.

2 Allein für das Thema der Versöhnung von Goppelt, Versöhnung 150.152; Hofius, "Gott" 3, Anm.3, kategorisch abgelehnt.

3 Hinter 2Kor 5,15c vermutet Kramer, Christos 25.28, die traditionsgeschichtlich älteste Stufe der "vollen Pistisformel" (= 1Kor 15,3b-5); Wengst, Formel 47, meint festzustellen, daß Paulus dreimal die "Sterbensformel" (V.14bα. 15aα.bα) erweitert (V.14bß.15aß.bß); vgl. Güttgemanns, Apostel 308, Anm. 171; Hengel, Kreuzestod 66; Hahn, Hoheitstitel 57, Anm. 4; Kertelge, Verständnis 121; Pesch, Paulus 113; Findeis, Versöhnung 131f.

4 Für Käsemann, Erwägungen 50, legt sich der Schluß nahe, daß 2Kor 5,19-21 "ein vorpaulinisches Hymnenstück", zumindest jedoch "Motive früherer Verkündigung" enthalten. Stuhlmacher, Gerechtigkeit 74f.77f, Anm.2, setzt sich kritisch mit Käsemann auseinander und kommt zu dem Urteil, daß in V.19ab "ein (hellenistisches) Zitat" vorliege (vgl. Schnelle, Gerechtigkeit 48), ansonsten sei V.18-21 "ein weitgehend traditionell gesättigter und liturgische Formulierungen spiegelnder Abschnitt" (ebd. 78, Anm.2).

5 Käsemann, Erwägungen 50, meint, 2Kor 5,21 lasse sich leichter als "Zitat" verstehen; vgl. Wilckens, Christologie 71f; Stuhlmacher, Gerechtigkeit 78, Anm. 2.

Diagnose fester, abgrenzbarer vorgebildeter Tradition bis zur allgemein-unbestimmten Annahme, daß Paulus hier urchristliche Überlieferungen verwende. Generell läßt sich sagen, daß die neuere Exegese in der Identifizierung vorpaulinischer Tradition zurückhaltender formuliert[6]. Das ist sicherlich u.a. darauf zurückzuführen, daß die Einsicht gewachsen ist, daß das methodische Instrumentarium[7] und die heutige historische Kenntnis urchristlicher vorpaulinischer Theologie bei weitem nicht ausreichen, den komplexen Vorgang der Aktualisierung von urchristlicher Überlieferung in den theologischen Schriften des Paulus eindeutig zu bestimmen.

Um die Diskussion um die urchristlichen "Wurzeln" paulinischer Theologie in neuer Weise zu 2Kor 5,14ff zu beleben, setzt diese Untersuchung mit der Beobachtung ein, daß der Gedankengang in diesem kerygmatischen Abschnitt fortschreitend schwerer zu bestimmen ist. Ab V.18[8], erst recht aber ab V.20[9] ist ein effektiver Gedankenfortschritt nur äußerst schwierig auszumachen. Man hat den Eindruck, als ob der Apostel ganz in der Ausübung seines apostolischen Dienstes der Versöhnung aufgeht (V.20) und die ganze Redundanz des Evangeliums in seiner christologisch/theologisch-soteriologischen Fülle erklingen lassen möchte. Das sich aber für den Pleonasmus in den kerygmatischen Ausführungen des Apostels ein Erklärungsversuch aus dem Bereich urchristlicher Traditionsweitergabe anbietet, soll ein inhaltlicher Vergleich zweier Abschnitte aus der paulinischen Briefliteratur nahelegen.

Es dürfte doch wohl nicht als "Zufall" bezeichnet werden, daß in zwei kerygmatischen Passagen paulinischer Briefe, nämlich 2Kor 5,14ff und Röm 5,5ff, die beide auf je verschiedene Weise das Thema behandeln, welches präsenti-

---

6 Vgl. Wolter, Rechtfertigung 89; Schnelle, Gerechtigkeit 48; Stuhlmacher, Gerechtigkeit 77f, Anm.2; Friedrich, Verkündigung 103f.

7 Als da sind: die terminologische Statistik, Zitateinführungen, formale Strukturbeobachtungen, der literarische Charakter, Kontextdifferenzen, um nur einige Kriterien zu nennen. Näheres s. bei Zimmermann, Methodenlehre 161f.209f.

8 Vgl. Lietzmann, Kor 126: "Im Folgenden mischen sich Schilderungen der Gottestat mit der Betonung des göttlichen Ursprungs seines apostolischen Berufs (V.18.20) und Ermahnungen an die Korinther (V.20 6,1) ohne erkennbaren Gedankenfortschritt und klaren Zusammenhang."

9 Kertelge, "Rechtfertigung" 101: "Der folgende V.21 scheint nun etwas unmotiviert an den vorhergehenden Zusammenhang angeschlossen zu sein. Denn weder grammatisch noch der Aussage nach ist ein unmittelbarer Bezug auf die vorhergehenden Verse festzustellen"; vgl. Bousset, 2Kor 196: "Paulus erörtert nachträglich noch, wieviel Gott sich diese Versöhnung hat kosten lassen"; Lietzmann, Kor 127, sieht "nochmals ... eindringlich die Weise der Versöhnung geschildert".

sches Heil (gemeinsame Stichworte: νῦν 2Kor 5,16 2x; 6,2 2x; Röm 5,9.11; σωτηρία 2Kor 6,2f bzw. σωθῆναι Röm 5,9f) durch das Christusereignis den Gläubigen verbürgt ist[10], dieselben drei soteriologischen Grundworte in z.T. ähnlicher Formulierung und in gleicher Reihenfolge enthalten sind. Es handelt sich um die **Stellvertretung**sformel εἷς ὑπὲρ πάντων ἀπέθανεν (2Kor 5,14b) bzw. Χριστὸς ὑπὲρ ἡμῶν ἀπέθανεν (Röm 5,8b) in mehrmaliger (!) Variation (2Kor 5,14b.15 3x; Röm 5,6-8 4x), um das Wortfeld der **Versöhnung** (2Kor 5,18-20; Röm 5,10f; vgl. die Formulierung 2Kor 5,18b: τοῦ καταλλάξαντος ἡμᾶς ἑαυτῷ διὰ Χριστοῦ mit Röm 5,10a: κατηλλάγημεν τῷ θεῷ διὰ τοῦ θανάτου τοῦ υἱοῦ αὐτοῦ) und um die **Rechtfertigung**sterminologie ἁμαρτία-δικαιοσύνη - χάρις (2Kor 5,21; 6,1; Röm 5,12-17). Diese den Texten gemeinsame soteriologische Symbolik wird beide Male dem "soteriologische Abstraktum" der (göttlichen) Liebe zugeordnet. Mit diesem Begriff setzen beide Passagen ein (ἡ ἀγάπη τοῦ Χριστοῦ bzw. θεοῦ 2Kor 5,14a; Röm 5,5a)[11].

Für diese zweifach belegte Zuordnung unterschiedlicher soteriologischer Interpretationszusammenhänge des Christusereignisses unter dem soteriologischen Oberbegriff der "Liebe"[12] läßt sich in Erwägung ziehen, ob sie ursprünglich in einer urchristlichen Chrestomathie zum Thema der göttlichen Liebe enthalten waren. Zur kerygmatischen Entfaltung der im Christusgeschehen enthaltenen Soteriologie würde Paulus diese urchristliche Zusammenstellung in 2Kor 5,14ff und Röm 5,5ff benutzen, nicht ohne sie seiner Theologie entsprechend zu modifizieren und zu interpretieren.

Daß Paulus nicht einfach nur ein von ihm selbstentwickeltes "kerygmatisches Denkschema" in Röm 5,5ff und 2Kor 5,14ff variiert, sondern sich auf ihm vorgegebene urchristliche Überlieferung stützt, läßt sich wohl anhand einiger Beobachtungen an dem gegenüber Röm 5 älteren Text von 2Kor 5,14ff offenkundig machen. Erstens deutet Paulus mit κρίναντας τοῦτο am Anfang seiner "theologischen Erörterung"[13] in V.14 ähnlich wie in 1Kor 10,15-17 (vgl. 1Kor 2,2; 7,37; 11,13) darauf hin, daß er sich im folgenden auf ur-

---

10 Zur Charakterisierung von Röm 5,1ff vgl. Wilckens, Röm 1,288; Nygren, Röm 142; Michel, Röm 176; Schmidt, Röm 89, zu 2Kor 5,14ff vgl. Wolter, Rechtfertigung 73; Hahn, "Siehe" 245.

11 Um die den Texten gemeinsame Begrifflichkeit der Vollständigkeit halber zu erwähnen, sei darauf hingewiesen, daß καυχάομαι in 2Kor 5,12; Röm 5,11, καρδία in 2Kor 5,12; Röm 5,5 und καιρός in 2Kor 6,2 2x; Röm 5,6 enthalten sind.

12 Vgl. Hahn, "Siehe" 248: "Diesen (sc. der Liebe Christi) soteriologischen Leitgedanken zu explizieren, ist der Sinn des ganzen Abschnitts" 2Kor 5,14-6,2.

13 Lietzmann, Kor 124.

christliche Überlieferung beruft. Und zweitens kennzeichnet er die ihm schriftlich vorgegebene jeweilige Tradition (V.14b.15; V.19; V.21) mit einem ὅτι -rezitativum[14] (V.14b[15] und V.19a[16]).

Die hier vertretene Hypothese einer vorpaulinischen Chrestomathie möchte zunächst die pleonastisch angelegten kerygmatischen Ausführungen des Apostels erklären: Paulus fühlt sich an seine Vorlage gebunden. Sodann aber ist beabsichtigt, noch auf ein zweites Moment die Aufmerksamkeit zu richten. Wenn die drei soteriologischen Interpretamente aus dem Bereich sozialer Interaktion (Stellvertretung, Versöhnung, Rechtfertigung) die Funktion haben, die göttliche Liebe, wie sie sich im Kyrios Jesus Christus verwirklich hat (Röm 8,39), als das Lebensheil des Menschen zu veranschaulichen, so tun sie es auf je unterschiedliche Art und Weise. Erlösung in Christus **wird dreimal verschieden** erläutert, und zwar einmal als Lebensgewinn, sodann als Versöhnung/Frieden[17] und zuletzt als Freispruch/Rechtfertigung[18]. Jede einzelne

---

14 Vgl. Käsemann, Erwägungen 50. Die Frage, warum in 2Kor 5,21 ein ὅτι -rezitativum fehlt, läßt sich mit der Erklärung beantworten, daß in V.14a.15 und V.19 jeweils eine dreiteilige Überlieferung (vgl. Hahn, "Siehe" 248) mit einem regierenden Anfangssatz (V.14b [vgl. Findeis, Versöhnung 131].19a) verarbeitet ist, der in dem Zweiteiler von V.21 von Paulus aus Gründen der überflüssigen Wiederholung zu V.20 weggelassen wurde (Hinweis ist das in V.21a fehlende Subjekt θεός).

15 Als Verb des Meinens und Urteilens kann κρίνω mit einem Infinitiv (vgl. 2Kor 2,1) oder mit ὅτι konstruiert werden. Letztere Konstruktion erfordert aber einen AcI (vgl. Blaß/Debrunner, Grammatik § 397,2). Da 2Kor 5,14b aber ein Verbum finitum führt, ist der Schluß auf ein ὅτι -rezitativum unausweichlich (gegen Blaß/Debrunner, a.a.O. § 397, Anm.5; Furnish, 2Kor 310).

16 Das von Exegeten als "schwierig empfundene ὡς ὅτι " in V.19a (Kertelge, "Rechtfertigung" 101, Anm.193; vgl. Hofius, "Gott" 8, Anm.21) erklärt sich so als Zusammenstellung eines ὅτι -rezitativums mit der einleitenden Vergleichspartikel ὡς (vgl. Bauer, Wörterbuch, Sp. 1774). Nur das ὡς ὅτι in 2Kor 11,21b mit Verbum finitum läßt sich als Umschreibung einer direkten Frage bei Verben des Wahrnehmens und Fragens erklären, gegen Blaß/Debrunner, Grammatik § 396, Anm.6; Hofius, "Gott" 8, Anm.21.

17 Vgl. Goppelt, Versöhnung 149, der darauf hinweist, daß "durch die Versöhnung Feindschaft, nicht etwa Schuld, behoben" (wird). "Demgemäß ... als Parallelbegriff **Friede**, und nicht Entsühnung" (ebd. 149) erscheine.

18 Mit diesen Ausführungen möchte auf den instruktiven Aufsatz von Theißen, Symbolik 282ff. bes. 285, aufmerksam gemacht werden (vgl. auch die Besprechung des Aufsatzes von Schnackenburg, Gedanke 206ff). Obwohl in der Einzelanalyse zu Theißen beträchtliche Differenzen bestehen (vgl. nur die andere Identifikation der Versöhnungssymbolik in 2Kor 5,14-21 bei Theißen, a.a.O. 291), macht sein strukturalistischer Ansatz deutlich, aus welchen unterschiedlichen Symbolzusammenhängen die paulinische Soteriologie sich speist. Anders Wilckens, Christo-

soteriologische Interpretation des Christusgeschehens repräsentiert dabei für sich einen besonderen, in sich geschlossenen Deutungszusammenhang, der nicht vorschnell harmonistisch mit einem anderen verbunden werden darf[19]. Die Zusammenstellung der verschiedenen soteriologischen Interpretamente unter einem vereinheitlichenden soteriologischen Leitthema, nämlich der Liebe, in einer Chrestomathie oder einer Art von Florilegiensammlung ist ein sekundärer Vorgang. Für den methodischen Zugang einer Interpretation von 2Kor 5,17 bedeutet dieser Hinweis, daß "neue Schöpfung" in erster Linie im Kontext der Stellvertretungsaussage zu interpretieren ist (2Kor 5,14-17). Mit einer Übersetzung und anschließenden Aufbauanalyse soll gezeigt werden, an welcher Pointe der Stellvertretungsaussage "neue Schöpfung" ansetzt.

---

logie 77f, der die paulinische Soteriologie nur monistisch über das göttliche Sühnehandeln in Christus interpretieren möchte.

19 Diese Bemerkungen richten sich kritisch gegen eine Ineinssetzung der Vorstellung von der Stellvertretung und vom Opfertod, s. Theißen, Symbolik 290: die Frage sei "unwichtig"; Friedrich, Verkündigung 74: "Oft lassen sich beide Aspekte nur schwer voneinander trennen"; vgl. Hahn, "Siehe" 248; Hengel, Kreuzestod 66; Käsemann, Heilsbedeutung 73; Betz, Christuserkenntnis 171; Lang, Kor 295; Hofius, Erwägungen 190; Blank, Paulus 314; Kertelge, Verständnis 117f; Furnish, 2Kor 305.325. Anhand dieses Textbeispiels soll gezeigt werden, daß das Urchristentum vielfältige Motive und Vorstellungen zur Erläuterung des Christusgeschehens benutzt hat, um in immer neuen Versuchen auszusagen, wer Christus ist. Man mag von der "Disparatheit und Inadäquatheit" (Schrage, Verständnis 81, Anm. 102), von der "Unausgeglichenheit und Unzulänglichkeit der benutzten Vorstellungen" sprechen (ebd. 82), deshalb aber die verschiedenen urchristlichen Traditionen gewaltsam auf einen Nenner zu bringen, heißt ihre Selbständigkeit zu übergehen. Man braucht nicht mit Käsemann, Erwägungen 55, soweit zu gehen, daß man folgert, es gebe "**keinen** einheitlichen Oberbegriff für die soteriologischen Termini und Motive des Neuen Testamentes" (Hervorhebung U.M.) - hier in 2Kor 5,14ff ist "die Liebe Christi" als soteriologischer Oberbegriff gewählt -, und man wird trotzdem mit ihm sagen können: In der Christologie des NT "ist die Variation für das Ganze konstitutiv" (ebd. 55).

3.4 Übersetzung von 2Kor 5,14-17

V.14a		"Denn die Liebe Christi bestimmt[1] uns, seitdem wir zu folgendem Urteil gelangt sind:
b	I.1	Einer ist für alle gestorben, folglich sind alle gestorben.
15a	2	Und zwar[2] ist er für alle gestorben, damit die Lebenden[3] nicht mehr sich selbst leben,
b		sondern für den, der für sie gestorben ist und auferweckt wurde.
16a	II.1a	Deshalb kennen[4] wir ab jetzt niemanden nach dem Fleisch
b	a'	- auch wenn[5] wir Christus nach dem Fleisch gekannt

1 Bachmann, 2Kor 253. Die mannigfaltigen Ausdeutungen der Grundbedeutung von συνέχω : "zusammenhalten" (dazu Güttgemanns, Apostel 308.311 und 311, Anm.197) im übertragenen Sinn (Lietzmann, Kor 124: "beherrscht", ebenso Bultmann, 2Kor 146; vgl. Köster, Art. συνέχω ThWNT VII 881; Lang, Kor 293: "drängt"; Michel, "Erkennen" 25: "bedrängen" (vgl. Klauck, 2Kor 53); Windisch, 2Kor 181: "treibt"; Bousset, 2Kor 193: "hält uns bei Sinnen"; Wendland, Kor 201: "hält uns in ihrer Gewalt"), versuchen, die Liebe Christi psychologisch als Motivierung des Christenlebens auszudeuten. Aus Phil 1,23f (συνέχομαι δὲ ἐκ τῶν δύο) aber wird deutlich, daß Paulus das Verb zur zusammenfassenden Explikation zweier sich ausschließender Absichten (ἀναλύω - ἐπιμένω) gebraucht. Aus diesem Sprachgebrauch heraus ist zu folgern, daß συνέχω in V.14a rückbezüglich (gegen Güttgemanns, Apostel 308.311; Hahn, "Siehe" 248; Soucek, Christus 310f; Furnish, 2Kor 325) ἐξίστημι und σωφρονέω von V.13 zusammenfaßt.

2 Epexegetisches καί , so Hahn, "Siehe" 248; Findeis, Versöhnung 131; Furnish, 2Kor 310f. Anders Klauck, 2Kor 53.

3 Die Übertragung von Bultmann, 2Kor 146: "die, die zum (eigentlichen) Leben gelangt sind" nimmt das das οἱ ζῶντες erläuternde μηκέτι ἑαυτοῖς ζῶσιν vorweg.

4 Gegen Windisch, 2Kor 184, der von einer "Ähnlichkeit" der Verben spricht; Michel, "Erkennen" 25, der οἶδα für "weit stärker" als γιγνώσκω hält. Den Wechsel des Verbs erklärt Plummer, 2Kor 176f, mit der Beobachtung, daß Paulus in 2Kor 5,16b eine Perfektform führen möchte, οἴδαμεν aber als Präsens verstanden werden könnte bzw. von ihm verstanden wird (vgl. Blaß/Debrunner, Grammatik § 99,2). Findeis, Versöhnung 140, Anm. 239, macht darauf aufmerksam, daß in 1Kor 2,11 " εἰδέναι (sich) ebenfalls auf die Erkenntnisrelation zum Menschen bezieht, während γινώσκειν auf Gott ausgerichtet ist". Schließlich: in Röm 7,7 werden beide Verben promiscue gebraucht.

5 Εἰ καί leitet einen Konzessivsatz ein (vgl. Blaß/Debrunner, Grammatik § 374), so daß mit "wenn auch" oder "obwohl" (zur Entscheidung s.u. Hauptteil B 3.7.3), nicht mit "selbst wenn" (= καὶ εἰ , gegen Bultmann, 2Kor 146.156) zu übersetzen ist.

haben, so kennen wir (ihn nach dem Fleisch[6]) jetzt nicht mehr -,
17a 2b deshalb, wenn[7] jemand in Christus, (dann) neue Schöpfung:
b b' Das Alte ist vergangen, siehe: Neues ist geworden."

3.5 Bemerkungen zur Grammatik, zur Übersetzung und zum Aufbau von 2Kor 5,14-17

Aufgrund der bisherigen Analyse ist davon auszugehen, daß 2Kor 5,14-17 im Sinne der formalen Gliederung[1], der Argumentationsabsicht[2] und in Hinsicht des überlieferungsgeschichtlichen Themas[3] eine "in sich geschlossene Einheit" bilden[4]. Wagt man sich an die Interpretation dieser Einheit, so stellt man fest, daß für die Exegese das nähere Verständnis des Textes, zunächst seiner Grammatik - die "berühmte" Frage der Zuordnung des κατὰ σάρκα in V.16 zu den Verben oder zu den Nomina - und sodann seiner Übersetzung - im Konditionalgefüge von V.17a sind zwei Verben zu ergänzen - nicht eindeutig festliegt. Schließlich gibt es Probleme bei der Erörterung des Aufbaues - in welcher Weise nehmen V.16f auf V.14f Bezug? -, so daß bereits zur Umgehung von Schwierigkeiten erwogen wurde, V.16[5] bzw. V.16b[6] aus dem Corpus Paulinum als sekundäre Glosse auszuscheiden. Um die Klärung dieser kontrovers diskutierten Probleme, deren philologische und sprachstatistische Argutente z.T. eingehend geprüft worden sind[7], in einem entscheidenden Punkt

6 Die Brachylogie (vgl. Blaß/Debrunner, Grammatik § 479) erzwingt die vervollständigende Ergänzung des Objekts aus dem vorhergehenden Versteil; gegen Güttgemanns, Apostel 286, Anm.32 (vgl. Klauck, 2Kor 54; Furnish, 2Kor 314), der nur αὐτόν ergänzt.

7 In 2Kor 5,17a handelt es sich um einen realen Konditionssatz (εἰ + Indikativ = Realis; vgl. Bultmann, Probleme 310; Hahn, "Siehe" 249; gegen Furnish, 2Kor 314), der in paulinischer Beweisführung häufig mit τις = ὅς konstruiert erscheint (vgl. Röm 8,9; 1Kor 3,18; 8,3 usw.; Blaß/Debrunner, Grammatik § 372 2c). Die Apodosis besteht nur aus dem Ausdruck "neue Schöpfung". Näheres zur Übersetzung s.u. Hauptteil B 3.5.

1 S.o. Hauptteil B 3.2.
2 S.o. Hauptteil B 3.2.
3 S.o. Hauptteil B 3.3.
4 Wolter, Rechtfertigung 74.
5 Schmithals, Gnosis 296.
6 Güttgemanns, Apostel 294f.
7 Vgl. Soucek, Christus 300ff; Michel, "Erkennen" 22ff; Blank, Paulus 318f, Anm.22.

voranzubringen, wird in dieser Untersuchung versucht, ein strukturelles Moment in die exegetische Diskussion einzubringen.

Ausgangspunkt dieser Überlegungen ist die Beobachtung, daß in 2Kor 5,17a der Ausdruck "neue Schöpfung" ohne Beziehungsverb steht. Ähnliches läßt sich auch in Gal 6,15 feststellen. Beide Male bleibt die positive Darlegung "neue Schöpfung" merkwürdig unbestimmt. Oder anders gesprochen: Paulus verwendet den Terminus "neue Schöpfung" in seinen Schriften kongruent. Es läßt sich deshalb in Erwägung ziehen, ob nicht der ganze Abschnitt Gal 6,14f in seiner theologischen Aussage eine Sachparallele zu 2Kor 5,14-17 bildet.

Und in der Tat, die Neuschöpfungsaussage ist im Gal und im 2Kor in dasselbe theologische Grundmuster eingebunden[8]. Das läßt sich an folgenden Gemeinsamkeiten zeigen: 1. Der Tod der Heilsperson ist von universaler Bedeutung (2Kor 5,14b.15: πάντες 3x; Gal 6,14: κόσμος 2x). 2. Das die Existenz des Menschen einschließende Heilsereignis von Christus wird in seiner Bedeutung als Abkehr von der "Welt" (2Kor 5,15b: μηκέτι ἑαυτοῖς ζῶσιν ; Gal 6,14b: ἐσταύρωται κἀγὼ κόσμῳ) und als Hinwendung zur Heilsperson erläutert (2Kor 5,15b: (ζῆν) τῷ ὑπὲρ αὐτῶν ἀποθανόντι καὶ ἐγερθέντι ; vgl. Gal 6,14a: καυχᾶσθαι ... ἐν τῷ σταυρῷ). 3. Die soteriologische Folgerung (2Kor 5,16f: ὥστε 2x; Gal 6,15: γάρ) ist zuerst zweimal negativ (2Kor 5,16ab:οὐδένα, οὐκέτι ; Gal 6,15a: οὔτε - οὔτε), dann einmal positiv (2Kor 5,17; Gal 6,15b) entfaltet. Der Schluß ist unausweichlich, daß aufgrund dieser strukturellen Übereinstimmungen Gal 6,14f die theologische Aussage in kollektiv-abstrakter Weise (περιτομή - ἀκροβυστία - καινὴ κτίσις), 2Kor 5,14-17 hingegen in individuell- anthropologischer Hinsicht (τις ἐν Χριστῷ) vorträgt. Ist das richtig gesehen, so ergeben sich für die Lösung der anstehenden Probleme einige zusätzliche Hinweise, die über das in der Forschung bisher Gesagte hinausgehen.

1. In 2Kor 5,16 ist das grammatische Problem zu entscheiden[9], ob die Präpositionalwendung κατὰ σάρκα entweder zu den Verben οἴδαμεν bzw.

---

8 Vgl. Schmithals, Gnosis 287, Anm.3; Wolter, Rechtfertigung 76; Findeis, Versöhnung 155.

9 Windisch, 2Kor 185, verzichtet auf eine Entscheidung. Goppelt, Theologie 367, meint, daß die Wendung "grammatikalisch und sachlich zum Verb wie zum Objekt" gehöre.

ἐγνώκαμεν gehört[10] oder zu den Nomina οὐδένα bzw. Χριστόν[11] zu ziehen ist. Im ersten Fall bezeichnet es den Modus des Erkennens und ist adverbial mit: "fleischlich"[12] zu übersetzen. Im zweiten Fall ist κατὰ σάρκα attributiv als Apposition zum Objekt gesetzt[13] und umschreibt einen subjektiven Genitiv. Es ist dann mit: "niemanden Fleischliches" bzw. "Christus im Fleisch" wiederzugeben[14]. In sachlicher Hinsicht besteht die Differenz darin, daß Paulus einmal meint, daß das Urteil über Menschen sich nicht in der kognitiven Weise der σάρξ vollziehen, das andere Mal, daß der Mensch in seiner Vorfindlichkeit als σάρξ nicht mehr erkannt werden soll[15].

Für die erste Annahme wird der paulinische Sprachgebrauch ins Feld geführt, daß der Ausdruck κατὰ σάρκα, den Paulus sowohl bei Verben (Röm 8,13; 2Kor 1,17; 10,2f; 11,18; Gal 4,23) als auch bei Substantiven (Röm 4,1; 9,3.5; 1Kor 1,26; 10,18) gebrauchen kann[16], beim Nomen unmittelbar hinter diesem steht[17] (Röm 4,1; 9,3; 1Kor 1,26; 10,18). In 2Kor 5,16 aber folge κατὰ σάρκα beide Male unmittelbar auf die Verben bzw. stehe vor "Christus". Ist dieser Umkehrschluß an sich schon problematisch, so ist darüber hinaus zu bemerken,

10 So Bachmann, 2Kor 256f; H.-W. Kuhn, Problem 307; Kümmel, Theologie 147; Blank, Paulus 318; Michel, "Erkennen" 24; Soucek, Christus 304; Schweizer, Art. σάρξ ThWNT VII 130f; Sand, Begriff 177; Lang, Kor 297; Friedrich, Gegner 190; Güttgemanns, Apostel 286; Wendland, Kor 202; Fraser, Knowledge 297f; Klauck, 2Kor 54f; Findeis, Versöhnung 140ff; Pesch, "Christus" 22f; Furnish, 2Kor 312.

11 So Bultmann, Theologie 239; ders., 2Kor 155; Lietzmann, Kor 125; Dinkler, Verkündigung 174, Anm.16; Schmithals, Gnosis 294; Plummer, 2Kor 176; Bousset, 2Kor 194; Georgi, Gegner 255ff.290f; Thüsing, Christum 105; Cerfaux, Christus 116.

12 Bauer, Wörterbuch, Sp.806.

13 Vgl. Hengel, Kreuzestod 69.

14 Bauer, Wörterbuch, Sp.806; vgl. Blaß/Debrunner, Grammatik § 224.

15 Vgl. Plummer, 2Kor 176. Mit Hengel, Kreuzestod 87, Anm.14, gegen Bultmann, für den es sachlich "gleichgültig" ist (2Kor 155; vgl. ders., Theologie 239; Dinkler, Verkündigung 174, Anm.14: "exegetisches Scheinproblem"), ob κατὰ σάρκα zu den Nomina oder zu den Verben zu ziehen sei. Diese unentschiedene Haltung führt zu Unklarheiten: Georgi kann κατὰ σάρκα einmal zu den Verben (Gegner 256), dann zu den Nomina (ebd. 290) gesetzt interpretieren.

16 Da Röm 1,3; 8,4f; Gal 4,29 κατὰ σάρκα innerhalb eines substantivierten Partizipialausdruckes, in Röm 8,12 innerhalb eines substantivierten Infinitivs erscheint, werden diese Belege aus der Einordnung von κατὰ σάρκα zu Verben bzw. zu Substantiven ausgeklammert, anders Soucek, Christus 303f.

17 Vgl. Michel, "Erkennen" 23; Soucek, Christus 304; Schweizer, Art. σάρξ ThWNT VII 130, Z.23ff; Friedrich, Gegner 190.

daß auch in V.16a κατὰ σάρκα nach dem Nomen steht und in V.16b das Objekt "Christus" deshalb nachgestellt ist, um es besonders zu betonen[18].

Auffälligerweise aber führt Paulus über 2Kor 5,16b hinaus in Röm 9,5 (ὁ Χριστὸς τὸ κατὰ σάρκα [19]) ein weiteres Mal κατὰ σάρκα beim Nomen "Christus". An beiden Stellen handelt es sich für ihn um einen vorläufigen Ausdruck[20]. Ist er in 2Kor 5,16b in eine negative Aussage gebettet, so liegt in Röm 9,6ff der Schwerpunkt darauf, daß die Abstammung nicht über ein gelungenes Gottesverhältnis entscheidet[21]. Schließlich, daß an beiden Stellen kein positives Pendant zu "Christus im Fleisch" genannt ist, stimmt mit der Beobachtung überein, daß κατὰ σάρκα bei Verben von einem Gegensatz begleitet sein kann (2Kor 11,17: κατὰ κυρίον ; vgl. Röm 8,12f), während für Paulus ein komplementärer Gegensatzbegriff bei κατὰ σάρκα beim Nomen nicht impliziert ist[22].

Diese Hinweise aus dem paulinischen Sprachgebrauch, die eine Beziehung von κατὰ σάρκα in 2Kor 5,16 zum Nomen nahelegen, werden schließlich von dem strukturellen Argument aus Gal 6,15a in entscheidender Weise gestärkt. Hier beschreiben die Substantiva περιτομή und ἀκροβυστία die (soteriologische) Aufteilung der Menschheit in objektivierender Weise (unbeschnittener und beschnittener Mensch), unabhängig vom subjektiven Erkennen. Von dieser sachlichen Parallele ist daher zu folgern, daß es in 2Kor 5,16 um den "Menschen bzw. Christus nach seiner fleischlichen Erscheinung/Vorfindlichkeit[23]/Abstammung" geht.

2. Weitaus schwieriger ist die rechte Übertragung des Konditionalgefüges von 2Kor 5,17a zu lösen. Sowohl in der Protasis als auch in der Apodosis ist ein Verb sinngemäß zu ergänzen. Die Apodosis des Konditionalsatzes besteht

---

18 Vgl. Georgi, Gegner 291; Windisch, 2Kor 185.

19 Grundsätzlich Röm 9,5 als Sachparallele zu 2Kor 5,16b zu bestreiten (so Furnish, 2Kor 313), ist nicht angeraten, da der in Röm 9,5 gesetzte Artikel vor κατὰ σάρκα nur kontextgemäß auf die Beschränkung der Aussage (Blaß/Debrunner, Grammatik § 266, Anm. 5: "insoweit als das Leibliche in Betracht kommt") abzielt.

20 Vgl. Georgi, Gegner 292. Dieser wichtige Kontext von Röm 9,5 wird von Güttgemanns, Apostel 292, nicht gesehen.

21 Vgl. Wilckens, Röm 2, 188: "Wie die Juden nicht aufgrund der Abstammung Brüder sind, so ist der Messias zwar ein geborener Jude ..., aber nicht aufgrund dessen der Messias".

22 Vgl. Bultmann, Probleme 310, der sich gegen Windisch' Auslegung eines Χριστὸς κατὰ πνεῦμα (2Kor 189) wendet, vgl. auch oben Hauptteil B 2.6, Anm. 174.

23 Bultmann, 2Kor 156; ders., Probleme 310; Georgi, Gegner 290.

dabei nur aus dem Ausdruck "neue Schöpfung", so daß schon fraglich ist, ob der Ausdruck als nomen rei actae: "ein neues Geschöpf" oder als nomen actionis: "eine neue Schöpfung" zu übersetzen ist.

Beginnt man das Problem mit der Protasis, so ist nach ἐν Χριστῷ alternativ ein Verb wie εἶναι (vgl. 1Kor 1,30; Gal 3,26.28), γίγνεσθαι (vgl. Röm 16,7) oder ζῆν (vgl. Röm 6,11) hinzuzufügen[24]. Da 2Kor 5,17 im Unterschied zu V.16 die positive Folgerung aus der These V.14b.15 zieht, wird im Analogieverfahren von Röm 6,11 her für "leben" plädiert. Gleichfalls ist nun in der Apodosis die Ergänzung einer Kopula zu diskutieren. Die oft vertretene Annahme, ein ἐστίν zu ergänzen[25], ist unproblematisch, insofern die Kopula in abgeblaßter Weise verstanden wird. Werden jedoch mit der Kopula, als Vollverb ἔστιν interpretiert, Seinskategorien verbunden[26], so steht man in der Gefahr, Paulus in unzulässiger Weise zu exegesieren.

Um aber Paulus mit Paulus zu verstehen, ist von Gal 6,15 her das dort verneinte τί ἐστιν (keine Seinsaussage!) positiv zu fassen: "ist entscheidend" oder "ist ausschlaggebend". Schließlich ist der Terminus καινὴ κτίσις, da er schon in Gal 6,15 von Paulus aus urchristlicher Tradition übernommen wurde, als nomen actionis[27] zu belassen[28]. Die Übersetzung von 2Kor 5,17 lautet demnach:

"Deshalb, wenn jemand in Christus lebt,
so ist entscheidend eine neue Schöpfung:
das Alte ist vergangen, siehe: Neues ist geworden!"

3. Abschließend ist noch einmal vor dem Hintergrund von Gal 6,15 auf die Feingliederung von 2Kor 5,14-17 einzugehen. V.14a ist zugleich die Überleitung von der Apologetik der V.12f - συνέχω faßt rückbezogen ἐξίστημι und σωφρονέω aus V.13 zusammen[29], vgl. Phil 1,23 - und die Einleitung[30]

24 Vgl. Kertelge, "Rechtfertigung" 100, Anm.188.

25 Lietzmann, Kor 126; Wendland, Kor 201; Bousset, 2Kor 195; Lang, Kor 294; Bultmann, 2Kor 146.

26 Vgl. Blank, Paulus 321; Stuhlmacher, Erwägungen 28f; Lang, Kor 300; Klauck, 2Kor 55.

27 Aus dem Kontext von 2Kor 5,17 ist eine Entscheidung in der Übersetzung von καινὴ κτίσις zwischen einem nomen rei actae oder einem nomen actionis nicht zu fällen: Spricht für erstere Möglichkeit das individualisierende τις aus der Protasis von V.17a, so für letztere die universale Antithetik τὰ ἀρχαῖα - καινά von V.17b.

28 Gegen Bultmann, 2Kor 146; Lietzmann, Kor 126; Findeis, Versöhnung 150; mit Wendland, Kor 201; Bousset, 2Kor 195; Lang, Kor 294.

29 Gegen Güttgemanns, Apostel 309.311; Soucek, Christus 310f; Hahn, "Siehe" 249 (s.o. Hauptteil B 3.4,Anm.1).

30 Vgl. Windisch, 2Kor 181.

(κρίναντας τοῦτο) mit Themaangabe (ἡ ἀγαπὴ τοῦ Χριστοῦ) des neuen Teils V.14-17[31]. An die in **zwei** schlußfolgernden[32] Schritten (V.14bß: ἄρα ; V.15aß.b: ἵνα - ἀλλά) entwickelte Stellvertretungsaussage (V.14bα.15aα)[33] schließen sich mit dem doppelten ὥστε **zwei** parallele Folgerungen an (V.16f)[34]. V.16 expliziert die "Todesaussage" von V.14bß, V.17 den Lebensbegriff von V.15aß.b[35]. Beide Verse bilden zusammen nur **eine** Aussage[36], denn zuerst wird negativ (V.16: οὐδένα, οὐκέτι), dann positiv (V.17: τις , konstatierender Aor., Perf.) geschlossen. Da diese mit καινὴ κτίσις durchgeführte Argumentationsreihe dieselbe wie die von Gal 6,14f darstellt, ist eine Glosse nicht zu vermuten[37]. Sieht man sich schließlich jede Konklusion für sich an, so erkennt man eine je zweiteilige synonyme Struktur[38] (V.16a.b; V.17a.b). V.16 ist, so zeigt Röm 7,7b.c, in bezug auf seinen Aufbau ein festes Element paulinischer Argumentation. "Und zwar gibt der 2.Satz eine Begründung des ersten, indem er einen Spezialfall einführt", erläutert Werner G. Kümmel[39]. "Dieser Spezialfall ist nicht ein Beispiel neben anderen, sondern die äußerste Zuspitzung des Grundsatzes V.16a[40]: "Was für die anthropologische Ebene gilt,

---

31 Gegen Bousset, 2Kor 194, der 2Kor 5,14a mit V.13 kombiniert.

32 Vgl. Findeis, Versöhnung 128. Gegen Bultmann, 2Kor 153 (Furnish, 2Kor 311), der den finalen Sinn von 2Kor 5,15aß imperativisch wiedergibt.

33 Näheres bei Windisch, 2Kor 181f; s. Bachmann, 2Kor 253-255, der Paulus in 2Kor 5,14bß zuerst das Subjekt (πάντες V.14bα) und sodann in V.15aß zweitens das Prädikat (V.15aα: ἀπέθανεν) der Stellvertretungsformel erläutern sieht. Zur Bestimmung des Aussageschwerpunktes s. Findeis, Versöhnung 131.

34 Vgl. Hahn, "Siehe" 249; Findeis, Versöhnung 128. Gegen Lietzmann, Kor 125 (vgl. Wendland, Kor 202; Plummer, 2Kor 175f), der in 2Kor 5,16 "einen der charakteristischen Zwischensätze" sehen möchte; dagegen schon Kümmel, Anhang zu Lietzmann, a.a.O. 205; ebenso Bultmann, 2Kor 155; ders., Probleme 309. Es ist deshalb nicht möglich, daß das ὥστε in 2Kor 5,17 aus V.16b folgern soll, gegen Bultmann, 2Kor 155, Anm.147; Windisch, 2Kor 189; vgl. Schmithals, Gnosis 287.

35 Vgl. Findeis, Versöhnung 149.

36 Anders Bultmann, Probleme 310; Dinkler, Verkündigung 173.175.

37 Gegen Schmithals, Gnosis 290.296; Güttgemanns, Apostel 249f.

38 Gegen Stuhlmacher, Erwägungen 4, der in 2Kor 5,17 einen "förmlichen Parallelismus" zu erkennen meint.

39 Römer 7 S. 43; vgl. Michel, "Erkennen" 23.26.

40 Michel, "Erkennen" 26; vgl. Bultmann, Probleme 310: "V.16b ... nennt den extremsten Fall, an dem der Sinn von V.16a ganz deutlich wird" (vgl. auch ders., 2Kor 155); Windisch, 2Kor 184; Lietzmann, Kor 125; Bachmann, 2Kor 258f; Dinkler, Verkündigung 174. Gegen Findeis, Versöhnung 140f.

trifft erst recht für die christologische zu"[41]. Für V.17 schließlich hat Hans Windisch erkannt: "V.17b (ist) eine Erläuterung zu 17a"[42].

Zusammenfassend läßt sich sagen, daß der Abschnitt 2Kor 5,14-17 sich als ein von Paulus sorgsam komponiertes Argumentationsstück erweist. Aufgrund der parallelen Argumentationsstruktur von Gal 6,14f läßt er sich in seinen umstrittenen Einzelheiten besser bestimmen. Da Paulus in ihm in neuer Weise mit anderen theologischen Aussageformen seine soteriologisch-christologische Position entfaltet, darf er als eine reflektierte Weiterentwicklung von Gal 6,14f gelten.

3.6 Stellvertretung als Heilserfahrung

Paulus beginnt seine Ausführungen in 2Kor 5,14 mit der Feststellung, daß "die Liebe Christi" seinen ganzen Aposteldienst bestimmt: sei es, daß er bei seiner Mission - und das ist das eine Extrem - in Ekstase Geheimnisvolles in Zungen lallt, sei es - und das ist das andere Extrem -, daß er in verständiger oder, wie Paulus auch sagen kann, in prophetischer Rede der Gemeinde das Verständnis des christlichen Glaubens erläutert (V.13; vgl. dazu 1Kor 14,2-5)[1].

---

41 Findeis, Versöhnung 128. Findeis, a.a.O. 145 (vgl. Betz, Christuserkenntnis 170, Anm.22), hat darauf hingewiesen, daß Paulus "zwar in seiner Argumentationsstruktur ... induktiv beim Menschen an(setzt) (V.16a), um dann zu Christus zu kommen (V.16bc), die sachliche Priorität jedoch umgekehrt von der Christuserkenntnis (V.14f) zur Erkenntnis des Menschen (V.16a) führt. Formal also ist V.16b V.16a untergeordnet (vgl. Michel, "Erkennen" 26), sachlich aber ist für Paulus die Christologie erkenntnistheoretischer Primat der Anthropologie.

42 2Kor 184.

1 Da 2Kor 5,13.14a nur eine Kurzform der ausführlichen Argumentation in 1Kor 12,31-14,5 darstellen, bleibt es unverständlich, wie Bultmann, Probleme 308; ders., 2Kor 151f, eine hinter V.13 stehende Problematik rekonstruiert, derart, daß die Gegner sich ihrer Ekstasen rühmen, Paulus dagegen auf seine "nüchterne" Verkündigung verweise (vgl. ähnlich Georgi, Gegner 255, Anm.3.298f; Lang, Kor 295; Dinkler, Verkündigung 171; Güttgemanns, Apostel 282ff.301f; Schmithals, Gnosis 178ff.287; Käsemann, Legitimität 67; akzeptiert von Hengel, Kreuzestod 64f, dagegen Friedrich, Gegner 193). Sprechen dagegen schon die eigenen Angaben des Paulus über die Wirklichkeit seines Pneumatikertums als Bestandteil seines Apostolats (2Kor 12,12; vgl. Röm 15,19; 1Kor 2,4; 14,18; 2Kor 12,1ff), so in V.13 die unausgesprochene Anti-

Die Paulus dabei treibende Motivation der "Liebe Christi" wird in der Auslegung von 2Kor 5,14a aufgrund des überwiegenden paulinischen Sprachgebrauchs[2] zumeist als Genitivus subiectivus[3] verstanden. Ἡ ἀγαπὴ τοῦ Χριστοῦ sei die Liebe, die Christus in seinem Leben und Sterben den Menschen erwiesen hat (vgl. Röm 8,35.37; 14,15). Allein Hans Lietzmann spricht in seiner Besprechung der Stelle von ihrem, der Liebe, "mystischen Doppelsinn"[4].

Damit hat er Entscheidendes erkannt. Paulus wird in den folgenden Versen 2Kor 5,14b.15 das Christusereignis als Liebe interpretieren und dabei die "Liebe Christi" (V.14a) als eine Kreisbewegung beschreiben: sie kommt anfänglich von Christus zu den Menschen, um von den Menschen wieder zu Christus zu gelangen. Als Movens des paulinischen Apostolats kennzeichnet die Liebe Christi dynamische Reziprozität. Mit anderen Worten, Paulus deutet vom Wesen wahrer Liebe her das Christusereignis: Liebe ist nur dann wahre, d.h. liebevolle Liebe, wenn sie den Liebe Empfangenden zur (Gegen-)Liebe desjenigen befreit, der ihm seine Liebe schenkte.

Um diese Auslegung von 2Kor 5,14f hier vorzustellen, wird analog zur Struktur des Textes, in welchem Paulus zwei Folgerungen (V.14bß.V.15aß.b) aus der Stellvertretungsaussage (V.14bα.15aα)[5] zieht, in zwei Auslegungsschritten verfahren: Erstens wird die Liebe des Christus zu den Menschen (3.6.1) und zweitens die Liebe der Menschen zu Christus (3.6.2) beschrieben. Eine kurze Zusammenfassung (3.6.3) über das Wesen christologischer Aussagen nach Paulus rundet die Interpretation ab.

---

these: also tue ich, Paulus, nichts für meine Person/Interessen (s.o. Hauptteil B 3.2 Anm.26). Es geht Paulus um die existential-anthropologische Antithetik: "für sich selbst leben - für einen anderen (= Christus) leben".Ἐν προσώπῳ καυχώμενοι in V.12c ist von V.13 her deshalb nicht mit "Ekstase" gleichzusetzen (gegen Bultmann, 2Kor 151; drs., Probleme 308), sondern mit ἑαυτοῖς ζῆν (vgl. V.15aß). V.13 ist insofern eine Begründung für V.12c (vgl. die Forderung von Bultmann, Probleme 308; ders., 2Kor 151), weil Paulus diese selbstlose Lebenseinstellung seines Apostolats für seine Person zu belegen sucht (vgl. Käsemann, Legitimation 36; Wendland, Kor 202). Der Wechsel des Tempus in V.13 erklärt sich dadurch, daß die folgenden V.14ff theologisch argumentierende, "verständliche" Rede darstellen.

2 Für einen Genitivus obiectivus sprechen Röm 8,28; 1Kor 2,9; 8,3; für einen Genitivus subiectivus Röm 5,5.8; 8,35.37.39; Gal 2,20; vgl. Röm 9,13.25, 2Kor 9,7; 13,11.13.

3 So Windisch, 2Kor 181; Bachmann, 2Kor 252; Bousset, 2Kor 194; Bultmann, 2Kor 152; Wendland, Kor 202; Lang, Kor 295; Hengel, Kreuzestod 65f; Dinkler, Verkündigung 171; Blank, Paulus 313; Plummer, 2Kor 173; Klauck, 2Kor 53; Findeis, Versöhnung 128; Thüsing, Christum 102; Furnish, 2Kor 309.

4 Kor 124; vgl. Zerwick, Greek 12f.

5 S.o. Hauptteil B 3.5.

3.6.1 Die Liebe von Christus

Neben der Erfahrung, daß es eine ethische Bereitschaft des Menschen gibt, sich unter Zurückstellung eigener Bedürfnisse für das Wohlergehen eines oder mehrerer nahestehender Mitmenschen einzusetzen[6], soll hier der Stellvertretungsgedanke als ein geschlossener Motivzusammenhang sui generis beschrieben werden. Gemeint ist mit "Stellvertretung" diejenige menschliche Erfahrung von der Sinnhaftigkeit eines Todes, den ein Mensch für seinen selbstlosen Einsatz für einen anderen[7] bzw. eine Gruppe von Mitmenschen erlitt, damit in einer unausweichlich tödlichen Bedrohungssituation durch einen Feind das Leben des/der von ihm geliebten Menschen erhalten wird. Doch muß der Retter mit seinem Tod büßen, so daß er mit seinem Leben für das Leben anderer[8] stellvertretend eintritt (Beispiele: 2Sam 20,20-22; Jon 1,12-15; vgl. Jos Bell IV 190ff; V 418ff)[9]. Diese Vorstellung hat sich in der Antike in eine formelhafte Wendung verdichtet[10], die semantisch mit der Präposition ὑπέρ (lat.: pro) gebildet wird. Als Beispiel aus paganer und biblischer Überlieferung seien folgende genannt:

1. Unum pro multis dabitur caput.
   (Vergil, Äneis V 815, 1.Jh.v.Chr.)

---

6 U.a. bei Paulus mit der Präposition ὑπέρ konstruiert in Röm 9,3; 16,4; 2Kor 12,15.

7 Vgl. Epikur (4./3.Jh.v.Chr.): ὑπὲρ φίλου ποτὲ τεθνήξεσθαι (zit. nach Usener XXX); Plato, Symposion 179b; Epiktet II 7,3; Röm 5,7b; 14,15.

8 Ausgesondert werden die Traditionen vom Heldentod für eine Sache oder Institution, Stellenbelege bei Gnilka, Martyriumparänese 236-239; Wengst, Formeln 67f.

9 Aus der späten rabbinischen Tradition vgl. yTer 8,46b, 44 (R. Jehoschua b. Levi A 1), Billerbeck, Kommentar IV,2 776.

10 Gegen Lietzmann, Kor 125; Bultmann, 2Kor 152 (vgl. Dinkler, Verkündigung 172), die die paulinische Stellvertretungsaussage aus dem römischen Recht herleiten möchten, und sich dabei auf Deißmann, Licht 284f, berufen. Daß eine Stellvertretungskonzeption für das antike Rechtswesen unerläßlich ist, bleibt unbenommen, nur ist sie auf die Stellvertretung **einer** bestimmten Person durch **eine** andere beschränkt. Gegen Lohse, Märtyrer 135; Kertelge, Verständnis 121; Käsemann, Heilsbedeutung 73, die den Stellvertretungsgedanken in 2Kor 5,14f aus der Überlieferung vom stellvertretenden Sühneleiden des Gottesknechtes (Jes 53) erklären. Es ist unbestritten, daß der Vorstellung vom Sühntod des Gerechten die Stellvertretungsaussage inhärent ist, jedoch bezieht sie sich auf das stellvertretende Sühnleiden **für die Sünden** (Dtjes 53,6b; Röm 4,25; 1Kor 15,3; Gal 1,4).

2. Συμφέρει ὑμῖν ἵνα εἷς ἄνθρωπος ἀποθάνῃ ὑπὲρ τοῦ λαοῦ καὶ μὴ ὅλον τὸ ἔθνος ἀπόληται
(Joh 11,50 als Rat des Hohenpriesters Kaiphas)[11].
Συμφέρει ἕνα ἄνθρωπον ἀποθανεῖν ὑπὲρ τοῦ λαοῦ
(die Kurzform von Joh 11,50 in 18,14).
3. Πολὺ γὰρ που καὶ κρεῖττον καὶ δικαιότερόν ἐστιν ἕνα ὑπὲρ πάντων ἢ πολλοὺς ὑπὲρ ἑνὸς ἀπολέσθαι
(Cassios Dio, Romaika 63,13[12], 2.Jh.n.Chr.).
4. Ὁ στρατηγὸς αὐτῶν ἐλθὼν Ἰούδας ἀπέθανεν ὑπὲρ αὐτῶν μαχόμενος
(Jos Ant XIII 1; vgl. Bell II 201).

Anzumerken ist, daß das heldenhafte stellvertretende Eintreten für die Freunde von der Liebe motiviert ist (Plato, Symposion 179c: διὰ τὸν ἔρωτα ; Cassios Dio, Romaika 63,14,3: φιλεῖν ; vgl. Joh 15,13; 1 Joh 3,16; Flavius Philostratos, Vita Apollonii VII 12), die auch Paulus in Röm 5,8 (vgl. 14,15) und 2Kor 5,14a als Beweggrund nennt. Nicht konstitutiv erweist sich für den Stellvertretungsgedanken das Sühnemotiv als stellvertretende Strafe für die Vergehen/Sünden des/der mit Strafe Bedrohten.

Die urchristliche Theologie hat nun diese traditionelle, zwischenmenschliche Stellvertretungsaussage auf den Heilstod Christi angewendet und bezieht sie damit auf das Gottesverhältnis des Menschen:

1. Ἰησοῦ Χριστοῦ τοῦ ἀποθανόντος ὑπὲρ ἡμῶν
(1Thess 5,9f; vgl. 1Kor 1,13).
2. Ὅς ... ὑπὲρ ἡμῶν πάντων παρέδωκεν αὐτόν
(Röm 8,32; vgl. Eph 5,2.25; Tit 2,14).
3. Χριστὸς ὑπὲρ ἡμῶν ἀπέθανεν
(Röm 5,8; vgl. 14,15).

In der elementaren Bedrohungssituation der Menschen durch Gottes Zorn, so erläutert Paulus in Röm 5,6.8f, über ihre Gottlosigkeit (ἀσεβής) und Sündhaftigkeit (ἁμαρτωλός), so daß göttlicherseits ihr Tod gefordert wird, tritt Jesus Christus mit seinem stellvertretenden Tod für die Menschen ein, die ihr Leben verwirkt haben. Aufgrund seines von Gott anerkannten Todes werden die Menschen vom Zorn Gottes verschont. Hinzuweisen ist darauf, daß die urchrist-

11 Vgl. aus der späten rabbinischen Tradition BerR 94 (anonym), Billerbeck, Kommentar II 546.

12 Überliefert von Xiphilinos, 11.Jh.n.Chr.

liche Stellvertretungsaussage auf das Heil der Gläubigen (ὑπὲρ ἡμῶν) bezogen, also ekklesiologisch bestimmt ist.

Paulus überarbeitet in 2Kor 5,14bα.15aα diese urchristliche Deutung des Todes Jesu als Lebensgewinn für die Gläubigen durch den stellvertretenden Tod des Christus im Sinne seines universalen Evangeliums: εἷς ὑπὲρ **πάντων** ἀπέθανεν ; "Christus ist für **alle** Menschen gestorben"[13]. Daran schließt sich unmittelbar[14] seine eigene Interpretation in der Folgerung des Gedankens der inklusiven Stellvertretung an (V.14bß.15aß)[15].

Statt nämlich aus der Stellvertretungsaussage zu folgern: also haben alle Menschen Christus ihr Leben zu verdanken bzw. hat er ihnen den Tod erspart[16], schlußfolgert Paulus zunächst unerwartet[17] das genaue Gegenteil, nämlich den Tod aller Menschen (2Kor 5,14bß). Philipp Bachmann erläutert diese Folgerung so: "Die Gleichheit des Tempus zwischen ἀπέθανεν und ἀπέθανον ... beweist, daß mit dem ἀπέθανον ein Vorgang gemeint ist, welcher in und mit dem Sterben Christi zugleich für die sämtlichen geschah. Also denkt Pl (Paulus) weder an ein äußeres noch an ein inneres Sterben, durch welches etwa in der subjektiven Innerlichkeit von Gläubigen sich **nach und nach** eine Heilswirkung von Christi Tod her vollzöge. Vielmehr bezieht sich seine Schlußfolgerung auf eine universal-gültige und objektive Tatsache, indem - in irgendeinem Sinne - die alle, für die Christus starb, zugleich mit ihm dem Tod verfielen"[18].

Um den 'irgendeinen Sinn' (Bachmann s.o.) der Aussage von der inklusiven Stellvertretung zu bestimmen, hat man auf die auf die Taufe rekurrierenden Gedanken von Gal 2,19f; Röm 6,2.6f verwiesen[19], zu Unrecht, denn die

---

13 Vgl. besonders Blank, Paulus 314f; unklar Bultmann, 2Kor 153.

14 Hahn, "Siehe" 248.

15 S. Wengst, Formel 47, der 2Kor 5,14bß.15aß und 15bß als paulinische Erweiterungen der vorpaulinischen Tradition beurteilt (vgl. Kertelge, Verständnis 121; Findeis, Versöhnung 135).

16 Vgl. Windisch, 2Kor 182.

17 Vgl. Hengel, Kreuzestod 66; Klauck, 2Kor 53; Wendland, Kor 202, der von einem "sehr merkwürdigen Schluß" spricht.

18 2Kor 254.

19 So Bachmann, 2Kor 255; Wolter, Rechtfertigung 75; Lang, Kor 296; vgl. Windisch, 2Kor 182, der von der Idee einer *mystischen Sterbensgemeinschaft*" spricht (ähnlich Wendland, Kor 202; Merklein, Bedeutung 53.39); Schnelle, Gerechtigkeit 47.111; Bultmann, Probleme 310, Anm.23; Neugebauer, In Christus 112, Anm.63a; Hengel, Kreuzestod 67; Findeis, Versöhnung 134.136ff; Furnish, 2Kor 311.328; Thüsing, Christum 103.

dort verwendete σύν- Terminologie wird in 2Kor 5,14b.15 gerade **nicht** verwandt[20]. So wird Paulus nur im Kontext des Ur-Menschen-Motivs verständlich[21], wie er es in 1Kor 15,20ff.44bff; Röm 5,12ff als Typologie von den beiden antithetischen Urmenschen "Adam" und "Christus" entfaltet. Von "Adam" als dem **einen** Typos, zu dessen Daseinsprinzip alle Menschen (πάντες) gehören, heißt es: ἐν τῷ 'Αδὰμ πάντες ἀποθνῄσκουσιν (1Kor 15,22b; vgl. 15,21a; Röm 5,12.14.17). Da Paulus jedoch in 2Kor 5,14b.15 **keine** antithetische Urmensch-Lehre vorträgt, sondern allein auf Christus das Urmensch-Motiv anwendet, bezieht er das "Daseinsprinzip" Christi, das sich in **Tod und Auferweckung** konkretisiert (vgl. Röm 4,24; 6,4.9; 7,4 usw.), auf die universale Heilsperson Christi. Dementsprechend folgert er im Urmensch-Denken das inklusive Sterben aller Menschen (V.14bß) und den inklusiven Gewinn des Lebens aller Menschen (V.15aß: οἱ ζῶντες)[22].

Um das Christusgeschehen als Ereignis der Liebe Christi zu den Menschen auszulegen, kombiniert Paulus also eine ekklesiologisch begrenzte Stellvertretungsaussage urchristlicher Theologie über Christus mit der Aussage vom universalen Urmenschen Christus[23]. Denn allein im typologischen Denken vom Urmenschprinzip gelingt es Paulus, das singuläre Ereignis von Tod und Auf-

---

20 Das hatte schon Bultmann, 2Kor 153, kritisch angemerkt.

21 Vgl. Bultmann, 2Kor 153; Reitzenstein, Mysterienreligionen 373; Bousset, 2Kor 194; Brandenburger, Adam 164; Blank, Paulus 315; Wendland, Kor 206. Kertelge, Verständnis 121f (ähnlich Hengel, Kreuzestod 68, vgl. Findeis, Versöhnung 132; Furnish, 2Kor 326f; Thüsing, Christum 101), versucht, 2Kor 5,14f mit Hilfe der Vorstellung von der "korporativen Persönlichkeit" - Christus als Haupt einer Gruppe - zu verstehen. Gegen Betz, Christuserkenntnis 172f, der Paulus an dieser Stelle primär mit markinischen und johanneischen Parallelstellen erklären möchte (!?). Zur religionsgeschichtlichen Herleitung des Urmensch-Motivs vgl. Brandenburger, Adam 68ff; Sellin, Streit 90ff.

22 Sowohl der Todes- (2Kor 5,14bß) **als auch** der Lebensbegriff (V.15aß) sind natürlich nicht im biologischen Sinn gemeint (vgl. Dinkler, Verkündigung 172, Anm.10; Bultmann, 2Kor 154; Schmithals, Gnosis 289). Sie erläutern die neue Existenz des Menschen, was das zusammenfassende καινὴ κτίσις in V.17a im Sinne der Relation des Menschen zum eschatologischen Urmenschen Christus ausdrückt.

23 Vgl. Hahn, "Siehe" 248: "Gegenüber jedem verengenden, introvertiert-ekklesiologischen Verständnis stellt nun aber umgekehrt V.14c von vornherein sicher, daß die ganze Menschheit der Bereich des Heilshandelns Christi ist"; ebenso Dinkler, Verkündigung 172.

erweckung Christi als ein universales Geschehen verständlich zu machen, das alle Menschen betrifft. Fragt man, worin die qualitativ-einmalige Bedeutung des Christusereignisses liegt, so daß Paulus auf Christus das Urmensch-Prinzip anwenden kann, so ist es das Ereignis der Auferweckung Christi von den Toten. "Christus" ist im Gegensatz zu dem der Menschheit durch seine Sünde den Tod bringenden "Adam" durch seine Auferstehung der "Lebensspender" der Welt (vgl. 1Kor 15,22ff; Röm 15,12ff). Insofern das Christusereignis der Auferstehung von den Toten das Ereignis eschatologischer Fülle ist, denkt Paulus, um es genau zu sagen, in 2Kor 5,14b.15 von Christus als dem **eschatologischen Urmenschen** der neuen Welt.

3.6.2 Die Liebe zu Christus

In der zweiten Folgerung (2Kor 5,15aß.b) aus der universalen Stellvertretungsaussage (V.15a α) entfaltet Paulus die neue Freiheit für die Menschen, die durch den eschatologischen Urmenschen Christus zum Leben gelangt sind. In ihrem ersten, negativen Teil (V.15aß: μηκέτι) gebraucht er eine in der Antike gebräuchliche Formel menschlicher Egozentrik: ἑαυτῷ ζῆν (lat.: sibi vivere), um im zweiten Teil ihr Oppositum (V.15b: ἀλλά), die Heteronomie (dativus commodi + ζῆν ; vgl. Röm 7,4) einzuführen.

Zur negativ bewerteten Lebenseinstellung der Egozentrik[24] vgl. die antiken Belege[25]:

1. Ill' suam semper egit vitam, in otio, in conviviis ...
   sibi vixit, sibi sumptum fecit
   (Terentius Afri, Adelphoe V 4,9ff, 2.Jh.v.Chr.).
2. Αἰσχρὸν γὰρ ζῆν μόνοις ἑαυτοῖς καὶ ἀποθνῄσκειν
   (Plutarch, Vita Cleomenes 52,10, 1.Jh.n.Chr.).

Als religiöse Antithetik ("sich selbst leben - für Gott leben") erscheint sie bei Philo von Alexandria im Rahmen seiner dualistischen Weisheit[26]:

Εἰ δὴ δύναιτό τις πᾶσι τοῖς μέρεσι ζῆσαι θεῷ μᾶλλον ἢ ἑαυτῷ
(Her 111).

---

24 Vgl. Menander 507; Aristophanes, Plutus 470.

25 Stellenbelege bei Windisch, 2Kor 183; Wolter, Rechtfertigung 74f; Michel, Röm 427, Anm.25; vgl. Berger, Auferstehung 379-381, Anm.497.

26 Auszuscheiden sind Stellenbelege, die die Antithetik von Tod und Leben für Gott (z.B. 4Makk 7,19; 16,25; vgl. Gal 2,19; Röm 6,10f; 14,7f) bzw. für einen anderen Menschen (z.B. Alkiphron IV 10,5) behandeln, anders Wolter, Rechtfertigung 74f.

Mit Hilfe dieser existentialanalytischen Antithetik beginnt Paulus in 2Kor 5,15 die Freiheit, die jedem Menschen durch den eschatologischen Urmenschen Christus geschenkt ist, zu explizieren. Dabei leitet ihn die Auffassung, daß nur der Tod eine für das ganze Leben gültige Beziehung trennen kann (vgl. Röm 7,2f das Beispiel von der Ehe). Der Mensch ist dadurch, daß er in das Geschick des eschatologischen Urmenschen Christus einbezogen ist, frei von sich selbst. Der Tod als das Ende seines bisherigen Lebens hat dem Menschen seine frühere Lebenswirklichkeit genommen, sich selbst zum Maßstab und Ziel seines Lebens zu machen. Christus ist die neue Mitte seines Lebens geworden[27]. Das neue Lebensverhältnis des Menschen ist somit ganz auf einen anderen fixiert (vgl. Röm 7,4), nicht so, daß er seinen Retter nur in (tiefer) Dankbarkeit verehrt[28], sondern so, daß er ihm aktiv in ganzer Liebe zugetan ist[29] (vgl. Gal 2,20).

3.6.3 Zusammenfassung

Um diese Auslegung von 2Kor 5,14f noch einmal in geraffter Form zu präsentieren, wird versucht, 2Kor 5,14f als ein paulinisches Anliegen zum Wesen christologischer Aussagen vorzustellen.

1. Für Paulus ist Christologie zugleich immer Soteriologie[30]. Eine christologische Aussage ist also ein Wort über die Zukunft des Menschen, das zu neuem Leben befreit.

---

27 Vgl. Bachmann, 2Kor 255: Dieses Sterben ist "prinzipieller Verlust des Lebens, sofern dieses in sich selber sein Ziel und seinen Schwerpunkt suchen möchte".

28 Vgl. Windisch, 2Kor 183.

29 Auffällig bleibt, daß das Objekt der Liebe des Menschen, Christus, von Paulus in 2Kor 5,15b mit einem Partizipialausdruck umschrieben wird (vgl. auch Röm 7,4). Sicherlich wehrt Paulus damit die Meinung ab, daß die Person Christus als Objekt menschlicher Liebe für sich selbst interessant sei. Darüber hinaus läßt sich in Erwägung ziehen, ob Paulus damit nicht zum Ausdruck bringt, daß seine ganze apostolische und ebenso die gemeinchristliche Existenz unter das "Lebensgesetz" des Christus, den Gott von den Toten auferweckt hat, gestellt ist (vgl. 2Kor 1,8-10 und bes. die Peristasenkataloge 4,7ff; 6,3ff).

30 Vgl. Michel, "Erkennen" 29.

2. Das Christusgeschehen als Gottes Fürsorge um die Zukunft des Menschen auszulegen, bedeutet für Paulus, das Wesen wahrer Liebe, das in der Gegenseitigkeit liegt, zum Verständnis dieses Geschehens heranzuziehen.

3. Das Christusgeschehen als barmherzige Liebe Christi zu den Menschen zu verstehen, heißt für Paulus, dem durch Gottes Zorn vom Todesgeschick bedrohten "gottlosen" Menschen ohne Zukunft die Geschichte vom stellvertretenden Tod Christi als seine gerettete Zukunft zu erzählen.

4. Da Gott aber die Liebe Christi nicht im Tod hat enden lassen, sondern in der Auferweckung Christi dieser Liebe eine Zukunft über den Tod hinaus geschenkt hat, indem er sie mit dem Sieg über den Tod gekrönt hat, ist es die Aufgabe der Christologie, den "Tod des Todes" als heilvolle Zukunft der Menschheit auszulegen.

5. Die Auferweckung Christi als weltwendendes, eschatologisches Ereignis zu bewerten, bedeutet für Paulus, eine ekklesiologisch begrenzte Stellvertretungsaussage mit Hilfe des Urmensch-Denkens von Christus als Zukunft der ganzen Welt zu erweitern.

6. Der im eschatologischen Urmensch-Denken bereitliegende untrennbare Zusammenhang von Tod und Leben jedes Menschen ist nach Paulus zu konkretisieren: Da der Tod eine bestehende Beziehung trennt und dem Leben im Sieg über den Tod eine neue Beziehung geschenkt wird, ist der Mensch durch Christus frei von sich selbst, um für Christus, seinen Befreier, zu leben.

7. Das Leben als Leben für einen anderen ist für Paulus nur lauter Liebe zu Christus. Das Leben aber als Liebe zu entdecken, heißt, daß dem Menschen durch die Christus-Verkündigung eine Zeit mit Zukunft geschenkt wird.

3.7 Der Mensch unter dem Evangelium

Die Verse 2Kor 5,16f sind, so bemerkt Otto Michel zu ihrer Auslegung, die "theologische 'Konsequenz' aus der Verkündigung V.14-15"[1]. Als theologische Konsequenz behandeln sie - und das muß zur Präzisierung gesagt werden - das aus dem universal-gültigen Christusereignis (V.14f) für die missionarische Verkündigung erwachsene Problem der Applikation eben dieses christologischen

1 "Erkennen" 23.

Kerygmas am Menschen. Im Mittelpunkt der V.16f steht der Mensch unter dem Kerygma[2]. Als mit der Verkündigung beauftragter Apostel geht es Paulus um die Antwort auf die Frage: wer ist der Mensch, dem das Evangelium durch seine apostolische Mission gepredigt werden soll?[3]

Diese eminent theologische Frage anzuschneiden, heißt für Paulus, daß er das Christusereignis als ein Heilsereignis κατ'ἐξοχήν begreift, das die ganze Welt bewegt und verändert hat, und so auch jeden Menschen zu einem anderen gemacht hat (2Kor 5,14f). Durch Christus ist die Welt nicht mehr dieselbe. Um diesen fundamentalen Wendepunkt in seiner Bedeutung für die apostolische Mission zu durchdenken, hält Paulus die neue Situation des Menschen coram evangelio in zweierlei Hinsicht fest: Erstens, als eine Wende der Zeit (3.7.1) und zweitens als eine Veränderung der geschichtlichen Situation (3.7.2). Um diesen Wandel an einem Exempel zu konkretisieren, wählt Paulus eine Möglichkeit der Christologie, nicht ohne sie zugleich entschieden abzulehnen (3.7.3).

3.7.1 Die neue Zeit

Otto Betz hat kürzlich in einem Aufsatz zum Thema darauf hingewiesen, daß nicht nur 2Kor 5,17b[4], sondern auch V.16 von dem Prophetenwort Dtjes 43,18f beeinflußt sei[5]. Und in der Tat: die entscheidenden Begriffe des "Jetzt" und

2 Hervorzuheben ist, daß der Akzent von 2Kor 5,16f nicht auf dem Apostelamt als paradigmatischer christlicher Existenz liegt, sondern auf der Frage nach dem Menschen (οὐδένα; τις). Während V.16 die Wahrnehmung des Menschen noch aus der Sicht des Apostels schildert, geht V.17 in generalisierende Sprache über, daß diese Sicht des Menschen die grundsätzlich "christliche" sei.

3 Damit wird versucht, die von Betz, Christuserkenntnis 169f, rhetorisch geäußerte Frage: "Wie könnte der Apostel die 'weltliche Vorfindlichkeit' der Menschen um ihn her nicht kennen und beachten?" als sachgemäße Frage zum Textverständnis zu beantworten. Vgl. Bachmann, 2Kor 257, der οἴδαμεν als Ausdruck der "b e r u f l i c h e n Haltung" des Apostels bezeichnet.

4 S.o. Hauptteil A 2, Anm.13.

5 Christuserkenntnis 176. Diese Beobachtung deckt sich mit der Feststellung aus der Gliederungsanalyse, daß die Verse 2Kor 5,16f zwei zueinander parallele Aussagen sind, mithin eine Einheit bilden.

des "Erkennens" finden sich in Dtjes 43,19a wieder[6]. Der Schluß liegt nahe, daß Paulus in V.16f mit Hilfe einer Auslegung dieser Prophetenstelle den "eschatologischen Umbruch"[7], den das Christusereignis für die **Zeit** bewirkt hat, expliziert[8].

In dem paulinischen Rückgriff auf Dtjes 43,18.19a liegt denn auch eine Besonderheit. Paulus setzt nämlich nicht das von dem atl. Propheten angekündigte Ereignis eines neuen Exodus (Dtjes 43,19b) mit dem Christusereignis in Beziehung[9], sondern deutet mit der antithetisch operierenden eschatologischen Geschichtstheologie des Propheten (s.o. Hauptteil A 3.1) die vom Christusereignis heraufgeführte **eschatologische Zeit**[10]. Wenn Paulus aus der Perspektive der Erfüllung atl. Prophetie im Christusereignis (vgl. Röm 3,21) mit dem Prophetenwort Dtjes 43, 18.19a umgeht, hat sich zweierlei verändert: Erstens, die Aufforderung des Propheten, sich angesichts des neuen Heilshandelns Gottes mit seinem Volk von der alten Heilsgeschichte ab- und sich der neuen Heilsgeschichte zuzuwenden (Dtjes 43,18), ist bei Paulus einer resultativen Aussage gewichen (2Kor 5,17b): Die alte Heilsgeschichte (τὰ ἀρχαῖα) ist zur vergangenen Heilsgeschichte geworden (παρῆλθεν) und es ist eine neue Heilsgeschichte (καινά) in Kraft gesetzt (γέγονεν). Zweitens, die dringliche Bitte des Propheten, die angekündigte neue Zukunft in der Gegenwart wahrzunehmen, ist bei Paulus der Auffassung gewichen, daß die bereits bestehende Wirklichkeit einer neuen Zeit eine neue Entscheidung mit sich bringt (V.16). Kurz: das neue Gotteshandeln in Christus ist das eschatolo-

---

6 Vgl. Paulus: (ἀπὸ τοῦ νῦν) νῦν ...γινώσκομεν; Dtjes LXX: νῦν ... γνώσεσθε. Der Hinweis auf Dtjes 48,6 LXX (Stuhlmacher, Erwägungen 5f; Furnish, 2Kor 312) ist also für 2Kor 5,16f auf Dtjes 43,18f zu präzisieren.

7 Soucek, Christus 305.

8 Gegen Plummer, 2Kor 180.

9 Gegen Lang, Kor 300; Dinkler, Verkündigung 176, Anm.25. Ungenau Bultmann, 2Kor 159: "Wie (2Kor) 6,2 gilt also die eschatologische Weissagung als in Christus erfüllt."

10 Mit der Rückführung der paulinischen Begrifflichkeit auf den Propheten Dtjes möchte gezeigt werden, daß die paulinische Zeitanalyse in 2Kor 5,16f schon von ihrer Begrifflichkeit her nicht im Rahmen der "jüdisch-urchristlichen Zweiäonenlehre" (Windisch, 2Kor 189; vgl. Michel, "Erkennen" 26f; Stuhlmacher, Erwägungen 5; Neugebauer, In Christus 112; Wendland, Kor 206; Georgi, Gegner 257) angesiedelt werden muß (vgl. Baumgarten, Apokalyptik 188).

gische Ereignis in der Zeit, das die Zeiten trennt und eine neue Heilszeit eingeleitet hat[11].

Aus diesem Grund ist die Feststellung von Rudolf Bultmann deshalb mit Nachdruck zu unterstreichen, daß das substantivierte Zeitadverb[12] ἀπὸ τοῦ νῦν [13] (2Kor 5,16a) "nicht Bekehrungsterminologie[14] ..., sondern eschatologische Terminologie" ist[15]. Schon in Deuterojesajas prophetischer Ankündigung des Neuen ist es ein "Grenzbegriff"[16] (Dtjes 48,6). Einerseits markiert es einen bestimmten Zeitpunkt, der die entscheidende Wende der Zeit verursacht hat. Und andererseits bestimmt der Ausdruck diese Zäsur in der Zeit als Beginn einer neuen Zeit, die in ihrer Bedeutung für die Gegenwart und Zukunft

---

11 Vgl. Bultmann, Jesus 83, der als das Kennzeichnende der paulinischen Theologie diejenige Überzeugung des Paulus hervorhob, daß Gott mit Christus "der alten Weltzeit ein Ende gemacht" hat und "eine neue Zeit geschaffen habe" (ders., Bedeutung 201).

12 Vgl. Stählin, Art. νῦν ThWNT IV 1100, Z.21ff.

13 Das bei Paulus als Hapaxlegomenon erscheinende ἀπὸ τοῦ νῦν findet sich im Sinne der "heilsgeschichtlichen Grenzscheide" (Blank, Paulus 317) am häufigsten im NT bei Lk: 1,48; 5,10; 12,52; 22,18.69; Apg 18,6.

14 Gegen Windisch, 2Kor 184; Bachmann, 2Kor 255f; Lietzmann, Kor 126; Stuhlmacher, Erwägungen 5; Wolter, Rechtfertigung 77; Blank, Paulus 317; Betz, Christuserkenntnis 170; unklar Kümmel in Lietzmann, a.a.O. 205. Wenn Stuhlmacher und Wolter sich zur Begründung der "Bekehrungsthese" u.a. auf die jüd. Konversionstheologie, z.B. JosAs, berufen, so ist dazu folgendes zu bemerken: In der neuesten Textausgabe von JosAs findet sich das ἀπὸ τοῦ νῦν in JosAs 15,7 nicht. Tachau, der sich mit der formelhaften Gegenüberstellung von Vergangenheit und Gegenwart im Rahmen der Proselytentheologie von JosAs beschäftigt hat ('Einst' 52-58), weist darauf hin (ebd. 58), daß das Zeitadverb νῦν in JosAs in eine Antithetik eingebunden ist (vgl. JosAs 13,11: πρότερον - νῦν; dazu Eph 2,11-13: πότε - νυνὶ δέ) und zweitens νῦν in JosAs 12,13 im Erzählungsablauf "eine Art Zwischenstufe bedeutet". "Von der vollen Gegenwart des Heils ist ja noch nicht die Rede" (ebd. 56, Anm. 139). Ordnet Tachau zunächst 2Kor 5,16f aus methodischen Gründen dem Predigtschema πότε - νῦν zu (ebd. 12), so kommt er schließlich zu dem Ergebnis, daß sich in 2Kor 5,16f "die Zeiten **nicht** auf das Leben der Gläubigen beziehen" (ebd. 95, Hervorhebung U.M.).

15 2Kor 156; vgl. Georgi, Gegner 293, Anm. 1; Kümmel bei Lietzmann, Kor 205; Findeis, Versöhnung 141.148.

16 Vgl. Stählin, a.a.O. 1103, Z.9, zur Charakterisierung des ntl. νῦν . Vgl. auch das Oppositum von ἀπὸ τοῦ νῦν in der Formel (Mt 24,21): ἀπ' ἀρχῆς κόσμου ἕως τοῦ νῦν (ebd. 1100, Anm.14).

in Kraft ist[17] (vgl. νῦν in 2Kor 5,16b)[18]. Der Ausdruck "neue Schöpfung" ist mithin von Paulus in den präsentisch-eschatologischen Aussagerahmen einer neuen Zeit gespannt, eine Gegenwart, die vollkommen von der überwältigend neuen Heilsgeschichte Gottes mit dem Menschen ausgezeichnet ist.

Mit diesem Ergebnis wird dem Versuch widersprochen, den Terminus "neue Schöpfung" im kosmologisch-apokalyptischen Denken von der endzeitlich-eschatologischen Weltvollendung zu interpretieren[19], beispielsweise von Trjes 65,17; 66,22; äthHen 91,16f; LibAnt 3,10; Apk 21,1f her. Denn bereits in dem Abschnitt Traditionsgeschichte ließ sich die apokalyptisch-visionär antizipierte "neue Welt" als eine eigene Traditionslinie der Neuschöpfungsvorstellung herausarbeiten, die **nicht** additiv mit dem Begriff "neue Schöpfung" verknüpft wird und werden darf (Jub 4,26; vgl. 1,29; äthHen 72,1; 1QS 4,25; 1QH 13,11f; 11QTemple 29,9). Zu warnen ist darum vor vorschnellen Harmonisierungen der frühjüdisch-urchristlichen Neuschöpfungsvorstellungen, indem man möglichst viele traditionsgeschichtliche Belegstellen zu 2Kor 5,17 respektive Gal 6,15 subsumiert[20].

Mit der Anspielung auf Dtjes 43,18.19a hat Paulus in 2Kor 5,16f dem jüdischerseits keiner bestimmten Assoziation verhafteten endzeitlich-eschatologischen Konsensbegriff "neue Schöpfung" den ihm für seine Argumentation wichtigen hermeneutischen Schlüssel gegeben.

3.7.2 Die eschatologische Existenz des Menschen

Definiert man den Menschen, indem man seine Zeit und seine Situation beschreibt, so analysiert Paulus gewissermaßen als ein zweites Resultat des eschatologischen Christusereignisses nach der Bestimmung der neuen Zeit die neue Situation des Menschen. Er will, so sagt er, keinen Menschen mehr κατὰ σάρκα kennen. Er möchte in seiner Mission als Apostel niemanden als Mensch

17 Vgl. Blank, Paulus 317.

18 Zum paulinischen Gebrauch des Zeitadverbs νῦν zur Kennzeichnung präsentisch-eschatologischer Heilswirklichkeit vgl. Röm 3,26; 5,9.11; 8,1; 13,11; 2Kor 6,2.

19 Mit Plummer, 2Kor 181; Findeis, Versöhnung 152; Vögtle, Zukunft 182, gegen Schweizer, Mystik 120; Bousset, 2Kor 196; Stuhlmacher, Erwägungen 1.8; ders., Gerechtigkeit 75; Windisch, 2Kor 189; Michel, "Erkennen" 27; Wendland, Kor 206; Hengel, Kreuzestod 72.

20 Mit Becker, Wirklichkeit 70; vgl. Stuhlmacher, Erwägungen 6; Windisch, 2Kor 189; Bousset, 2Kor 196; Bultmann, 2Kor 158f.159, Anm.162, u.a.m.

κατὰ σάρκα ansprechen (2Kor 5,16a). Oder, was für Paulus dasselbe[21] nur unter positivem Vorzeichen mit anderen Worten sagt: "wenn jemand in Christus lebt, dann ist entscheidend eine neue Schöpfung" (V.17a). Von diesem **Grundsatz "der eschatologischen Existenz"**[22] des Menschen muß sich das Apostelamt leiten lassen. Das Problem, das sich damit der Auslegung stellt, ist, in welcher Weise für Paulus das eschatologische Christusereignis den Wandel in der Sicht des Menschen vom "Mensch κατὰ σάρκα " zum "Menschen der neuen Schöpfung" bewirkt hat. Zur Erklärung werden folgende Modelle (schematisiert) angeboten:

1. "In der Verkündigung des Apostels (ereignet sich) der Anbruch der neuen Schöpfung" (Rudolf Bultmann)[23]. Das eschatologische Geschehen verwirklicht sich in der einzelnen Geschichte des Menschen, insofern der Mensch als Einzelner durch die Verkündigung des Apostels den Ruf Gottes vernimmt und in der je neuen Entscheidung sein eigentliches Leben gewinnen kann. Dieses neue Leben als individuelle eschatologische Existenz bezeichnet "neue Schöpfung"[24].

2. "Neue Schöpfung" "m e i n t b e i P a u l u s r e a l e N e u s c h ö p f u n g ; s i e b e r u h t a u f d e r V o r g a b e d e s G e i s t e s" (Peter Stuhlmacher[25]; aber auch Jürgen Becker[26])[27]. "Neuschöpfung ist Folge des Geistes der Endzeit" (vgl. Ez 36,26f), insofern der Geist allen Menschen in Christus "ohne 'Vorleistung' gilt und durch ihn allein neue Schöpfung konstituiert wird"[28].

---

21 Die in der Gliederungsanalyse (s.o. Hauptteil B 3.5) gewonnene Einsicht, daß 2Kor 5,17 die positive Fassung und Fortsetzung von V.16 ist, gilt es in der Auslegung konsequent zu verwirklichen.

22 Vgl. Michel, "Erkennen" 23, für den in 2Kor 5,16f Paulus von den "G r u n d s ä t z e n d e r e s c h a t o l o g i s c h e n E x i s t e n z" spricht. Da die V.16f jedoch zueinander parallel laufen, ist nur von **einem** Grundsatz auszugehen.

23 Probleme 307, vgl. 309; ders., 2Kor 147.154f. Ähnlich Vögtle, Zukunft 182, wenn er mit Schwantes, Schöpfung 62, die paulinische Predigt als "die Botschaft von der bereits begonnenen Endzeit" versteht.

24 Vgl. Bultmann, 2Kor 158; zustimmend Dinkler, Verkündigung 175.

25 Erwägungen 27.

26 Wirklichkeit 68f; ders., Erwählung 88.

27 Vgl. Betz, Christuserkenntnis 176; Findeis, Versöhnung 160; Furnish, 2Kor 332.

28 Becker, Wirklichkeit 68f.

3. "Durch die Taufe wird das 'Sein in Christus' begründet, das Neue Geschöpf geschaffen" (Gerhard Schneider[29]; Heinrich Schlier[30])[31]. "So wie Christus als der Auferstandene die Neue Schöpfung einleitet, so wird der Mensch durch die Gottestat der Taufe in Christus zu einem Neuen Geschöpf. Er erhält ein neues, vorher nie dagewesenes Leben"[32].

4. "Neue Schöpfung" ist "ein äußerst prägnantes Sprachbild": "Die Christen sind gestorben, d.h. der Leib der Sünde ist gestorben, und sie leben nun nicht mehr als diesem Leib Verfallene, sondern unter der Herrschaft Christi, der für sie gestorben und auferstanden ist. Als solche sind sie ..., ein neues Geschöpf" (Michael Wolter[33]; aber auch Hans-Dietrich Wendland[34]; Friedrich Lang[35])[36].

Versucht man, sich dieser Pluralität der Deutungsansätze zu "neuer Schöpfung" zu stellen und einen eigenen Auslegungsweg vorzuschlagen, so sind dessen Kriterien beizubringen. Es sind dies erstens die Kongruenz der Interpretation von "neuer Schöpfung" in Gal 6,15 mit 2Kor 5,17 und zweitens die strenge Kontextbezogenheit von 2Kor 5,17, der als Konsequenz aus den V.14f verstanden werden will.

Ad. 1: Obgleich Paulus den Terminus "neue Schöpfung" in 2Kor 5,17 als ein einzelnes "theologisches Schlagwort" verwendet[37], während er den Ausdruck in Gal 6,15 in seinem angestammten Rahmen, einer vorpaulinischen Formel

---

29 Idee 265.

30 Lehre 118f.

31 Vgl. auch Delling, Tod 95f; Baumgarten, Apokalyptik 170; Michel, "Erkennen" 28, Anm.8; Blank, Paulus 321; Stuhlmacher, Gerechtigkeit 75; Hengel, Kreuzestod 71; Dinkler, Verkündigung 175; Mußner, Gal 415. Dagegen Kümmel, Theologie 191.

32 Schneider, Idee 266.

33 Rechtfertigung 77f.

34 Kor 206.

35 Kor 300.

36 Vgl. Bachmann, 2Kor 262; Plummer, 2Kor 179.

37 Diese Behauptung wäre unzutreffend, wenn sich für den Konditionalsatz mit Indefinitpronomen von 2Kor 5,17a in berechtigter Weise **vorpaulinischer** Gebrauch begründen ließe. Verwendet Paulus diese Satzkonstruktion häufig in generalisierender Rede (vgl. z.B. 1Kor 3,18b; 10,27), auch, um z.B. allgemeingültige Regeln aufzustellen (vgl. 1Kor 7,12f.36), so ist die ohne Verb konstruierte, kurze und **positive** Aussageform von 2Kor 5,17a bei ihm einmalig. Selbst die einzige Formparallele zu V.17a in 1Kor 8,3 argumentiert **gegen** eine bestimmte Erkenntnisweise (vgl. V.3b mit V.2). Lassen sich die **negativen** Konditionalaussagen von Röm 8,9b; 1Kor 16,22 (vgl. 1Kor 3,17a; 14,38) als "Sätze Heiligen Rechtes" (Käsemann, Sätze 69ff; zustimmend Paulsen, Überlieferung 37.47f) ansprechen (Berger, Sätzen 10ff, hat als ihre traditionsgeschichtliche Herkunft die weisheitliche Belehrung wahrscheinlich gemacht), die als "Exkommunikationsformel" (Wilckens, Röm 2,131) im urchristlichen Gottesdienst ihren festen Sitz haben, so ist

antiochenischer Theologie, beläßt, ist davon auszugehen, daß bei einer zweimaligen Verwendung des Begriffes durch Paulus zwar Variation, jedoch nicht Inkongruenz im Zusammenhang seiner Theologie zu erwarten ist. Ist es richtig gesehen (s.o. Hauptteil B 2.7), daß Paulus in Gal 6,14f das hell.-urchristliche ekklesiologische Konzept (Gal 6,15) in den heilsgeschichtlichen Gegensatz von der alten und neuen soteriologischen Verfassung der Welt überführt und "neue Schöpfung" zum kosmisch-soteriologischen Grundsatz der neuen Welt seit Christus prägt, so wird zu erwarten sein, daß 2Kor 5,17 die anthropologische Dimension dieser Soteriologie darstellt.

Ad 2: Wenn 2Kor 5,14f mit Hilfe des auf Christus übertragenen Urmensch-Prinzips das Christusereignis von Tod und Auferweckung soteriologisch als Tod und Leben **aller** Menschen auslegt, so ist damit der hermeneutische Rahmen für den Gegensatz: "der Mensch κατὰ σάρκα" - "der Mensch (der) καινὴ κτίσις" angelegt. Da Paulus mit der Apposition κατὰ σάρκα den Menschen in seiner irdischen Existenz, hinsichtlich seiner Abstammung, Geburt und Verwandtschaft, bezeichnet (vgl. Röm. 1,3; 4,1; 9,3.5; 1Kor 10,18), die ihn als bestimmten, mit einer besonderen Geschichte ausgezeichneten Menschen identifizierbar macht, so ist "neue Schöpfung" die prägnante Bezeichnung für die neue eschatologische Herkunftsgeschichte des Menschen. Und zwar in objektiver Weise[38]!

Denn mit dem Begriff der "Geschichte" läßt sich wohl am besten das besondere Verhältnis wiedergeben, das im Urmenschdenken zwischen Christus und den Menschen, die seinem Existenzprinzip zugehören, besteht. Wenn die jüd. Religion den Menschen über die "Adamsgeschichte" als seine Urgeschichte definiert, indem sie von Schöpfung und Fall des Menschen einschließlich seiner Erwählung im Stammvater Abraham erzählt, so sieht Paulus in der "Christusgeschichte" eine neue, von der jüd. grundlegend verschiedene Geschichte erzählt, die im Evangelium dem Menschen nahegebracht wird. Es ist die Geschichte, wie Gott seinen Christus aus dem Tod gerettet hat. Als eschatologischer Begriff bringt "neue Schöpfung" für Paulus zum Ausdruck, daß die von Christus berichtete Geschichte vom besiegten Tod zur Lebensgeschichte

---

eine ähnliche Feststellung für V.17a ein Postulat, das formgeschichtlicher Begründung entbehrt (Stuhlmacher, Gerechtigkeit 75: "die von Paulus **zitierte Tauftradition** (vgl. Gal 6,15)" [Hervorhebung U.M.]; zustimmend Schnelle, Gerechtigkeit 47).

38 Vgl. Bultmann, 2Kor 156: "Seit dem Ereignis von V.14 ist die Welt neu (V.17; 6,2), und das Alte ist vergangen, und zwar objektiv".

eines jeden Menschen geworden ist. Insofern dem Menschen als Geschöpf Gottes das von Gott ausgehende Rettungsgeschehen in Christus gilt, hält der Terminus "neue Schöpfung" die Einbeziehung des Menschen in dieses eschatologische = neue Urgeschehen über den Begriff her fest[39]. Der Mensch hat sich nicht in Christus zum neuen Geschöpf gewandelt, sondern er gehört über Christus zu der aus dem Tod geretteten "neuen Schöpfung".

Wenn der Apostel bei seiner Mission mit dem Evangelium von Christus, ἀνθρωποὺς πειθεῖν versucht (2Kor 5,11a), so will er den Menschen hinsichtlich dessen betrachten, was mit ihm bereits geschehen ist, was das Evangelium über die neue = eschatologische Existenz des Menschen schon aussagt. Paulus will bei seiner Mission das Evangelium von Christus nicht nachträglich mit der geschichtlichen Situation des Menschen, wie sie sich, obwohl sie je individuell verschieden gestaltet ist, doch als die eine Geschichte κατὰ σάρκα darstellt, verbinden. Nein, was das Evangelium für den Menschen als Heil bereithält, ist als eine der missionarischen Verkündigung vorlaufende Wirklichkeit in der Evangeliumsverkündigung zu beachten[40]. Als Leitlinie paulinischer Mission ist "neue Schöpfung" für Paulus als Wort über den Menschen ein Wort der reinen Zusage: verbum promissionis.

Schließlich: Ausgehend von dem auf Christus übertragenen Urmensch-Denken, läßt sich die Abbreviatur ἐν Χριστῷ in 2Kor 5,17a plausibel machen. Christus als Initiator einer neuen Lebens(=schöpfungs)ordnung repräsentiert ein kosmisches Heilsgeschehen, in das der Mensch prinzipiell einbezogen ist. In 1Kor 15,22 drückt Paulus diese im lokalen Vorstellungsbereich[41] angesiedelte Aussage mit der Präposition ἐν aus[42]. Als resultative Aussage über den

---

39 Vgl. Lang, Kor 300: "Paulus bezeichnet damit die Gemeinschaft der neuen, durch das Christusgeschehen begründeten eschatologischen Heilsordnung". Findeis, Versöhnung 160. "Der Mensch hat also aufgrund des inklusiven Todes Christi ... eine neue Daseinsbestimmung und Seinsweise erhalten".

40 Vgl. Blank, Paulus 316: "Paulus kennt den der menschlichen Stellungnahme vorausliegenden Vorentscheid Gottes zum Heil". Ähnlich Georgi, Gegner 292: "Vielmehr sind die Auferweckung des Christus und die Tatsache der neuen Schöpfung die noetischen Voraussetzungen auch für das Verstehen der vor- und außerchristlichen Existenz".

41 Vgl. Brandenburger, Adam 140.

42 Anders die neueste Behandlung der ἐν-Χριστῷ -Formel bei Paulus von Schnelle, Gerechtigkeit 109ff, die 2Kor 5,17a mit Texten wie 1Kor 1,30; Gal 3,26-28; Röm 6,1 verbindet und die "lokal-seinshafte" Grundbedeutung von ἐν Χριστῷ in der Tauftradition verankert sieht. Läßt sich nicht bestreiten, daß sich die ἐν-Χριστῷ-Formel mit Tauftraditionen verbindet, so läßt sich doch in Frage stellen, ob dies auch für 2Kor 5,17a zutrifft. Schlüssiger scheint hier vom Kontext ein Bezug zum Ur-

Menschen hält die Formel mithin die soteriologische Verfaßtheit des Menschen in der eschatologischen Urgeschichte von Christus fest[43].

3.7.3 Eine mögliche, aber ausgeschlossene Christuserkenntnis

Paulus konkretisiert seine vom Kerygma gewonnene Sicht des Menschen an einem Musterfall: Christus (2Kor 5,16b). Seine Aussage, die er nur andeutungsweise Via negationis gibt, ist besonders schwer zu eruieren. Sie bewegt sich im Bereich der Grundfrage der Christologie: wer ist Jesus Christus? Da 2Kor 5,16b für das brisante theologische und exegetische Thema über das Verhältnis von Jesus und Paulus zum Standardrepertoire der Auslegung gehört, ist die Literatur z.St. Legion[44]. Nichtsdestoweniger soll auf einige bekannte und einige neue Aspekte zu seiner Auslegung hingewiesen werden.

Schwierigkeiten hat schon immer bereitet, daß die Gestalt der paulinischen Periode in kein grammatisches Schema paßt[45]. Grammatisch formal betrachtet, handelt es sich in 2Kor 5,16b um ein Konditionalgefüge (εἰ) aus Protasias und Apodosis. Dadurch aber, daß zu der konditionalen Konjunktion εἰ die adverbiale Konjunktion καί ("auch") hinzugesetzt ist und der Nachsatz mit der Adversativpartikel ἀλλά beginnt, ist das Gefüge näher als konzessiver Adverbialsatz[46] mit einem Nachsatz von adversativer Bedeutung zu bestimmen. In der grammatischen Einordnung gelten Konzessivsätze zwar als "eine Abart der Konditionalsätze"[47], durch diese Bestimmung wird aber übersehen,

---

menschdenken zu sein, vgl. Oepke, Art. ἐν ThWNT II 538, Z.11-17. Da sich schon 2Kor 5,14f nicht mit der σύν- Formulierung paulinischer Tauftheologie erklären ließ bzw. im systematisch-theologisch angelegten Röm Aussagen von Röm 5 (Adam - Christus) die sachliche **Voraussetzung** für die von Röm 6 (Taufe) bilden (vgl. Blank, Paulus 315), läßt sich wahrscheinlich machen, daß ἐν Χριστῷ in 2Kor 5,17a aus dem theologischen Vorstellungsgehalt (vgl. die methodische Forderung von Schnelle, a.a.O. 107) des Urmensch-Motivs abgeleitet ist. Eindeutig abzulehnen ist Neugebauer, In Christus 112 (vgl. ähnlich Hengel, Kreuzestod 70f; Bultmann, 2Kor 158), 2Kor 5,17 sei "betont ekklesiologisch" zu interpretieren (vgl. dazu die Kritik von Schnelle, a.a.O. 109f).

43 Nach Brandenburger, Adam 140, spricht die ἐν-τῷ-Χριστῷ- Formulierung von einem "**Befindlichsein**" des einzelnen Menschen in dem Urmensch-Anthropos. Vgl. auch Bachmann, 2Kor 262, der die ἐν-Χριστῷ-Formel von 2Kor 5,17 im Sinne der prinzipiell neuen "Lebensbestimmtheit" des Menschen durch Christus interpretiert, ähnlich Lang, Kor 300.

44 S. den Überblick bei Fraser, Knowledge 293ff; Pesch, "Christus" 9ff.

45 Vgl. Soucek, Christus 305f.

46 Vgl. Blaß/Debrunner, Grammatik § 374.

47 Ebd. § 374.

daß an die Stelle des konditionalen Gefüges von Bedingung und (kausaler) Folge[48] der Konzessivsatz die Aussage setzt. Genannt wird ein Gegengrund, der jedoch nicht hinreichend ist, ein anderes Verhalten des Subjektes einzuschränken bzw. zu verhindern[49] (vgl. die paulinischen Formparallelen 2Kor 4,16; 11,6).

Zu kritisieren ist deshalb die formale Schlußfolgerung[50], daß, weil die Protasis des konditionalen Gefüges im Perfekt[51] (ἐγνώκαμεν) steht, ein sog. Realis vorliegen müsse: mithin Paulus in 2Kor 5,16bc behaupte, daß er **in Wirklichkeit** einen Christus κατὰ σάρκα gekannt habe[52]. Und zwar einmal in der Hinsicht, daß in der Grammatik diese Form des Konditionalsatzes (εἰ mit Indikativ aller Tempora) als "Indefinitus"[53] bezeichnet wird, da nicht die Annahme der Protasis als wirklich, sondern nur das Verhältnis von Bedingung und Folge (Protasis : Apodosis) als wirklich, als logische Schlußfolgerung gilt. Und sodann von der Aussagestruktur des Konzessivsatzes her: er läßt offen, ob der eingeräumte Umstand als wirklich oder möglich zugegeben wird[54]. Mithin läßt sich von der Grammatik her nicht eindeutig beantworten, ob V.16bα eine reale oder hypothetische Situation anspricht. Mit Richard Reitzenstein ist darum festzustellen, daß Paulus das Perfekt wählt, um die Abgeschlossenheit des konzedierten Umstandes herauszustellen, weil er "zwei Zeiten und Denkweisen ... einander schroff gegenübergestellt"[55] wissen möchte.

Will man den Verfasser von Gal 1f nicht Lügen strafen[56], so ist V.16bα als Annahme zu verstehen. Auf ihr liegt kein Ton, sondern sie dient nur dazu, die Bestimmtheit der Hauptaussage von V.16bß (= V.16a) zu steigern[57]. 2Kor 5,16bα ist eine von Paulus gemachte Hypothese, die aufgrund seines Alters

48 Vgl. Bultmann, 2Kor 157.

49 Reitzenstein, Mysterienreligionen 375: "Mag auch die eine Tatsache oder Annahme an sich richtig sein, die andere ist es darum **nicht**".

50 Vgl. Reitzenstein, Mysterienreligionen 374: "Daß heißt die engen Regeln der Schulgrammatik mechanisch auf einen Schriftsteller übertragen".

51 Falsch Betz, Christuserkenntnis 178; Cerfaux, Christus 116, Anm.1; Fraser, Knowledge 300.

52 So Fraser, Knowledge 300; Bachmann, 2Kor 259f; Bousset, 2Kor 195; ungenau Blank, Paulus 320; Findeis, Versöhnung 141; Pesch, "Christus" 22f; Soucek, Christus 306.

53 Blaß/Debrunner, Grammatik § 371, Anm.1.

54 Vgl. Kühner/Gerth, Grammatik § 578,2.

55 Mysterienreligionen 374.

56 Vgl. Reitzenstein, a.a.O. 377; Lietzmann, Kor 125.

57 Vgl. Reitzenstein, a.a.O. 376: "Nur die entgegengestellte Tatsache soll als sicher erscheinen". Anders Lang, Kor 297, der sich unentschieden äußert.

(Zeitgenosse Jesu) und seiner Reisefreudigkeit (vgl. die Legende Apg 22,3) wirklich sein könnte, von der Paulus aber nicht sagt, ob sie wirklich eingetreten ist[58]. Mit "gesetzt auch[59], ich habe Christus κατὰ σάρκα gekannt"[60], ist dieser Versteil wohl am besten wiederzugeben.

Fällt 2Kor 5,16b α für die Rückfrage nach der Beziehung von Paulus zum irdischen Jesus aus[61], so gilt es in Betracht zu ziehen, ob Paulus mit der Aussage: "so kennen wir einen Christus κατὰ σάρκα jetzt nicht mehr" (V.16bß) in erster Linie auf die Christologie seiner Adressaten eingeht[62]: Daß Paulus also nicht so sehr eine mögliche christologische Ansicht der korinthischen Gemeinde als vielmehr diejenige seiner Kontrahenten in V.16b α anspricht, um sie definitiv zu verwerfen. Eine Erwägung dieser Art anzustellen, heißt nun nicht gleich zu schließen, daß sich die Gegner auf den irdischen[63] Jesus berufen haben[64], während Paulus vielmehr allein am erhöhten Christus[65], präsent im Kerygma[66], Interesse zeigt. Gegen diese Alternative spricht sich schon Paulus selbst aus, wenn er in Röm 15,8 (vgl. 15,3) die irdische Wirk-

---

58 Mit Reitzenstein, a.a.O. 376, der Beispiele von Xenophon, Memorabilia II 2,7, und Euripides, Supplementum 528, beibringt.

59 Εἰ καί ist darum auch in mehr konditionalem ("wenn auch") als konzessivem Sinn ("obwohl") wiederzugeben, vgl. Blaß/Debrunner, Grammatik § 374; offengelassen von Soucek, Christus 305.

60 So Lietzmann, Kor 125; zustimmend Bultmann, 2Kor 157. Vgl. auch Lietzmanns Versuch, von Gal 5,11 her 2Kor 5,16b als einen "hypothetischen Realis" zu erfassen (ebd. 125; übernommen von Georgi, Gegner 257.291).

61 Vgl. Bultmann, 2Kor 157.

62 Für diese "polemische Orientierung" von 2Kor 5,16b haben sich Bultmann, 2Kor 156; Lietzmann, Kor 125; Käsemann, Legitimität 49; Georgi, Gegner 256f; Michel "Erkennen" 22; Friedrich, Gegner 190; Lührmann, Offenbarungsverständnis 56; Blank, Paulus 316, ausgesprochen.

63 Entgegen der in der Literatur z.St. gebräuchlichen Terminologie ist streng zwischen dem "historischen" und dem "irdischen" Jesus zu unterscheiden. Da erst die Aufklärung des 18./19.Jh.s das Problem des Historischen in seiner sachlichen Schärfe herausgearbeitet hat, handelt es sich bei dem "historischen Jesus" im Zusammenhang von 2Kor 5,16 um eine unzulässige Frage der Auslegung an den Text, vgl. Güttgemanns, Apostel 113, Anm. 108.293f; Blank, Paulus 322, Anm.24. 324f; ähnlich äußern sich Dinkler, Verkündiung 175; Schmithals, Gnosis 291, Anm.2.

64 So Bousset, 2Kor 194f; ders., Kyrios 118; Lietzmann, Kor 125; Friedrich, Gegner 190; Kümmel bei Lietzmann, a.a.O. 205; Käsemann, Legitimität 49; Wrede, Paulus 44; Plummer, 2Kor 178; Schoeps, Paulus 81; Georgi, Gegner 290; Windisch, 2Kor 188.

65 Vgl. Bousset, 2Kor 195. Die Folgerung von Furnish, 2Kor 331f, als Gegensatz von "Christus κατὰ σάρκα " "Christus κατὰ σταύρον " anzunehmen, entbehrt jeglichen kontextuellen Hinweises.

66 Vgl. Bultmann, Theologie 293f; ders., Christologie 101; ders., Bedeutung 188f; ders., Begriff 292f.

lichkeit von Christus als διάκονος περιτομῆς in ihrer theologischen Qualität bedenkt und auslegt (15,8bff). Da für das gesamte Urchristentum wie für Paulus Christologie nur vom Standpunkt des Osterglaubens möglich ist[67], hat es einer Prolongation der Basileia-Verkündigung des irdischen Jesus widerstanden, und es wäre 2Kor 5,16b der einzige Hinweis, daß eine Bekanntschaft mit dem irdischen Jesus von Christen/Aposteln zum Zwecke der Legitimation eingesetzt wurde[68].

Da 2Kor 11,4 berichtet, daß es Leute in Korinth gibt, die einen "anderen Jesus verkündigen", so legt es sich nahe zu schließen, daß Paulus eine Christologie angreift, die zwar den irdischen mit dem auferstandenen Christus verbindet, es gleichzeitig aber seiner Meinung nach[69] zuläßt, von einem Christus κατὰ σάρκα zu sprechen, isoliert von seiner Erhöhung durch Gott in der Auferweckung von den Toten.

Nun gibt es in der Tat ein vorpaulinisches Christusbekenntnis[70], das der paulinischen Christologie eigentümlich nahesteht und sich doch zugleich in einem entscheidenden Punkt von ihr unterscheidet. Paulus zieht es im Präskript des Röm (1,3b.4) gewissermaßen als "consensus ecclesiae"[71] zur inhaltlichen Entfaltung[72] des missionarisch wirkenden "Evangeliums Gottes" (1,1b) heran[73], interpretiert es aber durch die prononcierte Voranstellung von περὶ τοῦ υἱοῦ

---

67 Vgl. Güttgemanns, Apostel 198.289; Pesch, "Christus" 27.

68 Dagegen schon Bultmann, Probleme 317f, Anm.32; vgl. Plummer, 2Kor 177.

69 Gegen Georgi, Gegner 256f, bes. 256, Anm.5, der annimmt, daß Paulus in 2Kor 5,16b die Christologie der Gegner direkt zitiert.

70 Lit. neben den Röm-Kommentaren bei Hahn, Hoheitstitel 251f, Anm. 3; Zimmermann, Methodenlehre 195, Anm. 228; Becker, Auferstehung 21, Anm.4.

71 Vielhauer, Geschichte 31; vgl. den "Nachklang" des Bekenntnisses (ebd. 31; vgl. Schweizer, Erniedrigung 91, Anm.359; Hahn, Hoheitstitel 258) in 2Tim 2,8 (anders Wegenast, Tradition 70, Anm. 1).

72 Περὶ τοῦ υἱοῦ αὐτοῦ in Röm 1,3a bezieht sich auf εὐαγγέλιον θεοῦ (1,1b), vgl. Michel, Röm 70; Käsemann, Röm 8; Wilckens, Röm 1, 56.64; Wengst, Formeln 112, Anm. 1, und "ist im Satzzusammenhang die grammatische Voraussetzung für die Anfügung der Bekenntnisformel" (Linnemann, Tradition 271).

73 Für vorpaulinische Tradition in Röm 1,3b.4 sprechen der unpaulinische Sprachgebrauch (paulinische Hapaxlegomena sind ὁρίζω; πνεῦμα ἁγιωσύνης, υἱὸς θεοῦ ohne Artikel, Näheres bei Zimmermann, Methodenlehre 195) sowie folgende sachliche Gründe: Daß Paulus kein theologisches Interesse an Jesu Herkunft "aus dem Samen Davids" zeigt (vgl. Becker, Auferstehung 18; Zimmermann, a.a.O. 195; Wengst, Formeln 112), "die seiner Christologie nicht entsprechende Vorstellung von der Einsetzung Jesu zum Gottessohn" (Wengst, a.a.O. 112; vgl. Wilckens, Röm 1, 58),

αὐτοῦ (1,3a)[74] und seine kommentierende Bearbeitung - paulinischer Zusatz ist wahrscheinlich nur ἐν δυνάμει [75] - in seinem Sinne, so daß seine ursprüngliche Aussage in einem wichtigen christologischen Aspekt abgewanwandelt wird. Diese vorpaulinische hellenistisch-judenchristliche[76] Homologie lautet (rekonstruiert)[77]:

---

daß er den Inhalt des Evangeliums nicht ohne Bezug zur Heilsbedeutung Jesu formuliert (vgl. Becker, a.a.O. 18) und "daß ... ein neutraler Gebrauch von κατὰ πνεῦμα, der dem neutralen Gebrauch von κατὰ σάρκα entsprechen würde, (bei Paulus sich) nicht nachweisen läßt" (Linnemann, Tradition 265; vgl. Kramer, Christos 105, Anm. 363; gegen Becker, a.a.O. 20f) bzw. hier "nicht wie bei dem Apostel anthropologisch, sondern christologisch orientiert" ist (Käsemann, Röm 8; vgl. Schlier, Zu Röm 1,3 209; Linnemann, Tradition 265). - Für formelhaftes Gut sprechen der hymnische Partizipialstil mit der Voranstellung der Verben im Parallelismus und die Artikellosigkeit der Substantive (vgl. Zimmermann, a.a.O. 198f; Vielhauer, Geschichte 31). Die Abgrenzung des **synthetischen** Parallelismus (gegen Käsemann, a.a.O. 8; Schlier, a.a.O. 209.213) ist nicht nur durch "die Unterbrechung und dann die Wiederaufnahme des Zusammenhanges in V.3a und 4b" (Schlier, a.a.O. 208; vgl. Becker, a.a.O. 18f) angezeigt, sondern auch durch die chiastische Gestaltung der beiden (vgl. Schlier, a.a.O. 209f; Becker, a.a.O. 19) parallelen Glieder in Röm 1,3b.4a, in denen sich der generalisierende Ausdruck (vgl. Apg 26,23; anders Hahn, Hoheitstitel 255f; Lietzmann, Röm 25; Wengst, a.a.O. 114, Anm.16) ἐξ ἀναστασέως νεκρῶν auf den gleichfalls mit der Präsposition ἐκ konstruierten, sachlich ebenfalls ein, in diesem Fall genealogisches Signum einer Menschengruppe bezeichnenden Terminus ἐκ σπέρματος Δαυίδ bezieht (vgl. Vielhauer, a.a.O. 31; anders Zimmermann, a.a.O. 199.201; Wilckens, a.a.O. 1,56) und κατὰ σάρκα im ersten Satzglied κατὰ πνεῦμα ἁγιωσύνης (vgl. TestLev 18,11) im zweiten entspricht (vgl. Proksch, Art. ἅγιος ThWNT I 116).

74 Vgl. Gal 1,15f den paulinischen Zusammenhang ἀφορίζω-ὁ υἱὸς αὐτοῦ-εὐαγγελίζεσθαι mit Röm 1,1-3a; s. auch Wengst, Formeln 112; Schweizer, Röm 1,3f 180; Vielhauer, Geschichte 30; Linnemann, Tradition 274; Stuhlmacher, Probleme 382; Käsemann, Röm 8; Michel, Röm 73. Grammatisch folgerichtig wird das Traditionsstück von Paulus in den Genetiv gesetzt (vgl. Kramer, Christos 105, Anm.364; Zimmermann, Methodenlehre 196).

75 Absolutes ἐν δυνάμει 6x im NT, davon relativ häufig (1Kor 4,20;: 15,43; 1Thess 1,5) bei Paulus. Zudem wirkt "die zweite Zeile überladen" (Becker, Auferstehung 22). Zur Begründung paulinischer Redaktion vgl. Zimmermann, Methodenlehre 197f; Schlier, Zu Röm 1,3f 209ff; Kramer, Christos 107; Wengst, Formeln 114; Schweizer, Erniedrigung 91, Anm. 362; ders., Röm 1,3f 180; übernommen von Vielhauer, Geschichte 30f; Wegenast, Tradition 71; anders Hahn, Hoheitstitel 252; Käsemann, Röm 10.

76 Vgl. Schlier, Zu Röm 1,3f 213; Vielhauer, Geschichte 32; Brandenburger, Frieden 20; Wengst, Formeln 116; Becker, Auferstehung 28; Hahn, Hoheitstitel 251; anders Kramer, Christos 108; Käsemann, Röm 10.

77 Bei der hypothetischen Rekonstruktion ist es methodisch geboten, analytische mit synthetischen Urteilen zur Entwicklung einer einheitlichen Überlieferungsgeschichte des Traditionsstückes zu verbinden. Die von Bultmann, Theologie 52, angeregte Überlegung, die beiden κατά-Wen-

(πιστεύω εἰς Ἰησοῦν[78] [Χριστόν][79])
τὸν γενόμενον ἐκ σπέρματος Δαυίδ κατὰ σάρκα
τὸν ὁρισθέντα υἱοῦ θεοῦ κατὰ πνεῦμα ἁγιωσύνης ἐξ ἀναστάσεως νεκρῶν.

Übersetzung:

"(Ich glaube an Jesus [Christus]),
geboren[80] aus dem Samen Davids nach dem Fleisch,
eingesetzt[81] zum Sohn Gottes gemäß heiligem Geist[82] aufgrund der Auferstehung der Toten."

dungen (übernommen von Vielhauer, Geschichte 30f; vgl. Wengst, Formeln 112f; Sand, "Fleisch" 161f) bzw. κατὰ σάρκα und κατά + Akk. von πνεῦμα (Linnemann, Tradition 274, übernommen von Becker, Auferstehung 22) als paulinisch auszuscheiden, läßt sich deshalb, trotz κατὰ σάρκα bei dem Nomen "Christus" in Röm 9,5; 2Kor 5,16 aus formkritischen (chiastische Symmetrie der Kola Röm 1,3b.4a, mündl. Hinweis von Liebers) wie sachlichen Gründen (neutrales "Geist der Heiligkeit" = "Gott in seinem Handeln" [vgl. ἁγιωσύνη als "Gottes Heiligkeit" in der LXX, dazu Wilckens, Röm 1,57; Schlier, Zu Röm 1,3f 212] ist unpaulinisch [so Wilckens, a.a.O. 57; Schlier, a.a.O. 211, gegen Vielhauer, Geschichte 30; Wengst, Formeln 113], da ἁγιωσύνη von Paulus in 2Kor 7,1; 1Thess 3,13 paränetisch verwendet wird) nicht erweisen (vgl. Kramer, Christos 106; mit anderer Begründung Schweizer, Röm 1,3f 180ff). Gebraucht Paulus zwar in Gal 4,29 κατὰ σάρκα-κατὰ πνεῦμα **antithetisch**, so liegt - auch ohne die κατά -Wendungen - in der Formel ein **synthetischer** Parallelismus vor, mit Aussageschwerpunkt über ein und dieselbe Heilsperson im zweiten Glied (Gottessohnprädikation; vgl. Stuhlmacher, Probleme 382; Wengst, Formeln 115). "Daß die beiden Glieder der Formel einmal für sich existierten und erst nachträglich zusammengefügt wurden, ist nicht anzunehmen, da ihre genaue Entsprechung in der parallelen Gliederung deutlich ist" (Blank, Paulus 251, gegen Zimmermann, Methodenlehre 201f; Schlier, Zu Röm 1,3f 213).

78 So der Vorschlag von Kramer, Christos 105; Linnemann, Tradition 274 (übernommen von Becker, Auferstehung 24). Aufgrund der Ergänzung von Verb und Objekt ist die Setzung der Formel in den Akk. grammatisch folgerichtig (vgl. Linnemann, a.a.O. 274).

79 So der Vorschlag von Wengst, Formeln 112 (übernommen von Vielhauer, Geschichte 30f). Da die Formel erst mit Ostern eine titulare Hoheitsaussage macht, ist der Vorschlag, Ἰησοῦ Χριστοῦ τοῦ κυρίου ἡμῶν (Röm 1,4b) als Subjekt der Formel anzunehmen (Schlier, Zu Röm 1,3f 208; Lit. ebd. 208, Anm.3), aufgrund der Vorwegnahme eines Würdetitels (κύριος) ab zulehnen (vgl. Linnemann, Tradition 274; Wengst, a.a.O. 112; ungenau Becker, Auferstehung 24).

80 Zum Sprachgebrauch vgl. Gal 4,4; Phil 2,7.

81 Zum Sprachgebrauch vgl. Apg 10,42; 17,31.

82 "Geist der Heiligkeit" entspricht "heiligem Geist" (vgl. LXX Ps 50,13; Trjes 63,10f), ohne daß ein sachlicher Unterschied besteht, vgl. Procksch, Art. ἅγιος ThWNT I 116.

Diese messianische "Inthronisationsformel"[83] deutet Jesus als Heilsperson auf dem Hintergrund von natürlicher Abstammung und göttlicher Auferstehung. Er erfüllt die Bedingung frühjüdischer Messianologie, weil er sich genealogisch auf die Davids-Familie zurückführen läßt (vgl. Mt 1,1.20; 1,1ff; Lk 1,27; 2,4; 3,23ff)[84]. In sein endzeitliches (vgl. Apg 26,23)[85] hoheitliches Amt als königlicher "Sohn Gottes"[86] (1Thess 1,10) aber ist er mit seiner Auferstehung von den Toten[87] von Gott[88] eingesetzt worden. Blickt dieses Bekenntnis nicht isoliert zurück auf Jesus als den Irdischen[89], sondern auf ihn als den

83 Becker, Auferstehung 27; vgl. Blank, Paulus 253. Als synthetischer Parallelismus will die Formel als von Glied 1 zu Glied 2 fortschreitende Aussage verstanden werden, so daß im zweiten Teil der Aussagezielpunkt liegt. Mit Teil 1 wird nicht von einer irdischen "Messianität Jesu" (so Wegenast, Tradition 72; vgl. Hahn, Hoheitstitel 253.258; der messianische Titel "Sohn Davids" kommt hier gar nicht vor, vgl. Linnemann, Tradition 267; Wengst, Formeln 114; Becker, a.a.O. 25, gegen, Kramer, Christos 107; Blank, a.a.O. 254; Käsemann, Röm 9), und natürlich auch nicht Jesus neutral "als irgendein Abkömmling aus davidischen Geschlecht gekennzeichnet" (so richtig Brandenburger, Frieden 19), sondern durch die Verknüpfung von Teil 1 ("Messiasprätendent") mit Teil 2 ("Einsetzung") wird gemäß atl. Modell (vgl. das Verhältnis von "Davidsdynastie-Verheißung" [2Sam 7,8-14] als conditio sine qua non der "Inthronisation" [Ps 2,7f] des davidischen Königs in dem davidischen [2Sam 24,24] Staatsheiligtum) der Davidssproß Jesus als "königlicher Sohn Gottes" (Brandenburger, a.a.O. 19; vgl. Thüsing, Christum 145) bekannt: gemäß göttlichem Pneuma, kraft seiner Auferstehung von den Toten (vgl. Apg 2,23 bes. mit V.25.31.33; 10,42; 17,31). Das Gliederungsprinzip der Formel ist also nicht der räumliche Unterschied (so 1Tim 3,16; mit Brandenburger, a.a.O. 19, gegen Schweizer, Röm 1,3f 187; ders., Erniedrigung 92; Hahn, a.a.O. 252f; Blank, a.a.O. 251), auch nicht der qualitative (gegen Kramer, a.a.O. 105f; Wegenast, a.a.O. 72), sondern die **zeitliche** Differenz (vgl. Hahn, a.a.O. 257.257, Anm. 4; Linnemann, Tradition 268).

84 Vgl. Wengst, Formeln 114.

85 Zur Auferstehungshoffnung als Signum der Endzeit vgl. äthHen 51,1.

86 Brandenburger, Frieden 19; vgl. Wengst, Formeln 115; Vielhauer, Geschichte 31.

87 Die alte Streitfrage, ob das ἐκ kausal oder temporal verstanden werden muß, ist mit Wengst, Formeln 114, Anm. 17 (vgl. Becker, Auferstehung 24), folgendermaßen zu beantworten: "Wenn die Ursache, die mit ἐκ bezeichnet wird, ein bestimmtes Ereignis ist, dann ist klar, daß das, was dieses Ereignis bewirkt hat, seitdem gilt" (vgl. auch ebd. 115).

88 Hahn, Hoheitstitel 256: "κατὰ πνεῦμα ἁγιωσύνης besagt somit, daß die machtvolle Einsetzung zum Gottessohn ... unter der ausschließlichen Wirkung und im uneingeschränkten Herrschaftsbereich des Geistes der göttlichen Heiligkeit erfolgt ist".

89 Vgl. Wengst, Formeln 115.

Erhöhten, weil inthronisierten eschatologischen Messiaskönig[90], so beschreibt diese vorpaulinische Adoptions-Christologie doch einen irreversiblen zeitlichen Weg Jesu, beginnend mit seinem irdischen Stadium als jüd. Messiasprätendent hin zu seinem himmlischen und gegenwärtigen als Sohn Gottes[91].

Ganz anders jedoch Paulus: In seiner Theologie, die formal als judenchristliche bezeichnet werden darf, spielt die Davidssohnschaft Jesu einschließlich messianologischer Überlegungen keine Rolle. Obgleich er anerkennt, daß der Christus τὸ κατὰ σάρκα (Röm 9,5) aus dem jüd. Volk stammt, betont er, daß die Abstammung keine Garantie des Heils, kein Abonnement göttlicher Gnade ist (Röm 9,6ff). Wenn Paulus von der Heilsperson mit dem Namen "Jesus Christus" spricht, meint er den Kyrios in Herrlichkeit, jenseits messianologischer Prädikate[92]. Christus ist für ihn der präexistente "Sohn Gottes" von Ewigkeit her (vgl. Röm 8,32; 2Kor 8,9; 13,4, die traditionellen "Sendeformeln" Gal 4,4; Röm 8,3 sowie den Hymnus Phil 2,6-11)[93] und nur als solcher Bestandteil des Evangeliums (vgl. Röm 1,9; 1Kor 1,9; 2Kor 1,18; Gal 1,15f). Aus diesem christologischen Interesse stellt Paulus in Röm 1,3 der übernommenen christologischen Formel den Gottessohntitel voran[94] und verankert durch das zum Ausdruck "eingesetzt zum Sohn Gottes" adverbial gestellte "in Macht" (V.4a) die herrscherliche Machtstellung des Gottessohnes[95], dessen Einsetzung

90 Vgl. Becker, Auferstehung 28; Brandenburger, Frieden 20; Vielhauer, Geschichte 31; Wengst, Formeln 115. Der Sitz im Leben dieser "christlichen Messianologie" (Becker, a.a.O. 29) - die titulare Kennzeichnung des Messiaskönigs als "Sohn Gottes" scheint urchristliche Bildung zu sein (vgl. Lohse, Art. υἱός ThWNT VIII 361-363) - dürfte in der Entfaltung des christlichen Auferstehungsglaubens unter den Bedingungen frühjüdischer Messianologie sein: Sie richtet sich gegen das politisch-nationale Messiasbild (vgl. PsSal 17; Zelotismus) und tritt ein für Jesus (Christus) als den, nicht zu Lebzeiten, sondern nach seinem Tod zur Herrlichkeit erhöhten Weltherrscher, der seine Friedensherrschaft (vgl. Brandenburger, a.a.O. 21) durch den Geist in der Mission unter den (Heiden-)Völkern (vgl. Ps 2,8; PsSal 17,3) inszeniert (vgl. Becker, a.a.O. 29). Aufgrund soteriologischer Interpretation des Gottessohntitels in einem vorpaulinischen Taufruf Gal 3,26-28 (s.o. Hauptteil B 2.6.2.3) ist das Traditionsstück als 'Taufbekenntnis' zu bezeichnen (vgl. Wengst, Formeln 116).

91 Vgl. Käsemann, Röm 11.

92 S.o. Hauptteil B 2.6.2.1, Anm.52.

93 Vgl. Becker, Auferstehung 20; Güttgemanns, Apostel 293.

94 Vgl. Wegenast, Tradition 75.

95 Vgl. Wengst, Formeln 114.

"nicht als Beginn seiner Gottessohnschaft überhaupt verstanden werden kann"[96].

Mit diesen Überlegungen zum Verhältnis von vorpaulinischer und paulinischer Christologie am Beispiel von Röm 1,3f ist für das Verständnis von 2Kor 5,16b ein Analogon ersten Ranges entdeckt. Wenn es zutrifft, daß die von einem vorpaulinischen Bekenntnis angesprochene Davidssohnschaft Jesu (Christi) in eben diesem Bekenntnis mit der Präpositionalwendung κατὰ σάρκα versehen wird, so ist der "Christus kata sarka" von 2Kor 5,16b die paulinische "Kurzform" für eine Christologie, deren erstes Interesse der Deutung des irdischen Jesu gilt. Und wenn Paulus die die himmlische Präexistenz von Christus ausschließende Bekenntnisformel von Röm 1,3f[97] gerade im Sinne der Präexistenz korrigiert, dann kritisiert Paulus in 2Kor 5,16bß (οὐκέτι γινώσκομεν) eine hell.-judenchristliche Christologie[98], die den Zugang zu Christus von einer christologischen Bestimmung seiner irdischen Existenz her, z.B. als jüd. Messiasprätendent, her nimmt und beginnen läßt[99]. Für Paulus aber ist dieser Weg zu Christus ausgeschlossen, denn Christus ist bereits immer als Irdischer Gottes Sohn in Herrlichkeit.

Die Probe aufs Exempel zu machen, heißt in diesem Fall, wenn es gelingt, die durch Analogieschluß erkannte paulinische Kritik an einer (z.B. "messianologischen") Christologie (= 2Kor 5,16b) in nahtloser Entsprechung mit seiner

96 Wilckens, Röm 1,59; vgl. ebd. 65; Schlier, Zu Röm 1,3f 210. Im Kontext des Röm denkt Paulus an das Evangelium von Jesus Christus als die Völker rettende worthafte "Kraft Gottes" (1,16; 15,19).

97 Vgl. Becker, Auferstehung 20, der darauf hinweist, daß das Glaubensbekenntnis Röm 1,3b.4a trotz des Sohnestitels aufgrund Satz 1 ("aus dem Samen Davids") eine Präexistenz ausschließt (vgl. Käsemann, Röm 9). Das ist folgerichtig, denn "dem jüdischen Messias ben David eignet von Haus aus keine Präexistenz, weil sie sich gegen den konstitutiven genealogischen Gedanken sperrt" (ebd. 26).

98 Vgl. Georgi, Gegner 290; Lührmann, Offenbarungsverständnis 56: "Was Paulus von diesem Judenchristentum trennt, ist ... eine andere Christologie".

99 Die Textbasis für diese christologische Variante von Röm 1,3f läßt sich über den christologischen Schriftbeweis (Pesch, Apg V/2 31) von Apg 13,32-37 erweitern. Hier wird in einer Paulusrede anders als in Mk 1,11 parr. Ps 2,7 in V.33 auf die Auferweckung Jesu bezogen und im anschließenden V.34 mit Jes 55,3 (zu den Einzelheiten vgl. Pesch, a.a.O. 39) in dem im Himmel zum Sohn Gottes inthronisierten Christus die Erfüllung der messianischen Verheißungen an Davids Nachkommen (vgl. 2Sam 7,12) gesehen. Pesch, a.a.O. 38, hält dementsprechend Apg 13,33f für ein zu Röm 1,3f "analoges christologisches Kerygma".

missionarischen Sicht vom Menschen (V.16a.17) zu sehen. Und das ist der Fall: Will Paulus aufgrund des Christus-Kerygmas (V.14b.15) in seiner apostolischen Predigt den Menschen immer auf seine ihm im verbum promissionis zugeeignete eschatologische **Vor**-Geschichte der "neuen Schöpfung" ansprechen, so ist seiner Ansicht nach von Christus, so gewiß er auf Erden lebte und starb, nur ausgehend von seiner **prä**existenten Hoheit als "Sohn Gottes" zu sprechen. Wie die Verkündigung des Kerygmas nicht an der (alten) Vorfindlichkeit des Menschen anknüpft, um diese etwa "monistisch-evolutionär in eine Vollendung hinein(zu)steigern"[100], so kann auch die Christologie keinen Zugang zu Christus von seiner irdischen Existenz her begründen.

Wer das Ereignis der Auferstehung Christi nur als eine Christi Leben und Sterben nachgeordnete Veranstaltung Gottes ansieht, die die irdische Christusgeschichte göttlicherseits ins Recht setzt, geht nach Paulus an der "theologischen Tiefe" der Auferstehung als dem eschatologischen Geschehen vorbei. Als schlechthinniges eschatologisches Ereignis repräsentiert der auferweckte Christus die göttliche ewiggroße Fülle von Zeit und Geschichte in einer Person, die nicht nur der irdischen Existenz des Christus, sondern auch der ganzen Welt und ihrer Geschichte vorausgeht.

3.8 Zur Auseinandersetzung zwischen Paulus und seinen Kontrahenten in Korinth

In Entsprechung zur oben geforderten Methodologie einer Exegese von 2Kor 5,14-17 (s.o. Hauptteil B 3) ist nun am Schluß zu fragen, in welcher Weise es Paulus mit diesem Abschnitt gelingt, sich von der gegnerischen Evangeliumsverkündigung entscheidend abzusetzen. Es gilt also, die von Paulus in der polemischen Einleitung geäußerte Absicht zu würdigen (V.12b.c), mit 2Kor 5,14-6,2 insgesamt der korinthischen Gemeinde einen Anlaß zum Ruhm seines Apostolates gegenüber dem seiner Gegner zu geben.

---

100 Kessler, Bedeutung 313, der im Anschluß an Georgi, Gegner 299, die von Paulus abgelehnte Position wiedergibt.

In dieser Frontstellung möchte Paulus mit den Versen 2Kor 5,14-17 über ein betont herausgestelltes "apostolisches Wir" (V.14a.16a)[1] eine aus dem Kerygma erwachsene theologische Sachentscheidung in Abgrenzung zur Verkündigung seiner Gegner herausstellen. Dabei geht Paulus auf zweierlei Weise vor: Erstens, indem er einen gegen sein Apostolat gerichteten grundsätzlichen Vorwurf von dem apostolischen Kerygma selbst entkräften (s. die Wiederaufnahme von V.12a in V.15aß)[2] und damit vice versa das Apostolat seiner Gegner in einem falschen Licht erscheinen läßt (a) und zweitens, indem er die Christologie und die theologische Anthropologie seiner Gegner direkt angreift (V.16f)[3]. Bleibt zu eruieren, ob sich diese Einzelheiten als Teile eines Puzzles zu einem Gesamtbild des gegnerischen Apostolats zusammensetzen lassen (b).

Ad a: Rekapituliert man kurz, daß Paulus in der polemischen Einleitung des Abschnitts in subtil-hintergründiger Weise über die Antithese πρόσωπον-καρδία eine göttliche Legitimation für das gegnerische Apostolat in Frage stellte (2Kor 5,12c), um sie gleichzeitig für seinen Aposteldienst zu beanspruchen (vgl. 5,11b) so läßt sich die argumentative Abwehr einer (menschlichen) Selbstempfehlung aus dem Kerygma als sachliches Pendant innerhalb einer dualistisch angelegten Legitimationsproblematik erkennen. Paulus stellt sich unter das Kerygma[4] und sieht sein Apostolat von dem Vorwurf menschlicher Egozentrik gereinigt[5] (V.15aß). Die Liebe Christi als reziprokes Geschehen

1 Vgl. Betz, Christuserkenntnis 174; Plummer, 2Kor 176.

2 Gegen Findeis, Versöhnung 139, der 2Kor 5,14f in seinem argumentativen Gehalt auf V.12c ("Kauchesis-Destruktion") bezogen sieht, und damit den von Bultmann in die Auslegung des paulinischen "Sich-Rühmens" eingebrachten existenztheologischen Gegensatz von "selbstbezogener Existenz" (= die Gegner) und "selbstlosem Leben für Christus" (= Paulus) zur Klärung der Aussagerichtung der V.14f einträgt (ebd. 139). Bedenken hätten sich gegen diese Auslegung dadurch erheben müssen, daß bei der paulinischen "Sich-Rühmens-Thematik" nirgends ein positives καυχᾶσθαι ἐν καρδίᾳ (vgl. V.12c) erscheint. Für Paulus liegt die Aussagespitze der V.14f in dem Entweder-Oder, entweder menschliche Selbstempfehlung (V.12a) oder göttliche Fremdbestimmung des Apostolats, konkret: durch Christus (V.14f), was für ihn gleichbedeutung mit einer Empfehlung durch Gott selbst ist (vgl. 2,17; 5,19).

3 Um im folgenden Wiederholungen zu vermeiden, wird auf das in Hauptteil B 3.7.3 Ausgeführte verwiesen.

4 Dazu Reitzenstein, Mysterienreligionen 373: "Wieder (sc. in V.14f) durchdringen sich zwei Gedanken: 'Für alle Menschen ist Christus gestorben ...' und 'Gestorben bin ich (sc. Paulus) ...'".

5 Vgl. Wendland, Kor 202: "Darum ist auch Paulus von der Selbstsucht befreit"; Findeis, Versöhnung 139: Da Paulus "allein von der Agape Christi gedrängt wird" ist er "von jeder Selbstbezogenheit frei".

zwischen Christus und dem Menschen macht dem Menschen eine fremde Herkunftsgeschichte zu eigen, die als Geschichte seines Todes in Christo ihn zu einem neuen Leben, frei von sich selbst, befähigt. Da Christus diese eschatologische Urgeschichte dem Menschen verbürgt, wird Christus zum Zentrum des Christenlebens, wird Christus zum Zentrum des paulinischen Apostolats. Wenn aber das paulinische Apostolat in existential-theologischer Beweisführung Christus als den einzigen Mittelpunkt seiner apostolischen Mission darlegen kann, dann stehen die Gegner als solche da, deren Apostolat und deren Mission elliptisch um zwei Pole kreist: Christus und sie selbst. Ein "schiefes" Evangelium aber kann kein göttliches sein.

Ad b: Wurde bereits bei dem sich ablehnend äußernden Vers 2Kor 5,16 eine Entsprechung zwischen der von Paulus zurückgewiesenen Christologie (V.16b) und ihrer missionarischen Sicht vom Menschen (V.16a) festgestellt (s.o. Hauptteil B 3.7.3), so ist diese Korrespondenz um die paulinische Charakterisierung seiner Rivalen zu erweitern (V.12c). Will Paulus es nicht zulassen, abstrahiert von der Erhöhung Christi über einen Christus nach seiner **irdischen Herkunft** zu reden, und will er bei der Frage nach dem Menschen coram evangelio den Menschen nicht auf seine **eigene**, sondern auf seine neue Urgeschichte ansprechen, so harmoniert damit, daß Paulus seine judenchristlichen Gegner als solche apostrophiert, die sich ihrer äußeren Vorzüge rühmen (καυχᾶσθαι ἐν προσώπῳ), Qualitäten, die, wie einer anderen Stelle zu entnehmen ist (2Kor 11,21ff), in ihrer vortrefflichen **jüd. Herkunft** liegen. Da V.12c den polemischen Horizont von den V.14ff, V.16 die polemisch orientierte soteriologische Konsequenz des paulinischen Kerygmas abgeben, liegt es nur allzu nahe zu vermuten, daß das andere Selbstverständnis des gegnerischen Apostolats, seine andere Christologie und sein anderer missionarischer Umgang mit dem Menschen auf einem anderen Evangelium beruhen (vgl. 2Kor 11,4). Dieses ist als theologisches Programm, diametral entgegengesetzt dem paulinischen, aus den V.14f herauszuarbeiten.

Da Paulus sein theologisches Paradigma in 2Kor 5,14-17 von der Kreuzestheologie in Gal 6,14f zum Urmensch-Denken von Christus abändert, ist hier der Ansatzpunkt zur Erhebung des entscheidenden theologischen Differenzpunktes zwischen Paulus und den Anti-Paulinisten zu suchen. Wenn es Paulus mit dem Urmensch-Motiv Christus gegenüber der Kreuzestheologie besser gelingt, die im Christusgeschehen enthaltene präsentisch-eschatologische und universale Komponente einer **neuen heilsgeschichtlichen Verfassung der Welt** zu betonen, dann bildet das Gegenstück dazu eine Theologie, die Altes mit Neuem verbindet[6], die einer bestehenden Heilsordnung ihre neue Dimension, Christus, synthetisch zuordnet, die sich die eine Heilsgeschichte nur linear-fortlaufend zu Größerem entwickeln und vollenden sieht[7]. Wer die Auferstehung als konsequente Fortführung der irdischen (z.B. messianischen) Existenz des Christus erkennt, der spricht mit diesem Evangelium einen Menschen zuerst auf seine bisherige Existenz an, um sie mit dem Evangelium über das Menschenmögliche hinaus zu steigern. Wer Gottes Heil in Christus als "evolutionäre" Erscheinung der bestehenden Heilsordnung zu ihrer Vollendung wahrnimmt, dessen Selbstverständnis als Apostel ist davon geprägt, zuerst mit sich selbst anzufangen, zuallererst mit dem Rühmen seiner Vorzüge heilsgeschichtlicher Art.

Wer aber mit Paulus der Auferstehung Christi von den Toten in der Weise nachdenkt, daß die Auferstehung nicht den Tod aufhebt, sondern im Gegenteil festhält, der wird Christus als die eschatologische Wende in der Zeit, die eine alte Heilszeit sterben läßt[8] und eine neue Heilszeit zwischen Gott und den Menschen einleitet, auslegen. Eine Heilszeit, in der der Wille Gottes zum Heil und Leben des Menschen in der apostolischen Mission derart zur Geltung gebracht wird, daß der Mensch nicht mehr auf seine **vorfindliche Geschöpflichkeit,** sondern auf die ihm in Christus zugehörige eschatologische **"neue Schöpfung"** angesprochen wird. Wer wie Paulus den Gestorbenen und Auferweckten zur Mitte des Apostolats erklärt, der wird sein Selbstverständnis als Apostel nur als ein doppelt gebrochenes darstellen können. Er wird in der Erfahrung von Leid und Trauer die Erfahrung des Lebens ausmachen (vgl. 2Kor 4,7-12; 6,3-10) und eigene menschliche Vorzüge doch nicht zum Selbstruhm einsetzen (vgl. 2Kor 3,3-6). Die eschatologische Bewertung des Christusereignisses in seiner **revolutionär-neuen** Qualität bildet demnach den entscheidenden Unterschied zwischen dem paulinischen Evangelium und dem seiner judenchristlichen Gegner in Korinth.

---

6 Vgl. Lührmann, Offenbarungsverständnis 56: "Was Paulus von diesem Judenchristentum trennt, ist ..., daß er einen schärferen Bruch zwischen Altem und Neuem sieht".

7 Vgl. Kessler, Bedeutung 313, im Anschluß an Georgi, Gegner 299.

8 Vgl. Lietzmann, Kor 126: "... die beiden Lebensformen sind durch einen Tod geschieden".

3.9 Zusammenfassung

Innerhalb der **fundamentaltheologisch** argumentierenden "Apologie des paulinischen Apostolats" von 2Kor 2,14-6,13; 7,2-4 besitzt der Abschnitt 5,12-6,2 die Funktion, die **präsentisch-soteriologische Dimension** des apostolischen Dienstes zu erläutern. Adressat ist die Gemeinde in Korinth (vgl. 6,12), der Paulus diese Apologie, eingefaßt zu einem apostolischen Brief (1,1-2,13; 7,2ff, 9 ?), zur Vorbereitung seines (dritten) Besuches zusendet. Sie soll, so drückt es 2Kor 5,12 für die folgenden V.14ff aus, die paulinischen Äußerungen zur stolzen Verteidigung seines Apostolats gegenüber dem seiner Gegner verwenden, die während seiner Abwesenheit von Korinth gegen ihn dort agitieren. Allein das von Paulus und seinen Mitarbeitern vertretene Verständnis von Evangelium und Amt verbürgt den Korinthern ihr eschatologisches Heil in Christus (vgl. 1,14). Paulinischer Wunsch ist, daß es nach einer Zeit der Entfremdung wieder zu einem Miteinander zwischen ihm als Apostel und der Gemeinde in Korinth kommt.

Durch missionarische Konkurrenz zur Reflexion über die Legitimation seines Apostelamtes gezwungen, durchdenkt Paulus das Grundproblem des Apostolats, daß er als einfacher **Mensch** einen Dienst von **göttlicher** Qualität vollbringt, wenn er Menschen in seiner apostolischen Mission das ihnen Leben gewährende eschatologische Heil in seiner Verkündigung eröffnet oder versagt (vgl. 2Kor 2,15ff). Im zweiten Teil der Apologie (5,12ff) versucht er in besonderer Weise darzulegen, daß sein ganzer Dienst - er geschehe in Ekstase oder vernünftiger Rede (V.13) - vor Gott verantwortet wird (vgl. 2,17). Ja, in dem polemischen Eingang von 2Kor 5,14ff gibt Paulus in V.12 implizit seiner Überzeugung Ausdruck, daß er sich göttlicher Zustimmung zu seinem Amt sicher ist, während er seinen Kontrahenten nur menschliches Lob zubilligt. Um die Transparenz seines Apostolates für Gott zu demonstrieren, legt er in einer Art **Kompendium zur Theorie des paulinischen Apostelamtes** in dialektischer Rede dar, daß nicht er selbst, sondern Christus die theologische Mitte seines Apostelamtes bildet (Teil 1: V.14-17), und daß nicht er selbst, sondern Christus in seiner apostolischen Verkündigung zu Worte kommt (Teil 2: 5,18-6,2). Näherhin beantwortet der erste Abschnitt die beiden Fragen: 1. Was ist der Inhalt, das Kerygma des paulinischen Apostelamtes (V.14f), und 2. Wer ist der Mensch, dem dieses Kerygma in der apostolischen Mission verkündigt werden soll (V.16)? Um bei seinem letzten Anliegen Unmißverständlichkeit zu erreichen, rekurriert Paulus auf eine Analogie in der direkten Christologie (V.16b).

Mit Hilfe der aus hell. Freundschaftsethik stammenden urchristlichen Tradition vom stellvertretenden Tod Christi für seine Gemeinde, die er wahrscheinlich einer Art Chrestomathie urchristlicher Deutungen des Christusereignisses entnimmt, expliziert Paulus die soteriologische Bedeutung dieses Ereignisses. Und zwar als Geschehen wahrer Liebe, die sich darin zeigt, daß Christus mit seinem stellvertretenden Tod den gottlosen Menschen vor dem göttlichen Zorn bewahrt und damit sein Leben erhalten hat, so daß der Mensch, dem dadurch eine heilvolle Zukunft eröffnet ist, seinem Retter, Christus, in aktiver Liebe zugetan ist. Die Pointe paulinischer Soteriologie besteht nun darin, daß er dieses ekklesiologisch begrenzte Evangelium vom Heilstod Christi im Sinne seines universalen Evangeliums erweitert. Die Auferstehung Christi von den Toten ist als **das eschatologische Heilsereignis** in Zeit und Geschichte für Paulus erst dann adäquat verstanden, wenn es als Gottes heilvolle Zukunft für **alle** Menschen ausgelegt wird. Im Urmensch-Motiv findet Paulus die dem weltwendenden Auferstehungsereignis angemessene Deutungskategorie. Christus als **eschatologischer Urmensch** gibt jedem Menschen an seiner Geschichte Anteil. Im Christusereignis ist deshalb der Tod und das Leben aller Menschen enthalten. Da der Tod den Menschen von seiner eigenen Geschichte trennt, ist der in Christus durch den Tod zum Leben gelangte Mensch frei von sich selbst, um die ihm geschenkte fremde Geschichte als seine eigene, Christus als seine Lebensmitte zu leben.

Diese Bedeutung des Christusereignisses als **eschatologische Wende der Welt** durchdenkt Paulus anschließend für die Wirklichkeit des Menschen coram evangelio (2Kor 5,16f). Da die Verse sich als konsequente Folgerungen aus dem Kerygma (V.14f) geben, beziehen sich der von Paulus in ihnen angesagte Wandel der Zeit und der Wandel der eschatologischen Existenz des Menschen auf das Datum des Christusereignisses. Das Argument gegen die hier vermutete Verarbeitung seiner eigenen Bekehrungserfahrung besteht darin, daß Paulus die antithetisch operierende Geschichtstheologie des atl. Propheten (Dtjes 43,18.19a) zur Deutung des Christusereignisses als epochaler Wende von Gottes **alter Heilsgeschichte** mit dem Menschen zu einer **neuen** einsetzt. **Seit** diesem weltbewegenden Ereignis definiert sich der Mensch für Paulus über das Christusereignis: Und zwar nicht als Produkt des inspirierenden Christus-Pneumas und auch nicht über das zu neuem Sein transformierende Taufgeschehen, sondern über die seiner individuellen Glaubenserfahrung vorgehende neue urgeschichtliche Relation zu Christus. Der eschatologische Terminus "neue Schöpfung" bringt für Paulus prägnant zum Ausdruck, daß der Mensch über Christus zu der aus dem Tod geretteten "neuen Schöpfung" gehört. Er ist als **Leitbegriff** der **theologischen Anthropologie** des Paulus zu bezeichnen. Als Leitlinie paulinischer Mission verdeutlicht er, daß das Evangelium keinen Anknüpfungspunkt bei der bisherigen Geschichte des Menschen κατὰ σάρκα sucht, sondern den Menschen immer bereits auf seine vom Evangelium selbst garantierte neue Herkunftsgeschichte in Christus ansprechen will. Da Paulus mit der im lokalen Vorstellungsbereich angesiedelten ἐν - Χριστῷ - Formel die soteriologische Verfaßtheit des Menschen in der eschatologischen Urgeschichte von Christus abbreviaturartig zusammenfaßt, läßt sich der Ausdruck καινὴ κτίσις sowohl als relationaler als auch existentialanalytischer Begriff vom Menschen verstehen. Bleibt nochmals darauf hinzuweisen, daß der Begriff "neue Schöpfung" seine Funktion im Zusammenhang paulinischer Missionstheologie besitzt. Eine Ontologisierung des Begriffes in dem Sinne, daß seit Christus jeder Mensch "neue Schöpfung" sei, ist darum auszuschließen.

Daß der gesamte theologisch stringent argumentierende Abschnitt auf dem Hintergrund der Auseinandersetzung zwischen Paulus und seinen Gegnern gelesen werden will, läßt der eindeutig polemisch orientierte Vers 2Kor 5,16b erkennen. Paulus geht hier hypothetisch auf den christologischen Ansatz seiner Kontrahenten ein, um am Beispiel der Christologie nochmals den Chrarakter des Evangeliums als verbum promissionis zu erläutern. Anhand der paulinischen Bearbeitung des urchristlichen Bekenntnisses von Röm 1,3f im Sinne der Präexistenz von Christus als Sohn Gottes läßt sich die paulinische Kritik an einem Christus κατὰ σάρκα verständlich machen. Paulus wendet sich mitnichten gegen den Versuch, die Bekanntschaft mit dem irdischen Christus zum Zwecke der eigenen Legitimation einzusetzen, sondern geht gegen eine judenchristliche Christologie vor, die die Auferstehung als göttliche Bestätigung der irdischen Existenz Jesu derart ausgelegt, daß der irdische Christus, z.B. hinsichtlich seines messianischen Anspruchs, eine eigene theologische Qualität erhält.

Diese Christologie ist für Paulus Bestandteil eines judenchristlichen theologischen Programms, das ein anderes Selbstverständnis des Apostolamtes inklusive einer anderen theologischen Anthropologie, ja, ein anderes Evangelium propagiert (vgl. 2Kor 11,4). Er bekämpft diese judenchristliche Theologie, die Altes mit Neuem zu einer harmonischen Einheit verbindet, die Gottes Heilsgeschichte sich linear-evolutionär in Christus vollenden sieht. Im Rahmen dieses Ansatzes ist die irdische Existenz Christi im Sinne der (messianischen) Vollendung göttlicher Heilsgeschichte transparent, besitzen die herausragenden Vorzüge der Träger des Apostelamtes theologisch-heilsgeschichtliche Qualität und spricht das Evangelium den Menschen auf seine geschöpfliche Existenz an, um die in ihr enthaltenen Möglichkeiten mit dem Evangelium über das Menschenmögliche hinaus zu steigern.

Demgegenüber hat für Paulus Gott mit dem von den Toten Auferstandenen das Ende des Alten und den Beginn des Neuen verfügt: vorrangig in einer neuen heilsgeschichtlichen Orientierung der Gegenwart auf Christus. Der Mensch ist deshalb nicht auf seine eigene, sondern auf die ihm im Evangelium geschenkte neue eschatologische Existenz in Christus anzusprechen. Das Selbstverständnis des Apostels besteht darum auch nicht in der Darstellung eigenen Vermögens, sondern in der Abbildung von Sterben und Auferstehen Christi. Zu Christus selbst führt keine Deutung seines irdischen Lebensweges, sondern nur seine Anerkenntnis als Sohn Gottes.

SCHLUSS

Zum Abschluß dieser Studie geht es darum, aufgrund der von Gal 6,11ff und 2Kor 5,12-17 gewonnenen Einsichten zu einer exegetischen Standortbestimmung in der Diskussion um das paulinische "neue Schöpfung" zu kommen (1). Da Paulus diesen Begriff zur Entfaltung seines eigenen theologischen Standpunktes verwendet, wird abschließend versucht, das systematisch-theologische Anliegen der paulinischen Neuschöpfungsaussage zu würdigen (2).

1 Zusammenfassung

Einzusetzen ist mit der religionsgeschichtlichen Vorgabe, daß der Begriff καινὴ κτίσις **vorpaulinischen,** d.i. frühjüdischen Ursprungs ist (Jub 4,26; vgl. 1,29; 11QTemple 29,9)[1]. Er hat sich in der schriftgelehrten Theologie des Frühjudentums aus der prophetischen Verheißung von Dtjes 43,19 zu einem Konsensbegriff für das endzeitlich-eschatologische Heil der Welt entwickelt (vgl. 1QH 13,11ff; 1QS 4,25; äthHen 72,1; Jub 1,29; 11QTemple 29,9). Bevor Paulus diesen Begriff zum ersten Mal im Gal verwendet (Gal 6,15), besitzt er bereits eine entscheidende Bedeutung im vorpaulinischen Christentum. Paulus übernimmt "neue Schöpfung" also nicht direkt aus der Eschatologie des Frühjudentums, sondern zitiert ihn im Gal in einer theologischen Formel hell.-urchristlicher Theologie (vgl. Gal 6,15 mit 1Kor 7,19; Gal 5,6). Die Schnittstelle zwischen frühjüdischer und urchristlicher Verwendung des Begriffes "neue Schöpfung" befindet sich also in der vorpaulinischen Theologie. Hier wird der Fachterminus für das Endheil zu einem endgeschichtlichen soteriologischen Grundsatz umgeprägt.

---

1 Durch die traditionsgeschichtliche Analyse der Neuschöpfungsvorstellung im Frühjudentum hat sich damit das Modell a (s.o. Hauptteil A 2) in der Bestimmung des religionsgeschichtlichen Abhängigkeitsverhältnis als schlüssig erwiesen.

Die urchristliche Erwählungstheologie der sog. "antiochenischen Gemeinde", die sich im historischen Kontext der **einen** christlichen Heilsgemeinde aus Juden und Heiden unter dem Kyrios Jesus Christus entfaltet, aktualisiert den universalen und eschatologischen, besonders aber den antithetischen Charakter des Neuschöpfungsbegriffes (vgl. Jub 1,29; äthHen 72,1; 1QS 4,25; 1QH 13,11f; 11QTemple 29,9; LibAnt 2,9f mit Gal 6,15): Gottes **"neue Schöpfung"** wird das heilvolle Ende und Ziel der in Gottes Schöpfermacht bestehenden **Schöpfung** sein. Historisch betrachtet, steht die "antiochenische Gemeinde" im Ablösungsprozeß von der Synagoge. In der synagogalen Theologie des hell. Judentums wird das Israel aus dem Bundesverhältnis mit Jahwe erwachsene soteriologische Privilegrecht, das von Gott erwählte Volk zu sein, schöpfungstheologisch verankert (tBer 7,18): Die Erwählung zum Heil ist Gnade des Schöpfers, die den Menschen als Jude auf die Welt kommen läßt. Mit der Schöpfung ist also eine duale Heilsordnung verbunden, die zwischen Jude und Heide (vgl. Gal 6,15a; 1Kor 7,19a; Gal 5,6), zwischen Geschöpfen erster und zweiter (Heils-)Klasse unterscheidet (vgl. JosAs). Für "Antiochia" ist jedoch durch das Christusereignis diese ewige, sakrosankte soteriologische Schöpfungsordnung von einer monomischen Neuordnung abgelöst. Der endzeitlich-eschatologische Grenzbegriff "neue Schöpfung" bringt Gottes Heilshandeln in seinem "Sohn" zugunsten der einen endzeitlichen Kirche aus Juden-Christen und Heiden-Christen treffend **schöpfungstheologisch** zum Ausdruck.

In der Taufe auf den Kyrios Jesus Christus wird die erwählungsgeschichtliche Egalität der Glieder christlicher Gemeinde in Kraft gesetzt (Gal 3,26-28). Von nun an konstituiert nicht mehr das jüd. Gesetz, sondern der Glaube an Christus das Gottesverhältnis des Menschen (vgl. Gal 2,16a), und macht alle Glaubenden unterschiedslos zu "Söhnen Gottes" im Heilsbereich Christi. Sein Herrschaftsgebiet ist die Ekklesia als "Leib Christi" (1Kor 12,13). Die Taufe ist für die hell.-urchristliche Gemeinde nicht Ausdruck einer ontologischen Transformation zum neuen Menschen, sondern die Bestimmung des Menschen zum einen Geschöpf Gottes als der **eine** durch Christus gerechtfertigte Mensch. Schöpfung und Heil sind nicht teilbar. Der eine Geist, der mit der Taufe verliehen wird (1Kor 12,13), ist der Geist tätiger Liebe (Gal 5,5f).

Paulus überführt das mit "neue Schöpfung" sich verbindende ekklesiologische Konzept heilsgeschichtlicher Egalität aus dem Kontext der Auseinandersetzung zwischen hell.-urchristlicher Gemeinde und hell. Synagoge in die innerkirchliche Kontroverse um die "Wahrheit des Evangeliums" (Gal 2,5.14; vgl. 5,7). Im Gal-Postskript wendet er sich in einem letzten Aufruf an die Christen in Galatien, sich doch noch für ein solus Christus zu entscheiden.

Polemisch überspitzt skizziert er die theologische Position der judaisierenden Judenchristen als vorchristlich und unchristlich (Gal 6,12f). Vorchristlich ist ihr theologischer Ansatz deshalb, weil sie von Heidenchristen nachträglich die jüd. Beschneidung fordern, da sich sonst für diese die göttliche Verheißung eschatologischer Heilszukunft nicht realisieren wird. Und unchristlich ist ihre theologische Haltung deshalb, weil sie das Kreuz Christi als Ort göttlicher Heilsoffenbarung übergehen. Ihr theologisches Programm ist in Wahrheit das eines gesteigerten Judentums. Gegen die von (Juden-)Christen vertretene heilsgeschichtliche Synthese von jüd. Gesetz und Christusevangelium setzt Paulus kontrapunktisch den Gegensatz: entweder jüd. Gesetz oder das Evangelium vom Kreuz (Gal 6,14f). Allein dem Glaubensgehorsam der Kreuzesbotschaft verbürgt Paulus im Segenszuspruch das eschatologische Heil (Gal 6,16). Um diese von Gott mit der Auferweckung des Gekreuzigten verfügte soteriologische Umkehrung der bestehenden Heilsordnung zu explizieren, verbindet Paulus einerseits mit der Neuschöpfungs-Formel die Kreuzestheologie und arbeitet andererseits den universalen Horizont der neuen Soteriologie aus.

Für Paulus ist die Offenbarung des gekreuzigten Kyrios als Gottes Heil in theologischer Bewertung eine Contradictio in adjecto. Denn wie kann ein von **Gottes** Thora mit dem Fluche belegter Gekreuzigter (Gal 3,13), der dadurch von **Gott** jeglicher Heilsperspektive entzogen ist, durch die von **Gottes** Schöpfermacht bewirkte Auferstehung von den Toten von demselben **Gott** zur eschatologischen Heilsfigur inthronisiert werden? Der Moment seines glaubenden Einverständnisses in dieses widersinnige göttliche Heilshandeln ist das Datum seiner Bekehrung (vgl. Phil 3,4-11). Der gekreuzigte Kyrios ist für die paulinische Theologie von diesem Zeitpunkt an unmißverständlicher Ausdruck von Gottes Gnade (vgl. Gal 2,21a). In Antiochia findet die paulinische Kreuzestheologie als ein im Namen Christi artikulierter Protest (vgl. Gal 2,21b) gegen die Kompromiß-Theologie der Judaisten ihre erste Bewährungsprobe (vgl. Gal 2,19). Als theologische Kontradiktion, als Einheit von Widerspruch und Bejahung, beinhaltet das Evangelium vom Kreuz des Kyrios Jesus Christus - so führt Paulus in Gal 6,14f aus - einerseits die Ablösung der "alten" Heilsordnung durch eine neue und andererseits die Einlösung der Verheißung des "alten" Bundes für die Mitglieder der neuen Heilsgemeinde (Gal 6,16). Indem Paulus als Gegenbegriff zu καινὴ κτίσις den "gekreuzigten" κόσμος etabliert (Gal 6,14), interpretiert er das eschatologische Christusereignis als soteriologische Wende der ganzen Welt: Heil eröffnet sich jenseits von Religions- (und Volks-)grenzen im universalen Missionsevangelium für jeden Menschen, der an Christus glaubt.

Im Zusammenhang der Interpretation von Gal 6,11ff ergibt sich für das Verständnis der Neuschöpfungsaussage bei Paulus Folgendes:

a) Weder Paulus noch die hell. Urchristenheit verwenden den Begriff "neue Schöpfung" zur Signifikation des Christenmenschen. Vielmehr benutzen beide die im Frühjudentum mit dem eschatologischen Grenzbegriff verbundenen kosmische Antithetik. Bei Paulus erscheint expressis verbis die "gekreuzigte Welt" als Pendant zu "neuer Schöpfung". Es ist daher nicht im Sinne paulinischer Theologie, wenn "neue Schöpfung" als Ersatzbegriff für "neuer Mensch" gebraucht wird. Gleichfalls abzulehnen ist die Meinung, daß in der hell. Konversionstheologie (JosAs) eine in 2Kor 5,17 beobachtete individuelle und präsentisch-eschatologische Dimension der paulinischen Neuschöpfungsaussage präformiert sei. JosAs geht es bei der Bekehrung des Proselyten nicht um die Aufhebung, so Gal 6,15, sondern um die Bestätigung der erwählungsgeschichtlichen Dualität von "Beschneidung" und "Unbeschnittenheit": Eschatologisches Heil ist für den Heiden nur über den Aufstieg zum wahren, durch Gottes Verheißung bestätigten Menschsein als Jude möglich.

b) Weder Paulus noch die vorpaulinische Christenheit verbinden mit "neuer Schöpfung" eine ontologische Aussage über das neue Sein des Getauften (vgl. Gal 3,26-28; 6,15). Daher läßt sich von der Neuschöpfungs-Aussage ein einseitig-imputatives Verständnis der paulinischen Rechtfertigungslehre im Sinne der effektiven Veränderung des Menschen nicht korrigieren.

c) Vorsicht muß bei der theologischen Formel walten, "neue Schöpfung" gelte nur in Christus, nicht aber seit Christus. Die ekklesiologische Beschränkung der Neuschöpfungsaussage trifft wohl für das antiochenische Christentum (vgl. Gal 3,28), ganz gewiß aber nicht für Paulus zu: Für ihn ist seit dem eschatologischen Christusereignis die "neue Schöpfung" der κανών, der erwählungsgeschichtliche Grundsatz der Welt (Gal 6,16).

d) Die paulinische Neuschöpfungsaussage intendiert keine Prolepsevorstellung. Mit der Übernahme des Begriffes "neue Schöpfung" aus dem Frühjudentum ist zugleich eine kritische Auswahl aus den Varianten der Neuschöpfungsvorstellung im Frühjudentum verbunden. So unterscheidet sich die begriffliche Konzeption "neue Schöpfung" von der der visionären Antizipation kosmologischer Neuschöpfung (äthHen 91,16; Apk 21,1; vgl. Trjes 65,17; 66,22; LibAnt 3,10) und darf nicht additiv mit dieser apokalyptischen Vorweg-Offenbarung der präexistenten Endzeit-Welt verbunden werden. Die Ansicht, daß in der Eschatologie der priesterlichen Heilsgemeinde von Qumran die Neuschöpfungshoffnung vom einzelnen Qumranspiritualen antizipiert wird, muß als Bemühung gewertet werden, ein schon bei der paulinischen Neuschöpfungsaussage fragliches Antizipationsmodell nachträglich in der Eschatologie des Frühjudentums zu verankern.

Diese vier Einsichten zur paulinischen Neuschöpfungsaussage in Gal 6,15 lassen sich durch die Ausführungen des Apostels in 2Kor 5,12-17 weiter klären. Hier arbeitet Paulus im Rahmen der Urmensch-Typologie die existentialanalytische und relationale Komponente von "neuer Schöpfung" als soteriologischen Grundsatz der Welt aus:

In Korinth wird die Legitimation des paulinischen Apostolats durch missionarische Konkurrenz in Frage gestellt (vgl. 2Kor 5,12f). Da die Beauftragung zum Dienst als Apostel Jesu Christi mit der Verkündigung des Evangeliums von Jesus Christus in eins fällt (vgl. Gal 1,16), führt Paulus aus der kerygmatischen Mitte des Evangeliums heraus, dem Ereignis der Liebe Christi (2Kor 5,14f), seine Verteidigung. In 2Kor 5,14-17 - Teil der fundamental-theologisch argumentierenden Apologie von 2Kor 2,14-6,13; 7,2-4 - geht es Paulus um den Nachweis, daß Christus und damit Gott selbst das Zentrum seiner apostolischen Existenz ist (5,13f), daß allein sein Apostolat göttliche Legitimation besitzt (vgl. 5,12). Dadurch ist eo ipso eine Selbstempfehlung des Menschen Paulus ausgeschlossen (5,12) und seine Kontrahenten auf dem korinthischen Missionsfeld stehen als solche dar, die göttlicher Zustimmung zu ihrem "Superapostolat" (vgl. 2Kor 11,5) entbehren müssen (5,12). Paulus erreicht dieses Argumentationsziel mit allgemeingültigen Aussagen zur Theorie des Evangeliums als Repräsentation des präsentisch-eschatologischen Heilsgeschehen Gottes. Dabei unterscheidet Paulus zwischen der subjektiven Annahme des im Evangelium bereitliegenden Heiles im Hören des Wortes (vgl. 2Kor 6,2) und der objektiven Wirklichkeit, die von dem eschatologischen Heilsereignis Christus ausgeht (5,16f).

Das Geschehen der Auferweckung Jesu Christi von den Toten ist für Paulus kein mirakelhaftes und isoliertes Geschehen in der vergangenen Geschichte. Als Erweis von Gottes endzeitlicher Schöpfermacht (Röm 4,17) in der Geschichte ist es ein Ereignis, das die ganze Welt verändert hat. Die Welt post Christum ist nicht mehr dieselbe wie die ante Christum. Indem Paulus auf Christus das Urmensch-Prinzip überträgt (2Kor 5,14f), bringt er die jeder subjektiven (Glaubens-)Erfahrung vorgängige soteriologische Bedeutung der universalen Heilsperson Christus zur Geltung. Zu Christus als dem Typos des eschatologischen Urmenschen gehört **jeder** Mensch. Die Zukunft des Menschen ist wegen seiner Gottlosigkeit von Gottes vernichtendem Zorn bedroht. Christus hat den Menschen aus dieser tödlichen Bedrohungssituation befreit und ihm das Heil einer neuen Zukunft geschenkt.

In der apostolischen Mission spricht Paulus mit dem Evangelium den Menschen auf seine ihm vom Evangelium selbst verbriefte neue Zeit und Lebenssituation an (2Kor 5,16f). Mit der antithetisch operierenden eschatologischen Geschichtstheorie des atl. Propheten (Dtjes 43,18f in V.16a.17b) deutet Paulus das Christusereignis als eschatologische Wende der **Zeit**. Mit Christus hat Gott in der Geschichte eine heilsgeschichtliche Zäsur gesetzt und die bisherige Heilsgeschichte Gottes mit den Menschen definitiv für beendet erklärt. Nicht mit der Bekehrung, sondern schon jenseits der individuellen Verifikation gilt mit dem Datum des Christusereignisses eine neue Soteriologie.

Wurde bisher der Mensch über die "Adamsgeschichte" als Mensch κατὰ σάρκα definiert, die ihn als Geschöpf Gottes auszeichnet, damit er dann in der Erwählung von Israel zum Volk Gottes am Heil teilnimmt, so gehört der Mensch seit Christus zu der aus dem Tod geretteten "neuen Schöpfung" (2Kor 5,16f). Waren bisher Schöpfung und Erlösung zwei voneinander getrennte Akte des Handelns Gottes mit der Welt, so fallen sie in Christus zusammen: Jesus Christus ist als Sohn Gottes das urbildhafte wahre "Geschöpf" Gottes (vgl. 2Kor 4,4), insofern zu seiner Existenz bereits der Sieg über den Tod gehört. Der Mensch erhält in Christus, dem eschatologischen Urmenschen, seine neue **Bestimmung**, indem die "Christusgeschichte" zu seiner soteriologischen Urgeschichte gemacht ist. Der Ausdruck "neue Schöpfung" markiert also als Relationsbegriff die Zugehörigkeit des Menschen zur "neuen Schöpfung".

Zugleich aber beschreibt "neue Schöpfung" das durch Christi Liebe eröffnete Leben über das Existential der neuen Lebensmitte: Christus ist der neue Mittelpunkt der menschlichen Existenz. Das Leben der "neuen Schöpfung" verdankt sich dem Tod eines anderen, Christus, und ist deshalb davon befreit, sein Leben aus sich selbst heraus zu gewinnen. In Geduld, Zweifel, Leid und Not (vgl. 2Kor 4,7ff; 6,3ff) kann es die seinen Befreier, Christus, tragende (Schöpfer-)Gnade Gottes entdecken, das Leben aus dem Tod zu erretten (vgl. 2Kor 1,8-10).

2 Zur theologischen Qualität von "neuer Schöpfung"

Sowohl im Gal-Postskript als auch in der Apologie von 2Kor 2-7 ist der Begriff "neue Schöpfung" bei Paulus eingebunden in die z.T. stark polemisch geführte Auseinandersetzung um Evangelium und Apostolat und gewinnt in der

Abwehr der gegnerischen Theologie seine eigentliche Aussagekraft. "Neue Schöpfung" fehlt im systematisch-theologisch angelegten Röm, wo das Thema, von 2Kor 5,14-17 aus gesehen, im Zusammenhang der Adam-Christus-Antithese in Röm 5,12-21 zu erwarten wäre. Paulus erläutert hier Christus als universale **"Gegenmacht"**[2] der Gnade, die die Herrschaft von Tod und Sünde Adams beendet hat. Ohne den "Anti-Typos" Adam einzuführen, definiert Paulus jedoch in 2Kor 5,14-17 allein über den eschatologischen "Urmensch-Typos" Christus das Resultat der durch ihn begründeten neuen Wirklichkeit. In einigen Bemerkungen zu "neuer Schöpfung" als **"Grundfigur theologischer Anthropologie"**[3] soll deshalb die theologische Programmatik des Begriffes im Sinne Pauli zur Sprache gebracht werden.

Die Zuordnung von "neuer Schöpfung" zur theologischen Anthropologie geschieht deshalb, weil Paulus "neue Schöpfung" zwar mit dem Menschen (2Kor 5,16f), **keineswegs** aber mit Ausführungen zur **Verwirklichung** des Evangeliums am Menschen, etwa mit der Rechtfertigung aus Glauben oder der Taufe auf den Namen Christi, verbindet. Seine Überlegungen zum Menschenbild der christlichen Theologie basieren allein auf einem theologischen Urteil (2Kor 5,14b) über das Geschick Jesu Christi als der eschatologischen Wende der Welt (5,14f). Durch dieses im Kerygma offenbarwerdende Ereignis ist der Mensch außerhalb seiner selbst apriorisch von Gott her neu bestimmt (5,16f).

Mit der eschatologischen Qualifikation "neue Schöpfung" nimmt Paulus für die theologische Anthropologie in Anspruch, daß sie über den Menschen etwas sagen kann, das hinausgeht über das, "was der Mensch ... über sich selbst in Erfahrung zu bringen vermag"[4]. Paulus entscheidet definitiv, daß er seit Christus den Menschen in seiner Vorfindlichkeit, bestimmt durch Geburt und Herkunft, nicht mehr kennen will (2Kor 5,16a). Gegenüber der atl.-jüd. Anthropologie, die von dem Menschen redet, indem sie die Geschichte von Adam, dem Ebenbild Gottes erzählt, bedeutet diese Konzentration auf Jesus Christus, daß der erste Mensch, daß Adam **nicht** mehr Gegenstand theologischer Anthropologie sein kann. Das Menschsein ist nämlich nicht in Adam, sondern in Chri-

---

2 Wilckens, Röm 1, 313.

3 Jüngel, Mensch 342 (Hervorhebung U.M.); die folgenden Ausführungen nehmen die von Jüngel angestellten formalen Überlegungen zur theologischen Anthropologie auf.

4 Jüngel, a.a.O. 343.

stus vollkommen verwirklicht[5]. Es geht christlicher Anthropologie mithin um den "neuen Menschen", um ein neues Verständnis des Menschen, das diesem in Christus von Gott her zukommt (5,17b). Es geht ihr um den eschatologischen Menschen im Unterschied zum ersten Menschen.

Als Verhältnisbegriff bringt "neue Schöpfung" zum Ausdruck, daß die Person Jesu Christi "eine Entscheidung über das Menschsein **aller** Menschen enthält"[6]. Es ist ein Ereignis von Gottes **Schöpferhandeln**, durch das der Mensch erst zum Menschen wird. Dieses neue, heilvolle Schaffen ist der Sieg über den Tod. Gottes neue, endzeitliche Schöpfermacht definiert in Christus das Menschsein als neue Einheit von geschöpflichen Leben und soteriologischer Heilsperspektive über den Tod hinaus. Von einem Standpunkt außerhalb der jüd. Heilsgeschichte, die nur in dem jüd. Menschen das zum Heil erwählte Geschöpf Gottes erkennt, ist der Mensch in Christus zum einen Geschöpf Gottes bestimmt. Von einem Ort außerhalb menschlichen Seins, vom "Tod des Todes" aus, wird in Christus der totus homo definiert. "Neue Schöpfung" stellt sich also sowohl gegen einen Heilspartikularismus, der übersieht, daß der andere Mensch Geschöpf Gottes ist, als auch gegen einen positivistischen Lebensbegriff, der Leid und Tod mit der Abwesenheit Gottes des Schöpfers gleichsetzt.

Sodann: Indem sich Gott in der Liebe Christi seinem Geschöpf als Schöpfer offenbart, der sein Geschöpf über den Tod hinaus liebt, ist der Mensch in zweifacher Weise als ein Verhältniswesen bestimmt[7]: In passiver Ordnung hat Gott in Christi Liebe dem Menschen ein Verhältnis begründet, das dem Verhältnis des Menschen zu sich selbst zuvorkommt. Die Liebe Christi trifft zwar schon immer auf einen Menschen, der beherrscht ist vom Willen zur Selbstbegründung; Paulus nennt diesen Menschen den sich selbst lebenden Menschen (2Kor 5,15aß). Die Liebe Christi beendet aber die Tendenz des Menschen zur Selbstbegründung und schenkt dem Menschen eine Identität des um seiner selbst willen geliebten Menschen. In aktiver Ordnung ist der Mensch

5 Vgl. Schleiermacher, Glaube[2] § 89,1, der diese Einsicht für die neuzeitliche Theologie folgendermaßen präzisiert: "Wie nämlich alles in dem menschlichen Gebiet durch Christum Gesetzte als die neue Schöpfung dargestellt wird: so ist dann Christus selbst der zweite Adam, **der Anfänger und Urheber** dieses vollkommneren menschlichen Lebens, oder die Vollendung der Schöpfung des Menschen" (Hervorhebung U.M.). Vgl. auch § 61,4 der Glaubenslehre, wo Schleiermacher es ablehnt, über die ersten Menschen besondere Glaubenssätze aufzustellen.

6 Jüngel, Mensch 350.

7 Vgl. ebd. 351.

sodann ein Verhältniswesen, weil er durch die Liebe Christi zu einem Gegenüber gebracht wird[8]. Er bezieht sich von nun an in Freiheit auf seine neue Lebensmitte, Christus, "der für ihn gestorben ist und auferweckt wurde" (5,15b). Damit gehört konstitutiv zum Menschsein, daß es sich selbst aus der Begegnung mit einem anderen empfängt. Ist dieser andere Gottes Sohn, so verwirklicht sich in der Beziehung zu Gott das Menschsein des Menschen.

Schließlich: Indem in Christus der Mensch als das zum Heil erwählte Geschöpf Gottes bestimmt wird, ist Christus nicht nur Gottes soteriologisches Zeil mit der Welt, sondern auch ihr kreatürlicher Anfang. Der Kyrios Jesus Christus ist der Schöpfungsmittler Gottes, da sich in ihm die Schöpfung in der Neuschöpfung vollendet[9]. "Neue Schöpfung" als Grundfigur theologischer Anthropologie bringt damit zum Ausdruck, was im zweiten Teil einer Formel vorpaulinisch-hell. Christologie[10] bekannt wird, in der es heißt:

εἷς κύριος Ἰησοῦς Χριστός
δι'οὗ τὰ πάντα καὶ ἡμεῖς δι'αὐτοῦ (1Kor 8,6b).

8 Vgl. Jüngel, a.a.O. 352.
9 Vgl. Kerst, Taufbekenntnis 136.138.
10 Vgl. Kerst, a.a.O. 138.

LITERATURVERZEICHNIS

Die im Literaturverzeichnis verwendeten Abkürzungen für Zeitschriften, Serien, Lexika und Quellenwerke folgen dem Internationalen Abkürzungsverzeichnis für Theologie und Grenzgebiete von SCHWERTNER, Siegfried (IATG = Abkürzungsverzeichnis zur Theologischen Realenzyklopädie), Berlin, New York 1976. Hervorgehoben wird das Stichwort unter dem in den Anmerkungen das betreffende Werk zitiert wird. Eine Abbreviatur in Klammern hinter der Literaturangabe nennt das in den Anmerkungen verwendete Kürzel.

1. Textausgaben und Übersetzungen

ALAND, Kurt u.a. (Hg.): Novum Testamentum Graece post Eberhard Nestle et Erwin Nestle, Stuttgart[26] (4. rev. Dr.) (Nestle-Aland[26]).

BARDTKE, Hans: Der gegenwärtige **Stand** der Erforschung der in Palästina neu gefundenen hebräischen Handschriften. 36. die Loblieder von Qumran III, ThLZ 81 (1956), Sp.715-724.

BARTHELEMY, D. / MILIK, J.T. (Ed.): Discoveries in the Judaean Desert Vol.I, Oxford 1955, Reprint 1956 (DJD).

BEYER, Klaus: Die aramäischen **Texte** vom Toten Meer samt den Inschriften aus Palästina, dem Testament Levis aus der Kairoer Genisa, der Fastenrolle und den alten talmudischen Zitaten, Göttingen 1984.

DIE BIBEL. Nach der Übersetzung Martin Luthers. Mit Apokryphen, Stuttgart 1985.

BIETENHARD, Hans: Midrasch Tanhuma B. R. Tanhuma über die Tora, genannt Midrasch Jelammedenu 2 Bde. (Judaica et Christiana 5-6), Bern, Frankfurt, Las Vegas 1980-82.

BIHLMEYER, Karl (Hg.) / SCHNEEMELCHER, Wilhelm: Die Apostolischen Väter. Neubearbeitung der Funkschen Ausgabe (SQS 2.R. 1.H.) Erster T., Tübingen 1956[2].

BLACK, Matthew (Ed.): The Book of **Enoch** or I Enoch. A New English Edition with Commentary and Textual Notes (SVTP 7), Leiden 1985.

BONWETSCH, Nathanael: Die Bücher der Geheimnisse Henochs. Das sogenannte slavische Henochbuch (TU 44,2), Leipzig 1922.

BRANDT, Samuel / LAUBMANN, Georg (Ed.): L. caeli firmiani Lactanti opera omnia accedunt carmina eius quae feruntur P.I (CSEL XIV), Prag, Leipzig 1890.

BRAUDE, William G.: Pesikta Rabbati. Discourses for Feasts, Fasts, and Special Sabbaths 2 Vols. (YJS XVIII), New Haven, London 1968.

BURCHARD, Christoph: Ein vorläufiger griechischer Text von Joseph und Aseneth, DBAT 14 (1979), S.2-53.

- **Verbesserungen** zum vorläufigen Text von Joseph und Aseneth, DBAT 16 (1982), S.37-39.

BURROWS, Millar (Ed.): The **Dead Sea Scrolls** of St. Mark's Monastery Vol.I, New Haven 1950.

CHARLES, R.H. (Ed.): The Apocrypha and Pseudepigrapha of the Old Testament in English with Introductions and Critical Explanatory Notes to the Several Books 2 Vols., Oxford 1913 (APOT).

- The Book of **Jubilees** or the Little Genesis. Translated from the Editior's Ethiopic Text, with Introduction, Notes and Indices, London 1902.

CHARLESWORTH, James H. (Ed.): The Old Testament Pseudepigrapha 2 Vols., Garden City, New York 1983-85 (OTPs).

COHN, Leopold u.a. (Hg.): Philo von Alexandria. Die Werke in deutscher Übersetzung Bd.I-VI, Berlin 1962[2].

- / WENDLAND, Paul (Ed.): Philonis Alexandrini Opera quae supersunt, Editio minor Vol.I-VI, Berlin 1896-1915.

LE DEAUT, R. / ROBERT, J. (Ed.): **Targum** des Chroniques (Cod. Vat. Urb. Ebr. 1) t.I (AnBib 51), Rom 1971.

DIELS, Hermann (Hg.): Doxographi Graeci, Berlin 1879[3], Nachdr. 1958.

DIEZ MACHO, Alejandro (Ed.): Neophyti 1. Targum Palestinense MS de la Biblioteca Vaticano t.V, Madrid 1978.

DRAZIN, Israel (Ed.): **Targum Onkelos** to Deuteronomy. An English Translation of the Text with Analysis and Commentary (based on A. Sperber's Ed.), o.O. 1982.

DUPONT-SOMMER, André: Die Essenischen **Schriften** vom Toten Meer. Unter Zugrundelegung der Orginaltexte übersetzt von Müller, W.W., Tübingen 1960.

ELLIGER, Karl / RUDOLPH, Wilhelm (Hg.): Biblia Hebraica Stuttgartensia, Stuttgart 1984 (BHS).

FISCHER, Joseph A. (Hg.): Die Apostolischen Väter, SUC 1.T., Darmstadt 1986[9].

FUNK, Franciscus X. (Ed.): Didaskalia et Constitutiones Apostolorum 2 Vols., Paderborn 1905.

GINSBURGER, Moses (Hg.): **Pseudo-Jonathan** (Thargum Jonathan ben Usiel zum Pentateuch) nach der Londoner Handschrift, Berlin 1903, Nachdr. Hildesheim, New York 1971.

GÖTTE, Johannes (Hg.): Vergil. Aeneis, Kempten 1971[3].

GOLDSCHMIDT, Lazarus (Hg.): Der babylonische **Talmud** mit Einschluß der vollständigen Misna Bd.I-IX, Den Haag 1933-35.

GREBAUT, S. (Ed.): Littérature Ethiopienne Pseudo-Clementine, ROC 12 (1907), S.139-151.285-297.380-392; 15 (1910), S.198-214.307-323.425-439.

HARRINGTON, D.J. (Ed.): The Hebrew **Fragments** of Pseudo-Philo's Liber Antiquitatum Biblicarum Preserved in the Chronicles of Jerahmeel (Texts and Translations 3, Pseudepigrapha Ser. 3), Missoula Montana 1974.

HARRIS, J. Rendel: **Fragments** of Philo Judaeus, Cambridge 1886.

(HENNECKE, Edgar) / SCHNEEMELCHER, Wilhelm (Hg.): Neutestamentliche Apokryphen in deutscher Übersetzung II.Bd., Tübingen 1964^3 (NT-Apo).

HOROWITZ, Charles (Übers.): Der Jerusalemer Talmud in deutscher Übersetzung Bd.I, Tübingen 1975.

HUDE, C. (Hg.): Herodoti Historiae recognovit brevique adnotatione critica instruxit t.I-II (SCBO), Osford 1927^3, Reprint 1957.

KAUER, Robert / LINDSAY, Wallace M. (Ed.): P. Terenti Afri. Comoediae (SCBO), Oxford 1926, Reprint 1958.

KAUTZSCH, Emil (Hg.): Die Apokryphen und Pseudepigraphen des Alten Testaments Bd.I-II, Tübingen 1900, Nachdr. Darmstadt 1975 (APAT).

KISCH, Guido: Pseudo-Philo's **Liber Antiquitatum Biblicarum** (PMS X), Notre Dame Indiana 1949.

KITTEL, Gerhard: Sifre zu Deuteronomium, Stuttgart 1922.

KLEIN, Michael L. (Ed.): The **Fragment-Targums** of the Pentateuch According to Their Extant Sources 2 Vols. (AnBib 76), Rom 1980.

KOESTERMANN, Erich (Ed.): P. Cornelii Taciti libri qui supersunt t.I (Bibliotheca Teubneriana), Leipzig 1955.

KÜMMEL, Werner G. (Hg.): Jüdische Schriften aus hellenistisch-römischer Zeit Bd.I-V, Gütersloh 1973ff (JSHRZ).

LINDESKOG, Cl. / ZIEGLER, K. (Ed.): Plutarchi vitae parallelae Vol.III fasc.1 (BSGRT), Leipzig 1971^2.

LIPSIUS, Richard A. (Ed.) / BONNET, Maximillian: Acta Apostolorum Apocrypha post Constantinum Tischendorf P. prior, Leipzig 1881.

LOHSE, Eduard (Hg.): Die **Texte** aus Qumran. Hebräisch und deutsch mit masoretischer Punktation. Übersetzung, Einführung und Anmerkungen, Darmstadt 1971.

LONG, H.S. (Ed.): Diogenes Laertii. Vitae philosophorum t.I, Oxford 1966 (Reprint).

MAIER, Johann. Die **Texte** vom Toten Meer 2 Bde., München, Basel 1960.

\- Die **Tempelrolle** vom Toten Meer. Übersetzt und erläutert, München, Basel 1978.

\- / Schubert, Kurt: Die **Qumran-Essener.** Texte der Schriftrollen und Lebensbild der Gemeinde, München 1973.

MARCUS, Ralph (Transl.): Philo Suppl. II. Questions and Answers on Exodus (LCL), Cambridge Massachusetts 1961.

MICHEL, Otto / BAUERNFEIND, Otto (Hg.): Flavius Josephus. De Bello Judaico. Der jüdische Krieg Bd.I-II, Darmstadt 1959-69.

MIGNE, J.P. (Ed.): Patrologiae cursus completus. Series graeca t.6 et 85, Paris o.J. (MPG).

MILIK, Jozef T. (Ed.): The Books of **Enoch.** Aramaic Fragments of Qumran Cave 4, Oxford 1976.

NABER, Samuel A. (Ed.): Flavii Josephi **Opera** Omnia 6 Vols., Leipzig 1888-96.

NESTLE, Erwin / ALAND, Kurt (Ed.): Novum Testamentum Graece cum apparatu critico curavit Eberhard Nestle, Stuttgart 1971[25] (Nestle-Aland[25]).

NEUGEBAUER, Otto: The **'Astronomical' Chapters** of the Ethiopic Enoch (72 to 82). Translation and Commentary. With Additional Notes on the Aramaic Fragments by Black, M., in: BLACK, M. (Ed.): The Book of Enoch or I Enoch. A New English Edition (SVTP 7), Leiden 1985.

NIESE, Benedictus (Ed.): Flavii Josephi Antiquitatum Judaicarum Epitoma, Berlin 1986.

- (Ed.): Flavii Josephi Opera. Apparatu critico instruxit Bd.I-VII, Berlin 1887-95.

PERRIN, Bernadotte (Transl.): Plutarch's lives Vol. IX (LCL), Cambridge, London, Reprint 1959.

POLSTER, Gottfried: Der kleine Talmudtraktat über die **Proselyten.** Text, Übersetzung und Bemerkungen, Angelos 2 (1926), S.2-38.

RAHLFS, Alfred: Septuaginta. Id est Vetus Testamentum graece iuxta LXX interpres Bd.I-II, Stuttgart 1962[7].

- (Ed.): Psalmi cum Odis, in: Septuaginta. Vetus Testamentum Graecum. Auctoritate Academiae Scientiarum Gottingensis editum Vol.X, Göttingen 1979[3].

RENGSTORF, Karl H. (Hg.): Die Tosefta. Text. Seder I: Zeraim (RT), Stuttgart, Berlin, Köln, Mainz 1983.

RIESSLER, Paul: Altjüdisches **Schrifttum** außerhalb der Bibel, Freiburg, Heidelberg 1928, Nachdr. o.O. o.J.

SPARKS, H.F.D. (Ed.): The Apokryphal Old Testament, Oxford 1984.

SPERBER, Alexander (Ed.): The **Bible** in Aramaic Based on Old Manuscripts and Printed Texts Vol.III, Leiden 1962.

STENNING, John F. (Ed.): The **Targum** of Isaiah. With a Translation, Oxford 1946, Reprint 1953.

SUKENIK, E.L. (Ed.) / AVIGAD, N.: אוצב המגילות הגנוזות שבידי האוניברסיטה העברית, Jerusalem 1954.

TISSERANT, E.: **Fragments** syriaques du Livre des Jubilés, RB 30 (1921), S.55-86.206-232.

USENER, Hermann, (Ed.): Epicurea. Editio stereotypa (Sammlung Wissenschaftlicher Commentare), Stuttgart 1887, Nachdr. 1966.

VAILLANT, A.: Le **Livre** des Secrets d'Hénoch, texte slave et traduction française (Texte publiés par l'Institut d'Etudes slaves 4), Paris 1952.

WEBER, Robert (Hg.): **Biblia Sacra** iuxta Vulgatam Versionem t.II, Stuttgart 1969.

WENGST, Klaus (Hg.): Didache (Apostellehre). Barnabasbrief. Zweiter Klemensbrief. Schrift an Diognet (SUC 2), Darmstadt 1984.

WEVERS, John W. (Ed.): Genesis, in: Septuaginta. Vetus Testamentum Graecum. Auctoritate Academiae Scientiarum Gottingensis, Göttingen 1974.

WINTER, Jakob / WÜNSCHE, August (Übers.): **Mechiltha.** Ein tannaitischer Midrasch zu Exodus, Leipzig 1909.

WÜNSCHE, August: Bibliotheca **Rabbinica.** Eine Sammlung alter Midraschim 5 Bde., Leipzig 1880, Neudr. Hildesheim 1967.

YADIN, Yigael (Ed.): מגילת המקדש Vol.1-3A, Jerusalem 1977.

- (Ed.): The Temple Scroll Vol.1, Jerusalem 1983.

ZIEGLER, Joseph (Ed.): Ezechiel, in: Septuaginta. Vetus Testamentum Graecum. Auctoritate Societatis Litterarum Gottingensis ed. Vol. XVI T.1, Göttingen 1952.

- (Ed.): Isaias, in: Septuaginta. Vetus Testamentum Graecum. Auctoritate Societatis Litterarum Gottingensis ed. Vol.XIV, Göttingen 1939.

- (Ed.): Ieremias, Baruch, Threni, Epistula Ieremiae, in: Septuaginta. Vetus Testamentum Graecum. Auctoritate Societatis Litterarum Gottingensis ed. Vol.XV, Göttingen 1957.

- (Ed.): Sapientia Salomonis, in: Septuaginta. Vetus Testamentum Graecum. Auctoritate Societatis Litterarum Gottingensis ed. Vol.XII.1, Göttingen 1962.

- (Ed.): Susanna. Daniel. Bel et Draco, in: Septuaginta. Vetus Testamentum Graecum. Auctoritate Societatis Litterarum Gottingensis ed. Vol.XVI,2, Göttingen 1954.

2. Hilfsmittel

ALAND, Kurt / ALAND, Barbara: Der **Text** des Neuen Testaments. Einführung in die wissenschaftlichen Ausgaben sowie in Theorie und Praxis der modernen Textkritik, Stuttgart 1982.

ALAND, Kurt (Hg.): Vollständige Konkordanz zum griechischen Neuen Testament. Unter Zugrundelegung aller modernen kritischen Textausgaben und des Textus Receptus Bd.1-2 (ANTT IV), Berlin, New York 1978-83.

BARDENHEWER, Otto: **Geschichte** der altkirchlichen Literatur 3.Bd., Freiburg 1923[2], Nachdr. Darmstadt 1962.

BAUER, Walter: Griechisch-Deutsches **Wörterbuch** zu den Schriften des Neuen Testaments und der übrigen urchristlichen Literatur, Berlin, New York 1963[5], Nachdr. 1971.

BEST, Otto F.: **Handbuch** literarischer Grundbegriffe. Definitionen und Beispiele, Frankfurt 1982[8].

BEYER, Klaus: Semitische **Syntax** im Neuen Testament Bd.1: Satzlehre T.1 (StUNT 1), Göttingen 1962.

BLASS, Friedrich / DEBRUNNER, Albert: **Grammatik** des neutestamentlichen Griechisch bearb. v. REHKOPF, F., Göttingen 1979[15].

BORNEMANN, Eduard / RISCH, Ernst: Griechische Grammatik, Frankfurt, Berlin, München 1973[2].

BOUSSET, Wilhelm: Die **Religion** des Judentums im späthellenistischen Zeitalter, hg. v. GRESSMANN, H. in 3. verb. Aufl. (HNT 21), Nachdr. Tübingen 1966[4].

DALMAN, Gustaf H.: Aramäisch-Neuhebräisches **Handwörterbuch** zu Targum, Talmud und Midrasch, Frankfurt 1922[2].

GESENIUS, Wilhelm: Hebräisches und Aramäisches **Handwörterbuch** über das Alte Testament, bearb. v. Buhl, F., Berlin, Göttingen, Heidelberg 1915[17], unv. Neudr. 1962.

\- Hebräisches und Aramäisches Handwörterbuch über das Alte Testament, hg. v. MEYER, R. / DONNER, H., Berlin, Heidelberg, New York, London, Paris, Tokyo 1.Lfg. 1987[18].

\- / KAUTZSCH, E. / BERGSTRÄSSER, G.: Hebräische **Grammatik**, Leipzig 1909[28], Hildesheim, Zürich, New York 1985[5].

HATCH, Edwin / REDPATH, Henry A.: A **Concordance** to the Septuagint and the Other Greek Versions of the Old Testament (Including the Apokryphal Books) Vol.I-III, Oxford 1897, Nachdr. Graz 1954.

KAEGI, Adolf (Bearb.): Benselers Griechisch-Deutsches **Schulwörterbuch**, Leipzig, Berlin 1911[13].

KOEHLER, Ludwig / BAUMGARTNER, Walter (Hg.): Hebräisches und Aramäisches **Lexikon** zum Alten Testament, Leiden 1967ff.

KRAUSS, Samuel: Griechische und Lateinische **Lehnwörter** im Talmud, Midrasch und Targum 2 Bde., Berlin 1898f.

KÜHNER; Raphael / GERTH, Bernhard: Ausführliche **Grammatik** der griechischen Sprache 2.T., Hannover 1955[4].

KÜMMEL, Werner G.: **Einleitung** in das Neue Testament, Heidelberg 1983[23].

KUHN, Karl Georg (Hg.): **Konkordanz** zu den Qumrantexten, Göttingen 1960.

\- **Nachträge** zur "Konkordanz zu den Qumrantexten", RdQ 4 (1963), S.163-234.

LAUSBERG, Heinrich: **Handbuch** der Literarischen Rhetorik. Eine Grundlegung der Literaturwissenschaft 2 Bde., München 1960.

LEVY, Jacob: **Wörterbuch** über die Talmudim und Midraschim. Nebst Beiträgen von Fleischer, H.L. und Nachträgen und Berichtigungen der 2. Aufl. von Goldschmidt, L. 4 Bde., Berlin, Wien 1924[2].

LIDELL, Henry G. / SCOTT, Robert: A Greek-English **Lexicon**. A New Ed. Rev. and Augmented Throughout by Jones, H. St. / McKenzie, R., Oxford 1940[9], Reprint 1953. Suppl. ed. by BARBER, E.A., Oxford 1968.

LIGNEE, H.: **Concordance** de "1Q Genesis Apocryphon", RdQ 1 (1958), S.163-186.

LIGHTFOOT, Johannis: **Horae Hebraicae** et Talmudicae in quattuor Evangelistas cum Tractatibus Chorographicus, singulis suo Evangelistae praemissa, Leipzig 1684.

LISOWSKY, Gerhard /ROST, Leonhard: Konkordanz zum hebräischen Alten Testament nach dem von Kahle, P. in der Biblia Hebraica ed. Kittel, R. besorgten Masoretischen Text, Stuttgart 1958[2].

MAYER, Günter: Index Philoneus, in: Philo von Alexandria. Die Werke in deutscher Übersetzung, hg. von COHN, L. u.a. Bd.VII, Berlin 1976.

MARXSEN, Willi: **Einleitung** in das Neue Testament. Eine Einführung in ihre Probleme, Gütersloh 1964[3].

MENGE, Hermann: Langenscheidts Großwörterbuch Griechisch-Deutsch unter Berücksichtigung der Etymologie, Berlin, München, Wien, Zürich 1973[22].

METZGER, Bruce M.: A Textual **Commentary** on the Greek New Testament, London, New York 1971.

MOULE, C.F.D.: An **Idiom book** of the New Testament Greek, Cambridge 1953.

RENGSTORF, Karl H. (Ed.): A Complete **Concordance** to Flavius Josephus 4 Vols., Leiden 1973-83.

ROST, Leonhard: **Einleitung** in die alttestamentlichen Apokryphen und Pseudepigraphen einschließlich der großen Qumran-Handschriften, Heidelberg, Wiesbaden 1985[3].

DOS SANTOS, Elmar C.: An Expanded Hebrew **Index** for the Hatch-Redpath Concordance to the Septuagint, Jerusalem o.J.

SCHMIDT, Werner H.: **Einführung** in das Alte Testament, Berlin, New York 1985[3].

SCHÖTTGEN, Christian: **Horae** hebraicae et talmudicae in universum Novum Testamentum Bd.I, Dresden, Leipzig 1733.

SCHÜRER, Emil: **Geschichte** des jüdischen Volkes im Zeitalter Jesu Christi 3 Bde., Leipzig 1909[4].

VON SODEN, Hermann: Die **Schriften** des Neuen Testaments in ihrer ältesten erreichbaren Textgestalt hergestellt auf Grund ihrer Textgeschichte Bd.I, Berlin 1902.

STRACK, Hermann L. / STEMBERGER, Günter: **Einleitung** in Talmud und Midrasch, München 1982[7].

VIELHAUER, Philipp: **Geschichte** der urchristlichen Literatur. Einleitung in das Neue Testament, die Apokryphen und die Apostolischen Väter, Berlin, New York 1978[2], 4. Nachdr. 1985.

VOLZ, Paul: Die **Eschatologie** der jüdischen Gemeinde im neutestamentlichen Zeitalter nach den Quellen der rabbinischen, apokalyptischen und apokryphen Literatur dargestellt, Tübingen 1934[2].

WETTSTEIN, Jacobus: **Novum Testamentum** Graecum. Editionis Receptae cum Lectionibus Variantibus Codicum Mss., Ed. Aliarum, Versionem et Patrum T.I-II, Amsterdam 1751f, Nachdr. Graz 1962.

WÜRTHWEIN, Ernst: Der **Text** des Alten Testaments. Eine Einführung in die Biblia Hebraica, Stuttgart 1973[4].

ZERWICK, Maximilian: Biblical **Greek** Illustrated by Examples (SPIB 114), Rom 1963.

ZIMMERMANN, Heinrich: Neutestamentliche **Methodenlehre.** Darstellung der historisch-kritischen Methode, neubearb. von Kliesch, Kl., Stuttgart 1982[7].

3. Kommentare

3.1 Altes Testament

DUHM, Bernhard: Das Buch Jesaja (HK 3.Abt. Bd.1), Göttingen 1968[5].

ELLIGER, Karl: Deuterojesaja 1.Teilband. Jesaja 40,1-45,7 (BKAT XI/1), Neukirchen-Vluyn 1978.

FOHRER, Georg: Das Buch Jesaja. 3.Bd. Kapitel 40-66 (ZBKAT 3), Zürich, Stuttgart 1964.

KRAUS, Hans-Joachim: Psalmen. 2.Teilband. Psalmen 60-150 (BKAT XV/2), Neukirchen-Vluyn 1978[5].

VOLZ, Paul: Jesaja II (KAT IX), Leipzig 1932.

WESTERMANN, Claus: Genesis. 3.Teilband. Genesis 37-50 (BKAT I/3), Neukirchen-Vluyn 1982.

- Das Buch Jesaja. Kapitel 40-66 (ATD 19), Göttingen 1966[2].

WINSTON, David: The Wisdom of Solomon (AncB.A 43), Garden City, New York 1982.

ZIMMERLI, Walter: Ezechiel. 1.Teilband. Ezechiel 1-24 (BKAT XIII/1), Neukirchen-Vluyn 1969.

3.2 Neues Testament

BACHMANN, Philipp: Der zweite Brief des Paulus an die Korinther (KNT VIII), Leipzig, Erlangen 1922[4].

BECKER, Jürgen: Der Brief an die Galater, in: ders. u.a., Die Briefe an die Galater, Epheser, Philipper, Kolosser, Thessalonicher und Philemon (NTD 8), Göttingen, Zürich 1985[16], S.1-85.

- Das Evangelium nach Johannes (ÖTK 4/1+2), Gütersloh 1979-81.

BETZ, Hans D.: Galatians. A Commentary on Paul's Letter to the Churches in Galatia (Hermeneia), Philadelphia 1979.

BOUSSET, Wilhelm: Der zweite Brief an die Korinther (SNT 2), Göttingen 1917[3], S. 167-223.

BRING, Ragnar: Der Brief des Paulus an die Galater, Berlin, Hamburg 1968.

BROX, Norbert: Der erste Petrusbrief (EKK XXI), Zürich, Einsiedeln, Köln, Neukirchen-Vluyn 1979.

BRUCE, F.F.: The Epistle of Paul to the Galatians (NIC 2), Exeter 1982.

BRÜTSCH, Charles: Die Offenbarung Jesu Christi. Johannes Apokalypse 3. Bd. (ZBK), Zürich 1970[2].

BULTMANN, Rudolf: Der zweite Brief an die Korinther, hg. v. DINKLER, E. (KEK Sonderbd.), Göttingen 1976.

BURTON, Ernest W.: The Epistle to the Galatians (ICC), Edinburgh 1958[5].

CONZELMANN, Hans: Die Apostelgeschichte (HNT 7), Tübingen 1972[2].

- Der erste Brief an die Korinther (KEK V), Göttingen 1969[11].

FURNISH, Victor P.: II Corinthians (AncB 32A), Garden City, New York 1984.

GNILKA, Joachim: Der Philipperbrief (HThK X/3), Freiburg, Basel, Wien 1980[3].

GRUNDMANN, Walter: Der Brief des Judas und der zweite Brief des Petrus (ThHK XV), Berlin 1974.

HAENCHEN, Ernst: Die Apostelgeschichte (KEK III), Göttingen 1977[16].

HOLTZ, Traugott: Der erste Brief an die Thessalonicher (EKK XIII), Zürich, Einsiedeln, Köln, Neukirchen-Vluyn 1986.

KÄSEMANN, Ernst: An die Römer (HNT 8a), Tübingen 1974[3].

KLAUCK, Hans-Josef: 2. Korintherbrief (Die Neue Echter Bibel 8), Würzburg 1986.

KRAFT, Heinrich: Die Offenbarung des Johannes (HNT 16a), Tübingen 1974.

LANG, Friedrich: Die Briefe an die Korinther (NTD 7), Göttingen 1986[16].

LIETZMANN, Hans: An die Galater (HNT 10). Tübingen 1932[3].

- An die Korinther I.II (HNT 9), Tübingen 1969[5].

- An die Römer (HNT 8), Tübingen 1933[4].

LOHMEYER, Ernst: Die Offenbarung des Johannes (HNT 16), Tübingen 1953[2].

LOHSE, Eduard: Die Offenbarung des Johannes (NTD 11), Göttingen 1971[10].

LÜHRMANN, Dieter: Der Brief an die Galater (ZBKNT 7), Zürich 1978.

MICHEL, Otto: Der Brief an die Römer (KEK IV), Göttingen 1978[14].

MÜLLER, Ulrich B.: Die Offenbarung des Johannes (ÖTK 19), Gütersloh 1984.

MUSSNER, Franz: Der Galaterbrief (HThK IX), Freiburg, Basel, Wien 1981[4].

NYGREN, Anders: Der Römerbrief, Göttingen 1951.

OEPKE, Albrecht: Der Brief des Paulus an die Galater, bearb. v. Rohde, J. (ThHK IX), Berlin 1979[4].

PESCH, Rudolf: Die Apostelgeschichte (EKK V/2), Zürich, Einsiedeln, Köln, Neukirchen-Vluyn 1986.

PLUMMER, Alfred: Second Epistel of St Paul to the Corinthians (ICC), Edinburgh 1915, Reprint 1956.

ROLOFF, Jürgen: Die Offenbarung des Johannes (ZBKNT 18), Zürich 1984.

SCHENK, Wolfgang: Die Philipperbriefe des Paulus. Kommentar, Stuttgart, Berlin, Köln, Mainz 1984

SCHLIER, Heinrich: Der Brief an die Galater (KEK VIII), Göttingen 1971[14].

SCHMIDT, Hans W.: Der Brief des Paulus an die Römer (ThHK VI), Berlin 1972[3].

SCHNEIDER, Gerhard: Die Apostelgeschichte (HThK V/1+2), Freiburg, Basel, Wien 1980-82.

SCHRAGE, Wolfgang: Der zweite Petrusbrief, in: BALZ, H. / ders., Die "katholischen Briefe". Die Briefe des Jakobus, Petrus, Johannes und Judas (NTD 10), Göttingen 1985[13], S.122-155.

SIEFFERT, Friedrich: Brief an die Galater (KEK VII), Göttingen 1886[7].

(STRACK, H. L.) / BILLERBECK, Paul: **Kommentar** zum Neuen Testament aus Talmud und Midrasch Bd.I-IV, München 1922-28; Bd.V hg. v. JEREMIAS, J., bearbeitet v. Adolph, K., München 1956; Bd.VI hg. v. JEREMIAS, J. in Verb. mit Adolph, K., München 1961.

STUHLMACHER, Peter: Der Brief an Philemon (EKK XVIII), Zürich, Einsiedeln, Köln, Neukirchen-Vluyn 1981[2].

WEISS, Johannes: Der erste Korintherbrief (KEK V), Göttingen 1977[9].

WENDLAND, Hans-Dietrich: Die Briefe an die Korinther (NTD 7), Göttingen 1972[13].

WILCKENS, Ulrich: Der Brief an die Römer (EKK VI/1-3), Zürich, Einsiedeln, Köln, Neukirchen-Vluyn 1978-82.

WINDISCH, Hans: Der zweite Korintherbrief (KEK VI), Göttingen 1924[9].

ZAHN, Theodor: Der Brief des Paulus an die Galater (KNT IX), Leipzig, Erlangen 1922[3].

- Die Offenbarung des Johannes. Zweite H. Kap.6-22 (KNT XVIII), Leipzig, Erlangen 1926[1-3].

4. Darstellungen

ALT, Albrecht: Der **Gott der Väter,** in: ders., Kleine Schriften zur Geschichte des Volkes Israels Bd.I, München 1968[4], S.1-78.

ANDERSEN, F.J.: 2 (Slavonic Apocalypse of) Enoch (Late First Century A.D.). Appendix: 2 Enoch in Merilo Pravedave. A New Translation and **Introcduction,** OTPs 1, S.91-100.

AYMER, Albert J.D.: Paul's **Understanding** of Kaine Ktisis: Continuity and Diskontinuity in Pauline Echatology, Madison New Jersey 1983.

BAHR, Gordon J.: The **Subscriptions** in the Pauline Letters, JBL 87 (1968), S.27-41.

BARTH, Markus: Das **Volk Gottes.** Juden und Christen in der Botschaft des Paulus, in: ders. u.a., Paulus - Apostat oder Apostel? Jüdische und christliche Antworten, Regensburg 1977, S.45-134.

BAUMGÄRTEL, Friedrich: Art. πνεῦμα κτλ. , ThWNT Bd.VI, S.357-366.

BAUMGARTEN, Jörg: Paulus und die **Apokalyptik.** Die Auslegung apokalyptischer Überlieferungen in den echten Paulusbriefen (WMANT 44), Neukirchen-Vluyn 1975.

BECKER, Jürgen: **Auferstehung** der Toten im Urchristentum (SBS 82), Stuttgart 1976.

- Erwägungen zu Phil. 3,20-21, ThZ 27 (1971), S.16-29.

- **Erwägungen** zur apokalyptischen Tradition in der paulinischen Theologie, EvTh 30 (1970), S.593-609.

- Die **Erwählung** der Völker durch das Evangelium. Theologiegeschichtliche Erwägungen zum 1Thess, in: Studien zum Text und zur Ethik des Neuen Testaments FS Greeven, H., hg. v. SCHRAGE, W. (BZNW 47), Berlin, New York 1986, S.82-101.

- Geschöpfliche **Wirklichkeit** als Thema des Neuen Testaments, in: Schöpfungsglaube und Umweltverantwortung. Eine Studie des Theologischen Ausschusses der VELKD, hg. v. KNUTH, H. Ch. / LOHFF, W. (Zur Sache 26), Hannover 1985, S.45-100.

- Das **Heil** Gottes. Heils- und Sündenbegriffe in den Qumrantexten und im Neue Testament (StUNT 3), Göttingen 1964.

- Das **Johannesevangelium** im Streit der Methoden (1980-1984), ThR 51 (1986), S.1-78.

BEGRICH, Joachim: **Studien** zu Deuterojesaja, hg. v. ZIMMERLI, W. (TB 20), München 1963.

- Das priesterliche **Heilsorakel,** in: ders., Gesammelte Studien zum Alten Testament, hg. v. ZIMMERLI, W. (TB 21), München 1964, S.217-231.

BEHM, Johannes. Art. καινός κτλ. , ThWNT Bd.III, S.450-456.

BERGER, Klaus: Die **Auferstehung** des Propheten und die Erhöhung des Menschensohnes. Traditionsgeschichtliche Untersuchungen zur Deutung des Geschickes Jesu in frühchristlichen Texten (StUNT 13), Göttingen 1976.

- **Einleitung.** Das Buch der Jubiläen, JSHRZ Bd. III,3, Gütersloh 1981, S.279-311.

- Jüdisch-hellenistische **Missionsliteratur** und apokryphe Apostelakten, Kairos XVII (1975), S.232-248.

- Zu den sogenannten **Sätzen** Heiligen Rechts, NTS XVII (1970/71), S.10-40.

- **Volksversammlung** und Gemeinde Gottes. Zu den Anfängen der christlichen Verwendung von "ekklesia", ZThK 73 (1976), S.167-207.

BERTRAM, Georg: Art. Septuaginta-Frömmigkeit, RGG[3] Bd.V, Sp.1707-1709.

BETZ, Hans D.: 2 Cor 6:14 - 7:1: An Anti-Pauline **Fragment**?, JBL 92 (1973), S.88-108.

- **Geist,** Freiheit und Gesetz. Die Botschaft des Paulus an die Gemeinden in Galatien, ZThK 71 (1974), S.78-93.

- The Literary **Composition** and Funktion of Paul's Letter to the Galatians, NTS XXI (1975), S.353-379.

BETZ, Otto: Art. **Beschneidung** II. Altes Testament, Frühjudentum und Neues Testament, TRE Bd.5, S.716-722.

- Fleischliche und "geistliche" **Christuserkenntnis** nach 2. Korinther 5,16, ThBeitr 14 (1983), S.167-179.

- Geistliche **Schönheit.** Von Qumran zu Michael Hahn, in: Die Leibhaftigkeit des Wortes FS KÖBERLE, A., Hamburg 1958, S.71-86.

- Art. στίγμα, ThWNT Bd.VII, S.657-664.

BEYER, Wolfgang: Art. κανών, ThWNT Bd.III, S.600-606.

BIETENHARD, Hans: Die himmlische **Welt** im Urchristentum und Spätjudentum (WUNT 2), Tübingen 1951.

BINDEMANN, Walther: Die **Hoffnung** der Schöpfung. Röm 8,18-27 und die Frage einer Theologie der Befreiung von Mensch und Natur (NStB 14), Neukirchen-Vluyn 1983.

BLACK, Matthew: The New **Creation** in I Enoch, in: Creation, Christ and Culture FS Torrance, T. F., ed. by MCKINNEY, R.W.A., Edinburgh 1976, S.13-21.

BLANK, Josef: **Paulus** und Jesus. Eine theologische Grundlegung (StANT XVIII), München 1968.

BLOCH, Ernst: Das Prinzip Hoffnung. Gesamtausgabe Bd.5, Frankfurt 1959.

BORMANN, Karl: **Einleitung** zur Übersetzung von "Über die Unvergänglichkeit der Welt", in: Philo von Alexandria, hg. v. COHN, L. u.a. Bd.VII, Berlin 1964, S.71-77.

BORNKAMM, Günther: Die **Vorgeschichte** des sogenannten Zweiten Korintherbriefes, in: ders., Geschichte und Glaube 2. Teil. Gesammelte Aufsätze Bd.IV (BEvTh 53), München 1971, S.162-194.

BORSE, Udo: Der **Standort** des Galaterbriefes (BBB 41), Köln 1972.

- Die **Wundmale** und der Todesbescheid, BZ NF 14 (1970), S.88-111.

BOUSSET, Wilhelm: **Kyrios** Christos. Geschichte des Christusglaubens von den Anfängen des Christentums bis Irenaeus, Göttingen 1965[5].

BRANDENBURGER, Egon: **Adam** und Christus. Exegetisch-religionsgeschichtliche Untersuchung zu Röm 5,12-21 (1.Kor.15) (WMANT 7), Neukirchen 1962.

- Die **Auferstehung** der Glaubenden als historisches und theologisches Problem, WuD 9 (1967), S.16-33.

- **Einleitung.** Himmelfahrt Moses, JSHRZ Bd.V,2, Gütersloh 1980, S.59-67.

- **Fleisch** und Geist. Paulus und die dualistische Weisheit (WMANT 29), Neukirchen-Vluyn 1968.

- **Frieden** im Neuen Testament. Grundlinien urchristlichen Friedensverständnisses, Gütersloh 1973.

BRAUMANN, Georg: Vorpaulinische christliche **Taufverkündigung** bei Paulus (BWANT 82), Stuttgart 1962.

BRINSMEAD, Bernard H.: **Galatians** - Dialogical Response to Opponents (SBLDS 65), Chico 1982.

BROCK, S.P.: Art. **Bibelübersetzungen** I, 2. Die Übersetzungen des Alten Testaments ins Griechische, TRE Bd.6, S.163-172.

BRUNS, Carl G. (Hg.): Die **Unterschriften** in den römischen Rechts-Urkunden FS WITTE, C.F. (AAWB philosophisch-historische Klasse), Berlin 1876, S.41-138.

BÜCHSEL, F.: Art. εἰλικρινής κτλ., ThWNT Bd.II, S.396.

BÜNKER, Michael: **Briefformular** und rhetorische Disposition im 1. Korintherbrief (GTA 28), Göttingen 1983.

BULTMANN, Rudolf: Die **Bedeutung** des geschichtlichen Jesus für die Theologie des Paulus, in: ders.; Glauben und Verstehen. Gesammelte Aufsätze Bd.1, Tübingen 1964[5], S.188-213.

- Der **Begriff** des Wortes Gottes im Neuen Testament, in: ders., Glauben und Verstehen. Gesammelte Aufsätze Bd.1, Tübingen 1964[5], S.268-293.

- **Christus** des Gesetzes Ende, in: ders., Glauben und Verstehen. Gesammelte Aufsätze Bd.2, Tübingen 1968^5, S.32-58.
- Exegetische **Probleme** des zweiten Korintherbriefes, in: ders., Exegetica. Aufsätze zur Erforschung des Neuen Testaments, hg. v. DINKLER, E., Tübingen 1967, S.298-322.
- Zur Frage der **Christologie,** in: ders., Glauben und Verstehen. Gesammelte Aufsätze Bd.1, Tübingen 1964^5, S.85-113.
- **Geschichte** und Eschatologie, Tübingen 1958.
- Die Geschichte der synoptischen Tradition (FRLANT 29), Göttingen 1979^9 (GST).
- **Jesus** und Paulus, in: Jesus Christus im Zeugnis der Heiligen Schrift und der Kirche (BEvTh 2), 1936^2, S. 68-90.
- Art. Paulus, RGG^2 Bd.IV, Sp.1019-1045.
- Das Problem der **Ethik** bei Paulus, ZNW 23 (1924), S.123-140.
- **Theologie** des Neuen Testaments, durchg., um Vorw. und Nachtr. wesentlich erw. Aufl., hg. v. MERK, O., Tübingen 1980^8.
- **Weissagung** und Erfüllung, in: ders., Glauben und Verstehen. Gesammelte Aufsätze Bd.2, Tübingen 1968^5, S.162-186.
- Rez. v. Lohmeyer, E., Die Offenbarung des Johannes, ThLZ 52 (1927), Sp.505-512.

BURCHARD, Christoph: Der dreizehnte **Zeuge** (FRLANT 103), Göttingen 1970.

- **Einleitung.** Joseph und Aseneth, JSHRZ Bd.II,4, Gütersloh 1983, S.579-628.
- **Fußnoten** zum neutestamentlichen Griechisch, ZNW 61 (1970), S.157-171.
- Der jüdische **Asenethroman** und seine Nachwirkung. Von Egeria zu Anna Katharina Emmerich oder von Moses aus Aggel zu Karl Kerényi, in: ANRW Bd.II 20,1, S.543-667.
- **1 Korinther 15,** 39-41, ZNW 75 (1984), S.233-258.
- **Untersuchungen** zu Joseph und Aseneth. Überlieferung - Ortsbestimmung (WUNT 8), Tübingen 1965.

BUSSMANN, Claus: Themen der paulinischen **Missionspredigt** auf dem Hintergrund der spätjüdisch-hellenistischen Missionsliteratur (EHS.T XXIII 3), Bern, Frankfurt 1971.

CALLAWAY, Philipp: Exegetische **Erwägungen** zur Tempelrolle XXIX, 7-10, RdQ 45 (1985), S.95-104.

CERVAUX, Lucien: **Christus** in der paulinischen Theologie, Düsseldorf 1964.

CHARLES, R.H.: **Introduction.** Book of Enoch APOT Bd.II, S.163-187.

- Mashafa Kufale or the Ethiopic **Version** of the Hebrew Book of Jubilees (Anecdota Oxoniensia), Oxford 1895.

CLEMEN, Carl: **Einleitung.** Die Himmelfahrt Moses, APAT Bd.II, Hildesheim, New York 1975^4, S.311-317.

COLLINS, John J.: The Jewish **Apocalypses,** in: ders. (Ed.), Apocalypse: The Morphology of a Genre (Semeia 14), Montana 1979, S.21-49.

- The **Genre** Apocalypse in Hellenistic Judaism, in: Apocalypticism in the Mediterranean World and the Near East. Proceedings of the International Colloquium on Apocalypticism Uppsala, August 12-17, 1979, ed. by HELLHOLM, D., Tübingen 1983, S.531-548.

COLPE, Carsten: Art. Philo, RGG^3 Bd.V, Sp.341-346.

CONZELMANN, Hans: Grundriß der **Theologie** des Neuen Testaments, bearb. von Lindemann, A., Tübingen 1987^4.

CROSS, Frank M.: Die antike **Bibliothek** von Qumran und die moderne biblische Wissenschaft. Ein zusammenfassender Überblick über die Handschriften vom Toten Meer und ihre einstigen Besitzer (NStB 5), Neukirchen-Vluyn 1967.

CRÜSEMANN, Frank: "... er aber soll dein Herr sein" (Genesis 3,16). Die **Frau** in der patriarchalischen Welt des Alten Testamentes, in: ders. / THYEN, H ., Als Mann und Frau geschaffen. Exegetische Studien zur Rolle der Frau, Gelnhausen, Berlin 1978, S.13-106.

CULLMANN, Oscar: **Heil** als Geschichte. Heilsgeschichtliche Existenz im Neuen Testament, Tübingen 1965.

DAHL, N.A.: Zur **Auslegung** von Gal 6,16, Jud 6 (1950), S.161-170.

DALBERT, Peter: Die **Theologie** der hellenistisch-jüdischen Missionsliteratur unter Ausschluß von Philo und Josephus (ThF 4), Hamburg 1954.

DALMAN, Gustaf: Die **Worte** Jesu mit Berücksichtigung des nachkanonischen jüdischen Schrifttums und der Aramäischen Sprache erörtert Bd.I, Leipzig 1898; Leipzig 1930^2.

DAVENPORT, Gene L.: The **Eschatology** of the Book of Jubilees (StPB 20), Leiden 1971.

DAVIES, William D.: Paul and Rabbinic **Judaism**. Some Rabbinic Elements in Pauline Theology, London 1955^2, Reprint 1962.

- Paul and the People of Israel, NTS 24 (1977/78), S.4-39.

DAUTZENBERG, Gerhard: "**Da ist nicht** männlich und weiblich". Zur Interpretation von Gal 3,28, Kairos XXIV (1982), S.181-206.

- Zur **Stellung** der Frauen in den paulinischen Gemeinden, in: Die Frau im Urchristentum (QD 95), Hg. ders. u.a., Freiburg, Basel, Wien 1983, S.182-224.

DEICHGRÄBER, Reinhard: **Gotteshymnus** und Christushymnus in der frühen Christenheit. Untersuchungen zu Form, Sprache und Stil der frühchristlichen Hymnen (StUNT 5), Göttingen 1967.

DEISSMANN, Adolf: **Licht** vom Osten. Das Neue Testament und die neuentdeckten Texte der hellenistisch-römischen Welt, Tübingen 1923^4.

DELLING, Gerhard: Die **Begegnung** zwischen Hellenismus und Judentum, ANRW T.II Bd.20,1, S.3-39.

- Partizipiale **Gottesprädikationen** in den Briefen des Neuen Testaments, StTh 17 (1963), S.1-59.

- Art. στοιχέω κτλ., ThWNT Bd.VII, S.666-687.

- Der **Tod** Jesu in der Verkündigung des Paulus, in: Apophoreta FS HAENCHEN, E. (BZNW 30), Berlin 1964, S.85-96.

- Die **Zueignung** des Heils in der Taufe. Eine Untersuchung zum neutestamentlichen "taufen auf den Namen", Berlin o.J.

DEXINGER, Ferdinand: Henochs **Zehnwochenapokalypse** und offene Probleme der Apokalyptikforschung (StPB 29), Leiden 1977.

DIETZFELBINGER, Christian: **Einleitung**. Pseudo-Philo: Antiquitates Biblicae (Liber Antiquitatum Biblicarum), JSHRZ Bd.II,2, Gütersloh 1975, S.91-101.

DINKLER, Erich: Die **Verkündigung** als eschatologisch-sakramentales Geschehen. Auslegung von 2Kor 5,14-6,2, in: Die Zeit Jesu FS Schlier, H., hg. v. BORNKAMM, G. / RAHNER, K., Freiburg, Basel, Wien 1970, S.169-189.

DÖLGER, Franz / Karyannopulos, Johannes: Byzantische **Urkundenlehre** Bd.1 (HAW 12.3.1.1), München 1968.

DONNER, Herbert: **Geschichte** des Volkes Israel und seiner Nachbarn in Grundzügen T.2 (GAT 4/2), Göttingen 1986.

- Jesaja LVI 1-7: Ein **Abrogationsfall** innerhalb des Kanons - Implikationen und Konsequenzen, in: Congress Volume Salamanca 1983, ed. by EMERTON, J.A., Leiden 1985, S.81-95.

DUBNOW, Simon: **Weltgeschichte** des jüdischen Volkes. Von seinen Uranfängen bis zur Gegenwart Bd.II, Berlin 1925.

VAN DÜLMEN, Andrea: Die **Theologie** des Gesetzes bei Paulus (SBM 5), Stuttgart 1968.

DUENSING, Hugo: Ein Stücke der urchristlichen Petrusapokalypse enthaltender **Traktat** der äthiopischen Pseudoklementinischen Literatur, ZNW 14 (1913), S.65-78.

DUHM, Bernhard: Israels Propheten, Tübingen 1922[2].

DUPONT-SOMMER, André: **Schuld** und Reinigungsriten in der jüdischen Sekte von Qumran, in: Qumran, hg. v. GRÖZINGER, K.E. u.a. (WdF CDX), Darmstadt 1981, S.263-275.

ECKERT, Jost: Die urchristliche **Verkündigung** im Streit zwischen Paulus und seinen Gegnern nach dem Galaterbrief (BU 6), Regensburg 1971.

ELBOGEN, Ismar: Der jüdische **Gottesdienst** in seiner geschichtlichen Entwicklung, Frankfurt 1931[3], Nachdr. Hildesheim 1962[4].

ELLIGER, Karl: Die **Einheit** des Tritojesaja (Jesaja 56-66) (BWANT 3.F H.9), Stuttgart 1928.

ELLIS, E. Earle: Paul's **Use** of the Old Testament, Grand Rapids Michigan 1957.

FINDEIS, Hans-Jürgen: **Versöhnung** - Apostolat - Kirche. Eine exegetisch-theologische und rezeptionsgeschichtliche Studie zu den Versöhnungsaussagen des Neuen Testaments (2Kor, Röm, Kol, Eph) (FzB 40), Würzburg 1983.

FISCHER, Ulrich: **Eschatologie** und Jenseitserwartung im hellenistischen Diasporajudentum (BZNW 44), Berlin, New York 1978.

FITZMYER, Joseph A.: **Qumrân** and the Interpolated Paragraph in 2Cor 6,14-7,1 CBQ XXIII (1961), S.271-280.

- Some **Notes** on Aramaic Epistolography, JBL 93 (1974), S.201-225.

FOERSTER, Werner: Art. κτίζω κτλ. , ThWNT Bd.III, S.999-1034.

FOHRER, Georg: Art. υἱός κτλ. , ThWNT Bd.VIII, S.340-355.

FORBES, Nevill / Charles, R.H.: **Introduction.** 2 Enoch or the Book of the Secrets of Enoch, APOT Bd.II, S.425-430.

FORNBERG, Tord: An early **Church** in a pluralistic Society. A Study of 2 Peter (CWK Gleerup), Lund 1977.

FRASER, John W.: Paul's **Knowledge** of Jesus: II Corinthians V. 16 Once More, NTS XVII (1970/71), S.293-313.

FRIEDRICH, Gerhard: Die **Gegner** des Paulus im 2. Korintherbrief, in: Abraham unser Vater. Juden und Christen im Gespräch über die Bibel FS Michel, O., hg. v. BETZ, O. u.a. (AGSU V), Leiden, Köln 1963, S.181-215.

- **Ökologie** und Bibel. Neuer Mensch und alter Kosmos, Stuttgart, Berlin, Köln, Mainz 1982.

- Die **Verkündigung** des Todes Jesu im Neuen Testament (BThSt 6), Neukirchen-Vluyn 1985[2].

- / SCHNIEWIND, Julius: Art. ἐπαγγέλλω κτλ. , ThWNT Bd.II, S.573-583.

GALLING, Kurt: Die **Ausrufung** des Namens als Rechtsakt in Israel, ThLZ 81 (1956), Sp.65-70.

GÄRTNER, Bertil: The **Temple** and the Community in Qumran and the New Testament. A Comparative Study in the Temple Symbolism of the Qumrantexts and the New Testament (MSSNTS), Cambridge 1965.

GAYER, Roland: Die **Stellung** des Sklaven in den paulinischen Gemeinden und bei Paulus. Zugleich ein sozialgeschichtlich vergleichender Beitrag zur Wertung des Sklaven in der Antike (EHS.T XXIII 78), Bern, Frankfurt 1976.

GENNRICH, Paul: Die Lehre von der Wiedergeburt, die christliche Zentrallehre in dogmengeschichtlicher und religionsgeschichtlicher Beleuchtung, Leipzig 1907.

GEORGI, Dieter: **Einleitung.** Weisheit Salomos, JSHRZ Bd.III,4, Gütersloh 1980, S.391-401.

- Die **Gegner** des Paulus im 2. Korintherbrief. Studien zur religiösen Propaganda in der Spätantike (WMANT 11), Neukirchen-Vluyn 1964.

GESE, Hartmut: Anfang und Ende der **Apokalyptik,** dargestellt am Sacharjabuch, in: ders., Vom Sinai zum Zion. Alttestamentliche Beiträge zur biblischen Theologie (BEvTH 64), München 1974, S.202-230.

- **Tradition** und biblische Theologie, in: Zu Tradition und Theologie im Alten Testament, hg. v. STECK, O.H. (BThSt 2), Neukirchen-Vluyn 1978, S.87-111.

GNILKA, Joachim: **2 Kor 6,14-7,1** im Lichte der Qumranhandschriften und der Zwölf-Patriarchen-Testamente, in: Neutestamentliche Aufsätze FS Schmid, J., hg. v. BLINZLER, J. u.a., Regensburg 1963, S.86-99.

- **Martyriumsparänese** und Sühnetod in synoptischen und jüdischen Traditionen, in: Die Kirche des Anfangs FS Schürmann, H., hg. v. SCHNACKENBURG, R. u.a., Freiburg, Basel, Wien 1978, S.223-246.

GOPPELT, Leonhard: **Theologie** des Neuen Testaments 2 T., Göttingen 1976.

- **Versöhnung** durch Christus, in: ders., Christologie und Ethik. Aufsätze zum Neuen Testament, Göttingen 1968, S.147-164.

GRÄSSER, Erich: Zwei **Heilswege?**, in: ders., Der Alte Bund im Neuen. Exegetische Studien zur Israelfrage im Neuen Testament (WUNT 35), Tübingen 1985, S.212-230.

- Rez. v. H.-W. Kuhn, Enderwartung und gegenwärtiges Heil, DtPfrBl 67 (1967), S.608.

GRÖZINGER, Karl E. u.a.: **Einleitung,** in: Qumran, Hg. ders. (WdF CDX), Darmstadt 1981, S.1-22.

GRUNDMANN, Walter: Art. χρίω κτλ. , ThWNT Bd.IX, S.518-576.

- Das palästinensische **Judentum** im Zeitraum zwischen der Erhebung der Makkabäer und dem Ende des Jüdischen Krieges, in: Umwelt des Urchristentums Bd.I, Hg. LEIPOLDT, J. / ders., Berlin 1966[5], S.143-291.

GÜTTGEMANNS, Erhard: Der leidende **Apostel** und sein Herr. Studien zur paulinischen Christologie (FRLANT 90), Göttingen 1966.

GUNKEL, Hermann: Die israelitische **Literatur,** in: Kultur der Gegenwart Bd.I,7, hg. v. HINNEBERG, P., Leipzig 1925, Nachdr. Darmstadt 1963.

- **Schöpfung** und Chaos in Urzeit und Endzeit. Eine religionsgeschichtliche Untersuchung über Gen 1 und ApJoh 12, Göttingen 1895.

GUNNEWEG, Antonius H.J.: Sola **Scriptura.** Theologische und methodologische Erwägungen zu einem akuten Problem, in: Sola Scriptura. Beiträge zu Exegese und Hermeneutik des Alten Testaments FS ders., hg. v. HÄFFKEN, P., Göttingen 1983, S.184-198.

GUTBROD, Walter: Art. 'Ισραήλ κτλ., ThWNT Bd.III, S.370-394.

HAHN, Ferdinand: Christologische **Hoheitstitel.** Ihre Geschichte im frühen Christentum (FRLANT 83), Göttingen 1964[2].

- "**Siehe,** jetzt ist der Tag des Heils". Neuschöpfung und Versöhnung nach 2. Korinther 5,14-6,2, EvTh 33 (1973), S.244-253.

HANHART, Robert: Die Bedeutung der **Septuaginta-Forschung** für die Theologie, in: ders., Drei Studien zum Judentum (ThEx 140), München 1967, S.38-64.

- Zum **Wesen** der makedonisch-hellenistischen Zeit Israels, in: Wort, Lied und Gottesspruch. Beiträge zur Septuaginta FS ZIEGLER, J. Bd.1, Würzburg 1972, S.49-58.

VON HARNACK, Adolf: **Marcion.** Das Evangelium vom fremden Gott. Eine Monographie zur Geschichte der Grundlegung der katholischen Kirche. Neue Studien zu Marcion, Leipzig 1924[2], Nachdr. Darmstadt 1960.

- Die **Mission** und Ausbreitung des Christentums in den ersten drei Jahrhunderten, o.O. 1924, Nachdr. Leipzig o.J.

- Die **Terminologie** der Wiedergeburt und verwandter Erlebnisse in der ältesten Kirche, TU XLII,3, Leipzig 1918, S.97-143.

HARNISCH, Wolfgang: Der **Prophet** als Widerpart und Zeuge der Offenbarung. Erwägungen zur Interdependenz von Form und Sache im IV. Buch Esra, in: Apocalypticism in the Mediterranean World and the Near East. Proceedings of the International Colloquium on Apocalypticism Uppsala, August 12-17, 1979, ed. by. HELLHOLM, D., Tübingen 1983, S.461-493.

- **Verhängnis** und Verheißung der Geschichte. Untersuchungen zum Zeit- und Geschichtsverständnis im 4. Buch Esra und in der syr. Baruchapokalypse (FRLANT 97), Göttingen 1969.

HARRINGTON, D.J.: Pseudo-Philo (First Century A.D.). A New Translation and **Introduction,** OTP Vol.2, S.297-377.

HAUCK, Friedrich: Art. κόπος κτλ. , ThWNT Bd.III, S.827-829.

HEGERMANN, Harald: Das hellenistische **Judentum,** in: Umwelt des Neuen Testaments, hg. v. LEIPOLDT, J. / GRUNDMANN, W. Bd.I, Berlin 1971[5], S.292-345.

HENGEL, Martin: **Erwägungen** zum Sprachgebrauch von Χριστός bei Paulus und in der 'vorpaulinischen' Überlieferung, in: Paul and Paulinism FS BARRETT, C.K., London 1982, S.135-158.

- **Judentum** und Hellenismus. Studien zu ihrer Begegnung unter besonderer Berücksichtigung Palästinas bis zur Mitte des 2.Jh.s. v.Chr. (WUNT 10), Tübingen 1973[2].

- Der **Kreuzestod** Jesu Christi als Gottes souveräne Erlösungstat. Exegese über 2. Korinther 5,11-21, in: Theologie und Kirche. Reichenau-Gespräch, Hg. Ev. Landessynode in Württemberg, Stuttgart 1967, S.60-89.

- Messianische **Hoffnung** und politischer "Radikalismus" in der "jüdisch-hellenistischen Diaspora". Zur Frage der Voraussetzungen des jüdischen Aufstandes unter Trajan 115-117 n.Chr., in: Apocalypticism in the Mediterranean World and the Near East. Proceedings of the International Colloquium on Apocalypticism Uppsala, August 12-17, 1979, ed. by HELLHOLM, D., Tübingen 1983, S.655-686.

- Zwischen **Jesus** und Paulus. Die "Hellenisten", die "Sieben" und Stephanus (Apg 6,1-5; 7,54-8,3), ZThK 72 (1975), S.151-206.

HIRSCH, Emanuel: Zwei **Fragen** zu Galater 6, ZNW 29 (1930), S.192-197.

HOFIUS, Otfried: **Erwägungen** zur Gestalt und Herkunft des paulinischen Versöhnungsgedankens ZThK 77 (1980), S.186-199.

- "**Gott** hat unter uns aufgerichtet das Wort von der Versöhnung" (2Kor 5,19), ZNW 71 (1980), S.3-20.

- **Katapausis.** Die Vorstellung vom endzeitlichen Ruheort im Hebräerbrief (WUNT 11), Tübingen 1970.

HOLM-NIELSEN, Svend: **Hodayot.** Psalms from Qumran (AThD II), Aarhus 1960.

HOLTZ, Traugott: Christliche **Interpolationen** in 'Joseph und Aseneth', NTS XIV (1967/68), S.482-497.

HOLTZMANN, Oscar: Zu **Emanuel Hirsch,** Zwei Fragen zu Galater 6, ZNW 30 (1930), S.76-83.

HÜBNER, Hans: Das **Gesetz** bei Paulus. Ein Beitrag zum Werden der paulinischen Theologie, Göttingen 1982[3].

- Art. Galaterbrief, TRE Bd.12, S.5-14.

- Rez. v. Betz, Hans D.: Galatians, ThLZ 109 (1984), Sp.241-250.

HYLDAHL, Niels: Die **Frage** nach der literarischen Einheit des Zweiten Korintherbriefes, ZNW 64 (1973), S.289-306.

JAMESON, Frederic: Die **Ontologie** des Noch-Nicht-Seins im Übergang zum allegorisch-symbolischen Antizipieren: Kunst als Organon kritisch-utopischer Philosophie, in: Materialien zu Ernst Blochs "Prinzip Hoffnung", hg. v. SCHMIDT, B., Frankfurt 1978, S.403-439.

JENNI, Ernst: Das **Wort** `ōlām im Alten Testament, ZAW 64 (1952), S.197-248; 65 (1953), S.1-35.

JEPSEN, A.: Art. חזה , ThWAT Bd.II, Sp.822-835.

JEREMIAS, Gert: Der **Lehrer** der Gerechtigkeit (StUNT 2), Göttingen 1963.

JEREMIAS, Joachim: Die **Kindertaufe** in den ersten vier Jahrhunderten, Göttingen 1958.

JERNENSKY, M.E.: Art. Kaddisch, EJ(D) 9, Sp.734-739.

JERVELL, Jacob: **Imago** Dei. Gen 1,26f. im Spätjudentum, in der Gnosis und in den paulinischen Briefen (FRLANT 76), Göttingen 1960.

JÜNGEL, Eberhard: Der Gott entsprechende **Mensch.** Bemerkungen zur Gottebenbildlichkeit des Menschen als Grundfigur theologischer Anthropologie, in: Neue Anthropologie Bd.6, hg. v. GADAMER, H.-G. / VOGLER, P., Stuttgart 1975, S.342-372.

KÄSEMANN, Ernst: Eine **Apologie** der urchristlichen Eschatologie, in: ders., Exegetische Versuche und Besinnungen Bd.I, Göttingen 1970[6], S.135-157.

- **Erwägungen** zum Stichwort "Versöhnungslehre im Neuen Testament", in: Zeit und Geschichte FS Bultmann, R., hg. v. DINKLER, E., Tübingen 1964, S.47-59.

- Art. **Geist** IV. Geist und Geistesgaben im NT, RGG[3] Bd.II, Sp.1272-1279.

- **Gottesgerechtigkeit** bei Paulus, in: ders., Exegetische Versuche und Besinnung Bd.II, Göttingen 1970[6], S.181-193.

- Die **Heilsbedeutung** des Todes Jesu bei Paulus, in: ders., Paulinische Perspektiven, Tübingen 1972[2], S.61-107.

- Die **Legitimität** des Apostels. Eine Untersuchung zu II Korinther 10-13, ZNW 41 (1942), S.33-71.

- Zur paulinischen **Anthropologie,** in: ders., Paulinische Perspektiven, Tübingen 1972[2], S.9-60.

- Der **Ruf** der Freiheit, Tübingen 1968.

- **Sätze** Heiligen Rechtes im Neuen Testament, in: ders., Exegetische Versuche und Besinnungen Bd.II, Göttingen 1970[6], S.69-82.

- Zum **Thema** der urchristlichen Apokalyptik, in: ders., Exegetische Versuche und Besinnungen Bd.II, Göttingen 1970[6], S.105-131.

KAUFMANN, David: Das **Alter** der drei Benedictionen von Israel, vom Freien und vom Mann, MGWJ 37 (1893), S.14-18.

KERENYI, Karl: Die Griechisch-Orientalische **Romanliteratur** in religionsgeschichtlicher Beleuchtung. Ein Versuch, Tübingen 1927.

KERTELGE, Karl: "**Rechtfertigung**" bei Paulus. Studien zur Struktur und zum Bedeutungsgehalt des paulinischen Rechtfertigungsbegriffs (NTA NF 3), Münster 1967.

- Das **Verständnis** des Todes Jesu bei Paulus, in: Der Tod Jesu. Deutungen im Neuen Testament, Hg. ders. (QD 74), Freiburg, Basel, Wien 1982[2], S.114-136.

KERST, Rainer: 1Kor 8,6 - ein vorpaulinisches **Taufbekenntnis**?, ZNW 66 (1975), S.130-139.

KESSLER, Hans: Die theologische **Bedeutung** des Todes Jesu. Eine traditionsgeschichtliche Untersuchung (Themen und Thesen der Theologie), Düsseldorf 1970.

KIESOW, Klaus: **Exodustexte** im Jesajabuch. Literarkritische und motivgeschichtliche Analysen (OBO 24), Göttingen 1979.

KILPATRICK, G.D.: Living Issues in Biblical Scholarship, The Last **Supper**, ET 64 (1952/53), S.4-8.

KITTEL, Bonnie P.: The **Hymns** of Qumran. Translation and Commentary (Society of Biblical Literature 50), California 1981.

KLAUCK, Hans-Josef: **Herrenmahl** und hellenistischer Kult. Eine religionsgeschichtliche Untersuchung zum ersten Korintherbrief (NTA NF 15), Münster 1982.

KLIJN, A.F.J.: **Einleitung**. Die syrische Baruch-Apokalypse, JSHRZ Bd.V,2, Gütersloh 1976, S.103-122.

KLINZING, Georg: Die **Umdeutung** des Kultus in der Qumrangemeinde und im Neuen Testament (StUNT 7), Göttingen 1971.

KOCH, Dietrich-Alex: Die **Schrift** als Zeuge des Evangeliums. Untersuchungen zur Verwendung und zum Verständnis der Schrift bei Paulus (BHTh 69), Tübingen 1986.

KOCH, Klaus: **Sabbatstruktur** der Geschichte. Die sogenannte Zehn-Wochen-Apokalypse (IHen 93,1-10; 91,11-17) und das Ringen um die alttestamentlichen Chronologien im späten Israelitentum, ZAW 95 (1983), S.403-430.

KÖSTER, Helmut: Art. συνέχω κτλ. , ThWNT Bd.VII, S. 875-885.

VAN DER KOOIJ, Arie: Die alten **Textzeugen** des Jesajabuches. Ein Beitrag zur Textgeschichte des Alten Testaments (OBO 35), Göttingen 1981.

KRAFT, Benedikt: Art. Euthalios, LThK Bd.3, Sp.1206f.

KRAMER, Werner: **Christos** Kyrios Gottessohn. Untersuchungen zu Gebrauch und Bedeutung der christologischen Bezeichnungen bei Paulus und den vorpaulinischen Gemeinden (AThANT 44), Zürich, Stuttgart 1963.

KRAUS, Hans-Joachim: **Schöpfung** und Weltvollendung, in: ders., Biblisch-theologische Aufsätze, Neukirchen-Vluyn 1972, S.151-178.

KÜMMEL, Werner G.: **Römer 7** und die Bekehrung des Paulus, in: ders., Römer 7 und das Bild des Menschen im Neuen Testament. Zwei Studien (TB 53), München 1974, S.1-160.

- Die **Theologie** des Neuen Testaments nach seinen Hauptzeugen Jesus. Paulus. Johannes (GNT 3), Göttingen 1980[4].

KUGELMANN, Lothar: **Antizipation.** Eine begriffsgeschichtliche Untersuchung (FSÖTh 50), Göttingen 1986.

KUHN, Heinz-Wolfgang: **Enderwartung** und gegenwärtiges Heil. Untersuchungen zu den Gemeindeliedern von Qumran mit einem Anhang über Eschatologie und Gegenwart in der Verkündigung Jesu (StUNT 4), Göttingen 1966.

- Der irdische Jesus bei Paulus als traditionsgeschichtliches und theologisches **Problem,** ZThK 67 (1970), S.295-320.

- **Jesus** als Gekreuzigter in der frühchristlichen Verkündigung bis zur Mitte des 2. Jahrhunderts, ZThK 72 (1975), S.1-46.

KUHN, Karl Georg: Die in Palästina gefundenen hebräischen **Texte** und das Neue Testament, ZThK 47 (1950), S.192-211.

- Art. προσήλυτος, ThWNT Bd.VI, S.727-745.

- / STEGEMANN, Hartmut: Art. Proselyten, PW Suppl.-bd. IX, Stuttgart 1962, Sp.1248-1283.

KUTSCH, E.: Art. **Chronologie.** III. Israelitisch-jüdische Chronologie, RGG[3] Bd.I, Sp.1812-1814.

KUTSCHER, E.Y.: The **Language** and Linguistic Background of the Isaiah Scroll (1QIs[a]) (STDJ VI), Leiden 1974.

LAMBRECHT, J.: The **Fragment** 2 Cor VI 14 - VII 1. A Plea for its Authenticity, in: Miscellanea Neotestamentica, ed. by BAARDA, T. u.a. (Suppl. to Novum Testamentum XLVIII,2), Leiden 1978, S.143-161.

LAQUEUR, Richard: Der jüdische **Historiker** Flavius Josephus. Ein biographischer Versuch auf neuer quellenkritischer Grundlage. Der Werdegang des Josephus (Kapitel VIII), in: Zur Josephusforschung, hg. v. SCHALIT, A. (WdF LXXXIV), Darmstadt 1973, S.70-103.

LEBRAM, Jürgen: Art. **Apokalyptik** / Apokalypsen II. Altes Testament, TRE Bd.3, S.192-202.

LEISEGANG, Hans: Philons Schrift über die **Ewigkeit** der Welt, Philologus 92 (1937), S.156-176.

LICHTENBERGER, Hermann: Studien zum **Menschenbild** in Texten der Qumrangemeinde (StUNT 15), Göttingen 1980.

LIEBERS, Reinhold: **Gesetz** oder Evangelium. Studien zur paulinischen Gesetzeskritik (AThANT), Zürich 1989.

LIMBECK, Meinrad: Die **Ordnung** des Heils. Untersuchungen zum Gesetzesverständnis des Frühjudentums (KBANT 28), Düsseldorf 1971.

LINDESKOG, Gösta: **Studien** zum neutestamentlichen Schöpfungsgedanken (UUA 11), Uppsala, Wiesbaden 1952.

LINNEMANN, Eta: **Tradition** und Interpretation in Röm. 1,3f., EvTh 31 (1971), S.264-275.

LOHSE, Eduard: Art. εὐπροσωπέω κτλ. , ThWNT Bd.VI, S.779-781.

- **Märtyrer** und Gottesknecht. Untersuchungen zur urchristlichen Verkündigung vom Sühntod Jesu Christi (FRLANT 64), Göttingen 1963[2].

- Art. υἱός , ThWNT Bd.VIII, S.358-363.

- Rez. v. Güttgemanns, E., Der leidende Apostel und sein Herr, ThLZ 93 (1968), Sp.911-914.

LUCK, Ulrich: Das **Weltverständnis** in der jüdischen Apokalyptik dargestellt am äthiopischen Henoch und am 4. Esra, ZThK 73 (1976), S.283-305.

LUTHER, Martin: Eine **hauspredigt** von den articeln des glaubens, Durch D Mart Luther zu Smalcalden gepredigt. In des rendtmeysters hause, in: D. Martin Luthers Werke. Kritische Gesamtausgabe Bd.45, Weimar 1911, S.11-24.

LÜHRMANN, Dieter: Christologie und **Rechtfertigung**, in: Rechtfertigung FS KÄSEMANN, E., Tübingen, Göttingen 1976, S.351-363.

- Das **Offenbarungsverständnis** bei Paulus und in den paulinischen Gemeinden (WMANT 16), Neukirchen-Vluyn 1965.

- Wo man nicht mehr **Sklave** oder Freier ist. Überlegungen zur Struktur frühchristlicher Gemeinden, WuD 13 (1975), S.53-83.

LÜTGERT, Wilhelm: **Gesetz** und Geist. Eine Untersuchung zur Vorgeschichte des Galaterbriefes (BFChTh Bd.22 H.6), Gütersloh 1919.

LUZ, Ulrich: Das **Geschichtsverständnis** des Paulus (BEeTh 49), München 1968.

MAIER, Johann: Zum **Begriff** יחד in den Texten von Qumran, in: Qumran, hg. v. GRÖZINGER, K.E. u.a. (WdF CDX), Darmstadt 1981, S.225-248.

- **Tempel** und Tempelkult, in: Literatur und Religion des Frühjudentums. Eine Einführung, Hg. ders. / SCHREINER, J., Würzburg 1973, S.371-390.

MARTYN, J. Louis: Apocalyptic **Antinomies** in Paul's Letter to the Galatians, NTS XXI (1985), S.410-424.

MAYER, Rudolf: Die biblische Vorstellung vom **Weltenbrand.** Eine Untersuchung über die Beziehungen zwischen Parsismus und Judentum (BOS 4), Bonn 1956.

MCKELVEY, R.J.: The New **Temple.** The Church in the New Testament (OTM), Oxford 1969.

MELUGIN, Roy F.: The **Formation** of Isaiah 40-55 (BZAW 141), Berlin, New York 1976.

MERENDINO, Rosarius P.: Der **Erste** und der Letzte. Eine Untersuchung von Jes 40-48 (Suppl. VT XXXI), Leiden 1981.

MERKELBACH, Reinhold: **Roman** und Mysterium in der Antike, München, Berlin 1962.

MERKLEIN, Helmut: Die **Bedeutung** des Kreuzestodes Christi für die paulinische Gerechtigkeits- und Gesetzesthematik, in: ders., Studien zu Jesus und Paulus (WUNT 43), Tübingen 1987, S.1-106.

METZGER, Martin: **Grundriß** der Geschichte Israels (NStB 2), Neukirchen-Vluyn 1983[6].

MEYER, Rudolf: Art. περιτέμνω κτλ. , ThWNT Bd.VI, S.72-83.

MICHAELIS, W.: Judaistische **Heidenchristen,** ZNW 30 (1930), S.83-89.

MICHEL, Diethelm: Art. Deuterojesaja, TRE Bd.8, S.510-530.

- Zur **Eigenart** Tritojesajas, ThViat X (1965/66), S.213-230.

- **Tempora** und Satzstellung in den Psalmen (AET 1), Bonn 1960.

MICHEL, Otto: "**Erkennen** dem Fleische nach" (II.Kor 5,16), EvTh 14 (1954), S.22-29.

- Paulus und seine **Bibel** (BFChTh M 18), Gütersloh 1929.

- Art. **Schöpfung** im NT, RGG^3 Bd.V., Sp.1476-1477.

MOLTMANN, Jürgen: Theologie der Hoffnung. Untersuchungen zur Begründung und zu den Konsequenzen einer christlichen Eschatologie (BevTh 38), München 1968^7.

MOORE, George F.: **Judaism** in the First Centuries of the Christian Era. The Age of the Tannaim Vol.I-III, Cambridge 1954^7.

MORAWE, Günter: **Aufbau** und Abgrenzung der Loblieder von Qumrân. Studien zur gattungsgeschichtlichen Einordnung der Hodajôth (ThA XVI), Berlin 1960.

MÜLLER, Karlheinz: Art. **Apokalyptik** / Apokalypsen III. Die jüdische Apokalyptik. Anfänge und Merkmale, TRE Bd.3., S.202-251.

- Das **Judentum** in der religionsgeschichtlichen Arbeit am Neuen Testament. Eine kritische Rückschau auf die Entwicklung einer Methodik bis zu den Qumranfunden (Judentum und Umwelt 6), Frankfurt, Bern 1983.

- Rez. v. Kuhn, H.-W.: Enderwartung und gegenwärtiges Heil, BZ NF 12 (1968), S.303-306.

MÜLLER, Ulrich B.: **Prophetie** und Predigt im Neuen Testament. Formgeschichtliche Untersuchungen zur urchristlichen Prophetie (StNT 10), Gütersloh 1975.

- Rez. v. Fischer, U.: Eschatologie und Jenseitserwartung im hellenistischen Diasporajudentum, ThZ 36 (1980), S.238-240.

MÜNCHOW, Christoph: **Ethik** und Eschatologie. Ein Beitrag zum Verständnis der frühjüdischen Apokalyptik mit einem Ausblick auf das Neue Testament, Göttingen 1981.

MUNCK, Johannes: **Paulus** und die Heilsgeschichte (AJut XXVI,1), Aarhus 1954.

NESTLE, Eberhard: Miscellen, ZAW 25 (1905), S.201-223.

NEUGEBAUER, Fritz: **In Christus.** ΕΝ ΧΡΙΣΤῼ . Eine Untersuchung zum Paulinischen Glaubensverständnis, Göttingen 1961.

NIEBUHR, Karl-Wilhelm: **Gesetz** und Paränese. Katechismusartige Weisungsreihen in der frühjüdischen Literatur (WUNT 2.R. 28), Tübingen 1987.

NISSEN, Andreas: **Gott** und der Nächste im antiken Judentum. Untersuchungen zum Doppelgebot der Liebe (WUNT 15), Tübingen 1974.

NORTH, R.: Art. חדש , ThWAT Bd.II, Sp.759-780.

ODEBERG, Hugo: **Trito-Isaiah** (Isaiah 56-66). A Literary and Linguistic Analysis (UUA Teologi 1), Uppsala 1931.

OEPKE, Albrecht: Art. δύω κτλ., ThWNT Bd.II, S.318-321.

- Art. ἐν , ThWNT Bd.II, S.534-539.

O'NEILL, J. C.: The **Recovery** of Paul's Letter to the Galatians, London 1972.

ORLINSKY, Harry M.: **Studies** in the St. Mark's Isaiah Scroll, JBL LXIX (1950), S.149-166.

ORTKEMPER, Franz-Josef: Das **Kreuz** in der Verkündigung des Apostels Paulus. Dargestellt an den Texten der paulinischen Hauptbriefe (SBS 24), Stuttgart 1967.

VON DER OSTEN-SACKEN, Peter: **Gott und Belial.** Traditionsgeschichtliche Untersuchungen zum Dualismus in den Texten aus Qumran (StUNT 6), Göttingen 1969.

OTZEN, B.: Art. יצר , ThWAT Bd.III, Sp.830-839.

PANNENBERG, Wolfhart (Hg.): Offenbarung als Geschichte, Göttingen 1982[5].

PASCHEN, Wilfried: **Rein** und Unrein. Untersuchungen zur biblischen Wortgeschichte (StANT XXIV), München 1970.

PASCHER, Joseph: Η ΒΑΣΙΛΙΚΗ ΟΔΟΣ . Der Königsweg zu Wiedergeburt und Vergottung bei Philon von Alexandreia (SGKA 17 3.u.4.H.), Paderborn 1931.

PAULSEN, Henning: Art. ἐνδύω κτλ. , EWNT Bd.I, Sp.1103-1105.

- **Einheit** und Freiheit der Söhne Gottes - Gal 3,26-29, ZNW 71 (1980), S.74-95.

- **Überlieferung** und Auslegung in Römer 8 (WMANT 43), Neukirchen-Vluyn 1974.

PAURITSCH, Karl: Die neue **Gemeinde:** Gott sammelt Ausgestossene und Arme (Jesaia 56-66). Die Botschaft des Tritojesaja-Buches literar-, form-, gattungskritisch und redaktionsgeschichtlich untersucht (AnBib 47), Rom 1971.

PENNINGTON, A.: 2 Enoch **Introduction,** in: The Apokryphal Old Testament, ed. by SPARKS, H.F.D., Oxford 1984, S.321-328.

PESCH, Rudolf: **Paulus** kämpft um sein Apostolat. Drei weitere Briefe an die Gemeinde Gottes in Korinth. Paulus - neu gesehen, Freiburg, Basel, Wien 1987.

- "**Christus** dem Fleische nach kennen" (2Kor 5,16)? Zur theologischen Bedeutung der Frage nach dem historischen Jesus, in: ders. / ZWERGEL, H.A., Kontinuität in Jesus. Zugänge zu Leben, Tod und Auferstehung, Freiburg, Basel, Wien 1974, S.9-34.

PHILONENKO, Marc: **Joseph et Aséneth.** Introduction. Texte critique. Traduction et notes (StPB XIII), Leiden 1968.

- / PHILONENKO-SAYAR, Belkis: **Einleitung.** Die Apokalypse Abrahams, JSHRZ Bd.V,5, S.415-420.

PROKSCH, Otto: Art. ἅγιος κτλ. , ThWNT Bd.I, S.101-116.

VON RAD, Gerhard: **Theologie** des Alten Testaments Bd.I-II (EETh 1-2), München 1978[7]; 1956[6].

RAU, Eckhard: **Kosmologie**, Eschatologie und die Lehrautorität Henochs. Traditions- und formgeschichtliche Untersuchungen zum äth. Henochbuch und zu verwandten Schriften (Diss. masch.), Hamburg 1974.

REITZENSTEIN, Richard: Die hellenistischen **Mysterienreligionen** nach ihren Grundgedanken und Wirkungen, Berlin 1927³.

RENDTORFF, Rolf: Die theologische **Stellung** des Schöpfungsglaubens bei Deuterojesaja, ZThK 51 (1954), S.3-13.

RENGSTORF, Karl H.: Art. γεννάω κτλ. , ThWNT Bd.I, S.663-666.

- **Mann** und Frau im Urchristentum (Arbeitsgemeinschaft für Forschung des Landes Nordrhein-Westfalen. Geisteswissenschaften H.12), Köln, Opladen 1954, S.7-52.

RICHARDSON, Peter: **Israel** in the Apostolic Church (MSSNTS 10), Cambridge 1969.

ROHDE, E.: Der griechische **Roman** und seine Vorläufer, Leipzig 1876, Nachdr. der 3.Aufl. Darmstadt 1960⁴.

ROLLER, Otto: Das **Formular** der paulinischen Briefe. Ein Beitrag zur Lehre vom antiken Briefe (BWANT 4.F. H.6), Stuttgart 1933.

ROMANIUK, Kazimierz: Die **Eschatologie** des Buches der Weisheit, BiLe 10 (1969), S.198-211.

ROWLEY, H.H.: **Apokalyptik.** Ihre Form und Bedeutung zur biblischen Zeit. Eine Studie über jüdische und christliche Apokalypsen vom Buche Daniel bis zur geheimen Offenbarung, Einsiedeln, Zürich, Köln 1965³.

RUBINKIEWICZ, R.: Apokalypse of Abraham. A New Translation and **Introduction**, OTP Bd.1, S.681-688.

RÜGER, Hans-Peter: Art. **Apokryphen** I. Apokryphen des Alten Testaments, TRE Bd.3, S.289-316.

SÄNGER, Dieter: Antikes **Judentum** und die Mysterien. Religionsgeschichtliche Untersuchungen zu Joseph und Aseneth (WUNT 2.R. 5), Tübingen 1980.

- **Bekehrung** und Exodus. Zum jüdischen Traditionshintergrund von "Joseph und Aseneth", JSJ 10 (1979), S.11-36.

- Erwägungen zur historischen Einordnung und Datierung von "Joseph und Aseneth", ZNW 76 (1985), S.86-106.

SAND, Alexander: Der Begriff **"Fleisch"** in den Paulinischen Hauptbriefen (BU 2), Regensburg 1967.

SANDERS, E.P.: **Paulus** und das palästinische Judentum. Ein Vergleich zweier Religionsstrukturen (StUNT 17), Göttingen 1985.

SANDMEL, S.: **Philo** Judaeus: An Introduction to the Man, his Writings, and his Significance, ANRW Bd.II 21,1, S.3-46.

SASSE, H.: Art. αἰών κτλ. , ThWNT Bd.I, S.197-209.

SCHÄFER, Peter: Art. Bibelübersetzungen II. **Targumin** TRE Bd.6, S.216-228.

- **Geschichte** der Juden in der Antike. Die Juden Palästinas von Alexander dem Großen bis zur arabischen Eroberung, Neukirchen-Vluyn 1983.

- Zur **Geschichtsauffassung** des rabbinischen Judentums, in: ders., Studien zur Geschichte und Theologie des rabbinischen Judentums (AGJU XV), Leiden 1978, S.23-44.

- Die **Lehre** von den zwei Welten im 4. Buch Esra und in der tannaitischen Literatur, in: ders., Studien zur Geschichte und Theologie des rabbinischen Judentums (AGJU XV), Leiden 1978, S.244-291.

SCHLEIERMACHER, Friedrich: Der christliche **Glaube** nach den Grundsätzen der evangelischen Kirche im Zusammenhange dargestellt 2 Bde.. Auf Grund der zweiten Aufl. und kritischer Prüfung des Textes neu hrsg. v. REDEKER, M., Berlin 1960[7].

SCHLIER, Heinrich: Zur kirchlichen **Lehre** von der Taufe, in: ders., Die Zeit der Kirche. Exegetische Aufsätze und Vorträge. Freiburg, Basel, Wien 1966[4], S.107-129.

- Zu Röm 1,3f, in: Neues Testament und Geschichte. Historisches Geschehen und Deutung im Neuen Testament FS Cullmann, O., hg. v. BALTENSWEILER, H. / REICKE, B., Zürich, Tübingen 1972, S.207-218.

SCHMIDT, Werner H.: Art. ברא , THAT Bd.I, Sp.336-339.

SCHMITHALS, Walter: Die **Gnosis** in Korinth. Eine Untersuchung zu den Korintherbriefen (FRLANT 66), Göttingen 1969[3].

- Die **Irrlehrer** des Philipperbriefes, ZThK 54 (1957), S.297-341.

- **Judaisten** in Galatien?, ZNW 74 (1983), S.27-58.

SCHNACKENBURG, Rudolf: Ist der **Gedanke** des Sühnetodes Jesu der einzige Zugang zum Verständnis unserer Erlösung durch Jesus Christus?, in: Der Tod Jesu. Deutungen im Neuen Testament, hg. v. KERTELGE, K. (QD 74), Freiburg, Basel, Wien 1982[2], S.205-230.

SCHNEIDER, Gerhard: Die **Idee** der Neuschöpfung beim Apostel Paulus und ihr religionsgeschichtlicher Hintergrund, TThZ 68 (1959), S.257-270.

- **ΚΑΙΝΗ ΚΤΙΣΙΣ** . Die Idee der Neuschöpfung beim Apostel Paulus und ihr religionsgeschichtlicher Hintergrund (Diss. masch.), Trier 1959.

- **Neuschöpfung** oder Wiederkehr? Eine Untersuchung zum Geschichtsbild der Bibel, Düsseldorf 1961.

SCHNELLE, Udo: **Gerechtigkeit** und Christusgegenwart. Vorpaulinische und paulinische Tauftheologie (GTA 24), Göttingen 1983.

SCHOEPS, Hans-Joachim: **Paulus.** Die Theologie des Apostels im Lichte der jüdischen Religionsgeschichte, Tübingen 1959.

SCHOORS, Antoon: I am God Your **Saviour.** A Form-Critical Study of the Main Genres in Is. XL-LV (Suppl. VT XXIV), Leiden 1973.

SCHRAGE, Wolfgang: **Einleitung.** Die Elia-Apokalypse, JSHRZ Bd.V,3, Gütersloh 1980, S.195-230.

- **"Ekklesia"** und "Synagoge", ZThK 60 (1963), S.178-202.

- **Frau** und Mann im Neuen Testament, in: GERSTENBERGER, E.S. / ders., Frau und Mann (Biblische Konfrontationen 1013), Stuttgart, Berlin, Köln, Mainz 1980, S.92-97.

- Die **Stellung** zur Welt bei Paulus, Epiktet und in der Apokalyptik. Ein Beitrag zu 1Kor 7,29-31, ZThK 61 (1964), S.125-154.

- Das **Verständnis** des Todes Jesu Christi im Neuen Testament, in: Das Kreuz Jesu Christi als Grund des Heils, hg. v. BIZER, E. u.a. (STAEKU), Gütersloh 1967, S.49-89.

SCHREINER, Josef: Die apokalyptische **Bewegung**, in: Literatur und Religion des Frühjudentums. Eine Einführung, Hg. MAIER, J. / ders., Würzburg 1973, S.214-253.

- **Einleitung**. Das 4. Buch Esra, JSHRZ Bd.V,4, Gütersloh 1981, S.291-309.

SCHRENK, Gottlob: Der **Segenswunsch** nach der Kampfepistel, Jud 6 (1950), S.170-190.

- Was bedeutet **"Israel Gottes"**, Jud 5 (1949), S.81-94.

SCHULZ, Siegfried: **Evangelium** und Welt. Hauptprobleme einer Ethik des Neuen Testaments, in: Neues Testament und christliche Existenz FS BRAUN, H., Tübingen 1973, S.483-501.

SCHWANTES, Heinz: **Schöpfung** der Endzeit. Ein Beitrag zum Verständnis der Auferweckung bei Paulus (AzTh I.R. H.12), Stuttgart o.J.

SCHWARZ, Eberhard: **Identität** durch Abgrenzung. Abgrenzprozesse in Israel im 2. vorchristlichen Jahrhundert und ihre traditionsgeschichtlichen Voraussetzungen. Zugleich ein Beitrag zur Erforschung des Jubiläenbuches (EHS.T 162), Frankfurt, Bern 1982.

SCHWEITZER, Albert: Die **Mystik** des Apostels Paulus, Tübingen 1930, Neudr. 1981.

SCHWEITZER, Wolfgang: **Gotteskindschaft,** Wiedergeburt und Erneuerung im Neuen Testament und in seiner Umwelt (Diss. masch.), Tübingen 1944.

SCHWEIZER, Eduard: **Erniedrigung** und Erhöhung bei Jesus und seinen Nachfolgern /AThANT 28), Zürich 1962[2].

- Art. πνεῦμα κτλ. , ThWNT Bd.VI, S.387-453.

- **Röm 1,3f,** und der Gegensatz von Fleisch und Geist vor und bei Paulus, in: ders., Neotestamentica. Deutsche und Englische Aufsätze 1951-1963, Zürich, Stuttgart 1963, S.180-189.

- Art. σάρξ κτλ. , ThWNT Bd.VII, S.108f.118-151.

- Art. υἱός κτλ. , ThWNT Bd.VIII, S.355-357.364-395.

SEHMSDORF, Eberhard: **Studien** zur Redaktionsgeschichte von Jesaja 56-66 (I) (Jes 65,16b-26 66,1-4 56,18), ZAW 84 (1972), S.517-562; (II) (Jes 66,17-24), ZAW 84 (1972), S.562-576.

SELLIN, Gerhard: Der **Streit** um die Auferstehung der Toten. Eine religionsgeschichtliche und exegetische Untersuchung von 1 Korinther 15 (FRLANT 138), Göttingen 1986.

SEYBOLD, Klaus: Der aaronitische **Segen.** Studien zu Numeri 6,22-27, Neukirchen-Vluyn 1977.

SJÖBERG, Erik: **Neuschöpfung** in den Toten-Meer-Rollen, STL IX (1955), S.131-136.

- **Wiedergeburt** und Neuschöpfung im palästinischen Judentum, STL IV (1950), S.44-85.

DE SOLA POOL, David: The Kaddish, Leipzig 1909.

SOMMERLATH, Ernst: Der Ursprung des neuen Lebens nach Paulus, Leipzig 1927[2].

SOUCEK, J.B.: Wir kennen **Christus** nicht mehr nach dem Fleisch, EvTh 19 (1959), S.300-314.

STAATS, Reinhart: **Ogdoas** als Symbol für die Auferstehung, VigChr 26 (1972), S.29-52.

- Die **Sonntagnachtgottesdienste** der christlichen Frühzeit, ZNW 66 (1975), S.242-263.

STÄHLIN, Gustav: Art. νῦν (ἄρτι), ThWNT Bd.IV, S.1099-1117.

STECK, Odil H.: **Deuterojesaja** als theologischer Denker, KuD 15 (1969), S.280-293.

- **Israel** und das gewaltsame Geschick der Propheten (WMANT 23), Neukirchen-Vluyn 1967.

STEGEMANN, Hartmut: Die **Bedeutung** der Qumranfunde für die Erforschung der Apokalyptik, in: Apocalypticism in the Mediterranean World and the Near East. Proceedings of the International Colloquium on Apocalypticism Uppsala, August 12-17 1979, ed. by HELLHOLM, D., Tübingen 1983, S.495-530.

- Die **Entstehung** der Qumrangemeinde, Bonn 1971.

- **Rekonstruktion** der Hodajot. Ursprüngliche Gestalt und kritisch bearbeiteter Text der Hymnenrolle aus Höhle 1 von Qumran, Heidelberg 1963.

STROBEL, August: Art. Apokalypse des Johannes, TRE Bd.3, S.174-189.

STRUGNELL, J.: Le travail d'édition des fragments manuscrits de Qumrân, RB LXIII (1956), S.64-66.

STUHLMACHER, Peter: "Das **Ende** des Gesetzes". Über Ursprung und Ansatz der paulinischen Theologie, ZThK 67 (1970), S.14-39.

- **Erwägungen** zum ontologischen Charakter der καινὴ κτίσις bei Paulus, EvTh 27 (1967), S.1-35.

- **Gerechtigkeit** Gottes bei Paulus (FRLANT 87), Göttingen 1965.

- Das paulinische **Evangelium.** I. Vorgeschichte (FRLANT 95), Göttingen 1968.

- Theologische **Probleme** des Römerbriefpräskripts, EvTh 27 (1967), S.374-389.

STUHLMUELLER, Caroll: Creative **Redemption** in Deutero-Isaiah (AnBib 43), Rom 1970.

TACHAU, Peter: "**Einst**" und "Jetzt" im Neuen Testament. Beobachtungen zu einem urchristlichen Predigtschema in der neutestamentlichen Briefliteratur und zu seiner Vorgeschichte (FRLANT 105), Göttingen 1972.

THEISSEN, Gerd: Soteriologische **Symbolik** in den paulinischen Schriften. Ein strukturalistischer Beitrag, KuD 20 (1974), S.282-304.

- Soziale **Schichtung** in der korinthischen Gemeinde. Ein Beitrag zur Soziologie des hellenistischen Urchristentums, in: ders., Studien zur Soziologie des Urchristentums (WUNT 19), Tübingen 1983^2, S.231-271.

THRALL, Margaret E.: The **Problem** of II Cor. VI.14 - VII.1 in Some Recent Discussion, NTS XXIV (1978/79), S.132-148.

THÜSING, Wilhelm: Per **Christum** in Deum. Studien zum Verhältnis von Christozentrik und Theozentrik in den paulinischen Hauptbriefen (NS 1), Münster 1969².

THYEN, Hartwig: "...**nicht mehr** männlich und weiblich ...". Eine Studie zu Galater 3,28, in: CRÜSEMANN, F. / ders., Als Mann und Frau geschaffen. Exegetische Studien zur Rolle der Frau (Kennzeichen 2), Gelnhausen, Berlin 1978, S.107-201.

TREVER, John C.: **Isaiah 43.19** according to the first Isaiah Scroll (DS Ia), BASOR 121 (1951), S.13-16.

UHLIG, Siegbert: **Einleitung.** Das äthiopische Henochbuch, JSHRZ Bd.V,6, Gütersloh 1984, S.431-505.

VANDERKAM, James C.: **Enoch** and the Growth of an Apocalyptic Tradition (CBQ 16), Washington 1984.

- Textual and Historical **Studies** in the Book of Jubilees (HSM 14), Missoula Montana 1977.

VIELHAUER, Philipp: **Einleitung** zu C. Apokalypsen und Verwandtes und 1. Einleitung XVI Apokalyptik des Urchristentums, NTApo Bd.II, S.407-427; 428-454.

VOGT, Ernst: **Einleitung.** Tragiker Ezechiel, JSHRZ Bd.IV,3, Gütersloh 1983, S.115-120.

VÖGTLE, Anton: Das **Buch** mit den sieben Siegeln. Die Offenbarung des Johannes in Auswahl gedeutet, Freiburg, Basel, Wien 1981.

- "Dann sah ich einen neuen **Himmel** und eine neue Erde ..." (Apk 21,1). Zur kosmischen Dimension neutestamentlicher Eschatologie, in: Glaube und Eschatologie FS Kümmel, W.G., hg. v. GRÄSSER, E. / MERK, O., Tübingen 1985, S.303-333.

- Das Neue Testament und die **Zukunft** des Kosmos (KBANT), Düsseldorf 1970.

WALTER, Nikolaus: **Einleitung.** Artapanos, JSHRZ Bd.I,2, Gütersloh 1980, S.121-126.

- **"Hellenistische Eschatologie"** im Frühjudentum - ein Beitrag zur "Biblischen Theologie"?, ThLZ 110 (1985), Sp.331-348.

- "Hellenistische Eschatologie" im Neuen Testament, in: Glaube und Eschatologie FS Kümmel, W.G., hg. v. GRÄSSER, E. / MERK, O., Tübingen 1985, S.335-356.

- Jüdisch-hellenistische **Literatur** vor Philon von Alexandrien (unter Ausschluß der Historiker), ANRW T.II Bd.20,1, S.67-120.

WEDER, Hans: Das **Kreuz** Jesu bei Paulus. Ein Versuch, über den Geschichtsbezug des christlichen Glaubens nachzudenken (FRLANT 125), Göttingen 1981.

WEGENAST, Klaus: Das Verständnis der **Tradition** bei Paulus und in den Deuteropaulinen (WMANT 8), Neukirchen 1962.

WEIMAR, Peter: **Formen** frühjüdischer Literatur. Eine Skizze, in: Literatur und Religion des Frühjudentums. Eine Einführung, hg. v. MAIER, J. / SCHREINER, J., Würzburg 1973, S.123-162.

WEISE, Manfred: **Kultzeiten** und kultisches Bundesschluß in der "Ordensregel" vom Toten Meer (StPB III), Leiden 1961.

WEISS, Hans-Friedrich: **Untersuchungen** zur Kosmologie des hellenistischen und palästinischen Judentums (TU 97), Berlin 1966.

WEISS, Johannes: Das **Urchristentum** I.T.: 1.-3.Buch, Göttingen 1914.

WENGST, Klaus: Bedrängte **Gemeinde** und verherrlichter Christus. Der historische Ort des Johannesevangeliums als Schlüssel seiner Interpretation (BThSt 5), Neukirchen-Vluyn 1981.

- Christologische **Formeln** und Lieder des Urchristentums (StNT 7), Gütersloh 1973[2].

- **Tradition** und Theologie des Barnabasbriefes (AKG 42), Berlin, New York 1971.

WESTERMANN, Claus: Art. חדשׁ, ThHAT Bd.1, Sp.524-530.

- Der **Segen** in der Bibel und im Handeln der Kirche, München 1968.

- Der **Weg** der Verheißung durch das Alte Testament, in: ders., Forschung am Alten Testament. Gesammelte Studien Bd.II (TB 55), München 1974, S.230-249.

WILCKENS, Ulrich: **Christologie** und Anthropologie im Zusammenhang der paulinischen Rechtfertigungslehre, ZNW 67 (1976), S.64-82.

WINDISCH, Hans: Art. Ἕλλην, ThWNT Bd.II, S.501-514.

WOLTER, Michael: **Rechtfertigung** und zukünftiges Heil. Untersuchungen zu Röm 5,1-11 (BZNW 43), Berlin, New York 1978.

WREDE, William: Paulus (RV 1.R. 5./6.H.) o.O. 1907[2].

ZENGER, Erich: Die späte **Weisheit** und das Gesetz, in: Literatur und Religion des Frühjudentums. Eine Einführung, hg. v. MAIER, J. / SCHREINER, J., Würzburg 1973, S.43-56.

ZIEGLER, Joseph: **Beiträge** zur Ieremias-Septuaginta (MSU VI), Göttingen 1958.

ZIEMANN, Ferdinand. **De epistularum Graecarum formulis** sollemnibus quaestiones selectae, Halle 1910.

ZIMMERLI, Walter: Zur **Sprache** Tritojesajas, in: ders., Gottes Offenbarung. Gesammelte Aufsätze zum Alten Testament (TB 19), München 1963, S.217-233.

REGISTER

1 Stellenregister (in Auswahl)

1.1 Altes Testament

Gen

2,7 246, 248
28,14 109

Ex

15,17 109

Jdc

5,2ff 167

2Sam

20,20-22 357

Dtjes

41,15 241 Anm.4
42,9 215, 250
43,16-21 48ff
43,18f 39, 39 Anm.13, 64f, 386, 394
43,19 47, 66, 103, 130, 150f, 156, 173f, 175f, 198, 215, 250, 253, 389
48,6 215f, 250, 255

Trjes

65,16b-23 56ff
65,17-19 134, 253
65,17f 129f, 131
65,17 64, 66, 99, 125, 131f, 137, 143f, 156, 173, 175, 194, 198f, 215f, 253ff, 304 Anm.84, 367, 392
66,22 64ff, 67, 125, 143f, 156, 173, 175, 193f, 198, 215, 304 Anm.84, 367, 392

Jer

31(38),31 39 Anm.16
31(38),22 47 Anm.5
215f, 216 Anm.12

Ez

11,19 39 Anm.16, 214
214 Anm.3, 305 Anm.80,
18,31 39 Anm.16, 214
36,26 39 Anm.16, 214, 305 Anm.88, 368

Joel

3,1f 311

Jon

1,12-15 357

Ps

50(1),12 39 Anm.16, 215
102,19 84

Thr

5,21 215

1.2 Frühjudentum

ApkAbr

17,14 169f, 176, 255

ApkZeph

12,5-7 37 Anm.8
18,3 37 Anm.8

syrBar

4,1 37 Anm.8
31,5-32,6 165f
31,5 37 Anm.8
32,6 165f, 176, 255, 304 Anm.85
44,12 165,171f,176, 198f, 255
49,3 37 Anm.8
57,2 165ff, 176, 255, 304 Anm.85

4Esr

4,25 37 Anm.8
6,16 37 Anm.8, 163
7,28-31 161f, 164
7,75 160ff, 176, 255, 304 Anm.85
13,26 37 Anm.8

JosAs

8,9 230, 234f, 238ff, 242, 244f, 247f
12,1 231
15,2-6 232, 241ff, 247
15,5 234f, 245, 247
15,7 233, 236, 248
19,11 233, 246
27,10 234f, 244f, 246f

Jub

1,29 107 Anm.20, 138, 152ff, 159, 165, 173, 175ff, 211, 250, 254, 303f, 367, 389f
4,26 152, 157ff, 165, 172f, 178, 254, 303, 367, 389
5,12 40f Anm.18
19,25 40 Anm.18
23,18 37 Anm.8, 159

äthHen

10,16f 40 Anm.18
45,4f 37 Anm.8
72-82,20 146ff
72,1 138, 146ff, 156f, 173, 175ff, 211, 250, 254, 304, 367, 389f
83,3f 37 Anm.8
91,15f 119ff
91,16 133, 157, 175, 255, 304 Anm.84, 392
91,17 173
92,5 37 Anm.8
100,5 37 Anm.8
106,1-107,3 41 Anm.18

slHen

24,5-25,3 212
65,6-8 210ff, 250, 255

LibAnt

3,10 135ff, 175, 254f, 304 Anm.84, 367, 390, 392
16,3 169, 255
32,1-17 167
32,17 167ff, 176, 218, 255, 304 Anm.85

Weish

6,4 291
6,18 302
7,27 217f, 250
11,18 218 Anm.22
19,11 218 Anm.22

1.3 Qumran

1QS

3,21f 95
4,23b-26 100ff, 304
4,25 111, 173, 176ff, 254, 256, 304f, 367, 389f

1QH

3,19-23,b 77ff
3,21 83ff, 110, 256, 305, 305 Anm.88
11,9ab-14 87ff
11,12 305
11,14 95, 110, 256
13,11f 97ff, 111, 173, 176ff, 254, 256, 304f, 367, 389f
15,13-17a 91ff
15,15f 256
15,15 305
15,16f 84
15,17 110
17,15 93

11QTemple

29,7b-10 104ff
29,9 156f, 159, 165, 172f, 175, 177f, 254, 256, 303ff, 367, 389f

1.4 Philo von Alexandrien

Agr

171 220

Cher

114 220

Fug

168 219

Her

111 361

Quaest in Ex

II 46 37 Anm.8

SpecLeg

I 7 237 Anm.12
I 51 220, 251, 256
I 309 227f Anm.7

Virt

179f 245 Anm.92, 256

VitMos

II 51 224
II 60 37 Anm.8
II 140 220

1.5 Josephus

Ant

12,278 272
19,1 358
18,373 222ff, 250, 253

Bell

2,131 243 Anm.85
2,201 358
4,190ff 357
5,418ff 357

Ap

1,170 273

1.6 Neues Testament

Mt

19,28 37 Anm.8

Joh

11,50 358
15,13 358
18,14 358

Apg

21,24 289f

Röm

1,3b-4 375ff, 387
5,5ff 344ff

5,8 358
5,11 294f, 294f Anm.48
5,12ff 360f, 395
8,32 358
9,5 352, 379

1Kor

7,19 298f, 301, 304, 305 Anm.88, 314, 389f
8,6 397
12,13 303, 305 Anm.88, 307, 315 Anm.147, 390
15,20ff.44bff 360f

2Kor

1,22 305 Anm.88
2,14-6,13; 7,2-4 331ff
2,14-17 331f
3,3.6 39 Anm.16
4,5 340
5,5 305 Anm.88
5,12-6,2 334ff, 385
5,12 341f, 382f, 385
5,14-17 327ff, 343ff, 348ff, 353ff, 393
5,14f 355ff, 370, 385f, 393
5,16f 363ff, 385f, 393f
5,16 350ff, 372ff, 380ff, 385, 387
5,17 352f, 367ff

Gal

2,6 287
2,15 274
2,17 290
3,13 295,391
3,26-28 303, 306ff, 316, 390, 392
4,20ff 288
5,5f 302, 302 Anm.80, 390
5,6 298f, 301, 304, 305 Anm.88, 314, 389f
6,11-18 262ff, 275ff, 280ff
6,12f 285ff, 323, 391
6,13 271ff
6,14f 293ff, 316ff, 350, 354, 370, 383, 391
6,14 291
6,15 284, 298ff, 305 Anm.89, 306, 314, 316f, 324f 350, 352f, 369f, 389f, 392
6,16 317ff, 391ff
6,17f 268ff

Eph

2,15 310
4,24 310

Phil

3,2ff 279ff, 284 Anm.39, 323

Kol

3,3f 310
3,11 313 Anm.132

1Thess

5,9f 358

1Petr

2,2 186

2Petr

3,1-13 139ff, 194
3,5-7 41 Anm.18
3,10 142f
3,13 131, 139ff, 175, 255

Hebr

11,1 166
11,10 166

1Joh

3,16 358

Apk

20,11ff 126ff
21,1f 126ff, 173, 367
21,1 175, 255, 304 Anm.84, 392

1.7 Rabbinisches Schrifttum

Pes

8,8 188ff

San

92b 194 Anm.14
97b 194 Anm.14
99b 185 Anm.10, 190 Anm.42

Yev

48b 84, 183ff, 199, 256, 304 Anm.86f

tBer

7,18 312f, 390

yBer

13b 48 312, 313 Anm.134

yRHSh

IV,8 185 Anm.7, 187 Anm.23, 237 Anm.47

bMen

43b 312f, 313 Anm.134f

TrGerim

2 183ff, 199, 256, 304 Anm.86f

Pesiqta Chadatta

BHM 6,42,21 194 Anm.14

GenR

1 194, 199
12,2 182 Anm.7
39 182 Anm.7
39 zu Gen 12,5 185 Anm.10, 190 Anm.42

ExR

3,15 182 Anm.7
15,6 187 Anm.23

LevR

29 185 Anm.7, 187 Anm.23
30,3 zu 23,40 182 Anm.7

NumR

11 182 Anm.7

MekhEx

16,25 197f, 199, 255

MTeh

2 § 9 182 Anm.7
18 § 6 84, 185 Anm.7, 187 Anm.23
23 § 7 194 Anm.14
46 § 2 194 Anm.14
50 § 1 194 Anm.14
102 § 3 185 Anm.7, 187 Anm.23, 237 Anm.47
104 § 24 194 Anm.14

PesK

61b 84, 187f, 199
155b 185 Anm.7, 187 Anm.23

PesR

31 182 Anm.7
40 182 Anm.7, 187 Anm.23, 237 Anm.47

QohR

1,4 194f Anm.15
3,15 193f Anm.12

ShirR

1,3 § 3 185 Anm.10, 190 Anm.42, 249
8,2 185 Anm.10
8,5 182 Anm.7

S Dtn

11,21 § 47 65,195 Anm.15
§ 30 zu 3,29 84, 187 Anm.23
32,1 § 306 194 Anm.14

TanB בראשית

§ 9 194 Anm.13
§ 20 65, 193f, 199

TanB שמות

§ 18 182 Anm.7

TanB לך לך

§ 4 182 Anm.7

TanB נח

§ 12 17

Tan לך לך

16a 182 Anm.7

TJI

Dtn 32,1 191f, 199, 255, 304 Anm.85

TJII

Dtn 32,1 192, 199, 255, 304 Anm.85

TN

Dtn 32,1 192, 199, 255 304 Anm.85

TJon

Jes 42,19 192 Anm.4
Jes 43,19 192 Anm.4
Jes 48,6 192 Anm.4
Jes 65,17 192 Anm.4
Jes 66,22 192 Anm.4
Jer 23,23 192 Anm.4
Jer 31,22 192 Anm.4
Hab 3,2 192 Anm.4
Mi 7,14 192 Anm.4

TO

Dtn 32,12 191f Anm.4

Trauerkaddisch 195ff

Achtzehngebet

19. Benediktion 318 Anm.160, 321, 321 Anm.183

1.8 Apostolische Väter

Barn

6,11 186, 245
6,13 163, 186, 245
6,14 245

IgnTrall

8,1 40 Anm.18

1.9 Alte Kirche

Justin: Dialog mit Trypho

11,5 320 Anm.181
27,5 272 Anm.9

1.10 Griechische und Lateinische Literatur

Cassios Dio: Romaika

63,13 358

Plutarch: Vita Cleomenes

52,10 361

Terentius Afri: Adelphoe

V 4,9ff 361

2 Personenregister (in Auswahl)

Baumgarten 28, 30 Anm.6, 32 Anm.12+15, 36, 36f Anm.5, 37 Anm.8, 39 Anm.13+16

Becker 74, 265, 276 Anm.12, 277f, 281, 296 Anm.55, 305 Anm.88, 317 Anm.154, 368

Begrich 242 Anm.81

Berger 40f Anm.18, 42f Anm.20, 238 Anm.52, 238 Anm.49

Betz, Hans D. 265f, 266 Anm.21, 278 Anm.10, 294 Anm.45, 308 Anm.102, 312, 315 Anm.147, 320

Betz, Otto 270 Anm.13, 364, 364 Anm.3

Bietenhard 123, 146

Billerbeck 13, 15, 23, 29, 163, 179

Bloch 28f

Borse 269

Brandenburger 234 Anm.34

Bultmann 2f, 20f, 31, 173, 294 Anm.45, 296 Anm.55, 338 Anm.21-23, 355f Anm.1, 366, 368

Burchard 23, 228f, 228 Anm.8+15

Callaway 104, 106, 108 Anm.25

Davies 22

Dexinger 123

Donner 62

Duhm 61

Eckert 263, 289 Anm.25

Elliger 56

Fischer 208

Gräßer 87

Grundmann 141, Anm.15

Gunkel 52, 115

Güttgemanns 269, 269f Anm.12, 329f Anm.14

von Harnack 11ff

Hengel 5, 205, 207

Holm-Nielsen 99

Holtz 245

Jeremias, Gert 74

Jeremias, Joachim 22, 188, 190 Anm.39

Jewett 281

Jüngel 395 Anm.3

Käsemann 3, 31, 311 Anm.24, 347 Anm.19

Kerényi 241

Klauck 241 Anm.78

Klijn 164

Klinzing 96 Anm.11

Kümmel 354

Kuhn, Heinz-Wolfgang 26f, 26 Anm.16, 28, 69, 74ff, 80ff, 88ff, 91ff, 110, 179 Anm.2, 304, 305 Anm.88

Kuhn, Karl Georg 24, 26, 28, 69, 82, 188, 304

Lang 369

Lichtenberger 91

Lohse 90

Maier 90, 96 Anm.11, 104, 106

Martyn 297 Anm.63

Michel, Diethelm 62

Merkelbach 241

Moltmann 29, 32

Morawe 74

Mußner 282f, 322 Anm.184

Oepke 18, 289 Anm.25, 315 Anm.147

von der Osten-Sacken 100

Pannenberg 32

Paulsen 312 Anm.132, 314 Anm.143

Pauritsch 56f, 64

Rau 149, 155 Anm.52

Reitzenstein 373

Richardson 271f

Sänger 226f Anm.4, 235f Anm.39, 240, 240 Anm.67

Schlier 310 Anm.119, 369

Schneider 6, 10 Anm.9, 25f, 39 Anm.16, 40 Anm.18, 83, 85, 125, 162f, 179 Anm.2, 249 Anm.113, 304f, 369

Schnelle 371f A.42

Schrage 37 Anm.8, 141 Anm.15, 316 Anm.147

Schwantes 15f, 18, 20, 298 Anm.64, 368 Anm.23

Schweitzer, Wolfgang 13 Anm. 14, 15 Anm.6, 19, 19 Anm.32, 40 Anm.18, 43f Anm.23

Sehmsdorf 60

Seybold 238 Anm. 52, 239f

Sjöberg 15f, 18f, 19 Anm.31, 20 Anm.34, 25, 29, 82f, 163, 181

Stegemann 75

Stemberger 180

Stuhlmacher 4, 10 Anm.10, 20f, 26, 30 Anm.5, 31 Anm.8, 37 Anm.8, 38 Anm.10, 39 Anm.13+16, 69, 194 Anm.12, 221 Anm.13, 251 Anm.2, 299, 302 Anm.82, 304f, 305 Anm.88, 310 Anm.118, 311, 317 Anm.153, 366 Anm.14, 368

Sukenik 75

Tachau 366 Anm.14

Theißen 346f Anm.18

Thyen 314 Anm.144, 316 Anm.149

Vögtle 21 Anm. 44, 42, 128, 132f, 135 Anm.79, 145 Anm.31, 368 Anm.22

Volz 162 Anm.8, 163

Walter 205

Weder 275 Anm.4, 285 Anm.2, 316f Anm.150

Wendland 369

Westermann 47, 52, 64, 64, Anm.40, 244

Wolter 19 Anm. 30, 22, 22 Anm. 6, 251 Anm.2, 305, 366 Anm.14, 369

Windisch 1, 36 Anm.5, 39 Anm. 13, 338 Anm. 23, 365 Anm.10, 366 Anm.14

Yadin 71, 104ff

Zimmerli 61